KB071542

소비자 심리학 ^{3판}

양 윤 · 임명서 공저

CONSUMER PSYCHOLOGY

학지사

📊 3판 서문

원저자가 소비자 심리학을 대학원에서 공부한 것이 1981년부터이니 오늘까지 43년 그리고 이화여자대학교에서 소비자 심리학을 가르친 것이 1995년부터이니 오늘까지 29년의 세월이 흘렀다. 심리학의 많은 전공 중에 오로지 소비자 심리학만을 바라보면서 오늘까지 교육과 연구에 집중할 수 있었음에 정말 행복한 세월을 보냈다.

이제 정년퇴임을 맞이하는 시점에서 이 책을 세 번째로 다시 개정하였다. 이 책이 2008년에 처음 출판되었으니 지금까지 3판이 아니라 4판이 나왔어야 할 것인데 원저자의 게으름으로 이렇게 되었으니 모든 것이 원저자의 책임이 아니겠는가. 조용히 반성할 뿐이다.

이번 3판은 2판의 기본 틀과 내용을 그대로 유지하면서 최근의 예들로 독자의 이해를 높이고자 하였다. 아울러 최근에 소비자 판단 및 결정 영역에서 흥미롭게 다루어지는 극대화 성향을 추가하였다. 추가된 내용은 원저자의 논문에 근거하였고, 학부생과 대학원생 모두에게 도움을 줄 것이다.

특히 이번 3판부터는 저자가 한 명 더 충원되었다. 마케팅에서 소비자 행동을 전공한 임명서 교수는 현재 디지털마케팅학과에서 교육과 연구를 담당하고 있으며, SNS에서 일어나는 사회적 비교에 미치는 선망과 수치심의 영향에 관해 해외에서 꽤 알려진 학자이다. 앞으로 4판부터는 최근의 온라인에서의 소비자 심리를 반영하여 책 내용을 확충하고자 한다. 원저자의 게으름을 만회해 줄 수 있는 임 교수의 역할과 기여를 기대한다.

이번 3판이 대학생뿐만 아니라 대학원생에게도 소비자 심리학에 관한 이해를 높이는 데 도움이 되면 좋겠다. 나아가서 일반 독자들이 소비자를 이해하는 데에도 이 책이 도움이 될 수 있기를 바란다. 마지막으로 이 책을 위해 많은 도움을 준 학지사 김진환 대표에게 고마움을 표한다.

2024년 2월

이화에서

📊 1판 서문

올해로 저자가 소비자 심리학에 관심을 가진 지 30년이 됐다. 저자가 학부 3학년 때 경영학과의 조관수 교수께서 강의하셨던 마케팅원론에서 극히 적은 분량의 소비자 행동에 관해 들었을 때부터 저자는 소비자에 관해 공부를 해야겠다고 생각했다. 그러다 저자가 4학년 때 지도교수이신 이창우 교수의 구매심리를 수강하면서 소비자 심리학은 저자의 인생목표가 되었다.

저자는 미국 유학 시절 지도교수이신 제임스 샌토(James Shanteau) 교수로부터 소비자 심리학에 관한 다양하면서도 심층적인 주제와 장기기증을 포함한 친사회적 마케팅 그리고 판단 및 결정이라는 학문 분야를 경험함으로써 소비자 심리학의 매력에 더욱 빠져들었다. 저자는 소비자 심리학에 관해 연구를 하면 할수록 더욱더 흥미를 느낀다.

소비자 심리학은 심리학의 여러 응용 분야 중 하나로 인간이 드러내는 행동들 중에서 경제활동과 관련이 있으며, 특히 소비활동과 직결된다. 소비자 심리학은 인간의 이러한 소비활동에 심리학적 지식을 적용하여 소비자를 심층적으로 이해하는 데 도움을 줄 뿐만 아니라 더 나아가서 심리학의 이론과 원리가 실생활에 적용될 수 있는지를 검증하는 데도 기여한다. 이러한 소비자 심리학은 오늘날 기업현장에서의 중요한 화두인 소비자를 이해하는 데 좋은 길잡이 역할을 할 것이다.

이 책은 크게 세 부분으로 나뉘어 있다. 제1부에서는 소비자 심리학이 어떠한 학문 분야인지를 살펴보았다. 제2부에서는 개별 소비자의 내적요인을 다루었는데, 이는 이 책에서 가장 핵심이 되는 부분이다. 소비자 심리학을 소개하는 제1장에서 다루겠지만, 소비자의 행동은 주요한 세 가지 차원에서 영향을 받는다. 이는 소비자의 개인 특성, 사회적 맥락 그리고 문화적 맥락이다. 소비자의 개인 특성은 지각, 학습, 기억, 동기와 감정, 성격, 태도와 가치, 태도변화, 설득 커뮤니케이션, 구매결정, 소비자 만족과 상표충성 등과 같은 개별 소비자의 내적요인으로서, 소비자의 내적요인을 살펴보는 것은 소비자를 이해하는 데 있어서 가장 필수적이라고 할 수 있다. 제3부는 소비자의 사회적 맥락을 다루었는데, 소비자 상황, 준거집단, 구전, 혁신 등을 중점적으로 살펴보았다.

문화적 차원은 국내 심리학에서 심층적으로 수행된 연구들이 많지 않아 이번에 다루지 않았다. 이 책에서 한 가지 아쉬운 점은 사회적 맥락에서 가족, 아동의 소비자 사회화, B2B의 조직구매행동 그리고 문화적 맥락에서 대중문화 소비 등을 살펴보지 못한 것이다. 이들 주제들은 다음번에 추가할 계획이다.

이러한 아쉬운 부분들을 제외하면, 이 책에서 다룬 내용들은 소비자를 이해하는 데 필수적인 것들이다. 그러나 경우에 따라서는 내용이 많은 경우도 있고 부족한 경우도 있다. 따라서 이 책으로 강의하실 선생님께서는 자신의 판단에 따라 내용을 간추려서 또는 추가해서 강의를 하셔도 좋을 것이다. 또한 이 책은 대학생뿐만 아니라 대학원생에게도 소비자 심리학에 관한 이해를 높이는 데 도움이 될 것이다.

이 책이 나오기까지 참으로 오랜 시간이 흘렀다. 저자가 모아 두었던 외국 자료는 옛날 것이 되었지만, 그 내용은 여전히 의미가 있기에 그대로 사용하였고, 국내자료는 대부분 저자의 논문을 인용하였다. 저자는 이 책을 통해 독자 여러분이 소비자에 대한 이해를 높일 수 있기를 바란다.

이 책이 나오기까지 여러 분들이 도움을 주셨는데, 우선 놀라울 만큼 무한한 인내심을 갖고 참아 준 학지사의 김진환 대표이사와 자료 및 참고문헌을 정리해 준 제자들에게 감사함을 표한다. 그리고 책을 쓰는 동안 저자를 열심히 지원해 준 가족들에게도 진심으로 감사한 마음을 전하며, 특히 오늘날의 저자가 있을 수 있게 해 주신 부모님과 스승이신 이창우 교수와 제임스 샌토 교수께 이 책을 바친다.

2008년 8월

이화에서

⮑⬚ 차례

제**1**부

소비자 심리학이란

제**2**부

소비자의 내적요인

제**3**부

소비자의 사회적 맥락

제1장

CONSUMER PSYCHOLOGY

소비자 심리학의 소개

사람들은 태어나면서부터 죽을 때까지 소비행동을 한다 해도 과언이 아니다. 여기서 소비는 반드시 자신이 돈을 지출하고 제품이나 서비스를 직접 구매하는 것을 의미하지는 않는다. 즉, 소비란 광의의 의미로 구매 주체가 누구든 관계없이 무언가를 소비하는 것이다. 이런 의미에서 사람들은 평생 소비를 한다. 인간이 수행하는 여러 활동 중에서 소비행동이야말로, 그 소비가 많든 적든 중요하든 중요하지 않든 간에, 인간에게는 없어서는 안 될 필수적인 활동임이 틀림없다.

특히 소비행동은 인간의 정신건강에 영향을 미칠 수 있다. 이 책을 읽는 독자들은 자신의 구매행위를 돌이켜 보면 알 수 있을 것이다. 마음에 드는 좋은 물건을 구매했을 때 어떤 기분상태에 놓였으며, 반면에 구매한 물건이 영 마음에 들지 않았을 때는 어떠했는지를 자신에게 물어보라. 또한 자신의 이러한 소비행위가 어떠한 과정에 의해 이루어졌는지도 자신에게 물어보라.

이제부터 독자 여러분과 함께 소비자 심리학으로의 여행을 떠나기로 하자. 출발에 앞서 한 가지 당부할 것이 있는데, 학점을 받기 위해 이 책을 어쩔 수 없이 읽어야 한다는 마음가짐을 버리라는 것이다. 우리는 모두 소비자이기에 책을 읽으면서 소비자 관점에서 자신의 소비 또는 구매행위를 돌아보면 이 여행은 훨씬 재미있을 것이다. 바로 이 점을 지켜 주었으면 한다.

먼저 자신이 지난번 매점에서 구매한 청량음료를 생각해 보자. 여러분은 청량음료가 놓여 있는 진열대를 지나면서 다양한 상표들을 살펴보고 한 특정상표의 음료수를 선택했을 것이며 돈을 지출했을 것이다. 이것은 매일 매일의 단순한 행동으로 보일 수 있을 것이다. 그러나 좀 더 면밀히 살펴보면 이런 단순한 행동으로부터 야기되는 많은 의문점이 있다. 우선 자신이 선택한 상표의 청량음료를 어떻게 알게 되었는가? 텔레비전에서의 광고를 통해, 친구를 통해, 또는 음료수를 보는 순간에? 자신은 이 상표에 대한 긍정적인 평가를 어떻게 내렸는가? 가격 때문에? 친구들이 이 상표를 권유해서? 이 상표가 다른 상표와 구별되는 독특한 무엇을 갖고 있어서? 또는 자신은 무엇 때문에 이 상표를 특히 원했는가? 이러한 질문은 소비자 심리학에서 고려되는 질문이고 이 책에서는 심리학 이론과 원리에 근거를 두고 이런 질문에 답할 것이다.

1. 소비자 심리학의 정의와 역사

소비자 심리학
소비자가 자신의 욕구를 충족시킬 것이라고 기대하는 제품과 서비스를 구매, 사용 그리고 처분하는 데 있어서 표출하는 행동과 정신과정인 구매결정을 과학적으로 연구하는 학문

소비자 심리학은 소비자가 자신의 욕구를 충족시킬 것이라고 기대하는 제품과 서비스를 구매, 사용 그리고 처분하는 데 있어서 표출하는 행동과 정신과정인 구매결정을 과학적으로 연구하는 학문이라고 정의할 수 있다. 이러한 정의는 심리학의 정의에 근거를 둔다. 심리학이 인간의 행동과 정신과정을 과학적으로 연구하는 학문이라면, 소비자 심리학은 심리학의 여러 이론과 원리, 기제 등을 소비자에 적용하는 것이다. 이에 따라 사회심리학 및 인지심리학과 같은 심리학의 여러 분야가 소비자를 연구하는 데 관련된다. 이를 통해 소비자 심리학은 소비자를 이해하고, 예측하며, 소비자가 바람직한 행동을 하도록 조절하는 것을 목표로 한다.

1) 미국

소비자 심리학의 역사는 그리 오래되지 않았다. 미국의 경우, 1945년 2차 세계 대전이 끝난 직후 기업은 소비재 생산에 집중하게 되고 구매욕구에 굶주렸던 소비자는 이에 부응하여 왕성한 구매를 하였다. 그 후 소비자의 구매가 감소하는데, 이는 소비자가 제품의 품질에 관심을 가졌기 때문이었다. 이에 따라 소비시장에서 문제에 직면한 기업은 1950년대 초반 제품의 품질을 중심으로 소비자를 공략하여 품질경쟁을 하였다. 그 후 1950년대 중반 미국시장은 포화상태에 들어가고, 이에 기업은 제품선택에서의 선별을 강조하는 판매전략으로 대처하였으나 구매력은 과거에 비해 매우 약해진 상태였다.

1950년대 말경 이러한 문제에 대처하기 위해 마케팅 개념이 도입되어 처음으로 소비자를 생각하였다. 즉, 기업은 소비자의 욕구를 파악하여 그 욕구를 만족시킬 제품과 서비스를 제공하기 위해 시장세분화와 제품위치화에 따른 마케팅 전략에 중점을 두었다(Schiffman & Kanuk, 1994). 이러한 변화로 '소비자 행동'이라는 새로운 학문이 탄생하였다.

1900년대 초반 몇몇 심리학자(예, John B. Watson, Walter Dill Scott)가 개인적 관심으로 주로 광고 분야에 심리학 지식을 적용하기는 했으나, 소비자 분야가 학문으로는 발전하지 못했었다. 그러나 1960년대부터 소비자 행동 분야는 비약적인 발전을 하게 되었고 그 학문적 발전에 심리학이 지대한 공헌을 하였다. 즉, 심리학 지식을 소비자에 접목함으로써 학문으로 발전하였다. 미국에서는 소비자심리학회가 1960년에 미국심리학회(American Psychological Association: APA) 산하 23번째 학회로 설립되었고, 학술지『Journal of Consumer Psychology』를 발간하고 있다.

시장세분화
시장을 소비자의 여러 특성들(예, 인구통계학, 사이코그래픽스, 사용빈도 등)에 근거하여 여러 개의 하위시장으로 나누는 전략

제품위치화
특정 제품이 소비자의 욕구를 만족시킬 것이라고 소비자에게 인식시키는 전략

2) 국내

우리나라의 소비자 심리학도 1970년대부터 1990년대를 거치면서 현재까지 미국과 유사한 배경 속에 발전하고 있다. 1970년대에 경제발전계획에 따라 국내경제가 비약적으로 발전하였고, '소비는 미덕' '소비자가 왕'이라는 표어가

등장할 정도로 국내소비가 많이 증가하였다. 1980년대에는 "한 번의 선택이 10년을 좌우합니다"와 같은 광고카피가 말해 주듯이 품질경쟁이 일어났고, '테크노피아'와 '휴먼테크'로 대변되는 두 대기업 간의 치열한 경쟁(일명 '별들의 전쟁')이 오랫동안 진행되었다. 아울러 대기업을 중심으로 판매영업도 활발히 전개되었다.

그러나 1970년대와 1980년대를 거치는 20여 년 동안 진정으로 소비자가 기업의 중심에 있었던 적은 단 한 번도 없었다. 1990년대에 들어서서 드디어 국내에서도 소비자가 기업에서 중요한 화두로 떠올랐다. 1990년대 초반 "우리는 고객을 모실 수는 없지만, 고객의 결재란을 비워 둡니다"라는 광고카피가 등장하기 시작하였고, 1990년대 중반부터 '고객만족'이 기업에서 중요한 키워드로 자리 잡았다.

1980년대 후반을 거치면서, 특히 1990년대 이후 국내에서 소비자의 연구가 절실해짐에 따라 심리학과 경영학을 포함한 몇몇 학문 분야에서 소비자 행동과 관련한 책과 논문이 많이 소개되었는데, 이들 대부분은 심리학의 지식에 근거하고 있다. 드디어 1999년에 소비자 심리학에 관심이 있는 회원을 중심으로 한국소비자·광고심리학회가 (사)한국심리학회 산하 11번째 학회로 설립되었고, 학술지『한국심리학회지: 소비자·광고』를 발간하고 있다.

2. 소비자 심리학의 필요성

20세기의 국가경쟁력이 기업 중심의 생산성에 초점을 맞추었다면, 21세기의 국가경쟁력은 기업 중심에서 소비자 중심으로 변화하고 있다. 다시 말해, 경제발전에 따라 소비자의 욕구가 매우 다양해짐으로써 소품종 대량생산에서 다품종 소량생산으로 기업전략이 변화하고 있다. 따라서 어느 기업이 소비자의 욕구를 정확히 파악하여 이에 합당한 제품을 소비자에게 신속하게 제공함으로써 소비자의 만족을 극대화하느냐가 가장 중요한 이슈이다. 요즘은 제품수명주기(product life cycle: PLC)가 짧아지고 있고 또한 많은 기업이나 국가가 고객만족지수(customer satisfaction index: CSI)를 중시하고 있음은 이를 잘 예증

제품수명주기
제품이 출시되어 수용되고 단종될 때까지의 시간간격

고객만족지수
제품 또는 서비스의 품질에 대해 소비자가 만족하는 정도를 나타내는 지수

하는 것이다.

　또한 인터넷의 발전으로 소비자가 정보를 수월하게 수집하고 전달할 수 있기에 소비자의 기업에 대한 영향력이 막대하게 증가하고 있다. 이와 관련하여 생산자와 소비자를 결합한 '프로슈머(prosumer)'가 등장하였다. 프로슈머는 자신이 원하는 것을 생산자에게 직접 제시하여 생산자가 자신의 욕구를 충족시킬 제품을 만들게 하려는 소비자를 의미한다. 이러한 적극적 개념의 프로슈머는 기업에 대한 소비자의 증가한 영향뿐만 아니라 21세기의 변화된 소비자의 모습을 보여 주는 한 예이다.

프로슈머
생산자와 소비자를 결합한 용어로, 모디슈머 또는 크리슈머 등으로 발전

　아울러 급변하는 소비환경으로 인해 소비자가 받을 손실(예, 사기판매, 인터넷 사기쇼핑, 기만광고 등)이 과거에 비해 증가하고 있으며, 소비자가 사회적으로 바람직하지 않은 행동(예, 약물중독, 음주운전 등)을 함으로써 소비자 자신이나 사회에 미치는 나쁜 영향도 증가하는 추세이다. 이러한 피해나 악영향으로부터 소비자를 보호하기 위해서도 소비자가 왜 그러한 잘못된 행동을 하는지를 알아야 한다.

　이러한 변화에 근거해 볼 때, 앞으로 소비자의 문제는 더욱 중요해질 것이다. 이에 대처하기 위해서는 소비자를 제대로 이해하는 것이 필수이며 따라서 소비자 심리학의 영향은 훨씬 더 증가할 것이다.

　마케팅과의 관계　마케팅에서 필수적으로 다루어지는 내용 중에 4P가 있는데, 이는 제품(product), 가격(price), 유통(place), 촉진(promotion) 등이다. 제품은 제품개발 또는 제품디자인을, 가격은 제품에 대한 가격정책을, 유통은 영업과 판매장소를 그리고 촉진은 광고를 포함한 모든 판촉활동을 말한다. 거의 모든 기업은 기업성장에 4P를 중심으로 하는 마케팅이 필수적임을 인식하고 있으며 이에 초점을 두고 있다. 그러나 여기서 생각해야 할 것이 있는데, 이는 이러한 4P 나아가서 마케팅이 누구를 위한 것이냐다. 분명하게 이는 소비자를 위한 것이며, 소비자에 대한 정확한 이해 없이는 그 어떤 것도 제대로 작동할 수가 없다.

　소비자의 욕구를 정확히 파악하지 못한 제품들이 시장에서 퇴출당한 사례는 너무나도 많다. 고전적인 예로 코카콜라의 경우 1980년대 중반 신제품인

'뉴 콕(New Coke)'을 대대적으로 출시했다가 미국시장에서 참패당하고 그 신제품을 철수시키는 대신에 옛날 콜라를 '클래식 콕'이라는 상표로 시장에 다시 내놓았다. 따라서 소비자에 대한 이해가 핵심이다. 소비자를 제대로 이해해야만 4P든 마케팅이든 제대로 작동할 수가 있다. 저자는 기업인들에게 "소비자 마인드를 가져라"라는 말을 잘한다. 이는 기업의 입장이 아니라 소비자의 입장에서 보고 듣고 생각하고 느끼라는 말이다. 소비자가 없으면 기업은 존재할 수 없다.

3. 소비자 심리학의 일반적 모형

[그림 1-1]은 소비자 행동의 일반적인 모델을 보여 주고 있다. 이 모델은 소비자 심리학을 공부하는 학생들이 소비자 행동에 영향을 줄 수 있는 변수들을 고려하고 아울러 다룰 수 있도록 도움을 줄 것이다. [그림 1-1]에 제시된 모델은 소비자 심리학에 관한 다른 보편적인 모델들에서 발견되는 가장 기본적이며 가장 중요한 요소들을 포함하고 있다(양윤, 1995).

이 모델의 왼쪽 부분에 제시된 '자극상황'이란 변수에 주목해 보자. 자극상

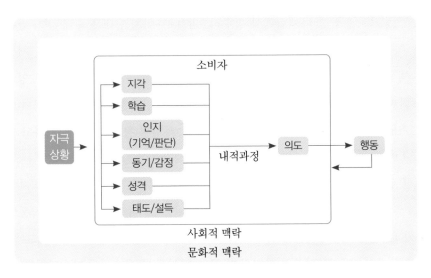

[그림 1-1] 소비자 행동의 일반적 모형

황이란 소비자에게서 반응을 유도하기 위한 자극으로 총체적으로 작용하는 조건들의 복합체이다. 이 정의는 소비자 행동이 단일 자극에 의해 유발되지 않는다는 것을 의미한다. 오히려 소비자 행동은 자극들 집합의 결과로 일어난다고 생각할 수 있다. 예를 들어, 소비자가 카스맥주를 구매할 때, 이 소비자의 행동은 단순히 가격 때문에 일어나지 않는다. 대신에 가격, 제품광고의 특성, 제품포장, 개인의 제품에 대한 과거경험, 진열대에서 제품의 위치 등을 고려해야 한다.

다음에 이 모델은 많은 내적과정을 상술하고 있다. 이런 내적과정은 개인내부에서 일어나는 일련의 관련된 변화들로 정의할 수 있으며, 여기서 관련된 변화란 내적과정 간의 상호관련성을 의미한다. 비록 각각의 내적과정을 서로 독립적으로 개념화할 수 있지만, 소비자 행동에 대한 보다 나은 이해를 위해서 그 과정 간의 상호관련성을 고려하는 것이 도움을 줄 수 있다. 그러나 이 모델은 내적과정 간의 사전에 결정된 순서에 관한 가정은 하지 않는다. 다시 말해, 어떤 내적과정도 다른 내적과정에 선행할 수 있다.

한편 이 내적과정을 무언가에 의해 발생하는 결과 또는 무언가를 초래하는 선행조건으로 생각할 수 있다. 결과로 생각할 때, 내적과정은 자극상황, 소비자 자신의 행동, 사회적 맥락, 문화적 맥락, 기타 다른 내적과정 그리고 내적과정 변수 간의 상호작용 등의 결과로 간주한다. 내적과정을 결과로 보는 연구는 그 과정을 어떤 독립변수들에 의해 영향을 받는 종속변수로 다룬다.

내적과정을 선행조건으로 생각할 때, 그 과정은 의도, 행동, 또는 기타 다른 내적과정 등의 원인으로 간주할 수 있으며, 내적과정을 선행조건으로 보는 연구는 종속변수에 영향을 주는 독립변수로 다룬다. 여기서는 내적과정을 결과(종속변수)와 선행조건(독립변수) 둘 다로 간주한다.

소비자 행동 맥락에서 의도는 제품구매 또는 사용을 계획하는 것을 말하며, 행동은 실제 구매 또는 사용을 의미한다. 의도와 행동 모두 내적과정의 직접적인 상호작용의 영향에 의해 일어나며, 행동은 소비자의 내적과정에 영향을 줄 수도 있다. 이 행동적 피드백이 소비자 연구에 매우 중요한 시사점을 제공한다.

사회적 맥락은 개별 소비자에게 영향을 주는 사회적 자극의 집합을 의미한

종속변수
실험에서 독립변수의 조작에 따라 나타나는 참가자의 결과적 행동

독립변수
실험에서 참가자의 행동에 미치는 효과를 결정하기 위해 실험자가 조작하는 자극변수

다. 여기에는 친구, 가족, 또는 준거집단 등이 포함될 수 있다. 문화적 맥락은 개별 소비자와 그 소비자의 사회적 맥락에 영향을 주는 문화적 자극의 집합을 말하며, 여기에는 문화(예, 21세기 초반의 한국), 하위문화(예, 도시, 시골), 사회적 계층(예, 중산층) 등이 포함될 수 있다. 개별 소비자는 자신의 내적과정, 의도, 행동 등과 함께 사회적 맥락 내에서 존재하며 그것에 의해 영향을 받는다. 나아가서 개별 소비자의 사회적 맥락은 문화적 맥락 내에서 존재한다.

4. 소비자 심리학 관련 학문 분야

소비자를 연구하는 학문분야는 심리학을 포함하여 다양하다. 소비자 심리학은 특히 마케팅, 광고학, 경제학, 사회학, 의류학 등과 밀접한 관계를 맺고 있다. 각각의 학문 분야에서 주요하게 다루어지는 주제는 다음과 같다.

심리학 분야에서는 사회심리학과 인지심리학이 소비자 심리학에 많은 영향을 주었다. 사회심리학은 성격, 가치, 태도, 태도변화, 설득 커뮤니케이션, 집단 등에 그리고 인지심리학은 지각, 기억, 구매결정 등에 이론과 원리를 제공하였다. 그 외에도 학습, 동기와 감정에 관한 내용도 심리학에서 제공하였고, 아동 소비자에 관해서는 발달심리학의 도움이 크며, 대중문화에 관한 틀은 문화심리학에서 제공하고 있다.

마케팅에서는 소비자 행동을 연구하는 분야가 소비자 심리학과 밀접한 관련이 있다. 소비자 행동 분야와 소비자 심리학 간에는 구분이 거의 불가능할 정도로 연구주제와 관점이 매우 유사하다. 미국 대학교의 마케팅 분야에서 소비자 행동을 연구하는 교수 중 상당수가 심리학 배경을 갖고 있거나 심리학자들과 협력하고 있다.

광고학도 마케팅과 마찬가지로 소비자 심리학과 관련이 있어 광고대상인 소비자에 관심을 두고 있다. 그러나 광고학에서는 주로 광고기획, 커뮤니케이션, 매체 등을 연구한다.

경제학은 전통적으로 소비자와 관련이 깊다. 미시경제학에서 소비자 경제학은 소비자를 경제행위의 합리적 주체로 생각한다. 그러나 2002년 노벨경제학상을 수상한 프린스턴대학교의 심리학자 대니얼 카너만(Daniel Kahneman) 교수는 자신의 조망 이론(prospect theory: 제11장 평가 및 선택 참조)을 경제학에 적용하여 경제행위의 주체인 소비자가 반드시 합리적이지 않음을 입증하였다. 아울러 카너만 교수와 많은 협력을 하였고 2017년 노벨경제학상을 수상한 시카고대학교의 경제학자 리처드 세일러(Richard Thaler) 교수는 행동경제학 분야에서 소비자를 연구하고 있다.

사회학 분야에서는 소비자를 둘러싸고 있는 환경, 즉 사회맥락에 관한 틀을 제공한다. 이에 혁신과 유행의 확산에 대한 배경이 제공되었다. 아울러 소비자 조사방법에 관해서는 심리학과 더불어 상당한 기여를 하였다. 대학교에서 사회학을 전공하고 소비자 분야에서 명성이 있는 미국 학자로는 하버드 경영대학교의 명예교수인 제럴드 잘트만(Gerald Zaltman)이 있다.

의류학 중에서는 패션마케팅 분야가 소비자 심리학과 관련이 있다. 패션마케팅은 주로 의류와 관련된 분야로서 의복소비를 주요 연구주제로 한다.

이 외에도 소비자학과 인류학이 소비자와 관련이 있다. 인류학은 소비자 문화에 관한 통찰을 제공하며, 특히 관찰과 면접에 근거한 질적 연구의 틀을 제공한다. 이상에서 볼 수 있듯이 소비자는 다양한 학문 분야에서 연구되고 있으며 현재 이러한 학문 분야 간의 학제 간 연구가 활발히 이루어지고 있다.

요약

소비자 심리학은 소비자가 자신의 욕구를 충족시킬 것이라고 기대하는 제품과 서비스를 구매, 사용, 그리고 처분하는 데 있어서 표출하는 행동과 정신과정인 구매결정을 과학적으로 연구하는 학문이라고 정의한다. 오늘날 소비자가 기업에 미치는 영향은 과거에 비해 크게 증가하여 소비자를 정확히 이해하는 것이 그 무엇보다도 중요하다. 이러한 소비자 심리학은 미국과 한국에서 유사한 역사적 배경에서 성장하였다. 소비자의 소비행동은 소비자의 개인 특성, 사회적 맥락, 문화적 맥락에 의해 영향을 받으며, 소비자 심리학은 마케팅, 광고학, 경제학, 사회학, 의류학, 소비자학, 인류학 등과 관계를 맺고 있다.

● 제2부

소비자의 내적요인

📖 **제2장**

지각

소비자가 어떻게 제품이나 서비스를 선택하는지를 기술하는 것은 소비자의 행동을 이해하는 데 필수적이다. 또한 소비자가 구매목적을 달성하기 위해 필요한 정보를 어떻게 획득하고 사용하는지에 관해서도 파악하는 것이 필요하다. 소비자는 제품포장, 판촉물, 광고 그리고 타인과의 대화 등을 통해 상표에 관해 알게 된다. 상표인식은 분명히 구매를 위한 전제조건이지만, 상표가 자동적으로 판매를 보장할 수는 없다. 예를 들어, 많은 소비자가 벤츠 자동차를 알고 있지만, 언제든지 누구나 구매 가능한 것은 아니다. 소비자는 상표를 인식한 후에도, 상표의 특성에 관해 그들이 얻는 정보에 근거하여 형성하는 상표지각 또는 인상에 의해 구매결정을 내린다. 따라서 지각의 연구는 외부환경에서 정보가 투입되고, 신념으로 변형되며, 기억으로 저장되고, 소비자에 의해 활성화되는 전반적인 과정에 관한 연구의 일부분이다.

지각은 선택적으로 감각기관에 수용된 정보를 체제화하고 해석하는 과정으로 정의되며, 선별, 체제화, 해석 등이 지각에 근거가 되는 기본과정이다. 인간은 항상 수많은 자극에 쌓여 생활하지만, 모든 자극을 다 처리할 수는 없다. 인간은 감각기관에 들어오는 많은 자극을 선택적으로 받아들임으로써 혼돈과 왜곡으로부터 자신을 방어할 수 있다. 이런 의미에서 지각은 단순히 감각투입만의 함수가 아니라, 오히려 개개인이 경험하는 개인적 이미지—지각—을 형성하기 위해 상호작용하는 두 가지 다른 투입의 결과라고 볼 수 있다.

한 가지 형태의 투입은 외부환경으로부터의 물리적 자극이고 다른 형태의 투입은 이전 경험에 근거한 기대, 동기 및 학습 등과 같은 성향들로 소비자 자신에 의해 제공된다. 이런 두 가지 다른 투입의 결합이 개별 소비자가 소비환경에 관한 매우 개인적인 이미지를 산출하도록 작용한다. 개별 소비자는 독특한 경험, 욕구, 소망 및 기대 등을 가지고 있어서 개별 소비자의 지각 또한 독특하다. 이는 모든 사람이 완벽하게 동일한 방식으로 세계를 보지 않는 이유를 설명해 준다. 소비자는 소비환경 내의 자극을 선별적으로 받아들이고, 심리학 원리에 의해 이런 자극을 체제화하며, 그들의 욕구, 기대 및 경험에 근거해 주관적으로 이런 자극에 의미를 부여하여 해석한다. 따라서 자극의 선별과 체제화에 관해 살펴보는 것이 중요하며 또한 자극해석에서 기호의 영향에 관한 기호학에 관해서도 살펴볼 것이다.

먼저 지각과정에 관해 살펴보기 전에 인간의 감각에 관한 기본적인 내용을 살펴볼 필요가 있다. 심리적 수준에서 감각은 단순한 자극(예, 오뚜기 마크)과 연합된 경험이고 지각은 감각의 체제화 또는 통합 그리고 의미 있는 해석(예, 식품회사)을 포함한다.

1. 감각

감각은 자극(예, 광고물, 제품, 포장, 상표 등)에 대한 감각기관의 즉각적이고 직접적인 반응이다. 자극이란 감각기관에 들어오는 정보를 의미한다. 자극의 예는 제품, 포장, 상표, 광고물 등을 들 수 있다. 감각수용기는 감각정보를 받아들이는 인체기관(눈, 코, 귀, 입, 피부)이다. 그 기관의 기능은 보고, 듣고, 냄새 맡고, 맛보고, 느끼는 것이다. 이러한 기능은 소비재 대부분을 사용하는 데 있어서 단독으로 또는 결합하여 작용한다. 인간의 민감성은 감각경험과 관련된다. 자극에 대한 민감성은 개인 감각수용기의 수준(예, 시력, 청력)과 노출자극의 양 또는 강도에 따라 변한다. 예를 들어, 시각장애인은 정상인보다 더 발달한 청각을 가질 수 있어서 정상인이 들을 수 없는 소리를 들을 수 있을 것이다. 후각은 인간의 기억과 밀접히 관련된 감각이다. 저자의 유학시절 한 미국 대학생이 어제 자기가 2년 전에 헤어졌던 여자 친구를 다시 만났는데, 만나자마자 무슨 말을 했는지 알겠느냐고 저자에게 물었던 적이 있다. 그 대학생은 "너 2년 전에 쓰던 향수 지금도 쓰고 있구나"라고 말했다 한다.

감각은 에너지 변화에 의존한다. 다시 말해, 투입에서의 차이를 변별하는 것에 의존한다. 감각투입의 강도와 관계없이, 완벽하게 자극이 없거나 변하지 않는 환경에서는 감각기능이 발휘되지 못한다. 따라서 서울과 같은 대도시의 대로변 아파트에 사는 사람은 자동차 경적 소리 또는 자동차 급제동 소리와 같은 소음자극의 투입으로부터 감각을 느끼지 못할 것이다. 즉, 이러한 자극에 둔감할 것이다. 이는 이러한 자극이 서울과 같은 대도시에서는 너무나 흔하기 때문이다. 한 가지의 일정한 경적 소리는 결코 주목받지 못할 것이며, 많은 감각투입이 있는 상황에서 감각기관은 투입에서의 작은 변화나 차이는 탐지하지 못한다.

그러나 감각투입이 감소할 때, 투입 또는 강도에서의 변화를 탐지하는 인간의 능력은 최소한의 자극조건에서 최대한의 민감성을 확보하는 순간까지 증가한다. 이는 다음의 말에서 그 의미를 이해할 수 있다. "너무나 조용해서 바늘 떨어지는 소리도 들을 수 있다." 외부조건이 변할 때 이에 따라 변하는 민감성 수준에 적응하려는 인간의 능력은 민감성이 요구될 때 더 많은 민감성을 제공하기도 할 뿐만 아니라 투입 수준이 높을 때 발생할 수 있는 여러 해로부터 우리를 보호하기도 한다.

1) 절대역

자극이 존재한다는 것을 아는 데 필요한 자극의 최소 강도인 절대역은 개인이 감각을 경험할 수 있는 가장 낮은 수준이다. 절대역에서 자극에 대한 반응은 100%가 아니라 50%를 유지한다. 즉, 어떤 경우에는 반응이 일어나고 어떤

절대역
자극이 존재한다는 것을 아는 데 필요한 자극의 최소 강도

경우에는 반응이 안 일어나는데, 그 수준이 바로 50%이다.

사람이 '뭔가 있다'와 '없다' 간의 차이를 탐지할 수 있는 수준이 바로 그 자극에 대한 그 사람의 절대역이다. 감각체계는 자극 에너지가 절대역에 도달하지 못하면 반응하지 않는다. 예를 들어, 운전자가 도로 주변에 있는 광고판의 내용을 파악할 수 있는 거리가 그 운전자의 시각에서의 절대역이다. 다른 모든 조건이 동일하다고 전제하고, 자동차에 함께 타고 있는 두 사람이 동일한 광고판을 각각 다른 시간에 봤다면, 이는 그들이 서로 다른 절대역을 갖고 있음을 의미한다.

한편 변화가 없는 일정한 자극조건에서 절대역은 증가한다(즉, 감각이 점점 둔해진다). 처음에 인상적이었던 광고도 자주 보다 보면 눈에 들어오지 않는다. 즉, 자극(예, 광고물)이 변화 없이 일정하다면, 사람들은 그 자극에 둔감해진다. 이는 지각에서의 순응과 관련이 있다. 순응이란 어떤 감각에 익숙해지는 것을 말한다. 즉, 자극의 어떤 수준에 적응하는 것이다.

감각순응은 많은 광고인이 관심을 두는 문제로, 이는 광고물에 정규적으로 변화를 주어야 하기 때문이다. 그들은 소비자가 인쇄광고와 TV광고에 익숙해져서 더 이상 광고를 보지 않을 거라는 데 주목한다. 즉, 광고물은 탐지되기에 충분한 감각투입을 더 이상 제공하지 못할 것이다.

소비자가 광고를 본다는 것을 확신하기 위해 마케터는 감각투입을 증가시키려고 노력한다. 예를 들어, 신문에서 한 지면을 모두 차지하는 전면광고, 광고카피에서의 지나치게 강렬한 표현을 볼 수 있다. 이와는 반대로 다른 광고제작자들은 감각투입을 감소시킴으로써 주의를 끌려고 한다. 이들은 주의를 끌기 위해 음악이나 다른 음향효과를 제거하는 것과 같은 고요함을 사용한다(Olsen, 1994). 어떤 마케터는 주의를 끌기 위해 그들의 광고를 내보낼 특이매체를 찾는다. 버스, 택시 또는 버스 정류장에다 광고판을 부착하기도 하고, TV쇼나 영화에 제품을 내보내기도 하며, 프로테니스 시합에서 보면 선수들의 옷에 광고를 부착하는 경우도 있다. 가능한 모든 매체를 동원한다고 해도 과언이 아니다.

2) 차이역

차이역이란 두 자극 간의 변화나 차이를 탐지하는 감각체계의 능력을 말하며, 두 자극 간에 탐지될 수 있는 최소한의 차이가 최소가지차이(just noticeable difference: JND)이다. 차이역에서도 차이에 대한 탐지반응은 100%가 아니라 50%를 유지한다. 즉, 어떤 경우에는 차이가 탐지되고 어떤 경우에는 탐지가 되지 않는데, 그 수준이 바로 50%이다.

1834년에 독일의 생리학자인 베버(E. H. Weber)는 두 자극 사이의 JND가 절대적 양이 아니라 첫 번째 자극의 강도와 관련한 양이라는 것을 발견하였다. 모든 감각과 거의 모든 강도에 적용되는 베버의 법칙은 다음과 같은 공식으로 기술된다.

$$K = \frac{\Delta I}{I}$$

여기서

K = 상수(감각에 따라서 변함)

ΔI = JND를 산출하기 위해 요구되는 자극강도에서의 최소한의 변화량

I = 변화가 일어나는 최초 자극강도

베버의 법칙에 의하면, 최초 자극이 강할수록 두 번째 자극과의 차이를 탐지하는 데 필요한 부수적인 강도는 더 커지거나 더 작아져야 한다. 예를 들어, 자동차의 가격이 만 원 증가 또는 감소했다면, 그 증가나 감소는 아마도 탐지되지 않을 것이다(그 증가나 감소가 JND 미만에 있을 것이기에). 그러나 휘발유 가격에서 백 원의 증가나 감소는 소비자에 의해 매우 빨리 탐지될 것이다. 즉, 사람들이 두 번째 자극과 최초 자극 간의 차이를 탐지하기 위해서는 JND에 해당하는 자극의 부가적인 수준이 더해지거나 줄어야만 한다.

베버의 법칙은 마케팅에 유용하게 적용된다. 예를 들어, 비누회사에서 200g 비누 1개당 천 원의 가격으로 판매하다 시장 환경의 변화로 인해 가격을 인상할 수밖에 없다고 하자. 이때 가격인상폭이 JND 미만에 있다면 소비자는 가격인상에 대해 신경을 쓰지 않을 것이다. 그러나 JND 이상의 가격인상은 소비자

차이역
2개의 자극을 구별하는 데 필요한 자극강도

최소가지차이
2개의 자극을 구별하는 데 필요한 최소한의 차이강도

에게 탐지되고 이것이 소비자에게 반감을 불러일으키게 된다면, 비누의 무게를 JND 이하에서 줄임으로써 가격인상의 대체효과를 얻을 수 있을 것이다.

제조회사와 마케터는 두 가지 이유로 자사제품과 관련되는 JND를 결정하려고 한다. 첫째, 제품크기 또는 품질에서의 감소 또는 가격에서의 증가 등과 같은 부정적인 변화가 소비자에게 즉각적으로 탐지되지 않게 하기 위해서, 둘째, 제품개선이 지나치게 낭비적이라는 인식 없이 소비자에게 분명히 알려지기 위해서 등이다. 마케터는 오랫동안 누적된 광고의 영향력에 노출된 소비자의 호의적인 인식을 유지한 채 기존의 포장디자인을 개선하길 원한다. 이러한 경우에, JND 수준에서의 작은 변화를 통해 소비자가 최소한의 차이를 느끼게 한다.

예를 들면, 미국의 유명한 소금회사 모튼(Morton)의 트레이드마크인, 비 오는 날 우산을 들고 소금을 흘리면서 걷는 소녀의 모습은 오랫동안 미국 소비자에게 호감을 불러일으키고 있다([그림 2-1] 참조). 이 디자인에 대한 소비자의 식상함을 막기 위해 소녀의 치마 길이와 머리 모양을 JND 수준에서 변화를 줌으로써 이 디자인의 급격한 변화와 소비자의 식상함을 동시에 막고 소비자의 호의적인 태도를 유지하였다.

[그림 2-1] 모튼의 트레이드마트

차이역과 관련하여 한 가지 분명한 것은 제품을 개선할 때, 마케터가 소비자의 차이역을 충족시키거나 초과하기를 원한다는 것이다. 이를 통해 마케터는 소비자가 초기 제품에서 만들어진 어떤 개선을 즉각적으로 인식해 주기를 원한다. 그러나 제품의 개선이 JND 아래에서 이루어지면 그 개선은 인식될 수 없기에 쓸모없게 되고, JND를 많이 넘어서서 이루어지면 소비자의 당혹감 내지는 반감을 유도할지도 모른다.

3) 식역하 지각

절대역과 밀접히 관련되는 것이 식역하 지각(subliminal perception)이다. 식역하란 용어는 '절대역 아래'를 의미한다. 자극의 강도가 절대역 아래에 있기에 자극은 탐지될 수 없는 것이다. 그러나 식역하 지각은 의식적인 인식수준 아래에서 제시된 자극임에도 불구하고 사람의 행동과 감정에 영향을 줄 수 있다는 생각을 반영한다.

식역하 지각
절대역 아래에 있는 자극이 사람의 행동과 감정에 영향을 줄 수 있다는 생각을 반영함

1957년 미국 뉴저지의 한 영화극장에서 관람객은 "Drink Coca-Cola"와 "Eat popcorn"이라는 메시지에 노출되었다. 이 메시지는 영화에 삽입되어 관람객이 의식적으로 탐지할 수 없을 정도로 빨리 제시되었다. 이러한 절차를 수행하였던 마케팅 회사는 극장에서 코카콜라의 판매가 17% 그리고 팝콘의 판매가 58% 증가했다고 주장하였다(Brean, 1958).

만일 이 주장이 옳다면 그리고 이러한 절차가 효력을 발휘한다면, 광고주에게는 기쁨이지만 소비자에게는 악몽일 것이다. 소비자는 자신도 모르는 사이에 통제되고 영향을 받을 수 있을 것이다. 그러나 연구자들이 위의 절차를 수행했던 마케팅 회사에 절차에 관한 상세한 내용을 요청했을 때, 그 회사가 거절함으로써 연구자들은 절차와 결과를 정밀하게 평가할 수 없었다. 따라서 어느 누구도 극장에서의 판매증가가 식역하 자극(subliminal priming)에 기인한 것인지, 영화 내용(영화 제목이 '피크닉'으로 먹고 마시는 사람들을 보여 줌)에 기인한 것인지, 관람객의 수와 특성(극장에 많은 관람객이 있었을 수도 있고 그들 중에 팝콘을 먹고 코카콜라를 마시는 성인이 더 많았을 수도 있음)에 기인한 것인지, 아니면 팝콘과 콜라의 진열방식에 기인한 것인지 결론을 내릴 수 없었다.

이 사건으로 인해 심리학자들은 1950년대 후반부터 1960년대 초반까지 본격적으로 식역하 지각을 연구하였다. 식역하 지각에 관한 연구들은 상반된 결과를 보여 주었다. 몇몇 연구는 식역하 자극이 효과가 있음을 보고하였지만 (예, Lazarus & McCleary, 1951), 대부분의 연구는 효과가 없다고 보고하였다(예, Konecni & Slamenka, 1972). 그 결과 많은 심리학자는 식역하 지각의 효과를 의문시하였다.

방법론상의 세 가지 문제가 불일치하는 결과를 가져온 것으로 보인다. 하나는 식역하 자극의 조작이 상당히 다양하다는 것이다. 자극들은 낮은 청각강도, 낮은 시각강도, 짧은 시각노출, 애매함 또는 왜곡 등에 의해 식역하 자극으로 조작되었다. 더군다나 한 가지 자극차원(예, 시각)에서조차도 자극은 그림(Klein, Spence, & Holt, 1958), 표의적 상징(Smith, Spence, & Klein, 1959), 단어(Byrne, 1959) 등으로 다양하게 제시되었다. 따라서 식역하 자극의 조작이 일관되지 못했고 심지어 체계적으로 고려되지도 않았다.

상반된 결과를 가져온 것으로 보이는 두 번째 문제는 연구들에서 식역하 자극의 효과를 보여 주기 위해 측정된 반응차원들이 다양했다는 것이다. 반응차원인 종속변수는 인지(Hawkins, 1970), 학습(Konecni & Slamenka, 1972), 감정(Lazarus & McCleary, 1951), 동기(Hawkins, 1970) 그리고 행동(Byrne, 1959) 등이었다. 이러한 다양한 반응차원들이 결과의 일관성을 떨어뜨렸을 수 있을 것이다.

세 번째 문제는 식역하 자극에 대한 조작검토이다. 실험참가자들이 식역하 자극을 의식했는지를 검토해야만 한다. 만일 참가자가 식역하 자극을 의식했다면, 그 참가자에게 있어서 그 자극은 식역하의 자극이 아니다. 식역하 지각에 관한 연구는 이 점이 매우 중요하다. 그러나 연구 대부분이 이 점을 간과하였다. 사실상 지금까지 연구에서 사용된 식역하 자극의 많은 예들은 식역하가 아니라 상당히 의식 가능한 것이었다.

예를 들어, 한 연구는 식역하의 삽입 자극이 대학생의 광고평가에 미치는 효과를 연구하였다(Kilbourne, Painton, & Ridley, 1985). 2개의 인쇄광고가 사용되었는데 하나는 인기 있는 담배에 관한 것이었고 다른 하나는 잘 알려진 상표의 위스키에 관한 것이었다. 실험자가 광고자극을 지적한 후, 대학생들은 그들이 술 광고에 삽입된 여성의 누드와 담배광고에 삽입된 남성의 생식기를 확인할 수 있었다고 보고하였다. 각각의 광고를 변형시킨 두 번째 광고자극에서는 전문가가 삽입자극을 지워 버렸다. 4개의 대학생 집단이 4개의 광고를 평가한 결과 삽입자극이 있는 술 광고(실험광고)와 삽입자극이 지워진 술 광고(통제광고)에 대한 반응에서 차이가 나타났지만, 담배광고에서는 나타나지 않았다. 두 번째 연구에서는 자율신경계의 흥분을 측정하였는데, 결과는 삽입된 자극을 가진 광고가 대학생을 더 흥분시켰음을 밝혔다. 그러나 이 연구도 식역하 자극으로 조작된 삽입자극을 참가자가 인식함으로써 식역하 자극의 조작에 실패하였고, 따라서 결과를 믿을 수가 없다.

그러나 몇몇 연구들은 식역하 자극이 소비자에게 영향을 미침을 보여 주었다. 예를 들어, 연구자들은 'Coke'란 단어를 절대역 아래 수준에서 제시하는 것이 연구대상자가 더 갈증을 느끼게 했다는 것을 발견하였다(Beatty & Hawkins, 1989). 유사하게 또 다른 연구자들은 연구대상자에게 모직물을 어떻게 세탁하는지에 관한 영화를 보여 주는 동안 잘 알려진 모직 세탁용 비누 상표의 슬라이드를 그들이 의식하지 못할 정도로 빠르게 제시하였다. 그 결과 슬라이드에 노출됐던 사람들이 식역하의 정보가 없는 영화를 본 사람들보다 통계적으로 유의하게 그 상표를 더 호의적으로 평가하였다(Cuperfain & Clarke, 1985).

식역하 지각에 관한 상반된 연구결과에도 불구하고, 만일 식역하 지각을 지지하는 결과들이 실재라고 가정한다면 식역하 지각의 효과는 어떻게 생기는 것일까? 다음의 두 가지 이론이 이를 설명할 수 있다(Saegert, 1987).

첫째, 증가효과 이론은 자극의 여러 차례 반복으로 인해 자극표상이 소비자의 신경계에서 점차 형성된다고 제안한다. 어느 순간에 이 표상은 행동 역에 도달하고 소비자의 행위를 변화시킨다. 이때 소비자는 이러한 변화의 원인을 전혀 인식하지 못한다. 이러한 증가효과 이론은 특정 자극의 무수한 반복이 필요함을 가정한다. 실제로 위의 Coke 및 모직 세탁비누의 연구들에서는 특정 자극을 많이 반복하였다.

둘째, 각성의 심리역동성 이론은 어떤 행동에 관련되는 무의식적 소망이 무의식적으로 제시된 자극에 의해 활성화된다고 가정한다. 추측건대, 식역하 자극에 의해 활성화된 무의식적 소망이 광고 지각에 영향을 줄 수도 있을 것이다.

이러한 식역하 지각은 현실세계의 광고에서 세 가지 유형으로 나타났다. 첫째, 간결하게 제시된 시각자극, 둘째, 저음에서 빠른 속도로 제시되는 청각 메시지, 셋째, 인쇄광고에서 삽입되거나 숨겨진 성적인 이미지 또는 단어 등이다.

과연 식역하 지각을 이용한 광고는 효과가 있는가? 한 심리학자에 의하면 (Moore, 1982), "효과는 없다, 당신이 보는 것이 바로 지각하는 것이다." 그는 식역하 자극은 지극히 약하고 다른 강력한 메시지에 의해 확실하게 가려진다고 주장한다. 아울러 사람들이 일반적으로 자극에 대해 어떻게 반응해야 하는지를 스스로 통제하기 때문에, 사람들은 자신이 원하지 않는 무언가를 하도록 설득하려는 어떤 시도도 걸러낸다는 것이다.

이와 관련하여 식역하 지각에 관한 연구들을 좀 더 고찰해보면 재미있는 점을 발견할 수 있다. 이는 앞에서 언급했던 상반된 연구결과에 관한 두 번째 문제와 관련된다. 식역하 지각을 지지했던 연구들은 감정과 동기(Beatty & Hawkins, 1989)의 심리과정을 종속변수로 선정하였지만, 식역하 지각을 지지하지 않은 연구들은 인지와 학습(Konecni & Slamenka, 1972)의 심리과정을 측정하였다.

이것은 만일 식역하 자극이 효과가 있다면, 식역하 자극이 통제된 방식으로 생각하고 믿으며 행동하는 최면상태의 인간을 만드는 것이 아니라, 제품에 관해 소비자가 어떻게 느끼는지에 영향을 미칠 수도 있음을 제안하는 것이다. 그러나 이 책에서 다루어질 대부분 아니 모든 기제와 기법이 식역하 지각보다는 훨씬 더 강력하고 더 지속적인 효과를 유발함을 독자들은 알게 될 것이다. 따라서 식역하 자극을 활용할 필요가 없을 것이고, 무엇보다도 효과 여부를 떠나서 식역하 지각이 심각한 윤리문제를 일으킬 수 있음에 유념해야만 한다. 식역하 지각은 제4장 기억의 암묵기억에서 다시 다루어질 것이다.

4) 소비자 순응

절대역 및 차이역의 개념과 밀접히 관련되는 개념이 순응이다. 누구든지 자극에 대한 순응과정을 경험한다. 예를 들어, 독자들은 뜨거운 목욕물에 몸을 처음 담글 때는 힘들지만, 얼마 안 있어서 상당히 기분이 좋아짐을 경험했을 것이다. 감각에서의 이러한 변화는 물이 시원해져서 일어난 것이 아니다. 이는 사람의 신경세포가 물의 온도에 적응함으로써 사람의 뇌로 목욕물이 뜨겁다는 신호를 더 이상 보내지 않기 때문이다. 순응은 개인이 반복적으로 자극을 접할 때 일어난다. 순응수준은 사람이 익숙해지는 자극의 수준이나 양으로, 자극수준에서의 변화가 비교되는 참조점이다.

　순응은 제품과 광고전략을 위한 함의를 갖는다. 소비자가 어느 일정 기간 제공된 어떤 모양, 스타일 또는 메시지에 적응하기 때문에, 제품 또는 광고 메시지를 신선하게 유지하기 위해서는 마케터가 이러한 것들을 주기적으로 변화시켜야만 한다. 다시 말해, 소비자가 제품, 디자인 또는 광고 등에 순응하면, 소비자는 이러한 자극에 대해 둔감해질 뿐만 아니라 싫증을 일으킨다. 따라서 마케터는 소비자의 순응을 막아야 한다. 이를 위해서 마케터는 제품, 디자인, 광고 등에 변화를 주어야 하며, 소비자가 무언가가 변했다는 것을 인식해야 한다.

순응
개인이 특정 자극에 반복적으로 접촉함으로써 그 자극에 대해 둔감해지는 심리현상

나비곡선　　소비자의 순응과정과 관련하여 살펴볼 한 가지 재미있는 내용이 [그림 2-2]에 제시된 나비곡선이다. 그림에서 보면, 수직축은 자극의 선호정도를, 수평축은 자극수준을, 점선은 순응수준을 나타낸다. 나비곡선은 자극에 대한 선호가 순응수준보다 약간 높거나 약간 낮은 지점에서 가장 큼을 보여 준다. 순응수준에서 선호는 약간 감소하는데, 이는 사람이 자극에 습관화되었기 때문이다. 선호는 자극수준이 순응수준으로부터 멀리 움직일수록 감소한다 (Hansen, 1972).

나비곡선
자극에 대한 성호가 순응수준보다 약간 높거나 낮은 지점에서 가장 크며, 순응수준에서 선호는 약간 감소하고, 자극수준이 순응수준으로부터 멀어질수록 선호가 감소함을 보여 줌

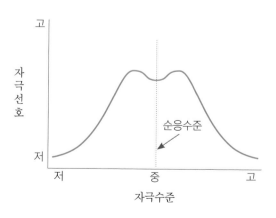

[그림 2-2] 나비곡선

나비곡선은 패션 트렌드가 자주 변하는 이유를 설명해 준다. 소비자는 패션의 한 유행에 빠르게 순응하여 어느 순간 시들해진다. 그때 패션 디자이너들은 비교적 작은 변화를 줌으로써 특정한 패션이 순응수준으로부터 조금 멀어지게 하여 그 패션의 유행을 유지하는 경향이 있다. 치마 길이, 넥타이 폭 또는 셔츠 칼라 크기 등이 늘어나거나 줄어드는 현상이 이것을 잘 예증한다.

나비곡선이 설명할 수 있는 또 다른 소비자 행동으로 자발적인 상표전환이 있다. 소비자는 자신이 기존에 사용해 왔던 상표에 아무런 불만이 없을지라도 상표를 다른 상표로 종종 바꾼다. 이러한 행동은 상표 간에 차이가 거의 없는 저관여 제품들에서 빈번하게 발생한다. 소비자는 자신이 구매해 왔던 상표에 순응하였기에 새로운 자극을 찾기 위해 상표를 바꾼다고 볼 수 있다. 상표를 바꿈으로써 소비자는 순응수준에서 멀어지고 유쾌한 경험을 다시 한다. 따라서 기업은 소비자의 이러한 행동을 막기 위해 자사 제품을 꾸준히 개선해야 한다.

5) 감각유형

외부환경에서의 자극들은 인간의 다섯 가지 감각기관을 통해 들어온다. 이러한 감각투입 자극은 지각과정을 유도하는 원자료(처리되지 않은 상태의 자료)다. 예를 들어, 외부환경으로부터의 어떤 감각자극(예, 라디오에서 나는 소리)은 젊은이가 첫사랑의 추억을 강하게 떠올려서 첫사랑 여인의 향수 향기 또는 그 젊은이의 뺨에 닿는 그녀의 머리카락의 느낌을 떠올리게 하는 내적 감각경험을 생성할 수 있다. 이러한 반응은 소비자와 제품 간의 상호작용에 근거한 쾌락소비, 즉 감정차원에 대한 중요한 요소이다(Hirschman & Holbrook, 1982).

제품의 독특한 감각특성이 경쟁에서 우위에 서게 하는 데 도움을 줄 수 있는데, 특히 상표가 감각과 독특한 연합을 창출할 수 있다면 더욱 그럴 것이다. 예를 들어, 색채감각과 소비자의 감정을 연합시키려는 시도는 많은 기업에서 심혈을 기울이고 있는 감성제품 개발의 한 주요 축이다. 이러한 쾌락소비는 제품의 환상적 측면을 강조하는 많은 마케팅 전략에서 중심적 역할을 담당한다.

(1) 시각

마케터는 광고, 매장 이미지, 제품포장 또는 용기 등에서 시각적 요소를 매우 강조한다. 제품의 색채, 크기, 스타일 등의 시각적 채널을 통하여 제품관련 의미가 전달된다. 소비자 행동에 영향을 줄 수 있는 다양한 시각적 요소 중에서 색채가 차지하는 비중은 상당히 크다. 감각 및 지각심리학에서도 색채의 연구는 상당히 많다.

색채에 대한 어떤 반응은 학습된 연합으로부터 나타난다. 예를 들어, 서양 국가들과 우리나라에서는 검은색 그리고 일본에서는 흰색이 조문의 색으로서의 상징성을 갖고 있다. 더군다나 검은색은 권력을 연상시킨다. 우리나라에서 관공서 관련 차량을 보면 검은색이 압도적으로 많다. 또한 색채는 사람의 감정에 영향을 직접 줄 수 있다. 빨간색은 흥분의 감정을 그리고 파란색은 이완의 감정을 일으킨다고 알려져 있다. 광고에서 파란색을 배경으로 하여 제시된 제품이 빨간색 배경의 제품보다 더 선호되었다(Bellizzi & Hite, 1992).

색채는 포장디자인에서 주요한 요소이다. 이는 색채가 포장 안에 무엇이 들어 있는가를 상상하는 소비자에게 상당한 영향을 줄 수 있기 때문이다. 기존의 푸른색의 카스텔로(Castello) 치즈의 자매품으로 흰색 치즈를 시장에 내놓은 덴마크의 한 회사는 처음에 카스텔로 비안코(Castello Bianco)라는 상표명의 신제품을 붉은색으로 포장하였다. 붉은색 포장을 채택한 이유는 매장선반에서 눈에 쉽게 들어오게 하기 위해서였다. 비록 맛 검사의 결과는 매우 긍정적이었지만, 판매는 저조하였다. 차후에 행해진 소비자 해석에 대한 기호학적 분석결과는 붉은색 포장과 상표명이 소비자가 치즈가 아닌 단맛이 나는 다른 제품으로 잘못 연상하게 하였음을 보여 주었다. 덴마크 소비자는 붉은색과 흰색 치즈를 연합하는 데 어려움이 있었을 뿐만 아니라, 비안코라는 상표명이 치즈의 실질적 맛과는 일치하지 않는 단맛을 의미하였다. 따라서 그 회사는 흰색 치즈를 흰색 카스텔로(White Castello)라는 상표명과 흰색 포장으로 변경하여 시장에 다시 출시하였고, 판매는 거의 즉각적으로 두 배 이상 증가하였다(Solomon, Bamossy, & Askegaard, 1998).

여기서 잠깐!

색이 권력이다.

오늘날 색은 권력이다. 색이 상징하는 의미로 정치적 메시지를 던지고 기업의 상징색이 수십억 사용자의 무의식에 자리 잡기도 한다.

색채 연구가이기도 했던 철학가 괴테는 1810년 '색채론'을 쓰며 "색채를 과학적으로 관리하지 않는 것은 어린아이가 악보 없이 악기를 연주하는 것과 마찬가지다"고 했다. 마우스로 손가락 까딱하면 디지털로 새로운 색 조합이 가능한 '색의 풍요 시대', 200년 전 괴테의 말은 더 강력한 힘을 얻었다. 기업은 치열한 경쟁 속에 소비자의 마음을 살 색깔을 찾고, 정당은 표심 잡으려고 유권자의 마음 움직일 색을 찾는다. 눈에 안 보이는 컬러 전쟁이 도처에서 펼쳐진다.

이 틈에 대표적인 색채 회사 팬톤 같은 거대한 '시각 권력'도 등장했다. 팬톤은 매년 '올해의 색'을 발표해 세계의 색깔 트렌드를 이끈다. 색깔 이름을 새로 만들기까지 한다. 지난 12월 발표된 2017년 올해의 색은 나뭇잎 빛의 '그리너리(greenery)'이다. 바로 패션 회사, 생활용품 업체로 초록 물결이 일고 있다. SNS의 힘은 색 유행에도 가속을 붙여, 온라인에는 '그리너리' 관련 게시물이 넘친다.

색은 시선을 움직이고, 시각을 바꾸며, 산업을 일으키고, 경제에 영향을 미친다. 세상을 움직이는 보이지 않는 손, 색깔 속으로 들어가 보자.

최근 컬러와 관련해 일반인들에게도 낯설지 않은 이름이 있다. 미국 색채 전문 회사 '팬톤(Pantone)'이다. 매년 '올해의 색'을 발표하면서 색 유행을 주도하는 회사이다. 올해의 경우 지난 12월 8일 '2017 올해의 색'으로 '그리너리(greenery, 노란빛이 도는 녹색)'가 발표된 직후부터 지금까지 수천 건의 관련 기사가 쏟아졌고, 화장품·패션 같은 색깔에 민감한 소비재에는 바로 이 색이 적용됐다.

유행 풍향계의 큰 축인 만큼 기업들은 촉각을 곤두세울 수밖에 없다. LG생활건강의 메이크업 브랜드 VDL은 지난 2012년 론칭하면서 아예 팬톤과 협업했다. 지난해엔 '팬톤 2016 올해의 색'이었던 옅은 분홍빛의 '로즈쿼츠'와 연한 하늘색의 '세레니티'를 메인 색상으로 10여종의 메이크업 제품을 출시했다. 3일 만에 일부 품목 초도 물량 2개월치가 완판되는 '대박'을 터트렸다. 올해도 팬톤 색상이 정해지면서 바로 '그리너리' 라인을 출시했다. VDL 측은 "팬톤 이름 하나에 인지도 상승은 물론 매출까지 급상승하게 됐다"고 했다.

1962년 미국 뉴저지에서 화장품 색견본 제조회사로 출발한 팬톤은 스스로 '세계적인 권위의 컬러 당국(the global authority on color)'이라고 규정한다. 소규모 화학회사에서 전 세계 색상의 '표준'을 점유하게 된 건 창업자 로렌스 허버트(Lawrence Herbert)가 팬톤의 색상 매칭 시스템 'PMS(Pantone matching system)'을 만들면서부터이다. 10개의 기본색으로 1만 개 이상의 색상 조합을 만들 수 있었다. 숫자·문자 등으로 색상을 표준화했고, 거기에 맞는 이름까지 만들었다.

팬톤이 지금같이 대중적인 힘을 갖게 된 건 2000년부터 '올해의 색'을 발표한 이후이다. 이전까지 확보한 1,751개의 컬러 팔레트를 중심으로 유행 컬러에 다양한 심리·사회학적 해석을 곁들인다. 여기서 중요한 건 그들이 택한 유통 방식이다. 세계적인 권위의 일간지 『뉴욕타임스(New York Times)』를 통해 '올해의 색'을 가장 먼저 발표한다. 팬톤 홈페이지에 올리는 건 그다음 일이다.

그러나 팬톤이 실질적으로 우리 삶에 미치는 영향에 대해선 회의적인 시각도 존재한다. 『색의 놀라운 힘(The power of color)』의 저자인 색채 전문가 장 가브리엘 코스(Jean-Gabriel Causse)는 "팬톤이 2015년 갈색 계열의 적포도주 색 '마르살라'를 올해의 색으로 추천하자 진열장에는 마르살라 색 옷이 넘쳤지만 정작 거리에선 찾아보기 힘들었다"며 "매니큐어처럼 극히 드문 경우를 제외하고 결국 판매가 잘되는 색은 검정, 회색, 흰색"이라고 지적했다. '상술'일 수도 있단 이야기이다.

① 빨간 내복의 탄생 비밀?

첫 월급 타면 부모님께 빨간 내복을 사드리는 게 관례이던 때가 있었다. 1960년대 국내에 나일론 소재 내복이 처음 등장했을 때 염색 기술이 좋지 않았다. 그나마 얼룩 없이 잘 염색된 게 빨간색 염료였다. 속옷 회사에서 전략적으로 빨간 내복을 많이 팔았다. 부산 지역에선 여전히 빨간 내복이 인기이다. 백화점이나 대형마트가 개업하면 빨간 속옷을 판다. 어촌에서 고기잡이배가 만선이면 빨간색 깃발을 꽂는 전통이 '개업한 가게에서 빨간 속옷을 사면 행운이 따른다'는 속설로 이어진 까닭이다.

② 수술복은 왜 초록색?

어떤 색을 계속 쳐다보다가 흰색을 보면 원래 쳐다보던 색의 보색이 아른거린다. 보색 잔상이라는 현상이다. 의사가 수술실의 강한 조명 아래 환자의 붉은 피를 보다가 흰색을 쳐다보면 빨강의 보색인 청록색 잔상이 보인다. 이런 잔상 현상을 줄이기 위해 초록색 수술복을 입게 됐다.

③ 샤넬에 빛진 검정

상복(喪服)에나 쓰이던 검정을 여성의 일상복에 처음 쓴 이는 디자이너 코코 샤넬이다. 1926년 그녀가 만든 '리틀 블랙 드레스'는 귀족 여성들의 치렁치렁한 드레스와는 180도 다른 심플한 검정 치마 원피스였다. 당시 『보그(Vogue)』는 이 치마를 자동차의 대량생산을 이끈 포드에 빗대 '샤넬판 포드'라 불렀다. 샤넬은 "여자들은 무색(無色)을 제외한 모든 색에 대해 생각한다. 나는 '검정'이 모든 색을 아우르고 있다고 말해 왔다"며 자신의 검정 편애를 드러내곤 했다.

④ 블루에 빠진 '티파니'

『쇼핑학(Buyology)』의 저자 마틴 린드스트롬(Martin Lindstrom)은 보석 브랜드 티파니의 블루 박스를 보기만 해도 여성들의 심장 박동 수가 22% 상승한다는 흥미로운 통계를 내놓았다. 그만큼 티파니의 하늘색은 상징적이다. '티파니 블루'라는 공식 컬러명까지 있다. 이 색은 로빈 새의 알 색에서 유래했다고 한다. 19세기 영국 빅토리아 시대 신부가 자신을 잊지 말아 달라는 뜻에서 하객에게 로빈 새의 알 색과 같은 파란색을 칠한 비둘기 장식을 선물했다. 1845년 티파니가 카탈로그 표지에 이 파란색을 쓰고, '블루북(Blue Book)'이라고 이름 붙인 게 티파니 블루의 효시이다. 이후 박스, 쇼핑백 등에도 이 색이 쓰이게 됐다.

출처: 김미리, 최보윤(2017). 조선일보 the table 1.25, 1-5에서 발췌하여 재인용.

(2) 청각

마케터는 소리와 같은 청각적 요소를 활용하여 소비자의 행동에 영향을 주려고 한다. 광고의 CM song(commercial song)은 상표를 인식시키고, 배경음악은 소비자에게서 바람직한 기분을 만들어 낸다. 소리는 소비자의 감정과 행동에 영향을 미친다. 지금까지 소비자 맥락에서 청각과 관련한 연구들은 두 가지 방향에서 진행되었는데, 이는 첫째, 소비자의 기분에 미치는 배경음악의 영향, 둘째, 태도변화와 메시지 이해에 미치는 말의 속도의 영향 등이다. 이들 중 배경음악에 관해서는 제13장 소비자 상황에서 다룰 것이다.

여기서 잠깐! ●　●　●

남자의 굵직한 저음에 여자는 지갑을 연다.

TV 홈쇼핑 방송을 보면 대부분의 쇼호스트가 거의 소리를 지르듯 상품을 요란하게 설명한다. 쇼호스트의 목소리가 크고, 높고, 빠를수록 설득력이 있다는 정설을 따른 것이다. 그런데 홈쇼핑 판매 기네스 기록을 보유 중인 CJ오쇼핑의 남자 쇼호스트 장문정 씨가 지난 18일 밤 보험 상품을 소개하는 목소리는 차분한 저음(低音)이었다. 물론 기록 보유자답게 매출 실적도 좋았다.

남자의 목소리에 어떤 마법이 들어 있을까. 최근 연구 결과에 따르면 남성의 목소리가 저음일 때 여성이 더 신뢰감을 느끼며, 심지어 기억도 잘한다고 한다. 여성 소비자의 지갑을 열려면 굵직한 남성의 저음이 좋은 무기인 것이다. 왜 여성 소비자는 남성 판매자의 저음에 끌리는 것일까. 일단 여성은 낮은 목소리의 남성에 매력을 느낀다. 남성의 목소리가 굵고 낮으면 남성호르몬인 테스토스테론의 수치가 높기 때문이다. 남성호르몬은 남성을 남성답게 하는 물질. 저음이 여성에게 성적 매력을 불러일으키는 것이다.

그렇다고 여성 소비자가 저음의 남성 쇼호스트에게 매력을 느꼈기 때문에 구매 의사가 높아졌다고 보기엔 무리다. 최근 영국 연구진이 저음의 또 다른 효과를 발견했다. 바로 기억이다.

에버딘대학교 케빈 앨런(Allan) 교수 연구진은 45명의 여성에게 남녀가 자신을 소개하는 영상을 보여 주고, 나중에 사진을 보여 주며 전에 본 기억이 있는지를 실험했다. 그러자 여성들은 저음의 남성을 가장 잘 기억하는 것으로 나타났다. 앨런 교수는 국제학술지 『기억과 인지』에 발표한 논문에서 "남성의 저음이 여성의 기억을 강화시킨다는 사실을 처음으로 확인한 연구"라고 밝혔다.

앨런 교수는 저음이 더 잘 기억되는 것을 "좋은 짝을 찾기 위한 오랜 진화의 결과"로 설명했다. 스치듯 지나가며 본 남성이 자신이 찾던 짝이라면, 나중에 만날 때 잘 기억해야 놓치지 않을 수 있다. 그래서 매력 있는 남성의 특징인 저음이 기억력을 향상시켰다는 것이다.

출처: 이영환(2009). 남자의 굵직한 저음에 여자는 지갑을 연다. 조선일보, 9월 20일에서 재인용.

(3) 후각

향기는 감정을 자극하거나 차분한 느낌을 불러일으킬 수 있다. 이는 향기가 인간 뇌의 가장 기본적인 부분이며 즉각적인 감정을 다루는 부위인 변연계에서 처리되기 때문이다. 또한 기억을 촉진하거나 긴장을 완화할 수 있다. 향기에 대한 사람의 반응은 부분적으로 향기와 좋거나 나쁜 감정 사이의 연합에 기인한다. 이 점 때문에 기업에서는 향기, 기억, 감정 간의 연합을 집중적으로 다룬다.

예를 들어, 한 연구는 꽃 또는 초콜릿 광고를 본 소비자 그리고 꽃향기나 초콜릿 향을 맡았던 소비자가 꽃이나 초콜릿 제품에 관한 정보를 처리하는 데에 더 많은 시간을 소비하였으며 각각의 제품범주 내에서 다른 대안들을 시용하려는 경향이 많음을 보여 주었다(Mitchell, Kahn, & Knasko, 1995; Spangenberg, Crowley, & Henderson, 1996). 한편 한 기업의 임원은 바닐라 향이 단란한 가정과 온정에 대한 기억을 자극한다고 말하고 있다(Collins, 1994).

(4) 촉각

일반적인 관찰에 의하면 촉각은 소비자 행동에서 중요하다. 예를 들어, 소비자는 섬유소재의 촉감과 제품품질을 연합시킨다. 의복, 침구류 또는 방석/소파의 천 소재는 부드러운지 거친지, 유연한지 딱딱한지 등의 느낌과 연결된다. 데님(두꺼운 무명)은 실용적이고 내구성이 있는 것으로 간주하고 실크와 같은 부드러운 섬유는 호화로운 것으로 보인다. 아울러 부드럽거나 정교하게 가공 처리된 소재는 비싸면서 고급스럽게 보인다. 마찬가지로, 더 부드러우면서 섬세하게 처리된 직조는 여성스러운 것으로, 거친 직조는 남성용인 것으로 보인다.

(5) 미각

식품회사들은 자사 제품이 음식 맛을 제대로 내는지를 확인하기 위해 철저한 공정을 거친다. 나비스코(Nabisco)가 자사의 과자 품질을 평가하기 위해 사용하는 절차를 살펴보자. 이 회사는 과자 맛을 검사하는 감각 패널집단을 관리한다. 이 집단은 미각에 대해 뛰어난 능력을 갖춘 소비자로 구성되며 6개월 동안 맛 검사 훈련을 받는다. '눈을 가리고 하는 맛 검사(blind taste test, 맛을 보는 제품이 어느 회사 또는 어느 상표인지를 전혀 모르게 하는 검사)'에서 패널은 나비스코 제품과 경쟁제품을 많은 제품관련 특성에서 비교한다. 이러한 특성에는 입에서 녹는 정도, 부서지는 정도, 과자가 한입에 물리는 정도, 과자의 단맛/짠맛/쓴맛의 정도 등이 포함된다. 전형적으로 패널 집단이 과자의 한 샘플을 평가하기 위해 걸리는 시간은 8시간 정도이다(Dagnoli, 1989). 국내의 오뚜기 식품에서도 패널 집단을 철저하게 관리하고 있다.

저자가 한 식품회사를 자문하면서 경험한 것은 기본적으로는 제품의 실질적인 맛이 중요하지만, 실질적인 맛에서 커다란 차이가 나지 않을 경우 소비자가 느끼는 심리적 맛이 중요한 역할을 한다는 것이다. 저자가 자문했던 회사의 제품과 경쟁제품을 '눈을 가리고 하는 맛 검사'에서 맛을 비교하였을 경우, 일반 소비자는 맛에서의 차이를 느끼지 못하였다. 물론 미각에서 뛰어난 능력을 갖춘 소비자라면 맛에서의 미묘한 차이를 감지하겠지만…….

여기서 '눈을 가리고 하는 맛 검사'도 두 가지 방식이 있다. 하나는 특정 제품을 전부 맛보는 것이고(예, 우동 한 그릇을 다 먹어 보는 경우), 다른 하나는 특정 제품의 일부만을 맛보는 것이다(예, 우동 한 그릇에서 우동 몇 가닥과 소량의 국물을 맛보는 경우). 일반적으로 '눈을 가리고 하는 맛 검사'에서는 후자의 방식을 사용한다. 어느 방식의 검사였든지 일반 소비자는 맛에서의 차이를 느끼지 못하였다. 그러나 상표를 알려 준 후에 맛 검사를 실시하면 검사제품 간에 차이가 두드러졌다. 따라서 일반 소비자의 맛에 대한 평가는 실질적인 맛에 의해서가 아니라 소비자의 기억 속에 있는 특정 상표 또는 습관과 관련한 심리적 맛에 의해 이루어지는 경향이 강한 것 같다. 이와 관련하여 다음의 '와인은 머리로 마신다고?'라는 읽을거리를 참고하면 도움이 될 것이다.

여기서 잠깐!

와인은 머리로 마신다고?

맛·향보다 값·등급이 영향, 비쌀수록 뇌 반응 달라져

레스토랑에서 제일 팔기 어려운 와인? 답은 '가장 싼 와인'이다. 많은 와인 소비자들이 와인을 '맛'과 '향'으로 마시는 게 아니라 '가격'과 '등급'으로 마시고 있다는 것이 실험으로 밝혀졌다고 7일 뉴욕타임스(NYT)가 보도했다.

음식평론가인 로빈 골드스타인(Goldstein)이 한 병에 1.5달러(약 1570원)에서 150달러까지 하는 와인 540병을 일반인 500명에게 맛을 보게 한 뒤 점수를 매기게 했다. 와인에 대한 아무런 정보 없이 맛과 향으로만 평가한 결과, 10달러짜리 와인이 150달러짜리 와인보다 높은 점수를 받았다. 골드스타인은 "15달러짜리 이하 와인 중 100병은 가격에 비해 품질이 매우 뛰어난 것들이었다"며 일반인의 평가기준이 전문가와 다르긴 하지만 틀린 것은 아니라고 말했다.

그런데 왜 사람들은 10달러짜리 대신에 150달러짜리 와인을 살까? 캘리포니아 인스티튜트 오브 테크놀로지와 스탠퍼드 비즈니스스쿨의 공동실험에 따르면, 사람들이 와인의 가격을 아는 순간 와인의 맛을 보는 후각이 이미 가격에 영향을 받기 때문이다. 피험자들에게 다른 가격이 붙은 같은 와인을 먹였을 때, 뇌에서 맛에 반응하는 안와전두피질의 움직임이 다르게 나타났다.

NYT는 "와인을 잘못 고르면 상대방에게 '세련되지 못하다'는 인상을 줄까 봐 사람들은 일단 비싼 것, 등급이 높은 것을 골라 놓고선 '더 맛있다'고 생각하며 먹는다"고 설명했다.

상표의 영향력도 이와 동일할 것이다. 독자 여러분은 어떻게 생각하는가?

출처: 변희원(2008). 와인은 머리로 마신다고? 조선일보, 5월 9일, A14에서 재인용(허락하에 재인용함).

6) 감각기관과 제품

모든 제품은 소비자의 감각에 소구(appeal)할 특성을 기본적으로 갖고 있다. 이러한 소구는 전통적으로 시각, 청각, 촉각, 미각, 후각 등의 다섯 가지 감각에 의지한다. 그림, 서적, 음악 등과 같은 제품들은 기본적으로 이러한 감각 중 하나의 감각에 소구한다. 식품, 가전제품, 자동차 또는 주택 등과 같은 제품

표 2-1 제품별 주요 감각 소구

제품 샘플	시각	청각	후각	미각	촉각
음악		○			
서적	○				
액세서리	○				
향수	○		○		
컴퓨터	○				
가전제품	○	○			
식품	○		○	○	
의류	○				○

출처: Kare-Silver, M. D. (1999). *E-shock: The electronic shopping revolution: Strategies for retailers and manufacturers.* New York: AMACOM에서 일부 수정.

들은 여러 감각과 관련된다. 각 제품의 주요 감각 소구는 확인될 수 있다. 〈표 2-1〉은 다섯 가지 감각에 각각 소구하는 제품들을 보여 준다. 기업은 제품을 개발하거나 광고를 기획할 때 이러한 특성을 고려하는 것이 좋을 것이다.

이러한 감각 소구와 제품 간의 관계는 온라인쇼핑에도 적용될 수 있다. 시각과 청각에 대부분을 소구하는 제품들은 온라인상에서 자연스럽게 거래된다. 시각과 청각에 근거한 제품들의 부가가치는 온라인상에서도 효율적으로 전달될 수 있고 소비자가 직접 접촉하지 않아도 유지된다. 그러나 후각, 미각, 촉각 등에 소구하는 제품들은 제품과의 직접 경험이 중요하기에 온라인상에서는 거래가 불리할 것으로 보일 수도 있다. 따라서 마케터는 이러한 불리함을 보완할 수 있는 대책을 마련할 필요가 있다. 그런데 2023년 2월 통계청에서 발표한 온라인쇼핑 통계조사 결과를 살펴보면, 후각, 미각, 촉각 등에 소구하는 음·식료품과 의류도 온라인상에서 많이 거래되고 있다. 이러한 결과는 온라인쇼핑이 초창기에 비해 제대로 활성화됐음을 의미한다. 실제로 소비자는 사용자 후기 또는 브랜드 평판 등에 의지하여 구매하는 경향이 있다.

여기서 잠깐!

● ● ●

시각·청각·촉각…… 지금은 오감 총동원 퀀텀 마케팅 시대

"우리는 '브랜드 충성도'라는 말이 죽은 시대에 살고 있습니다."

세계 양대 결제사 마스터카드의 마케팅과 커뮤니케이션을 책임지는 라자 라자만나르 (Raja Rajamannar) CMO(최고마케팅책임자)는 WEEKLY BIZ와의 이메일 인터뷰에서 이렇게 말했다. 미 포브스로부터 '세계에서 가장 영향력 있는 CMO'로 선정된 적 있는 그는 현재 전 세계 광고주 권익을 대변하는 국제기구인 세계광고주연맹(WFA)의 회장직을 역임하고 있다.

라자만나르 CMO는 코로나 팬데믹(대유행)으로 마케팅 업계가 '리스크 관리의 중요성'과 '소비자 우선적 사고방식'이라는 두 가지 교훈을 얻었다고 설명했다. 그는 "팬데믹은 우리의 세계와 일상이 눈 깜짝할 새에 변화할 수 있다는 것을 보여 줬다"며 "마케팅은 소비자의 요구와 욕구를 항상 파악하고, 변화하는 선호도에 따라 신속하게 대응할 수 있어야 한다"고 했다. 특히 위기 상황에선 '판매'보다 '봉사'에 초점을 맞춰야 한다고 했다. 그는 "마케터와 기업은 어떤 경우에도 소비자들이 처한 상황을 부당하게 이용해선 안 된다"며 "위기 시에 소비자들에게 봉사하며 쌓은 신뢰는 그 생명력이 길다"고 했다.

팬데믹과 함께 인공지능(AI), 사물인터넷, 웨어러블 기기 등 소비자의 삶을 변화시키는 신기술이 등장하면서 마케팅 역시 '퀀텀 마케팅' 시대라는 흥미로운 변곡점에 접어들었다고 라자만나르 CMO는 평가했다. 그는 "급증하는 데이터의 활용 방법을 알아내는 마케터는 캠페인 효과와 소비자 참여를 비상한 수준으로 끌어올릴 수 있다"며 "여기에 AI 기술을 결합하면 모든 종류의 데이터에 담긴 중요한 정보를 쉴 새 없이 관찰하고 실시간으로 최적화할 수 있다"고 했다.

퀀텀 마케팅 시대에는 오감(五感)을 종합적으로 활용하는 '다감각(multisensory) 마케팅'이 필요하다고 라자만나르 CMO는 강조했다. "마케터는 시각, 소리, 미각, 후각, 촉각 등 감각을 총동원해 소비자를 끌어들여야 합니다. 특히 소리는 귀를 틀어막지 않는 한 항상 소비자의 주의를 끌게 마련이죠. 소비자의 정신과 마음을 파고들 수 있는 매우 효과적인 방법입니다."

브랜드라고 하면 일반적으로 그 브랜드를 연상시키는 로고와 디자인이 있듯, 사람들이 즉시 인식할 수 있는 청각적 브랜드 정체성인 '소닉 브랜딩'을 만들어야 한다는 게 그의 지론이다. 마스터카드가 뮤지션, 음악학자, 작곡가를 비롯한 다양한 예술가들과 2년간 작업해 소닉 멜로디를 만들어 낸 것도 이 때문이다. 2019년부터 마스터카드의 모든 광고는 여섯 음으로 구성된 경쾌한 소닉 멜로디로 끝난다. 마스터카드로 온·오프라인 결제를 할 때에도 소닉 멜로디가 나온다.

라자만나르 CMO는 "소비자가 트위터에 올리는 글 하나로 브랜드를 웃겼다 울렸다 하는 세상에서 소비자들이 언제까지나 우리 브랜드만 사용할 것이라는 기대는 전혀 현실적이지 않다"며 충성 고객 유지를 위해 마케터들이 전통적으로 사용해 온 로열티 프로그램도 변화가 필요하다고 강조했다.

대안으로 제시한 것은 '친화력'이다. 그는 "친화력은 브랜드와 소비자의 결합을 유지해 주는 화학 반응"이라며 "소비자가 무엇을 열광적으로 좋아하고, 어떤 구매행동을 나타내는지 등 사고방식을 세심하게 이해해야 친화력을 만들어 낼 수 있다"고 했다. 예컨대, 소비자가 지구 살리기에 열심이라면 마케터는 환경친화적인 제품과 포장을 제공할 수도 있고, 수익 일부를 환경 보호에 기부할 수도 있다. 그는 "브랜드는 소비자의 구매 라이프 사이클 전체에 걸쳐 직관적이고 즐거운 경험을 제공해야 한다"며 "아직까지 브랜드 충성도에 집착하고 있는 기업들은 질 수밖에 없는 구시대적 싸움을 벌이고 있는 것"이라고 했다.

출처: 신수지(2022). 조선일보 WEEKLY BIZ, 3월 31일, 라자 라자만나르 마스터카드 CMO 인터뷰에서 재인용.

2. 선별과정

실제로 사람들은 그들을 둘러싸고 있는 수많은 자극 중 단지 극소수만을 받아들인다. 예를 들어, 슈퍼마켓에 있는 한 주부를 생각해 보자. 그녀는 많은 제품, 많은 사람, 여러 냄새, 매장 내의 여러 종류의 소리 등에 노출되어 있지만, 그녀 주변의 모든 자극에 신경을 쓰지 않고 비교적 짧은 시간에 그녀가 원하는 품목들을 선택하고, 돈을 지출하며, 매장을 떠난다. 이는 그녀가 선별과정에 의해 이러한 일들을 할 수 있음을 설명해 준다. 이러한 과정에서 어떤 자극이 선택되는가는 자극 자체의 특성 이외에 몇 가지 주요한 소비자 요인에 달려 있다. 즉, 소비자의 사전경험(이는 소비자의 기대에 영향을 줌) 그리고 소비자의 그 순간의 동기(소비자의 욕구 또는 흥미) 등이다. 이런 각각의 요인에 의해 특정자극이 지각될 가능성이 증가 또는 감소할 수 있다.

1) 주의

선별과정에서 살펴봐야 할 한 가지 중요한 개념이 주의이다. 주의는 특정 대상에 대한 정보처리 용량의 배분으로 정의되는데, 이는 정보가 의식적으로 처리되도록 인지적 용량을 특정한 대상이나 과제에 할당하는 것을 말한다. 누군가가 광고에 주의를 기울인다는 것은 그 광고를 처리하기 위해서 정신적 노력의 양을 어느 정도 투입함을 의미한다. 아울러 개인이 어떤 과제에 정신적 노력의 양을 상당히 투입하고 있다면, 개인은 그 과제에 상당히 관여되어 있는 것이다. 독자들이 매우 중요한 시험을 앞두고 책 읽을 때를 생각하면 쉽게 이해할 수 있을 것이다.

주의는 크게 두 가지 특성을 갖는다. 한 가지는 선택이고 다른 하나는 집중이다. 주의의 선택적 특성은 정보가 과부하 되지 않도록 한다. 앞의 매장 내 소비자의 예에서 소비자는 자신을 둘러싸고 있는 모든 정보를 처리할 수가 없다. 소비자는 정보의 과부하를 막기 위해 주의의 선택적 특성을 활용하여 필요한 정보를 먼저 처리한다. 정보과부하를 방지하려는 반응에는 각각의 정보에 대하여 시간을 적게 투자하는 것, 하위순위의 정보를 무시하는 것 또는 어떤 감각적 투입을 완전히 차단해 버리는 것 등이 포함된다.

주의의 집중 특성은 어떤 과제나 대상에 정신적 노력을 얼마나 투입해야 하는지를 결정한다. 사람들은 과제나 대상의 특성에 따라 정신적 노력의 투입양을 변화시킨다. 예를 들어, 컴퓨터를 처음 구매하는 소비자는 컴퓨터 관련 정보에 상당히 주의하지만, 컴퓨터에 익숙한 소비자는 정보에 덜 주의한다. 따라서 주의는 자극과 수용자의 특성에 따라 달라지는 것이다.

소비자의 주의는 자발적으로 또는 비자발적으로 활성화될 수 있다. 소비자가 개인적으로 관련되는 정보를 능동적으로 탐색할 때, 이들의 주의는 자발적이다. 자발적 주의는 선택적 특성을 지닌다. 소비자가 특정 제품에 관련될수록 그들의 주의는 선택적으로 되어 자신과 관련되는 정보에 초점을 맞춘다. 예를 들어, 노트북을 구매하려고 하는 소비자를 생각해 보자. 이 소비자는 다른 어떤 정보보다 노트북과 관련되는 정보를 능동적으로 탐색할 것이며, 관련이 없는 것으로 보이는 정보에는 주의하지 않을 것이다.

소비자는 비자발적으로도 주의할 수 있다. 비자발적 주의는 소비자가 놀랍거나, 신기하거나, 위협적이거나, 기대치 않았던 무언가에 노출될 때 일어난다. 이러한 경우에 소비자는 자동으로 자극에 눈을 맞춤으로써 주의한다. 어떤 마케팅 자극은 우리가 그것을 무시할 수 없게끔 우리의 주의를 끈다. 마케터가 이러한 비자발적 영향력을 분명하게 이해한다면, 그들은 더 나은 제품을 설계할 수 있고, 더 나은 광고를 개발할 수 있으며, 더 효과적인 마케팅 전략을 구사할 수 있다.

현저한 자극이 비자발적 주의를 유도한다. 현저한 자극을 무시하기란 쉽지 않다. 어떤 제품, 포장, 광고 등은 그것들이 차별적이고 흥미로워서 시선을 끈다. 예를 들어, 롤스로이스는 다른 자동차들과는 매우 차별적이기에 거리에서 정말로 눈에 잘 띈다. 길쭉한 원통형의 프링글스 감자칩 용기는 다른 과자포장과 달라서 매장선반에서 쉽게 눈에 띈다. 오뚜기 식품의 노란색 포장은 다른 식품포장과 차별적이어서 소비자의 눈을 사로잡는 경향이 있다.

그러나 현저성은 맥락 의존적 특성을 갖는다. 다시 말해, 한 맥락이나 상황에서 현저한 자극은 다른 맥락이나 상황에서는 현저하지 않을 수 있다. 예를 들어, 특정한 롤스로이스 자동차는 롤스로이스 자동차들만 주차되어 있는 주차장에서는 눈에 잘 안 들어올 것이다. 특정한 프링글스 감자칩은 유사한 원통형 용기들로 가득 찬 선반에서는 현저하지 않을 것이다. 오뚜기 식품의 노란 포장 역시 마찬가지일 수 있다. 자극은 그것이 다른 자극들과 매우 다를 때에만 현저한 특성을 갖는다. 독특하거나 차별적인 자극은 전경으로 분명하게 보이고 나머지 다른 것들은 배경으로 뚜렷하게 보이지 않는다. 이것이 지각의 전-배경 원리이다. 소비자의 비자발적 주의를 유발할 수 있는 구체적인 자극 특성에 관해서는 다음에 언급할 것이다.

자발적 주의든 비자발적 주의든 사람들이 자극에 주의할 때마다 그들은 생리적 흥분을 경험한다. 이러한 흥분은 혈압 증가, 뇌파 형태의 변화, 가쁜 호흡, 손의 발한, 눈동자 팽창 등에 의해 측정될 수 있다. 독자들이 매우 선정적이거나 공포를 유발하는 영화 장면을 봤을 때 어떠했는지를 생각해보면 쉽게 알 수 있을 것이다. 따라서 광고를 보는 소비자의 생리적 변화를 측정하는 것이 광고효과를 평가하는 한 가지 방법이 될 수 있다. 대표적인 생리적 지표로는 맥박 수, 눈동자 크기에서의 변화 또는 뇌의 특정한 부위에서의 활성화 등을 들 수 있다.

2) 자극특성

(1) 신기성

기대하지 않았던 방식으로 또는 장소에 나타나는 자극은 소비자의 주의를 끄는 경향이 있다. 주의를 끌기에는 덜 적합한 의외의 장소에 놓인 광고도 소비자의 주의를 끄는 경향이 있다. 이러한 장소로는 쇼핑용 손수레의 뒤쪽 받침대, 터널의 벽, 실내 운동장의 마루 등을 들 수 있다. 광고가 보이기에는 더 의외의 장소로 공중화장실, 가로수, 지하철 계단 등을 들 수 있다. 교회 게시판에 캠벨수프 광고를 부착하기로 한 결정에 관해 캠벨수프 회사의 경영진은 다음과 같이 말하고 있다. "소비자가 광고에 주목하게 만들기 위해서는 소비자를 긴장시켜야만 한다……. 소비자가 쇼핑하고 기도하며 일하는 곳 어디서든지 그들이 우리의 광고를 보게 해야만 한다."

아울러 신기한 제품도 주의를 끌 수 있다. 신기한 제품은 초기에는 높은 판매율을 보이는 경향이 있다. 그러나 신기성은 시간과 더불어 점점 사라지기에 기업은 신제품을 계속해서 개발해야만 한다.

[그림 2-3] 특이매체를 이용한 광고에서의 신기성 예

(2) 생생함

주변자극에 의해 영향을 받는 맥락 의존적인 현저한 자극과 달리, 주변자극과 별개인 생생한 자극은 맥락과 관계없이 주의를 끈다. 생생한 자극은 정서적으로 흥미롭고, 구체적이면서 이미지를 생성하며, 감각적 · 시간적 또는 공간적으로 근접해 있다(Nisbett & Ross, 1980).

(3) 대비

대비는 가장 많이 주의를 끄는 자극 속성 중 한 요인이다. 사람들은 그들의 배경과 대비가 되는 자극에 주의하는 경향이 있다. 서로 대비가 되거나 불일치하는 자극을 제시하는 것이 주의를 증가시키는 지각적 갈등을 일으킨다.

대비 원리에 근거를 둔 광고기법은 다양하다. 예를 들어, 컬러광고 전후의 흑백광고는 주의력을 높일 수 있다. 유사하게 프로그램의 음량보다 더 큰 TV 또는 라디오 광고 역시 더 큰 주의를 끌 수 있다. 이 두 가지 예는 순응수준과 관련됨을 주목해야 한다. 다시 말해, 소비자는 컬러 광고 또는 어떤 음량에 순응하고, 만일 순응수준이 깨진다면 주의를 한다는 것이다.

(4) 색채

주의를 끌며 자극을 유지할 힘은 색의 사용으로 명백히 증가할 수 있다 (Finn, 1988). 비록 컬러 광고가 비용이 많이 들지만, 그 효과는 비용을 상쇄하

[그림 2-4] 대비와 색채의 예

기에 충분하다. 오늘날 TV와 잡지에서의 컬러 광고는 너무나 보편적이어서 오히려 흑백 광고가 대비에 근거하여 소비자의 주의를 더 끌 수도 있을 것이다.

(5) 크기

일반적으로 자극이 클수록 더 주의한다. 인쇄광고의 크기에서의 증가가 소비자가 주의할 기회를 높일 것이다(Finn, 1988). 유사하게 광고 내의 삽화 또는 그림의 크기에서의 증가가 주의력을 높일 것이다. 매장에서 소비자가 제품을 주목할 가능성은 제품이 놓일 진열대 공간의 크기에 달려 있다. 충동구매 품목의 경우 이것은 특히 중요하다(Cox, 1970).

(6) 강도

자극강도가 크면 클수록, 더 주의를 끈다. 예를 들면, 더 큰 소리와 밝은 컬러는 주의력을 높일 수 있다. 라디오와 TV 광고는 종종 주의를 끌기 위해 큰 소리로 시작하기도 한다. 인쇄물에서 밝고 화려한 색을 사용한 컬러 광고도 보편적이다.

(7) 위치

자극은 단순히 위치적 속성 때문에 주목될 수도 있다. 예를 들어, 식료 잡화점에서 충동구매 품목들은 소비자의 눈에 잘 띄는 계산대 옆에 전략적으로 놓여 있다.

위치는 인쇄매체에서도 또한 중요하다. 한 연구는 잡지에서 후반부보다 전반부에 있는 광고, 왼쪽 페이지보다 오른쪽 페이지에 있는 광고 그리고 내부 앞쪽 표지, 내부 뒤쪽 표지 및 외부 뒤쪽 표지에 있는 광고 등이 더 큰 주의를 받는다고 보고하였다(Finn, 1988). 추측건대, 이런 효과는 소비자가 잡지를 읽는 습관과 관련된 것 같다.

(8) 운동

움직이는 자극은 정지된 자극보다 더 큰 주의를 받는다. 우리는 회전하는 옥외 광고판이 주의를 끌 수 있다는 것을 안다. 신문이나 잡지에서의 광고는

[그림 2-5] 운동의 예

물결선을 이용해 움직임을 묘사하려고 한다. 즉, 인쇄광고는 소비자의 주의를 끌도록 가현운동(apparent movement)을 일으킬 수 있다.

가현운동
실제로는 운동이 없지만, 운동이 일어나는 것처럼 지각하는 심리현상

3) 소비자 요인

(1) 기대

사람들은 보통 그들이 보려고 기대하는 것을 보며, 그들이 보려고 기대하는 것은 보통 친숙성이나 사전경험에 의해 영향을 받는다. 여기서 기대란 특정한 방식으로 반응하려는 준비성으로 정의된다. 마케팅 맥락에서 소비자는 제품과 제품속성을 자신의 기대에 따라 지각하는 경향이 있다. 최근에 개봉한 영화가 재미없다고 친구로부터 전해 들은 소비자는 아마도 그 영화가 재미없다고 지각할 것이다.

다른 한편 기대와 명백하게 불일치하는 자극은 기대와 일치하는 자극보다 더 주의를 끈다(양윤, 김수희, 2000). 예를 들어, 오래전에 방영된 광고에서 한 여성 모델이 얼굴을 면도하는 장면은 소비자의 기대와 명백히 불일치하는 것

으로 소비자의 주의를 끌 수 있었을 것이다. 그러나 기대 불일치의 연구는 한 가지 주의해야 할 사항이 있다. 이는 불일치 정도이다. 불일치가 심할 경우 소비자의 주의는 끌 수 있을지 모르겠지만, 지나친 불일치는 소비자의 심도 있는 정보처리를 방해할 수 있다. 따라서 불일치 수준을 조심스럽게 조작해야 할 것이다.

(2) 동기

사람들은 그들이 원하는 것을 지각하는 경향이 있다. 사람들의 욕구가 강할수록, 환경에서 무관한 자극을 무시하려는 경향은 커진다. 건강에 관심이 많은 소비자는 그런 관심이 없는 소비자보다 건강에 관한 광고에 더 주의를 기울일 것이다. 또한 개인의 지각과정은 단순히 그 개인에게 중요한 환경요소에 더 밀접히 맞춰진다. 배고픈 사람은 음식점 표시나 음식에 더 민감해진다.

마케터는 소비자의 지각된 욕구에 그들의 제품을 맞춰야 하며, 소비자의 욕구를 가장 잘 만족시켜 주는 제품만이 소비자의 마음속에 남을 것이고, 아울러 추후의 구매 가능성도 높아질 것이다. 소비자의 지각된 욕구를 확인하는 방법은 다양하다. 예를 들면, 마케터는 마케팅 조사를 통해 소비자가 제품범주의 이상적인 속성으로 고려하는 사항 또는 소비자가 자신의 욕구가 특정 제품범주와 관련된다고 지각하는 것 등을 결정할 수 있다. 그다음에 마케터는 소비자의 욕구에 근거하여 시장을 세분화할 수 있고, 각각 세분된 시장에서 소비자가 특정 제품이 소비자의 특정한 욕구나 흥미를 만족시켜 준다고 지각하게끔 제품광고를 변경시킬 수 있다.

(3) 관여

관여
특정한 상황에서 자극에 의해
유발되는, 지각된 개인적 중
요성 또는 흥미의 수준

관여는 특정한 상황에서 자극에 의해 유발되는, 지각된 개인적 중요성 또는 흥미의 수준을 의미한다(Antil, 1984). 소비자의 관여가 높아질수록 소비자는 구매와 관련된 정보에 주의를 기울이고, 정보를 이해하고 정교화하는 데 훨씬 더 동기화된다.

소비자의 관여수준에 영향을 미치는 가장 중요한 요인들은 고려 중인 제품유형, 소비자가 수용한 커뮤니케이션의 특징, 소비자가 처한 상황의 특징 그리고 소비자의 성격 등이다. 예를 들어, 소비자가 고려하는 제품이나 서비스가 비싸고 사회적으로 눈길을 끌며 구매에 위험이 따를 때 소비자 관여는 일반적으로 증가하는데, 이를 제품관여라 부른다. 또한 메시지 이슈 또는 커뮤니케이션 매체가 소비자의 관여를 높일 수 있는데, 이를 이슈관여 또는 매체관여라 부른다. 예를 들어, 디지털카메라를 구입하려는 소비자는 디지털카메라에 관한 메시지 또는 관련 전문잡지에 더 주의할 것이다.

아울러 구매가 이루어지는 상황이나 맥락이 관여에 영향을 줄 수 있다. 만일 구매목표가 약혼녀와 같이 중요한 사람에게 선물하는 것이라면, 구매자의 관여는 높아질 것이다. 더 나아가 구매자의 성격도 관여에 영향을 줄 수 있는데, 이는 여러 다른 소비자가 동일한 제품, 상황, 커뮤니케이션에 다르게 반응할 수 있는 원인과 관련된다.

① 소비자 관여의 유형

연구자들은 몇 가지 다른 유형의 관여를 확인하였다. 한 가지 중요한 구분이 상황관여와 지속관여 사이에서 일어난다(Richins & Bloch, 1986). 상황관여는 짧은 기간 동안 나타나고 고장이 난 제품(예, 컴퓨터)을 교체하는 것처럼 특정한 상황과 관련된다. 반대로 지속관여는 소비자가 제품에 변함없이 높은 수준의 관심을 보이고 그것에 대해 생각하는 데 시간을 자주 투자할 때 나타난다. 예를 들어, 새로운 집 또는 자동차를 구매한 소비자는 지속해서 제품에 관심을 보인다. 상황관여와 지속관여의 결합으로 소비자의 관여에 대한 반응이 결정된다. 즉, 정보처리의 복잡성과 소비자가 내리는 결정의 범위가 결정된다(Richins, Bloch, & McQuarrie, 1992).

어떤 제품에 높은 수준의 지속관여를 가진 사람이 갑자기 그 제품을 구매할 필요를 느낄 때 어떤 일이 일어날까? 연구는 그런 상황에서 지속관여와 상황관여의 영향이 결합한다고 지적한다. 즉, 소비자의 전반적인 관여 수준이 지속관여 수준에 상황관여 수준을 더한 것과 같아서 소비자는 관여에 따른 많은 반응을 경험한다(Richins, Bloch, & McQuarrie, 1992). 〈표 2-2〉는 제품에 대한 소비자의 지속관여를 측정하기 위해 만들어진 척도를 보여 준다.

상황관여
특정한 상황에 관련되며 짧은 기간 동안 나타나는 관여 유형

지속관여
제품에 변함없이 지속적으로 높은 수준의 관심을 보이는 관여유형

표 2-2	제품에 대한 소비자의 지속관여 측정척도

1. 나는 이 제품에 관해 읽는 것에 흥미가 있다.
2. 나는 이 제품에 관한 'Consumer Reports' 기사를 읽을 것이다.
3. 나는 상표 간의 제품특성들을 비교한다.
4. 나는 보통 이 제품의 광고에 주의를 기울인다.
5. 나는 보통 이 제품에 관해 다른 사람들과 이야기한다.
6. 나는 보통 이 제품을 구매하기 전에 다른 사람들로부터 조언을 구한다.
7. 나는 보통 이 제품을 구매하기 전에 많은 요인을 고려한다.
8. 나는 보통 무엇을 구매할지 선택할 때 많은 시간을 소비한다.

출처: McQuarrie, E. F., & Munson, J. M. (1992). A revised product involvement inventory: Improved usability and validity. *Advances in Consumer Research, 19*, 108-115.

연구는 또한 관여가 여러 요인을 갖고 있음을 보여 주었다. 아래의 요인들은 구매 시 소비자의 관여 수준을 증가시킨다(Higie & Feick, 1989; Jain & Srinivasan, 1990; Jensen, Carlson, & Tripp, 1989).

• 자기표현의 중요성: 사람들이 자신의 자기개념을 타인에게 표현하도록 돕는 제품
• 쾌락적 중요성: 기쁘고, 흥미롭고, 재미있고, 매혹적이고, 흥분되는 제품
• 실용적 관련성: 효용적 이유에서 필수적이고 유익한 제품
• 구매위험: 나쁜 선택이 구매자를 지나치게 괴롭힐 수 있어서 불확실성을 보이는 제품

이러한 요인들 각각의 중요성은 소비자의 특성뿐만 아니라 구매되는 제품과 서비스의 유형에 따라 다양해진다. 예를 들어, 비싼 보석의 구매는 높은 자기표현의 중요성, 쾌락적 중요성 그리고 소비자 대부분에게 구매위험을 수반하지만, 낮은 실용적 관련성을 갖고 있다. 반대로 냉장고 구매의 경우, 일반적으로 높은 실용적 관련성을 갖고 상당한 구매위험을 수반하지만, 소비자 대부분에게 낮은 자기표현의 중요성과 쾌락적 중요성을 갖는다.

연구자들은 개인의 삶에서 제품의 전반적인 중요성이 또한 관여수준에 영향을 준다고 제안하였다(Schneider & Rodgers, 1996). 전반적인 중요성을 측정

하는 데 채택된 조사 진술문의 예는 "○○을 선택하는 것은 삶에서 큰 결정이다" "나는 ○○을 선택하는 데 큰 중요성을 둔다" "○○을 선택하는 것에 관한 결정은 심각하고 중요한 결정이다" 등이다.

② 고관여의 효과

소비자의 관여가 높아질 때 무슨 일이 일어날까? 이용가능한 증거는 관여수준이 높아질수록 소비자의 정보처리수준이 더 깊어진다고 제안한다. 정보처리수준의 증가는 각성수준을 증가시킨다. 소비자는 결정이 고관여 상황에서 내려질 때 결정에 대해 더 열심히 생각하는 것 같다(Petty, Cacioppo, & Schumann, 1983). 소비자는 또한 확장된 결정과정에 몰두하는 것 같고 더 심사숙고한 상태에서 각각의 결정단계에 임하는 것 같다. 어떤 연구자들은 결정과정이 고관여 상황과 저관여 상황 간에 매우 달라서 결정을 저관여 상황에서의 제한된 결정과 고관여 상황에서의 확장된 결정이라는 2개의 범주로 구분하는 것이 정당하다고 주장한다(Krugman, 1965).

가능성이 높은 구매에서 소비자의 관여가 증가할 때, 소비자는 자신이 받는 정보를 더 주의해서 숙고하는 경향이 있기 때문에, 광고인은 고관여 구매를 위한 복잡한 메시지를 개발할 필요가 있다. 결론적으로 관여는 주의와 정보처리뿐만 아니라 다른 다양한 소비자 주제를 이해하는 데에도 중요하다. 예를 들어, 소비자의 관여는 기억과정, 태도형성과 변화, 결정과정 그리고 구전커뮤니케이션 등에 대하여 중요한 함의를 갖는다(Park & Hastak, 1994).

3. 지각 체제화

사람들은 환경으로부터 자신이 선택한 자극을 별도의 분리된 부분으로 지각하지 않는다. 오히려 사람들은 자극을 집단으로 체제화하고 통합된 전체로 지각하는 경향이 있다. 이러한 지각 체제화의 원리는 20세기 초반에 형태심리학(gestalt psychology)을 발전시킨 독일 심리학자들에 의해 제안되었다. 지각 체제화의 기본적인 두 가지 원리로는 전경-배경 그리고 집단화를 들 수 있다.

형태심리학
인간의 감각과 지각과정을 연구한 심리학파로, "전체는 부분의 합과는 다르다"라는 말을 남김

1) 전경-배경

사람들은 그들의 지각을 전경과 배경이라는 두 가지 패턴으로 체제화하는 경향이 있다. 전경은 더 확고하고 더 잘 규정되어 있으며 배경의 전면에 나타나 보이지만, 배경은 보통 불분명하고 흐릿하며 연속적으로 나타나 보인다. 다시 말해, 전경은 우세한 것으로 나타나기 때문에 분명히 지각되지만, 배경은 예속적인 것으로 나타나 덜 중요한 것으로 지각된다.

광고인들은 소비자가 주목할 자극이 배경이 아니라 전경이 되도록 조심스럽게 광고를 제작해야 한다. 광고의 배경(예, 모델, 음악, 그림 등)이 전경이 되는 상표명이나 제품을 손상해서는 안 된다. 고전적인 예로 미국에서 두 명의 유명한 남녀 영화배우를 모델로 사용한 코닥 카메라 광고에서 많은 소비자가 코닥 상표 대신에 폴라로이드 상표를 회상하여 상표의 회상률은 극히 낮았지만, 광고에서 두 남녀 모델의 회상률은 높게 나타남으로써 모델이 상표의 지각을 방해하였다. 다시 말해, 이 예는 광고인의 의도와는 반대로 전경과 배경이 뒤바뀐 경우로, 광고인들은 전경-배경의 반전을 피하도록 조심해야 한다. [그림 2-6]은 전경과 배경이 반전될 수 있음을 보여 주는 예로 독자 여러분의 눈에는 무엇이 전경으로 보이는가?

[그림 2-6] 전경과 배경의 반전 예

2) 집단화

자극을 집단화하는 데 활용될 수 있는 원리는 여러 가지가 있다. 여기서는 소비자 행동에 적절히 적용될 수 있는 두 가지 원리를 살펴볼 것이다. 먼저 유사성 원리는 사람들이 유사한 외양을 공유하는 대상을 함께 묶어서 지각하려는 경향성이다. 사람들은 통합된 상이나 인상을 형성하기 위해 유사한 자극을 자동으로 묶는 경향이 있다. 예를 들어, 슈퍼마켓의 라면 진열대에서 보면 매운맛 라면들의 포장은 모두 붉은색을 많이 띤다. 이는 붉은색이 매운맛을 표현해 주기 때문이기도 하지만, 무엇보다도 이 품목의 선두상표와 유사하게 보이려는 전략이다. 이는 학습에서 다룰 주요 내용인 일반화에도 동일하게 적용된다.

유사성 원리
서로 유사한 자극들을 묶어서 함께 지각하는 경향성

자극 집단화에 관한 중요한 두 번째 원리가 완결성 원리이다. 사람들은 불완전한 자극패턴을 완성해서 지각하는 강력한 경향성을 지니고 있다. 다시 말해, 사람들은 생략된 부분을 의식적으로 완성하려고 한다. 사람들은 불완전한 자극을 보면 긴장을 일으키고 긴장을 감소시키기 위해 불완전한 자극을 완전하게 만들려고 동기화된다. [그림 2-7]은 완결성 원리를 보여 준다. 독자 여러분은 왼쪽 그림에서 무엇이 보이는가?

완결성 원리
자극에서 생략된 부분을 의식적으로 완결하여 지각하는 경향성

1972년에 보고된 고전적 연구에서 불완전한 광고가 완전한 광고보다 더 잘 기억된다는 것을 보여 주었다(Heimbach & Jacoby, 1972). 이 연구결과는 소비자가 불완전한 자극을 완전하게 만들려고 노력을 기울이며, 따라서 불완전한 자극에 더 많이 주의한다는 것을 말해 준다.

[그림 2-7] 완결성 원리의 예

완결성 욕구는 마케터에게 흥미 있는 시사점을 제공한다. 불완전한 광고 메시지의 제시가 소비자가 메시지에 더 깊게 관여하도록 자극한다는 것이다(예, 오ㄸㄱ 라면). 이와 유사하게 빈번하게 제시된 TV 광고의 음악을 라디오 광고에서 사용하여 좋은 결과를 얻을 수 있음이 밝혀졌다. 특정 TV 광고에 친숙한 소비자는 라디오 광고에서 시각부분이 생략된 음악만은 불완전한 것으로 지각하고, 완결성 욕구에 의해 TV 광고의 시각적 내용을 정신적으로 재생할 수 있다. 결론적으로 소비환경에서 마케터는 집단화를 통해 제품에 바람직한 의미를 연결할 수 있다.

4. 해석

해석은 감각자극에다 의미를 부여하는 것이다. 이러한 해석과정을 통해 사람들은 자극이 무엇인지를 이해한다. 해석단계에서 사람들은 자극이 무엇일 것이라는 기대감뿐만 아니라 자극과 관련된 정보를 장기기억에서 인출한다. 이는 도식처리와 밀접히 관련되는 것으로 제4장 기억에서 다룰 것이다. 아울러 사람의 욕구, 기대, 사전경험 등과 같은 개인적인 경향성 또는 선입견이 자극해석에 영향을 준다. 예를 들어, 어떤 소비자는 가격은 저렴해야 한다고 생각하는 반면에 다른 소비자는 가격이 저렴한 제품은 나쁘다고 본다면, 각각의 소비자가 가격이 저렴한 동일한 제품을 보았을 때 이들이 이 제품에 대해 부여하는 의미는 완전히 다를 것이다. 또한 소비자가 사전에 특정한 제품 또는 상표에 대해 긍정적(부정적)인 경험을 하였다면, 훗날 동일하거나 유사한 제품에 대해 이 소비자가 부여하는 의미는 긍정적(부정적)일 것이다.

감각자극에 부여되는 의미에는 두 가지 유형이 있다. 하나는 사전적 또는 의미론적 의미로, 이는 사전에 나오는 단어에 부여된 전통적인 의미이다. 다른 하나는 심리적 의미로, 이는 개인의 경험 그리고 자극이 나타난 맥락 등에 근거하여 개인이 자극에 부여하는 특정한 의미이다(Berger & Gilmore, 1990; Friedman, 1986; Friedman & Zimmer, 1988). 예를 들어, 자동차 세일에 대한 의미론적 의미는 '정상가로부터의 가격인하'이다. 그러나 이에 대해 소비자가 부여할 수 있는 심리적 의미는 "조만간 생산이 중단되겠구나" "새로운 모델이 곧 시판되겠구나" 또는 "회사가 무척 힘든 모양이지" 등일 것이다.

해석은 인지적 또는 사실적 해석 그리고 감정적 해석의 두 가지 유형이 있다. 인지적 해석은 자극이 기존의 의미범주에 놓이는 과정이다(Cohen & Basu, 1987). 기존의 범주에 새로운 정보를 추가하는 것이 기존범주 그리고 기존범주와 다른 범주와의 관계 등을 변경시킨다. 예를 들어, 스마트폰이 시장에 처음 나왔을 때, 소비자는 이 제품을 평가하기 위해 스마트폰을 기존의 휴대폰 범주에 포함했을 수도 있다. 차후에 이 제품과 관련된 정보 또는 경험이 증가함에 따라 많은 소비자가 이 제품에 대해 충분히 알게 되고 다양한 상표와 기종을 분류하기 위해 휴대폰 범주 내의 하위범주 또는 기존의 휴대폰과는 별도의 새로운 범주를 형성했을 것이다. 아이패드 또는 갤럭시 노트는 어떠할지 독자들이 생각해 보면 좋을 것이다. 해석을 위한 이러한 범주화도 기억의 도식처리와 밀접히 관련되기에, 제4장 기억에서 구체적으로 다룰 것이다.

해석의 두 번째 유형인 감정적 해석은 광고와 같은 자극에 의해 유발되는 감정반응이다(Aaker, Stayman, & Vezina, 1988). 예를 들어, 소비자가 '어머니가 아기를 사랑스러운 눈길로 바라보며 돌보는 광고'를 보았을 때 이들이 따뜻한 정을 느끼는 것은 자연스럽고 정상적인 반응이기에, 이 광고에 대한 해석은 다분히 감정적일 것이다.

기호학   소비자는 소비환경에서 받은 정보를 해석하는 과정에서 정보의 의미를 해독할 것이다. 이런 정보해독과 관련하여, 기호학(semiotics)은 사람들이 기호로부터 어떻게 의미를 획득하는지를 분석하기 위해 개발되었다. 여기서 기호란 서로에게 정보를 전달하기 위해 사용된 단어(상표 포함), 제스처, 그림, 제품 및 로고 등을 말한다. 기호학 분야는 마케팅의 판매촉진 전략과 매우 관련이 있다. 즉, 다양한 상징 또는 기호를 통해 제품이나 서비스에 관한 정보가 소비자에게 전달된다.

사람들이 환경에서 상징에 감정적으로 어떻게 반응하는지를 이해하기 위해서는 다양한 기호의 공유된 의미를 이해해야 한다. 예를 들어, [그림 2-8]에 나타난 사진으로부터 당신은 무슨 의미를 획득할 수 있는가? 대부분 사람에게

기호학
사람들이 기호로부터 어떻게 의미를 획득하는지를 연구하는 학문

[그림 2-8] 펜 사는 프랑스 오픈에서 자사의 테니스공 사용을 상징하기 위해
크로와상 빵의 형태를 사용함(펜 사의 소유)

출처: Penn.

있어서 테니스공이 다음과 같이 배열된 모양은 프랑스의 크로와상 빵을 상징한다. 여기서 크로와상 모양은 프랑스를 대변하는 기호로 작용한다. 이 광고는 펜(Penn) 사의 테니스공이 프랑스 오픈에서 공인구로 사용됨을 보여 주고 있다.

상징과 기호는 타인에게 의미를 전달하기 위해 사용된다. 기호학 분석은 의사전달 과정에서 기호가 어떻게 작용하는지를 보여 주기 위해 제안되었다. [그림 2-9]에서 보듯이 기호학 분석은 대상, 기호 및 해석 등을 포함한다. 대상은 전달되어야 하는 의미를 갖는 것으로 제품, 사람 또는 아이디어 등이 포함된다. 기호는 대상의 의미를 전달하기 위해 사용되는 상징을 말하며, 해석은 기호에 대한 사람의 반응과 기호로부터 파생되는 의미를 나타낸다(Mick, 1986).

[그림 2-9]에 나타났듯이, 전달되어야 할 의미를 갖는 대상은 셔츠이다. 기호는 셔츠의 로고로, 예를 들면 폴로의 말, 라코스테의 악어 등이 포함될 수 있다. 로고는 대상에다 의미를 주도록 개발되었다. 따라서 폴로의 '말' 로고로부터 유래하는 의미에는 고가, 고품질, 정교함 그리고 멋 등이 포함될 수 있다.

기호학 영역은 마케팅 의사전달에 특히 중요하다. 마케터와 광고인은 상징

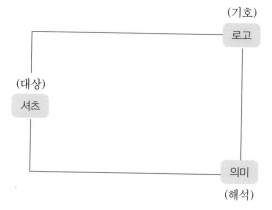

[그림 2-10] 기호학 분석

주: 기호학 분석은 철학자 찰스 퍼스(Charles Peirce)의 저술에 근거를 두며, 기호학 분석에 대한 논의
는 데이비드 믹(David Mick, 1986)의 다음 논문에 제시되어 있다. Mick, D. G. (1986). Consumer
research and semiotics: Exploring the morphology of signs, symbols, and significance. *Journal
of Consumer Research, 13*, 196-213.

의 사용과 그들의 표적시장 내의 소비자가 상징을 어떻게 해석하는가에 주의
를 기울여야 한다. 예를 들어, 하나의 기호로 작용하는 상표명에 대한 소비자
의 해석이 중요하다. 미국 GM는 자동차 '시보레 노바'를 남미에 출시했지만 대
실패였다. 주로 스페인어를 쓰는 남미에서 '노바(no va)'가 '가지 않는다'는 뜻
이기 때문이었다. 포드도 남미에 '피에라(Fiera)'를 출시했다가 '추한 노파'를 누
가 타겠느냐고 빈정거림만 받았다. 그리고 1980년대 유고슬라비아의 소형차
'유고(Yugo)'는 미국시장에서 소비자에게 '너 죽어라(You go to hell!)'라는 의미
로 받아들여져 고전을 면치 못하였다. 다시 강조하면, 기업은 표적시장의 소
비자가 기호를 어떻게 해석하는가에 주의를 기울여야 한다.

5. 해석수준 이론[1]

이번에는 전통적인 지각심리학에서 다루는 해석이 아니라 사회지각의 영역

---

[1] 해석수준 이론에 관한 내용은 양윤, 김민혜(2012)의 논문에서 발췌한 것이다.

에서 다루는 해석을 살펴볼 것이다. 소비자가 어떤 사물이나 사건을 접할 때, 각각의 소비자는 다른 이해와 해석을 내릴 수 있다. 또한 소비자는 같은 제품을 사용할 때조차도 각기 다른 해석을 내릴 수 있는데, 사회심리학에서는 사람들의 이러한 현상을 해석수준 이론(construal level theory: CLT)으로 설명한다. 해석수준 이론은 거리와 추상적 개념을 연결 짓는 비교적 최근의 틀로서 개인이 경험할 수 있는 심리적 거리를 의미한다.

2003년에 심리학자인 트롭(Trope)과 리버만(Liberman)에 의해 제안된 해석수준 이론은 사람들이 개인적으로 경험하는 심리적 거리에 따라 사건을 어떻게 해석하는가에 관한 이론이다. 이 이론에 따르면, 심리적 거리가 먼 것은 추상적이고 중심적으로 상위수준 해석이 이뤄지고, 심리적 거리가 가까운 것은 구체적이고 부차적으로 하위수준 해석이 이뤄진다. 즉, 심리적 거리가 먼 사건은 포괄적인 목표로 설명되는 반면, 심리적 거리가 가까운 사건은 구체적인 목표로 설명됨을 의미한다(Trope & Liberman, 2003). 이러한 심리적 거리는 시간적 거리, 공간적 거리, 사회적 거리, 확률적 거리 등으로 구분할 수 있다.

해석수준 이론
사람들이 개인적으로 경험하는 심리적 거리에 따라 사건을 어떻게 해석하는가에 관한 이론

해석수준 이론은 최근에 소비자심리학 분야에 적용됨으로써 소비자가 구매상황에서 느끼는 심리적 거리가 어떻게 구매결정에까지 영향을 미칠 수 있는지 연구되고 있다. 특히 소비자 연구에서는 시간적 거리에 초점을 맞추어 해석수준 변화에 따른 소비자의 행동을 살펴보는 것이 대부분을 이루고 있다.

시간적 거리의 경우, 구매시점이 멀리 있어 시간적 여유가 많으면, 상위해석을 함으로써 사건을 더 추상적이고 단순하게 판단하며, 일차적이고 중심적인 자료에 민감해진다. 반면, 구매시점이 가까이 있어 시간적 여유가 없으면, 하위해석을 함으로써 사건을 더 구체적이고 복잡하게 판단하며, 이차적이고 주변적인 자료에 민감해진다. 예를 들어, 두 명의 학부생이 각자 여행을 떠난다고 상상해 보자. 한 학생은 모레 여행을 떠날 것이고, 다른 학생은 한 달 후에 떠날 것이다. 해석수준 이론에 따르면, 모레 여행을 떠날 학생은 여행에 필요한 물품으로 무엇이 필요할지와 같은 세부사항에 대해서 구체적으로 고민하며 준비할 것이고, 한 달 후에 떠날 학생은 그 여행에서 멋진 추억을 만들고 싶다는 목표와 같은 추상적인 생각을 먼저 할 것이다. 이처럼 소비자는 구매시점이 변화함에 따라 서로 다른 해석수준을 사용할 수 있다.

시간적 거리의 변화가 미래사건의 해석에 영향을 미칠 뿐만 아니라 제품에 대한 선호와 사건을 예측하는 데에도 영향을 미치는 것으로 밝혀졌다. 한 연구는 시간적 거리와 제품에 대한 정보제시 유형에 따른 소비자의 선호를 살펴보았다(Ledgerwood & Wakslak, 2010). 이 연구에서, 구매시점이 멀수록 소비자는 추상적인 판단으로 인해 포괄적이고 통합적으로 판단된 제품을 더 긍정적으로 평가하지만, 구매시점이 가까울수록 구체적인 판단으로 인해 개별적으로 설명된 제품을 더 긍정적으로 평가하는 것으로 나타났다.

시간적 거리가 제품의 선호에 영향을 준다는 또 다른 연구를 살펴보면, 시간적 거리가 먼 경우에는 제품의 목적과 관련된 속성과 중심적인 특징이 우수한 대안을 더 선호하는 반면, 시간적 거리가 가까운 경우에는 제품의 부차적인 특징이 우수한 대안을 더 선호한다고 보고하였다(Liberman, Sagristano, & Trope, 2002).

아울러 시간적 근접성은 개인에게 일어날 수 있는 부정적 결과에 대한 가능성 및 잠재적 방해에 대한 민감성을 높인다(Liberman & Trope, 1998). 예를 들어, 가까운 미래의 사건일수록 전반적으로 부정적인 정보가 중요해지고, 이에 따라 개인은 자신이 목표를 달성하지 못할 것이라고 더 생각한다.

심리적 거리의 또 다른 기제인 사회적 거리는 유사성과 관련하여 해석수준 이론의 효과를 설명하였다(Fujita, Henderson, Eng, Trope, & Liberman, 2006). 사람들은 대체로 자신과 유사할수록 사회적으로 더 가깝다고 느끼지만, 덜 유사할수록 사회적으로 더 멀리 있다고 느끼는 경향이 있다. 한 연구에서, 실험참가자에게 그들과 유사한 학생에 관한 또는 그들과 다른 수업에 참여하는 다른 학생에 관한 글을 읽게 한 후, 그 학생의 행동에 대해서 상상하게 하였다. 그 결과, 자신과 유사하지 않은 타인의 행동이 더 추상적인 상위의 조건에서 표현되었을 때, 자신과 유사한 타인보다 유사하지 않은 타인을 더 포괄적으로 이해하는 것으로 나타났다(Trop, Liberman, & Wakslak, 2007). 이처럼 사람들은 그들 자신과 유사하지 않은 타인의 행동을 더 추상적으로 해석한다.

아울러 시간적 거리, 사회적 거리, 제품에 대한 해석수준에 따른 제품선호를 살펴본 연구에서, 사람들은 시간적 거리와 사회적 거리가 먼 경우, 제품에 대한 해석수준이 상위일수록 제품평가에서 더 호의적이었다. 반면 시간적 거리와 사회적 거리가 가까울 경우, 제품에 대한 해석수준이 하위일수록 제품평가에서 더 호의적이었다(Kim, Zhang, & Li, 2008). 즉, 심리적 거리가 멀수록 상위해석을 하여 추상적인 제품평가에 더 민감하고, 심리적 거리가 가까울수록 하위해석을 하여 구체적인 제품평가에 더 민감하다는 결과를 밝혀냈다.

공간적 거리에 관한 연구들에 의하면, 사람들은 사건이 공간적으로 먼 장소에서 일어나는 것으로 보일 때 그 사건을 더 추상적으로 해석한다는 사실을 밝혔다. 예를 들어, 뉴욕대학교 학생들에게 두 집단의 학생들 간의 대화영상을 보여 준 후, 그 영상에서의 행동들에 관해 기술하도록 요청하였다. 분석결과, 영상에 나온 인물들이 공간적으로 가까운 거리인 뉴욕에 있다고 믿은 학생에 비해서 공간적으로 먼 거리인 플로렌스에 있다고 믿은 학생이 추상적인 언어를 더 많이 사용하여 그 행동들을 기술한 것으로 밝혀졌다(Trop et al., 2007). 즉, 공간적으로 멀리 있을수록 표현에 있어 추상적인 특징을 보이는 상위해석을 하지만, 가까운 경우 표현에 있어 구체적인 특징을 보이는 하위해석을 한다는 것이다.

확률과 해석수준의 관계를 규명한 한 연구에서는 추상적 해석이 활성화될 경우, 사람들의 마음에서 사건의 불가능성을 불러일으키고, 이것이 그 사건에 대한 확률추정을 감소시키지만, 구체적 해석이 활성화될 경우, 사건의 가능성과 근접성을 증가시킬 것이라고 제안하였다(Wakslak & Trope, 2009). 다시 말해, 사건의 발생확률이 낮을수록 그 사건에 대한 심리적 거리가 멀어지기 때문에 추상적으로 생각하려는 경향을 보이고, 발생확률이 높을수록 그 사건에 대한 심리적 거리가 가까워지기 때문에 구체적으로 생각하려는 경향을 보인다. 예를 들어, 연구보조원 구인광고를 제시하고, 높은 확률조건의 참가자에게는 지원하면 100% 일자리를 제공받을 것이라고 설명하고, 낮은 확률조건의 참가자에게는 지원해도 합격하지 못할 수 있다고 설명하였다. 참가자에게 연구보조원 구인광고에 대한 재인검사를 실시한 결과, 높은 확률조건의 참가자는 자신이 들었던 설명에 대해 더 구체적으로 설명하려고 했던 반면, 낮은 확률조건의 참가자는 추상적으로 설명하려는 경향을 나타냈다(Trope et al., 2007). 또한 도박의 경우에서도 먼 미래의 경우에는 상위해석의 바람직함에 해당되는 배당금이 높은 것을 더 선호하지만, 가까운 미래에서는 하위해석의 실행가능성에 해당하는 확률이 높은 것을 선호하는 것으로 나타났다.

지금까지의 연구들에 의하면, 심리적 거리가 멀수록 사람들은 사건에 대해 추상적인 포괄적 목표에 초점을 맞춰 상위해석을 적용하고, 심리적 거리가 가까울수록 사람들은 사건에 대해 구체적인 목표에 초점을 맞춰 하위해석을 적용한다는 것을 알 수 있다. 그런데 해석은 개인의 성향에 따라서도 달라질 수 있다(Kim & John, 2008). 즉, 사건에 대해서 추상적으로 생각하는 성향을 지닌 사람들은 구체적으로 생각하는 성향을 지닌 사람들과는 동일 사건에 대해 다른 해석을 할 수 있을 것이다. 따라서 개인의 성향에 따른 해석수준에 대해서도 고려해야 할 것이다.

소비자가 소비환경에서 제품자극을 감지하기 위해서는 자극이 절대역과 차이역에 도달해야 한다. 절대역이란 반응을 일으키는 자극의 최소 강도이며, 차이역이란 두 자극 간의 변화나 차이를 탐지하는 감각체계의 능력을 말하며, 두 자극 간에 탐지될 수 있는 최소한의 차이가 최소가지차이(j.n.d)이다. 절대역 아래에 있는 식역하 지각은 효과성에 관계없이 심각한 윤리적 문제를 유발할 수 있음을 유념해야 한다. 절대역 및 차이역의 개념과 밀접히 관련되는 개념이 순응이다. 소비자가 제품, 디자인, 또는 광고 등에 순응하면, 소비자는 이러한 자극에 대해 둔감해질 뿐만 아니라 싫증을 일으키게 된다. 따라서 마케터는 제품, 디자인, 광고 등에 변화를 주어야 하며, 소비자가 무언가가 변했다는 것을 인식해야 한다. 인간의 감각 중 후각, 미각, 촉각 등에 소구하는 제품은 전자상거래에 적합하지 않은 것 같다. 이는 소비자가 구매 결정을 내리기 전에 직접 만져 보고 시용해 볼 수 없기 때문이다. 그러나 시각과 청각에 대부분을 소구하는 제품은 인터넷상에서 자연스럽게 거래된다.

소비자는 소비환경에서의 모든 정보를 다 수용하는 것이 아니다. 소비자는 선별과정에 의해 극소수의 정보만을 수용하는데, 이러한 선별과정에 영향을 주는 요인이 주의다. 주의는 특정 대상에 대한 정보처리용량의 배분으로 정의되는데, 이는 정보가 의식적으로 처리되도록 인지적 용량을 특정한 대상이나 과제에 할당하는 것을 말한다. 주의는 자극 자체의 특성에 의해서도 유발되지만, 소비자 요인에 의해서도 유발된다. 소비자 요인에는 기대, 동기, 관여 등이 있다. 관여란 특정한 상황에서 자극에 의해 유발되는 지각된 개인적 중요성 또는 흥미의 수준을 의미한다. 소비자의 관여 수준이 높아질수록 소비자는 구매와 관련된 정보에 주의를 기울이고, 정보를 이해하고 정교화하는 데 훨씬 더 동기화된다.

사람들은 환경으로부터 그들이 선택한 자극을 별도의 분리된 부분으로 지각하지 않는다. 오히려 사람들은 자극을 집단으로 체제화하고 통합된 전체로 지각하는 경향이 있다. 이러한 지각 체제화의 원리가 전경-배경 그리고 집단화이다. 전경-배경에서 주의해야 할 점은 소비자가 전경과 배경을 뒤바꿔서 지각하지 않게 해야 한다는 것이다. 집단화 원리 중에서 소비자 영역에 중요한 것이 유사성과 완결성이다. 유사성은 일반화와 관련이 깊고, 완결성은 불완전한 자극패턴을 완성해서 지각하는 경향성을 말한다.

해석은 감각자극에다 의미를 부여하는 것이다. 이러한 해석과정을 통해 사람들은 자극이 무엇인지를 이해한다. 해석단계에서 사람들은 자극이 무엇일 것이라는 기대감뿐만 아니라 자극과 관련된 정보를 장기기억에서 인출한다. 해석과정에서 중요하게 살펴봐야 할 것이 있는데, 그것은 기호학이다. 소비자는 소비환경으로부터 받은 정보를 해석하는 과정에서 정보의 의미를 해독할 것이다. 이런 정보해독과 관련하여 기호학은 사람들이 기호로부터 어떻게 의미를 획득하는 지를 분석하기 위해 개발되었다. 여기서 기호란 서로에게 정보를 선달하기 위해 사용된 단어(상표명 포힘), 제스처, 그림, 제품, 및 로고(logo) 등을 말한다. 기호학 분야는 촉진전략과 매우 관련이 있다. 즉, 다양한 상징 또는 기호를 통해 제품이나 서비스에 관한 정보가 소비자에게 전달된다.

소비자가 어떤 사물이나 사건을 접할 때, 각각의 소비자는 다른 이해와 해석을 내릴 수 있다. 또한 소비자는 동일한 제품을 사용할 때조차도 각기 다른 해석을 내릴 수 있는데, 사회심리학에서는 사람들의 이러한 현상을 해석수준 이론으로 설명한다. 해석수준 이론은 사람들이 개인적으로 경험하는 심리적 거리에 따라 사건을 어떻게 해석하는가에 관한 이론이다. 이 이론에 따르면, 심리적 거리가 멀수록 사람들은 사건에 대해 추상적인 포괄적 목표에 초점을 맞춰 상위해석을 적용하고, 심리적 거리가 가까울수록 사람들은 사건에 대해 구체적인 목표에 초점을 맞춰 하위해석을 적용한다. 이러한 심리적 거리는 시간적 거리, 공간적 거리, 사회적 거리, 확률적 거리 등으로 구분할 수 있다.

제3장

CONSUMER PSYCHOLOGY

학습

사람들의 학습 원리 및 과정을 아는 것은 심리학자뿐만 아니라 소비자 연구가와 마케터에게도 지대한 관심의 대상이다. 마케터가 관심을 두는 이유는 제품이나 서비스에 관해 소비자를 교육할 수 있기 때문이다. 예를 들어, 마케터는 어떻게 하면 소비자가 자사상표를 좋아하도록 그리고 경쟁상표와 차별화하도록, 그들을 효율적으로 교육할 수 있는지에 관심이 많다. 이 점은 바로 학습으로 해결할 수 있다.

학습은 '환경사건과의 경험으로부터 생기는 행동에서의 비교적 영속적인 변화'로 정의된다(Domjan & Burkhard, 1986). 이 정의에 의하면 학습은 개인이 환경조건의 변화에 대한 반응으로 목표지향적 행동을 변경시키는 적응과정으로 보인다. 마케팅 측면에서 볼 때, 학습은 소비자가 새로운 정보를 이해하기 위해 그들의 신념을 변경시킬 때 일어난다고 볼 수 있다(Hoch & Deighton, 1989). 학습은 외현적인 행동반응뿐만 아니라 태도와 여러 인지요소의 학습을 포함한다.

심리학에서의 일반 학습 이론과 소비자 연구영역에서의 학습 이론 적용은 학습의 두 가지 주요 형태를 구분한다. 첫째는 자극-반응/행동 또는 연합학습으로, 여기엔 고전적 조건형성과 조작적 조건형성이 포함된다. 연합학습이란 유기체가 환경 내의 사건들을 서로 연결할 때 일어나며, 이 연결은 자극 간의 연합을 나타내는 고전적 조건형성뿐만 아니라 강화에 선행하는 반응의 빈도가 강화로 증가하는 조작적 조건형성에 의해서도 행해진다. 둘째는 인지학습이다. 인지학습은 학습자 내면의 정신과정을 중요시한다. 인지학습에서는 인간을 자신의 환경을 정복하기 위해 환경으로부터의 정보를 능동적으로 사용하는 문제해결자로 간주한다.

여기선 먼저 소비자 행동과 광고맥락에서 비교적 주의를 덜 받은 고전적 조건형성에 관해 언급하고, 다음에 조작적 조건형성과 인지학습의 한 유형인 사회학습 이론에 대해 언급할 것이다.

1. 고전적 조건형성

고전적 조건형성은 소비자 행동과 광고맥락에서 중요한 영향력을 발휘할 수 있는데, 이 영향력은 코카콜라 경영자의 말에서 잘 드러난다. "파블로프는 중립적인 대상을 가지고 그것을 의미 있는 대상과 연합시킴으로써, 중립적인 대상을 무언가 의미 있는 상징으로 만들었다……. 이것은 현대 광고에서 우리가 하려고 노력하는 바로 그것이다"(Wilkie, 1986).

고전적 조건형성
자극들 간의 연합을 통해 새로운 반응을 만들어 내는 학습기제

고전적 조건형성은 원래 중립적인 조건자극(conditioned stimulus: CS)과 반응을 유발하는 무조건자극(unconditioned stimulus: UCS)과의 반복적인 짝짓기, 즉 연합에 의해 일어난다. 다시 말해, 러시아의 생리학자인 이반 파블로프(Ivan Pavlov)의 실험에 의하면 조건자극(예, 종소리)이 무조건자극(예, 음식)보다 시간상 약간 먼저 제시되는데 여기서 무조건자극은 자동으로 무조건반응(예, 타액분비)을 일으킨다. 이 실험에서 조건자극과 무조건자극 간의 반복적 연합의 결과로 조건자극만 가지고도 무조건반응(unconditioned response: UCR)과 같거나 유사한 반응(파블로프 실험에선 동일한 반응)을 일으키게 되며, 이 반응을 조건반응(conditioned response: CR)이라 부른다.

광고 측면에서 볼 때 조건자극으로는 상표, 제품, 기타 소비품 등을 들 수 있

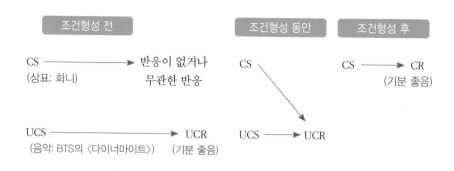

[그림 3-1] 고전적 조건형성의 소비자 행동 적용 예

고, 무조건자극에는 인기 있는 유명인, 음악, 그림 등이 포함된다. 이것들의 연합을 통해([그림 3-1] 참조), 조건자극(예, 상표)이 무조건자극(예, 유명인 또는 음악)에 의해 일어나는 무조건반응(예, 좋아한다거나 귀엽다는 감정)과 같거나 유사한 조건반응(예, 좋아한다거나 멋있다는 감정)을 일으킬 수 있다. 다시 말해, 특색 있는 음악(무조건자극)이 정서적으로 시청자를 흥분(무조건반응)시킨다면 그 음악과 짝지어진 상표(조건자극)가 유사하게 소비자를 흥분(조건반응)시킨다는 것이다.

고전적 조건형성이 소비자 행동을 변경시킬 수 있다는 실험실 연구가 있다. 한 연구자는 학생들에게 그들이 좋아하는 음악 또는 싫어하는 음악(무조건자극) 중 하나를 들려주는 동안 베이지 또는 푸른색 볼펜(조건자극) 하나를 슬라이드로 보여 줌으로써 고전적 조건형성 상황을 설정하였다. 학생들에게 베이지 또는 푸른색의 볼펜 중 하나를 선택하도록 했을 때, 학생 대부분은 그들이 좋아하는 음악과 연합된 볼펜을 더 선호(조건반응)하였다(Gorn, 1982).

다음에는 고전적 조건형성의 중요 특성들 그리고 조건자극과 무조건자극 간의 관계와 조건반응의 변화된 형태에 관해 언급할 것이다.

1) 고전적 조건형성의 중요 특성과 적용

고전적 조건형성에는 소비자 행동과 관련되는 네 가지 중요 특성들이 있는데, 이는 반복, 자극일반화, 자극변별, 이차 조건형성 등이다.

(1) 반복

반복은 조건자극과 무조건자극 간의 연합강도를 증가시키며 망각을 늦춘다. 그러나 연구들은 기억파지를 도울 반복의 양에는 제한이 있다고 제안한다. 과학습(학습에 필요한 양을 넘어서는 반복)이 기억파지를 도울지라도, 어느 순간부터 사람은 반복노출에 포만감을 가지며 결국 파지는 쇠퇴한다. '광고싫증(advertising wearout)'으로 알려진 이 효과는 광고메시지나 내용을 변경함으로써 줄어들 수 있다(제2장의 소비자 순응 참조). 어떤 마케터는 광고에서 동일한 주제나 내용을 반복하더라도 다른 배경, 다른 활자, 다른 광고모델 등을 사용하는 표면변화(cosmetic variation) 전략을 적용하여 광고싫증을 피한다(Schumann, Petty, & Clemons, 1990; Unnava & Burnkrant, 1991).

광고에서 실재변화(substantive variation)는 표면적 특성은 그대로 두면서 주제나 내용을 바꾸는 것이다. 한 연구는 실재적으로 바뀐 광고를 본 소비자가 표면적으로 바뀐 광고를 본 소비자보다 제품속성에 대한 정보를 더 많이 처리하고, 그 제품에 대해 긍정적인 생각을 더 많이 한다는 것을 발견하였다(Haugtvedt, Schumann, Schneier, & Warren, 1994). 아울러 실재적으로 변화한 광고에 노출한 후 형성된 태도는 경쟁적 공격에 직면했을 때 변화에 더 강하게 저항하였다.

비록 반복 원리가 광고인들 사이에서 잘 인식되었다 하더라도, 반복횟수에 관해서는 모든 사람이 동의하는 것은 아니다. 어떤 학자들은 광고에 대해 3회 반복이면 충분하다고 주장한다(Krugman, 1972). 즉, 1회에 소비자가 제품이나 상표를 인식하고, 2회에 소비자가 제품이나 상표에 주의하여 이것의 관련성을 파악하며, 3회에 이것의 편익을 파지한다는 것이다. 다른 학자들은 3회 반복의 효과가 나타나기 위해서는 11회에서 12회의 반복이 필요하다고 생각한다.

반복의 효과성은 경쟁광고의 양에 따라 달라진다. 경쟁광고의 횟수가 많을수록, 간섭이 일어날 가능성은 더욱 커지고, 결국 소비자는 반복으로 인해 나타나는 이전 학습을 망각할 수 있다. 앞의 3회 반복효과는 모든 조건이 통제된 실험실 연구결과이기에, 현실에서 광고혼잡도(advertising clutter)를 고려한다면 3회 반복보다는 더 많은 반복이 필요할 수 있을 것이다.

(2) 자극일반화

일반화란 본래의 조건자극과 유사한 다른 조건자극에 의해서도 조건반응이 일어나는 것을 말한다. 앞의 파블로프 실험에서 조건자극(예, 종소리)과 무조건자극(예, 음식) 간의 연합에 의해 종소리만으로도 조건반응(예, 타액분비)이 일어난 후, 종소리와 유사한 다른 조건자극(예, 방울소리)을 제시하여도 조건반응이 일어나는데 이를 일반화라고 부른다.

자극일반화는 시장에서 모방제품이 성공하는 이유를 설명한다. 이는 소비자가 자신이 광고에서 본 진품과 모방제품을 혼동하기 때문이다. 이것은 또한 지역상표의 포장용기가 전국적으로 시장 점유율이 높은 상표의 포장용기를 닮는 이유도 설명한다. 즉, 소비자가 선두상표와 혼동하여 이 상표를 구매하게 만들려는 것이다.

자극일반화
본래의 조건자극과 유사한 다른 조건자극에 의해서도 조건반응이 일어나는 현상

여기서 잠깐!

짝퉁, 소비자 마음 타락시킨다.

시계나 의류를 사면서 명품과 짝퉁을 놓고 고민해 본 사람은 한둘이 아닐 것이다. 가령 스위스 명품시계를 사자니 돈이 많이 들고 중국산 짝퉁시계를 사자니 자존심이 상하고…….

유명 상품 디자인의 싸구려 복제품을 짝퉁(knockoff)이라 한다. 짝퉁은 신발, 장신구, 전자제품은 물론 최음제 같은 의약품에도 적지 않다. 호주머니 사정이 넉넉한 사회 상류층은 경제력을 과시하기 위해 명품을 소비하는 반면 일반 서민은 명품과 비슷한 짝퉁을 구매함으로써 신분 상승 욕구를 충족시키는 것으로 여겨진다.

짝퉁은 대부분 불법 제품이므로 소비 규모를 공식적으로 집계할 수 없지만 갈수록 성장하는 추세인 것만은 분명하다. 2009년 11월 경제협력개발기구(OECD) 보고서에 따르면 세계 무역에서 짝퉁 비율은 2000년 1.85%에서 2007년 1.95%로 늘어났다. 금액으로는 2005년 2,000억 달러에서 2007년 2,500억 달러로 증가했다. 한편 세계 암시장 정보를 제공하는 해벅스코프(www.havocscope.com)에 따르면 2010년 4월 현재 세계 짝퉁 시장은 6,000억 달러에 이른다. 1위 미국 2,250억 달러, 2위 일본 750억 달러, 3위 중국 600억 달러이다. 한국은 142억 달러로 추정되었다.

세계 짝퉁시장이 비약적으로 성장하는 이유로는 세계화가 꼽힌다. 세계적 명품 업체들이 인건비가 싸고 환경 규제가 적은 제3세계로 생산 기지를 옮김에 따라 후진국 업체가 정보를 훔쳐내서 명품과 똑같아 보이면서 가격은 훨씬 저렴한 가짜를 만들 수 있는 기회를 갖게 됐다는 것이다.

짝퉁 소비자는 적은 비용을 들여 명품 사용자가 만끽하는 정신적 욕구, 이를테면 돈이 많거나 사회적 지위가 높은 상류층이 향유하는 우월감과 자부심을 충족하게 될 것으로 기대한다. 하지만 싸구려 가짜 물건으로는 값비싼 진짜 명품을 소비할 때 맛보는 정신적 보상을 얻을 수 없다는 연구결과가 나왔다.

미국 듀크대학교 행동경제학자 댄 애리얼리와 하버드대학교 경영학자 마이클 노턴은 짝퉁 사용자의 심리를 분석하는 실험을 두 차례 실시했다. 첫 번째 실험에서 젊은 여자 여러 명에게 값비싼 색안경을 쓰게 했다. 진짜 명품이었지만 실험대상자의 절반에게는 짝퉁이라고 일러주었다. 먼저 복잡한 수학 문제를 풀게 하고 시간이 종료된 후에 스스로 점수를 매겨 맞은 답만큼 돈을 가져가게 했다. 색안경이 진짜임을 알고 있는 여성은 30%가 점수를 속여 돈을 더 많이 가져간 반면 짝퉁을 쓰고 있다고 생각한 여성은 70%가 성적을 부풀려서 현금을 부당하게 챙겼다. 가짜 물건을 사용한 여성이 진품 소비자보다 더 많이 속임수를 쓰게 된 셈이다.

두 번째 실험에서는 그들이 잘 알고 있는 사람들에 대해 어떻게 생각하고 있는지 기록하도록 했다. 명품 색안경을 쓴 여성은 남들을 비교적 긍정적으로 평가한 반면 짝퉁을 쓰고 있다고 여긴 여성은 대부분 남들을 부정직하며 속임수를 잘 쓸 것이라고 기록했다. 짝퉁을 사용하면 당사자의 도덕성이 파괴될 뿐만 아니라 타인에 대해서도 부정적 태도를 갖게 되는 것으로 밝혀진 셈이다. 『심리과학(Psychological Science)』 5월호에 실린 연구논문은 짝퉁이 소비자의 마음을 도덕적으로 타락시킨다고 주장했다.

출처: 이인식(2010). 짝퉁, 소비자 마음 타락시킨다. 조선일보, 12월 4일, B6에서 재인용.

① 제품계열, 제품형태, 제품범주의 확장

마케터는 자극일반화의 원리를 제품계열, 제품형태, 제품범주 확장에까지 적용한다. 제품계열 확장에서 마케터는 관련 제품에 기존의 잘 알려진 상표명을 붙이는데, 이는 신제품이 기존의 잘 알려지고 믿음이 가는 상표명과 연합될 때 더 잘 수용되기 때문이다. 반대로 완전히 새로운 상표를 개발하기는 매우 어려운데, 이는 신상표가 소비자에게 수용되기 위해서는 상당한 시간과 노력이 필요하기 때문이다.

마케터는 다른 크기, 다른 색채, 다른 향을 포함하는 제품계열 확장뿐만 아니라, 제품형태 역시 확장한다. 예를 들어, 고체비누에서 액체비누, 샤워젤까지의 확장을 들 수 있다. 제품범주 확장의 예는 일회용 빅(BIC) 볼펜에서 일회용 빅 면도기로의 확장을 들 수 있다. 이러한 전략의 성공은 많은 요인에 의존한다. 예를 들어, 소비자가 모상표(parent brand)에 대해 좋은 이미지를 갖고 있다면, 소비자는 이러한 좋은 이미지를 새로운 제품범주에서도 동일하게 인식할 수 있을 것이다.

한편 여러 무관한 제품을 잘 알려진 상표와 연결하려는 과정에서 모상표의 의미가 변할 수 있음을 인식해야 한다. 예를 들어, 동원(회사명이면서 상표명)은 참치로 시작하여 라면도 생산하고 있다. 이 경우에 동원의 의미는 해양에서 식품으로 바뀌었다. 연구가들은 확장된 모든 상표에 걸쳐서 좋은 품질이 유지된다면 한 상표명에 연결된 많은 다른 제품들이 그 상표명을 실질적으로 강화할 수 있다고 제안한다(Broniarczyk & Alba, 1994; Dacin & Smith, 1994). 그러나 만일 그렇지 못하다면, 모상표에 딸린 모든 자상표에 대한 소비자의 평가는 부정적으로 될 것이다.

② 통일 상표화

한 계열의 모든 제품에다 동일한 상표명을 붙이는 것을 '통일 상표화(family branding)'라고 하는데, 이는 한 제품에서 다른 제품으로 기존의 호의적인 상표 이미지를 일반화하는 소비자의 경향을 이용한 또 다른 전략이다. 미국의 매우 유명한 수프 회사인 캠벨(Campbell)은 수프 제품계열에서의 신제품 모두에다 캠벨이라는 상표명을 붙인다. 또한 랠프 로렌(Ralph Lauren)은 남녀 구분 없이 모든 유형의 옷에다 '랠프 로렌'이라는 상표를 붙인다.

통일 상표화
한 계열의 모든 제품에다 동일한 상표명을 붙이는 전략

③ 인가

인가(licensing)는 잘 알려진 상표명을 다른 제조사의 제품에다 사용할 수 있게 허락하는 것이다. 즉, 디자이너, 제조회사, 유명인, 기관, 심지어 만화 주인공 등의 이름을 다른 회사의 제품들이 사용한다. 이 전략은 즉각적인 상표명

인가
잘 알려진 이름을 타 제조사의 제품에다 사용할 수 있게 허락하는 것

의 인식과 이에 내포된 품질획득이라는 장점을 갖고 있다. 리즈 클레이본(Liz Claiborne), 캘빈 클라인(Calvin Klein), 크리스천 디올(Christian Dior), 스누피(Snoopy) 그리고 국내에서는 둘리 등이 대표적 예이다. 그런데 인가 전략은 모조품이라는 부작용을 일으키기도 한다.

(3) 자극변별

자극변별
유사한 조건자극들 간에 차이를 식별하여 특정한 조건자극에만 반응하는 현상

자극변별은 일반화와 반대되는 과정으로, 유사한 조건자극 간에 차이를 식별하여 특정한 조건자극에만 반응하는 것을 말한다. 유사한 자극들을 변별할 수 있는 소비자의 능력은 소비자 마음에 상표의 독특한 이미지를 심어 주려는 위치화(positioning) 전략의 근거가 된다.

① 제품위치화

제품이나 서비스가 소비자 마음에서 차지하는 이미지 또는 위치는 제품이나 서비스의 성공에 매우 중요하다. 마케터가 자사제품이 소비자의 특정한 욕구를 만족시킬 것임을 독특한 방식으로 강조하는 강력한 커뮤니케이션 프로그램을 소비자에게 집중시킬 때, 마케터는 소비자가 제품선반에서 자사제품과 경쟁제품을 변별해 주기를 원한다. 소비자가 그들의 지각을 일반화하여 선두제품의 특정한 특성을 자사제품에도 귀속시키기를 원하는 모방회사와는 달리, 시장에서의 선두주자는 소비자가 유사한 자극들을 변별해 주기를 원한다. 효과적인 위치화와 자극변별로부터 나타나는 호의적인 태도는 미래의 구매행동에 영향을 줄 만큼 충분히 오랫동안 유지된다(Grossman & Till, 1998).

② 제품차별화

제품차별화
소비자가 자사제품과 경쟁제품을 구분하게 하려는 전략

대부분의 제품차별화 전략은 소비자에게 관련 있고, 의미 있으며, 가치 있는 속성에 근거하여 소비자가 자사제품·상표와 경쟁제품·상표를 구분하도록 수립된다. 그러나 많은 마케터는 제품이나 상표에 내포된 편익과 실질적으로 무관할 수 있는 속성에 근거하여 자사제품이나 상표를 성공적으로 차별화하기도 한다(Carpenter, Glazer, & Nakamoto, 1994).

일단 자극변별이 일어나면 선두상표를 무너뜨리기는 매우 어렵다. 한 가지

설명은 선두상표는 보통 시장에서 일등이고 소비자가 상표명과 제품을 연합하도록 오랫동안 교육하였다는 점이다. 일반적으로 상표명과 특정한 제품을 연합시키는 학습기간이 길수록 소비자는 더 변별하고 자극을 덜 일반화한다.

(4) 이차 조건형성

파블로프의 실험에서 종소리(CS)에 노출된 후에 음식(UCS)이 뒤따르던 개의 예를 회상해 보자. 여기서 종소리는 조건반응(CR)을 유발한다. 일단 조건형성이 되면 종소리는 무조건자극의 힘을 획득한다. 이제 만일 개가 또 다른 조건자극인 불빛(CS2)에 노출된 후에 종소리(음식이 아니라)가 뒤따르는 상황에 놓이게 되면, 불빛 자체도 비록 먹이와 짝지어진 적은 한 번도 없지만 결국 조건반응을 유발한다(물론 종소리가 음식과 다시 짝지어지는 시행도 있어야만 한다. 그렇지 않다면 종소리와 음식 사이에 원래 조건형성이 되었던 관계가 소거되고 만다). 무조건자극을 예측하는 종소리와 짝지어진 후에 불빛이 조건반응을 일으키는 능력을 이차 조건형성(second-order conditioning)이라고 부른다.

광고에서 무조건자극으로 활용되는 유명배우, 탤런트, 운동선수 등은 원래 의미가 중립적인 조건자극이다. 이들은 특정한 영화나 드라마 또는 운동경기(무조건자극)로 인해 의미를 부여받는다. 즉, 이들과 특정한 영화, 드라마, 운동경기와의 연합이 이들에게 영화, 드라마, 운동경기에서의 의미를 부여한다. 다시 말해, 소비자가 이들로부터 받는 의미는 이들이 원래부터 갖고 있던 것이 아니라 영화, 드라마, 운동경기에서 전이된 것이다. 따라서 광고에서는 이차 조건형성에 근거해 조건자극이었던 모델을 무조건자극처럼 활용하는 것이다.

마케터는 특히 유명배우와 탤런트의 이미지가 영원하지 않음에 주의해야 한다. 이들은 자신에게 주어지는 역할에 의해 언제든지 이미지를 변화시킬 수 있다. 이는 광고에서 고전적 조건형성에 의해 나타나는 조건자극(예, 상표)과 조건반응(예, 기분 좋음, 귀여움 등) 간의 관계가 깨질 수 있음을 의미한다. 따라서 제품이나 상표에다 장기적으로 확고한 의미를 부여하고 싶은 경우에는 무조건자극으로 활용되는 광고모델의 선정에 상당한 주의를 기울여야 한다.

이차 조건형성
한 조건자극이 조건반응을 일으키는 학습을 한 후에 그 조건자극을 또 다른 조건자극과 연합하면 또 다른 조건자극에 의해서도 조건반응이 일어나는 현상

2) 조건자극과 무조건자극 간의 관계

고전적 조건형성의 전통적인 견해에 따르면, 조건자극은 고전적 조건형성이 일어나기 위해 시간상 무조건자극에 선행해야 한다. 이 견해는 거의 옳고 고전적 조건형성이 일어나지 않을 상황을 정확하게 확인하기 위해 사용될 수 있다. 예를 들면, 무조건자극이 조건자극에 선행한다면, 고전적 조건형성은 일어나지 않을 것이며, 이 현상을 역행 조건형성이라 한다.

또한 고전적 조건형성의 시간적 선행성 견해는 조건자극과 무조건자극이 동시에 제시되는 경우에도 조건형성이 일어나지 않는다고 예견한다. 동시 조건형성의 실패는 고전적 조건형성이 잡지나 신문광고 등과 같이 정지된 상황에서 사용될 때 소비자의 행동을 변경시킬 수 없을 것임을 시사한다. 이런 상황에서는 제품이나 상표가 무조건자극 전에 신뢰 있게 제시될 수가 없기 때문이다. 동시 조건형성의 실패는 제품을 먼저 제시하고 곧 뒤이어 무조건자극(예, 음악)을 제시하는 것이 동시에 제시하는 것보다 더 효과적임을 시사하며, 이것이 지연 조건형성이다.

역행 및 동시 조건형성으로 인해 시간적 선행성 견해가 옳더라도, 몇몇 결정적인 연구들은 고전적 조건형성을 다르게 특징짓고 있다. 한 연구자는 실험에서 조건자극이 제시되지 않을 때 무조건자극이 나타날 가능성이 증가하면 조건형성의 양이 감소한다는 것을 보여 주었다(Rescorla, 1967). 그는 연구결과에 근거하여 조건형성이 일어나기 위해서는 조건자극이 무조건자극을 예견해야 한다고 주장하였다. 다시 말해, 시간적 선행보다는 예견성이 더 중요하다는 것이다.

고전적 조건형성의 예견성 견해는 광고 이외의 상황에서 조건자극(예, 제품, 상표)의 여분의 노출을 최소화해야 함을 시사한다. 무조건자극이 없이 조건자극의 제시가 많아질수록 조건자극의 예견성은 감소하며, 따라서 조건반응이 일어나지 않을 수도 있다. 이 점은 마케터에게 다음의 세 가지 시사점을 제공한다.

첫째, 고전적 조건형성은 접할 기회가 희귀한 제품뿐만 아니라 빈번하게 접하는 제품에 대해서도 그 제품에 대한 소비자의 행동을 변경시키는 데 비효율적일 수 있다. 예를 들면, 고전적 조건형성은 매일 매일의 광고 이외에도 빈번하게 접할 수 있는 제품에 대한 광고에서는 잘 작동하지 않을 수 있다. 조건형성의 효율성은 무조건자극 없이 제품이 제시될 때 감소할 것이다. 따라서 고전적 조건형성은 광고 이외에는 잘 노출되지 않는 신제품의 경우엔 잘 작동할 수 있을 것이다.

둘째, 예견성 견해는 소비자의 행동을 변경시키기 위해 고전적 조건형성을 사용하길 원하는 광고인이 여러 형태의 광고를 사용해서는 안 됨을 시사한다. 조건자극이 무조건자극을 예견할 수 있는 TV광고 이외에 그렇지 않은 신문이나 잡지 등에도 특정 제품이 빈번히 광고된다면, 소비자가 무조건자극 없이 제품에 노출되고, 따라서 예견성이 깨지기 때문에 고전적 조건형성의 효율성은 감소할 것이다.

셋째, 조건자극이 없는 경우 무조건자극의 제시를 최소화하여야 한다. 음악을 사용하여 선호를 조건형성하기 위해서는 새롭거나 친숙하지 않은 음악이 사용되어야 한다. 만일 친숙한 음악이 사용된다면, 그 무조건자극은 조건자극에 의해 예견되지 않을 때도 빈번하게 나타날 수 있다. 다시 말해, 소비자가 제품과의 연합과 관계없이 무조건자극을 광고 이외에도 자주 접할 수 있게 되고, 따라서 조건형성의 효율성을 감소시킬 것이다.

3) 조건반응의 형태

조건반응이 무조건반응을 닮아야 한다는 것은 전통적인 고전적 조건형성의 기본가정이었다. 앞에서 언급한 파블로프의 실험에서 알 수 있듯이, 무조건자극(음식)이 일으킨 무조건반응(타액분비)과 조건자극(종소리)이 일으킨 조건반응(타액분비)은 동일하였다. 또한 몇몇 연구가들은 자율신경계에 의해 통제되는 반응들만이 고전적으로 조건형성될 수 있다고 주장했으며, 기본적으로 자율반응은 타액분비 또는 눈 깜빡임 등과 같은 불수의적 반응이다. 이 견해에 의하면 걷기 또는 말하기 등과 같은 수의적 반응은 고전적으로 조건형성될 수 없다는 것이다. 그러나 몇몇 결정적인 연구가 조건반응의 형태에 관한 이런 전통적 가정들에 의문을 제기하였다.

몇몇 실험들은 수의적 반응도 고전적으로 조건형성될 수 있다는 것을 보여 주었다. 브라운과 젠킨스(Brown & Jenkins, 1968)는 배고픈 비둘기에게 플렉시 유리판에 주기적으로 나타나는 불빛(조건자극)을 보여 주었다. 불빛이 나가고 쪼는 반응(무조건반응)을 일으키는 음식(무조건자극)이 짧은 시간에 비둘기에게 주어졌으며, 이런 절차가 몇 번 반복된 후 모든 비둘기는 불빛이 있을 때 유리판을 쪼았다(조건반응).

이 연구가 발표되기 전까지는 다른 수의적 반응처럼 쪼는 반응 역시 고전적 조건형성이 아니라 조작적 조건형성에 의해 일어난다고 생각되었다. 조작적 조건형성에서는 반응이 보강에 선행하며 보강으로 반응이 증가한다. 또한 조작적 조건형성에서는 동물의 미래 행동을 변화시키는 것은 동물의 행동과 강화와의 관계이지만, 고전적 조건형성에서 행동을 변화시키는 것은 자극과 자극, 다시 말해 조건자극과 무조건자극(조작적 조건형성에서의 강화) 간의 관계이다. 그러나 이들의 연구로 심리학자들은 수의적 반응도 고전적으로 조건형성될 수 있음을 받아들이게 되었다.

한편 몇몇 결정적인 실험들은 조건반응이 무조건반응을 닮을 필요가 없다는 것을 보여 주었다. 그 연구 중 영향력 있는 한 연구에서 조건반응이 항상 조건자극으로의 물리적 접근과 접촉을 포함한다고 제안하였고, 사실상 연구자들은 '신호추적(sign tracking)'이라 불리는 행동의 일반적 원리를 명확히 하였다(Hearst & Jenkins, 1974). 신호추적이란 동물이 그들의 환경에서 강화물을 가장 잘 예견하는 자극에 접근하고 접촉한다는 것을 말하며, 또한 동물은 강화물이 없음을 예견하는 자극으로부터는 물러난다는 것을 말한다. 이 연구에 따르면 고전적 조건형성 절차는 신호추적이 일어나는 상황에 들어맞는다. 조건자극은 무조건자극의 출현에 대한 가장 뛰어난 예견자이며, 많은 무조건자극이 강화물로 작용하기 때문에 신호추적은 일어나야만 한다. 다시 말해, 유기체는 조건반응의 부분으로 조건자극에 물리적으로 접근하고 접촉해야 한다. 즉, 접근 및 접촉반응도 조건반응으로 형성될 수 있다는 것이다.

만일 제품이나 상표가 무조건자극과 연합되어 무조건자극을 예견해 주는 효율적인 조건자극이 된다면, 제품이나 상표는 소비자의 주의를 끌어낼 수 있을 것이다. 더욱이 신호추적에 의해 소비자는 그 제품이나 상표에 접근할 것이

신호추적
유기체가 환경에서 강화물을 가장 잘 예견하는 자극에 접근하며, 강화물이 없음을 예견하는 자극으로부터 철수한다는 개념

다. 아울러 이러한 조건자극에 대한 메시지는 더 잘 처리될 수 있을 것이고 훗날 사용을 위해 기억에 저장될 것이다.

많은 경우에서 조건반응은 여전히 무조건반응을 닮지만, 그렇지 않은 때도 있다. 그렇지 않은 경우, 즉 조건반응의 형태에서의 변화가 소비자와 광고연구에 주는 시사점을 고려해 볼 만하다. 한 가지 시사점은 만일 수의적 반응이 고전적으로 조건형성될 수 있다면 고전적 조건형성은 소비자가 제품에 좋은 감정을 갖게 하는 것보다 더 많은 것을 제품을 위해 할 수 있다. 만일 허스트와 젠킨스(Hearst & Jenkins)가 옳다면, 소비자는 강화물인 무조건자극에 선행하는 제품이나 상표(조건자극)에 접근할 것이다. 앞서 언급한 곤(Gorn, 1982)의 연구에서 볼 때 유쾌한 음악과 볼펜을 연합하면, 그 볼펜에 대한 소비자의 선호가 형성될 뿐만 아니라 매장에서 그 볼펜에 더 많이 다가갈 것이다. 제품에 다가가게 유도하는 것은 몇 가지 장점이 있다. 소비자는 그들이 접근하는 제품을 (특히, 비내구재의 경우) 구매할 경향이 많고, 제품에 수반되는 유인가나 광고형태에 더 민감해질 수 있을 것이다.

또 다른 시사점은 소비자의 행동을 변경시키기 위해 고전적 조건형성을 사용하려는 시도는 사용 전에 주의 깊게 검사되어야 한다는 것이다. 그 이유는 조건형성될 반응이 무조건자극에 의해 유발되는 반응과 반드시 유사할 것이라고 가정할 수는 없기 때문이다. 예를 들면, 소비자가 특정한 음악(무조건자극)을 좋아한다(무조건반응)고 해서 그들이 또한 그 음악에 선행하여 제시되는 제품이나 상표(조건자극)를 좋아할 것(조건반응)이라고 가정할 수는 없다. 제품이나 상표에 대한 조건반응이 매우 다를 수 있고, 이 반응을 예견할 수 있는 규칙은 현재 없다. 광고를 사전에 검사하는 방법만이 조건반응을 알아낼 수 있다.

마지막으로 고전적 조건형성에 관한 내용 대부분이 주의 깊게 통제된 실험실 연구로부터 유래하였기 때문에 소비자 행동이 일어나는 복잡한 실세계에 이런 원리들이 잘 적용될 수 있는지 의문스러울 수 있다. 따라서 연구들은 실제 이런 상황에서 고전적 조건형성이 어떤 역할을 하는지 정확하게 결정짓기 위해 행해져야 한다. 앞으로의 연구들은 소비자 행동과 광고에서 고전적 조건형성의 역할을 체계적으로 설정할 필요가 있다.

2. 조작적 조건형성

스키너(Skinner)에 따르면, 대부분의 개인학습은 개인이 적절한 행동을 선택하기 위해 보상되는 통제된 환경에서 일어난다. 소비자 행동 측면에서 보면, 조작적 조건형성은 어떤 구매행동보다 더 호의적인 성과(예, 보상)를 가져올 시행착오 과정을 통해 소비자가 학습한다는 것을 제안한다. 즉, 호의적인 경험이 소비자가 특정한 소비행동을 반복하도록 학습시키는 도구로 작용한다.

스키너는 동물을 상대로 연구하여 자신의 학습 모형을 발전시켰다. 그는 자신의 이름을 붙인 '스키너 상자(Skinner Box)'에다 쥐를 넣어 두고 만일 쥐가 적절한 행동을 한다면(예, 지렛대 누르기), 음식(긍정적 강화물)을 받도록 하였다. 스키너는 이런 간단한 학습 모형으로 비둘기가 탁구게임을 하고, 춤을 추도록 학습시키는 등 놀라운 일을 할 수 있었다. 마케팅 맥락에서 자기 몸에 잘 맞는 청바지 스타일(긍정적 강화물)을 발견하기 전에 청바지의 여러 상표와 스타일을 시험해 보는 소비자는 조작적 조건형성을 하고 있다고 볼 수 있다. 추측건대 가장 잘 맞는 상표가 계속해서 구매될 것이다.

고전적 조건형성에서와 같이 조작적 조건형성에서도 자극일반화와 자극변별이 일어난다. 이 둘의 원리를 고전적 조건형성에서 이미 설명하였기에 여기서는 생략할 것이다. 대신에 강화, 행동조성, 행동수정 등과 같은 조작적 조건형성의 중요한 특성을 살펴볼 것이다.

조작적 조건형성
행동과 보상을 연합하여 그 행동을 학습하게 하는 기제

1) 강화

조작적 조건형성을 일으키는 데 필수적인 강화에는 여러 유형이 있다. 여기에는 긍정적 강화와 부정적 강화, 전체 강화와 부분 강화 그리고 강화일정 등이 포함된다. 먼저 강화와 강화물 간의 차이를 살펴보자. 강화는 반응의 가능성을 증가시키는 과정을 말하며, 강화물은 그 가능성을 증가시키는 자극을 말한다.

(1) 긍정적 강화와 부정적 강화

스키너는 반응이 반복될 기회에 영향을 주는 강화를 두 가지 형태로 구분하였다. 첫 번째, 긍정적 강화는 특정한 반응에 뒤따라서 '제시'할 때 그 반응의 가능성을 증가시키는 것으로, 돈이나 칭찬과 같은 자극이 긍정적 강화물로 작용한다. 당신의 머릿결을 부드럽고 빛나게 하는 샴푸는 그 샴푸의 반복사용의 가능성을 높일 것이다.

두 번째 형태인 부정적 강화는 특정한 반응에 뒤따라서 '제거'할 때 그 반응을 증가시키는 것으로, 불안, 고통, 통증처럼 불쾌하거나 부정적인 자극이 부정적 강화물로 작용한다. 예를 들어, 소매치기가 여행자의 지갑을 훔치는 장면을 보여 주는 광고는 소비자가 신용카드를 사용하도록 고무시킬 것이다. 그런데 부정적 강화물은 처벌과 혼동되어서는 안 된다. 처벌은 행동이 일어나지 않게 한다. 예를 들어, 주차위반 티켓은 부정적 강화물이 아니라 처벌로서 운전자가 불법주차를 못 하게 한다.

광고 메시지에서의 공포소구는 부정적 강화물의 예로, 갑작스러운 죽음으로 자기 가족을 불쌍히 남겨 둘 남편에게 경고하는 생명보험 광고는 생명보험 가입을 고무시키는 부정적 강화물이다. 또한 두통약을 판매하려는 마케터는 가라앉지 않는 두통의 고통스러운 증상을 보여 주는 부정적 강화물을 사용한다. 이런 예들에서 보면, 부정적 강화물을 사용하는 광고는 광고된 제품을 구매함으로써 부정적인 결과를 피하도록 소비자를 고무시킨다.

긍정적 강화물이든 부정적 강화물이든 간에 강화물은 바람직한 반응을 유도하기 위해 사용될 수 있다. 그러나 학습된 반응이 더 이상 강화되지 않는다면, 그 반응이 더 이상 일어나지 않는 소거현상이 발생할 것이다.

(2) 전체 강화와 부분 강화

소비자 학습에 영향을 주는 또 다른 중요 요인이 강화의 시기이다. 강화일정이 시간 일부분에 걸쳐 분산적으로 수행되어야 하는가? 아니면 강화일정이 전체 모든 시간에 걸쳐 집중적으로 수행되어야 하는가? 즉, 전자의 부분 강화와 후자의 전체 강화 중 어느 것을 마케터가 택해야 하는지 중요한 문제가 아닐 수 없다. 다시 말해, 전체집중 광고는 더 많은 초기학습을 산출하나, 부분분산 광고는 보통 지속적인 학습을 유발하기 때문에 매체일정을 계획하는 광고 인들은 신경을 써야 한다. 광고인이 (신제품을 소개하거나 경쟁사의 전격적인 광고 캠페인에 직면해서) 즉각적인 효과를 원할 때 일반적으로 전체집중 일정을 사용하지만, 광고목표가 지속적이고 반복적인 구매유지에 있다면 부분분산 일정을 선호한다. 따라서 많은 광고인은 두 종류의 광고일정을 결합하여 사용한다. 신제품 도입 시 처음에는 전체집중 광고를 사용하고, 나머지 주기 동안은 부분분산 광고를 활용한다.

(3) 강화일정

앞에서 언급한 부분 강화에는 네 가지 유형이 있다. 고정간격 일정은 일정한 시간간격이 경과한 다음 일어나는 반응을 강화하는 것이다. 여기서 시간간격은 일정하게 고정되어 있다. 따라서 일정한 시간이 지나지 않으면 강화물이 주어지지 않는다. 기업에서의 월급 그리고 백화점에서의 정기 바겐세일 등이 고정간격 일정의 대표적인 예이다. 이 일정에서는 강화 직전에 반응이 증가한다. 이와 관련하여 대학교에서 치러지는 중간시험과 기말시험을 생각해 보라. 중간, 기말시험의 일정은 학기 초에 미리 정해진다. 대학생 독자들이 언제 집중적으로 공부하는지 스스로 돌이켜 보면 쉽게 이해할 수 있다.

변동간격 일정에서도 강화가 특정한 시간간격이 경과하는 것에 의존하지만, 그 간격이 예측할 수 없게 변한다. 이 일정에서 유기체는 하나의 보상도 놓치는 일 없이 너무 느리지 않도록 조심하면서 착실한 반응을 보인다. 예를 들어, 백화점에서의 비정기 바겐세일이 이에 해당한다. 고정간격 일정과 변동간격 일정은 시간에 의한 간격일정으로 분류된다.

고정비율 일정은 일정하게 고정된 수의 반응이 일어나야만 강화물이 주어지는 것이다. 이 일정에서 유기체는 많은 보상을 얻기 위해 짧은 시간에 많은 반응을 보이는 경향이 있다. 이 일정은 강화 직후의 휴식과 높은 반응률이라는 특성이 있다. 피자쿠폰 10장을 모으면 한 판은 무료인 경우 그리고 비행기 마일리지와 연결된 신용카드 등이 대표적인 예이다. 고정비율 일정에 근거한 마케팅 전략이 빈도 마케팅이다. 이 전략은 구매한 양에 따라 증가하는 가치를 지닌 보상을 소비자에게 제공함으로써 소비자의 구매행동을 강화한다.

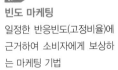

빈도 마케팅
일정한 반응빈도(고정비율)에 근거하여 소비자에게 보상하는 마케팅 기법

[그림 3-2] 마일리지를 이용한 빈도 마케팅의 예

　변동비율 일정에서도 특정한 수의 반응을 수행한 후에 강화물이 제공되지만, 그 수가 예측할 수 없게 변한다. 이 일정에서 유기체는 강화를 받은 다음에도 휴식 없이 장시간 높은 반응률을 보인다. 예를 들어, 도박과 복권이 이에 해당한다. 고정비율 일정과 변동비율 일정은 반응 횟수에 의한 비율일정으로 분류된다.

2) 행동조성

　독자들은 서커스에서 동물들이 묘기를 부리는 것을 보았을 것이다. 동물이 어떻게 묘기를 부릴 수 있을까? 동물이 놀라운 묘기를 배우는 과정이 행동조성 (shaping)이다. 행동조성은 실험자가 원하는 방향으로 변형된 반응만을 강화

행동조성
바람직한 반응에 성공적으로 접근하는 행동만을 선별적으로 강화하여 새로운 행동을 만들어 내는 방법

하는 것이다. 다시 말해, 바람직한 반응에 성공적으로 접근하는 행동만을 선별적으로 강화함으로써 새로운 조작적 행동을 만들어 내는 것이 행동조성이다.

이러한 행동조성은 바람직한 구매행동이 일어날 가능성을 증가시킨다. 예를 들어, 소매점은 소비자가 자신의 매장에서 물건을 구매할 것이라고 기대하기 전에 자신의 매장이 소비자에게 우선 매력적으로 보여야 함을 인식한다. 그래서 소매점은 소비자가 매장에 들어오게 하기 위해 예비 강화물을 제공한다. 예를 들어, 어떤 소매점은 손실제품(loss leasers)을 소비자에게 제공하는데, 이는 이렇게 함으로써 소비자가 해당 매장에서 상당한 구매를 할 가능성이 높아질 수 있기 때문이다. 손실제품이란 상당히 할인된 가격의 인기 있는 제품으로 손해를 보면서도 손님을 끌기 위해 제공되는 특매품이다. 과거 국내의 대형식품점에서 음식을 즉석에서 만들어 시식하게 하는 경우가 있었는데 이것도 행동조성 기법을 이용하는 것이다.

바람직한 소비자 반응을 일으키는 데 필요한 행동을 강화함으로써 마케터는 바람직한 반응이 일어날 가능성을 증가시킨다. 예를 들어, 미국의 자동차 딜러들은 신형 자동차를 팔기 위해 우선 소비자가 대리점에 방문하여 자동차를 시범 운전하도록 유도하고 있다. 이들은 대리점 방문을 유도하기 위해 소비자에게 작은 선물(예, 열쇠고리)을 제공하기도 하며, 시범운전을 하는 대가로 소액의 돈을 주기도 하고, 구매결정 직전에는 리베이트 수표를 제시하기도 한다. 이들은 바람직한 소비자 반응을 일으키기 위해 다단계 행동조성 기법을 사용한다.

리베이트
가격할인과 관련되는 기법으로, 제품구매 후 사전에 정해진 금액을 돌려받는 것

3) 행동수정

조작적 조건형성에 근거해 사람의 행동을 변화시킬 수 있는 효과적인 기법이 있는데, 이것이 행동수정이다. 행동수정은 행동을 변화시키기 위해 환경변수들을 조작하는 과정을 말한다(Gaidis & Cross, 1987). 마케터는 소비자의 행동을 수정할 수 있는 방식으로 강화, 변별자극, 처벌자 등을 구성함으로써 소비자 환경의 연계성을 변화시키기 위해 이 기법을 사용할 수 있다. 또한 소비자는 자신의 행동을 수정하기 위해서도 이 기법을 사용할 수 있다.

행동수정
행동을 변화시키기 위해 환경변수들을 조작하는 과정

표 3-1	소비자 행동수정 프로그램의 단계

단계
1. 변화시키고 싶은 특정한 행동을 확인하라.
2. 그 행동의 발생빈도를 측정할 방법을 결정하라.
3. 그 행동을 조성시킬 수 있는 환경적 강화물과 처벌자를 확인하라.
4. 그 행동을 조성하기 위해 필요한 강화물과 처벌자를 사용할 절차를 개발하라.
5. 행동수정전략을 테스트해라.
6. 행동수정전략의 득실을 평가해라.

출처: Gaidis, W., & Cross, J. (1987). Behavior modification as a framework for sales promotion management. *Jounral of Consumer Marketing*, 4, 65-74.

〈표 3-1〉은 소비자 행동수정 프로그램을 개발하는 데 필요한 단계들을 제시하고 있다. 이 단계는 수정해야 할 행동을 확인하는 것으로 시작한다. 예를 들어, 관리자는 소비자가 매장으로 들어오기를 원하기에 매장으로의 방문이 수정해야 할 행동이다. 다음에 관리자는 이 행동이 현재 얼마나 자주 일어나는지를 결정하기 위한 측정방법을 개발하고, 이 행동에 영향을 줄 수 있는 강화물을 확인하며, 행동수정전략을 수립한다.

앞의 예에서 백화점에 있는 50명의 소비자 중에서 단지 한 명만이 매장에 들어온다고 하자. 그다음에 관리자는 소비자가 자신의 매장에 매력을 느끼게 만드는 강화물이 무엇인지를 고려한다. 한 가지 가능한 강화물은 매장에 들어오는 소비자 중 일부에게 작은 선물을 주는 것이다. 이러한 유형의 부분 강화일정의 학습효과는 서서히 일어나지만, 일정이 장기간에 걸쳐 진행되면 효과적이다.

4) 조작적 조건형성의 문제점

조작적 조건형성을 소비자 행동에 적용할 때, 강화물에 지나칠 정도로 의존한다면 문제가 발생할 수 있다. 만일 제품이나 서비스에 대한 구매행위가 외부 강화물(예, 다양한 촉진전략으로 무료샘플, 할인쿠폰 등)에 의해 지나치게 영향을 받는다면 그리고 제품이 내적인 강화속성을 갖지 못한다면, 강화물이 제공되지 않을 때 구매행위는 반복해서 일어나지 않을 것이다. 마케터가 소비자로 하여금 그들의 상표를 구매하도록 강화하기 위해 가격할인 전략을 빈번히 사용한다면, 구매행동은 그 상표의 긍정적인 특성에 의해서라기보다는 가격할인에 의해 통제될 수 있다. 따라서 가격할인이 중단된다면, 소비자는 다른 상표로 구매전환을 일으킬 수 있다.

3. 사회학습 이론

인간의 지식은 스스로 행동하거나 반응함으로써만 얻어지는 것은 아니다. 인간은 시행착오에 의지할 필요도 없다. 인간은 타인을 관찰함으로써 학습할 수 있으며 이것이 사회학습이라고 알려져 있다. 사회학습에서 인간은 타인의 행동을 관찰하고 나서 그들의 행동을 모방한다. 타인은 학습자의 모델이 되며, 학습자는 조금씩 각 단계를 힘들게 습득하는 대신에 전체의 행동패턴을 학습할 수 있다. 많은 사람은 부모, 교사나 친구를 모방하며, 어떤 사람은 전혀 만나지도 않았던 배우, 소설의 주인공 또는 운동선수를 모방한다.

인지학습의 한 유형인 사회학습은 조작적 조건형성의 학습 이론과 인지과정을 통합한 학습 이론이다. 이 이론의 창시자인 반듀라(Bandura, 1977, 1986)는 세 가지 중요한 제안을 한다.

첫째, 인간은 자신의 행동의 가능한 결과를 예측하고 이에 따라 자신의 행동을 변화시키는 상징적 존재이다. 이와 관련하여 인간은 어떤 반응에 뒤따르는 결과의 규칙성을 추론하기에, 어떤 상황에서 특정한 반응이 특정한 결과를 초래할 것이라는 기대를 형성한다.

둘째, 인간은 타인의 행동을 관찰함으로써 그리고 이러한 행동의 결과를 주목함으로써 학습한다. 이것을 대리학습이라고 한다. 이때 정보를 전달하기 위해서는 모델의 역할이 중요하다. 모델은 타인이 관찰하려 하고 모방하려는 행동을 수행하는 누군가이다. 대리학습은 모델의 행동결과가 매우 분명하고 관찰자에게 현저한 것일 때 즉각적으로 일어난다. 게다가 관찰자가 이러한 결과를 긍정적으로 평가할수록, 모델의 행동을 모방하려는 경향은 더욱 증가한다.

셋째, 인간은 자신의 행동을 조절할 능력을 갖고 있다. 이러한 자기조절 과

사회학습
인간은 타인의 행동을 관찰, 모방 또는 대리적으로 학습할 수 있다는 학습기제

정을 통해, 인간은 자기만족과 자기비판 같은 내적인 보상(긍정/부정)을 스스로에게 제공한다.

　이러한 제안들로부터 사회학습 이론이 왜 조작적 조건형성과 인지 이론을 통합한 것인지를 알 수 있다. 인간이 결과를 예측할 수 있는 상징적 존재라는 생각은 인지 이론과 일치한다. 보상이라는 강화물이 행동을 통제한다는 생각은 조작적 조건형성에서 나온 것이다. 이때 조작적 조건형성에서의 강화는 외부환경으로부터 생기지만, 사회학습 이론에서는 외부로부터의 강화뿐만 아니라 내적강화 역시 중요한 역할을 한다. 사회학습 이론은 이러한 생각에다 사람은 타인의 행동이 어떻게 강화되고 처벌되는지를 관찰함으로써 배울 수 있다는 생각을 더한 것이다.

1) 사회학습의 과정

　반듀라는 사회학습이 4개의 과정(주의, 기억, 재생, 동기화 등)들로 구성된다고 제안하였다.

　첫째, 주의과정은 모델의 행동을 관찰하는 것이다. 모델에 집중되는 주의는 모델의 매력, 호감 가는 개인적 특성, 권위, 연령, 성별, 종교적 신념, 정치적 태도 그리고 관찰자와의 유사성 등과 같은 요인에 달려 있다. 그런데 사람마다 모델이 표출하는 행동에 대해 다르게 반응한다. 의존적이고 자기존중감이 낮은 사람은 성공적인 타인의 행동을 더욱 모델링하려는 경향이 있는 것 같다.

　둘째, 기억과정은 모델의 행동을 파지하는 것이다. 즉, 인간은 모델의 행동을 내적심상이나 언어적 기술을 사용하여 표상함으로써 이 행동을 기억한다.

　셋째, 재생과정은 기억과정에서 파지된 인지적 표상을 행동으로 변화시키는 것이다. 이때 행동은 반드시 외부로 표현될 필요가 없고, 마음속에서 상상을 통해 재생될 수 있다.

　넷째, 동기화과정에서 재생된 행동에 대한 실제적, 상상적 보상이 그 행동의 유발 가능성을 결정한다. 이때 보상은 외부에서 주어질 수도 있고, 자기조절과정에 의해 관찰자 스스로가 줄 수도 있다. 외부보상이든 내부보상이든 간에 보상이 많이 주어질수록 그 행동이 다시 일어날 가능성은 더 높아진다.

2) 사회학습 이론과 소비자 행동

사회학습 이론에서는 관찰과 모델링이 핵심개념이다. 따라서 모델이 매우 중요하다. 그런데 사람은 아무나 학습모델로 삼지 않는다. 소비자도 마찬가지인데, 자신에게 영향을 줄 수 있는 대상을 모델로 삼는다. 즉, 앞에서 기술한 요인들에 의해 소비자는 모델을 선정한다. 소비자 측면에서 볼 때, 모델은 광고모델이 대표적일 것이다. 사회학습 이론에 근거해 보면, 광고모델은 소비자 학습을 일으키기 위한 가장 중요한 첫 단추이다. 따라서 광고인은 광고모델의 선정에 상당히 신경을 써야만 한다. 광고모델에 관해서는 제9장에서 구체적으로 다루어질 것이다.

반두라(Bandura, 1977)는 신제품 수용은 부분적으로 개척자로부터의 대리학습에 근거한다고 주장하였다. 개척자란 평균인보다 신제품을 시용하는 데 있어서 더 모험적인 사람을 말하며, 혁신자와 동일한 의미를 갖는다. 대리학습에 근거해 보면, 타인이 신제품 또는 서비스를 구매할 것인지를 결정하는 것은 신제품 또는 서비스를 사용하는 모델의 행동과 이에 대한 결과의 관찰에 달려 있다. 반두라에 의하면, 모델은 혁신을 예증하고 정당화할 뿐만 아니라 타인이 혁신을 수용하도록 격려함으로써 제품에 대한 옹호자로도 작용한다는 것이다.

자기조절과정에 의한 내부보상은 사회학습에서 중요한 역할을 한다. 이러한 내부보상은 소비자에게서 종종 나타난다. 소비자는 무언가 힘든 일 또는 의미 있는 일을 성공적으로 마쳤을 때 자기 자신에게 스스로 보상을 하는데, 이것을 자기선물(self-gift)이라고 한다. 자기선물은 소비자 자신에게 있었던 힘든 과정을 잊게 하고 자신의 일을 다시 할 수 있도록 해 주는 좋은 강화물이다.

특히 외부보상 없이 내부보상만으로도 행동이 강화될 수 있음은 마케터에게 중요한 시사점을 제공한다. 소비자의 자기만족이 대표적인 예인데, 구매제품에 대한 외부평가와 관계없이(어떤 경우에는 부정적 평가에 직면해서도) 소비자가 스스로 자기만족을 느낀다면 구매제품에 대해 호의적인 태도를 지닐 수 있다. 따라서 소비자가 제품을 구매한 후 자신을 스스로 보상할 수 있게 하는 마케팅 또는 광고전략이 필요하다.

한편 사회학습 이론은 세 가지 목적을 위해 마케팅에 적용될 수 있다. 첫째, 모델의 행위는 완전히 새로운 형태의 행동을 창출하기 위해 사용될 수 있다. 둘째, 모델은 바람직하지 않은 행동이 일어날 가능성을 줄이기 위해 사용될 수 있다. 셋째, 모델은 이전에 학습된 행동의 재발을 촉진하기 위해 사용될 수 있다.

긍정적 강화물은 소비자가 이전에 한 번도 둘러보지 않은 매장에 들어가는 것과 같은 새로운 행동을 소비자가 취하도록 유도할 수 있다. 이를 통해 매장 안에서 타인의 행동을 관찰하고 이러한 관찰이 그 행동을 따라 하도록 자극할 수 있을 것이다. 광고인은 사회학습 이론에 근거하여 소비자가 모방할 것이라는 희망을 갖고 매력적인 광고모델을 광고에 등장시킨다. 이러한 유형의 광고에서 광고모델의 행동(신제품을 사용하는 것)은 그 모델의 구매에 대해 주변 사람들이 칭찬해 줌으로써 긍정적으로 강화된다. 이러한 광고는 소비자가 광고로부터 대리학습을 획득하여 광고제품을 구매할 가능성을 증가시키고자 하는 것이다.

모델링은 바람직하지 않은 행동을 억제하기 위해서도 사용될 수 있다. 광고에서 모델이 바람직하지 않은 행동(예, 음주운전, 흡연, 약물남용, 청소년 범죄 등)을 하여 처벌되는 것을 보여 줌으로써 그 행동의 가능성을 낮추려고 한다. 이는 주로 공익광고에서 볼 수 있다.

모델링은 소비자가 이전에 학습한 행동을 다양한 상황에서 반복할 가능성을 증가시키기도 한다. 모델의 행동은 그 행동이 적절한 때를 소비자에게 말해 주는 일종의 변별자극으로 작용한다. 예를 들어, 마케터가 제품이나 서비스를 재위치화 하려고 시도하는 경우로, '게토레이'라는 음료수가 국내에 처음 들어왔을 때, 이 상표는 스포츠음료로 위치화하였다. 이 제품이 운동 후에 마시는 음료수임을 광고를 통해 보여 주었다. 그러나 회사는 이 제품의 전반적인 판매를 증가시키기 위해 게토레이를 운동 이외의 상황(예, 목욕 후)에서도 갈증을 빨리 해소해 주는 이온음료로 재위치화하였다. 광고에서는 모델이 갈증을 일으키는 다양한 상황에서 게토레이를 마시는 장면을 보여 줌으로써 모델의 행동을 변별자극으로 사용하였고, 이 전략은 성공적이었다.

또 다른 예는 미국의 플로리다 시트로스 그로버스(Florida Citrus Growers)의 오렌지주스 광고이다. 이 회사는 소비자가 오렌지주스를 아침식사시간 이외에도 마시도록 몇 년 동안 광고를 통해 설득하였다. 이 광고는 매력적인 모델이 수영한 후 또는 열심히 운동한 후에 오렌지주스를 마시는 것을 보여 주었다. 아침식사를 할 때 오렌지주스를 마시는 것은 대부분의 미국인에게는 자연스러운 것이다. 이 광고는 모델의 행동을 변별자극으로 사용함으로써 소비자가 다른 상황에서도 오렌지주스를 마시도록 설득하여 오렌지주스의 전반적인 판매를 증가시키고자 하였다. 그러나 결과는 좋지 않았다. 이는 미국 소비자에게 오렌지주스는 아침식사시간에 마시는 것으로 강하게 위치화되었기 때문이다. 물론 이러한 실패사례도 있지만, 이러한 극단적인 경우를 제외하고 모델링은 소비자가 이전에 학습한 행동을 다양한 상황에서 반복할 가능성을 증가시키기 위해 사용될 수 있다.

요약

학습은 환경사건과의 경험으로부터 생기는 행동에서의 비교적 영속적인 변화로 정의된다. 학습에는 두 가지 주요 기제가 있다. 첫째는 자극-반응/행동 또는 연합학습으로, 고전적 조건형성과 조작적 조건형성이 이에 포함된다. 둘째는 인지학습으로, 사회학습 이론이 관련된다.

고전적 조건형성에서 어떤 유형의 자극은 행동이나 무조건반응을 이끌어 낸다. 소비자 행동 영역에서 가장 관심 있는 행동은 다양한 자극에 의해 유발되는 긍정적이고 부정적인 감정적 반응이다. 과거의 중립자극(조건자극)이 반응을 유발하는 자극(무조건자극)과 짝지어질 때, 중립자극은 점점 반응을 유도하게 된다. 고전적 조건형성은 소비자가 특정 제품에 대해 생각하는 것과 같은 소비자의 긍정적 감정을 창조하려는 광고인을 돕는다. 몇몇 연구에서 나타난 것처럼, 음악과 같은 무조건자극은 긍정적 감정의 무조건반응을 유발할 것이다. 만약 제품이 적절하게 무조건자극과 짝지어졌다면, 제품은 조건자극이 될 것이다. 그다음에 그것은 긍정적 감정의 조건반응을 유발할 능력을 가지게 될 것이다.

아울러 이차 조건형성과 신호추적 역시 고전적 조건형성에 중요한 개념이다. 이차 조건형성에서 조건자극은 또 다른 사전 중립자극과 고전적으로 조건형성 된다. 소비자 영역의 많은 예, 특히 광고모델의 효과는 이차 조건형성의 결과이다. 신호추적은 환경에 그들 스스로 순응하는 유기체의 경향성과 무조건자극의 접근과 관련 있다.

조작적 조건형성은 행동 후 일어나는 어떤 사건의 결과로 유기체의 행동이 변한다. 조작은 환경에서 유기체가 자연스럽게 일으킨 행동이다. 소비자 행동에서 조작은 제품이나 서비스를 구매하는 것과 구전 커뮤니케이션을 하는 것, 서비스 관리자에게 제품에 대해 불평하는 것과 같은 활동을 포함한다. 조작적 조건형성 관점에서 행동은 행동을 취한 후에 받은 강화와 처벌에 의해 영향을 받는다.

강화는 강화 전에 발생한 행동이 반복될 가능성을 증가시키는 자극이다. 처벌은 행동반복 가능성을 감소시키는 자극이다. 마케터는 소비자가 제품이나 서비스를 사용하면서 받는 보상과 처벌에 대해 특히 고려해야 한다. 소비자 행동에 영향을 주는 중요한 강화와 처벌은 구매한 제품의 성능과 구매한 제품과 서비스에 대해 다른 사람들로부터 받은, 지지하거나 지지하지 않는 정보와 반응, 소비자의 판매원과의 상호작용 등이다.

마케터는 종종 소비자가 새로운 방법으로 행동하게 하기 위해 소비자의 행동을 결정하는 강화와 처벌의 조정을 시도한다. 판매자는 다양한 판매촉진 도구와 사회적 강화물을 사용함으로써 소비자의 행동을 수정하려고 시도한다. 물론 판매자가 원하는 소비자의 궁극적인 행동은 구매이다. 적용된 행동수정 기법은 행동에 영향을 미치는 조작적 조건형성 기술을 사용하는 마케터를 돕기 위해 개발되었다.

사회학습 이론은 사람들이 다른 사람이 취하는 행동을 모델링함으로써 행동패턴을 학습한다고 제안한다. 관찰학습은 사람이 다른 사람을 관찰하고 그들의 행동결과를 관찰함으로써 학습하는 것이라고 본다. 광고인은 소비자에게 새로운 행동을 가르치고, 사회적으로 바람직하지 않은 행동을 피하도록 장려하며, 사전에 학습된 행동의 반복을 촉진하기 위해 자주 사용한다.

제4장

기억

한 소비자가 작년 휴가철에 놀러 갔던 휴양지에서 우연히 음식 맛이 뛰어난 식당에 들렀고, 그 맛을 잊지 못해 올 휴가철에 다시 찾아간 경우를 생각해 보자. 여기서 1년이라는 시간적 흐름이 있으나, 소비자가 1년 전의 식당을 찾아낸 것은 바로 기억과정이 작동했기 때문이다. 이 예에서 소비자는 식당 정보를 오랜 기간 저장하였다가 회상하였다. 이러한 예에서 볼 수 있듯이, 정보획득과 정보사용 간에 있는 시간상의 차이는 기억체계에 의해 연결되어야 한다.

기억은 과거 사건 또는 생각에 관한 정보를 파지하는 과정을 말하며, 기억과정은 정보의 부호화, 저장 및 인출 등을 포함한다. 부호화란 정보가 기억에 저장되는 형태(즉, 부호)로의 변환을 지칭한다. 저장은 부호화된 정보가 신경계에 어떤 기록(즉, 기억흔적)으로 남겨져 나중에 사용하기 위한 형태로 보관되는 것이다. 인출은 저장된 모든 기억흔적 중에서 특정한 것을 선택하여 회상하려는 시도이다.

기억과정에 관한 한 가지 영향력 있는 설명이 다중저장 모델로, 이 모델은 작업기억과 장기기억 등의 두 가지 관련된 기억을 제시한다. 우선 다중저장 모델에 근거한 기억구조를 살펴보고, 다음에 장기기억과 관련하여 소비자의 지식체계를 언급할 것이다. 아울러 기억을 연구하는 심리학자들의 관심을 끌고 있는 감정과 기억 간의 관계 그리고 암묵기억에 관해서도 살펴볼 것이다.

1. 기억구조

다중저장 모델에 따르면, 정보는 감각등록기에 처음으로 등록되고 여기서 자극은 부수적인 처리용량이 할당되어야 하는지를 결정하기 위해 무의식적 방식으로 간략히 분석된다. 만일 감각등록기에서 특정 자극이 개인과 관련되는 것으로 생각되면, 처리용량이 그 자극에 할당되고 정보는 작업기억으로 이동한다. 장기기억은 부호화와 인출과정을 통해 작업기억과 연결된다. 작업기억이든 장기기억이든 간에 부호화, 저장 그리고 인출의 세 과정은 공통적으로 관련된다.

1) 작업기억

작업기억
짧은 기간 동안 정보를 파지하며 감각투입과 장기기억의 내용을 결합하는 기억유형

일단 자극이 감각등록기를 통과하면, 그 자극은 작업기억으로 들어간다. 작업기억은 매우 짧은 기간(대략 20초) 동안만 정보를 파지한다. 예를 들어, 한 소비자가 친구로부터 '프리자리오'란 상표를 들은 직후에 "듣긴 들었는데, 그 상표명이 무엇이었는지 잘 모르겠어"라고 말하는 경우가 작업기억에 해당한다. 비록 작업기억은 극히 짧은 기간이지만, 사실상 이 과정에서 범주화와 해석이 가능하도록 감각투입과 장기기억의 내용이 결합된다. 이러한 결합과정으로 인해 과거에는 단기기억으로 불렸지만, 현재에는 작업기억 또는 활동기억으로 부른다.

(1) 부호화
작업기억에서 정보는 주로 청각적으로 부호화된다. 청각부호화 이외에 시각부호화 또는 의미부호화도 가능하지만, 청각부호화가 매우 우세하다. 한 연구

(Baddeley, 1966a, b)에서 연구자는 실험참가자에게 5개의 단어목록 또는 10개의 단어목록 중 하나를 기억하게 하였다. 5개의 단어목록은 작업기억의 범위에 있지만, 10개의 단어목록은 그 범위를 초과한다. 두 목록에서 모든 단어들은 청각적으로 관련되거나(예, bat, hat, cat), 의미적으로 관련되거나(예, tiny, small, little), 또는 무관하다(예, bat, desk, tiny). 실험결과는 기억수행이 청각적으로 관련된 5개의 단어목록 조건과 의미적으로 관련된 10개의 단어목록 조건에서 가장 저조하였다. 5개의 단어목록에서의 청각적 혼동은 작업기억에서는 청각부호화가, 10개의 단어목록에서의 의미적 혼동은 장기기억에서는 의미부호화가 우세함을 보여 준다. 따라서 정보가 작업기억에 저장되느냐 아니면 장기기억에 저장되느냐에 따라 정보는 다르게 부호화된다.

작업기억에서 청각부호화의 우세는 마케터에게 중요한 시사점을 제공한다. 모든 정보는 작업기억을 거쳐 장기기억으로 넘어간다. 즉, 정보가 작업기억에서 부호화되지 않는다면, 이 정보는 장기기억으로 넘어갈 수 없다. 이 점은 바로 제품정보들 중에서 가장 영향력이 큰 상표명의 중요성과 직결되는 것이다. 정보가 소리의 형태로 부호화되어 기억된다는 것은 상표명의 선정에 중요한 의미를 갖는다. 기업에서 좀 특이한 상표를 선택하려다 보니 외래어를 쓰기도 하고 특이한 발음의 상표명을 쓰기도 한다. 그러나 어떤 상표명의 발음이 생소하거나 어려워서 청각적으로 부호화되기가 어렵다면, 이 상표명은 작업기억에 저장되지 못할 것이고 장기기억으로 옮겨 가지도 못할 것이다. 비록 특이한 발음일수록 일단 저장만 된다면 그 기억은 오래가겠지만, 이는 소비자와 기업 모두가 상당한 노력을 기울여야 가능하다. 따라서 마케터는 청각적으로 쉽게 부호화될 수 있는, 즉 발음하기 쉬운 상표명을 선정하는 데 노력을 기울이는 것이 더 바람직할 것이다. 상표명과 관련된 문제는 장기기억의 부호화 과정에서 다시 언급될 것이다.

(2) 저장

① 용량 및 편화
작업기억은 제한된 용량을 가지고 있다. 심리학자 밀러(Miller, 1956)는 마법

편화
투입된 정보를 친숙하고 유의
미한 단위로 묶어 작업기억의
용량을 증가시키는 기법

의 수(magic number) 7을 제안하였는데, 이는 작업기억의 용량이 7+/−2라는 것이다. 그러나 투입된 정보를 친숙하고 유의미한 단위로 묶는 편화(chunking)에 의해 용량[7+/−2편(chunk)]을 확장할 수 있다. 예를 들어, FB−ICA−RC−IAIB−M과 같은 12개의 철자를 생각해 보자. 보통은 제시된 순서대로 이 철자들을 외우려고 할 것이다. 철자가 12개여서 한꺼번에 외우기는 어렵다. 그러나 이 철자를 FBI−CAR−CIA−IBM과 같이 재배열하면 쉽게 기억할 수 있을 것이다. 이처럼 친숙한 4개의 편으로 묶으면 기억하기가 아주 쉬워지면서, 12개의 철자가 4개의 편으로 줄어들어 작업기억의 용량을 늘릴 수 있다.

이러한 편화는 놀랄 만큼 기억력을 증가시킨다. 물론 편화는 장기기억의 도움을 받아야 한다. 즉, 장기기억에 저장되어 있는 친숙한 정보가 작업기억으로 전이되어야 한다. 일상적으로 사람들은 장기기억에 이미 저장되어 있는 정보를 끄집어내어서 작업기억의 정보를 평가하고 이해하는 데 사용한다. 이러한 의미에서 단기기억을 작업기업이라 부르는 것이다. 편화는 언어적 정보로만 이루어지는 것은 아니며, 공간적인 정보 또는 시각적인 정보(예, 그림)로도 가능하다. 예를 들어, 숙련된 전자기술자들은 복잡한 회로판을 잘 기억한다. 이들은 회로판을 의미 있는 단위로 묶을 수 있기 때문이다(Egan & Schwartz, 1979).

광고에서 이 편화기법은 매우 중요하다. 제한된 시간과 공간에 많은 제품정보를 제시할 수도 없거니와 소비자가 많은 정보를 받아들이지도 못하기 때문에 이 편화를 최대한 활용하는 것이 좋다. 편화가 광고효과를 증가시킴에 있어서 특히 시각적인 전략과 결합될 때, 가장 중요한 전략이 될 수 있다. 상표명, 슬로건, 로고 등 모두가 많은 양의 정보를 전달하기 위한 영향력 있는 편으로 사용될 수 있다. 즉, 편은 광고가 전달하기 원하는 상표의 주요 특징들을 요약하여 전달할 수 있다. 예를 들면, 켈로그(Kellogg)의 'most cereal'은 많은 정보를 함께 편화한 것으로, most란 단어는 여러 가지 성분들이 배합되어 있음을 보여 주고 있다. 종합 비타민제에서 종합이란 단어도 마찬가지이다. 아울러 그림도 광고에서 효과적인 편화의 좋은 예가 될 수 있다.

② 정보과부하

작업기억의 제한된 용량으로 인해 소비자에게 생길 수 있는 문제는 정보과부하이다. 정보과부하는 작업기억에서 처리될 수 있는 양보다 더 많은 양의 정보가 들어오는 것을 말한다. 소비자가 모든 정보를 다 처리할 수 없기에, 소비자는 각성 수준을 높임으로써 또는 투입정보의 단지 일부분에만 초점을 맞춤으로써 정보과부하에 반응할 수도 있다(Kahneman, 1973). 소비자가 정보과부하 상태에서 구매결정을 내려야 할 때, 소비자는 단순하게 임의선택을 하거나, 아무것도 구매를 하지 않거나, 또는 잘못된 구매를 할 수 있다.

정보과부하에 관한 두 가지 질문은 마케터에게 중요하다. 첫째, 소비자는 정보과부하될 수 있는가? 둘째, 소비자는 정보과부하되는가? 첫 번째 질문에 관해서는 많은 연구들이 명료하게 '예'라고 답하고 있다(Jacoby, 1984). 세계의 소비시장은 너무나 많은 제품과 너무나 많은 제품정보로 가득 차 있어서 소비자는 자신이 처리할 수 있는 양보다 더 많은 정보를 갖고 있다. 따라서 이러한 소비환경은 소비자의 정보과부하를 충분히 유도할 수 있다.

두 번째 질문은 이러한 소비환경에서 소비자가 실제로 과부하되느냐 하는 것이다. 이에 관한 답은 다소 논쟁의 여지가 있다(Jacoby, 1984; Malhotra, 1984; Owen, 1992). 이러한 논쟁의 한 견해는 소비자가 정보과부하되는 것을 피하기 위해 그들이 정보를 능동적으로 관리한다는 것이다. 이 견해에 따르면, 소비자는 정보과부하 상태에 놓이지 않는다(Jacoby, 1984). 다른 견해는 높게 동기부여된 소비자는 종종 그들이 다 처리할 수 없을 만큼의 많은 정보를 수집하고, 이러한 정보과부하가 그들의 구매결정의 질을 실제로 떨어뜨린다는 것이다.

보편적으로 소비자는 정보과부하를 경험한다. 컴퓨터에 대해 아는 것이 없는 소비자에게 판매원이 컴퓨터의 복잡한 특성을 설명하고 있는 상황을 생각해 보자. 이러한 상황에서 소비자는 컴퓨터의 많은 복잡한 특성에 의해 상당히 당혹감을 느낄 수 있을 것이다. 따라서 이 소비자는 흥분하여 정보처리에 불안해하면서 자신의 구매결정에 중요하지도 않은 특성에 주의를 기울이게 될지도 모른다. 결국 정보과부하에 의한 지나친 흥분은 잘못된 구매결정을 유도할 수 있을 것이다.

③ 시연

작업기억의 경우, 정보의 저장기간이 매우 짧아 특별한 노력은 기울이지 않으면 작업기억의 정보는 곧 사라진다. 작업기억에서의 이러한 망각은 크게 두 가지에 의해 일어난다. 첫째는 소멸로 시간의 경과에 따라 자연스럽게 정보가 사라지는 것이고, 둘째는 대치로 작업기억의 제한된 용량으로 인해 새로운 정보가 들어오면 옛날 정보가 밀려서 사라지는 것이다.

따라서 망각을 막기 위해서는 시연 또는 암송해야 한다. 시연은 정보에 대한 언어적 반복을 말하며, 정보를 작업기억에 유지할 뿐만 아니라 장기기억으로 전이하도록 만든다. 시연에 대한 한 가지 예는 전화번호를 본 후 그 번호를 다 누를 때까지 전화번호를 말없이 머릿속에서 반복하는 것이다.

한 연구가는 광고제품에 대한 아동의 회상에 미치는 시연의 효과를 연구하였다(Macklin, 1986). 4세부터 9세 사이의 아동으로 구성된 한 집단은 상표명을 소리 내어 말함으로써 그 이름을 시연하였지만, 다른 집단은 그렇게 하지 않았다. 연구결과는 상표명을 시연한 아동들이 그렇지 않은 아동들보다 상표명을 더 잘 회상할 수 있음을 보여 주었다. 이 연구의 시사점은 광고내용(예, 징글 및 슬로건)의 반복을 유도하는 광고가 소비자의 작업기억에서 장기기억으로의 정보 전이를 향상시킬 수 있다는 것이다.

시연에는 두 가지 유형이 있다. 유지 시연은 정보를 작업기억에 유지하려는 적극적 노력을 말하는데, 이러한 경우 정보 자체의 의미를 생각하지 않고 지속적이며 반복적으로 정보를 암송하는 것이다. 정교화 시연은 정보의 의미를 생각하며 정보를 장기기억에 부호화하려는 노력을 말한다. 앞의 전화번호 예에서 전화번호만을 단지 암송하는 것이 아니라, 그 전화번호가 누구의 것인지를 생각하면서 암송하면 훗날 인출이 훨씬 용이해진다. 즉, 소비자가 상표나 제품에 대해 정교화 시연을 해야 장기기억의 전이뿐만 아니라 훗날의 인출도 훨씬 쉬워지는 것이다. 따라서 마케터는 상표나 제품과 관련된 적절한 의미를 광고에 부여함으로써 소비자의 정교화 시연을 도와야 한다.

(3) 인출

작업기억에서 정보를 인출하는 방식으로 두 가지를 생각해 볼 수 있다. 하나는 병렬탐색(parallel search)이고, 다른 하나는 순차탐색(serial search)이다. 병렬탐색은 작업기억의 모든 정보를 동시에 탐사하여 관련 정보를 인출하는 방식이고, 순차탐색은 정보를 순차적으로 하나씩 탐사하여 관련 정보를 인출하는 방식이다.

스턴버그(Sternberg, 1966, 1969)에 의하면, 작업기억에서의 정보인출은 순차탐색에 의해 이루어진다. 따라서 인출정보가 작업기억의 저장목록에서 차지하는 위치에 따라 인출시간이 달라진다. 목록에서 인출정보가 앞에 있으면 인출시간은 짧아지지만, 뒤에 있으면 인출시간은 길어진다. 아울러 목록 내의 정보가 많아질수록 인출시간은 따라서 늘어난다. 그러나 이러한 순차탐색은 실제로는 매우 빨라서 사람이 이것을 인식하지 못할 정도로 매우 신속하게 일어난다.

2) 장기기억

정보를 몇 분(예, 친구들끼리의 영화에 관한 대화에서 앞에 나왔던 내용을 기억하는 것) 정도의 짧은 기간이나 평생(예, 초등학교 시절에 유행했던 유행가에 대한 기억)에 이르기까지 파지해야 할 때 장기기억이 관여한다. 장기기억의 두드러진 특징은 그 양상이 매우 다양하다는 데 있다. 저장되어 있는 정보의 내용뿐만 아니라 기억에 사용되는 부호, 정보가 재부호화 또는 추상화되는 방법, 기억의 구성과 재구성, 기억의 지속성 등의 측면에서 장기기억은 다양하고 광범위한 양상을 보인다.

장기기억
짧게는 몇 분에서 길게는 평생에 이르기까지 무제한의 정보를 파지할 수 있는 기억 유형

저자의 경우, 새우깡의 "손이 가요 손이 가……"라는 CM song은 이 노래가 나온 지 수십 년이 지났지만 아직까지도 기억에 생생하게 남아 있으며, 초등학교 시절 가게에서 구매했던 과자의 상표(예, 삼양 라면땅)도 아직까지 기억한다.

(1) 부호화

장기기억의 부호화는 의미부호화에 크게 의존한다. 의미부호화란 단어, 사건, 대상, 상징 등에 언어적 의미를 부여하는 것을 말한다. 문장을 듣고 몇 분이 지난 후에 회상할 수 있는 것은 대부분 문장의 의미이다. 예를 들어, 소비자

가 어떤 자동차에 대해 "47,000,000원, 3,000cc, 6기통, 최고속도 300km, 천연 가죽시트, 블루투스, 네비게이션과 USB 장착"이라는 정보를 들은 후 얼마 지나서 누군가에게 이 자동차에 대해 얘기할 때 "비싸고 힘이 좋으며 고급스러운 자동차"라고 일반적으로 말한다. 이는 소비자가 제품정보를 의미로 부호화하였기 때문이다.

마케터는 상표명을 개발할 때 의미부호화 과정을 이해해야 한다. 전수연과 양윤(2004)은 단어로 된 상표명(예, 공간구성)과 비단어로 된 상표명(예, 공간소)의 회상과 재인을 연구하였다. 이들은 의미가 통하는 단어의 회상과 재인이 모두 좋기에 상표명을 선정해야 할 때 단어로 된 상표명을 선정하거나, 비단어일 경우에는 의미추출이 용이하여 표적단어의 의미를 연상시킬 수 있는 상표명을 사용하는 것이 소비자의 기억에 도움을 준다는 것을 보여 주었다. 이는 제품정보가 소비자의 장기기억에 부호화될 때 의미로 부호화된다는 점에 근거한 것이다. 의미가 통하거나 의미추출이 용이한 상표명은 언어적으로 그리고 시각적으로도 수월하게 부호화되며 소비자의 기존 지식구조와도 일치하기에 기억이 잘된다.

그러나 장기기억에서 의미부호만이 사용되는 것은 아니다. 의미부호 이외에도 청각 및 시각부호는 물론 미각, 후각, 촉각도 역시 장기기억의 부호로 사용될 수 있다. 후각의 경우, 제2장 지각의 감각영역에서 저자가 예시한 대학생과 향수의 예를 떠올려 보면 이해할 수 있다. 또한 사람들은 기억 속에 사건의 순서나 일화도 부호화할 수 있다.

(2) 저장 및 인출

장기기억은 우리의 모든 지식을 담고 있는 무제한의 영원한 저장고로 볼 수 있다. 어떤 심리학자들은 지구상에 현존하는 어떤 컴퓨터도 인간의 장기기억의 저장용량을 아직까지 초과하지 못한다고 말하고 있다. 아울러 심리학에서 장기기억의 망각은 정보 자체를 상실하였기보다는 정보에 접속하지 못하기 때문이라고 보는 점에 근거한다면, 장기기억에서의 저장은 뇌손상과 같은 특수한 경우가 아니라면 특별한 문제를 일으키지 않는 것으로 보인다. 이로 인해 심리학자들은 장기기억에서 망각이라는 용어보다는 인출실패라는 용어를 더 선호한다. 장기기억에서의 저장은 다음에 언급할 소비자 지식에서 다루어질 것이다.

① 회상과 재인

장기기억에서의 인출은 회상과 재인에 의해 살펴볼 수 있다. 회상은 최소한의 인출단서를 사용하여 기억하고 있는 항목들을 끄집어내는 것이다(예, "어제 저녁 TV ○○드라마가 시작하기 전에 본 광고들을 얘기해 보십시오"). 회상에는 자유회상과 보조회상이 대표적으로 다루어진다. 자유회상은 기억된 항목을 특정한 단서 없이 그저 생각나는 대로 말하게 하는 것이다(예, "어제 본 광고들을 얘기하시오"). 보조회상은 어떤 단서를 제공하고 항목을 끄집어내게 하는 것이다. 바로 위에서 언급한 것이 보조회상의 예이다.

재인은 특정한 항목을 전에 본 적이 있는지를 묻는 것이다(예, "어제 저녁 TV ○○드라마가 시작하기 전에 △△광고를 봤습니까?"). 재인에서의 인출단서가 회상에서의 인출단서보다 더 구체적이고 유용하기에, 일반적으로 회상보다 재인에서 성과가 우수하다(Tulving, 1974).

회상과 재인을 좀 더 구체적으로 비교하면, 린치와 스럴(Lynch & Srull, 1982)은 회상은 2단계로 이루어지는데 첫 단계는 어떤 특정항목을 독립적으로 인출하는 것이고 그 후에 그 항목이 특정맥락 내에 존재하는지를 확인하는 일종의 재인을 수행한다고 말했다. 반면 재인은 인출단계는 무시하고 확인하는 단계만으로 이루어진다. 회상의 2단계적 특성 때문에 회상할 수 있는 항목은 항상 재인할 수 있으나, 그 반대는 항상 성립하는 것은 아니다.

장기기억에서 정보를 끄집어내기 위해서는 인출단서의 역할이 매우 중요하다. 식료품점에서의 쇼핑은 보통 재인과 관련된다. 만일 소비자가 찾으려는 제품이 라면처럼 저관여 특성을 지녔다면, 소비자는 자신이 구매할 제품을 위해 제품선반을 단순히 훑어보면 된다. 즉, 위에서 설명한 재인과정처럼 제품선반에서 자신이 원하는 제품이 있는지를 확인하면 되는 것이다. 그런데 종종 소비자가 매장에서 자신이 원하는 상표나 제품을 인출하지 못하는 경우가 있다. 이러한 경우 만일 매장에 적절한 인출단서가 있다면, 소비자의 인출은 수월할 것이다.

자유회상
기억된 항목을 특정한 단서 없이 생각나는 대로 인출하는 방법

보조회상
단서를 제공하고 기억된 항목을 인출하는 방법

재인
특정한 항목을 전에 본 적이 있는지를 확인하는 방법

소비자의 회상 또는 재인을 돕는 인출단서는 광고에서 나타난 언어적 또는 시각적 정보를 제품용기(또는 제품 자체)에 제시함으로써 만들어질 수 있다 (Keller, 1987). 매장에서 이루어지는 광고인 구매시점(point of purchase: POP) 광고 역시 소비자에게 적절한 인출단서(예, 점포에 설치된 코카콜라 병 또는 켈로 그 시리얼의 호랑이 등)를 제공하려는 것이다.

또 다른 인출단서로는 광고에서 사용되는 음악을 들 수 있다. 소비자가 말로 전달된 메시지보다 노래로 전달된 메시지를 더 잘 회상한다는 증거가 있다. 사실상 CM song과 같은 많은 징글(jingle: 음악광고)은 오랫동안 소비자의 기억에 남아 있다. 한 연구는 소비자에게 메시지를 노래로 전달하는 것과 말로 전달하는 것 간의 효과를 비교 검증하였다. 연구결과 메시지의 세 행이 노래로 불렸을 때 소비자는 유의하게 더 많은 단어를 회상할 수 있었다. 이 연구는 음악이 회상을 실질적으로 개선하는 매우 강력한 인출단서라고 하였다(Wallace, 1990).

마케터는 소비자가 자사의 제품과 상표를 수월하게 회상/재인하도록 적절한 인출단서를 제공하는 데 신경을 써야 한다.

② 인출실패와 간섭

장기기억에서 정보의 인출실패는 두 종류의 간섭(역행간섭과 순행간섭)에 의해 일어난다. 역행간섭은 새로운 정보가 옛날 정보의 인출을 방해하는 것이고, 순행간섭은 옛날 정보가 새로운 정보의 인출을 방해하는 것을 말한다. 예를 들어, 이사했을 경우 새집의 전화번호를 회상하려고 할 때 옛날 집 전화번호가 회상되는 경우가 순행간섭의 예이고, 어느 정도 시간이 흐른 후 새집의 전화번호는 잘 회상이 되지만 옛날 집 전화번호의 회상이 어려운 경우가 있는데 이것이 역행간섭의 예이다.

역행간섭과 순행간섭으로 생기는 인출실패는 마케터에게 문제를 일으킬 수 있다. 고전적 연구는 학습자료 간의 간섭은 자료의 내용이 유사할수록 증가한다는 것을 보여 주었다(Osgood, 1964). 실험심리학에서의 결과에 근거해 볼 때, 만일 소비자가 유사한 형태의 광고주장에 접한다면 혼동이 일어날 것이고 광고에 대한 학습은 방해될 것이다. 역행/순행 간섭에 관한 연구는 경쟁광고들이

역행간섭
새로운 정보가 옛날 정보의 인출을 방해하는 현상

순행간섭
옛날 정보가 새로운 정보의 인출을 방해하는 현상

유사한 제품을 내보낼수록 또는 제품성능을 기술하기 위해 유사한 형용사나 수식어를 사용하는 제품을 포함할수록 혼란은 더욱 커질 것임을 시사한다.

그런데 한 연구는 간섭효과가 친숙하지 않은 상표에서만 일어남을 발견하였다(Kent & Allen, 1994). 연구결과는 친숙한 상표의 회상은 친숙한 경쟁상표 또는 친숙하지 않은 경쟁상표의 정보에 의해 영향을 받지 않음을 보여 주었다. 이러한 결과는 소비자에게 친숙한 상표가 시장에서 중요한 장점을 가짐을 시사한다. 만일 친숙한 상표의 광고는 친숙하지 않은 상표의 광고를 간섭하지만 그 반대 현상은 일어나지 않는다면, 시장에 먼저 진출하여 소비자에게 친숙해지는 것이 무엇보다 중요하다.

③ 폰 레스톨프 효과

간섭연구에서 또 다른 재미있는 발견이 폰 레스톨프 효과(the von Restorff effect)이다. 실험은 비교적 동질적인 항목들 중에서 한 가지 독특한 항목이 훨씬 수월하게 회상됨을 보여 주었는데, 이는 순행/역행간섭이 최소화되었기 때문이다. 이 효과는 정보 현저성 또는 기억에서 자극(예, 상표) 활성화 수준의 중요성을 예증한다(Alba & Chattopadhyay, 1986). 일반적으로 자극이 현저할수록, 그 자극은 기억에 더 잘 부호화될 것이고 나중에 더 잘 회상될 것이다. 마케터는 제품을 독특하게 만듦으로써, 제품을 계속해서 광고함으로써 또는 구매시점 광고와 같은 인출단서를 사용함으로써 제품의 현저성을 증가시킬 수 있다. 광고의 주요목표 중 하나가 신기성, 대조, 색채, 놀라움, 운동, 크기 등과 같은 자극특성을 사용하여 광고가 소비자에게 매우 현저하게 인식되도록 하는 것이다.

> **폰 레스톨프 효과**
> 비교적 동질적인 항목들 중에서 독특한 항목이 훨씬 용이하게 회상되는 효과

만일 소비자가 한 상표를 매우 현저하게 인식한다면, 경쟁상표의 회상은 일반적으로 낮아진다(Alba & Chattopadhyay, 1986). 따라서 상표관리자가 자사의 상표를 소비자가 현저하게 인식하게 할 수 있다면, 경쟁상표의 회상은 간섭으로 인해 억제될 수 있다. 기억에서 현저한 상표가 경쟁상표의 회상을 억제할 때, 억제된 상표들은 소비자의 상표고려군에서 제외될 수도 있다.

④ 자이가닉 효과

인출실패에 영향을 줄 수 있는 또 다른 요인이 자이가닉 효과(the Zeigarnik effect)로, 이 용어는 이 효과를 발견한 독일의 형태심리학자의 이름에서 따온 것이다. 이 효과는 사람이 방해받거나 미완성인 과제를 수행할 때 발생한다. 미완성 과제로부터의 정보회상과 완성 과제로부터의 정보회상을 비교한 결과는 미완성 과제의 정보가 더 잘 회상됨을 보여 주었다(Harris, Sturm, Klassen, & Bechtold, 1986). 이는 제2장 지각의 집단화에서 다룬 완결성 원리와 관련된다.

이 효과는 드라마 광고의 효과성을 설명한다. 드라마 광고는 드라마처럼 주제를 가지고 연속되는 광고를 말한다. 드라마와 같은 주제가 소비자의 관심을 유도하여 1회 광고를 시청한 후, 소비자는 그 주제가 끝날 때까지 다음번 광고를 기대할 수 있다.

2. 소비자 지식

소비환경에 관한 소비자의 지식은 장기기억에 저장되며, 여기서 소비자 지식이란 소비자가 특정 제품이나 서비스와 관련해 가지고 있는 경험과 정보를 말한다(Alba & Hutchinson, 1987). 소비자의 지식이 증가할수록, 소비자는 한 제품을 많은 차원에서 생각할 수 있고 상표를 세부적으로 구분할 수 있다.

소비자 지식에는 세 가지 유형이 있다. 첫 번째 유형은 소비자가 장기기억에 저장하고 있는 제품에 관한 객관적 지식 또는 정확한 정보이다. 두 번째 유형은 소비자가 제품에 관해 갖고 있는 주관적 지식 또는 소비자의 지각이다. 흥미롭게도 소비자가 알고 있다고 생각하는 것과 정말로 알고 있는 것 간에는 상당한 차이가 있고, 그래서 객관적 지식과 주관적 지식은 상관이 높지 않다(Park, Mothersbaugh, & Feick, 1994). 세 번째 유형은 타인의 지식에 관한 정보이다. 이는 다른 소비자가 특정 제품에 관해 어떻게 생각하고 있는지를 아는 것을 말한다.

1) 소비자 지식의 특성

소비자 지식은 세 가지 특성을 갖고 있는 것으로 제안되었다. 이는 첫째, 소비자가 생각하는 차원의 수, 둘째, 소비자가 주제에 관해 상세히 생각하는 정도, 셋째, 소비자가 소비주제에 관해 생각하기 위해 사용할 수 있는 추상 수준(Alba & Hutchinson, 1987) 등이다.

차원성은 소비자가 무언가에 관해 생각할 수 있는 여러 다른 방식의 수를 나타낸다. 예를 들어, 포도주에 관해 많은 양의 지식을 갖고 있는 소비자는 다양한 차원에 의해 포도주를 생각할 수 있다. 초보자는 한 가지 차원(예, 가격)에 근거해 생각할 수 있을 것이나, 전문가는 여러 차원(예, 색, 향, 산도, 출처, 맛 등)에 근거해 생각할 것이다. 명료성은 소비자가 차원에 따라 얼마나 상세히 차이를 구별할 수 있는가를 말한다. 전문가는 포도주의 산도를 평정할 때, 초보자보다 더 자세하게 차이를 식별할 수 있을 것이다.

마지막으로 추상성은 소비자가 무언가를 매우 구체적인 것으로부터 매우 추상적인 것까지의 범위에 걸쳐 얼마나 다르게 생각할 수 있는가를 말한다. 구체적 수준에서 소비자는 제품을 그것의 세부적인 속성에 의해 생각할 것이다. 따라서 구체적 수준에서 포도주 전문가는 제품을 색, 향기, 산도 및 기타 속성 등에 근거해 평가할 것이다. 추상적 수준에서 소비자는 포도주를 그것의 기능적 결과(예, 취하게 한다든지 또는 이완시킨다든지)와 관련해 평가할 수도 있을 것이다. 더 추상적인 수준에서 소비자는 포도주를 목적가치(예, 종교적으로 영도된 삶을 살려는 소망)와 관련지어 평가할 수도 있을 것이다. 연구결과에 의하면, 전문가는 구체적인 것에서 추상적인 것으로 또는 추상적인 것에서 구체적인 것으로 이동할 수 있도록 추상성의 여러 다른 수준에서 조직화된 지식을 갖고 있다(Walker, Celsi, & Olson, 1986).

추상성수준의 아이디어는 수단-목적-고리 모형과 밀접한 관계를 갖는다. 〈표 4-1〉은 각각의 추상성수준을 기술하고 있다. 가장 구체적인 수준에서 소비자는 제품이 갖고 있는 구체적 속성에 초점을 맞춘다. 가장 추상적인 수준에서 소비자는 제품과 그것의 사용을 자신의 목적가치와 관련짓는다. 가치와 관련된 내용은 제7장의 태도와 가치에서 구체적으로 다루어질 것이다.

표 4-1 수단-목적-고리 모형에서의 추상성수준

수준 1 **구체적 속성**: 물리적이며 실체적인 제품 특성에 대한 비교적 직접적이고 단일차
원적인 묘사(예, 크기, 색채).

수준 2 **추상적 속성**: 물리적 특성에서 제거된 제품의 품질로 여기에는 품질, 성능, 스타
일 등과 같은 몇몇의 구체적 속성이 포함된다.

수준 3 **기능적 결과**: 제품사용으로 생기는 실제적인 성과. 예를 들면, 체중감소 또는 재
산증가 등.

수준 4 **심리사회적 결과**: 제품/서비스의 사용과 연합된 추상적이며 개인적인 의미. 예
를 들면, '기분 좋음' 또는 '매우 중요함' 등.

수준 5 **도구적 가치**: 어떤 품질과 관련하여 제품이 소비자를 어떻게 도울 수 있는지에
연관된 추상적 의미. 도구적 가치의 예는 정직, 책임, 용기, 사랑 등이 포함된다.

수준 6 **목적 가치**: 사람들이 그들의 삶을 어떻게 영위하길 원하며 세상에서 어떤 삶을
원하는지를 나타내는 목적적 소망. 예를 들면, 자유, 평등, 지혜, 세계 평화, 및
성숙한 사랑의 경험 등이 포함된다.

출처: Walker, B., Celsi, R., & Olson, J. (1986). Exploring the structural characteristics of consumers'
knowledge. *Advances in Consumer Research, 14,* 17-21.

소비자 지식체계의 시사점   소비자의 지식체계에 대한 연구가 마케터에게 어
떤 시사점을 제공하는가? 소비자의 지식이 증가할 때, 소비자는 지식을 더 잘
조직하며, 정보처리 시 더 효율적이고 정확해지며, 정보를 더 잘 회상할 수 있
다(Alba & Hutchinson, 1987). 이런 결과는 마케터가 촉진자료를 개발하기 전에
소비자의 지식수준을 고려해야 한다는 것을 시사한다.

지식이 많은 소비자를 표적으로 하는 메시지는 초보자를 표적으로 하는 메
시지보다 훨씬 더 복잡해질 수 있다. 또한 제품개발 시, 엔지니어는 제품에 관
해 풍부한 지식을 갖고 있기에 자신이 만든 복잡한 기계도 자신의 눈에는 복잡
하게 보이지 않는다. 그러나 소비자는 다르다. 즉, 제품에 관한 지식이 적은 소
비자에게는 그 기계가 매우 복잡하게 보일 것이다. 한 예로, 독자들이 복합기
(PSC)를 블루투스로 연결하는 방법을 기술한 매뉴얼을 보고, 단번에 이해하여
제대로 따라 했는지를 회상해 보라. 매뉴얼을 따라 해 보던 중에 "뭐가 이리 복
잡해!"라고 말한 적은 없었는가? 따라서 제품은 엔지니어가 아니라 사용자를
위해 설계되어야 한다. 따라서 소비자 지식은 매우 효율적인 시장 세분화 요인

이 될 수 있다.

미국의 컴퓨터 산업체는 컴퓨터에 관한 메시지 작성 시 어느 정도로 메시지를 복잡하게 해야 하는지 어려움에 직면했었다. 성공적인 회사들은 그들의 촉진 메시지를 적절한 복잡성 수준에서 조절하였다. 한 고전적인 예로 IBM이 1988년에 신세대 개인용 컴퓨터를 시장에 내놓았을 때, 광고 메시지는 무척 간단하였다. IBM은 컴퓨터의 기술적 특성보다는 오히려 컴퓨터가 줄 수 있는 혜택을 보여 주는 데 초점을 맞추었다. 따라서 광고는 기억용량과 처리속도 등과 같은 제품의 구체적 속성을 강조하기보다는 컴퓨터가 문제를 어떻게 해결하는지를 보여 주었다. 수단-목적-고리 모형에서 보면, IBM 광고는 제품사용의 기능적 결과에 초점을 맞추었다. 이 수준에서 소비자는 제품의 결과와 혜택을 평가한다.

그러나 추상성의 그다음 수준인 심리사회적 결과도 또한 중요할 수 있다. 심리사회적 수준에서 마케터는 타인들이 소비자 자신을 바라보는 방식에 제품이 어떻게 영향을 주는지에 그리고 제품의 사용이 소비자로 하여금 어떤 느낌을 갖게 하는지에 관심을 둘 것이다. IBM은 또한 그 당시 광고에서 자사가 세계에서 가장 큰 컴퓨터 회사이고 항상 소비자 곁에 있을 것이라는 메시지를 강조함으로써 심리사회적 수준에도 초점을 맞추었다. "IBM과 함께하는 당신의 업무엔 실수가 없을 것이다"라는 메시지는 분명히 추상성의 심리사회적 수준에 초점을 둔 것이다.

2) 기억 연결망

소비자 지식의 한 측면은 의미기억을 포함한다. 의미기억은 사람들이 장기기억에 언어적 정보의 의미를 저장하는 방식을 말하는 것으로, 의미기억에서의 정보는 연결망 형태로 조직된다는 강력한 증거가 있다(Lynch & Srull, 1982). [그림 4-1]은 자동차에 대한 기억 연결망이 어떤 형태로 나타나는지를 보여 주는 한 예이다. 연결망은 저장된 의미적 개념을 나타내는 일련의 기억마디(nodes)이고, 기억마디들을 연결해 주는 선들은 가능한 연합을 나타낸다. 의미기억에 관해 잘 알려진 이론에 따르면, 정보는 의미 연결망으로부터 확산적 활

의미기억
장기기억에 언어적 정보의 의미를 저장하는 방식

기억 연결망
저장된 의미개념을 나타내는 기억마디들의 연결망

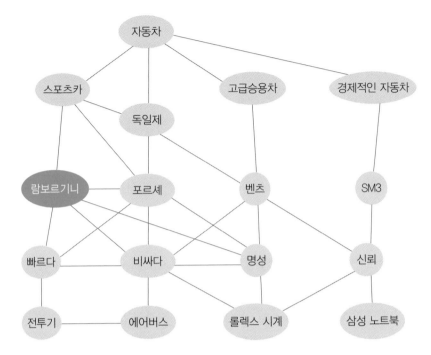

[그림 4-1] 의미기억 연결망

동을 통해 회상된다(Collins & Loftus, 1975). 따라서 만일 자극이 한 마디를 활성화하면, 활성화는 연결망을 통해 확산될 것이며 다른 마디들을 활성화할 것이다. 활성화된 각각의 마디는 회상되는 기억을 나타낸다.

연구가들은 정보의 다섯 가지 형태가 기억마디에 저장될 수 있다고 제안하였는데, 이는 ① 상표명, ② 상표에 관한 광고, ③ 상표속성, ④ 제품범주, ⑤ 상표와 광고에 관한 평가적 반응(Hutchinson & Moore, 1984) 등이다.

[그림 4-1]에서 보듯이, 람보르기니 자동차를 구매하려고 계획하는 누군가에 의해 람보르기니 마디가 활성화된다고 생각하자. 람보르기니 마디의 활성화는 의미 연결망 속으로 확산될 것이고, 그 결과 많은 부수적인 마디가 활성화될 것이다. 이런 마디들은 람보르기니의 의미개념과 연합이 된다. 따라서 람보르기니의 다양한 속성들(예, 스포츠카, 빠름, 고가, 명성 등)이 연합되어 떠오를 수 있다. 이 외에도 기억에서 자동차의 유사한 다른 상표 및 다양한 평가반응도 활성화될 수 있다. 물론 여러 다른 소비자가 다른 기억구조를 갖고 있을 것이고, 의미개념의 활성화는 꽤 다른 연합을 나타낼 수 있을 것이다.

소비자의 기억에 있는 상표와 그 상표의 품질 간의 관계가 제품–속성 연합으로, 이런 연합은 소비자가 다양한 상표에 관한 태도를 형성하는 데 있어서 중요한 역할을 하며 차후의 구매행동에도 직접적으로 영향을 준다. 따라서 마케터는 소비자가 상표와 다양한 속성들 간에 갖는 연합을 알아야만 한다.

3) 도식

도식이란 기억에서 체계적으로 조직화된 지식구조를 말한다. 이를 기억 연결망과 관련지으면 하나의 기억마디가 활성화될 때 마음에 떠오르는 연합들의 전체 덩어리를 도식이라고 할 수 있다. 또한 한 연구자는 도식을 한 개인이 가지고 있는 조직화된 기대들의 집합으로 보고 있다(Bettman, 1979a, b). 이러한 도식은 서로 다른 여러 추상 수준에서 일어날 수 있으며, 따라서 기억마디들 간의 상호관계에 대한 더 고차원적인 구조를 나타낸다. 다시 말해, 각각의 기억마디만으로는 특정 대상에 대한 체계적인 정보를 제공하지 못한다. 특정 대상에 관한 체계적인 정보는 바로 기억마디들 간의 총체적 연합인 도식에 의해 제공될 수 있다. 즉, 도식은 특정 대상을 설명해 주는 하나의 전체적인 연결망 구조로 볼 수 있다.

또한 도식을 한 개인이 갖고 있는 조직화된 기대들의 집합으로 볼 수 있기 때문에, 소비자는 도식에 근거하여 특정 대상에 대해 추론할 수 있다. 다시 말해, 어떤 구매대상이 자동차라면, 도식에 의해 상표는 어떻고, 가격은 어떻게 되며, 성능은 어느 정도인지 등등에 관한 추론이 가능해진다. 따라서 [그림 4–1]에서의 SM3 도식은 마디들 간의 연합 및 특정 개인이 SM3에 관해 갖고 있는 기대 등으로 구성되어 있다.

한편 연구결과들은 기존의 도식과 일치하는 정보들이 그 도식과 우선적으로 연합되어 처리되며, 새로운 정보가 들어오면 기존의 도식과 일치하는 방향으로 해석될 수 있다는 것을 보여 주었다(Bower, Black, & Turner, 1979). 그러나 어떤 연구결과는 새로운 정보가 도식과 불일치할 때, 개인은 더 열심히 정보를 처리할 것이고, 결과적으로 그 자극에 대한 기억이 향상될 것이라고 제안하고 있다(Judd & Kulik, 1980). 따라서 소비자가 자신의 기대와 일치하지 않는 정보를

도식
기억에서 체계적으로 조직화된 지식구조

튼튼한 치아, 환한 미소

이중불소 함유
잇몸질환 예방성분 강화
더블민트의 상쾌한 맛

튼튼한 치아, 환한 미소

이중불소 함유
잇몸질환 예방성분 강화
더블민트의 상쾌한 맛

[그림 4-2] 도식 일치와 불일치의 예

받았을 때, 그 소비자는 불일치 정보에 더 많은 인지용량을 할당(즉, 정보를 더 깊게 처리)하는 경향이 있을 것이고, 이런 경우에 그 정보는 작업기억에서 장기기억으로 전이될 가능성이 더 클 것이다(Houston, Childers, & Heckler, 1987).

도식은 변하지 않는 고정된 구성체가 아니라 투입되는 정보의 종류에 따라 강화되기도 하고, 변할 수도 있는 유연성을 갖고 있다. 다시 말해, 연결망 조직은 투입되는 정보에 따라 더 체계적으로 강화되기도 하고, 수정을 통해 보완되기도 한다. 결론적으로 소비자의 제품에 관한 경험과 지식이 증가할수록, 소비자의 도식(또는 연결망)은 더욱 정교해지고 복잡해질 것이다.

구성기억
도식에 근거한 추론 그리고 외부암시 등에 의해 투입정보를 다르게 구성하는 과정

3. 구성기억

인간의 기억은 외부에서 들어오는 정보를 있는 그대로 받아들이지 않는다. 기억은 구성 및 재구성과정을 거친다. 사건에 대한 기억은 그 기억을 만든 객관적 실체로부터 체계적으로 멀어질 수 있는데, 기억과정은 기억이 형성되는 시점에서뿐만 아니라(구성과정을 통해서) 시간이 경과한 후에도(재구성과정을 통해서) 일어난다. 이러한 구성 및 재구성과정은 도식에 근거한 추론 그리고 외부의 암시 등에 의해 발생한다.

예를 들어, 저자가 금요일 저녁 친구들과 술집에 가서 술을 마셨는데, 실수로 병을 깼다. 이러한 상황에서 독자들은 저자가 무슨 병을 깼는지 생각해 보

라. 십중팔구 술병이라고 할 것이다. 그러나 저자는 술병이 아니라 콜라병을
켰다. 독자들이 왜 술병이라고 했을까? 이는 저자가 술집에서 술을 마셨다는
단서에 의해 독자들은 술집 도식을 작동시켜서 추론했기 때문이다. 즉, 기억
의 구성과정이 작동한 것이다.

　이렇듯이 소비자는 광고에서 제공되는 제품정보를 있는 그대로 받아들이지
않는다. 대신에 소비자는 자신의 도식, 기대, 직관, 논리, 타인이 전하는 말 등
을 사용하여 제품정보를 각색하여 저장한다. 여기서 한 가지 중요한 점은 이러
한 구성기억에 의해 제품정보에 대한 소비자의 기억이 왜곡될 수 있다는 것이
다. 다시 말해, 소비자는 제품정보를 마케터의 의도와는 달리 엉뚱하거나 부
정적인 것으로 받아들일 수 있다.

　반면에 어떤 광고는 기억의 이러한 특성을 활용하여 소비자가 제품정보를
왜곡해서 받아들이게 할 수 있다. 양윤(2003)은 "당신과 가족의 건강을 지키십
시오. 유토피아 캡슐이 있습니다"라는 광고문구를 제시했을 때, 소비자는 "유
토피아 캡슐을 복용하면 건강해질 것이다"라고 추론하는 것을 발견하였다. 제
시된 광고문구에서는 건강과 캡슐 간에 어떠한 인과관계도 존재하지 않는다.
단지 소비자가 구성기억에 의해 인과관계를 추론한 것이다. 이러한 구성기억
에 의해 소비자는 자신도 의식하지 못한 채 광고로부터 기만당할 수 있다.

4. 기억과 감정

　기억과 감정에 관한 심리학 연구(Bower, 1981)는 마케터에게 상당한 영향을
주었다. 이에 소비자 행동 연구는 소비자의 기분상태와 소비자의 기억과정 간
의 관계에 초점을 맞추었다. 관련 연구들은 소비자가 자신의 기분상태와 동일
한 감정특성을 갖는 정보를 더 잘 기억한다는 것을 보여 주었다. 즉, 소비자가
슬플 때, 그들은 슬픈 정보를 더 잘 회상하였고, 반대로 그들이 기분 좋을 때는
기분 좋은 정보를 더 잘 회상하였다. 정말로 소비자의 기분상태가 소비자의 기
억에서 정보가 어떻게 조직되는지 뿐만 아니라 정보의 부호화와 인출에 영향
을 준다는 증거는 많다(Gardner, 1987; Knowles, Grove, & Burroughs, 1993).

한 연구는 소비자의 긍정적, 부정적 또는 중립적인 기분을 유도하기 위해 소비자로 하여금 행복하거나, 슬프거나, 또는 중립적인 과거경험들을 생각하게 하였다. 그다음에 이들은 한 스포츠카에 관한 한 장의 인쇄광고물을 보았고, 광고물을 읽는 동안 그 자동차에 대한 인상을 형성하였다. 이 연구의 가설은 소비자가 광고물을 읽을 때, 그들의 기분상태가 광고정보의 부호화에 영향을 미칠 거라는 것이었다. 연구가는 소비자로부터 유도된 기분이 48시간 후 자동차에 대한 평정에 영향을 주었음을 발견하였다. 즉, 슬픈 기분상태에서 광고정보를 부호화했던 소비자가 중립적 기분상태였던 소비자보다 스포츠카에 대해 더 낮은 평가를 하였다. 스포츠카에 대한 가장 높은 평가는 긍정적인 기분상태에서 광고정보를 부호화했던 소비자 집단에서 나타났다(Srull, 1986).

또 다른 연구에서 소비자는 슬픈 TV 프로그램 또는 행복한 TV 프로그램을 시청하였다. 그다음에 이들은 TV 프로그램이 방영되는 동안 나왔던 광고를 평가하였다. 연구결과 소비자는 행복한 기분을 유도하는 TV 프로그램에 나왔던 광고의 정보를 더 많이 회상하였다. 이 결과는 긍정적인 기분이 소비자가 그들의 기억으로부터 더 많은 정보를 인출하도록 돕는다는 것을 시사한다(Goldberg & Gorn, 1987).

기억과 감정 간의 관계에 대한 연구는 제품이나 서비스 정보가 소비자에게 제공될 때 일반적으로 마케터가 소비자의 기분상태를 긍정적으로 만들어야 한다고 제안한다. 많은 기법들이 소비자의 긍정적인 기분을 유도하기 위해 사용될 수 있는데, 예를 들어 광고에서 유머 또는 매력적인 모델의 활용을 들 수 있다. 또 다른 시사점은 부정적인 기분을 유발하는 제품정보의 학습은 억제될 수 있고, 이를 통해 제품정보의 부호화, 저장, 인출 등이 방해 또는 왜곡될 수 있다는 것이다.

제품 또는 서비스를 이용했을 때 부정적인 감정을 일으키는 요인은 많지만, 한 가지 예로 제품 또는 서비스 이용의 복잡성을 들 수 있다. 대부분의 소비자는 제품 또는 서비스 이용에 대한 일반적인 각본이나 절차지식을 보편적으로 갖고 있다. 그런데 이러한 각본이나 절차지식에 위배되는 제품 또는 서비스는 소비자에게 당혹감을 주고, 이들은 제품 또는 서비스 이용이 너무 복잡하다고 생각한다. 예를 들어, 한 소비자가 식당에서 식사하는 상황을 생각해 보자. 소비자의 식당에 대한 각본 또는 절차지식은 '식당에 들어간다, 자리에 앉는다, 종업원에게 주문한다, 식사한다, 돈을 지출한다'일 것이다. 그런데 한 소비자가 어느 식당에 들어가서 자리에 앉으려고 할 때, "밖에서 기다려 주십시오. 종업원이 안내할 것입니다"라는 말을 듣는다면, 이 소비자는 "뭐가 이래!"라고 말할 수 있을 것이다.

이 예는 제품 또는 서비스를 개발할 때 항상 소비자를 중심으로 생각하라는 것을 강조한다. 제품디자이너 또는 서비스 설계사의 마인드가 아니라 소비자의 마인드를 읽으라는 것이다. 즉, 소비자의 지식구조를 이해한다면, 제품 또는 서비스 이용의 복잡성으로 인해 생길 수 있는 부정적 감정을 막을 수 있을 것이다. 이와 관련하여 다음 문장의 의미를 생각해 보면 좋을 것이다. "좋은 제품이 팔리는 것이 아니라, 팔리는 제품이 좋은 것이다."

5. 암묵기억

암묵기억
기억과정에 의식이 관여하지 않는 기억

지금까지는 사람들이 기억과정에 관련되어 있음을 분명히 알고 있는 명시 또는 외현기억(explicit memory)에 관해 다루었다. 이번에는 명시기억과는 다른 암묵 또는 내현기억(implicit memory)을 간략히 소개하고자 한다.

암묵기억에 관해 알기 위해서는 제2장 지각에서 다루어진 식역하 지각을 다시 생각해 볼 필요가 있다. 우선 이러한 잠재의식을 이해하기 위한 최선의 방법은 목적으로서의 기억과 수단으로서의 기억을 구분하는 것이다(Jacoby, 1991; Jacoby, Kelley, & Dywan, 1989; Jacoby, Woloshyn, & Kelley, 1989). 사람들이 분명한 기억과제(예, 재인, 보조회상 또는 자유회상과제)를 수행하기 위해 장기기억으로부터 정보를 인출하려고 의식적으로 노력할 때, 기억은 주의라는 목적을 갖는다. 다시 말해, 사람들은 자신이 기억에 초점을 맞추고 기억에 의지함을 알고 있다. 그러나 기억은 또한 판단과 결정을 위한 수단으로서도 사용된다. 사람들이 암묵기억 과제를 수행하기 위한 수단으로 기억을 사용할 때, 사람들은 자신이 기억과정을 사용하고 있음을 의식하지 못하며 사전경험과 기억의 영향을 받고 있음을 깨닫지 못한다. 즉, 암묵기억이란 기억과정에 의식이 관여하지 않는 기억을 말한다.

예를 들어, 소비자 대부분은 '진솔티슈'란 상표명에 친숙하지 않기 때문에, 이것이 잘 알려진 상표가 아니라고 가정한다. 그러나 소비자가 이 상표명을 여러 상표명이 있는 목록에서 읽은 후에는 이 상표명이 더 친숙한 것처럼 보일 것이다. 암묵기억에 관한 한 실험(Jacoby, Woloshyn, & Kelley, 1989)에서, 실험참가자들은 이름목록에 제시된 'Sebastian Weisdorf'와 모든 다른 이름들이 잘 알려진 것이 아니라고 듣는다. 그러나 참가자들은 이름목록에 충분히 주의한 조건과 주의가 분산된 조건으로 나뉘어서 이 목록을 읽었다. 주의분산 조건에서는 참가자가 두 가지 과제를 동시에 수행함으로써 주의가 분산되었기에, 이들이 목록에 제시된 이름들에 충분한 주의를 기울이는 것은 어려웠다. 목록을 읽은 후 참가자는 이전 목록에서 제시된 이름 중에서 몇 가지와 새로운 몇몇 이름들로 구성된 또 다른 목록을 보았다. 실험결과, 충분히 주의를 기울인 조건의 참가자는 이전 목록에서 제시된 몇 가지 이름들이 비록 친숙할지라도, 잘 알려진 이름이 아니라는 것을 알았다. 그러나 주의분산 조건의 참가자는 명성과 친숙성을 혼동하였다. 다시 말해, 이전 목록에서 제시된 이름들에 대한 사전경험으로 인해 그러한 이름이 단순히 친숙할 뿐인데도, 친숙한 이름들이 잘 알려진 것으로 판단하였다.

기본적으로 참가자들은 친숙하다는 느낌이 어디서 왔는지를 몰랐기 때문에, 이들이 명성과 친숙성을 혼동한 것이었다. 친숙하다는 느낌이 무관한 사건에 의해 영향을 받으며 우리가 이러한 영향력을 의식할 때를 제외하고는, 친숙한 것은 잘 알려져 있고 타당하거나 사실이며 통제할 수 있는 것으로 보인다. 우리가 느낌이나 신념이 어디서 왔는지를 알지 못할 때, 우리는 출처 기억 상실증을 경험한다. 이것이 우리가 출처혼동과 부정확한 추론 또는 결론에 빠지게 한다.

다시 식역하의 지각으로 돌아가서 만일 영화 관람자가 식역하 메시지를 받아들였다면(사실 1/3,000초 노출에서 이것은 불가능하다) 그리고 만일 관람자가 잠재의식이 그 메시지의 출처라고 가정했다면(영화스크린이 메시지의 출처라고 보기보다는), 식역하의 지각은 가능했을지도 모르겠다(물론 이것은 실로 엄청난 가정이지만). 아울러 사람들이 많은 느낌과 신념의 출처를 의식하지 못한다는 것은 흥미롭다. 예를 들어, 많은 소비자가 식역하 광고를 보거나 듣지만, 그것을 어디서 보거나 들었는지 알지 못한다. 얄궂게도 출처 기억상실증의 이러한 특정한 예가 많은 사람이 식역하 광고가 실제보다 더 효과적이라고 가정하게 만든다.

결론적으로 암묵기억은 실제로 존재하며 사람들에게 영향력을 행사한다. 그러나 암묵기억이 식역하 자극보다는 광고에 대한 우연노출을 설명하는 데 더 적합할 것이다. 소비자는 광고에 정말 우연히 노출되는 경우가 있는데, 이런 경우에는 소비자 자신이 그러한 광고에 노출되었는지, 그 내용이 무엇이었는지를 의식적으로 알 수가 없을 수 있다. 이때 암묵기억이 우연히 노출된 광고의 효과를 연구하는 데 기여할 수 있을 것이다(양윤, 김경민, 2004).

기억모델에 의하면 정보는 감각등록기에 입력되고, 그것이 소비자의 목표와 관련이 있는 경우 더 깊은 정보처리를 위해 작업기억으로 이동한다. 더 정교화된 과정은 작업기억에서 처리되어 장기기억에 저장될 가능성이 더 커진다. 작업기억과 장기기억은 모두 동일하게 부호화, 저장, 인출의 세 과정을 갖는다.

작업기억은 제한된 처리용량으로 특징지어진다. 만일 사람들이 자신이 처리할 수 있는 것보다 더 많은 정보를 받게 되면, 그들은 정보과부하 상태에 놓인다. 작업기억 용량은 편화에 의해 증가할 수 있다. 작업기억에서의 부호화는 청각부호화를 선호하며, 인출은 정보를 회상해 내는 과정이다. 사람들이 이미 기억에 저장되어 있는 다른 지식과의 연결이나 정보암송에 인지적인 노력을 더 기울일수록 장기기억으로의 전이가 활성화한다.

장기기억에서의 부호화는 의미부호화를 선호한다. 정보인출은 소비자가 회상을 도울 수 있는 단서를 가지고 있는 경우 더욱 증진될 수 있으며, 따라서 회상검사보다 재인검사에서 회상율이 더 높다. 사람들은 시간이 흐름에 따라 정보를 망각하는 경향이 있다. 장기기억에서는 망각이라기보다는 인출실패가 일어나는데, 이는 정보가 인출되는 것을 방해하는 간섭이 일어나기 때문이다. 간섭에는 순행간섭과 역행간섭이 있다.

장기기억에 저장되는 소비자 지식은 소비자가 특정 제품이나 서비스와 관련해 가지고 있는 경험과 정보를 말한다. 소비자 지식은 소비자가 어떤 것에 대해 생각하는 다양한 차원들을 갖는다. 이러한 지식은 사람들이 어떻게 언어적 의미를 장기기억에 저장하느냐와 관련하여 의미적 기억 연결망과 도식의 형태로 조직된다. 기억 연결망은 마디와 그에 연결된 것들로 개념화할 수 있다. 자극에 의한 마디의 활성화는 확산 활성화를 일으켜서, 연결된 마디들과 관련정보가 회상된다. 도식은 기억에서 체계적으로 조직화된 지식구조를 말한다. 이를 기억 연결망과 관련지으면 하나의 기억마디가 활성화될 때 마음에 떠오르는 연합들의 전체 덩어리를 도식이라고 할 수 있다. 도식은 변하지 않는 고정된 구성체가 아니라 투입되는 정보의 종류에 따라 강화되기도 하고, 변할 수도 있는 유연성을 갖고 있다. 다시 말해, 연결망 조직은 투입되는 정보에 따라 더 체계적으로 강화되기도 하고, 수정을 통해 보완되기도 한다.

기억은 외부에서 들어오는 정보를 있는 그대로 받아들이지 않는다. 기억은 구성 및 재구성 과정을 거친다. 사건에 대한 기억은 그 기억을 만든 객관적 실체로부터 체계적으로 멀어질 수 있는데, 기억과정은 기억이 형성되는 시점에서뿐만 아니라 시간이 경과한 후에도 일어난다. 이러한 구성 및 재구성 과정은 도식에 근거한 추론 그리고 외부의 암시 등에 의해 발생한다. 소비자는 광고에서 제공되는 제품정보를 있는 그대로 받아들이지 않는다. 대신에 소비자는 자신의 도식, 기대, 직관, 논리, 타인이 전하는 말 등등을 사용하여 제품정보를 각색하여 저장한다. 구성기억에 의해 제품정보에 대한 소비자의 기억이 왜곡될 수 있다.

마케터는 기억과정에서 감정의 역할을 인지할 필요가 있다. 소비자의 기분상태는 상표평가에 영향을 미칠 수 있다. 그러므로 마케터는 소비자에게 정보를 제시할 때 그들이 제품이나 서비스를 긍정적으로 평가할 수 있는 기회를 증가시킬 수 있도록 소비자의 긍정적 기분상태를 만들기 위해 노력해야 한다.

암묵기억이란 기억과정에 의식이 관여하지 않는 기억을 말한다. 사람들에게 영향력을 행사하는 암묵기억이 광고에 대한 우연노출을 설명하는 데 더 적합할 것이다. 소비자는 광고에 정말 우연히 노출되는 경우가 있는데, 이런 경우에는 소비자 자신이 그러한 광고에 노출되었는지, 그 내용이 무엇이었는지를 의식적으로 알 수가 없을 수 있다. 이때 암묵기억이 우연히 노출된 광고의 효과를 연구하는 데 기여할 수 있을 것이다.

제5장

동기와 감정

사람들은 왜 번지점프, 롤러코스터, 암벽등반과 같이 위험을 많이 수반하는 활동을 즐기는 것일까? 사람들은 왜 시간을 낼 수 없을 정도로 매일 바쁘다고 하면서도 레저활동을 기꺼이 하려고 하는가? 사람들은 신용카드로 물건을 구매할 때는 부정적 감정을 갖지 않지만, 막상 한 달 후 금액을 지출해야 할 때는 상당한 부정적 감정을 경험하곤 하는데, 이럴 때 부정적 감정의 원인을 제공하는 신용카드를 왜 다시 사용하는가? 이러한 물음에 적절히 답하기 위해서는 인간의 욕구나 동기에 관해 알아야 한다.

소비자의 욕구나 동기를 이해하는 것은 소비자를 연구하는 데 필수적이다. 다시 말해, 소비자의 욕구나 동기를 이해하면 차후에 그러한 욕구나 동기에 의해 유발되는 행동을 예측할 수 있고 이를 통해 소비자를 바람직한 방향으로 유도할 수 있다. 예를 들어, 강박구매를 생각해 보자. 강박구매란 소비자가 자신의 심리적으로 공허한 마음을 채우기 위해 보이는 구매행동의 한 유형인데, 이러한 구매행동을 보이는 소비자는 케이블 TV의 홈쇼핑에서 강박적인 구매를 함으로써 엄청난 재정적 압박을 받고는 한다. 이러한 소비자의 행동형태에 근거해 홈쇼핑 시 적절한 조치(예, 공익광고)를 취한다면, 이러한 소비자를 보호할 수 있을 것이다.

　이 장에서는 심리학에서 욕구와 동기를 어떻게 다루는지를 간략히 살펴본 후에 소비자의 소비욕구를 설명할 수 있는 심리학의 동기 이론과 연구방법을 살펴볼 것이다. 아울러 동기와 밀접히 관련되는 감정에 관해서도 살펴볼 것이다.

1. 욕구와 동기

1) 욕구

욕구
내부균형을 획득하기 위한 노력으로서 개인으로 하여금 일정한 행동과정을 추구하도록 하는 내적 불균형 상태

　심리학에서 인간의 동기와 관련하여 이론이나 실증적 연구에서 가장 포괄적으로 주목을 받은 것이 동기의 개인적 특성인 욕구(needs)이다. 욕구는 내부균형을 재획득하기 위한 노력으로서 개인이 일정한 행동과정을 추구하도록 하는 내적 불균형 상태라고 정의할 수 있다. 유기체의 건강과 안녕을 위해 필요한 욕구에는 두 가지 유형이 있다. 생리적 욕구는 건강한 신체를 위해 요구되며(예, 음식, 물, 공기 등), 심리적 욕구는 정신건강을 위해 필요하다(예, 자존심, 기쁨, 성장 등). 욕구박탈은 고통이나 불편함의 감정을 일으키지만, 욕구만족은 기쁨과 안녕의 감정을 가져온다. 욕구가 박탈됐다고 하더라도, 유기체가 만족을 얻기 위해 반드시 무언가를 행하지는 않는다. 이는 어떤 적절한 행위가 특정한 욕구를 만족시킬 것이라고 유기체가 기대하느냐 안 하느냐에 달려 있기 때문이다. 사람들이 욕구를 만족시킬 것이라고 기대하는 행위의 과정을 선택하는 데 있어서 실수를 할 수 있어서 충족되지 않은 욕구가 적절한 행동을 이끌 수도 또는 아닐 수도 있다. 특정한 선택과 행위는 바람직한 결과물인 유인(incentive)에 의해 유도된다.

2) 동기

동기
어떤 목표를 향하여 행동을 활성화시키고, 방향을 설정해 주며, 유지시키는 개인내부의 힘

　심리학자들은 행동이 나타난 이유를 설명하기 위해 동기란 개념을 고안하였다. 그런데 외부로 표출된 특정한 행동의 원인을 모두 동기라고 부르지는 않

다. 동기는 다음과 같은 세 가지 특성을 갖는데, 이는 ① 행동을 유발하는 개인 내부의 힘을 의미하는 활성화, ② 노력의 투입을 선택적으로 특정한 방향으로 지향하게 만드는 방향성, ③ 일정한 강도와 방향을 지닌 행동을 계속해서 유지하는 지속성 등이다. 이러한 특성에 근거해 보면, 동기는 어떤 목표를 향하여 행동을 활성화하고, 방향을 설정하며, 유지하는 개인내부의 힘으로 정의할 수 있다. 동기의 특성과 정의에서 보면, 특정한 행동이 강도 높게 활성화되고, 그 행동에 선택적으로 노력이 투입되며, 그 행동이 계속해서 지속되면 그 행동을 실행하려는 동기가 높다고 할 수 있다.

욕구와 동기의 정의에 근거해 보면, 욕구와 동기 모두 개인내부에서 활성화된 힘이며 특정한 행동을 일으킨다는 점에서 구분하기가 쉽지 않다. 심리학에서는 욕구와 동기를 구분하지 않고 혼용하기에, 저자도 욕구와 동기를 같은 의미로 사용할 것이다.

3) 동기과정

이러한 동기과정을 다음의 [그림 5-1]에 제시하였다. [그림 5-1]은 사람들이 동기상태를 경험할 때 발생하는 일련의 사건에 관한 모델을 보여 준다. 이 모델에서 보면, 욕구인식, 추동상태, 목표 지향적 행동, 목표 그리고 감정 등과 같은 동기의 다섯 가지 주요 개념이 있다. 다섯 가지 개념을 포함하는 이 모델을 소비자 심리에 적용하여 설명하면 다음과 같다.

동기과정은 욕구를 인식하게 하는 자극이 나타나는 순간에 작동한다. 이러한 자극은 개인내부에서 나타날 수 있다. 개인의 내부자극의 예로는 배고픔,

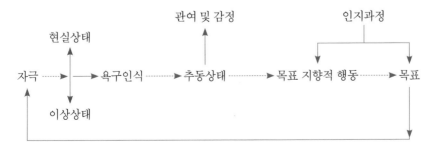

[그림 5-1] 동기과정의 단순 모델

갈증, 무언가 변화를 향한 갈망을 들 수 있으며, 개인은 이러한 자극에 의해 식사, 물마시기, 여행 등의 욕구를 인식할 수 있다. 또한 이러한 자극은 개인외부에서도 나타날 수 있다. 예를 들어, 제품에 대한 광고 또는 친구의 조언 등이 이에 해당한다. 만일 내부 또는 외부의 특정 자극이 개인의 현실상태와 이상상태 사이의 차이를 벌려 놓는다면, 욕구가 인식된다. 다시 말해, 개인이 자신의 현실상태와 이상상태 간의 불일치를 지각할 때 욕구인식이 일어난다. 예를 들어, 한 개인이 자신이 현재 갖고 있는 컴퓨터의 기능으로는 그래픽 작업을 정교하게 할 수 없기에(현실상태) 또는 매킨토시 컴퓨터가 훨씬 정교하고 섬세한 그래픽 작업에 적합하다는 것(이상상태)을 알게 됐기에 매킨토시 컴퓨터에 대한 구매욕구를 가질 수 있을 것이다. 여기서 중요한 것은 개인이 반드시 두 상태 간의 차이를 지각해야 한다는 것이다. 비록 차이가 있을지라도 개인이 그 차이를 지각하지 못하면, 욕구인식은 일어나지 않는다.

연구자들은 욕구를 표현욕구와 효용욕구로 구분한다. 표현욕구는 사회적 또는 심미적 요구를 달성하려는 욕구이다. 이 욕구는 개인의 자기개념 유지와 관련이 있다. 예를 들어, 자기 자신을 표현하고 싶어 하는 대학생은 의복과 헤어스타일에서 표현욕구를 강하게 느낄 것이다. 효용욕구는 생필품을 구매하거나 프린터 토너를 바꾸는 것과 같이 기본적인 문제를 해결하려는 욕구이다.

한편 욕구에 관해서는 다음과 같은 두 가지 특성이 있다. 첫째, 욕구는 생래적이거나 학습될 수 있다. 사람은 유전적으로 다양한 생리적 욕구를 가지고 있다(예, 음식, 공기, 물 등). 또한 사람은 자신의 많은 욕구를 이차 조건형성 과정과 소비자 사회화를 통해 학습하기도 한다. 둘째, 사람의 욕구는 결코 충분하게 만족될 수 없다. 이는 한 욕구가 어느 정도 충족되면, 또 다른 욕구가 대신해서 나타날 것이기 때문이다. 이 점은 나중에 매슬로(Maslow) 욕구위계에서 다시 언급될 것이다.

활성화된 욕구는 추동상태를 유발한다. 추동(drive)이란 충족되지 않은 욕구의 결과로 생기는 긴장(tension)에 의해 나타나는 힘을 말한다. 이러한 추동은 정서 또는 생리적 각성으로 나타난다. 생리적 각성은 여러 방법으로 측정할 수 있다. 지필조사 또는 맥박, 혈압, 눈동자 크기 등에서의 변화와 같은 생리적 과정의 모니터링을 통해 측정이 가능하다. 추동상태의 수준이 그 개인의 관여와

표현욕구
사회적 또는 심미적 요구를 달성하려는 욕구

효용욕구
생필품 구매와 같은 기본적인 문제를 해결하려는 욕구

소비자 사회화
개인이 소비환경에서 소비자로서의 역할과 관련되는 기술, 지식, 태도 등을 획득하는 과정

감정상태의 수준에 영향을 준다. 즉, 추동이 증가할 때, 감정은 강렬해지고, 관여와 정보처리의 수준은 더욱 높아진다. 예를 들어, 배고픔의 욕구가 강해질수록, 개인의 추동은 더욱 증가하고, 이는 음식에 대한 관여를 더욱 높여 어떤 정보보다도 음식에 관한 정보를 우선으로 처리하게 한다. '금강산도 식후경'이란 속담이 이에 관련된다.

사람들이 추동상태를 경험할 때, 그들은 목표 지향적 행동을 일으킨다. 목표 지향적 행동은 개인의 욕구상태를 해결하기 위해 취해진 행위이다. 소비자 맥락에서 목표 지향적 행동으로는 정보탐색, 제품에 관해 타인과 얘기하기, 만족스러운 구매를 위한 쇼핑, 제품과 서비스 구매 등을 들 수 있다. 예를 들어, 한 소비자가 컴퓨터를 구매하려는 욕구를 가졌을 때, 이 욕구는 소비자에게 컴퓨터를 소유하고자 애태우는 감정상태인 추동을 불러일으키고, 이 추동상태가 소비자의 목표 지향적 행동인 컴퓨터 구매를 유도할 것이다. 이때 어떤 컴퓨터를 구매할 것이냐는 다음의 목표에 달려 있다.

목표는 유인대상으로 소비자가 자신의 욕구를 충족시킬 것이라고 지각하는 제품, 서비스, 정보, 심지어 의미 있는 타인 등을 의미한다. 소비자는 이 유인을 통해 자신의 욕구를 충족시키며, 동시에 자신의 현실상태와 이상상태 간의 차이를 좁힌다. 앞의 예에서 추동상태에 의해 촉발된 목표 지향적 행동은 유인을 향한 것이고, 유인을 얻음으로써 욕구는 충족된다. 목표인 유인은 결국 목표 지향적 행동의 그리고 동기과정의 종착지이다.

그림에서 보면, 인지과정이 목표 지향적 행동과 목표에 영향을 미침을 알 수 있다. 개인이 선택하는 특정 대상이나 목표 그리고 이를 달성하기 위해 취하는 행위패턴은 개인의 사고와 학습의 결과이다. 사람들은 개인의 사전학습(경험)과 판단과정에 근거해 적절한 목표 지향적 행동 및 목표를 선정한다. 즉, 과거에 자신에게 최대의 만족을 주었던 행동과 목표를 선정할 것이며, 아울러 선정 시 자신의 판단에 의존하기도 할 것이다.

한편 그림에서 보듯이 목표가 자극과 다시 연결된다. 즉, 목표를 획득함으로써 동기과정이 종결되는 것이 아님을 알 수 있다. 새로운 자극의 출현이 동기과정을 다시 촉발함으로써 이 과정은 계속해서 순환한다.

2. 전반적 욕구 이론

1) 매슬로의 욕구위계

심리학자인 매슬로(Abraham Maslow)는 동기에 관한 한 가지 영향력 있는 접근을 제안하였다. 그의 접근은 개별성장과 절정경험을 이해하기 위해 개발된 일반적인 접근이다(Maslow, 1970). 매슬로는 생물적 욕구와 심리적 욕구의 위계를 형성하였으며, 그는 이 위계 내에서 동기수준을 상술하였다. 매슬로의 욕구위계는 인간욕구의 일곱 가지 기본수준을 제시하는데, 이 수준은 낮은 수준(생물)의 욕구로부터 높은 수준(심리)의 욕구로 순서가 정렬되어 있다. 일곱 가지 욕구를 낮은 수준부터 정렬하면, 생리적 욕구, 안전욕구, 소속/애정욕구, 자존심욕구, 지적 욕구, 심미적 욕구, 자기실현욕구로 구분된다.

욕구위계에서 보면, 한 욕구가 나타나기 위해서는 바로 이전의 욕구가 어느 정도 충족되어야 한다. 예를 들어, 안전욕구가 나타나기 위해서는 생리적 욕구가 어느 정도 충족되어야 한다. 따라서 한 욕구가 충족될 때 바로 상위의 욕구가 나타난다. 만일 낮은 수준의 욕구가 충족되지 않으면, 그 욕구가 일시적으로 다시 우세해질 수 있다. 또한 욕구위계에 따르면, 각각의 욕구는 상호 독

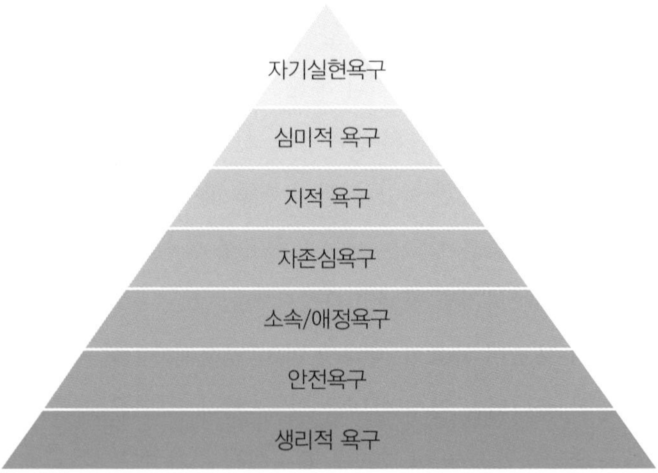

욕구위계
인간의 일반적인 동기로서 생리적 욕구, 안전욕구, 소속/애정욕구, 자존심욕구, 지적 욕구, 심미적 욕구, 자기실현욕구의 위계로 나타난다.

[그림 5-2] 매슬로의 욕구위계

립적이고, 각각의 욕구 간에는 중복이 있으며, 어떤 욕구도 완벽하게 충족되지 않는다. 이러한 특성 때문에, 비록 현재 우세한 욕구 아래에 있는 다른 모든 욕구가 어느 정도까지 행동을 동기화시킬 수 있다고 하더라도, 주요 동기원은 상당히 충족되지 않은 채 남아 있는 욕구이다.

각각의 욕구를 살펴보면, 생리적 욕구는 위계에서 맨 아래에 위치하는 가장 기본적인 욕구이다. 이 욕구는 인간의 생명을 단기적 차원에서 유지하기 위해 요구되는 것으로 음식, 물, 공기 등에 대한 욕구이다. 매슬로에 의하면, 생리적 욕구는 만성적으로 충족되지 못한 경우에 우세해진다. 생리적 욕구가 어느 정도 충족되면, 그다음 수준인 안전욕구가 나타난다. 안전욕구는 장기적인 차원에서 인간의 생명을 유지하기 위해 요구되는 것으로 삶의 안정성, 주거, 보호, 건강 등에 대한 욕구이다. 소비자 측면에서 볼 때, 저축, 보험, 교육, 직업훈련 등이 안전욕구와 관련된다. 예를 들어, 안전과 보호를 사업목표로 한 '세콤'과 같은 회사가 여기에 해당한다.

여기서 잠깐!

'지켜 주는 산업'이 뜨는 세상

'널 언제까지나 지켜 줄게.'

연인들 사이에 '영원한 사랑'을 다짐하는 주문처럼 쓰였던 말이지만 앞으로는 급증하는 보안 관련 업체들의 홍보 문구에서 자주 접하게 될 것으로 보인다. 삼성경제연구소는 16일 경호 · 경비 · 안전관리 등 이른바 '신변 안전산업'이 전 세계적으로 급속히 성장하는 '이머징산업(emerging industry)'으로 각광받고 있다는 내용의 보고서를 냈다. '신변 안전'하면 선글라스에 검은 양복 차림으로 재벌 회장님이나 톱스타의 주변을 지키는 보디가드를 연상케 한다.

하지만 실제로는 이보다 훨씬 다양한 업종이 '신변 안전시장'에 참여하고 있다. 성폭행범이나 강도 · 도둑을 막는 생활 보안업체, 입국 심사대에서 범죄자를 걸러 내는 신분 확인 시스템 개발업체, 문서 · 산업 보안 컨설팅업체, 심지어 전쟁터에서 활약하는 용병(傭兵)업체도 넓은 의미의 신변 안전산업에 속한다. 보고서는 2006년 200억 달러(20조 원) 수준이었던 공공 부문(테러 · 자연 재해 등에 대한 국토 안보 서비스) 세계 시장 규모는 2015년 1조 1,600억 달러(1,160조 원) 규모로 성장할 것으로 내다봤다.

이처럼 신변 안전산업이 뜨는 이유는 신변을 위협하는 요인이 급격히 늘어나고 있기 때문이다. 도시화에 따른 급격한 강력 범죄 증가는 물론 지구 온난화에 따른 자연 재해, 민족·종교·계층 간 테러리즘 등이 신변 안전시장을 키우고 있다는 분석이다. 삼성경제연구소 배영일 수석연구원은 "신변 안전산업은 성장잠재력이 높은 데 반해 메이저(대형) 기업이 없는 무주공산(無主空山)에 가깝다"며 "디지털·인공지능·인터넷 네트워킹 등 첨단 IT로 무장한 한국 기업들이 노려볼 만한 시장"이라고 말했다.

독자들은 위의 산업이 욕구위계에서 무슨 욕구를 겨냥한 것으로 생각하는가?

출처: 정철환(2008). '지켜주는 산업'이 뜨는 세상. 조선일보 조선경제, 6월 17일, B1에서 재인용(허락하에 재인용함).

욕구위계에서 세 번째 수준의 욕구가 소속/애정욕구이다. 사람들은 타인들과 온정적이고 만족스러운 인간관계를 형성·유지하기를 원한다. 많은 광고가 이 욕구에 호소하는 전략(예, 정, 사랑 등)을 구사한다. 소속/애정욕구가 어느 정도 충족되면, 네 번째 수준의 욕구인 자존심욕구가 나타난다. 자존심욕구는 타인들로부터 인정받고 싶어 하고, 자신이 중요한 인물이라고 느끼고 싶어 하는 욕구로 권위, 지위, 자존심 등과 관련된다. 매슬로에 의하면, 많은 사람은 욕구위계에서 가장 상위 수준인 자기실현욕구가 나타날 정도로 자존심욕구를 충족시키지 못한다.

지적 욕구는 지식탐구와 관련된 욕구이며, 심미적 욕구는 심미안 또는 아름다움에 대한 욕구이다. 자기실현욕구는 자신의 잠재력을 달성하려는 개인의 욕망을 말한다. 즉, 자신이 성취할 수 있는 모든 것을 성취하려는 욕구이다. 이 욕구는 다른 사람에 의해 다른 방법으로 표현된다. 화가는 캔버스에서 자신을 표현하려 할 수 있을 것이고, 운동선수는 자신의 종목에서 세계 최고가 되려고 할 것이다. 그러나 실제로 자기실현욕구를 달성하는 사람은 많지 않다.

위계에서 제시된 일곱 가지 욕구는 우리 사회에서 가정되거나 추론되는 개인들의 욕구 대부분을 포함할 정도로 포괄적이다. 욕구위계의 주요 문제점은 이 이론을 실증적으로 검증할 수 없다는 것이다. 상위의 욕구가 나타나기 전에 바로 이전의 욕구가 얼마나 충족되어야 하는지를 정확하게 측정할 방법이 없다. 이러한 문제로 인한 비평에도 불구하고, 욕구위계는 인간의 일반적인 동

[그림 5-3] 소속/애정욕구를 표현한 광고의 예

기로서 널리 수용되고 있다.

　소비자 측면에서 볼 때, 많은 소비재는 종종 각각의 욕구를 만족시킨다. 예를 들어, 소비자는 생리적 욕구를 충족시키기 위해 식료품과 물을 구매한다. 그들은 안전욕구를 위해 보험을 들거나, 직업훈련을 받거나, 주택을 마련한다. 소속/애정욕구를 충족시키기 위해서 소비자는 화장품, 구강청결제, 면도용품, 다양한 선물, 보석, 애완동물 등을 구매한다. 컴퓨터 또는 음향기기와 같은 하이테크 제품, 모피나 고급승용차와 같은 사치품 그리고 그림이나 골동품과 같은 예술품 등은 자존심욕구를 위해 구매하는 것들이다. 대학교의 평생교육과정 등록은 지적욕구 또는 자기실현욕구와 관련이 있고, 여가나 취미활동 등은 자기실현욕구 충족과 관련될 수 있다. 그런데 소비재가 어떤 특정욕구 하나가 아니라 여러 욕구와 관련될 수 있기에 소비자는 같은 제품을 다른 욕구 때문에 구매할 수 있다. 예를 들어, 어떤 소비자는 구강청결제를 소속/애정욕구 때문에 구매할 수 있지만, 다른 소비자는 치아건강을 위한 안전욕구 때문에

[그림 5-4] 자존심욕구를 표현한 광고의 예

구매할 수 있다. 결론적으로 매슬로의 욕구위계는 소비자의 구매동기를 설명해 줄 수 있는 유용한 도구이다.

2) 맥클리랜드의 학습된 욕구

맥클리랜드(McClelland)는 기본적으로 세 가지 학습된 욕구가 사람들을 동기화시킨다는 생각에 근거하여 그의 이론을 발전시켰는데, 세 가지 욕구란 성취, 유친(affiliation), 권력욕구를 말한다. 성취욕구가 높은 사람은 성공을 위해 노력하고, 문제해결에 책임을 지려는 경향이 강하다. 맥클리랜드(1965)는 성취욕구가 높은 학생 중 83%가 사업경영과 같은 위험이 따르고, 결정을 내려야 하며, 더 큰 성공을 쟁취할 수 있는 직업을 택한다는 것을 발견하였다.

맥클리랜드는 유친욕구를 매슬로의 욕구위계에서의 소속/애정욕구와 유사한 것으로 보았으며, 이 욕구는 사람들이 친구를 사귀고, 집단의 구성원이 되며, 타인과 관계를 갖도록 동기화시킨다. 유친욕구가 높은 사람은 성공하려는 욕구보다는 타인과 함께하려는 데 더 큰 의미를 부여하는 경향이 있다. 예를 들면, 한 연구에서 실험에 참여했던 참가자에게 과제를 수행하는 데 도움을 줄 동료를 선택하도록 했을 때, 성취욕구가 높은 사람은 동료의 능력에 근거하여 선택한 반면, 유친욕구가 높은 사람은 자신의 친구를 더 선택하였다. 분명히 유친욕구가 높은 사람은 과제에서의 성공보다는 그 과제를 즐기려는 욕구에 의해 그들의 동료를 선택하였다(French, 1958).

권력욕구는 타인에 대한 통제력을 획득하고 발휘하려는 욕구를 나타내며, 이 욕구는 타인에게 영향을 주고, 지시하며, 지배하려는 경향성을 보인다. 맥클리랜드에 따르면, 권력욕구는 두 가지 방향을 취할 수 있는데, 이는 첫째, 긍정적인 방향으로 설득적이며 영적인 힘을 나타내며, 둘째, 부정적인 방향으로 타인을 지배하고 복종시키려는 욕망을 나타낸다.

몇몇 연구는 맥클리랜드의 생각과 소비자 행동 간의 관계에 대해 살펴보았다. 예를 들면, 한 연구는 성취욕구가 높은 소비자가 낮은 소비자에 비해 스키나 보트장비와 같은 야외 레저활동을 위한 제품을 더 많이 구매하는 경향이 있었다(Gardner, 1972). 소비자 측면에서 볼 때, 맥클리랜드의 연구로부터 얻을 수 있는 분명한 점은 제품들이 세 가지 기본적인 소비자 동기로부터 파생되는 측면에 의해 강조되어야 한다는 것이다.

3. 제한된 범위의 동기 이론

과거 동기 연구에서 나타난 한 가지 추세는 매슬로의 욕구위계 또는 맥클리랜드의 학습된 욕구와 같이 인간의 전반적인 동기수준을 밝히려는 연구와는 달리 인간 행동의 일부분을 설명하기 위한 제한된 범위의 동기 연구가 주를 이룬 것이다. 제한된 범위의 동기 이론으로는 반대과정 이론, 최적자극수준유지 동기, 다양성추구 동기, 쾌락경험 동기, 자기조절초점, 행동자유의 열망, 소비자 독특성욕구, 귀인 동기, 그리고 접촉욕구 등이 있다.

1) 반대과정 이론

반대과정 이론(opponent-process theory; Solomon, 1980)에 따르면, 긍정적이거나 부정적인 즉각적 감정반응을 일으키는 자극을 사람이 받았을 때, 두 가지 반응이 발생한다. 하나는 개인이 즉각적인 긍정적 또는 부정적 감정반응을 경험하는 것이고, 다른 하나는 최초에 경험했던 감정과는 반대되는 감정을 갖는 반응을 그다음에 경험한다는 것이다. 경험한 전반적인 감정은 이런 두 가지 감정반응의 결합이다. 두 번째 감정반응이 지연되기 때문에, 개인은 처음에 긍정적 또는 부정적 감정을 강하게 경험한다. 그러나 시간이 어느 정도 경과한 후, 처음에 경험한 감정은 그 강도가 약해지고 대신에 반대 감정이 강하게 나타난다.

다시 말해, 서로 반대되는 2개의 감정이 동시에 발생하지만, 처음에는 한 감정의 강도가 강해 반대되는 감정을 느끼지 못하다가 시간이 경과함에 따라 처음 감정의 강도는 약해지고 반대 감정의 강도는 강해짐으로써 반대 감정을 경험하는 것이다. 이에 관한 예로 저자의 암벽등반에서의 현수하강 첫 경험을 들 수 있다. 저자가 급경사인 고지대 암벽에서 자일에 의지하여 하강을 시도했을 때, 하강 직전 이루 말할 수 없는 두려움의 부정적 감정을 강하게 느꼈지만, 안전하게 내려온 후 뿌듯함과 기쁨의 긍정적 감정을 강하게 느꼈다.

반대과정 이론은 신용카드의 반복되는 과도한 사용으로 인해 재정적 문제를 갖는 소비자의 행동을 설명할 수 있다. 신용카드로 물건을 구매할 때 긍정적 감정과 부정적 감정이 동시에 발생하지만, 긍정적 감정의 강도가 강해 부정적 감정은 영향을 주지 못한다. 그러나 시간이 흘러 카드대금 결제일이 다가오면 긍정적 감정의 강도는 약해지고, 부정적 감정의 강도가 강해지면서 소비자는 불편해지기 시작한다. 소비자는 이러한 불편함을 해결하기 위해 긍정적 감정을 유발하는 또 다른 구매를 하며, 이러한 악순환이 결국 소비자의 재정을 어렵게 만든다.

2) 최적자극수준유지 동기

동기관련 연구들은 사람들이 자극의 최적수준을 유지하려는 강력한 동기를 가지고 있다고 한다(Raju, 1980). 최적자극수준은 생리적 활성화나 각성에 대한 개인의 선호하는 양으로, 매우 낮은 수준(예, 수면)에서부터 매우 높은 수준(예, 심한 긴장)으로까지 변할 수 있다. 사람들은 자극에 대한 자신의 최적수준을 유지하려고 동기부여되는 데 투입되는 자극수준이 너무 높거나 너무 낮을 때마다 그 수준을 수정하기 위한 행위를 할 것이다.

어느 시점에서 개인의 자극에 대한 수준은 내적 및 외적요인에 의해 영향을 받는다. 내적요인은 연령과 성격특성을 포함한다. 예를 들어, 자극의 더 높은 수준을 열망하는 사람은 감각추구를 측정하는 척도에서 높은 점수를 얻는다(Zuckerman, 1979). 그들이 원하는 자극의 높은 수준을 유지하기 위해, 감각추구자는 번지점프 또는 암벽등반과 같은 위험스러운 활동을 기꺼이 하려는 경향이 있다. 외적요인은 환경의 불확실성과 위험에 영향을 주는 요인이다. 예를 들어, 감각추구자는 그들이 위험을 즐기기 때문에 잘 조직화된 기업에서 일하기보다는 스스로 회사를 운영하는 경향이 있다.

요약하면 사람은 자신의 최적자극수준을 유지하기 위해 그들의 행위와 환경을 조절하려고 한다. 각성수준이 너무 높을 때 사람은 낮추려고 하고, 너무 낮을 때 자신의 행동을 변경함으로써 자극수준을 높이려고 한다.

소비자 측면에서 볼 때, 많은 제품과 서비스가 소비자의 자극수준을 높이거나 낮출 수 있다. 예를 들어, 수면제와 같은 약은 각성수준을 낮추고 카페인은 각성수준을 높인다. 또한 래프팅, 사냥, 스포츠, 놀이기구 등과 같은 많은 레저활동이 각성수준에 상당한 영향을 준다.

자극의 최적수준을 유지하려는 동기는 소비자가 보이는 상표전환과 다양성추구 행동을 설명할 수 있다(Menon & Kahn, 1995). 소비자는 분명한 이유 없이 자신이 사용하던 상표를 바꾸고는 한다. 예를 들어, 한 소비자가 오랫동안 비누의 한 가지 특정한 상표를 계속해서 구매해 오다가 갑작스럽게 다른 상표로 전환하는 경우가 있다. 이때 그 소비자에게 이유를 물으면, 단지 바꾸고 싶었을 뿐이라고 종종 말할 것이다. 소비자의 자발적인 상표전환에 관한 가능한 이유는 소비자가 싫증이 나서 그 싫증으로부터 일시적으로 벗어나기 위해 자신의 일상사를 바꾸고 싶어 한다는 것이다.

한 연구는 높은 활동 수준을 필요로 하는 사람은 빈번한 상표전환과 제품구매에서의 혁신을 보일 수 있으며, 또한 위험을 감수하려는 경향이 있다는 것을 보여 주었다(Raju, 1980). 다른 연구는 높은 최적자극수준을 가진 소비자는 확장적인 정보탐색 행동을 보이며, 반복되는 광고에 더 싫증을 내고, 패스트푸드 선택 시 다양성추구 행위를 더 보이며, 도박을 하거나 위험을 추구하려는 경향이 강하다는 것을 보여 주었다(Steenkamp & Baumgartner, 1992).

3) 다양성추구 동기

최적자극수준과 관련하여 다양성추구를 함께 고려하는 것이 바람직하다. 다양성추구 개념은 1950년대 중반에 심리학에서 처음으로 소개되었다(Berlyne, 1960; Fisk & Maddi, 1961; Leuba, 1955). 다양성추구에 관한 심리학 분야의 연구들은 대체로 최적자극수준의 개념에서 다양성추구를 설명하였다. 즉, 심리학에서의 다양성추구란 자극에 대한 내적욕구에서 발생하는 것으로서, 사람은 환경이 제공하는 자극수준이 이상적 수준 이하(최적수준 이하)로 떨어지면 싫증 또는 지루함을 느껴서 탐험행동 및 진기함 추구와 같은 더 큰 자극적 투입이 필요하고, 반대로 환경이 너무 높은 자극수준(최적수준 이상)을 제공하면 사람은 다양성회피와 같은 수단을 통해 투입을 감소하거나 단순화시킨 적절한 상황을 추구한다는 것이다.

소비자 동기로서의 다양성추구는 상당히 연구할 만한 가치가 있는 주제로 생각되었는데, 이는 다양성추구가 전통적인 정보처리 관점에 의해 설명되기 어려운 비목적적 행동에 대한 관심을 일부 반영하기 때문이다(Van Trijp, Hoyer, & Inman, 1996). 특히 이러한 종류의 행동은 소비의 실용적인 관점보다 경험적이거나 쾌락적인 동기로 설명되는 것으로 보인다(Holbrook & Hirschman, 1982).

많은 연구가 소비자의 상표선택 행위에서 나타나는 다양성추구 성향에 관해 정의를 내리고 있는데, 이들이 내린 정의를 보면 일반적으로 다양성추구성향이란 특정 상표의 구매가 다음 구매상황에서 그 상표의 구매확률을 감소시키게 되는 경우를 의미한다(Bawa, 1990; Menon & Kahn, 1995). 이는 다양성추구 성향을 반복구매 확률의 감소로 규정한 기존의 상표선택 행위 연구들과 같

다양성추구 성향
특정 상표의 구매가 다음 구매상황에서 그 상표의 구매확률을 감소시키는 경향성

은 맥락에서 이해할 수 있는데, 소비자가 동일 제품을 반복적으로 구매할 경우 그 제품에 싫증이 나서 다양성을 추구하는 행위를 표출한다는 것이다(양윤, 최훈희, 2002). 특히 어떤 연구자는 특정 상표의 선호는 일정하게 남아 있으면서 다양성 욕구가 발생하는 것으로 다양성추구 행동을 규정하고 있다(Menon & Kahn, 1995).

어떤 연구자는 다양성추구를 순수다양성추구와 유발된 행위다양성으로 구분하여 순수다양성추구는 내재적 동기요인(다양성추구 욕구와 같은 개인차 변수)에 의해서 그리고 유발된 행위다양성은 외재적 동기요인(예, 세일 상표)에 의해서 결정되는 것으로 보았으며, 두 요인이 모두 상표전환과 같은 동일한 행동을 유발하는 것으로 보았다(Van Trijp, Hoyer, & Inman, 1996). 그러나 순수다양성추구 행동과 유발된 행동변화는 다르며, 다양성추구 행동은 개인차 특성 및 제품범주와 관련이 있다. 이들은 감정과 강하게 연합되어 있는 쾌락적 제품(예, 음식, 음료수, 초콜릿 등)은 포만반응을 더 빨리 일으키기 때문에 실용적인 제품에 비해 다양성 욕구를 더욱 증가시킨다는 것을 보여 주었다.

4) 쾌락경험 동기

쾌락경험을 향한 열망은 최적자극수준을 유지하려는 욕구와 밀접히 관련되어 있다. 소비자 연구에서 쾌락소비(hedonic consumption)는 환상을 만들어 내고, 새로운 감각을 느끼며, 감정적 각성을 얻기 위해 제품과 서비스를 사용하려는 소비자의 욕구를 말한다(Holbrook & Hirschman, 1982). 이러한 쾌락소비는 프로이트의 정신분석학뿐만 아니라 제품의 상징적 가치에 관한 사회학의 개념에 근거를 둔다. 정신분석학에 근거한 쾌락소비 접근은 소비의 감정적 이유 그리고 제품이 환상이나 감정적 각성을 유발하기 위해 어떻게 사용되는지에 초점을 맞춘다. 상징성에 근거한 쾌락소비의 경우, 제품은 객관적인 실체일 뿐만 아니라 정서 및 사회적 의미의 표시이기도 하다. 예를 들어, 다이아몬드는 탄소로 구성된 보석일 뿐만 아니라 사랑, 영원, 지위 등의 상징이기도 하다.

쾌락소비
환상을 만들어 내고, 새로운 감각을 느끼며, 감정적 각성을 얻기 위해 제품과 서비스를 사용하려는 소비자의 욕구를 반영한 소비

쾌락주의
감각을 통해 기쁨을 얻고자
하는 인간의 성향

(1) 감정경험의 열망

쾌락주의(hedonism)는 감각을 통해 기쁨을 얻는 것을 의미한다. 그러나 소비자 행동 맥락에서 이 용어는 더욱 복잡해지는데, 이는 소비자가 추구하려는 감정이 일관되게 기쁨이 아닐 수도 있기 때문이다. 사람들은 사랑, 증오, 공포, 슬픔, 분노, 혐오 등과 같은 다양한 감정을 경험하고자 한다. 사람들이 부정적인 감정을 추구한다는 것이 어떻게 보면 기이하게 보일 것이다. 그러나 사람들은 공포를 유발하는 번지점프나 영화 또는 엽기적인 것을 즐긴다. 따라서 소비자 맥락에서의 쾌락주의란 소비를 통해 긍정적 감정뿐만 아니라 부정적 감정 또한 경험하려는 것으로 보아야 한다. 비록 이러한 부정적 감정이 궁극적으로는 소비자 자신에게 쾌감을 주는 것이겠지만…….

쾌락주의 이론가의 주장은 감정적 열망이 소비자가 제품을 선택할 때 효용동기보다 때때로 더 우세할 수 있다는 것이다(Hirschman & Holbrook, 1982). 효용성 차원에서 본다면, 정신적으로 온전한 남성이 애인에게 백 송이의 장미를 선물하는 것은 이상한 것이다. 불과 며칠 내에 시들어 버릴 꽃에 많은 돈을 지출하는 것이 말이 되는가? 그러나 장미선물은 효용성이 아니라 꽃의 상징적 가치와 이러한 상징성에 의해 선물을 받는 사람에게서 나타나는 감정에 의해 이해해야 한다. 장미 또는 다이아몬드는 제품의 단순한 효용이 아니라 사랑이라는 감정을 강하게 표현하는 것이다.

(2) 레저활동의 열망

쾌락소비의 또 다른 형태가 레저활동에 대한 열망이다. 그런데 레저활동은 실질적으로 사적 경험이다. 이는 어떤 사람은 레저로 규정하는 것을 다른 사람은 일로 규정할 수 있기 때문이다(Fontenella & Zinkhan, 1992; Unger & Kernan, 1983). 레저는 다차원이며, 다양한 욕구를 수반한다. 예를 들어, 어떤 사람은 타인에게 자신을 보여 주기 위해, 어떤 사람은 기쁨을 얻기 위해, 어떤 사람은 최적자극수준을 유지하기 위해 레저활동을 한다.

레저활동에 대한 다른 주요한 이유는 다음과 같다. 첫째, 내적만족에 대한 열망으로 여기서 소비자는 레저활동을 보상으로 생각한다. 예를 들어, 힘든 산행을 마친 후 뿌듯함을 느끼는 사람의 경우를 생각해 보라. 이 경우에 돈이나 칭찬 같은 외부보상은 중요한 것이 아니다. 심지어 어떤 연구가는 내적만족이 레저활동의 주요 결정요소이며 다른 모든 개념은 단지 내적만족이 어떻게 획득되는지를 설명할 뿐이라고 주장한다(Iso-Ahola, 1980).

둘째, 레저활동에의 몰입으로 소비자는 레저활동에 완전히 몰입하여 그 활동 중에는 자신의 모든 일상사를 잊어버린다. 예를 들어, 바둑에 몰입한 사람은 도끼자루 썩는지도 모를 정도로 주변적인 것에 대해서는 완벽하게 무신경해진다.

셋째, 지각된 자유로 레저활동은 철저하게 개인의 자유의지로 행해지며, 개인은 레저활동을 통해 자유를 만끽한다. 강압이나 의무에 의해 행해지는 것은 레저가 아니다(Howes, 1977).

넷째, 환경과 자신에 대한 정복감으로 개인은 무언가를 잘하기 위해 또는 방해를 극복하기 위해 노력한다. 즉, 무언가를 성취하기 위해 자신을 시험하거나 환경을 정복하려고 한다. 예를 들어, 요트로 항해를 하는 사람, 등산을 하는 사람, 운동을 즐기는 사람은 이러한 욕구를 가지는 경향이 강하다. 다섯째, 각성으로 각성에 대한 욕구는 레저활동의 주요한 동인이다. 신기하고 복잡하고 위험한 레저활동은 개인의 각성수준을 일시적으로 증가시킬 수 있으며, 쾌감을 산출한다(Hendrix, Kinnear, & Taylor, 1978).

5) 자기조절초점

쾌락을 추구하고 고통을 회피하려는 쾌락주의는 인간의 기본적인 동기이다. 그러나 한 연구자는 쾌락주의가 많은 경험적 증거에 의해 지지가 되고는 있지만, 인간의 포괄적인 전략적 행동을 이해하는 데 쾌락주의만으로는 충분하지 않다고 보았다(Higgins, 1997). 그는 쾌락주의의 단순한 주장을 넘어 실제적으로 어떻게 사람들이 다른 전략을 사용하여 쾌락을 추구하고 고통을 회피하는지 밝혀야 한다고 하였다. 이러한 맥락에서 그는 쾌락주의가 조작되는 두 가지 다른 자기조절초점 유형을 제시하였다.

조절초점은 사람들이 기쁨을 추구하고 고통을 회피하려는 동기를 갖고 있다는 일반론에 근거한다. 이는 사람들이 어떠한 목표를 갖고 그 목표를 어떻게

자기조절초점
사람이 어떤 목표를 갖고 그 목표를 어떻게 충족시키는지를 설명하는 개념으로, 촉진목표와 예방목표의 두 가지 목표로 구분된다.

충족시키는지를 설명하는 개념으로, 사람들이 원하는 목표를 향상, 성취, 열망 등과 같은 촉진 목표와 책임, 의무, 안전 등과 같은 예방 목표 두 가지로 구분된다. 촉진 동기는 만족스럽거나 바라던 결과를 얻기 위해 현재의 상황을 향상시키려는 목표를 지닌 상태를 의미하며, 예방 동기는 불만족스럽거나 바라지 않는 결과가 발생하는 것을 막기 위해 현재의 상황을 유지하려는 목표를 지닌 상태를 의미한다(Higgins, 1997). 예를 들어, 시험을 앞두고 있는 학생에게 있어 촉진 동기는 시험에 합격하려는 목표이며, 예방 동기는 시험에 불합격하지 않으려는 목표를 의미한다.

어떤 연구자들은 촉진 동기를 지닌 개인은 열망과 성취를 강조하며 긍정적 결과의 유무에 초점을 맞추고, 예방 동기를 지닌 개인은 책임과 안전을 염려하며 부정적 결과의 유무에 초점을 맞춘다고 하였다(Shah, Higgins, & Friedman, 1998). 따라서 강한 촉진 동기를 지닌 개인은 성취와 관련된 유인에 더 동기화되고, 예방 동기가 더 강한 개인은 안전과 관련된 유인가에 더 동기화된다.

자기조절초점 이론에 따르면, 촉진 초점과 예방 초점은 서로 다른 이상적인 욕구상태를 향한 조절을 위해 서로 다른 전략수단을 사용하는데 촉진 동기를 지닌 개인은 자신의 목표달성을 위해 접근전략 수단을 사용하며, 예방 동기를 지닌 개인은 자신의 목표달성을 위해 회피전략 수단을 사용한다(Higgins, 1997). 이와 더불어 촉진 동기를 지닌 개인은 긍정적 결과의 획득에 대한 열망을 나타내며, 예방 동기를 지닌 개인은 손실에 대한 경계를 나타낸다(Idson, Liberman, & Higgins, 2000).

촉진 동기를 지닌 소비자와 예방 동기를 지닌 소비자를 비교한 연구들에 의하면, 촉진 동기(예방 동기)를 지닌 소비자가 긍정적(부정적) 결과(Aaker & Lee, 2001), 광고에 대한 주관적인 감정반응(광고메시지 내용: Pham & Avnet, 2004), 쾌락적이며 매력적인 성과와 관련된 속성(효용적이며 비매력적인 신뢰성과 관련된 속성: Chernov, 2004a) 그리고 현 상태에서 벗어나려는(혹은 현 상태를 유지하려는) 행위(Chernov, 2004b) 등에 의해 더 잘 설득되었다.

6) 행동자유의 열망

행동자유의 열망은 외부의 제약 없이 행동을 수행하려는 욕구이다. 소비자가 제품이나 서비스를 선택하려는 자신의 자유가 방해를 받을 때, 소비자는 이러한 위협에 대항하여 반발한다. 이러한 상태를 '심리적 저항(psychological reactance)'이라 부른다(Brehm, 1966). 저항이란 용어는 행동자유가 위협을 받는 개인의 동기상태를 말한다. 예를 들어, 소비자 맥락에서 하루만 세일하는 경우가 며칠 세일의 경우보다 소비자의 구매욕구를 훨씬 강하게 자극한다. 또는 판매수량을 제한하는 경우에도 소비자의 구매욕구를 강하게 자극한다. 이는 세일기간 또는 판매수량에 제약을 가함으로써 소비자의 자유로운 구매행위를 방해했기 때문에 생긴 심리적 저항의 결과이다.

행동에 제약을 가하는 위협에는 두 가지 유형이 있다(Linder & Crane, 1970). 첫째, 사회적 위협은 소비자가 무언가를 하게 하는 타인의 외부압력이다. 예를 들어, 소비자가 어떤 제품을 구매하도록 또는 어떤 영화를 보도록 압력을 가하는 것이다. 만일 그 압력이 너무 크다면, 소비자는 반발할 수도 있고 결과적으로 부메랑 효과를 일으킬 수도 있다. 이러한 예에서 소비자는 압력을 행사하는 사람이 의도하는 방향과는 정반대 방향으로 움직인다. 둘째, 비개인적 위협은 특정한 제품이나 서비스를 구매하려는 소비자의 능력을 제한하는 장벽이다. 예를 들어, 제품이 품절되는 경우, 소비자에게 이용가능하지 않은 경우, 제품가격이 인상되는 경우, 소비자가 감당할 수 없는 경우 등을 들 수 있다. 이러한 각각의 장벽에 대한 소비자의 가능한 반응은 크게 두 가지이다. 하나는 특정 제품을 재평가하여 특정 제품을 더 원하는 것이고, 다른 하나는 처음에 선택되지 않은 대안을 더욱 긍정적으로 재평가하는 것이다.

소비자가 저항을 경험하려면 세 가지 조건이 충족되어야 한다(Clee & Wicklund, 1980). 첫째, 소비자가 자신이 주어진 상황에서 방해받지 않고 자유롭게 선택할 수 있다고 믿어야 한다. 그러나 대안적인 제품들이 이용가능하지 않음으로써 소비자가 자유선택을 할 수 없을 때는 저항을 경험하지 않을 것이다. 둘째, 소비자가 자신의 자유가 위협받는다고 느껴야 한다. 셋째, 구매결정이 소비자에게 중요한 것이어야 한다. 이러한 세 가지 조건이 충족됐을 때 소

행동자유의 열망
외부의 제약 없이 행동을 수행하려는 욕구

심리적 저항
개인의 자유를 위협받을 때, 이러한 위협에 대항하여 반발하려는 개인의 동기상태

비자는 심리적 저항을 경험한다.

7) 소비자 독특성욕구

소비자의 독특한 구매행동을 설명해 줄 수 있는 '소비자 독특성욕구' 척도도 국내외에서 개발되었다(김완석, 유연재, 2003; Tepper, Bearden, & Hunter, 2001). 독특성욕구는 타인과 구별되는 자신만의 독특함이나 고유함을 표현하고자 하는 개인의 욕구로 정의되며, 사람들은 이러한 욕구를 외적행동을 통해 드러내려고 한다(Snyder & Fromkin, 1977).

독특성욕구 이론에 따르면, 타인과 다르게 보이려는 욕구는 자신의 독특성이 위협을 받는 상황에서 유발된다. 사람들은 자기를 구별해 주는 행동을 통해 자신의 자존감을 고취하고, 부정적 감정을 감소시키려 한다. 따라서 소비행동은 개인의 독특성욕구가 드러날 수 있는 매우 적절한 분야이다. 사람은 타인과 자신을 구별하기 위해 소비행위를 하거나 소유물을 과시함으로써 자신의 독특성욕구를 충족시킬 수 있다(Snyder, 1992). 독특성욕구를 소비상황에 적용하면, 독특성욕구가 높은 소비자는 의도적으로 시각적으로 또는 기능적으로 독특한 제품을 구매하거나 과시하여 타인과 자신을 차별하려고 시도한다.

독특성욕구
타인과 구별되는 자신만의 독특함이나 고유함을 표현하고자 하는 개인의 욕구

8) 귀인 동기

귀인 동기
행동의 원인을 밝히고자 하는 욕구

일상생활에서 소비자가 어떤 사건에 직면할 때, 소비자는 그 사건에 대한 설명을 찾으려 동기화된다. 제품이나 서비스는 기대한 만큼 품질이 좋을 수도 있고, 광고모델이 특정 상표의 음료수를 강력하게 추천할 수 있으며, 판매원은 고객에게 아첨할 수도 있고, 혹은 비행기 도착이 지연될 수도 있는데, 각각의 사례에서 소비자는 그 행동을 이해하기 위해 행동의 원인을 찾으려 할 것이다. 소비자는 왜 제품이 불만족을 유발하였는지, 왜 모델이 특정 음료수를 추천했는지, 왜 판매원이 비위를 맞추려고 했는지, 그리고 왜 비행기 도착이 늦어지는지 알고 싶어 할 것이다.

사람이 행동의 원인을 결정하는 과정을 설명하는 것이 귀인 이론이다. 귀인

이론에 따르면, 사람은 행동의 원인이 행위자의 내적인 것인지 아니면 외적인 것인지를 결정하려 한다. 따라서 모델의 사례에서, 소비자는 모델이 제품을 추천한 이유가 그 모델이 그 제품을 실제로 좋아해서인지(내부귀인) 혹은 돈을 받았기 때문인지(외부귀인)에 대해 질문을 할 것이다. 이와 유사하게 독자 여러분에게 왜 특정한 상표를 구매했느냐는 질문이 주어진다면, 여러분은 자기 행동의 원인이 제품내부에 있는지(예, 제품의 좋은 품질) 아니면 제품외부에 있는지(예, 판매원의 압력 혹은 가격의 일시적인 할인)를 찾으려 할 것이다.

내부귀인
행동의 원인을 행위자의 내부 특성으로 돌리는 과정

외부귀인
행동의 원인을 행위자의 외부 특성으로 돌리는 과정

　사람은 미래에 어떻게 행동해야 할지를 결정하기 위해 행동의 원인을 찾으려 동기화된다. 그래서 만일 소비자가 모델이 단지 돈을 받아서 특정 제품을 권하는 것이라고 판단하면, 소비자는 모델이 제공하는 메시지를 신뢰하지 않을 것이다. 즉, 소비자는 메시지의 원인을 내적요인(예, 모델의 제품선호)보다는 외적요인(예, 돈)에 귀인을 할 것이며, 메시지는 제품에 대한 소비자의 태도에 영향을 미치지 않을 것이다. 소비자가 돈을 많이 받은 유명인의 추천과 관련해서 외부귀인을 하는 경향이 있기 때문에, 기업은 이전에 제품을 소개하지 않았던 새로운 모델로서의 유명인을 찾는다.

　한편 상표에 이득을 줄 수 있는 귀인을 일으키는 상황이 있다. 여러분이 고가의 상표를 구매했다고 가정해 보자. 여러분에게 왜 그렇게 비싼 제품을 구매했냐고 묻는다면, 여러분은 아마도 그 제품의 좋은 품질을 지적할 것이다. 그것은 여러분이 자신에게 "제품은 좋아야만 한다. 아니면 내가 왜 그것을 위해 그렇게 높은 가격을 지출했겠느냐?"라고 말하는 것과 같다. 여러분은 제품이 비쌌는데도 그것을 구매했기 때문에 단순히 내부귀인을 한 것이다.

　귀인 이론은 실제로 여러 이론으로 구성되어 있는데, 각각의 이론은 어떻게 사람들이 다양한 상황에서 원인을 결정하는지에 대해 설명한다. 여기서는 세 가지 이론을 살펴볼 것인데, 이는 증가-절감규칙, 기본적 귀인 오류 그리고 와이너(Weiner)의 귀인 이론이다.

(1) 증가-절감 규칙

　켈리(Harold Kelley)는 사람들이 어떻게 인과관계의 귀인을 하는지에 대한 기본적인 아이디어를 명료화한 사회심리학자이다. 그는 행동이 행위자의 진정한 신념들의 표현에 기인한 것으로 또는 외부의 힘에 기인한 것으로 사람들이 어떻게 결정하는지에 관심이 있었다. 그는 두 가지 중요한 개념을 제안하였는데, 이는 증가 규칙과 절감 규칙이다(Kelley, 1973).

증가—절감 규칙은 사람들이 특정한 행동의 원인을 결정하기 위해 그 행동을 추진시키거나 방해하는 환경적 압력을 찾으려 한다는 생각에 근거를 둔다. 절감은 귀인하려는 사람들이 외부압력이 누군가가 특정한 방식으로 행동하도록 자극하였다고 결정할 때 발생한다. 다시 말해, 행위자의 행동이 상황에 의해 예측될 수 있다는 것이다. 이런 경우 귀인은 관찰행동에 대한 행위자의 진정한 신념, 감정, 욕구보다 환경에 의존한다. 즉, 관찰자는 관찰된 행동이 행위자의 진정한 신념을 대변한다는 것을 깎아내린다. 요약하면, 절감 규칙은 주어진 결과의 표면상 원인이 다른 그럴듯한 원인의 존재로 인해 절감된다고 말한다. 예를 들어, 모델이 특정한 제품을 칭찬하면 그 모델이 실제로 그 제품을 좋아해서 칭찬했을지라도 돈을 받았다는 또 다른 그럴듯한 원인으로 인해 제품선호와 관련된 원인은 절감된다.

만약 인간이 환경압력에 반하여 행동한다면 어떻게 될까? 이 경우 행동은 환경에 의해 예측되지 못하고, 관찰자는 행위자가 높게 내적 동기화되었다고 생각할 것이다. 요약하면, 증가 규칙은 사람이 예측과 달리 환경압력에 반하여 행동한다면, 관찰자는 행위자의 진정한 신념, 감정, 욕구가 반영된 행동이라고 생각한다. 자동차 판매원이 잠재고객에게 경쟁사에서 만든 자동차가 뛰어나다고 말했다고 가정해 보자. 판매원의 목표인 자사제품의 판매에 반하여 행동하였기에 소비자는 판매원의 말이 진실이라고 판단할 것이다. 부수적으로 증가 규칙은 판매원의 예상치 못한 말이 판매원에 대한 소비자의 신뢰를 높일 것임을 시사한다.

증가—절감 규칙에 근거할 때, 마케터의 주요한 어려움은 어떻게 소비자가 그들의 메시지를 절감하지 않도록 하는가이다. 소비자는 제품을 팔고 이윤을 얻으려는 압력이 있음을 잘 알고 있고, 그래서 소비자는 TV 광고나 촉진메시지를 볼 때마다 외부귀인을 함으로써 절감할 준비를 하고 있다. 사실 대부분의 소비자가 제품의 특징을 정확하게 표현해도 믿지 않는다는 것은 일반적인 상식이다. 예를 들어, 한 연구는 59% 이상의 응답자가 광고에서의 '통계적' 주장을 믿지 않음을 발견하였다(Millman, 1984).

절감에 대한 한 가지 대처방법은 환경압력에 반하고 있다는 인상을 주는 메시지를 개발하는 것이다. 즉, 광고 메시지가 기업의 이익에 반하는 것처럼 느껴지도록 하는 것이다. 만일 주류회사에서 "건강을 위해 술을 자제합시다"라는 메시지를 제공한다면, 이 메시지는 그 기업에 대한 소비자의 신뢰를 증가시킬 수도 있을 것이다. 소비자의 광고메시지 절감을 약화하는 또 다른 방법은 길거리 인터뷰이다. 무선으로 선택된 사람처럼 보이는 모델을 고용하여 보는 사람들에게 지지에 대한 외부압력이 없다는 인상을 주는 것이다.

절감을 방해하는 강력한 방법은 제품을 영화에 끼워 넣는 것으로, 이것이 '제품삽입(product placement: PPL)' 광고이다. 영화출현이 제품판매를 증가시킨다는 것은 잘 알려져 있다. 고전적 사례로 국내에서 히트했던 영화 '쉬리'의 마지막 장면에서 나오는 "011 소리샘입니다"라는 멘트를 들 수 있다. 마케터는 소비자 대부분이 광고모델의 메시지를 절감할 수 있음을 인식하고, 자사제품의 진실성을 강화할 수 있는 비영리 환경에서 자사제품 또는 상표가 소비자에게 노출되도록 신경을 써야 한다.

(2) 기본적 귀인 오류

사람들은 내적으로 귀인을 하는 성향이 있다. 개인이 행동할 때, 실제로 행위자가 선택의 여지가 전혀 없는 상황에 놓여 있음에도 관찰자는 행동이 행위자의 진실한 믿음과 선호에 귀인을 한다고 믿는 경향이 있다. 이러한 내적 귀인성향을 기본적 귀인 오류라고 한다. 다시 말해, 이 오류는 행동에 미치는 상황의 영향을 과소평가하고 개인의 어떤 사적인 특징이 행동을 일으키는 데 책임이 있다고 가정하는 것이다(Ross, 1977).

기본적 귀인 오류
행동에 미치는 상황의 영향을 과소평가하고 행위자의 성향을 과대평가하는 오류

기본적 귀인 오류의 증거는 자동차 판매원의 설득력 있는 메시지에 대한 응답자의 연구에서 찾을 수 있다. 몇몇 참가자는 판매자가 '오스틴(Austin)'이라 불리는 차를 팔면 특별 인센티브를 받는다는 말을 들었지만, 다른 이들은 이를 듣지 못하였다. 특별 인센티브 조건의 판매원이 오스틴을 팔 때 보너스를 받으며 영업관리자에 의해 그 차를 팔도록 강요됐다는 것을 참가자가 알게 되었다. 연구결과 판매원이 자신의 견해를 표현할 선택의 여지가 없었었을 때조차도,

참가자는 판매원이 제품에 대해 호의적으로 말할 때 그 제품이 더 가치 있다고 추론하였다(Baer, 1990).

(3) 와이너의 귀인 이론

와이너(B. Weiner)의 귀인 이론은 성취상황에서 기대하지 않았던 성공이나 실패가 야기된 원인을 추론하는 과정을 설명한다. 와이너에 따르면, 성공이나 실패의 귀인은 일반적으로 세 가지 차원에 달려 있다(Weiner, 1979).

① 원인의 소재

원인이 행위자 내부에 있는가? 또는 외부에 있는가? 즉, 행동의 진정한 원인이 행위자의 내적인 태도, 성격, 능력, 정서, 의도 등에 의한 것인가 아니면 상황적 압력, 타인의 강요, 날씨, 운, 과제 난이도 등과 같은 외적요인에 의한 것인가를 확인하는 차원이다.

② 안정성

그 원인이 항상 같은가? 아니면 변화하는가? 내적요인 중에서도 능력, 지능, 성격 같은 것은 안정적이며, 노력, 감정, 건강 같은 것은 변하는 요인이다. 외적요인 중에서도 법, 규칙 등은 안정적이며, 날씨, 운 등은 변하는 요인이다.

③ 통제성

행위자가 그 원인을 통제할 수 있는가? 능력은 통제가 어려운 것이나, 노력은 통제 가능하다고 본다.

이 이론은 이러한 세 차원의 여덟 가지 가능한 조합을 제시하여 성공과 실패의 원인을 설명한다. 비행기가 정시에 출발하지 못하고 지연된 경우에 소비자가 보이는 귀인을 항공사를 내부원인으로 하여 세 차원에서 분석한 예가 〈표 5-1〉이다.

한편 와이너의 귀인 이론에 따르면, 성공과 실패의 원인을 어디로 귀인하느냐에 따라 사람들의 감정반응이 달라진다(Weiner, 1986). 〈표 5-1〉에서 소비

표 5-1 비행기 출발 지연에 대한 귀인

	내적소재		외적소재	
	안정적	불안정적	안정적	불안정적
통제 가능	정비불량	조종사 늦은 탑승	활주로 부족	관제사 실수
통제 불가	조종사 능력 부족	갑작스러운 기계고장	관제사 능력 부족	나쁜 날씨

자가 지연의 원인이 나쁜 날씨 때문이라고 한다면, 소비자는 부정적인 감정을 경험하지 않을 것이지만, 그 원인이 정비불량이라고 생각한다면, 소비자는 분노와 같은 강한 부정적인 감정을 경험할 것이다(Folkes, 1984). 따라서 소비자의 제품실패의 귀인은 기업에 큰 함의가 있다. 만일 소비자가 제품실패를 기업으로 귀인을 한다면, 회사의 사업에 여러 장기적인 부정적 영향이 있을 것이다. 하지만 소비자가 제품문제를 불운이나 우연이라고 귀인을 한다면, 기업에 부정적인 영향은 일반적으로 적을 것이다(O'Malley, Jr., 1996).

9) 접촉욕구[1]

사람에게는 제품이나 다른 것에 접촉하고자 하는 욕구가 있는데, 이를 연구자들은 '접촉욕구(need for touch: NFT)'라고 부른다(Peck & Childers, 2003). 그런데 이러한 접촉욕구에는 개인차가 존재한다. 어떤 소비자는 제품을 만져보지도 않고 구매를 결정하기도 하고, 어떤 소비자는 구매를 결정하고 행동으로 이어지기 전에 더 많은 시간과 노력을 투자해 제품을 만져보고 그것을 직접 경험해 본 뒤에 구매를 결정하기도 한다. 이러한 소비자 개개인의 차이에 근거하여 어떤 소비자는 접촉을 통한 정보를 더 선호한다고 해석할 수 있다(Peck & Childers, 2003). 다시 말해, 모든 소비자가 제품에 대해 동일한 접촉을 통해 제품을 평가하고 구매하는 것이 아니라, 어떤 소비자는 제품에 접촉하려는 노력 없이 구매하기도 하고, 어떤 소비자는 구매결정을 내리고 구매행동을 하기 전에 더 많은 시간과 노력을 들여 제품을 접촉하려고 하는 성향이 있다는 것이다.

접촉욕구
제품이나 다른 사물과의 접촉을 통해 정보를 수집하거나 즐기려는 욕구

---

[1] 접촉욕구에 관한 내용은 양윤, 김윤정(2011)의 논문에서 발췌한 것이다.

이러한 접촉욕구는 두 가지 차원으로 구성되어 있다(Peck & Childers, 2003). 접촉욕구의 두 가지 차원은 수단적 차원과 자체적 차원이다. 수단적 차원은 제품에 대해 알 수 있는 확실하고 유일한 방법은 그것을 실제로 만져 보는 것이라는 생각과 같이 구매행동을 일으키게 하는 분석적 사고를 반영한다. 수단적 접촉욕구가 높은 사람은 판단을 돕기 위해 제품에 대한 정보를 수집하려는 목적으로 접촉한다. 이러한 사람은 접촉을 통해 제품에 대한 정보를 수집하는 데에 더 능숙하고, 제품에 대해 접촉하는 기회는 그들이 제품에 대한 묘사를 읽거나 제품을 시각적으로 받아들이는 것 같은 접촉 이외의 다른 수단으로는 얻을 수 없는 유의한 정보에 대한 접근을 가능하게 한다.

반면에 자체적 차원은 물건을 만지는 것은 즐거울 수 있다는 생각이나 매장을 둘러볼 때 가능하면 많은 제품을 만지길 좋아하는 것과 같이 충동적이고 감정적인 사고와 선호에 의한 활동에 대한 느낌을 반영한다. 즉, 접촉하는 행위가 재밌고 즐겁기 때문에 접촉 자체가 쾌락적인 의미가 된다. 이러한 접촉욕구의 자체적 차원은 재미, 각성, 감각자극추구 등의 쾌락지향 반응으로서 접촉에 관계한다.

접촉욕구의 수단적 차원에 초점을 맞춘 한 연구에서 접촉욕구가 높은 소비자는 제품을 만졌을 때 제품에 관해 생각하는 인지반응을 가장 많이 산출하였으며 제품평가도 매우 호의적이었지만, 접촉욕구가 낮은 소비자는 제품을 만졌을 때보다 안 만졌을 때 제품평가가 더 호의적이었다는 결과가 나타났다(양윤, 김윤정, 2011). 이러한 결과는 접촉욕구가 낮은 소비자는 제품속성이나 외관 등을 촉각보다 시각으로 경험하고 처리하여 제품을 평가하는 것을 더 좋아할 수 있음을 시사한다. 또 다른 연구는 접촉욕구가 낮은 소비자의 경우 제품에 대한 실제 접촉이 아니더라도 제품속성에 대한 분석적인 묘사나 제품을 사용하는 것과 같은 상상적인 묘사만으로도 제품평가가 달라질 수 있음을 보여 주었다(Krishina & Morrin, 2008). 따라서 마케터는 햅틱 제품에 대한 판매 전략을 수립할 때 소비자의 접촉욕구 수준을 파악해야 할 필요가 있다.

결론적으로 소비자가 보이는 구매행동의 이유를 충분히 설명하기 위해서는 지금까지 살펴본 욕구 이론들을 독립적으로 적용하는 것보다는 이론 간의 상호작용을 고려하는 것이 바람직할 것이다. 매슬로의 이론과 맥클리랜드의 이론 간의 유사성, 이들 이론과 제한된 범위의 동기 이론 간의 연계성, 또는 제한된 범위의 동기 이론 간의 관련성 등을 함께 고려한다면 소비자 욕구를 더 충실히 이해할 수 있을 것이고, 이에 근거하여 소비자의 행동을 좀 더 정확하게 예측할 수 있을 것이다.

4. 구매 동기 조사[2]

1) 정신분석학에 근거한 동기 조사

구매동기 조사는 제2차 세계대전 이후 대략 10년 동안, 1940년대 후반부터 1950년대 후반까지, 전성기를 맞이하였다. 질적 연구기법에 의존한 이때의 동기 조사는 프로이트 정신분석학의 영향을 받았다.

제2차 세계대전 이후, 미국의 기업은 시장이 흡수할 수 있는 양보다 엄청나게 더 많이 생산할 수 있게 되었고, 따라서 기업의 관심이 생산에서 마케팅으로 전환되었다. 다시 말해, 시장의 욕구에 맞게 회사생산을 적응시키게 되었다. 이 전환으로 말미암아 소비자에 대한 더 적절한 이해가 절실히 필요하게 되었다. 다시 말해, 전쟁이 끝났을 때 미국 산업체는 소비재의 생산에 다시 전력을 다하였고, 광고업계와 마케팅 분야 모두 무언가 새로운 신선한 출발을 위한 분위기에 사로잡혀 있었다. 이 새로운 무엇이 정신분석학자 디흐터(Ernest Dichter)와 동기 연구에 의해 제공되었다.

동기 연구의 대표적 인물인 디흐터는 1964년에 미국에서 『Handbook of consumer motivation』이란 책을 출간하였다. 이 책에서 그는 최소한의 검증될 수 있는 증거와 최대한의 통찰력을 가지고 소비자가 제품을 구매하는 실제 이유를 상술하였다. 예를 들면, 남성이 시리얼을 좋아하는 실제 이유는 씹을 때 적의 뼈를 부수는 느낌이 들기 때문이라고 그는 기술하였다.

많은 마케터는 소비자가 구매행동에 근거가 되는 실제로 숨겨진 이유를 갖

---

2) 구매동기 조사에 관한 내용은 양윤(1993)의 논문에서 발췌한 것이다.

고 있다고 믿었으며 그 이유를 알고자 하였다. 마케터는 만일 숨겨진 진짜 이유를 안다면, 적절한 마케팅 전략을 개발할 수 있다고 생각하였고, 이런 배경으로 인해 동기 연구는 즉각적인 붐을 일으켰다.

프로이트의 이론뿐만 아니라, 동기 연구가들은 정신분석학자와 임상심리학자로부터 많은 조사기법을 가져왔고, 이런 많은 중요한 기법 중 세 가지 기법이 많이 사용되었다. 첫 번째, 심층면접은 제품, 서비스 또는 상표에 관한 반응자의 생각, 감정 및 태도 등을 보다 자세히 밝히기 위해 설계된 비구조화된 면접이고, 두 번째는 투사법(projective techniques)의 유형인 주제통각검사(thematic apperception test: TAT)의 변형으로 사건과 관련된 상표 또는 제품의 그림들이 소비자에게 제시되고, 그 그림들에 관한 관련된 이야기를 분석하는 기법이며, 세 번째는 단어연상 검사로 소비자에게 일련의 단어들을 제시하고, 소비자가 각각의 단어와 관련하여 마음에 가장 먼저 떠오르는 것을 진술하게 하는 기법이다. 그 외에 빈번하지는 않지만, 로르샤흐(Rorschach)의 잉크반점 검사(inkblots test)와 문장완성 기법(예, "나는 아이폰이 …… 생각한다") 등이 사용되었다. 특히 초점집단(focus group)을 활용하는 집단면접은 지금까지도 마케팅 장면에서 많이 사용되고 있다(예, focus group interview: FGI).

1950년에 한 연구자(Mason Haire)는 인스턴트커피의 사용에 대한 태도에 근거를 두고 소비자 동기의 고전적 연구를 하였다. 그는 응답자가 두 가지 다른 제품목록(원두커피의 상표와 인스턴트커피의 상표)을 준비한 소비자에 대해 기술하게 하였다. 응답자는 인스턴트커피를 준비한 소비자를 게으르다고 생각하는 경향이 있었고, 원두커피를 준비한 소비자를 보다 호의적으로 평가하였다. 이를 통해 마케터는 인스턴트커피가 여성 소비자(특히, 주부)에게 구매되지 않는 이유를 발견하였다.

비록 소비자 구매동기 조사가 항상 성공적이지는 않았다 하더라도, 성적인 상징과 같은 정신분석학의 시사점은 제품 또는 광고의 개발을 위해 지금까지도 사용되고 있다. 그러나 질적 연구에 근거한 구매동기 조사는 점점 인기를 잃었다. 부분적으로는 마케터들이 무의식에 관해 듣는 데 싫증이 났기 때문이고, 또 부분적으로는 임상 연구에서 발생하는 문제와 마케팅에서 일어나는 문제 사이의 주요한 차이 때문이기도 하였다. 예를 들면, 임상 연구에서 이상향은 개인에 관한 완벽한 이해지만, 마케팅에서는 어떤 소비제품도 한 번에 한 사람에게만 판매되는 것이 아니기 때문에 개인에 관한 많은 정보는, 비록 그 정보가 얻어질 수 있다 하더라도, 사용될 수가 없다.

또한 임상 연구에서는 연구되는 사람들의 대표성에 관한 문제가 보통 무시되지만, 마케팅에선 표집의 대표성에 관한 문제가 중요하다. 임상 연구에서는 각각의 사례에 관한 자료수집과 분석에 중점을 두지만, 시간과 비용제약을 받는 마케팅 연구에서는 자세한 사례별 분석에 드는 시간과 비용은 마케터가 제공할 수 있는 것보다 일반적으로 더 많이 든다. 마지막으로 동기 조사의 사용자는 동기 조사연구의 결과를 광고나 마케팅으로 전환하는 것이 생각보다 훨씬 더 어렵다는 것을 발견하였다(Wells & Beard, 1973).

동기 연구가들은 소비자가, 이해하기에는 복잡하고 어려우며 그들이 의식하지 못하는 어떤 힘에 의해 이끌린다고 강력히 주장하였다. 그렇다면, 어떤 제품 또는 어떤 광고에 대한 소비자의 반응을 확신을 갖고 어떻게 예견할 수 있겠는가? 동기 연구가들은 그들이 할 수 있다고 주장하였고, 이에 대해 마케터는 그들이 할 수 있다는 최소한의 증거를 요구하기 시작하였다. 그러나 이 최소한의 증거도 종종 찾기가 매우 어려웠다. 따라서 마케터는 질적 연구에 근거한 구매동기 조사 대신에 제6장에서 다룰 성격특질에 근거한 조사를 거쳐 사이코그래픽스(psychographics)와 같은 양적 조사기법으로 그들의 관심을 전환하였다.

앞에서 언급한 비판점에도 불구하고, 구매동기 조사는 소비자 행동의 원인에 대한 깊은 통찰력을 원하는 연구자에 의해 여전히 사용되고 있다. 동기 조사가 때때로 제품이나 상표사용에 관한 소비자의 동기를 밝혀낼 수 있기 때문에, 동기 조사의 주된 사용은 촉진캠페인을 위한 새로운 아이디어를 개발하는 데 있다. 다시 말해, 소비자가 인식하지 못하는 욕구에 소구함으로써 소비자의 의식에 침투할 수 있는 아이디어를 개발하는 것이다. 더군다나 동기 조사는 구조화된 정량적 조사연구—소비자의 더 큰 대표 표집에서 수행될 수 있는 연구—를 위한 기본단서를 제공하기도 한다.

다음에는 구매동기 조사와 같은 질적 연구의 또 다른 형태인 자연주의적 연구법에 관해 살펴보고자 한다. 비록 자연주의적 접근법이 구매동기와는 직접

양적 조사기법
소비자의 보다 큰 대표 표집에서 수행될 수 있는 연구기법

적으로 관련되지는 않지만, 구매동기를 포함한 다양한 소비자의 행동을 연구하는 데 필요한 정보를 충분히 제공할 수 있다는 점에서 살펴볼 가치가 있다.

2) 자연주의적 연구법

비록 여전히 소수이기는 하지만, 비전통적이고 자연주의적인 견해와 방법에 근거를 둔 행동 연구가 소비자와 마케팅 연구 분야에서 수행되고 있다. 이러한 종류의 행동 연구는 한 연구자에 의해 일찍이 예견되었다(McGuire, 1967). 그는 실험 연구에 대해 다음과 같이 말하고 있다. "실험 연구에 대한 집착은 감소된 대가에 직면하게 되었고, 결국에는 이 분야에서 보다 모험적인 사람이 자연적인 상황에서 연구하는 것 같은 다른 접근법으로 이탈하게 되리라고 과감하게 말할 것이다"(p. 132).

자연주의적 연구법(naturalistic methodology)에 근거를 두고 1986년에 미국 캘리포니아 주에서 여러 명의 연구자들(예, Belk, Holbrook, Kassarjian, Sherry, Wallendorf 등)이 협력하여 수행한 소비자 행동 오디세이와 같은 질적 연구는 재래적인 실험실 연구에 대한 불만을 반영한다. 다시 말해, 오디세이는 소비자 행동을 지나치게 논리적인 실증주의 패러다임에 의해 해석하려는 것에 대한 불만에서 그 기원을 찾을 수 있다.

오디세이와 같은 질적 접근법의 목적은 소비자가 자신을 어떻게 보며 자기 행동에다 어떻게 의미를 부여하는지에 의해 구매행동을 보다 깊게 이해하려는 것이다(Belk, Wallendorf, & Sherry, 1989; Kassarjian, 1987). 연구자들은 소비자가 자신을 보는 견해가 차후 행동을 조성할 것이라는 가정에 근거를 두고 소비자가 분명하게 또는 은연중에 그들 자신을 어떻게 보는지를 상술하고자 시도한다. 따라서 적절한 방법론은 실제로 자연스러운 구매상황에서 소비자와의 충분한 접촉을 통해 얻어질 것이다.

소비자 오디세이를 위한 연구방법은 심층면접에 중점을 두었지만 관찰, 참여, 및 집단면접 등을 사용하기도 하였다(Belk, 1987; Belk et al., 1989; Holbrook, 1987; Kassarjian, 1987; Sherry, 1987; Wallendorf, 1987). 자료수집은 비디오 녹화, 사진, 녹음 및 연구자의 현장노트 등을 통해 얻어졌고, 연구자들은 매우 다양

자연주의적 연구법
원인과 결과를 분석하는 실증주의에 대한 대안인 해석주의에 근거해 인간을 자연스러운 상황에서 심층적으로 이해하려는 연구법

소비자 행동 오디세이
자연주의적 연구법에 근거해 소비자의 구매행동을 심층적으로 이해하기 위해 행해진 연구활동

질적 연구
조사나 실험에 의해 수집된 수 자료를 통계 분석하는 대신에 관찰과 면접을 통해 인간을 이해하려는 접근

한 집단의 소비자와 면접을 하였다. 한 연구자는 "친숙하지 않은 소비상황을 고려함으로써 연구자들의 선입견을 감소시키기 위해 다양한 표집이 요구되었다"라고 진술하고 있다(Belk, 1987, p. 7).

특히 연구자들에 의하면, 오디세이와 같은 자연주의적 연구를 위한 조사설계―인류학 연구에서 사용되는 출현설계(emergent design)―는 설문지 조사 또는 실험과는 다르다(Belk et al., 1989). 설문지 조사나 실험은 연구자가 연구하기 전에 현상을 이해한다고 가정하며, 따라서 가설과 충분히 상술된 자료수집, 그리고 분석계획이 가능하다. 그러나 자연주의적 연구설계에서는 그러한 가정은 만들어지지 않으며, 그 대신에 연구자들은 현상이 상황에서 일어날 때 그 현상을 이해하려고 하고 나중에 특정 상황에서 현상에 대한 이해의 정확성을 검증한다.

출현설계를 위한 첫 단계는 현상을 자세히 관찰하고 기록하는 것이다. 그다음에, 연구자들은 그들의 이해를 상술하며 계속적으로 나타나는 이해를 검증하기 위하여 추후의 자료수집을 위한 지침을 구성한다. 분석을 위한 자료수집이라기보다는 이전에 수집된 자료는 해석을 위한 근거를 형성하며, 그다음에 해석은 어떤 자료가 여전히 그 해석을 검증하기 위해 요구되는지를 규정한다. 이 과정은 개념적인 범주가 포화되고 더 이상의 자료수집이 필요 없을 만큼 충분할 때까지 계속된다. 포화상태까지 도달하기 위해 필요한 면접의 수나 형태는 사전에 상술되지 않는다. 이 과정은 연구자들이 자료를 모으고 '충분한 기술(thick description)'을 발전시키기 위해 많은 시간을 소비하게 한다. 초기면접은 상당히 비지시적이지만, 나중에는 더 지시적이고, 반구조화된 면접으로 변한다.

한편 오디세이 연구자들은 기술내용의 충분함을 증가시키고 연구자들의 관찰정확성을 보다 높이기 위해 두 가지 형태의 삼각조정(triangulation)을 채택하였다. 이 두 가지 형태가 연구자들과 조사매체에 걸쳐 행해졌다. 오디세이의 자료는 여러 분야의 여러 연구자들이 팀이 되어서 여러 조사매체를 사용하여 수집되었기 때문에, 연구자들과 매체에 걸친 삼각조정이 필요하다. 이 방법은 사실적 정보의 기록에서의 차이를 줄이며 조사팀의 회상을 개선한다(Belk et al., 1989).

삼각조정
관찰과 면접내용의 충분함을 증가시키고 관찰정확성을 높이기 위해 연구자와 조사매체에 걸쳐서 행해지는 조정법 어떤 연구자들은 자연주의적 연구가 몇 가지 문제점을 갖고 있다고 지적하였다(Cote & Foxman, 1987). 첫 번째 문제점은 과거지식의 사용에 관한 것이다. 이들은 다음과 같이 진술하고 있다. "실증주의자들은 가설을 설정하고 중요한 이슈를 확인하기 위해 사전연구에 의존한다. 그러나 자연주의적 접근법은 이런 종류의 사전개념이 없다. 따라서 지식의 중요한 집합이 생산되거나 '개별사례 지식'의 집합이 미래의 연구를 개발하기 위해 어떻게 사용되는가가 분명치 않다"(p. 363).

또 다른 문제점은 윤리적인 문제에 관한 것이다. 오디세이와 같은 질적 연구는 대화의 기록에 의존한다. 윤리적인 문제는 대화가 어떻게 기록되는가에 관한 것이 아니라, 대화가 전혀 허락 없이 기록되어야만 하는지에 관한 것이다. 또 다른 관심사는 면접이 피면접자에게 불쾌감을 유발할 수도 있다는 것이다. 만일 민감한 화제가 피면접자에게 불쾌감을 유발할 수 있다면, 그런 화제는 논의되어야 한다. 비록 연구자가 그러한 논의가 카타르시스적일 수 있다고 합리화한다고 하더라도, 그런 불쾌감이 정화되는지는 분명하지 않다.

다음의 연구들은 소비자 오디세이와 같은 질적 연구의 찬반을 보여 주고 있다. 선물을 판매하는 두 상점에 관해 깊은 민족지학적 기술을 제공하는 한 연구에서 두 가지 강력하고 분명한 결론은 장소의 의미가 소매점에게는 중요하며 선물을 준다는 것은 여성의 일이라는 것이다(Sherry & McGrath, 1989). 이런 결론은 민족지학적 기술엔 적합하지만, 그런 기술은 너무나 일반적이고 막연하여 소비자가 매장을 어떻게 지각하며 그것을 어떻게 설명하고 또는 여성이 쇼핑에서 그들의 역할을 어떻게 보는지 등에 관한 보다 풍부한 이해에 그런 기술이 어떻게 기여했는지를 보는 것은 어렵다.

결론은 약하지만 광범위한 기술의 또 다른 경우로 크리스마스의 의미에 관한 분석이 있다(Hirschman & LaBarbera, 1989). 결론은 크리스마스는 다차원적인 의미를 갖는다는 것이다. "행복과 슬픔, 영적인 것과 우둔함, 그리고 이기주의와 애타주의⋯⋯"(p. 145). 이 결론도 또한 크리스마스의 의미가 소비자의 집단에 무엇을 전달하는지를 말해 주지 못하고 있다.

어떤 연구자들(Calder & Tybout, 1989)에 따르면, 비록 질적 연구의 전반적인 면이 소비자의 생각이 그들의 사고와 행동을 어떻게 조성하며, 소비자의 경험을 수집하는 충분한 기술이 필요하다는 것을 보여 주기 위한 것이라고 하더라도, 기술 그 자체는 소비자 행동을 연구하기에 충분치 않다는 것이다. 그들은 연구자가 행동을 조성하는 소비자의 지각을 지적하는 그리고 논리의 연결망을 보여 주는 강력한 결론을 끌어내야만 한다고 주장하였다.

비록 소비자 연구방법의 지배적인 패러다임이 실증주의였다고는 하지만, 소비자 연구가들이 오디세이와 같은 질적 연구방법을 수용하는 것이 도움을 줄 것이다. 적절하게 수행된 질적 연구는 소비자의 구매동기를 포함한 다양한 구매행동에 관한 매우 유용한 정보를 제공할 수 있다. 무엇보다도, 소비자는 물리적 현상처럼 연구될 수가 없다. 소비자 행동은 많은 변수에 의해 영향을 받는데, 이러한 변수의 예로 소비상황, 시간, 장소, 문화 또는 하위문화, 구매목적 또는 동기 등을 들 수 있다. 이런 변수는 상호작용하는 것으로 보인다. 따라서 어떤 경우에는 실험실 상황에서 이런 변수를 분리하여 소비자 행동을 연구하는 것은 가치가 없을 수도 있다. 오히려 이런 변수가 상호작용하는 자연스러운 상황에서 소비자 오디세이와 같은 자연주의적 연구를 사용하여 소비자를 연구하는 것이 도움을 줄 수 있다.

5. 감정

감정과 동기는 밀접한 관련이 있다. 감정은 기본적 동기와 동일한 방식으로 행동을 활성화하고 그 방향을 지시한다. 또한 감정은 동기화된 행동을 동반한다. 예를 들어, 성은 강력한 동기일 뿐만 아니라 강력한 쾌락의 원천이다. 여기서는 소비자 연구에서 주로 다루어진 감정을 살펴볼 것이다.

1) 용어 및 개념

우리나라 문헌에서 감정, 정서, 느낌, 기분, 감성 등이 혼합되어 사용되는 것을 자주 보는데, 영어에서도 'affect, emotion, feeling, mood' 등이 잘 구분되지 않고 사용된다. 저자는 국내 심리학자 중에서 감정 분야의 전문가였던 조은

경(1997)의 의견을 반영하여 'emotion'을 정서로, 'feeling'을 느낌으로, 'mood' 를 기분으로 번역하였다. 그리고 저자는 'affect'를 감정으로 번역하였고, 감정이 정서, 느낌, 기분을 모두 포함하는 일반적이며 포괄적인 용어라고 보는 것이 타당하다고 생각한다.

한편 조은경(1997)은 'emotion'을 감성으로 번역하는 것은 지나치게 성향적인(dispositional) 것으로 보이기에 부적절하다고 보았다. 이에 근거하여 저자는 소비자·광고 분야에서 'affect'를 감성으로 번역하는 것 역시 부적절하다고 생각한다. 감성은 감각과 감정이 결합된 것이며, 영어로 'sensitivity'가 적절할 것이다.

지금까지의 연구들을 살펴보면, 일반적으로 학자들 간에 정서와 기분은 비교적 일관성 있게 구분된다(Ekman & Davidson, 1994). 정서는 기분에 비해서 지속시간이 짧고, 선행사건이 분명히 지각되며, 대상이 뚜렷하고, 독특한 얼굴표정과 강렬한 생물학적 과정을 수반하며, 행동(준비성)에 변화를 가져온다. 반면에 기분은 일시적이지만 정서에 비해 비교적 오랫동안 유지되며, 뚜렷한 선행사건을 지각하지 못하는 경우가 많고, 고유한 표현행동이나 생물학적 과정에 변화가 없으며, 판단 및 결정과 같은 인지과정에서의 변화를 초래한다.

한 연구자는 즉각적이며 두드러진 선행요인들이 없다는 점을 기분과 정서를 구분하는 주요 특징으로 지적한다(Forgas, 1995). 이는 기분이 불특정적인 일반적 감정상태로 구체적인 표적을 향한 것이 아니라는 것을 의미한다. 즉, 분노와 같은 부정적 정서는 그런 정서를 일으킨 원인에게로 향해 있지만, 부정적 기분은 그러한 표적을 가지고 있지 않다는 것이다. 즉, 기분은 표적 지향적이기보다는 환경에 대한 반응을 포함한다는 것이다.

한편 정서는 높은 각성 수준을 수반하기 때문에 다른 정서가 동시에 일어나기 어렵도록 억제하지만, 기분은 각성 수준이 낮기 때문에 다른 성격의 기분이 동시에 경험될 수 있다고 제안하는 학자도 있다. 그러나 정서와 기분이 발생하는 상황이 뚜렷이 구분되는 것은 아니고 때로는 정서가 경험된 후에 특정한 기분으로 발전하기도 하고, 어떤 기분상태에서 특정한 정서를 더 쉽게 경험하기도 한다(조은경, 1997). 이러한 고찰에 근거해 볼 때, 기분이 정서보다 더 부드러운 표현임을 알 수 있다.

2) 정서의 구조

〈표 5-2〉는 사람들이 생활하면서 경험하는 기본적인 정서를 보여 준다 (Izard, 1977). 소비자 연구가는 이 분류를 많이 사용하였다. 예를 들어, 한 연구에서 연구가는 소비자에게 그들이 구매한 신차에 관한 그들의 감정을 질문하였다. 감정측정은 〈표 5-2〉에서 제시된 10개의 정서들을 가지고 이루어졌다. 연구결과, 만족한 소비자는 유쾌한 놀라움 그리고 흥미로움의 반응을 보였지만, 불만족한 소비자는 분노, 혐오, 멸시, 죄책감, 비탄 등의 반응을 보였고 이러한 정서는 소비자에게 적대감을 심어 주었다(Westbrook & Oliver, 1991).

표 5-2 정서경험에 대한 이자드(Izard)의 분류

분류			
1. 흥미(interest)	2. 기쁨(joy)	3. 놀람(surprise)	4. 분노(anger)
5. 비탄(distress)	6. 혐오(disgust)	7. 멸시(contempt)	8. 공포(fear)
9. 부끄러움(shame)	10. 죄책감(guilt)		

출처: Izard, C. (1977). *Human emotion*. New York: Plenum Press.

연구가들은 〈표 5-2〉에서 확인된 것 같은 정서들이 감정반응의 두 가지 기본적인 양극 차원에서 유래한다는 것을 발견하였다. 첫 번째 차원은 쾌(pleasant)–불쾌(unpleasant)이고, 두 번째 차원은 흥분(aroused)–수동(passive)이다(Russell, 1980). [그림 5-5]는 정서의 2차원 구조를 보여 준다. 2차원에 의해 형성된 4개의 사분면에, 기쁨, 분노, 안도, 슬픔 등과 같은 특정한 정서가 놓일 수 있다. 예를 들어, 만일 소비자가 매우 유쾌하면서 흥분한다면, 소비자는 기쁨의 정서를 경험한다. 대조적으로 만일 소비자가 매우 불쾌하면서 꽤 수동적이라면, 소비자는 슬픔의 정서를 경험한다. 한 연구는 소비자가 TV광고에 대해서 이러한 차원을 경험한다는 것을 확인하였다(Mano, 1996).

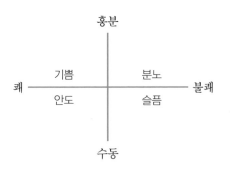

[그림 5-5] 정서의 2차원 구조

(1) 강력한 정서의 경험

소비자가 강력한 정서를 경험하는가? 독자들이 소비자 고발센터에 가 보면 그렇다는 것을 알 수 있다. 또한 인터넷에 올라오는 소비자의 고발내용을 보더라도 알 수 있다. 과거의 만두 파동과 미국산 쇠고기에 관한 소비자의 반응은 어떠했는가? 소비자는 분노에서 격노까지 매우 강한 부정적 정서를 경험할 수 있다. 또한 소비자는 강한 긍정적 정서(예, 기쁨)를 경험하기도 한다. 예를 들어, 독자가 기대하지 않았던 선물을 받았던 때를 회상해 보라. 독자의 반응은 어떠하였는가?

여기서 한 가지 흥미로운 점은 소비자가 TV광고 또는 인쇄광고를 봤을 때 기쁨, 분노, 공포, 성적 욕망, 놀라움 등의 정서를 정말로 경험하느냐다. 만일 경험한다면, 이러한 정서의 강도는 비교적 낮을 것임이 틀림없다. 만일 강도가 낮다면, 이러한 정서가 행동에 영향을 줄 수 있겠는가? 연구결과는 낮은 수준의 정서도 소비자의 인지와 행동에 영향을 준다고 제안한다(Allen, Machleit, & Marine, 1988).

메시지 전략은 부분적으로 광고제작자가 표적집단에서 끌어내길 원하는 정서유형에 근거한다. 사실상 메시지 소구유형은 광고제작자가 끌어내려는 정서에 의해 명명된다. 예를 들어, 공포소구는 공포를, 죄책감소구는 죄책감을, 성적 소구는 성적욕망을, 유머소구는 유머를 끌어내려고 개발된 광고메시지이다. 메시지 전략은 제9장 설득 커뮤니케이션에서 다루어질 것이다.

(2) 경험하는 정서의 유형

소비자는 〈표 5-2〉에서 제시한 정서유형을 모두 경험하는가? 소비자 연구가에 의한 한 가지 일관된 결과는 광고에 대한 반응이 두 가지 정서차원에 근거한다는 것이다(Edell & Burke, 1987; Westbrook, 1987). 하나는 긍정적 정서상태로 구성되고, 다른 하나는 부정적 정서상태로 구성된다. 이 결과의 시사점은 단일 메시지 또는 사건이 소비자로부터 좋고 나쁜 정서 둘 다를 동시에 끄집어낼 수 있다는 점이다.

이러한 결합은 종종 일어난다. 예를 들어, 의약품 광고의 경우, 처음에는 무척 고통스러워하는 환자의 모습을 보여 주다가 약 투여 후 환하게 웃는 환자의 모습을 보여 준다. 이러한 광고는 소비자에게서 두려움과 불안이라는 부정적 정서 그리고 즐거움과 기쁨이라는 긍정적 정서를 동시에 끄집어낸다. 이러한 정서유형에 대한 분석이 광고로부터 제품이나 서비스에 대한 소비자의 반응으로 옮겨 갈 때, 감정반응의 범위는 극적으로 증가한다. 예를 들어, 구매 직후부터 문제를 자주 일으키는 신차를 가지고 있는 소비자를 생각해 보자. 이 소비자는 분명히 분노, 혐오, 멸시감 등을 경험할 것이다.

따라서 선행연구들은 소비자가 앞에서 기술한 정서경험의 2차원을 경험한다고 제안한다. 다시 말해, 소비자의 정서는 긍정적 또는 부정적 그리고 능동적 또는 수동적일 수 있다.

여기서 잠깐!

● ● ●

눈물의 밥솥 광고?…… 슬픈 이미지가 호감 만든다.

지난해 대중적 인기를 끈 MBC 프로그램 '나는 가수다'의 20회 경연 중 청중평가 상위권(1~3위)을 차지한 곡들에는 비밀이 숨어 있다. 총 60곡 중에 '울다'라는 동사가 들어간 곡이 41.6%에 달하고, '눈물'이란 명사가 들어간 곡도 21.7%였다. 이 두 단어 외에도 '그리움' '이별' '상처' 같이 슬픈 감정과 연관된 단어들까지 확대해 보면 여기에 속하는 노래가 무려 83%. 밝고 쾌활한 곡은 아무리 잘 불렀어도 순위에 들기 어려웠을 것이란 추정이 가능할 정도이다. 이런 결과는 각종 디지털 음원 사이트의 상위권을 차지하는 곡들에서도 발견할 수 있다.

그렇다면 광고로 사람들의 슬픈 감성을 자극하면 해당 제품 판매에 도움이 될까. 제일기획이 직접 실험해 봤다. 제일기획은 온라인에서 20~40대 소비자 378명을 모집했다. 10개 문항으로 이들의 성향을 '슬픔' '즐거움' '중립' 그룹으로 나눴다. 슬픔 그룹으로 분류된 사람들은 "영화 결말은 슬픈 게 좋다"거나, "경쾌한 음악보다는 단조롭고 멜랑콜리한 편이 좋다"는 항목을 택한 이들. 슬픔 그룹에 속한 사람들은 "고독이란 말은 멋진 말"이라고 생각한 반면, 즐거운 그룹의 사람들은 "고독은 왕따란 말이나 마찬가지"라고 할 만큼 상반된 성향을 보였다.

이들에게 평범한 의자 1개를 판매하는 척 동영상 광고를 만들어 보낸 뒤 얼마에 살 의향이 있느냐고 물었다. 카메라가 의자를 비출 때 동영상 A의 배경음악은 경쾌한 것으로, B는 심각하고 우울한 것으로 제작했다. 그랬더니, 슬픔 그룹 사람들은 슬픈 음악의 동영상 광고(B)를 본 뒤 평균 6만 1,900원에 사겠다고 답해 최고액을 적어냈다. 슬픔 그룹이 경쾌한 동영상 광고(A)를 봤을 때는 평균 5만 8,500원이 나와 다소 떨어졌지만, 즐거움 그룹이 A와 B 두 동영상을 본 뒤 적어낸 금액(순서대로 5만 5,500원과 5만 9,100원)에 비해선 항상 더 높은 가격이 나왔다.

미국 하버드대와 카네기멜론대의 공동 조사에서도 비슷한 결과가 나왔다. 두 대학 연구팀은 슬픈 영화와 중립적 성격의 다큐멘터리를 각기 다른 그룹에 보여준 뒤, 이들에게 똑같은 물병을 얼마에 사겠느냐고 물었더니 슬픈 영화를 본 그룹이 다큐 시청 그룹보다 평균 세 배 이상 물병 값을 높게 부른 것이다. 제일기획 브랜드마케팅연구소 조한상 프로는 "자신이 우울하고 고독하다 느끼는 사람들은 상품이나 서비스 구매를 통해 슬픔을 상쇄하려는 자아 보충 욕구가 크기 때문"이라고 분석했다. 슬픈 드라마나 영화 뒤에는 잔잔한 광고가 주목도가 높지, 슬픈 정서를 홀딱 깨게 만드는 발랄한 광고는 역효과를 볼 수 있다는 연구 결과들도 있다.

동국제약은 여성 갱년기 치료제를 소비자들 머릿속에 각인시키기 위해 입대하는 아들과 엄마가 연병장에서 헤어지며 눈물을 쏟는 장면을 담은 광고를 내보냈다. 약의 효능에 대해 장황하게 설명하는 대신, 이젠 키워 주신 고마운 엄마를 돌아볼 때라는 메시지를 전한 뒤 마지막에 제품 로고를 잠깐 띄웠다. 밥솥 브랜드 쿠쿠도 탤런트 원빈을 등장시킨 광고에서 원빈이 눈물 흘리는 장면을 연출했다. 압력솥 기능과 모델의 눈물 사이엔 연결고리가 없지만, 원빈의 눈물이 여성 소비자들 마음마저 짠하게 만들어 제품에도 호감을 느끼게 만들려는 전략이다. 쿠쿠 압력솥 광고는 '진정한 내면연기는 눈물마저 부드럽게 하듯……'이라는 설명과 함께 배우 원빈이 눈물을 흘리는 장면으로 시작한다.

작심하고 슬픈 분위기를 연출한 광고도 있다. 밖에선 비가 억수 같이 쏟아지는데, 머리가 젖은 한 젊은 여성이 울먹이며 밥숟가락을 억지로 입에 갖다 댄다. '아세요? 가장 슬픈 건 행복했던 때를 기억하는 거죠'라는 자막이 흐르고 '사랑을 삼키다⋯⋯ 내 마음의 소화제, 훼스탈' 글자가 뜬다. 한독약품 소화제 광고이다. 마치 영화 예고편 같은 이 광고로 해당 제약사는 젊은 소비자들의 호응을 얻는 데 성공했다.

출처: 김은정(2012). 눈물의 밥솥 광고? ⋯ 슬픈 이미지가 호감 만든다. 조선일보, 3월 4일에서 재인용.

(3) 감정강도에서의 개인차

소비자는 감정강도에서 개인차를 갖는가? 연구자들은 동일한 감정자극에 대해 소비자가 다른 감정강도를 가지고 반응한다는 것을 보여 주었다. 감정강도는 감정을 유발하는 자극에 대해 개인이 경험하는 감정과 관련된 강도에서의 안정된 차이를 말한다(Larsen & Diener, 1987). 연구들은 감정강도가 높은 소비자가 낮은 소비자보다 감정을 유발하는 광고에 대해 더 강하게 반응한다는 것을 확인하였다(양윤, 고은형, 2000; 양윤, 민재연, 2004; Moore, Harris, & Chen, 1994). 또한 감정강도가 높은 소비자가 감정을 유발하는 광고에 대해 더 긍정적인 태도를 보인다. 이러한 결과들은 강력한 감정소구를 활용하려는 마케터에게 있어서 감정강도가 중요한 시장세분화 요인이 될 수 있음을 시사한다(Moore, Harris, & Chen, 1995).

> **감정강도**
> 감정을 유발하는 자극에 대해 개인이 경험하는 감정과 관련된 강도에서의 안정된 차이

3) 감정과 정보처리

소비자 분야에서는 감정 중 기분에 관한 연구가 많이 이루어졌다. 기분에 관한 연구들은 인지적 측면에서 기분의 효과를 알아보는 데 초점을 맞추었다. 이러한 연구는 기분이 소비자의 지각, 판단, 사고, 기억 등의 인지과정에 영향을 준다는 것을 보여 주었다.

먼저 기분이 정보처리를 방해한다고 보는 이론이 있는데, 이는 정교화가능성 모델(Petty & Cacioppo, 1986a & b, 제8장 참조)과 휴리스틱−체계 모델(Chaiken, 1980)이다. 이 두 모델은 메시지 처리능력과 동기가 낮은 경우 메시지 주장의

강도가 태도형성에 미치는 영향이 약화하는데, 이때 기분이 능력과 동기를 결정하는 요인이 된다고 가정한다.

기분이 정보처리에 미치는 영향을 설명하는 또 다른 이론들이 있는데, 이는 쾌락연계성 모델, 기분유지/전환 이론, 그리고 위험판별 이론 등이다. 쾌락연계성 모델(Wegener & Petty, 1994)은 사람들이 긍정적인 상태를 획득하거나 유지하기 위해 그들의 기분을 관리하려 한다고 주장한다. 이 이론에 따르면, 메시지는 그 메시지의 처리가 메시지 수용자에게 긍정적이거나 또는 부정적인 결과를 가져올 수 있다는 일종의 신호가 되고, 메시지 처리에 착수하려는 수용자의 동기는 그러한 단서와 그들의 현재 기분상태에 기초하여 결정된다. 즉, 긍정적 기분에 있는 사람들은 메시지를 면밀하게 검토할 능력은 지니고 있지만, 긍정적 기분상태를 유지하거나 증가시키려는 동기가 작용함에 따라 정보처리가 다르게 된다는 것이다.

긍정적 또는 부정적 기분이 정보처리에 미치는 효과를 설명하는 기분유지/전환 이론은 긍정적 기분상태의 사람들은 그들의 기분을 유지하기 위해 긍정적인 정보에 더 주의를 기울이도록 동기화되고, 반면에 부정적 기분상태의 사람들은 그들의 기분을 향상해 주는 정보에 주의를 기울임으로써 기분을 전환하도록 동기화된다고 설명한다(Schaller & Cialdini, 1990). 따라서 이 관점은 긍정적 기분이나 부정적 기분에 상관없이 사람들은 항상 긍정적인 정보를 부정적인 정보보다 더 설득적인 것으로 간주한다고 주장한다.

쾌락연계성 이론은 긍정적 기분의 사람들이 기분을 향상하는 메시지는 처리하고, 우울하거나 부정적인 정보는 피하도록 동기화된다고 설명하는 점에서 기분유지/전환 이론과 유사하다. 그러나 기분유지/전환 이론과 달리, 쾌락연계성 이론은 부정적 기분상태의 사람들은 이미 부정적인 기분에 놓였기 때문에 정보가 그들의 기분을 어떻게 손상할지에 대하여 신경 쓰지 않고, 따라서 이러한 경우 긍정적이거나 부정적인 정보의 효과는 약하거나 유의하지 않게 된다고 설명한다. 그러나 쾌락연계성 이론은 긍정적인 기분상태에 있는 소비자가 부정적인 기분상태에 있는 소비자에 비해 모든 부정적 제품정보에 결정가중치를 덜 주는 경향이 있다고 제안한다.

위험판별 이론은 긍정적 기분상태의 사람들이 무조건 부정적인 메시지의 처리를 피하기보다는 메시지가 나타내는 손실이 현실적이고 클 때 또는 그 것이 메시지 수용자에게 중요한 것일 때, 신중한 위험관련 결정을 내림으로써 부정적인 정보를 주의 깊게 고려한다고 설명한다(Isen & Geva, 1987; Isen & Patrick, 1983). 이 이론에 따르면, 긍정적인 기분상태의 사람들에게서 긍정적인 메시지보다 부정적인 메시지가 더 효과적인데, 이는 긍정적인 상태의 사람들이 그렇지 않은 사람들보다 잃을 것이 더 많으므로 손실을 더 고려하기 때문이다. 또한 긍정적인 상태의 사람들이 긍정적 감정에 대한 장기간의 통제를 유지하려고 동기화되면, 현재의 긍정적 감정이 손상되는 것을 감수하고 부정적인 정보에 대하여 더 수용적으로 된다. 긍정적 기분상태의 사람들은 중요하고 큰 이해관계의 위험과 더 사소하고 낮은 이해관계의 위험을 더 잘 구별할 수 있는 더 나은 결정자라고 할 수 있는 것이다. 반대로 부정적 감정은 비용과 편익의 적절한 가중치를 방해하는 것으로 보인다. 따라서 부정적 기분상태의 사람들은 위험의 정도에 상관없이 부정적으로 반응한다.

한편 감정에 관한 최근의 연구흐름은 정보처리에서 긍정적 감정과 부정적 감정 간의 차이를 살펴보는 데서 벗어나 긍정적 감정과 부정적 감정의 하위유형들 간의 차이를 밝혀내는 데 관심을 둔다. 다시 말해, 긍정적 감정의 하위유형인 기쁨, 행복, 유쾌함 간에 그리고 부정적 감정의 하위유형인 슬픔, 분노, 짜증 간에 소비자의 정보처리에서 어떠한 차이가 있는지를 밝히려고 한다. 한 연구는 부정적 감정의 하위유형인 분노와 슬픔 간에 차이가 있음을 보여 주었다(양윤, 조수완, 2009). 이 연구에서 분노한 소비자는 슬픈 소비자보다 광고메시지의 결론을 추론하는 데 시간이 덜 걸렸으며, 광고를 본 후 광고제품에 대해 추론한 양에서도 더 적었다.

결론적으로 앞에서 살펴본 이론들과 연구들은 감정이 소비자의 정보처리에 명백하게 영향을 준다는 것을 실증적으로 보여 주고 있으며, 이를 통해 소비자 연구에서 감정의 중요성을 부각하고 있다.

4) 정서의 인지적 차원[3)]

감정에 관한 최근의 연구추세는 긍정적 감정과 부정적 감정의 하위유형들의 특징을 밝혀내는 것이다. 이러한 연구추세와 관련하여 연구자들은 정서들의 평가유형을 가장 잘 규정해 주는 여섯 가지 인지적 차원을 확인하였는데, 이 차원들은 '확실성' '유쾌함' '주의적 행동' '통제성' '예상노력' '책임성' 등으로 모든 개별정서를 규정해 준다(Smith & Ellsworth, 1985). 여기서 '확실성'은 사람이 그 상황에서 무엇이 일어나고 있는지에 대해 이해하고 확신하는 정도를 말하며, '유쾌함'은 사람이 현재 갖고 있는 목표와 관련해서 자극들이 본질적으로 즐거운지 그렇지 않은지를 평가하는 것과 관련이 있다. '주의적 행동'은 자극에 집중하는 정도 또는 자극을 무시하거나 피하는 정도와 관련이 있으며, '통제성'은 사람이 그 상황을 통제하고 있다고 믿는 정도를 말한다. '예상노력'은 사람이 그 상황에서 무엇을 해야만 하며 어느 정도의 노력을 들여야 하는지 예상하는 정도와 관련이 있으며, 마지막으로 '책임성'은 그 상황에서 일어나고 있는 것에 책임이 있다고 느끼는 정도를 의미한다.

각각의 정서는 이 여섯 가지 차원에 의하여 정의되고 핵심의미와 주제가 특징지어진다. 예를 들어, 분노는 확실성, 통제성, 책임성 등 세 가지 중심차원에 의해서 다른 부정적 정서들과 구별된다. 즉, 분노는 부정적 사건에 대해 타인에게 책임이 있으며, 그 통제는 개인차원이라는 평가, 그리고 무엇이 일어나는지에 대해 확신할 수 있다는 평가에 기인한다. 수치심과 죄책감은 높은 자기 책임성과 자기통제와 연합해 있다(Smith & Ellsworth, 1985). 슬픔의 경우, 부정적 사건에 대해 상황적 요인에 책임이 있다고 지각하는 경향이 증가한다(Keltner, Ellsworth, & Edwards, 1993). 공포는 부정적 정서이며 평가적으로는 불확실성, 외부 책임성, 외부 통제로 평가된다(Smith & Lazarus, 1993). 후회는 자기 자신을 상처 입힌 것에 대한 자기 비난으로 부정적인 유의가(valence)를 가지며 높은 자기 책임성으로 평가되기 때문에 후회와 죄책감 간에는 유의미한 차이가 없다(Passyn & Sujan, 2006). 따라서 사람들의 정서는 그들의 상황에 대한 인지적 평가와 관련된다(Smith & Ellsworth, 1985; Smith & Lazarus, 1993).

한 연구는 평가차원 중 확실성—불확실성 차원에 초점을 두었다(Tiedens &

---

3) 정서의 인지적 차원에 관한 내용은 양윤, 백미희(2009)와 양윤, 조수완(2009)의 논문에서 발췌한 것이다.

Linton, 2001). 그 결과, 불확실성 차원의 정서인 희망과 공포와 비교하여 확실성 차원의 정서인 행복과 혐오의 경우 뒤따르는 판단에서 확신을 증가시켰다. 또한 이 연구에서는 불확실 차원의 정서인 놀람, 걱정, 공포는 체계적 정보처리를 이끌 것이며, 확실성 차원의 정서인 만족(contentment), 분노, 혐오는 간편(휴리스틱) 절차를 이끌 것이라 가정하였다. 그 결과, 확실성 차원의 정서를 느낀 사람들이 설득메시지 출처의 전문성에 더 의존하는 경향을 보였으며 고정관념 단서를 더 많이 사용하였다.

또 다른 연구자들은 정보로서의 감정이란 틀에 기초하여 감정연구를 수행하였다(Raghunathan, Pham, & Corfman, 2006). 그들의 연구결과에 따르면, 불안은 환경이 불확실하고 통제할 수 없다는 신호로 해석되며 슬픔은 보상의 원천을 잃어버렸다는 신호로 해석되기 때문에, 불안은 위험과 불확실성을 줄여 주는 대안의 선호를 증가시키며 슬픔은 더 보상적인 대안의 선호를 증가시킨다. 이 외에도 감정의 정보적 가치를 연구한 결과들(Pham, 1998; Schwarz & Clore, 1988)과 정서의 인지적 구조에 관한 연구들(Lazarus, 1991; Roseman, 1991; Scherer, 1984)은 슬픔, 불안, 분노 등과 같은 부정적 감정이 결정과정에 서로 다른 영향을 미칠 수 있음을 제안하였다.

5) 문화에 따른 정서[4]

미국인과 일본인의 정서를 비교한 한 연구에서 정서의 활성화와 유쾌함 차원 이외에 대인관계에 관여하거나 관여하지 않는 정도를 나타내는 정서 차원이 발견되었다(Kitayama & Markus, 1990). 예를 들어, 자부심과 의기양양(elation)은 동일하게 긍정적이며 활성화 수준에서 높지만, 자부심은 의기양양보다 대인관계 관여 정도가 덜한 것으로 나타났다. 정서에 따라 초점을 두는 대상이 다르다는 인식하에, 기타야마와 마커스(Kitayama & Markus, 1990)는 대인관계 관여 정도가 높은 정서를 타자초점 정서로, 대인관계 관여 정도가 낮은 정서를 자기초점 정서로 칭하였다. 자기초점 정서는 타인을 배제한 개인의

---

4) 문화에 따른 정서에 관한 내용은 양윤, 김민재(2010)의 논문에서 발췌한 것이다.

내적 상태나 속성과 연관되며, 개인적 인식, 경험, 표현욕구와 일치하려는 경향이 있다. 자부심, 행복, 좌절 등이 자기초점 정서에 해당하며, 이런 정서들은 사람들이 자신에게 주의초점을 둘 때, 자기표현을 활발히 할 때, 그리고 자기표현과 관련되는 정서–발생 사건을 평가할 때 활발히 발생한다고 한다(Tracy & Robins, 2007). 반면, 타자초점 정서는 사회적 상황에서의 타자나 가까운 타인[예, 가족, 친구, 동료, 정치적 종교적 집단, 사회계급, 또는 개인의 자기규정에 중요한 이데올로기나 국가적 실체(Triandis, 1994)]과 관련되며, 타인과 자신의 행위를 통합, 조화, 연합하고자 할 때 발생한다. 예를 들어, 공감(empathy), 평화, 은혜(indebtedness) 등이 타자초점 정서에 해당한다(Aaker & Williams, 1998).

자기초점 정서나 타자초점 정서를 경험하는 것은 인지, 동기, 행동 면에서 다른 결과를 유도한다. 즉, 자기초점 정서를 경험하고 표현하는 것은 내적 속성을 더 강조하며, 정서를 공개적으로 드러내고 사적으로 강화하는 시도를 하도록 이끈다. 그러나 타자초점 정서를 경험하는 것은 상호의존과 상호교환을 촉진하며, 더 협력적인 사회적 행위를 하도록 이끈다. 이런 타자초점 정서는 때로는 개인의 내적 속성의 자동적 표현을 방해하며, 상반된 감정으로 이끌 수도 있다(Markus & Kitayama, 1991).

이러한 초점정서는 문화적 지향에 따라 달리 경험되는 것으로 알려져 있다. 예를 들어, 한 연구에서는 15개국의 사람들에게 분노, 슬픔, 공포의 표정을 짓고 있는 사람들의 사진을 보여 주고 사진 속의 사람들이 체험하고 있는 정서의 강도를 추정하여 판단하도록 하였다. 그 결과, 개인주의 문화권의 구성원일수록 자기초점 정서의 강도를 더 높게 판단하는 것으로 나타난 반면, 집단주의 문화권의 구성원들은 자기초점 정서의 강렬함을 낮게 판단하는 것으로 나타났다(Matsumoto, 1989). 그러나 집단주의 문화권의 구성원들이 정서를 올바르게 구별하지 못해서 이런 결과가 생긴 것은 아닌 것으로 증명되었다.

또한 초점정서는 문화적 지향뿐 아니라 자기해석의 조작에 따라서도 접근 가능성이 다른 것으로 알려져 있다. 즉, 자기 자신에 대해서만 생각하도록 한 사람들은 행복이나 슬픔 같은 자기초점 정서를 더 느끼는 경향이 있는 반면, 가족이나 친구와 함께 있는 자신에 대해 생각하도록 한 사람들은 평화나 동요(agitation) 같은 타자초점 정서를 더 경험하는 경향이 있는 것으로 나타났다

(Lee, Aaker, & Gardner 2000).

자기초점 정서는 집단주의 문화에 비해 개인주의 문화에서, 타자초점 정서는 개인주의 문화에 비해 집단주의 문화에서 더 자주 더 강렬하게 체험되고 표현됨을 알 수 있다. 집단주의 사회 구성원들이 타자초점 정서에 민감하고 많이 경험하게 된 이유는 집단주의 사회에서는 타인에 대한 배려와 관계의 조화에 도움이 되는 정서가 사회적으로 높은 평가를 받기 때문으로 볼 수 있다. 반면 개인주의 사회 구성원들이 자기초점 정서에 더 민감하고 많이 경험하게 된 이유는 개인주의 사회에서는 개인의 자율성과 독특성 추구에 도움이 되는 정서가 사회적으로 높은 평가를 받기 때문으로 볼 수 있다.

소비자심리학 분야에서 초점정서가 개인주의 성향과 집단주의 성향에 미치는 영향을 다룬 연구는 많지 않다. 그중 한 연구는 집단주의 문화와 개인주의 문화구성원들에 대한 정서 소구의 설득효과를 자기초점 정서로 자부심과 행복을, 타자초점 정서로 공감과 평화를 택하여 알아보았다(Aaker & Williams, 1998). 또 다른 연구는 건강 메시지의 전달에서 정서의 영향은 긍정적 정서와 부정적 정서의 유의가 차원에 의해서만 좌우되는 것이 아니라, 정서의 자기/타자 관련성에도 영향을 받음을 보여 주었다(Agrawal, Menon, & Aaker, 2007).

동기는 어떤 목표를 향하여 행동을 활성화하고, 방향을 설정하며, 유지하는 개인 내부의 힘으로 정의할 수 있다. 동기의 단순모델에 따르면, 자극은 욕구의 이상상태와 현실상태 사이의 차이를 창조한다. 이러한 차이가 존재할 때 개인은 직접적인 행동을 이끄는 욕구를 인식한다. 소비자의 목표 지향적 행동은 소비자의 현실상태가 이상상태로 옮겨지도록 해 주는 유인대상을 획득하는 데 초점을 맞춘다.

동기에 관한 많은 일반적인 이론들이 있다. 그중에서 매슬로의 욕구위계론과 맥클리랜드의 학습된 욕구이론이 소비자 영역에서 지지를 받는다. 매슬로의 욕구위계에는 생리적 욕구, 안전욕구, 소속 · 애정욕구, 자존심욕구, 지적 욕구, 심미적 욕구, 자기실현욕구 등이 있다. 맥클리랜드의 욕구에는 성취, 유친, 권력욕구가 포함된다.

제한된 범위에서 인간의 동기를 설명하려는 9개의 이론에는 반대과정 이론, 최적자극수준 이론, 다양성추구 동기, 쾌락경험 동기, 자기조절초점, 행동자유에 대한 열망, 독특성 욕구, 귀인동기, 그리고 접촉욕구 등이 있다. 반대과정 이론의 주요개념은 인간이 긍정적이거나 부정적인 자극을 받을 때는 언제나 두 가지 과정이 함께 활성화한다는 것이다. 첫째, 자극과 같은 감정내용의 과정이 나타난다. 즉, 자극이 긍정적이라면 내적감정도 긍정적이다. 첫 번째 자극의 개시 직후 두 번째의 반대 반응이 일어나기 시작한다. 개인은 이 두 과정을 모두 경험한다.

　　사람들은 그들의 최적자극 수준을 유지하기 위해 자극수준을 높이거나 낮추는 행동을 한다. 예컨대, 소비자는 자신의 활성화 수준을 올리기 위해 놀이동산에 가거나 그들의 활성화 수준을 낮추기 위해 명상을 할 것이다. 이러한 최적자극수준은 다양성추구 동기와 밀접한 관련이 있다. 심리학에서의 다양성 추구란 자극에 대한 내적 욕구에서 발생하는 것으로서 사람은 환경이 제공하는 자극수준이 이상적 수준 이하(최적수준 이하)로 떨어지면 싫증 또는 지루함을 느껴서 탐험행동 및 진기함 추구와 같은 더 큰 자극적 투입을 원한다. 반대로 환경이 너무 높은 자극수준(최적 수준 이상)을 제공하면, 사람은 다양성 회피와 같은 수단을 통해 투입을 감소하거나 단순화시킨 적절한 상황을 추구한다는 것이다.

　　쾌락경험에 대한 욕구는 최적자극수준을 지속하고자 하는 욕구의 확장이 될 것이다. 어떤 경우에 쾌락적이거나 정서적인 욕구가 제품선택에 있어 실용적인 동기를 지배할 것이다. 소비자행동의 경험적인 면을 중시하는 연구자들은 제품과 서비스의 다른 유형에 초점을 맞추는 경향이 있다. 그들은 록 콘서트나 댄스스포츠 이벤트 그리고 자동차나 보석 같은 상징적 제품들의 구매에 관심을 둔다.

　　자기조절초점은 사람들이 기쁨을 추구하고 고통을 회피하려는 동기를 갖고 있다는 일반론에 근거한다. 자기조절초점은 사람들이 원하는 목표를 향상, 성취, 열망 등과 같은 촉진목표와 책임, 의무, 안전 등과 같은 예방목표 두 가지로 구분한다. 촉진동기는 만족스럽거나 바라던 결과를 얻기 위해 현재의 상황을 향상하려는 목표를 지닌 상태를 의미하며, 예방동기는 불만족스럽거나 바라지 않는 결과가 발생하는 것을 막기 위해 현재의 상황을 유지하려는 목표를 지닌 상태를 의미한다.

행동자유에 대한 열망은 사람이 자신의 자유가 위협받는다고 느낄 때 그것을 회복하고자 반응한다고 말한다. 소비자는 자신의 자유가 위협받는다고 느낄 때 판매자의 강요로부터 구매를 거부하거나 혹은 시장에서 제품철수에 소송을 하는 식의 반대행동을 한다.

독특성 욕구는 타인과 구별되는 자신만의 독특함이나 고유함을 표현하고자 하는 개인의 욕구로 정의되며, 사람들은 이러한 욕구를 행동을 통해 드러내려고 한다. 사람들은 타인과 자신을 구별하기 위해 소비행위를 하거나 소유물을 과시함으로써 자신의 독특성 욕구를 충족시킬 수 있다. 독특성 욕구를 소비상황에 적용하면, 독특성 욕구가 높은 소비자는 의도적으로 시각적으로 또는 기능적으로 독특한 제품을 구매하거나 과시하여 타인과 자신을 차별하려고 시도한다.

귀인 동기는 사람들이 타인의 행동뿐만 아니라 자신의 행동과 환경을 이해하기 위해 다양한 사건들이 왜 일어났는지 확인하고자 시도한다는 것을 제안하였다. 소비자행동에 적용할 수 있는 귀인 동기에는 증가–절감규칙, 기본적 귀인오류, 와이너의 귀인이론 등이 포함된다. 마케터와 소비자 연구가는 소비자가 보이는–특히 광고모델, 판매자, 기업의 행동과 관련한–귀인과정을 이해해야 한다.

접촉욕구는 사람이 제품이나 다른 것에 접촉하고자 하는 욕구를 말한다. 이러한 접촉욕구는 수단적 차원과 자체적 차원으로 이루어져 있다. 수단적 차원은 제품에 대해 알 수 있는 확실하고 유일한 방법은 그것을 실제로 만져보는 것이라는 생각과 같이 구매행동을 일으키게 하는 분석적 사고를 반영한다. 자체적 차원은 물건을 만지는 것은 즐거울 수 있다는 생각이나 매장을 둘러볼 때 가능하면 많은 제품을 만지길 좋아하는 것과 같이 충동적이고 감정적인 사고와 선호에 의한 활동에 대한 느낌을 담는다.

구매동기조사는 초기에는 정신분석학에 근거하였지만, 나중에는 성격특질에 근거한 조사를 거쳐 사이코그래픽스와 같은 양적 기법으로 전환되었다. 여러 비판점에도 불구하고, 구매동기조사는 소비자행동의 원인에 대한 깊은 통찰력을 원하는 연구자에 의해 여전히 사용되고 있다. 동기조사가 때때로 제품이나 상표 사용에 관한 소비자의 동기를 밝혀낼 수 있기 때문에, 동기조사의 주된 사용은 촉진캠페인을 위한 새로운 아이디어를 개발하는 데 있다. 더군다나 동기조사는 구조화된 정량(양)적 조사연구를 위한 기본단서를 제공하기도 한다.

감정과 동기는 밀접한 관련이 있다. 감정은 기본적 동기와 동일한 방식으로 행동을 활성화하고 그 방향을 지시한다. 또한 감정은 동기화된 행동을 동반한다. 소비자 분야에서 감정에 관한 연구들은 기분이 인지적 측면에서 미치는 효과를 알아보는 데 초점을 맞추었다. 이러한 연구는 기분이 소비자의 지각, 판단, 사고, 기억 등의 인지과정에 영향을 준다는 것을 보여 주었다.

📖 제6장

성격

마케터는 소비자의 성격특성에 오랫동안 주의를 기울였다. 이들은 소비자의 구매품목, 구매시기, 구매방법 등이 성격에 의해 영향을 받을 것이라고 직관적으로 생각하였다. 이러한 이유로 인해 광고인들은 소비자의 특정한 성격특성을 광고메시지에서 빈번하게 묘사하였다. 예를 들어, 과거 리바이스 청바지 광고에서의 "나는 나야!"라는 광고카피가 이에 해당한다.

심리학자들은 성격을 "개인의 환경에 대한 적응을 결정짓는 특징적인 행동패턴과 사고양식"으로 정의하고 있다. 이 정의에서 보면 '행동과 사고'라는 용어가 나오는데, 인간의 성격은 우리 눈으로 직접 볼 수 있는 것이 아니라, 외부로 드러난 행동과 사고유형을 통해 역으로 우리가 추론하는 것이다. 예를 들어, 여러분이 누군가를 만났는데, 그 사람이 조용히 차분하게 말을 하고 긍정적으로 사고를 한다면, 여러분은 그 사람이 차분하면서도 밝은 성격의 소유자라고 생각할 것이다. 따라서 성격에 대한 정의를 이러한 맥락에서 이해하면 된다.

일반적으로 성격은 여러 특성을 갖고 있다. 첫째, 개인의 행동은 어느 정도 일관성을 보여야 한다. 즉, 성격특성은 단기적인 것이 아니라 오히려 시간에 걸쳐 비교적 안정성을 보인다.

둘째, 행동은 특정인과 타인을 구별해 줄 수 있어야 한다. 즉, 어떤 성격특성은 모든 소비자가 공유할 수 있는 것은 아니다.

셋째 특성은 성격과 상황 간의 상호작용으로, 예를 들어 한 연구는 독단적 성격특성이 선물구매에서 나타나는 혁신성에 영향을 주는 과제상황과 상호작용한다는 것을 발견하였다(Coney & Harmon, 1979). 혁신성이란 새롭거나 다른 제품을 구매하려는 소비자의 경향성을 말하며, 독단적인 사람은 완고하게 생각하며 새로운 아이디어에 대해 편협한 경향이 있다. 이런 특성은 상황에 의존하여 꽤 다른 행동을 유발할 수 있다. 한 연구에서 소비자가 사적인 개별용무를 위해 선물을 구매할 때, 독단적인 소비자일수록 선물선택에서 혁신성을 덜 보이지만, 반대로 타인을 위한 공적인 용무를 위해 선물을 구매할 때는 독단성이 높을수록 더 혁신적 구매를 하는 반대 패턴을 보였다(Coney & Harmon, 1979).

성격 연구의 넷째 특성은 하나의 특정한 경우에 근거한 성격의 측정만으로 개인의 행동을 정확하게 예견하리라고 기대해서는 안 된다는 것이다(Kassarjian & Sheffet, 1975). 성격특성은 특정한 행동과 엄격하게 연결되지 않는다. 따라서 소비자의 특정한 성격특성에 근거하여 소비자가 얼마나 많은 콜라를 구매할지 또는 어떤 가구를 구매할지 예측할 수는 없으며, 특정한 상표의 선택은 개인차(성격), 상황 및 제품 등의 상호작용에 의존한다. 즉, 성격과 구매 간의 단순한 자극-반응 연결은 존재하지 않는다.

성격측정과 행동 간의 낮은 상관에 기여하는 또 다른 요인은 행동의 단일측정이 상당히 신뢰할 만하지 못하다는 것이다. 한 연구는 애완동물에 대한 고양이 주인과 개 주인의 정서적 애착을 평가하는 척도와 그들의 애완동물에게 인간의 음식을 주려는 경향성 간의 관계를 연구하였다(Lastovicka & Joachimsthaler, 1988). 연구자들은 정서적 애착과 인간의 음식을 주는 것 간의 상관은 평가된 날의 수가 증가할 때 따라서 증가한다고 보고하였다. 즉, 이 연구는 성격-행동 관계를 평가하기 위해서는 단일 경우가 아니라 여러 경우에 근거하여 행동을 측정해야 함을 보여 주고 있다. 성격의 이런 네 가지 특성은 마케팅전략 수립 시 영향을 줄 수 있다.

이 장에서는 소비자심리학 영역에서 널리 알려진 프로이트(Freud)의 정신분석학과 이보다는 주목을 덜 받은 신프로이트 학파의(neo-Freudian) 성격 이론 중에서 호나이(Horney)의 이론을 소개하고 그다음에 특질론, 소비자 성격 척도 그리고 자기개념을 언급할 것이다. 아울러 상표성격과 사이코그래픽스

여기서 잠깐!

당신은 미니밴 또는 SUV?

소비자 연구가들은 다양한 제품이 다양한 사람들을 끌어들인다고 말한다. 이는 특히 우리가 운전하는 자동차의 경우에 사실인 것 같다. 미니밴과 SUV(sport utility vehicles)를 소유한 5,400명에 대한 조사는 소유한 자동차의 유형이 소유자의 성격에 관해 많은 것을 말해 준다고 하였다. 그리고 아마도 이것이 자동차를 선택한 이유가 될 수 있을 것이다.

이 조사는 미니밴을 구매했던 사람들보다 SUV 소유자들이 더 침착하지 못하고, 더 즐거움을 추구하며, 덜 사교적이고, 범죄에 대해 더 두려움을 나타내는 경향이 있음을 보여 주었다. SUV 운전자들보다 미니밴 소유자들은 자신감이 더 높고, 사교적이며, 결혼과 출산에 대해 더 편하게 생각하는 경향이 있었다.

두 집단은 그들이 그들의 차를 '통제하기를' 원한다고 말했지만, 그 표현대로 동일한 것을 의미하지는 않는다. 미니밴 소유자들의 통제는 안전함, 운전 시 조절 능력, 주차 용이성 등을 의미하였고, SUV 소유자들의 통제는 그들 주변의 모든 사람에 대한 지배감을 의미하였다.

SUV 운전자들이 더 공격적이고, 주변의 다른 차량의 운전자들에게 덜 관심을 갖는다는 것은 놀라운 것이 아니다. Ford, GM, DaimlerChrysler 등의 자문인 한 프랑스 인류학자는 "SUV는 남성적이고 독단적으로, 종종 18륜 트럭의 후드와 닮은 후드 그리고 살쾡이 이빨 모양을 내기 위해 라디에이터그릴을 가로지르는 수직 금속조각을 장착한 것으로 설계된다. SUV는 미국인들의 폭력과 범죄에 대한 심원한 두려움에 소구하기 위해 디자인된다"고 말하였다.

SUV는 무기('전장을 위한 장갑차')와 같다고 그는 결론을 내렸다. SUV의 메시지는 '나를 방해하지 마라'다.

당신은 어떤 차를 운전하시겠습니까?

출처: Bradsher, K. (2000). Was Freud a minivan or an SUV kind of guy? New York Times, June 17. [Schultz, D., & Schultz, S. E. (2006). *Psychology & work today* (9th ed.). Upper Saddle River, NJ: Pearson Education, Inc. p. 427에서 재인용.]

(psychographics)에 관해서도 언급할 것이다.

1. 정신분석학

프로이트의 성격에 관한 정신분석학 이론은 인간행동을 이해하는 데 많은 영향을 주었다. 프로이트는 인간의 마음을 빙산에 비유하였다. 물 위에 있는 작은 부분은 현재의 인식인 의식이다. 전의식은 지금 당장에는 마음에 있지 않지만, 노력하면 의식에 떠올릴 수 있는 모든 정보다(예, "작년 겨울방학에 무엇을 했는가?"라는 질문을 받으면, 머리에서 겨울방학 동안 한 내용들이 떠오르는 것). 물 아래에 있는 빙산의 매우 큰 부분인 무의식은 사고와 행동에 영향을 주는 충동, 욕구 그리고 접근 불가능한 기억의 저장고이다. 프로이트는 무의식을 일상생활의 정상적인 성격기능에서 가장 중요한 것으로 보았다.

1) 성격구조

프로이트의 구조 모델에 따르면, 성격은 행동을 지배하는 세 가지 시스템인 원초아, 자아, 초자아로 구성되어 있으며, 이것들은 상호작용한다. 출생과 동시에 나타나는 원초아(id)는 성격의 가장 원초적인 부분으로 자아와 초자아도 여기에서 발달한다. 원초아는 가장 기본적인 생물학적 충동으로 구성되어 있다. 여기에는 먹고, 마시고, 배설하려는 욕구, 고통을 피하고 성적쾌락을 추구하려는 욕구 등이 있다. 원초아는 쾌락원리에 따라 작동하여 이러한 충동을 즉각적으로 만족시키려고 한다. 즉, 외적환경과 관계없이 지속적으로 쾌락을 얻고 고통을 피하려고 한다.

아이가 성장할 때, 자아(ego)가 발달하기 시작한다. 아이는 자신의 충동이 언제나 즉각적으로 충족될 수 없다는 것을 알게 된다. 성격의 한 부분인 자아는 어린 아동이 현실의 요구를 고려하는 것을 배우면서 발달한다. 자아는 현실원리를 따르기에, 충동의 만족은 그 상황이 적절할 때까지 지연되어야 한다는 것을 아이에게 말해 준다. 따라서 자아는 본질적으로 성격의 집행자로 원초아의 요구, 현실 그리고 초자아의 요구 간을 중재한다.

성격의 세 번째 요소인 초자아(superego)는 행위가 옳은지 그른지를 판단한다. 초자아는 사회의 가치와 도덕에 관한 내면화된 표상이다. 초자아는 개인의 양심과 도덕적으로 이상적인 사람에 관한 이미지이다. 프로이트에 의하면, 초자아는 유아기에 부모가 주는 상과 처벌에 대한 반응 그리고 동일시 과정을 통해 형성된다.

성격의 이러한 세 가지 성분은 종종 갈등을 일으킨다. 자아는 원초아가 원하는 충동의 즉각적 만족을 지연시킨다. 초자아는 원초아와 자아 두 성분 모두와 싸우는데, 이는 원초아와 자아의 행동에 도덕적 요소가 부족하기 때문이다. 매우 잘 통합된 성격의 경우, 자아는 안정적이면서 융통성 있는 통제를 유지하고, 현실원리가 지배한다. 프로이트는 원초아의 전부와 자아와 초자아의 대부분이 무의식에 있고, 자아와 초자아의 작은 부분만이 의식적이거나 전의식적이라고 제안하였다.

2) 정신분석학과 촉진전략

인간의 행위에 숨어 있는 무의식적 동기를 확인하기 위한 꿈, 환상, 상징 등을 강조하는 정신분석학은 마케팅에 많은 영향을 주었다. 마케터는 소비자의 무의식 동기에 소구할 수 있는 촉진주제와 용기를 개발하려고 하며, 여전히 소비자의 무의식적 구매동기를 자극하는 상징과 환상을 확인하기 위해 정신분석학을 이용하고 있다.

정신분석학은 마케터가 사용할 수 있는 많은 상징을 제안하였다. 예를 들어, 제품의 디자인과 용기 또는 광고 등에서 남성과 여성의 성적인 상징을 사용하는데, 기다란 원통 모양은 남성 상징을 그리고 동그랗고 빨아들이는 모양은 여성 상징을 나타낸다. 몇몇 작가들은 광고대행사가 성적인 에너지인 리비도(libido)를 흥분시켜 판매를 촉진하기 위해 광고에 성적인 상징을 사용할 것을 자극하는 많은 책을 출간하였다(Key, 1973). 몇몇 회사들은 그들의 광고에 이러한 상징을 의도적으로 사용하고 있다.

삶에서 성적 충동을 추구하게 하는 리비도 이외에도, 정신분석학은 사람이 파괴적인 행동을 하게 하는 죽음에 대한 소망 또한 제안하였다. 어떤 연구가는 주류회사들이 자사의 술 광고에서 얼음조각에 죽음의 가면을 삽입하곤 하는데, 이는 지나칠 정도로 술을 마시는 사람들에게서 죽음의 소망을 불러일으키고 결국 이들이 자사 제품을 더 많이 소비하게 만들기 위해서라고 주장하였다 (Key, 1973). 아울러 이러한 죽음의 소망은 공격적인 행동으로도 표출되기에, 광고에서 공격적인 장면을 삽입하는 경우도 간혹 있다.

이러한 상징과 관련하여 한 가지 주의할 점은 상징을 제2장에서 다룬 식역하 자극과 구분해야 한다는 것이다. 상징은 전달된 의미를 통해 소비자에게 강력한 영향을 미칠 수 있지만, 식역하 자극은 제2장에서 언급한 것처럼, 소비자에게 영향을 주지 못한다.

2. 호나이의 성격 이론

프로이트의 동료 중 몇몇은 성격이 본능적이고 성적이라는 프로이트의 생각에 동의하지 않고, 대신에 사회적 관계가 성격형성과 발달에 기본이라고 믿었다. 이런 신프로이트 학파의 성격 이론 중에서 소비자 영역에 잘 적용되는 카렌 호나이(Karen Horney)의 이론에 대해 간략히 언급하고자 한다.

호나이는 불안에 흥미를 두었고, 아동-부모 관계의 영향력에 초점을 맞추었으며, 특히 불안한 감정을 극복하려는 개인의 욕망에 관심을 두었다. 그녀는 사람들이 세 가지 성격집단으로 분류될 수 있다고 제안하였는데, 이는 순응, 공격, 이탈 등이다.

- 순응적(compliant) 성격: 개인은 타인을 향해 움직이는 사람으로, 사랑받고, 인정받기를 바라는 경향이 강하다.
- 공격적(aggressive) 성격: 개인은 타인에 대항해 행동하는 사람으로, 남보다 뛰어나려 하고 칭찬을 들으려는 경향이 강하다.
- 이탈적(detached) 성격: 개인은 타인에게서 멀어지려는 사람으로, 독립적이고 자기충족적(self-sufficiency)이며 자유스러워지려는 경향이 강하다.

호나이의 이론에 근거를 둔 성격검사가 한 소비자 연구가에 의해 개발되었
는데, 그는 대학생들의 검사점수와 그들의 제품 및 상표 사용패턴 간에 잠정적
인 관계를 발견하였다(Cohen, 1967). 매우 순응적인 학생들은 유명상표 제품
(예, 바이엘 아스피린)을 선호하였고, 공격적인 성격으로 분류된 학생들은 남성
적인 면을 강하게 소구하는 제품(예, Old Spice 남성용 화장품)을 선호하였으며,
매우 이탈적인 학생들은 많은 학생이 선호하는 커피보다는 차를 많이 마시는
것으로 나타났다.

비록 신프로이트 학파의 성격 이론이 소비자 연구가에게 폭넓은 주의를 받
지 못했지만, 마케터는 직관적으로 이런 이론 중 몇 가지를 채택하였다. 예를
들면, 자신들의 제품을 독특하거나 차별적인 것으로 위치화하려는 마케터는
호나이의 이탈적 성격특성에 초점을 두곤 한다.

3. 특질론

특질론(trait theory)은 사람들을 그들의 지배적인 특성 또는 특질에 따라 분
류하는 것이다. 심리학자에 의하면, 특질(trait)은 '한 개인을 다른 사람과 비교
적 영속적이며 일관되게 구분해 주는 어떤 특성'이다. 특질론은 사람들의 성향
을 형용사로 기술하며, 사람들의 성격은 형용사로 표현된 특정한 특질들의 결
합으로부터 나타난다. 예를 들어, 사람은 자신의 성격이 어떠냐는 물음에 '보
수적인' '외향적인' '침착한' '사교적인' 등의 형용사를 사용하여 답하곤 하는데,
이것이 바로 특질이며, 이러한 특질들의 결합(예, 안정적이고, 외향적이며, 사교
적인 등)이 성격으로 나타난다. 〈표 6-1〉은 다양한 평가도구를 사용해 요인분
석을 수행한 결과, 신뢰성 있게 나타나는 5개의 특질요인(Big-5요인)을 나타낸
다. 제시된 형용사 쌍은 각 요인을 잘 나타내는 특질척도의 예들이다(McCrae
& Costa, 1987).

1960년대에 행해진 소비자 성격에 관한 초기연구들은 특질론에 근거하였
다. 예를 들어, 한 연구는 포드 자동차와 셰비 자동차를 소유한 소비자를 구분
해 줄 수 있는 특질을 연구하였다(Evans, 1959). 비록 이 연구가 의미 있는 결과

특질
한 개인을 다른 사람과 비교
적 영속적이며 일관되게 구분
해 주는 어떤 특성

표 6-1 대표적인 5개 특질요인

특질 요인	대표적인 특질척도
개방성	인습적인-창의적인, 무사안일한-대담한, 보수적인-자유로운
성실성	부주의한-조심스러운, 믿을 수 없는-믿을 만한, 게으른-성실한
외향성	위축된-사교적인, 조용한-말 많은, 억제된-자발적인
친밀성	성마른-성품이 좋은, 무자비한-마음이 따뜻한, 이기적-이타적
신경증	침착한-걱정 많은, 강인한-상처를 잘 입는, 안정된-불안정한

를 산출하지는 못했지만, 정신분석학에 근거한 질적인 동기 조사를 성격에 근거한 양적 조사로 소비자 조사를 바꾸어 놓은 중요한 계기를 마련하였다. 다른 연구들은 지붕을 덮었다 폈다 할 수 있는 컨버터블 자동차, 소형 자동차, 표준모델 자동차의 소유주들 간의(Westfall, 1962) 특질과 필터가 있는 담배와 필터가 없는 담배를 피우는 흡연가들 간의(Kaponin, 1960) 특질을 비교분석하였다. 이러한 연구의 결과들은 일반적으로 실망스러웠고 심한 비판을 받았다(Kassarjian, 1971).

이러한 실망스러운 결과를 산출했던 원인은 측정된 성격특성이 연구하고자 하는 특정한 구매행동과 직접적으로 관련이 없었기 때문이었다. 다시 말해, 연구에서 사용된 특질들은 인간의 일반적인 성격특성을 말해 주는 것이었는데, 이를 세부적인 구매행동에 적용하였기 때문이었다. 예를 들어, 만일 소비자 연구가가 표적집단의 충동구매성향을 측정하길 원한다면, 심리학자들에 의해 확인된 일반적인 성격특성보다는 충동구매성향에 관한 특질을 직접 측정해야만 한다. 따라서 성격특질을 사용하려는 소비자 연구가들은 특질을 가지고 특정한 상표의 구매여부를 예측하기보다는 폭넓은 제품범주(예, 청결제품, 중형자동차)의 구매 또는 소비를 연구하는 것이 더 현실적이라고 인식하게 되었다.

한편 특질척도는 신뢰도와 타당도를 갖고 있어야 한다. 신뢰도는 척도의 측정결과가 얼마나 일관적인가를 평가하는 것이다. 높은 신뢰도를 가진 척도는 척도 구성문항들 간에 일관성이 있으며, 반복 시행했을 때 유사한 결과를 산출한다. 타당도는 척도가 측정하고자 하는 것을 측정하는 정도를 평가하는 것이다. 예를 들어, 충동구매성향척도는 충동구매성향을 측정해야 타당한 것이지,

지능을 측정한다면 타당하지 않은 것이다.

4. 소비자 성격척도

지금까지 소비자 연구가는 특정한 구매행동을 직접적으로 측정해 줄 수 있는, 타당하고 신뢰도 높은 특질척도를 다수 개발하였다(Schiffman & Kanuk, 2000; Solomon, 1999 참조). 적절히 사용한다면, 이러한 척도들은 시장세분화, 제품위치화, 효율적인 촉진소구 개발 등에서 마케터에게 도움을 줄 수 있다. 여기서는 이러한 척도 중 몇 가지를 간략히 소개한다.

1) 자기감시

소비자 연구가들은 1980년대 이후 자기감시(self-monitoring)와 인지욕구(need for cognition)의 두 가지 성격요인이 다양한 소비자 행동에 어떻게 영향을 주는지에 관심을 두기 시작하였다. 먼저 자기감시를 살펴본 다음, 인지욕구를 언급할 것이다.

스나이더(Snyder, 1979)에 따르면, 사람은 사회활동과 대인관계에서 자신이 처해 있는 상황에 더 잘 적응하고(또한 적응하고 있는 것처럼 보이려고), 또한 타인으로부터 인정받기 위해 자신의 이미지와 인상을 조작하여 표현하려 하며 또한 표현할 수 있는 능력을 갖추고 있다. 자기감시 이론의 주요 관심은 ① 사람들의 사회활동과 대인관계에서 어느 정도까지 타인에 비치는 자신의 이미지와 인상을 통제하려고 하는가? ② 대인관계에서 이러한 전략을 사용한 결과는 무엇인가? 등의 두 가지 명제이며, 이 두 가지 질문에 답하고자 하는 것이 자기감시 이론의 목적이다. 이 이론은 이러한 조작과 통제능력에 개인차를 고려한 것이 특징이다. 즉, 자기표현을 관리하고 또한 할 수 있는 범위(또는 정도)가 사람에 따라 다르며 이 차이를 측정하고 수량화시킬 수 있다는 것이 스나이더(Snyder)의 주장이다.

따라서 그는 정도의 높고 낮음에 따라 자기감시가 높은 사람과 자기감시가

자기감시
사람이 사회활동과 대인관계에서 자기표현을 관리할 수 있는 정도

낮은 사람으로 분류할 수 있다고 주장하며, 이들의 특징을 다음과 같이 정의하였다. 자기감시가 높은 사람이란 자신의 행동이 사회생활과 대인관계에서 적절한가에 관심이 큰 사람이며, 따라서 자신의 표출행동과 자기표현이 타인에게 어떻게 받아들여질 것인가에 민감하며 자신의 언어적, 비언어적 자기표현의 감시수단으로서 상황단서를 이용하는 사람이다. 이에 비해 자기감시가 낮은 사람은 자기표현이 사회적으로 적절한가에 대한 사회적 정보에 대해 별로 주의를 기울이지 않으며 또한 자기표현의 기술도 다양하지 못하다. 따라서 이들의 표출행동과 자기표현은 그들의 정서상태와 태도(또한 가치와 성향)에 의해 통제받는다.

자기감시를 소비자 행동에 적용한 경우는 다음과 같다. 스나이더(Snyder, 1974)는 자기감시가 높은 사람과 낮은 사람을 구별해 낼 수 있는 척도를 제작하였고, 이 척도의 일반화를 위해 광고와 관련된 연구에서 자기감시 척도를 적용하였다(Snyder & DeBono, 1985). 이들은 자기감시 정도가 높은 사람의 태도는 자신의 태도가 사회적이나 상황적으로 적합한가에 의해 형성되기 때문에 이러한 사람들은 제품을 사용함으로써 얻을 수 있다고 주장하는 이미지에 대한 광고의 전달내용에 특히 주의를 기울이고 이에 영향을 받을 것이라는 가설을 세웠다. 예를 들면, 자기감시가 높은 사람은 스포티하게 보이는 자동차 광고, 하얀 치아의 밝은 미소를 강조하는 치약광고 등에 반응할 것이다.

또한 자기감시가 낮은 사람들은 자신들의 가치표출을 중시하는 태도를 보이기 때문에 제품의 품질을 강조하는 광고를 자신들의 내재된 태도나 가치 또는 다른 평가적 기준에 맞추어 해석할 것이라고 가설을 세웠다. 예를 들면, 스카치위스키의 맛이 좋다고 생각하는 사람들은 스카치위스키를 마시는 그 자체를 즐길 것이며, 이러한 사람들은 특정 스카치가 그 맛에 대한 정보를 제공하는 광고에 주의를 할 것이며 더 반응적일 것이라는 가설을 설정하였다.

이들은 세 가지 제품(위스키, 담배, 커피 등)을 대상으로 두 가지의 광고기법을 이용, 즉 다른 것은 다 동일하지만 단지 광고와 관련된 카피가 하나는 제품의 이미지를, 다른 하나는 제품의 품질을 소구하는 기법을 이용하여 광고의 호의도와 제품의 구매의도에 대해 자기감시의 높고 낮음이 차이를 유발할 수 있는가에 대한 연구를 한 결과 유의한 차이가 있음을 밝혀내고, 그들의 가설이

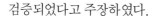

검증되었다고 주장하였다.

　김상기와 양윤(1995)의 연구에서도 자기감시가 높은 소비자는 연상된 이미지 광고문구를 그리고 자기감시가 낮은 소비자는 물리적 특성에 관한 광고문구를 더 선호하는 것으로 나타났다. 또한 양윤(1996)의 청바지에 관한 정보획득 연구에서도 자기감시가 높은 소비자가 낮은 소비자보다 물리적 속성(예, 형태유지, 세탁 편리성, 옷감의 질, 변색 유무)에 비해 심리적 속성(예, 디자인, 색상, 착용감, 조화성)을 더 많이 탐색하였다. 지금까지의 연구결과들을 고찰해 보면, 소구유형에 따라 자기감시가 높은 사람과 낮은 사람이 제품의 태도나 구매의도 또는 정보처리에서 차이를 보인다는 것을 알 수 있다.

2) 인지욕구

　인지욕구는 사람이 생각하는 것을 즐기거나 원하는 경향성에 대한 측정을 나타낸다. 카시오포와 페티(Cacioppo & Petty, 1982)의 인지욕구 개념은 개인이 노력하여 정보를 처리하는 데서 얻게 되는 내적인 즐거움에 초점을 두고 있다. 다시 말해, 인지욕구는 사람이 생각하는 것을 즐기거나 원하는 경향성을 의미한다.

　카시오포와 페티(Cacioppo & Petty, 1982)에 의하면, 인지욕구척도에서 높은 점수를 받은 사람은 본질적으로 생각하는 것을 즐기며, 반면에 척도에서 낮은 점수를 받은 사람은 힘든 인지적 활동을 피하는 경향이 있다. 인지욕구가 낮은 사람은 특정한 주장에서 핵심을 구별하지 못하며, 오히려 제공된 주장에 근거하여 자신의 태도를 형성하기 위해 요구되는 인지적 노력을 피하기를 전형적으로 좋아하는 것으로 특징지을 수 있다.

　연구들은 인지욕구가 높은 소비자가 제품과 직접적으로 관련된 정보(예, 기능)가 많은 광고에 더 반응하지만, 광고의 주변적인 면(예, 모델)에는 덜 반응한다고 지적하고 있다. 반면에 인지욕구가 비교적 낮은 소비자는 광고의 주변적이거나 배경적인 면(예, 매력적인 모델 또는 유명인)에 더 주의를 하는 경향이 있다(Haugtvedt, Petty, Cacioppo, & Steidley, 1988).

　한국형 인지욕구 척도를 개발하여 소비자 행동을 살펴본 김완석(1994)의 연

인지욕구
사람이 생각하는 것을 즐기거나 원하는 경향성

구에서는 인지욕구가 높은 소비자일수록 상표에 대한 사전탐색을 더 많이 하고, 제품선택에 걸리는 시간이 더 길다고 생각하는 것으로 나타났고, 인지욕구가 높은 집단이 낮은 집단에 비해 자동차와 정장을 구매할 때 유의하게 더 많은 속성을 고려하였다. 또한 인지욕구가 높은 집단에서 물리적 속성이 그리고 낮은 집단에서 심리적 속성이 더 많이 고려되는 경향이 있음을 보여 주었다. 청바지 구매 시 소비자가 보이는 정보획득 행동을 연구한 양윤(1996)의 연구에서도 인지욕구가 높은 소비자가 더 많은 정보를 탐색하였다. 지금까지 이 영역의 많은 연구결과들을 고찰하면, 인지욕구에 따라 소비자 행동에서 차이가 있음을 분명히 알 수 있다.

이에 따라 마케터가 인지욕구와 같은 성격요인을 이해하는 것이 이로울 것이다. 인지욕구가 낮은 소비자를 위해 광고는 더 많이 반복될 필요가 있을 수 있고, 인지욕구가 높은 소비자의 경우에는 반복횟수를 줄이는 대신에 정보량을 늘리거나 광고시간을 늘릴 필요가 있을 것이다. 한편 인지욕구가 높은 소비자는 정보를 위해 신문이나 잡지를 더 이용하는 경향이 있을 수 있고, 인지욕구가 낮은 소비자를 위해서는 텔레비전이 더 유용할 수 있다. 인지욕구 변수에 의해 시장을 세분화하기는 어렵지만, 인지욕구에 따른 소비자 유형을 이해하는 것이 성격변수를 고려하지 않는 것보다는 광고메시지 작성 시 더 큰 도움을 줄 수 있다.

3) 애매함에 관용

애매함에 관용
애매하거나 비일관적인 상황에 대한 사람의 반응양식

'애매함에 관용(tolerance for ambiguity)'의 개념은 애매하거나 비일관적인 상황에 사람이 어떻게 반응하는지를 다루는 것으로, 애매함에 참을성이 있는 개인은 비일관적인 상황에 긍정적인 방식으로 반응하지만, 애매함에 비관용적인 개인은 비일관적인 상황을 위협적이며 바람직하지 않은 것으로 보는 경향이 있다. 세 가지 다른 형태의 상황이 애매한 것으로 확인되었는데, 첫째, 사람이 정보를 전혀 갖고 있지 못한 완벽하게 새로운 상황은 애매한 것으로 고려되며, 둘째, 사람을 정보로 당황하게 하는 경향이 있는 매우 복잡한 상황은 매우 애매한 상황으로 간주되고, 셋째, 반박적인 정보를 가진 상황도 애매한 것으로 고려

표 6-2 자기개념의 다양한 유형

유형
1. 현실적 자기: 개인이 자신을 현실적으로 지각하는 자기
2. 이상적 자기: 개인이 자신을 이상적으로 지각하는 자기
3. 사회적 자기: 타인들이 현재 자신을 어떻게 지각하고 있는가와 관련된 자기
4. 이상적/사회적 자기: 타인들이 자신을 어떻게 지각할 것인가와 관련된 자기
5. 기대된 자기: 현실적 자기와 이상적 자기 사이의 어디엔가 놓이는 자기 이미지
6. 상황적 자기: 특정한 상황에서의 자기 이미지
7. 확장된 자기: 자기 이미지에 미치는 개인 소유물의 영향을 포함하는 자기개념
8. 가능한 자기들: 개인이 되고 싶어 하는 것, 될 수 있는 것 또는 되는 것이 두려운 것

들에게 타인과의 상호작용에서 예견성을 제공한다. 즉, 사람들이 자기 자신에 관해 갖는 이미지가 특정한 행동 패턴을 표출할 수 있다. 그러나 소비행동을 이해하는 데 있어 자기개념의 중요성에도 불구하고, 소비자 영역에서 자기개념의 연구는 많이 행해지지 않았다.

자기개념의 중요한 결과는 사람들이 하나 이상의 자기개념을 갖는다는 것으로, 한 연구자는 여섯 가지 형태의 자기개념을 제시하고 있다(Sirgy, 1982). 이는 ① 현실적 자기(개인이 자기 자신을 현실적으로 어떻게 지각하고 있는가?), ② 이상적 자기(개인이 자기 자신을 어떻게 지각할 것인가?), ③ 사회적 자기(타인들이 현재 자신을 어떻게 지각하고 있는가?), ④ 이상적/사회적 자기(타인들이 자신을 어떻게 지각할 것인가?), ⑤ 기대된 자기(현실적 자기와 이상적 자기 사이의 어디엔가 놓이는 자기 이미지), ⑥ 상황적 자기(특정한 상황에서의 자기 이미지) 등이다.

이 외에도 확장된 자기(Belk, 1988)와 가능한 자기들(Morgan, 1993)과 같은 유형도 있다. 확장된 자기는 자기 이미지에 미치는 소유물의 영향을 의미한다. 즉, 개인이 소유한 물건을 통해 자신의 이미지를 드러내는 것을 말한다. 가능한 자기들은 개인이 되고 싶어 하는 것, 될 수 있는 것, 되는 것이 두려운 것 등을 지각하는 정도를 말한다. 가능한 자기들은 자기개념의 어떤 유형보다도 더 미래 지향적이다.

1) 자기개념과 상징적 상호작용주의

인간은 자신을 외부로 드러내려는 성향을 지니고 있다. 이때 인간은 환경에서의 무언가를 활용하여 자신을 표현한다. 환경에서의 무언가란 바로 개인을 드러낼 수 있게 하는 하나의 상징물이다. 즉, 자신을 표현하기 위해서는 환경에서 개인과 상징 간의 상호작용이 필요한데, 이를 상징적 상호작용주의(symbolic interactionism)라고 한다. 상징적 상호작용주의에 근거하면, 소비자는 상징적 환경에서 생활하며 자신을 둘러싸고 있는 상징을 빈번히 해석한다(Mead, 1934).

자기개념이 구매행동에 어떻게 영향을 주는지를 이해하기 위해서는 제품이 소비자에게 상징으로 작용할 수 있다는 것을 인식해야 한다. 어떤 연구가들은 소비자가 제품을 구매하는 일차적인 이유가 제품의 기능적 혜택 때문이 아니라 제품의 상징적 가치 때문이라고 주장하고 있다(Levy, 1959). 또 다른 연구가들은 소비자의 성격이 그들이 사용하는 제품에 의해 나타날 수 있다고 말하고 있다(Tucker, 1957). 사실상 다양한 연구들이 사람의 자기이미지와 그 사람이 구매한 어떤 제품 간의 관계를 발견하였다. 자기이미지와 제품이미지 간에 일치를 보이는 제품으로는 자동차, 건강용 제품, 세탁용 제품, 레저용 제품, 의복, 식품, 집안 장식재, 가구, 잡지 등을 들 수 있다(Belk, Bahn, & Mayer, 1982).

어떤 제품이 소비자에게 상징으로 가장 잘 나타나는가? 한 연구가는 소비자가 자신과 타인 간에 의사전달을 하기 위해 사용하는 제품이 상징으로 작용한다고 주장하고 있다(Holman, 1981). 이런 의사전달용 제품은 세 가지 특성을 갖는다. 첫째, 제품은 사용 시 가시성(visibility)을 가져야 하며, 따라서 구매, 소비, 처분 등이 타인에게 즉각적으로 명백해야 한다. 둘째, 제품은 변산도(variability)를 보여야 한다. 즉, 어떤 소비자는 특정 제품을 소유할 자원을 가지고 있는 반면에 다른 소비자는 그 제품을 소유할 시간적 또는 재정적 자원을 가지고 있지 못한 경우로, 만일 모든 사람이 특정 제품을 소유하고 있고 또는 특정 서비스를 받고 있다면, 그것은 상징으로 작용하지 않을 수 있다. 셋째, 상징적 제품은 성격을 지녀야 한다. 여기서 성격이란 의인화(personalizability)를 의미하며, 의인화란 제품이 보편적 사용자의 고정관념적 이미지를 나타내는 정도를 말한다. 자동차 또는 보석과 같은 상징적 제품이 가시성, 변산도, 의인화 등의 세 가지 특성을 어떻게 지니고 있는지 누구든 쉽게 알 수 있다.

　예를 들어, 고가의 페라리 스포츠카는 자기개념을 전달하는 제품의 세 가지 특성을 충족시킨다. 페라리 자체의 분명한 외형과 마크에 기인하여 사용 시 가시성을 가지며, 제한된 소비자만이 소유할 정도의 매우 높은 가격으로 인해 변산도를 가지고, 고가의 스포츠카에 투자할 소비자 유형의 정보를 주기 때문에 의인화도 갖고 있다.

　[그림 6-1]에 제품의 상징적 특성에 대한 중요성이 제시되어 있다. 그림에서 보면, ① 소비자의 자기개념, ② 청중이나 준거집단 그리고 ③ 상징으로 작용하는 제품 등을 나타내는 세 가지 박스가 있다. 단계 1에서 소비자는 청중에게 자신의 자기개념을 전달할 수 있는 제품을 구매하며, 단계 2에서 소비자는 청중이 구매된 제품의 상징적 특성을 지각하기를 원하고, 단계 3에서 소비자는 구매된 제품과 동일한 상징적 특성 중 어떤 것을 소비자 자신이 가진 것으로 준거집단이 보기를 원한다(Grubb & Grathwohl, 1967). 따라서 소비자는 자신의 자기개념의 다양한 면을 타인들에게 상징적으로 전달하기 위해서 제품을 구매하는 것으로 볼 수가 있으며, 소비자가 자신의 자기개념에 일치하는 제품과 매장을 선택한다는 개념이 '자기 일치성' 또는 '이미지 일치 가설'이다 (Onkvisit & Shaw, 1987).

자기 일치성(이미지 일치 가설)
소비자가 자신의 자기개념에 일치하는 제품과 매장을 선택한다는 개념

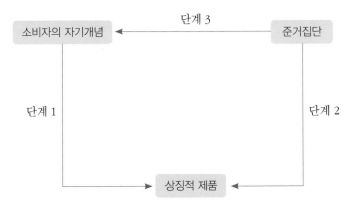

[그림 6-1] 상징적 제품을 통한 타인으로의 자기개념 전달

2) 자기 일치성 측정

소비자 연구가에게 있어서 한 가지 문제점은 세분된 시장에서 소비자의 자기개념과 소비자가 상표에 대해 갖는 이미지의 측정방법이다. 만일 연구가가 세분된 시장과 특정 제품을 최적으로 일치시키고자 한다면, 이상적으로는 한 가지 척도가 제품 이미지와 자기 이미지 모두를 평가하기 위해 사용되어야 한다. 제품(상표) 이미지와 자기 이미지를 함께 고려하고 있는 선행연구들에서는 자기 이미지를 상표성격(이미지)을 측정하는 척도를 사용하여 측정한다(Aaker, 1999; Malhotra, 1981).

자기 일치성을 측정하는 방법은 크게 두 가지로 나뉘고 있다(Sirgy, Grewal, Mangleburg, Park, Chon, Claibourne, Johar, & Berkman, 1997). 첫째는 전통적인 방법으로 자기 일치성을 구성하고 있는 개념인 상표성격과 자기 이미지를 각각 측정하여 두 개념에서 일치성을 유추하는 방법이다. 이를 위해 아커(Aaker, 1997)에 의해 개발된 상표성격 척도가 주로 사용된다. 상표성격과 척도에 관해서는 다음 절에서 언급할 것이다.

둘째는 서지 등(Sirgy et al., 1997)에 의해 소개된 방법으로 소비자에게 직접적으로 해당 제품(상표)이 자신의 자기 이미지와 일치하는가를 묻는 방식이다. 전통적인 방법의 경우 미리 정해진 성격(이미지) 차원에서 측정을 하기 때문에 관련 없는 차원이 포함될 수도 있는 단점이 있으며, 각 성격(이미지) 차원에서의 차이값을 모두 포함해야만 하는 문제점이 있다. 그러나 성격(이미지) 차원별 일치성 효과를 볼 수 있다는 장점이 있다.

반면에 두 번째의 측정방법은 앞선 전통적인 방법의 문제점을 해결하기 위해 제시된 방법으로, 소비자의 전반적이며 포괄적인 일치성을 측정하기에 보다 긍정적인 연구결과를 얻을 수 있다는 장점이 있다. 그러나 성격(이미지) 차원별 효과를 볼 수 없는 단점이 있다(Sirgy et al., 1997).

3) 자기개념과 신체 이미지

사람의 외모는 자기개념에서 상당한 부분을 차지한다. 신체 이미지는 자기 신체에 관한 개인의 주관적인 평가를 의미한다. 전반적인 자기개념과 마찬가지로, 신체 이미지도 반드시 정확할 필요는 없다(Solomon, 1999). 즉, 어떤 남성은 자신이 실제보다도 훨씬 더 근육질이라고 생각할 수 있고, 또는 어떤 여성은 실제보다도 훨씬 더 비만이라고 느낄 수 있다. 외모에 자신이 없어 괴로워함으로써 자기 신체 이미지를 왜곡하려는 개인의 경향에 근거하여 실제 자기와 이상적 자기 사이의 차이를 만들어서, 결과적으로 그 차이를 좁히기 위해 제품과 서비스를 구매하려는 욕구를 불러일으키는 마케팅 전략을 흔히 발견할 수 있다.

(1) 신체만족

자신의 신체에 관한 느낌을 신체만족(body cathexis)으로 나타낼 수 있다. 신체만족이란 사람에게 있어서 어떤 대상 또는 생각의 감정적 유의함을 의미하며, 신체의 어떤 부위들은 다른 부위들보다 자기개념에 더 중추적인 역할을 한다. 한 연구에서는 자기 신체에 관한 젊은 성인의 느낌을 다루었는데, 이 연구에서 응답자들이 그들의 모발과 눈에 가장 만족하였지만, 그들의 허리에 가장 만족하지 못함을 보여 주었으며, 이러한 느낌은 혼수품 사용과도 관련되었다. 또한 자기 신체에 더 만족한 사람들이 헤어 컨디셔너, 헤어드라이어, 콜론, 색조화장, 치아 미백제 등과 같은 치장용품을 보다 빈번히 구매하였다(Rook, 1985).

(2) 이상적인 미

자신이 타인에게 내보이는 신체이미지에 대한 만족은 신체 이미지가 자신의 문화에서 중요시하는 이미지와 얼마나 일치하느냐에 영향을 받는다. 사실상 2개월 정도 된 유아들도 매력적인 얼굴을 선호하는 것으로 보인다(Goerne, 1992). 이상적인 미란 외모의 특정한 모형이다. 남자와 여자 모두에게 있어서 이상적인 미는 의복 스타일, 화장, 헤어스타일, 피부색조(예, 창백한 대 그을린) 그리고 체형(예, 작은 몸집, 투사형, 관능적 등)뿐만 아니라 신체적 특징(예, 크거나 작은 가슴 등)을 포함할 수 있다(Solomon, 1999).

신체만족
사람에게 있어서 어떤 대상 또는 생각의 감정적 유의함을 의미하며, 신체의 어떤 부위는 다른 부위보다 자기개념에 더 중추적인 역할을 함

6. 문화에 따른 자기의 이해[1]

집단주의 성향을 강하게 지닌 아시아 문화는 개인들이 기본적으로 서로 연결되어있다고 생각하기에 타인과 조화로운 상호의존을 강조한다. 반면 서구 문화에선 개인들 사이의 연결에 큰 가치를 두지 않으며, 타인으로부터 독립하여 자신의 독특한 속성을 발견하고 표현하는 것을 규범적 과제로 삼고 있다(Miller, 1988; Shweder & Bourne, 1984). 이러한 맥락에서 한 연구자는 개인주의와 집단주의라는 차원은 대인 커뮤니케이션과 매스 커뮤니케이션에서 드러나는 차이를 잘 설명해 주는 변수라고 보았다(De Mooji, 2003).

집단주의 문화권과 개인주의 문화권에서는 각각 상호의존적 자기해석과 독립적 자기해석이 전형적인 자기관점으로 나타난다(Markus & Kitayama, 1991). 자기해석이란 자기가 타자와 분리되어 있거나 연결되어 있다고 생각하는 정도를 말한다. 독립적 자기해석은 사회적 맥락과 분리된 일원적이고 안정적인 자기로 정의되며, 상호의존적 자기해석은 외적, 공적 특성을 강조하는 유동적이고 가변적인 자기로 정의된다. 독립적 자기해석은 타인의 사고, 느낌, 행위를 참조하기보다 자신만의 사고, 느낌, 행위의 내적 레퍼토리를 참조하여 조직되고 행동하는 개인으로서 자신을 해석할 것을 요구하는 반면, 상호의존적 자기해석은 자신을 주변 사회관계의 부분으로 볼 것을 요구한다. 따라서 타인의 사고, 느낌, 행위의 지각에 의해 많은 부분이 조직화되고 결정되는 상호의존적 자기관점으로 보면, 자기는 적당한 사회관계 속에 놓일 때 가장 의미 있고 완전하게 된다(Markus & Kitayama, 1991).

자기에 대해 독립적 해석을 하는 사람들 역시 사회적 환경에 반응을 보이나, 이들의 반응은 자기의 내적 속성을 표현할 최상의 방법을 결정하기 위한 전략일 경우가 많다. 즉, 이들에게 타인은 사회비교나 자기-타당화를 위해 중요한 반면, 상호의존적 자기해석을 하는 사람들에게 타인은 자기가 연결되고, 조화되고, 동화되는 상황 속의 중요한 부분으로 자리 잡기에, 타인이 갖는 중요성

자기해석
자기가 타자와 분리되어 있거나 연결되어 있다고 생각하는 정도

독립적 자기해석
자신을 사회적 맥락과 분리된 일원적이고 안정적인 자기로 봄

상호의존적 자기해석
자신을 외적, 공적 특성을 강조하는 유동적이고 가변적인 자기로 봄

---

1) 문화에 따른 자기의 이해에 관한 내용은 양윤, 김민재(2010)의 논문에서 발췌한 것이다.

의 정도와 수준은 자기해석에 따라 달라진다. 그러나 상호의존적 자기해석을 가진 사람들이 모든 타인의 요구와 목표에 주의를 기울이는 것은 아니며, 이들이 관심을 두고 있는 타인은 가족, 친구와 같이 자신과 공통의 운명을 나누는 내집단 구성원들이다. 그리고 상호의존적 자기해석을 가진 사람들 역시 독립적 자기해석을 가진 사람들처럼 능력, 의견, 판단과 같은 내적 속성을 가지면서 표현하지만, 이런 내적 속성은 특정 상황에 한정되며 때로는 파악하기 어렵고 신뢰할 수도 없다. 그러므로 상호의존적 자기해석을 하는 사람들이 가진 내적 속성은 그들의 행동을 조절하는 절대적 영향력을 가지지 못하며, 그들을 평가할 수 있는 진단적인 가치도 가지지 않는다.

이처럼 자기해석은 다양한 심리적 과정을 조절하는 중요한 역할을 하기에, 자기해석을 아는 것은 행동을 매개하고 조절하는 자기의 역할에 대한 이해를 넓혀 줌과 동시에 다른 자기해석을 지닌 사람들이 보이는 불일치하는 행동을 이해할 수 있도록 해 준다. 자기해석이 가진 이런 설명력과 중요성을 강조하는 학자들은 자기해석이 인지, 정서, 동기, 행동 등 개인의 거의 모든 영역에 영향을 미치고 있다고 주장한다(Markus & Kitayama, 1991).

자기해석의 연구를 살펴보면, 이 연구들이 일관된 결론을 도출하지 못하고 있음을 확인할 수 있다. 한 연구는 집단주의 문화와 개인주의 문화구성원들에 대한 정서소구의 설득효과를 자기초점 정서로 자부심과 행복을, 타자초점 정서로 공감과 평화를 택하여 알아보았다(Aaker & Williams, 1998). 연구자들은 개인주의 문화 구성원들이 자기초점 정서소구에 의해 그리고 집단주의 문화구성원들이 타자초점 정서소구에 의해 더 설득될 것이라는 가설을 세웠으나 예측과 반대되는 현상이 나타났다. 즉, 개인주의 문화구성원들은 타자초점 정서소구에 의해 그리고 집단주의 문화구성원들은 자기초점 정서소구에 의해 더 설득되었다. 이들의 연구에서 예측과 반대되는 결과가 나타난 이유는 개인주의 문화권에선 타자초점 정서소구가 그리고 집단주의 문화권에선 자기초점 정서소구가 광고에서 흔히 볼 수 없는 정서소구여서 새로운 자극이 정교화 동기를 증가시켰기 때문이었다. 다른 한편 한 연구는 독립적 자기해석을 하는 사람들에게는 자기초점 소구가 더 효과적이고 상호의존적 자기해석을 하는 사람들에게는 타자초점 소구가 더 효과적임을 보여 주고 있다(Agrawal, Menon, &

Aaker, 2007). 이 두 연구는 자기해석의 접근에서 차이를 지니는데, 전자(Aaker & Williams, 1998)의 연구는 특정 문화권의 구성원들은 특정한 자기해석을 지닌다고 보았지만, 후자(Agrawal et al., 2007)의 연구는 개인은 각자가 만성적인 자기해석을 지니고 있다고 보고 있다.

이처럼 기존 연구들은 특정 국가의 구성원들이 문화적 지향으로 가진 자기해석으로 접근하거나, 개인이 만성적으로 가진 자기해석으로 접근하는 등 자기해석과 관련한 상이한 접근방법을 사용하였기에 일관된 연구결과를 도출하지 못한 것으로 보인다. 만일 대한민국에서 이러한 연구를 수행한다면, 어떻게 될까? 국내에서 수행된 연구들에 의하면, 한국인들의 집단주의적 가치는 점차 쇠퇴하고 있는 것으로 보이며(나은영, 차재호, 1999), 개인주의 성향자로 구분되는 사람들의 수도 점차 증가하고 있는 것으로 나타나고 있다(한규석, 신수진, 1999). 그러므로 한국인들이 집단주의적 문화지향을 가졌다고 획일적으로 접근하는 연구는 지양되어야 할 것으로 보인다.

동일한 맥락에서 마커스와 기타야마(Markus & Kitayama, 1991)는 독립적 자기해석은 서구문화에서, 상호의존적 자기해석은 비서구문화에서 획일적으로 나타난다고 말할 수는 없으며, 한 문화권이 독립적 자기해석 또는 상호의존적 자기해석을 가졌다고 구별하는 것은 문화구성원 전체를 고려할 때 대두되는 일반적인 경향으로 봐야만 한다고 주장하였다. 따라서 개인주의 혹은 집단주의 경향을 강하게 지닌 문화권을 비교해 연구를 진행하는 경우에는 한 문화권의 실험참가자 전체가 특정한 자기해석성향을 가졌다고 보는 것도 가능하지만, 한국과 같이 개인주의 성향과 집단주의 성향이 동시에 나타나는 상황에선 만성적으로 독립적 자기해석을 하는 사람들과 만성적으로 상호의존적 자기해석을 하는 사람들로 나누어 접근하는 것이 더 적합할 것이다.

동일한 맥락에서 한 연구자는 각 개인이 독립적 자기해석과 상호의존적 자기해석이라는 두 가지 자기해석 측면을 모두 지니며, 개인에 따라 상호의존적 자기해석이나 독립적 자기해석이 더 우세하게 나타나고 있음을 독립적/상호의존적 자기해석 척도에 대한 요인분석을 통해 증명하였다(Singelis, 1994). 따라서 대한민국 사회의 개인들에 관한 연구라면 독립적 자기해석에 비해 상호의존적 자기해석이 높은 사람들과 상호의존적 자기해석에 비해 독립적 자기해석이 높은 사람들로 나눠보는 관점이 연구의 타당성을 높여줄 것이다. 이에 근거하여 수행된 한 연구에서 상호의존적인 자기해석을 하는 사람은 사적 상황보다 공적 상황에서 금연 공익광고에 더 호의적인 태도를 보였으나, 독립적인 자기해석을 하는 사람은 상황에 따른 차이를 보이지 않았다(양윤, 김민재, 2010).

7. 상표성격

상표성격은 성격심리학의 특질론을 마케팅에 적용하여 개발된 개념으로 상표속성과 대비될 수 있다. 즉, 소비자는 상표를 선택할 때, 각 상표의 속성에 대한 평가(신념)를 토대로 선택할 수 있고 또는 각 상표가 갖는 고유의 이미지를 토대로 선택할 수 있다. 그러므로 상표속성 평가는 효용적 기능을 수행하는 반면에 상표성격은 상징적 혹은 자기표현적 기능을 수행한다.

상표성격은 상표를 살아 있는 대상인 것처럼 여기고 상표에 인간적인 특성을 부여하는 것으로(Fournier, 1998), 이는 인간의 성격을 상표에게 부여하는 것을 의미한다. 따라서 상표성격이란 상표에 부여된 인간의 성격으로 상표가 지니는 인간적인 특성의 집합이다(Aaker, 1997). 한 연구자는 상표의 인간적인 특성을 광고와 관련지어 상표성격의 요소로 '화려한' '친절한' '젊은' 등을 들며, 상표성격이 소비자가 상표를 선택하게 하는 데 중요한 요소가 된다고 주장하였다(Plummer, 1985). 예를 들면, 리바이스는 젊은이의 '강건함', 나이키는 '젊음' '활기참' '거침' '외향성' '모험성' 등을 광고컨셉트로 내세우면서 새로운 상표성격을 유도하였다. 다시 말해, 상표성격은 상표와 연합된 인간 성격의 집합이며 제품 관련 속성과 달리 상징적이거나 자기표현적인 기능을 전달한다. 또한 상표성격은 지속적이며 개별적인 경향성을 지닌다(Aaker, 1997).

상표성격은 크게 두 가지 측면에서 중요하다. 첫째, 마케터 입장에서 보면 상표성격은 유사상표와의 차별화를 효율적으로 촉진하여 강력한 상표정체성을 구축하고 상표자산을 형성하는 데 중요한 부분을 차지한다. 기술적인 측면에서 거의 경쟁상표와 별 차이가 없다고 인식되더라도 상표성격을 통해 다르게 차별화할 수가 있다. 둘째, 소비자 관점에서 소비자는 상표성격을 통하여

상표성격
상표에 부여된 인간의 성격으로 상표가 지니는 인간적인 특성의 집합

자기를 표현할 수 있다. 많은 소비자가 상표를 효용적 관점에서 소비하기보다는 상징적 관점에서 소비하는 경향이 있다.

이를 통해 상표성격은 소비자가 특정 상표를 선호하고 선택하는 데도 영향을 미친다. 즉, 소비자가 원하는 상표의 성격이 그 상표의 구매를 촉진한다. 반대로 소비자가 원하지 않는 성격을 가진 상표는 소비자에게 외면당하기 쉽다. 기존의 어떤 제품이든지 모든 상표는 각기 성격을 가지고 있다. 따라서 제품이 상표화가 되면서 그 상표는 어떤 의미를 갖게 되고 이러한 의미가 소비자에게 상당한 영향을 미친다.

상표성격척도   아커(Aaker, 1997)는 상표성격을 상표이미지와 연결하였고 상표성격을 측정할 수 있는 도구를 개발함으로써 그 개념을 현실에 실제로 적용할 수 있도록 기반을 마련하였다. 그는 심리학에서 사용된 성격척도인 성격특질 5요인(Big 5)과 마케터가 사용해 온 성격척도 그리고 질적인 조사결과를 바탕으로 상표성격척도를 개발하였다. 이 척도는 5개 요인으로 구성되어 있는데, 이러한 요인은 강인, 성실, 세련, 흥미진진, 능력 등이다.

한편 국내에서는 양윤과 조은하(2002)가 한국형 상표성격척도를 개발하였는데, 이 척도는 아커의 척도와 마찬가지로 5개 요인으로 구성되어 있으며, 이러한 요인은 강인, 성실, 세련, 흥미진진, 귀여움 등이다. 양윤과 조은하가 개발한 척도와 아커의 척도 간에는 높은 공존타당도가 있음이 밝혀졌다.

8. 라이프스타일과 사이코그래픽 분석

소비자들 간의 개인차를 확인하는 또 다른 방법은 사이코그래픽 분석(psychographic analysis)에 의해 그들의 생활양식(lifestyle)을 알아내는 것이다. 사이코그래픽 분석이란 소비자가 생활하고, 일하며, 즐기는 방식에 의해 소비자를 세분화하려는 소비자 연구의 한 형태이다. 오늘날 전문적인 마케터는 이 분석을 많이 사용한다.

1) 소비자 라이프스타일

연구자들은 라이프스타일을 "사람들이 생활하는 양식"으로 단순하게 정의하였다(Hawkins, Best, & Coney, 1983). 그런데 생활양식은 사람들의 집합을 세 가지 다른 수준으로 기술하기 위해서도 사용되었는데, 이는 개인, 상호작용하는 사람들의 소집단 그리고 사람들의 대집단[예, 세분시장(market segment)]을 말한다(Anderson & Golden, 1984).

생활양식에 대한 소비자 개념은 성격에 대한 개념과는 상당히 다르다. 생활양식은 사람들이 어떻게 살아가고, 어떻게 그들의 돈을 소비하며, 그들의 시간을 어떻게 배분하는지 등으로 표현된다. 따라서 생활양식은 소비자의 명백한 행동과 관련되며, 반대로 성격은 더 내면적인 관점에서 소비자를 설명한다(Anderson & Golden, 1984). 다시 말해, 성격은 소비자가 생각하고, 느끼고, 지각하는 특징적인 패턴을 알 수 있게 한다(Markin, 1974).

물론 생활양식은 성격과 밀접히 관련된다. 위험감수 수준이 낮은 조심스러운 성격의 소비자는 등반, 행글라이딩, 밀림탐험 등과 같은 레저활동에 대해 심사숙고하거나 추구하는 생활양식을 갖지 않을 것이다.

그러나 생활양식과 성격이 관련된다고 하더라도, 이 두 개념은 두 가지 중요한 이유로 인해 구분될 필요가 있다. 첫째, 이 둘은 개념적으로 다르다. 성격은 개인의 내적특성을 다루지만, 생활양식은 이러한 특성이 외부로 표출된 것을 다룬다. 비록 두 개념이 특정 개인을 묘사할지라도, 이것들은 그 개인의 다른 면을 기술한다.

둘째, 생활양식과 성격은 서로 다른 마케팅 시사점을 갖는다. 몇몇 연구가들은 마케터가 시장을 먼저 생활양식에 근거해 세분화하고 그다음으로 성격차이에 근거해 이러한 세분시장을 분석함으로써 시장을 연속적으로 세분화할 것을 추천하였다(Mehotra & Wells, 1979). 마케터는 제품을 구매하고, 시간을 소비하며, 다양한 활동에 종사하는 데 있어서 일관된 행동패턴을 보이는 소비자를 먼저 확인함으로써, 유사한 생활양식을 가지고 있는 개별 소비자의 커다란 집단을 규정할 수 있다. 마케터가 이러한 세분시장을 확인한 후에, 이들은 생활양식 패턴의 근거가 되는 내적요인들을 폭넓게 이해하기 위해 적절한 성격척도를 사용할 수 있다.

다음으로 생활양식을 측정할 수 있는 방법인 사이코그래픽 분석에 관해 언급할 것이다.

2) 사이코그래픽 분석

사이코그래픽스는 소비자의 심리적(사이코) 구성을 기술(그래프)하려는 아이디어를 내포하고 있다. 그러나 사실상 이 용어는 소비자의 활동(activity), 관심(interest), 의견(opinion) 등(AIOs)을 분석함으로써 소비자의 생활양식을 평가하기 위해 사용된다. 따라서 사이코그래픽 분석을 AIO 분석이라고도 부른다. 사이코그래픽 연구의 목적은 기업이 고객을 더 잘 이해하고 고객에게 더 용이하게 접근하도록 돕기 위해 세분된 소비자 집단을 묘사하는 데 있다. 사이코그래픽 연구는 보통 표적시장의 생활양식, 성격특성, 인구통계학적 특성 등을 평가하기 위해 고안된 질문을 포함한다. 요약하면 사이코그래픽스는 소비자의 생활양식, 성격, 인구통계학적 특성 등으로 구성된 양적 연구이다.

사이코그래픽 분석
소비자의 활동, 흥미, 의견 등을 분석함으로써 소비자의 생활양식을 평가하는 기법

사이코그래픽스와 AIO 진술　　소비자의 생활양식을 알아내기 위해 사이코그래픽 연구자들은 소비자의 활동, 관심, 의견 등을 드러내려는 AIO 진술이라 불리는 질문을 사용한다. 활동 질문은 소비자가 무슨 일을 하는지, 무엇을 구매하는지, 시간을 어떻게 사용하는지와 관련된다. 관심 질문은 소비자의 선호도와 우선순위에 초점을 맞춘다. 그리고 의견 질문은 세계, 지역, 도덕, 경제, 그리고 사회적인 일들에 관해 소비자의 의견과 느낌을 묻는다. 〈표 6-3〉은 AIO 항목의 예를 보여 준다.

AIO 항목을 개발하는 데 엄격한 규칙은 없다. 사실 이 항목은 구체화 수준에서 차이가 난다. 매우 구체적인 AIO 질문은 특정 제품이나 서비스에 대한 응답자들의 태도와 선호도를 요구한다. 예를 들어, 한 과자회사의 마케터는 코코넛 비스킷에 대한 소비자 지각에 관심을 두고, 응답자에게 다음과 같은 매우 구체적인 질문들에 동의 또는 비동의를 요구할 수도 있다.

나는 너무 바삭해서 깨물 때 경쾌한 소리가 나는 코코넛 비스켓을 찾는다.

코코넛 비스켓은 나에게 이국적인 환상을 가져온다.

나는 코코넛 비스켓을 먹을 때, 모든 것을 잊어버린다.

그러나 AIO 질문은 훨씬 더 일반적일 수 있다. 연구자들이 소비자가 동의 또는 비동의하도록 요구하는 다소 일반적인 질문은 다음과 같다.

나는 내가 활동적인 사람이라고 생각한다.

나는 세계 평화를 믿는다.

나는 도시는 활동적인 곳이라고 생각한다.

연구자들은 두 가지 유형의 질문에 다른 목적을 가지고 있다. 매우 구체적인 질문은 소비자가 제품에 대해 무엇을 생각하는지, 그 제품이 그들과 어떤 관련이 있는지에 대한 정보를 준다. 그러한 자료로부터 제품이 개발되거나 변화되고, 특정한 메시지가 만들어진다. 실제로 독특한 판매주장(unique selling proposition)은 이 정보를 기반으로 한다. 독특한 판매주장은 제품이나 서비스의 주요 특징을 드러내는 강력한 문구이다. 일반적인 AIO 질문은 마케터가 표적시장의 일반적인 생활양식을 이해하는 데 필요한 소비자 시장의 프로파일을 개발할 때 더 유용하다. 이 프로파일을 사용하여 광고인들은 광고주제와 배경에 대한 아이디어를 개발할 수 있다.

기업에서 인기 있는 사이코그래픽 목록은 밸스(values and lifestyles: VALS)이다. 또한 소비자 연구가들은 가치목록(list of values: LOV)이라 불리는 또 다른 목록에도 관심을 두고 있다. 다음 두 절에서 이 두 가지 목록과 그것들이 마케팅관리에 어떻게 도움을 주는지를 알아볼 것이다.

독특한 판매주장
제품이나 서비스의 주요 특징을 드러내는 강력한 문구

표 6-3 AIO 목록에서 발견되는 몇 가지 전형적인 질문들

1. 활동 질문

① 당신은 적어도 한 달에 두 번 어떤 야외 스포츠에 참여합니까?

② 1년에 얼마나 많은 책을 읽습니까?

③ 얼마나 자주 쇼핑매장을 방문합니까?

④ 당신은 휴가 동안 외국에 가 본 적이 있습니까?

⑤ 얼마나 많은 클럽에 속해 있습니까?

2. 관심 질문

① 운동, 교회, 일 중에 가장 관심 있는 것은 무엇입니까?

② 새로운 음식을 시식하는 것은 얼마나 중요합니까?

③ 살면서 출세하는 것은 당신에게 얼마나 중요합니까?

④ 토요일 오후 2시간 동안 당신의 아내와 보내는 것과 혼자 산책하는 것 중 어떤 게 더 좋습니까?

3. 의견 질문(응답자가 동의 또는 비동의하게 함)

① 중국 사람들은 우리와 비슷하다.

② 여자들은 낙태에 대한 자유선택권을 가져야 한다.

③ 공기업에 너무 많은 돈이 지불된다.

④ KBS는 정치와 무관해야 한다.

⑤ 우리는 핵전쟁에 대비해야 한다.

3) 밸스 사이코그래픽 목록

아마도 가장 잘 개발된 사이코그래픽 목록은 스탠포드 연구기관(Stanford research institute: SRI)에서 개발된 밸스 생활양식 분류목록일 것이다. 밸스(values and lifestyles: VALS)는 미국 기업에서 시장을 세분화하고 광고와 제품전략을 개발하는 데 널리 사용되었다(Mitchell, 1983).

SRI는 기업들이 사용하는 두 가지 사이코그래픽 목록들을 개발하였다. 밸스 또는 밸스 1로 불리는 첫 번째 목록은 동기와 발달심리학 이론—특히 매슬로의 욕구위계—에 기초를 두었다. 밸스 2로 불리는 두 번째 목록은 소비자 구매패턴을 측정하기 위해 특별히 고안되었다.

(1) 최초 밸스 목록

밸스의 창시자들은 그들이 이중위계라고 부르는 일련의 단계를 통해 소비자가 이동한다고 보았다. [그림 6-2]에서처럼 이중위계는 사람들의 일반적인 네 가지 범주를 포함하는데, 이는 ① 욕구 추동적(need-driven) 사람, ② 외부 지향적 사람, ③ 내부 지향적 사람 그리고 ④ 통합된 사람 등이다(Mitchell, 1983). 〈표 6-4〉는 이러한 밸스의 모든 집단들의 특징을 요약하고 있다.

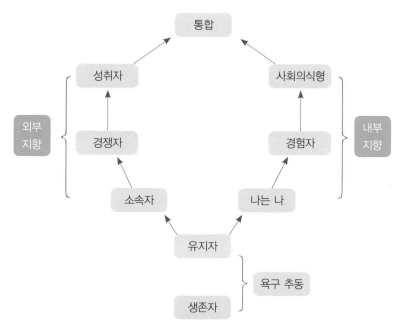

[그림 6-2] 밸스의 이중위계

출처: Mitchell, A. (1983). *The nine Amercian lifestyles*. New York: Macmillan.

표 6-4 밸스에 의해 분류된 집단 특성

1. 욕구 추동적 집단(need-driven group)
   ① 생존자(survivors): 가난하고, 나이가 많고, 건강이 좋지 않으며, 교육수준이 낮다.
   ② 유지자(sustainers): 역시 가난하지만 자신이 가난하다고 생각하지 않는다. 희망을 포기하지 않는다. 생존자보다 젊고 종종 소수인 유지자는 생존자보다 더 자기확신적이고, 더 많이 계획하고, 미래에 대하여 더 기대를 갖는다.

2. 외부 지향적 집단(outer-directed group): 다른 사람이 그들에 대하여 어떻게 생각하는지에 초점을 맞추고, 그들의 삶이 가시적이고, 실체적이며, 물질적이도록 조절한다.

① 소속자(belongers): 미국의 중산층. 대부분이 백인이고, 중간소득을 가지며, 중년 층이거나 그보다 나이가 많다. 그들은 가족, 교회 그리고 관습을 소중히 여긴다.

② 경쟁자(emulators): 성취자를 모방함으로써 앞으로 나아가려고 맹렬히 노력한다. 매우 야망적이지만 돈을 저축하기보다는 소비한다.

③ 성취자(achievers): 부유하고, 소득이 높고, 자영업의 전문가. 정치적 설득에서 보수적이고 공화주의자이다.

3. 내부 지향적 집단(inner-directed group): 그들은 내부에 초점을 맞추고 강렬한 관여 과제를 찾는다.

① '나는 나' 집단(I-am-me group): 젊고, 미혼이고, 정서, 느낌, 관점에 있어서 큰 변화가 특징적이다. 열성적이고, 대담하고, 새로운 생각과 소유물을 찾는다.

② 경험자(experientials): 명분, 쾌락, 운동과 같은 활동에 깊게 관여한다. 독립적이고, 자기 신뢰적이고, 혁신적이다. 적당한 소득에 20대 후반이다.

③ 사회의식형(societally conscious): 소수의, 성공적이고, 성숙하고, 사회적 논점과 관련해서 자유로운 집단이다. 성취자의 내부 지향적 특성을 지닌다.

4. 통합 집단(integrated group): 인구의 2%를 구성하며, 자기실현적 인간에 가깝다. 내부 지향적 성격과 외부 지향적 성격의 가장 좋은 특징을 함께 맞추어 다루는 성숙하고 균형 잡힌 사람들이다. 통합적인 사람들이 밸스 집단 중 가장 높은 소득을 가지고 있음에도 불구하고, 그들의 적은 수로 인해 성공적인 표적시장으로 정하는 것이 어렵다.

밸스 목록이 마케터들에게 인기가 있기 때문에, 다양한 밸스 집단들 사이의 소비와 행동에서의 차이를 서술하는 수많은 연구가 수행되었다. 하나의 예는 미국 쇠고기 산업협의회를 위해 수행된 연구이다. 쇠고기 산업은 미국에서 1980년대와 1990년대에 1인당 쇠고기 소비의 감소로 큰 문제에 직면했었다(National Live Stock & Meat Board, 1985). 이 불길한 경향을 이해하기 위해 쇠고기 산업협의회는 밸스의 범주에 따라 소비자를 분류하고, 그들의 쇠고기, 양고기, 생선 그리고 기타 주요 요리의 소비를 분석하는 조사를 의뢰하였다. 〈표 6-5〉는 8개의 밸스 집단에 따른 쇠고기, 양, 생선, 닭고기 그리고 칠면조의 소비지수를 제공한다.

표 6-5	쇠고기와 생선 소비에 대한 밸스 분석				
	쇠고기	양고기	생선	닭고기	칠면조
생존자	64	21	62	69	41
유지자	77	54	111	93	62
소속자	98	96	90	97	75
경쟁자	102	62	111	107	63
성취자	115	125	108	107	155
나는 나	90	174	119	90	110
경험자	95	36	79	100	85
사회의식형	109	160	121	108	154

주: 평균 100인 지수에 근거함. 응답자들은 지난 일주일 동안 그들이 먹은 음식을 지적함.
출처: Thomas, T. C., & Crocker, S. (1981). *Values and lifestyles-New psychographics.* Menlo Park, CA: SRI.

표에서 추측건대 생존자와 유지자는 너무 가난해서 여유가 없어서 어떤 고기도 많이 소비하지 않는다. 반면에 성취자와 사회의식형은 신선한 생선을 포함해서 모든 유형의 고기를 많이 소비한다. 아마도 소득이 이러한 결과를 설명할 수 있을 것이다. 성취자와 사회의식형 집단은 높은 소득을 가지고 있고 따라서 모든 종류의 고기, 생선 그리고 조류를 먹을 만한 여유가 있다. 그러나 생활양식 또한 명확하게 밸스 집단의 소비패턴에 영향을 줄 수 있는데, 왜냐하면 경험자 집단은 매우 적은 양의 양고기를 먹지만, '나는 나' 집단은 평균보다 더 많이 먹기 때문이다.

부분적으로 이러한 밸스 분석의 원리에 기초해서, 쇠고기 산업협의회의 광고대행사는 협의회에 쇠고기 판매촉진의 표적을 활동적인 성인집단—밸스 용어로 '성취자' '나는 나' '경험자' 그리고 '사회의식형' 등—으로 할 것을 추천하였다. 이 집단들은 좋은 표적으로 보이는데, 그들 모두 집단의 규모가 늘어나고 있고, '성취자'와 '사회의식형'은 여론주도자이며, '나는 나'와 '경험자'는 쇠고기에 대한 부정적인 태도를 보이고 있으나 변할 가능성이 높기 때문이었다.

(2) 밸스 2 목록

밸스 1에 대한 비판으로 인해 스탠포드 연구기관(SRI)은 밸스 2라 불리는 두 번째 사이코그래픽 목록을 만들었다. 밸스 2의 목표는 소비자태도와 구매행동 간의 구체적인 관계를 확인하는 것이다. 〈표 6-6〉에서 요약했듯이 이 목록은 미국 인구를 그들의 자기정체성과 자원에 기초해서 8개의 집단으로 나누었다.

표 6-6 밸스 2 소비자 세부 집단에 대한 기술

1. **실현자(actualizers):** 원칙과 행위에 초점을 두며 자원이 풍부함. 취향, 독립심, 특성 등을 능동적으로 표현하며 기꺼이 돈을 지출함. 대학교육을 받았고, 인구의 8% 정도이며, 연령 중앙치는 43세이고, 수입은 연 58,000달러임.

2. **수행자(fulfilleds):** 원칙에 초점을 두며 자원이 풍부함. 자신의 이미지를 중요시하지 않는 성숙하고, 자기만족적이며, 지식을 충분히 갖고 있는 특성이 있음. 일반적으로 나이가 든 자녀들이 있는 기혼자임. 인구의 11% 정도이고, 연령 중앙치는 48세이며, 대학교육을 받았고, 소득 중앙치는 연 38,000달러임.

3. **신봉자(believers):** 원칙에 초점을 두며 자원이 빈약함. 전통적이며 도덕적이고, 가족과 교회에 국한된 예측 가능한 생활양식을 갖고 있음. 국산제품에 충성을 보이며 비혁신적임. 고등학교를 졸업했고, 인구의 16% 정도이며, 연령 중앙치는 58세이고, 소득은 연 21,000달러임.

4. **성취자(achievers):** 지위에 초점을 두며 자원이 풍부함. 성공과 경력 지향적임. 위험 회피 경향이 강하며, 권위와 현상을 중시함. 이미지를 매우 중시하여 고가의 과시적 자동차를 구매함. 대학교육을 받았고, 인구의 13%이며, 평균연령은 36세이고, 평균 수입은 연 50,000달러임.

5. **노력자(striver):** 지위에 초점을 두며 자원이 빈약함. 충동적이고 트렌드에 민감하며, 자신의 행위에 대해 사회적 승인을 추구함. 돈이 성공을 의미함. 약간의 대학교육을 받으며, 인구의 13% 정도임. 연령 중앙치는 34세이고, 소득 중앙치는 연 25,000달러임.

6. **경험자(experiencers):** 행위에 초점을 두며 자원이 풍부함. 젊고, 열정적이며, 운동과 위험을 즐김. 독신이며 충동적인 구매자이고, 교육과정을 아직 끝내지 못함. 인구의 12% 정도이며, 평균연령은 26세이고 소득은 연 19,000달러임.

7. **제작자(makers):** 실용적 행위에 초점을 두며 자원이 빈약함. 보수적이고 실용적이며, 자영업에 종사하고, 가족을 중시함. 인구의 13% 정도이고, 연령 중앙치는 30세이며, 소득은 연 30,000달러임. 고등학교 교육을 받음.

8. **투쟁자(strugglers):** 가난하고, 교육을 받지 못했으며, 자원이 거의 없고, 순간의 삶에 매달림. 조심스럽지만 충성스러운 구매자이고, 인구의 14% 정도임. 연령 중앙치는 61세이고 소득은 연 9,000달러임. 고등학교 교육을 받음.

첫 번째 차원인 자기정체성의 경우, 밸스 2 연구자들은 세 가지 다른 소비자 지향을 확인하였다. 원칙 지향적 사람들은 그들의 감정, 그들에게 일어난 사건 또는 타인의 인정보다는 그들의 신념에 따라 구매선택을 한다. 지위 지향적 사람들은 그들의 구매를 타인들이 인정할 것인지에 기초하여 구매선택을 한다. 마지막으로 행위 지향적 사람들은 활동, 다양성, 그리고 위험추구 등의 욕구에 기초해서 구매결정을 한다.

밸스 2 분류 도식의 두 번째 차원인 자원의 경우, 연구자들은 소비자의 재정적, 물질적 자원뿐만 아니라 그들의 심리적이고 신체적인 자원 또한 포함한다. [그림 6-3]은 밸스 2의 분류 틀을 보여 준다. 풍부한 자원을 가진 사람들은 그 분류 틀의 한쪽 끝에 있고, 최소한의 자원을 가진 사람들은 다른 한쪽 끝을 차지한다.

밸스 2는 캐나다 운송국이 공항에서 여행자를 조사하는 데 사용되었다. 조사결과는 여행자 대부분이 실현자(37%)라는 것을 나타냈다. 실현자는 고소득이며, 그들은 그들의 좋은 취향, 독립성 및 특성 등을 표현해 주는 제품을 구매한다. 이러한 특성은 더 분명한 이미지를 표현해 주는 제품 또는 자연적인 제품을 취급하는 점포가 공항에서 잘될 것임을 제안한다. 연구자들의 설명에 따르면, 실현자는 질 좋은 수공예품의 좋은 시장이다(Piirto, 1991).

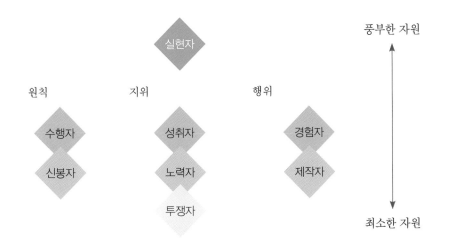

[그림 6-3] 밸스 2의 분류 틀

주: 원칙, 지위 및 행위 등이 SRI에 의해 제안된 자기지향의 세 가지 차원임.
출처: SRI International.

밸스 1과 밸스 2의 유용성을 평가하는 데 있어서 문제점은 그것들이 개인적인 도구(즉, 공적인 영역에서가 아닌)라는 것이다. 스탠포드 연구기관은 외부 소비자 조사자가 이 도구를 사용하는 데 매우 엄격해서 이것들의 신뢰도와 타당도를 평가하기 어렵다(Beatty, Homer, & Kahle, 1988; Kahle, Beatty, & Homer, 1986; Lastovicka, Murray, & Joachimsthaler, 1991). 그러나 조사 자체는 인터넷상에서 이용가능하다.

4) 가치목록 척도

밸스에서 보고된 몇 가지 문제점을 해결한 한 분석도구가 가치목록(List of Values: LOV) 척도이다. 가치목록의 목표는 사람들의 지배적인 가치를 평가하는 것이다(Kahle, Beatty, & Homer, 1986). 엄격한 사이코그래픽 목록이 아님에도 불구하고(즉, 이것은 AIO 문장을 사용하지 않는다), 가치목록은 밸스가 가진 동일한 문제들에 적용된다. 게다가 가치목록은 공적인 조사에 이용가능하기 때문에, 그것의 타당도와 신뢰도가 평가될 수 있다. 가치목록에 의해 평가된 아홉 가지 가치는 다음과 같다.

1. 자기실현(self-fulfillment)
2. 흥분(excitement)
3. 성취감(sense of accomplishment)
4. 자기존중(self-respect)
5. 소속감(sense of belonging)
6. 존경받음(being well-respect)
7. 안전(security)
8. 재미와 즐거움(fun and enjoyment)
9. 타인과 따뜻한 관계(warm relationship with others)

가치목록이 시장조사에서 사용될 때, 응답자의 인구통계학적 프로필을 평가하는 질문이 아홉 가지 가치를 확인하기 위해 고안된 질문에 첨가된다. 가치목록 척도는 세 가지 차원을 가지고 있다. 처음의 네 가지 항목들(즉, 자기실현, 홍분, 성취감, 자기존중)에 관한 질문은 개인내부의 가치를 나타낸다. 다음의 세 가지 항목(즉, 소속감, 존경받음, 안전)에 관한 질문은 외부세계에 초점을 둔 가치를 나타낸다. 따라서 범죄와 실업을 많이 걱정하는 사람은 아마도 안전의 욕구를 가질 것이다. 마지막의 두 가지 항목(즉, 재미와 즐거움, 타인과 따뜻한 관계)에 관한 질문은 응답자들의 대인관계 지향성을 측정한다(Homer & Kahle, 1988).

이후의 확장된 연구에서, 가치목록이 소비자의 내부, 대인관계 그리고 외부 등의 세 가지 차원에 따라서 소비자를 매우 잘 차별화시킨다고 보고되었다. 예를 들어, 한 연구는 내적인 가치를 강조하는 사람들은 그들의 삶을 조절함을 보여 주었다. 이러한 조절에 대한 욕구는 어디에서 먹고, 어디에서 쇼핑을 하는가와 같은 소비자 결정에까지 확장되었고, 좋은 영양분을 얻고자 하며 그리고 자연식품을 구매함으로써 식품첨가물을 피하고자 하는 욕구로도 나타났다. 대조적으로 외부 지향적인 사람은 아마도 대도시를 선호하는 욕구 때문에 자연식품을 회피하는 경향이 있었다(Kahle, Beatty, & Homer, 1986; Novak & MacEvoy, 1990; Kamakura & Novak, 1992).

5) 소비 생활양식 목록

새로운 생활양식 목록은 9개의 '소비 커뮤니티'를 확인하였다(Fournier, Antes, & Beaumier, 1992). 이러한 목록의 개발자는 유사한 소비 패턴을 보인 소비자를 집단으로 묶기 위해 소비자의 실질적인 지출 패턴이 사용되는 행동적 세분화 접근법을 도입하였다. 〈표 6-7〉은 이 목록을 구성하는 아홉 가지 소비 생활양식을 보여 준다.

표 6-7 아홉 가지 소비 생활양식

1. 기능주의자(functionalists): 필요한 때만 돈을 소비함. 평균 교육수준, 평균소득, 대부분이 기능직. 자녀가 있는 기혼자이며 55세보다 적은 경향이 있음.

2. 양육자(nurturers): 젊음. 낮은 소득. 자녀양육, 초기세대를 꾸려 나감, 가족의 가치 등에 초점을 둠. 평균 이상의 교육수준.

3. 열망자(aspirers): 지위유지 제품(특히, 집)에 평균 이상의 돈을 지출함으로써 고품격 삶을 즐기는 데 초점을 둠. 9개의 집단들 중에서 총지출이 가장 많지만, 소득수준에서는 4번째임. 고전적인 '여피(Yuppie)' 특성을 지님. 교육수준이 높고, 사무직이며, 기혼이나 자녀는 없음.

4. 경험자(experientials): 오락, 취미, 편리품 등에 평균 이상의 돈을 지출. 평균 교육수준이나 사무직에 종사하여 평균 이상의 소득을 가짐.

5. 성공자(succeeders): 확고한 세대를 구축. 중년. 높은 교육수준. 9집단 중에서 가장 높은 소득. 교육과 자기발전에 꽤 많은 돈을 지출. 일과 관련된 경비를 평균 이상으로 지출.

6. 도덕자(moral majority): 교육기관, 정치적 대의명분, 교회 등에 많은 돈을 지출. 자녀가 출가함으로 인해 빈둥지 단계임. 9집단 중에서 두 번째로 소득이 많음. 부부 중 한쪽만 돈을 범.

7. 노후(the golden years): 은퇴했지만, 세 번째로 소득이 많음. 집을 리모델링하는 데 관심이 많음. 노동절약 제품과 오락에 많은 돈을 지출.

8. 유지자(sustainers): 은퇴를 하고, 가장 나이가 많은 집단. 필수품과 술에 소득의 많은 부분을 지출함. 교육수준이 낮으며, 두 번째로 소득이 낮음.

9. 생존자(subsisters): 사회경제적 지위가 낮음. 평균 이상이 사회복지에 의존함. 대부분이 가족 중에서 한쪽만 돈을 범. 평균 이상이 소수집단임.

출처: Fournier, S., Antes, D., & Beaumier, G. (1992). Nine consumption lifestyles. In J. F. Sherry, Jr. & B. Sternthal (Eds.), *Advances in Consumer Research, 19*, 329-337.

6) 사이코그래픽스의 제한점

사이코그래픽 연구는 소비자 연구가와 기관이 많은 시간과 비용을 투자함으로써 보편화되었다. 그럼에도 불구하고 소비자를 이러한 방식으로 분류하는 것은 구매과정을 지나치게 단순화시키고, 나아가서 마케터를 잘못 인도할 수 있다는 위험이 있다. 소비자의 구매는 소비자의 개인차, 사람들과의 상호작용, 제품-서비스 관계 그리고 구매상황으로부터 나타난다. 구매행동에 대해 성격 또는 사이코그래픽스에 의해서만 설명할 수 있는 양은 적을 것이다.

사이코그래픽 분석이 소비자에 대한 깔끔하고 정돈된 설명을 제공하는 경향이 있기는 하지만, 지나친 단순화로 인해 소비자를 정확히 파악하지 못할 위험이 발생할 수 있다. 그러나 현재로서는 다른 적절한 대안이 없는 형편이다.

성격은 '개인의 환경에 대한 적응을 결정짓는 특징적인 행동패턴과 사고양식'으로 정의된다. 비록 성격이 일관적이고 지속적인 경향이 있지만, 주요한 삶의 사건으로 갑작스럽게 변하거나 상황에 따라 비일관적일 수 있다고 알려졌다. 또한 성격과 구매 간에는 단순한 자극-반응 관계가 성립되지 않으며, 개인차(성격), 상황, 제품 간의 상호작용이 중요한 것으로 나타난다.

정신분석 이론은 성격을 원초아, 자아, 초자아의 투쟁의 산물이라고 보았다. 이는 소비자 행동에서 동기 연구에 주요한 영향을 주었다. 호나이의 성격 이론은 사람들이 세 가지 성격집단으로 분류될 수 있다고 제안하였는데, 이는 순응, 공격, 이탈 등이다. 특질론은 소비자가 우세한 특성에 따라 분류된다는 접근이다. 특질접근은 소비자 행동을 연구하기 시작한 초기에 소비자 연구가에 의해 널리 사용되었다. 소비자 연구가는 특질접근에 근거하여 소비자의 특정한 구매행동을 직접적으로 측정해 줄 수 있는 타당하고 신뢰도 높은 많은 성격척도를 개발하였다. 여기에는 자기감시, 인지욕구, 애매함에 대한 관용, 시각처리 대 언어처리, 분리 대 연결과 기타 여러 성격척도 등이 포함된다.

자기개념은 '자기 자신을 하나의 대상으로 나타내는 개인의 사고와 감정의 총합'으로 정의되며, 사람들이 그들의 자기개념과 일치되게 행동하려는 욕구가 있어서 자기 자신에 대한 지각이 성격의 기본을 형성한다. 많은 제품은 소비자의 자기개념 반영의 일부로 구매된다. 이러한 제품은 구매자의 자기개념을 다른 사람에게 나타내는 상징이다. 이러한 자기는 문화에 따라 달리 이해될 수 있는데, 이를 자기해석을 통해 살펴볼 수 있다. 개인주의 문화와 집단주의 문화에서 자기해석이란 자기가 타자와 분리되어 있거나 연결되어 있다고 생각하는 정도를 말한다. 이에 독립적 자기해석은 사회적 맥락과 분리된 일원적이고 안정적인 자기로 정의되며, 상호의존적 자기해석은 외적, 공적 특성을 강조하는 유동적이고 가변적인 자기로 정의된다.

상표성격은 성격심리학의 특질론을 마케팅에 적용하여 개발된 개념으로 상표속성과 대비될 수 있다. 즉, 소비자는 상표를 선택할 때, 각 상표의 속성에 대한 평가(신념)를 토대로 선택할 수 있고 또는 각 상표가 갖는 고유의 이미지를 토대로 선택할 수 있다. 그러므로 상표속성 평가는 효용적 기능을 수행하는 반면에 상표성격은 상징적 혹은 자기표현적 기능을 수행한다. 상표성격은 상표를 살아있는 대상인 것처럼 여기고 상표에 인간적인 특성을 부여하는 것으로, 이는 인간의 성격을 상표에게 부여하는 것을 의미한다. 따라서 상표성격이란 상표에 부여된 인간의 성격으로 상표가 지니는 인간적인 특성의 집합이다.

사이코그래픽 분석은 소비자의 라이프스타일, 성격, 인구통계학적 특성을 결합한 양적 연구이다. 사이코그래픽스는 시장세분화, 제품위치화, 마케팅 믹스전략의 발전에 도움을 준다. 사이코그래픽스는 소비자에 대한 세 가지 다른 관점을 포함하는데, 이는 라이프스타일, 성격, 인구통계학적 특성 등이다. 라이프스타일은 사람들이 어떻게 살고, 소비하고, 시간을 보내는지를 나타낸다. 이것은 소비자에게 그들의 활동, 관심, 의견을 질문함으로써 평가된다. 반면 성격은 소비자의 특징적인 생각, 느낌, 지각의 패턴을 나타내며, 라이프스타일은 그들의 명백한 행동과 구매를 고려한다. 사이코그래픽스는 소비자 개인의 특성을 정의할 수 있는 인구통계학적인 질문을 포함한다.

자주 사용되는 사이코그래픽 목록은 밸스(가치와 라이프스타일) 분류이다. 전통적인 접근에서 밸스 1은 소비자를 네 집단으로 구분하는데, 이는 욕구 추동적, 외부 지향적, 내부 지향적, 통합 등이다. 밸스 2에서는 자기정체성과 자원에 근거하여 8개의 소비자 집단을 분류하였다. 또 다른 분석틀인 가치목록 척도는 사람들의 핵심적인 가치 아홉 가지로 구성되었다. 소비 생활양식 목록은 유사한 소비패턴을 가진 소비자를 집단으로 묶기 위해 소비자의 실질적인 지출패턴을 사용한다.

제7장

태도와 가치

태도란 어떤 대상에 대한 개인의 호의적 또는 비호의적인 성향(predisposition)을 나타내는 내적감정의 표현을 말한다. 심리적 과정의 결과로 태도는 직접적으로 관찰할 수는 없고, 개인이 말한 것에서 또는 개인의 행동에서 추론해야 한다. 따라서 소비자 연구가는 소비자에게 질문을 하거나 소비자의 행동에서 추론함으로써 소비자의 태도를 평가한다. 예를 들어, 만일 한 소비자가 오뚜기 라면을 일관되게 구매했고 친구들에게 그것을 권한다는 것을 소비자 연구가가 질문을 통해 알았다면, 그 소비자가 오뚜기 라면에 대해 긍정적인 태도를 갖고 있다고 추론할 것이다.

소비자 맥락에서 태도란 어떤 주어진 대상(예, 상표, 서비스, 매장 등)에 관해 일관적으로 호의적이거나 비호의적인 방식으로 행동하게 하는 학습된 성향으로 정의된다. 이 정의의 각 부분(대상, 학습된 성향, 일관성 등)이 태도의 중요한 특성을 기술하며 소비자 행동에서의 태도의 역할을 이해하는 데 중요하다. 이번 장에서는 태도의 특성, 기능, 구성요소, 태도 모형, 행동과의 관계 등에 관해 살펴볼 것이다. 아울러 태도나 행동의 동기를 설명해 줄 수 있고, 태도에 무의식적으로 영향을 미치는 가치에 관해서도 살펴볼 것이다.

1. 태도의 특성

먼저 소비자 태도에 대한 위의 정의에서 대상을 폭넓게 해석할 수 있으나, 소비자 맥락에서는 제품범주, 상표, 서비스, 광고, 가격 또는 매장 등과 같이 특정한 소비자 또는 마케팅과 관련된 개념으로 대체하는 것이 적절하다. 예를 들어, 만일 다양한 자동차에 대한 사용자의 태도를 조사한다면, 태도대상은 소나타, SM6, 그랜저 등이 포함될 수 있다.

둘째, 태도가 학습된다는 것은 일반적으로 받아들여지고 있다. 구매행동과 관련 있는 태도는 제품에 대한 직접적인 경험, 타인으로부터 얻어진 정보 그리고 광고에의 노출 등의 결과로 형성된다. 따라서 태도는 행동과 동일한 것이 아니라, 태도대상에 대한 호의적이거나 비호의적인 평가를 나타냄을 명심하는 것이 중요하다. 성향으로서 태도는 동기적 특질을 갖는다. 다시 말해, 소비자가 특정한 행동을 하도록 유도할 수 있다.

셋째, 태도는 행동과 관련하여 비교적 일관성을 갖는다. 여기서 일관성을 영구성과 혼동해서는 안 된다. 태도는 영구적이지 않고, 변화할 수 있다. 이는 제8장의 태도변화에서 다룰 것이다. 정상적으로 소비자의 태도가 행동과 일치할 것이라고 우리는 기대한다. 예를 들어, 삼성 갤럭시를 매우 좋아하는 소비자는 갤럭시를 구매할 것이라고 기대할 수 있고, 유사하게 이런 소비자는 아이폰에 관심을 두지 않을 것이며, 구매하지도 않을 것이라고 기대할 수 있다. 그러나 소비환경은 종종 변화하며, 따라서 소비자의 태도와 행동에 영향을 미치는 상황변수를 고려해야만 한다.

상황이란 한 특정 시점에서, 태도와 행동 간의 관계에 영향을 주는 사건이나 환경을 말하며, 소비자가 자신의 태도와 일치되지 않는 방식으로 행동하게 만들 수 있다. 예를 들어, 매번 다른 상표의 커피를 구매하는 소비자를 상상해 보자. 이 소비자가 보이는 상표전환이 이전 상표에 대한 부정적인 태도나 불만족을 반영할 수도 있겠지만, 특정한 상황변수(예, 품절, 가격인상 등)에 의해 영향을 받았을 수도 있다. 또 다른 예로 만일 한 소비자가 카페인이 없는 커피를 매번 구매한다면, 이 소비자가 그 커피에 대해 호의적인 태도를 갖고 있다고 잘

못 추론할 수도 있을 것이다. 즉, 이 소비자는 원래 카페인이 없는 커피의 맛을 싫어하나 그러한 커피를 마셔야만 한다는 의사 지시에 따른 것일 수도 있을 것이다. 따라서 태도측정에서 행동이 일어나는 상황을 고려하는 것이 중요하며, 이는 소비자 태도와 행동 간의 관계를 해석할 때 주의해야 함을 시사한다.

2. 태도의 기능

만일 마케터가 소비자에게 무언가를 얼마나 좋아하는지 또는 무언가에 대해 어떻게 느끼고 있는지를 묻는다면, 소비자는 질문대상에 대한 자신의 태도를 드러낼 것이다. 실제로 태도가 일단 형성되면, 태도는 소비자의 장기기억에 저장될 수 있고, 나아가서 적절한 경우가 생길 때, 태도는 소비자가 당면한 문제를 처리할 수 있도록 기억에서 인출될 수 있다. 이런 방식으로 태도는 기능을 발휘하며, 태도의 기능은 소비자가 소비환경과 더 효율적으로 상호작용하도록 유도한다.

태도의 기능에 관한 이론 가운데 가장 주목받은 것은 대니얼 캐츠(Daniel Katz, 1960)에 의해 제안된 것으로, 그는 기능을 네 가지로 구분하였는데, 이는 효용성 기능, 자아방어 기능, 가치표현 기능, 지식 기능 등이다.

1) 효용성 기능

태도의 효용성 기능은 소비자가 바람직한 욕구를 달성하게 한다. 즉, 효용성 기능은 사람들이 즐겁거나 보상적인 대상을 얻게 하고 불쾌하거나 바람직하지 않은 대상을 피하도록 함으로써 보상을 극대화하고 불쾌감이나 처벌을 극소화하려는 효용주의 개념을 나타낸다. 예를 들어, 빠른 진통과 안전성이 두통약의 가장 중요한 기준이라고 생각하는 소비자는 이러한 기준을 충족시킬 수 있는 상표에 대해서는 호의적일 것이지만, 그렇지 못한 상표에 대해서는 비호의적일 것이다.

효용성 기능
사람이 즐겁거나 보상적인 대상을 얻게 하고 불쾌하거나 바람직하지 않은 대상을 피하게 함으로써 보상을 극대화하고 불쾌감이나 처벌을 극소화하려는 태도의 기능

2) 자아방어 기능

태도의 자아방어 기능은 사람들이 불안과 위협에서 벗어나 자아와 자기이미지를 보호하게 해 준다. 캐츠에 의해 제안된 자아방어 기능은 프로이트의 정신분석학적 접근에서 유래하며, 이와 관련하여 태도는 일종의 방어기제로 작용한다.

소비자 맥락에서 담배를 피우는 사람은 흡연의 단점에 대하여 자신을 방어하기 위해 흡연에 대해 긍정적인 태도를 가질 수 있으며, 이와 유사하게 자신의 신체적 부적절함(예, 비만)에 자신을 방어하기 위해 다이어트식품에 긍정적인 태도를 표출하거나 구매할 수 있을 것이다. 다시 말해, 일부 제품(예, 구강살균제, 껌)은 불안을 유발하는 상황을 피하고자 구매되는데, 소비자는 사회적 수용, 자신감 등과 연관되어 자신의 자아를 방어해 줄 수 있는 상표에 긍정적인 태도를 가진다.

3) 가치표현 기능

가치표현 기능도 정신분석학적 접근에서 유래했지만, 자아방어기제로 작용하기보다 개인의 중심적 가치와 자기개념을 표현하도록 유도한다. 실제로 태도의 표현은 개인이 자신의 자기개념을 규정하도록 도울 수 있다. 소비자 맥락에서 가치표현 기능은 소비자가 자신의 가치 또는 자기개념을 표현할 수 있게 하는 제품을 구매하게 할 것이다.

4) 지식 기능

태도는 또한 사람들이 그들의 세계를 이해하는 데 도움을 줄 기준으로 작용할 수 있다. 즉, 태도는 사람들이 조직화되지 않고 혼란한 세계에 의미를 부여하도록 돕는다. 예를 들어, 소비자는 화려하고 요란한 외투를 입은 판매원에 또는 부드러운 음악과 호화로운 실내장식으로 꾸며진 매장에 태도를 형성할 것이고, 이런 상황에 접했을 때, 소비자는 이전의 태도에 근거하여 정보를 해석할 것이다. 이러한 절차는 소비자가 자신의 소비환경을 단순화하도록 돕는다.

따라서 만일 소비자가 화려하고 요란한 외투를 입은 판매원을 부정적으로 본다면, 그 소비자는 이런 판매원과의 거래에 저항감을 느끼거나 거래하지 않을 것이다. 이 예에서 소비자는 이런 판매원의 말을 들어야 하느냐 아니냐에 관해 생각할 필요가 없고, 대신에 태도는 소비자가 더 중요한 문제에 초점을 두게 하여 판매원과의 접촉 자체를 단순화시킨다.

요컨대, 태도는 상이한 기능을 가지며, 수행하는 기능에 따라서 제품, 상표 또는 서비스에 대한 소비자의 전반적인 평가도 달라진다. 즉, 여러 소비자가 여러 다른 이유로 인해 동일한 제품이나 서비스를 좋아하거나 싫어할 수 있기 때문에, 태도의 기능을 참조하는 것이 유용할 수 있다.

3. 태도의 구성요소

태도는 세 가지 주요 요소들을 가지고 있는데, 이는 인지, 감정, 행동요소 등이다.

인지요소   태도의 첫 번째 요소는 개인의 인지와 관련된다. 즉, 태도대상과의 직접적인 경험과 다양한 출처로부터의 관련된 정보의 결합으로 얻어지는 지식과 지각을 포함한다. 이러한 지식과 지각은 신념의 형태를 취하며, 이 신념은 태도대상이 다양한 속성을 가지고 있고 특정한 행동이 특정한 결과를 가져올 거라는 소비자의 믿음을 나타낸다. 속성이란 대상이 가지고 있거나 가지지 못한 특성을 말한다. 예를 들어, 소비자는 오뚜기의 진라면이 '식물성 기름에 튀기며, 방부제가 없고, 믿을 수 있는 회사제품이며, 맛이 있다'고 믿을 수 있는데, 이러한 각 신념은 이 상표의 속성에 관한 소비자의 지식과 지각을 반영한다. 따라서 이러한 신념들의 총체가 태도대상에 대한 태도의 인지성분을 나타낸다.

한편 인지요소인 신념은 세 가지 형태로 나타날 수 있다. 첫째, 대상-속성 신념으로 이는 대상이 특정 속성을 가지고 있다는 지식을 말한다. 예를 들어,

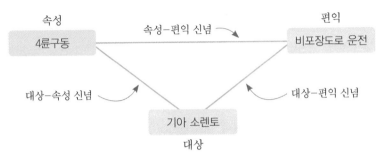

[그림 7-1] 대상, 속성, 편익 간의 관계

"기아 소렌토(대상)는 4륜구동(속성)이다"를 들 수 있다. 둘째, 속성-편익 신념으로 편익(benefit)이란 속성이 소비자에게 제공하는 긍정적인 성과를 말한다. 속성-편익 신념은 특정 속성이 특정 편익을 제공할 것이라는 소비자의 지각을 의미한다. 예를 들어, "4륜구동(속성)은 진흙길과 같은 비포장도로를 달릴 수 있다(편익)"를 들 수 있다. 셋째, 대상-편익 신념으로 이는 특정 대상(예, 제품, 상표 등)이 특정한 편익을 제공할 것이라는 소비자의 지각을 말한다. 예를 들어, "기아 소렌토(대상)는 진흙길과 같은 비포장도로를 달릴 수 있다(편익)"를 들 수 있다. 이러한 세 가지 형태의 신념이 [그림 7-1]에 제시되어 있다.

　　감정요소　　특정 제품이나 상표에 대한 소비자의 감정이 태도의 감정요소를 나타낸다. 이러한 감정은 평가 차원으로 태도대상에 대한 개인의 전반적 평가를 반영한다. 즉, 개인이 특정한 태도대상을 호의적이거나 비호의적인 것으로 또는 좋아하거나 싫어하는 것으로 평가하는 정도를 의미한다.

　　소비자가 태도대상에 부여하는 감정반응은 태도대상의 각 속성에 대한 소비자 자신의 신념에 근거를 두는데, 간혹 태도대상에 관한 신념 자체 외에도 개인 또는 상황요인으로부터 영향을 받을 수 있다는 점에 유의해야 한다. 예를 들어, 롯데 자일리톨껌 한 통 가격이 5,000원이라는 신념은 '적당하다'는 긍정적 반응 또는 '비싸다'는 부정적 반응을 유발할 수 있고, 또 다른 예로, 갤럭시 워치가 시간을 측정할 때 편하다는 신념은 운동하려는 상황에서는 긍정적 반응을 일으키겠지만, 결혼예물을 준비하는 상황에서는 부정적 반응을 일으킬 것이다. 따라서 각 신념이 어떠한 감정반응을 일으키는지는 소비자와 상황 간의 상호작용에 근거한다고 볼 수 있다.

　　행동요소　　태도의 마지막 구성요소인 행동요소는 개인이 태도대상과 관련
하여 특정한 방식으로 행동할 가능성 또는 경향성을 나타낸다. 비록 행동요소
에 실제 행위가 포함될 수도 있지만, 마케팅과 소비자 연구에서 행동요소는 소
비자의 구매의도로 빈번히 다루어지며, 구매의도척도에 의해 소비자가 제품
을 구매하려는 가능성을 측정한다. 구매의도척도의 예는 다음과 같다.

　　당신이 6개월 내 갤럭시 Z 폴드를 구매할 가능성은 어떻게 됩니까?

분명히 구매 안 함	아마도 구매 안 함	확신 못함	아마도 구매함	분명히 구매함
1	2	3	4	5

1) 태도의 구성요소의 위계

　　태도의 구성요소들은 구매과정에 따라 그 위계가 달라지는데, 이를 효과의
위계라 한다. 다시 말해, 효과의 위계는 신념, 감정, 행동이 발생하는 순서가
구매과정에 따라 달라짐을 기술한다. 〈표 7-1〉은 네 가지의 가능한 구매과정
과 이러한 각각의 과정에 관련된 효과의 위계를 보여 준다. 네 가지 위계는 고
관여위계, 저관여위계, 경험위계, 행동영향위계 등이다.

표 7-1　구매과정 및 관련된 효과의 위계

구매과정	효과의 위계
1. 고관여	표준학습위계: 신념-감정-행동
2. 저관여	저관여위계: 신념-행동-감정
3. 경험/충동	경험위계: 감정-행동-신념
4. 행동영향	행동영향위계: 행동-신념-감정

(1) 표준학습위계

이 위계에서 소비자는 대상에 대한 신념을 먼저 형성하고, 그다음 대상에 감정을 가지며, 마지막으로 대상과 관련되는 행동(예, 구매행동)을 일으킨다. 신념이 감정을 유발하고 감정이 행동을 이끄는 이러한 형태가 표준학습위계 (Ray, 1973) 또는 고관여위계이다. 구매결정에서 관여가 증가할 때, 소비자는 제품대안에 대해 확장적인 정보탐색을 하는 경향이 있고, 그 결과로 대안에 관한 많은 신념을 형성하는 경향이 있다. 또한 소비자는 대안을 비교하고 평가하는 데 많은 시간을 들이는 경향이 있다. 이러한 문제해결과정을 통해 소비자는 확실한 태도를 형성한다. 이러한 신념과 태도의 형성과 더불어, 소비자의 행동의도는 제품 또는 서비스를 구매하려는 행동을 일으킨다. 요약하면 소비자가 특정한 구매결정에 높게 관여될 때, 그들은 확장적 문제해결 행위를 일으켜서 표준학습위계를 따른다. 즉, 신념형성, 태도형성, 행동의 순서를 따른다.

(2) 저관여위계

1960년대에 소비자 연구가는 많은 소비자가 고관여위계의 패턴을 따르지 않고 구매한다는 것을 인식하기 시작하였다(Lavidge & Steiner, 1961). 많은 경우에 소비자는 사전에 감정을 갖지 않은 채 제품을 구매한다. 이런 경우 소비자가 제품에 관한 신념을 먼저 형성하고, 뒤이어서 구매하며, 구매 후 제품에 관한 태도를 형성한다(Olshavsky & Granbois, 1979).

구매상황에서 소비자의 관여 수준이 낮을 때 태도는 구매행동이 일어난 후에 나타난다. 저관여결정에서의 구매과정은 고관여결정과는 꽤 다르다. 이런 경우에 소비자는 확장적인 문제해결을 하려는 동기가 없다. 대신에 소비자는 피상적인 방식으로 소수의 제품대안을 고려하고 이에 따라 대안에 관한 제한된 수의 신념을 형성하는 제한된 결정과정을 사용한다. 소비자가 대안을 자세히 평가하지 않기 때문에, 이들이 대안에 태도를 형성하지 못할 수 있다. 저관여상황에서 태도는 소비자가 제품 또는 서비스를 구매하고 사용해 본 후 그들이 제품 또는 서비스에 관해 어떻게 느끼는지를 회상할 때 형성되는 경향이 있다. 따라서 소비자가 저관여 구매상황에 있을 때, 그들은 제한된 문제해결과정을 일으켜서 저관여위계라는 패턴을 따라가는 경향이 있다. 즉, 신념형성,

구매행동, 태도형성의 순서를 따른다.

(3) 경험위계

경험적 관점에서 보면, 소비자는 어떤 감정이나 흥분을 얻으려는 강력한 욕구 때문에 행동한다. 이런 경우 효과위계는 감정이나 태도로부터 시작한다. 예를 들어, 친구가 라이브뮤직 콘서트에 가자고 했을 경우를 생각해 보자. 당신의 결정은 아마도 콘서트에 당신이 갖는 감정에 근거할 것이다. 만일 당신이 콘서트에 가는 이유를 누군가가 묻는다면, 당신은 몇 가지 신념을 말할 수 있을 것이지만, 이러한 신념은 아마도 당신의 결정에서 당신의 감정보다는 훨씬 덜 결정적일 것이다. 사실상 이러한 신념은 당신의 결정을 단지 정당화하기 위한 것일 수 있다.

경험위계는 강력한 감정반응으로 시작하고, 이러한 감정에 근거한 행동이 뒤따르며, 마지막으로 행동을 정당화하기 위한 신념을 형성한다. 이러한 경험위계의 대표적인 예가 충동구매이다. 충동구매에서 강력한 긍정적 감정이 먼저 생기고 뒤따라서 구매행위가 일어난다(Rook & Hoch, 1985).

감정이 신념형성보다 먼저 발생한다는 가설은 매우 매력적이지만, 여전히 논쟁의 여지가 있다. 경험위계를 직접적으로 검증한 연구는 거의 없다. 경험위계를 확인하려는 주요 이유는 어떤 구매에서는 감정적 결정이 합리적 결정보다 우선하고 지배적임을 강조하기 위한 것이다. 몇몇 연구자는 감정이 고관여 구매상황에서도 결정적인 영향력을 발휘할 수 있음을 지적하였다. 예를 들어, 주택이나 자동차를 구매할 때, 관여 수준은 높지만 어떤 소비자의 경우 정보처리가 중단되고 감정이 결정적 역할을 할 수도 있다.

또한 감정적 반응은 어떤 사람에게는 공포를 유발하는(예, 헌혈) 행동에 강력한 영향을 미칠 수 있다. 헌혈에서 감정의 역할을 조사한 한 연구에서 연구자들은 헌혈경험이 적은 사람에게서 슬픔, 모욕, 기쁨 등과 같은 감정반응이 헌혈을 예측하는 데 주요한 역할을 했음을 발견하였다. 흥미롭게도 헌혈경험이 많은 사람에게서는 공포감정이 헌혈과 부정적으로 관련되었다. 다시 말해, 헌혈의 두려움이 가장 작은 사람이 헌혈할 가능성이 가장 높았다(Allen, Machleit, & Kleine, 1992).

(4) 행동영향위계

행동영향위계는 강력한 상황 또는 환경적 힘이 소비자가 제품에 감정이 없이도 제품을 구매하게 할 수 있다고 제안한다. 예를 들어, 백화점에서의 세일을 생각해 보자. 많은 사람이 몰려들어 세일제품을 보거나 구매할 때, 당신은 어떻게 했는가? 틀림없이 제품에 대한 신념이나 감정이 없이 그 제품을 구매한 경험이 있을 것이다. 이러한 구매는 행동영향위계의 패턴을 따른 것이다. 이러한 효과위계에서는 행동이 먼저 일어나고, 그다음 신념, 감정 순으로 나타날 수 있다. 그러나 행동 다음에 신념 또는 감정이 나타난다는 것은 아직 분명하지 않다.

2) 효과위계에 관한 부수적 언급

과거의 소비자 행동 연구가들은 신념, 감정, 행동 간의 관계에 대해 단순한 일차원적 견해를 가졌었다. 오늘날은 많은 연구가가 다양한 구매환경에서 효과의 여러 다른 위계가 나타날 수 있음을 제안할 만큼 매우 복잡해졌다. 예를 들어, 소비자가 일상적인 구매결정을 내릴 때 제품구매 전에 감정이 없다는 것(예, 저관여위계)이 정말로 타당한 것인지? 또는 충동구매에서 소비자가 제품에 관한 신념을 구매 전에 형성할 수 없다는 것이 가능한 것인지? 이러한 물음은 구매행동에 관한 효과위계가 현실적으로 다양해질 필요가 있음을 말해 준다. 소비자는 제품 또는 서비스를 구매하기 전 그것에 관한 기초적인 신념과 약간은 애매모호한 감정을 가질 수도 있을 것이다. 효과의 다양한 위계가 마케터에게 주는 의미는 다양한 구매과정에서 신념, 태도 그리고 행동 간의 발생순서가 상대적이라는 것이다.

4. 태도 모형

여기서는 균형 이론, 다속성 모형, 단순노출효과, 태도 접근 가능성 등을 살펴볼 것이다.

1) 균형 이론

사람들은 생활 속의 여러 가지 요소들 사이에 균형과 일관성을 유지하려는 경향이 강하다. 균형과 일관성을 지향하고 유지하는 과정에서 태도가 형성되기도 하고 변화하기도 한다.

균형 이론은 하이더(Heider, 1958)에 의해 제안된 이론으로, 그는 사람들이 태도와 타인과의 관계 사이에 조화하는 균형을 유지하려는 동기가 있다고 제안하였다. 이 이론은 관찰자(O), 타인(P), 특정의 태도대상(X) 사이의 인지적 관계를 다룬다. 관찰자, 타인, 태도대상은 인지요소라고 불린다. 소비자 맥락에서, O는 소비자이고 P는 광고모델일 수 있으며 X는 상표라고 볼 수 있다. 균형 이론에 의하면, 이러한 세 가지 인지요소는 균형을 이루는 인지체계를 형성한다.

[그림 7-2]는 인지요소들 간의 인지체계를 보여 준다. 여기서 두 가지 유형의 연결이 인지요소들을 결합한다. 하나는 감정연결이고 다른 하나는 단위관계(unit relation)이다. 감정연결은 태도와 동일하다. 따라서 감정연결은 P와 X에 대한 O의 평가로, 이는 P와 X에 대한 긍정적 또는 부정적 감정으로 나타난다. 균형 이론에서는 긍정적 감정은 +로, 부정적 감정은 −로 표현한다.

두 번째 단위관계는 O가 P와 X가 서로 연결된다고 지각할 때 발생한다. 이는 O가 P와 X가 서로 연결되지 않는다고 지각하면, 인지 일관성이 작동하지 않아 균형 이론이 성립되지 않음을 의미한다. 그런데 감정연결과 마찬가지로, P와 X 간의 관계 역시 긍정적 또는 부정적일 수 있다. 긍정적 단위관계는 O가 P와 X 간에 호의적 관계로 한 단위를 형성한다고 지각함을 의미하며, 부정적

균형 이론
관찰자, 타인, 태도대상 사이의 인지적 관계가 균형을 이루도록 태도가 형성된다는 이론

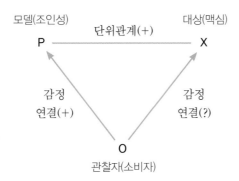

[그림 7-2] 균형 이론에서 인지요소들 간의 인지체계

단위관계는 O가 P와 X 간에 비호의적 단위관계를 형성한다고 지각함을 의미한다.

소비자 맥락에서 단위관계를 형성할 수 있는 다양한 방법이 있다. 이러한 방법 중에서 가장 널리 사용되는 세 가지 방법은 다음과 같다. 첫째, 광고제품에 관해 잘 알려진 전문가를 선정한다. 예를 들어, 유명한 운동선수를 해당 운동용품의 모델로 선정하는 것이다. 둘째, 모델과 장기간 독점 계약을 함으로써 계약사의 상표하고만 연합시킨다. 화장품 회사가 이 방법을 주로 사용한다. 셋째, 모델이 광고제품을 대중 앞에서 일관되게 사용하게 한다.

[그림 7-2]에서 보면, 소비자인 관찰자는 광고모델에 긍정적인 태도를 가졌으며, 모델이 태도대상인 맥심에 긍정적인 태도를 갖고 있다고 지각하고 있다. 이럴 경우, 세 인지요소들 간에 균형을 이루려면, 소비자가 맥심에 대해 긍정적인 태도(+)를 형성해야 한다.

균형 이론은 인지체계를 위에서 언급한 균형상태와 불균형상태로 구분한다. 균형상태는 O-P, P-X, O-X 간의 부호(+/-)의 교적이 +를 이루는 상태이며, 교적이 -면 불균형상태이다. [그림 7-3]은 균형 이론에서 균형상태와 불균형상태의 예를 보여 준다. 불균형상태는 균형상태로 변화를 일으키는데, 변화가 일어나는 방법은 세 가지가 있다. 즉, O-P, P-X, O-X 중 한 연결에서 변화를 일으키는 것이지만, 최소한의 노력으로 균형이 회복되는 방향으로 변화가 일어난다.

예를 들어, [그림 7-2]에서 소비자가 맥심에 부정적인 태도를 갖고 있다면, 인지체계는 불균형상태에 놓인다. 이 경우 균형을 회복하기 위해서는 소비자가 맥심을 좋아하거나, 조인성을 싫어하거나, 아니면 조인성이 맥심을 싫어하게 만들어야 한다. 따라서 최소한의 노력으로 변화가 가능한 O-X 또는 O-P 방향에서 변화가 일어날 것이다. 이러한 점은 광고에서 모델의 중요성을 시사한다. 이는 모델에 대한 소비자의 태도가 확고하다면, 태도대상에 대한 소비자의 태도형성뿐만 아니라 태도변화 역시 쉬울 것이기 때문이다.

이러한 변화와 관련하여 한 가지 흥미로운 점은 관찰자 자신이 싫어하는 사람과 겪는 인지불균형상태([그림 7-3]에서 ⑥과 ⑧)에서는 균형을 맞추려는 노력이 적게 나타나 이 경우를 불균형이라기보다는 무균형(nonbalanced) 상태라

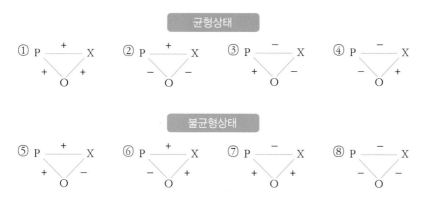

[그림 7-3] 균형 이론에서 균형상태와 불균형상태의 예

고 보는 것이 적절하다는 것이다. 즉, 무균형 상태에서는 관찰자는 타인이 태도대상에 어떤 태도를 보이고 있든 상관하지 않는다(홍대식, 1985). 소비자 맥락에서 소비자가 모델을 싫어한다면, 그 모델이 특정 제품 또는 상표에 대해 어떤 태도를 지니든 상관하지 않고 소비자 자신이 그 제품 또는 상표에 독립적인 태도를 형성할 수 있다.

2) 다속성 모형

다속성 태도 모형이 선별된 제품속성이나 신념에 의해 태도를 알아내기 때문에 소비자 연구가와 마케터에게 흥미를 주고 있다. 특히 사회심리학자인 마틴 피시바인(Martin Fishbein)과 그의 동료에 의해 제안된 모형이 가장 많은 주의를 받았고 많은 연구를 촉진하였다(Fishbein & Ajzen, 1975). 여기서는 피시바인(Fishbein)의 네 가지 모형—대상태도 모형, 행동태도 모형, 합리적 행위 모형, 계획된 행위 모형 등—에 관해 살펴볼 것이다.

(1) 대상태도 모형

대상태도 모형(attitude-toward-object model)은 제품이나 특정 상표의 태도를 측정하는 데 매우 적합하다. 이 모형에 따르면, 소비자의 태도는 제품이나 특정한 상표가 가진 속성에 대한 소비자 신념 그리고 이런 속성에 대한 소비자 평가의 함수로 나타난다. 다시 말해, 소비자는 긍정적인 속성들의 적절한 수

대상태도 모형
개인의 태도는 제품이나 상표가 갖고 있는 속성에 대한 개인의 신념과 이런 속성에 대한 개인평가의 함수로 나타남을 보여 주는 모형

준을 갖고 있다고 평가한 상표에는 호의적인 태도를 가지지만, 바람직한 속성들의 부적절한 수준을 갖고 있거나 부정적인 속성들을 갖고 있다고 느낀 상표에는 비호의적인 태도를 보인다.

피시바인(Fishbein, 1963)의 대상태도 모형은 다음과 같은 공식으로 기술할 수 있다.

$$A_O = \sum_{i=1}^{n} b_i e_i$$

여기서, A_O = 특정한 대상에 대한 태도

b_i = 태도대상이 속성 i를 갖고 있다는 신념의 강도(예, '○○○ 라면은 정제된 식물성 기름만을 항상 사용한다')

e_i = 속성 i에 대한 평가(예, '정제된 식물성 기름은 나에게는 정말로 좋다')

n = 현저한 속성의 수

그리고 대상태도를 측정하는 질문의 예는 다음과 같다.

신념 측정의 예

1. ○○○ 라면은 정제된 식물성 기름을 사용하는가?

   전혀 아니다　1　2　3　4　5　6　7　매우 그렇다

2. ○○○ 라면에는 방부제가 들어 있는가?

   전혀 아니다　1　2　3　4　5　6　7　매우 그렇다

평가 측정의 예

1. 라면에 정제된 식물성 기름을 사용하는 것에 대해 어떻게 생각하는가?

   매우 나쁘다　-3　-2　-1　0　1　2　3　매우 좋다

2. 라면에 방부제가 들어 있는 것에 대해 어떻게 생각하는가?

   매우 나쁘다　-3　-2　-1　0　1　2　3　매우 좋다

소비자의 특정한 대상태도를 파악하기 위해, 조사자는 위의 공식을 사용하여 신념 측정치들과 평가 측정치들을 결합하면 된다.

　다른 한편 소비자가 가진 대상태도를 직접적으로 측정하는 것도 가능하다. 이를 전반적 태도 측정이라 부르며, 이는 특정한 대상에 대해 소비자가 가진 전반적인 감정을 직접적으로 측정하는 것이다. 전반적인 태도를 측정하기 위해서는 의미변별척도(semantic differential scale)가 사용될 수 있으며, 이 척도에서는 서로 반대되는 감정 관련 형용사를 양극에 위치시킨다. 예를 들어, ○○○라면에 대한 전반적 태도는 다음과 같은 방식으로 측정할 수 있다.

　당신은 ○○○ 라면에 대해 어떻게 생각하십니까? 해당 번호에 ∨ 표시해 주십시오.

싫은	1	2	3	4	5	6	7	좋은
비호의적인	1	2	3	4	5	6	7	호의적인
부정적인	1	2	3	4	5	6	7	긍정적인

　대상태도를 측정하기 위해, 조사자는 대상태도 모형과 전반적 태도 양자를 활용할 수 있다. 전반적 태도는 사용하기 간편하다는 장점이 있고, 대상태도 모형은 소비자의 태도에 대한 구체적인 정보를 제공한다는 장점이 있다.

(2) 행동태도 모형

　행동태도 모형(attitude-toward-behavior model)은 대상과 관련 있는 행위에 대한 개인의 태도를 나타내며, 대상태도 모형보다는 실제 행동에 더 밀접히 관련되는 것 같다. 예를 들어, 1억 원 이상 하는 벤츠 자동차를 구매하려는 행위에 관한 소비자 태도(행동태도)를 아는 것이 벤츠 자동차에 대한 소비자 태도(대상태도)를 아는 것보다 잠정적인 구매행위를 더 잘 예측할 수 있을 것이다. 소비자가 1억 원 이상 하는 자동차에 긍정적인 태도를 가질 수 있겠지만, 그러한 자동차를 구매하는 것에는 부정적인 태도를 지닐 수 있어서 행동태도가 대상태도보다 잠정적인 구매행위를 예측하는 데 더 적합할 수 있다.

　행동태도 모형은 다음과 같이 기술할 수 있다(Ajzen & Fishbein, 1980).

행동태도 모형
대상과 관련 있는 행위에 대한 개인의 태도를 측정하는 모형

$$A_{(beh)} = \sum_{i=1}^{n} b_i e_i$$

여기서, $A_{(beh)}$ = 특정한 행위를 수행하는 것에 대한 전반적인 태도

b_i = 특정한 행위가 성과 i를 산출할 것이라는 신념의 강도(예, '오뚜기 스파게티를 사면 집에서 만든 맛을 정말로 즐길 수 있다')

e_i = 성과 i에 대한 평가(예, '집에서 만든 맛을 즐길 수 있다는 것은 좋다')

n = 현저한 성과의 수

(3) 합리적 행위 모형

합리적 행위 모형
행동태도 모형에 개인의 주관적 규범과 행동의도를 결합한 태도 모형

행동의도 모형으로도 불리는 합리적 행위 모형(theory of reasoned action)은 대상태도 모형과 행동태도 모형이 행동을 잘 예견하지 못함을 보완한 것으로, 행동을 더 잘 설명하고 예견하기 위해 설계된 구조에다 태도요소를 포괄적으로 통합하였다(Ajzen & Fishbein, 1980). 따라서 앞의 대상태도 모형과 행동태도 모형을 다른 방식으로 확장하였다고 할 수 있다.

[그림 7-4]는 합리적 행위 모형을 나타내고 있다(Ajzen & Fishbein, 1980). 그

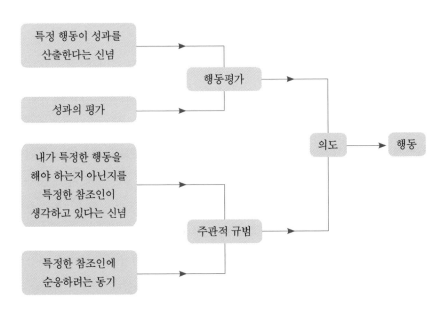

[그림 7-4] 합리적 행위 모형의 단순화된 패턴
출처: Schiffman, L. G., & Kanuk, L. L. (1991). *Consumer behavior* (4th ed., p. 236). Englewood Cliffs, NJ: Prentice-Hall.

림에서 보면, 행동에 대한 최상의 예견원이 행동의도임을 알 수 있다. 따라서 만일 소비자 연구가가 행동을 예견하는 데에만 관심이 있다면, 구매의도 척도를 사용하여 의도를 직접적으로 측정할 것이다. 그러나 만일 특정한 상황에서 소비자의 구매의도에 기여하는 요인들을 이해하는 데도 관심이 있다면, 그림에서 의도를 유발하는 여러 요인을 고려할 것이다. 다시 말해, 소비자의 행동 태도와 주관적 규범 등을 살펴볼 것이다.

앞에서 언급한 행동태도는 감정으로도 직접 측정할 수 있을 것이다(예, 구매에 대한 전반적인 호의도 측정). 또한 주관적 규범은 소비자가 수행하려고 고려 중인 특정 행위에 관련된 타인(가족, 친구, 동료 등)이 어떻게 생각할 것인지에 관한 소비자의 감정을 평가함으로써 직접적으로 측정될 수 있다. 다시 말해, 관련된 타인들이 예견된 특정 행위를 호의적으로 보는지 아니면 비호의적으로 보는지를 측정하면 된다. 예를 들어, 만일 대학생이 자신의 기숙사 방에다 놓기 위해 텔레비전 구매를 고려 중이고 자기 부모님이나 방 친구가 그 구매를 어떻게 생각할지(승인할지 또는 반대할지)를 스스로 묻는다면, 이것은 소비자 자신의 주관적 규범을 반영하는 것이다.

소비자 연구가는 또한 주관적 규범의 근거가 되는 요인을 밝혀낼 수 있다. 이는 특정 개인이 관련 있는 타인에게 귀인하는 규범적 신념뿐만 아니라 관련된 타인 각자에게 순응하려는 특정 개인의 동기를 평가함으로써 가능한데, 여기서 규범적 신념이란 특정한 참조인물이 내가 특정한 행동을 해야만 한다고 생각하는지, 아니면 해서는 안 된다고 생각하는지에 관한 개인의 신념을 의미한다. 예를 들어, 새로운 TV를 구매하려고 생각하는 대학생을 상상해 보자. 예견된 구매에 관한 이 학생의 주관적 규범을 이해하기 위해서는 이 학생과 관련된 타인(부모님 또는 방 친구)을 확인해야 하고, 새로운 TV를 구매하는 것에 관련된 타인 각자가 어떻게 반응할지에 관한 학생 자신의 신념(예, '부모님은 낭비라고 생각하시겠지만, 내 방 친구는 좋아할 것이다')도 알아야 하며, 또한 자기 부모님 또는 방 친구에게 순응하려는 이 학생의 동기도 살펴야 할 것이다.

앞의 설명과 예들은 합리적 행위 모형이 상호 관련된 태도요소들의 연속체라는 것을 제안한다. 다시 말해, 신념들은 태도에 선행하며, 규범적 신념들은 주관적 규범에 선행하고, 태도와 주관적 규범은 의도에 선행하며, 의도는 실제

행동에 선행한다.

많은 연구가가 합리적 행위 모형을 검증하였고, 결과들은 이 모형이 다른 모형에 비해 낮다는 것을 보여 주었지만(Ryan & Bonfield, 1980), 또 다른 연구가는 이 모형이 정확하지 않을 수도 있다고 제안하였다. 특히 주관적 규범요인의 역할에 관해 의문점이 제기되었다(Ryan & Bonfield, 1975).

(4) 계획된 행위 모형

계획된 행위 모형
합리적 행위 모형에 행동 통제력인 지각된 행동통제를 결합한 태도 모형

계획된 행위 모형(theory of planned action)은 다양한 행동을 설명하기 위해 합리적 행위 모형에서 도출된 것이다. 합리적 행위 모형에서는 사람들이 보이는 행위 대부분이 의지적 행동범주에 속한다고 하였지만(Ajzen & Fishbein, 1980), 몇몇 연구자는 많은 행동이 종종 행위자의 통제를 넘어선 요인에 의존한다고 제안하고, 합리적 행위 모형으로는 목표 지향적 행동을 예견할 수 없다고 하였다(Sheppard, Hartwick, & Warshaw, 1988). 따라서 불완전한 통제하에 있는 행동을 예견할 때, 행동의 통제 관련 요소가 고려되어야 한다는 것이 제안되었다. 즉, 행동이 일어나기 위해서는 그 행동을 수행하려는 개인의 동기와 성공적인 수행을 위한 능력에 관한 고려가 필요하다는 것이다.

이에 계획된 행위 모형에서는 합리적 행위 모형에 행동 통제력에 관한 요소를 첨가함으로써 모형의 범위를 목표 지향적 행동에까지 확장하였다(Ajzen, 1985; Ajzen & Madden, 1986). 새로 첨가된 지각된 행동통제(perceived behavioral control)는 행동수행의 용이성 또는 난이도에 관한 개인의 지각을 의미한다. [그

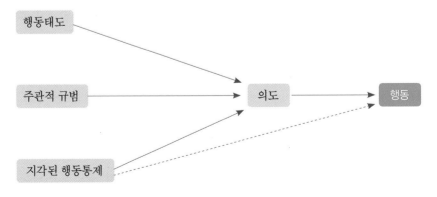

[그림 7-5] 계획된 행위 모형

림 7-5]는 지각된 행동통제가 첨가된 계획된 행위 모형을 보여 준다.

계획된 행위 모형에서, 지각된 행동통제는 행동태도 그리고 주관적 규범과 함께 행동의도를 결정하며, 아울러 행동에도 직접적인 영향을 미칠 수 있다. 지각된 행동통제는 사람이 어떤 행위를 수행하길 원할 때, 그 행위를 할 수 있다고 자신이 지각하는 능력으로 측정하는데, 여기에는 두 가지 요소가 포함된다. 한 가지 요소는 행동통제에 대한 신념이고, 다른 요소는 행동수행에 대한 특정 통제요인의 지각된 강도이다. 예를 들어, 벤츠 자동차를 구매하고자 하는 소비자에게는 그 자동차를 실제로 구매할 수 있다는 신념(행동통제 신념)이 있어야 구매행위가 일어날 수 있다. 아울러 행동의도와 행동 간의 연결에는 상황적 제약(행동수행에 대한 특정 통제요인)이 고려되어야 한다. 예를 들어, 벤츠 자동차를 구매할 수 있다는 신념이 있더라도, 소비자의 재정이 안 좋다면, 구매행위는 일어나지 않을 것이다.

아이젠(Ajzen, 1985)은 행동을 예측하는 데 있어 합리적 행위 모형에 행동 통제력을 추가하는 것으로 충분하다고 보았으며 더 이상의 변수를 추가하는 것이 설명력을 증대시키지 못한다고 보았다. 그러나 사람이 행동통제의 문제를 고려하지 않을 경우, 계획된 행위 모형은 합리적 행위 모형으로 환원한다. 이 경우 의도나 행동은 행동통제에 대한 신념에 의해 영향을 받지 않는다는 문제가 남는다.

3) 단순노출효과

단순노출효과는 최근의 많은 소비자 행동과 광고영역에서 마케팅 자극에의 저관여 노출이 그러한 자극에 더 긍정적인 태도를 산출하는 방법으로 소개되었다. 제이언스(Zajonc)는 "어떤 자극에의 단순한 반복노출이 그 자극에 대한 태도를 향상하는 데 충분조건"이라는 것을 관찰함으로써 노출효과를 정의하였다. 그는 자극의 선호는 어떠한 연합된 인지활동 없이, 단순한 강화되지 않은 반복노출로부터 간단히 만들어지며, 즉 친숙성이 호감으로 이끈다고 가정하였고, 여러 연구를 고찰한 끝에 동일한 결론을 내렸다(Zajonc, 1968). 예를 들어, 'XBR'이라는 상표를 소비자가 단순하게 여러 번 반복해서 보면, 이 상표의

단순노출효과
중립적 자극에 대한 단순한 반복노출이 자극에 대한 긍정적 태도를 유발한다는 태도 모형

친숙성이 증가하고 결국에는 호의적인 태도가 나타난다는 것이다.

그러나 모든 단순노출 실험에서 노출과 감정의 긍정적 관계를 발견한 것은 아니었다. 비중립적인 자극, 즉 초기에 부정적인 자극에의 노출 증가는 그 자극에 더 부정적인 평가를 산출한다는 결과도 있다(Bornstein, 1989). 하지만 대부분의 마케팅 자극은 초기에 중립적 자극으로 출발한다고 가정되므로, 마케팅 자극에 대한 노출-감정의 긍정적 관계를 기대할 수 있다.

소비자 연구에서 태도변화가 일어나는 과정은 주요한 논점이다. 심리학자에 의해 20여 년간 단순노출효과에 관한 체계적인 연구가 이루어졌지만, 소비자 행동에서 단순노출효과가 어떻게 그리고 어떤 조건에서 작용하는지에 대한 통찰을 거의 제공하지 못했다(Bornstein, 1989; Vanhule, 1994). 그 이유는 단순노출이 어떻게 감정에 영향을 미치는지에 대한 잘 받아들여지는 이론이 없기 때문인데, 단순노출효과의 배후는 여전히 논쟁거리이다.

단순노출효과를 설명하려는 이론들은 여러 가지가 있지만(Grush, 1976; Moreland & Zajonc, 1979; Zajonc, 1968), 현재 단순노출효과에서 어떻게 감정이 생성되는지에 대한 해석은 2개의 흐름으로 볼 수 있다. 독립성 가설과 인지-감정 가설이 그것인데, 전자는 단순노출효과를 어떠한 인지적 과정의 개입 없이 일어나는 감정반응으로 설명하려는 견해(Kunst-Wilson & Zajonc, 1980; Zajonc, 1980; Zajonc & Markus, 1982)이며, 후자는 단순노출에서의 감정반응을 일련의 인지과정의 마지막 단계로 보는 관점이다(Anand & Sternthal, 1991; Lazarus, 1984; Tsal, 1985).

두 명의 연구가에 의해 시작된 태도형성과 변화에 대한 논쟁(Fishbein & Middlestadt 1995, 1997; Miniard & Barone, 1997; Schwarz, 1997)에서 단순노출에 의한 태도변화가 하나의 쟁점으로 언급되었다. 이 연구가들은(Fishbein & Middlestadt, 1995)은 인지-감정 가설의 맥을 이어 단순노출효과 연구에 인지적 접근을 제안하였다. 그들은 단순노출효과를 인지활동과 무관한 태도형성과 변화과정으로 보는 것은 부적절한 방법론에 기인한 것으로 보았다.

단순노출효과의 기존 연구들은 기저의 인지구조를 적절하게 측정하려는 시도가 없었는데, 이것은 태도변화의 기제로서 신념에 근거한 변화의 역할이 무시되어 왔음을 의미한다. 그들은 단순노출효과가 독립성 가설로 설명될 수 있

는 과정임을 주장하기 이전에 기저의 인지구조를 적절하게 측정해야 한다고
하였다. 만일 적절하게 기저의 인지구조를 측정하면, 단순노출에 의한 태도변
화도 인지구조의 변화에 근거하여 변화한다는 것을 알 수 있다고 주장하였다.
이들이 제안한 방법으로 단순노출효과를 연구한 한 연구에서, 중립적인 상표
명에의 단순노출이 제품의 선호도뿐만 아니라 제품의 인지구조에도 영향을
주었다(양윤, 김혜영, 2001). 이는 단순노출효과가 소비자 영역에서는 인지과정
에 근거한 태도변화 과정이라는 인지-감정 가설을 지지하는 것으로 보인다.

4) 태도 접근 가능성

대상에 노출될 때 태도가 활성화되는 정도를 결정하는 것이 태도 접근 가능
성이다(Fazio, 1986). 파지오(Fazio)는 이러한 태도 접근 가능성을 태도-비태도
연속선으로 설명하였다. 한 극단은 비태도적인 것으로 대상의 어떠한 사전평
가도 기억에서 유용하지 않고, 연속선을 따라 이동하면 평가와 대상 간의 연합
강도, 즉 태도의 접근 가능성이 증가한다. 따라서 다른 한 극단은 잘 학습된 강
한 연합이 형성되며, 이 연합은 평가가 대상에 관한 관찰이나 언급으로 기억에
서 자동적으로 활성화될 수 있을 만큼 충분히 강하므로, 태도-행동 일관성은
태도-비태도 연속선에 따른 위치의 함수로서 변화할 것으로 기대된다. 즉, 태
도 접근 가능성이 이전에 형성된 태도가 행동이 일어나는 상황에서 기억으로
부터 활성화될 가능성에 영향을 주고, 행동은 그 태도가 행동상황에서 기억에
서 활성화될 때만 태도에 의해 영향을 받는다.

여러 연구자는 태도 접근 가능성이 태도대상과 그 대상에 대한 태도의 활
성화된 연합의 빈도를 다양하게 함으로써 이루어진다고 보았다. 즉, 태도 접
근 가능성이 태도를 활성화하고 반복적으로 표현하는 것에 의해 증가할 수 있
다고 보았다(Fazio, Chen, McDonel & Sherman, 1982; Fazio, Powell & Herr, 1983;
Powell & Fazio, 1984). 따라서 반복된 활성화가 증가하는 태도 접근 가능성의
수단으로 채택되었다(Berger & Mitchell, 1989). 반복적으로 활성화된 태도는 한
번 활성화된 태도보다 기억에서 더 접근 가능하였다. 즉, 태도가 반복적으로
활성화된 참가자가 그렇지 않은 참가자보다 기억에서 태도에 더 접근 가능하

태도 접근 가능성
이전에 형성된 태도가 행동을
일으키는 상황에서 기억으로
부터 활성화될 가능성에 영향
을 주고, 행동은 그 태도가 행
동상황에서 기억에서 활성화
될 때 태도에 의해 영향을 받
는다는 태도 모형

였다(Berger, 1992).

소비자 영역에서 행해졌던 연구에서는 제품에 대한 태도와 그 태도의 접근 가능성을 평가하였다. 컴퓨터로 제품을 제시하고 'like' 또는 'dislike' 키를 누르는 반응시간을 측정하였다. 두 번째로 질문지 과제에서 태도를 측정하였고, 마지막으로 10개의 선택대안 중에서 다섯 가지 제품을 선택하게 하였다. 결과는 특정 제품에 대해 태도 접근 가능성이 높은 참가자가 낮은 참가자보다 더 큰 태도-행동 일관성을 보였다. 즉, 더 접근 가능한 제품태도가 쉽게 인출되지 않는 태도보다 제품선택에 더욱 영향을 미쳤다(Fazio, Powell, & Williams, 1989).

또 다른 연구에서도 태도 접근 가능성이 실험적으로 증가할 때 태도-행동 상관은 유의하고 강하게 나왔다(Bransombe & Deaux, 1991). 접근 가능성이 높은 태도를 지닌 사람이 그렇지 않은 사람보다 더 태도-행동 일치성을 보여 주었다. 반복적으로 접근 가능한 태도의 결과로 반응자는 태도에 일치하는 행동을 보이는 것이 더 빨랐다. 그리고 몇몇 연구자(Downing, Judd, & Brauser, 1992)는 반복된 태도표현은 태도대상에 대한 생각을 증가시키는 데 촉진역할을 하고, 증가한 생각은 태도판단을 극단화시키는 대상과 연합한 속성의 평가를 높여 준다고 주장하였다. 이에 따라 반복된 표현이 더 큰 태도 극단화를 이끌 수 있고, 증가한 태도 접근 가능성이 태도 극단화에 의해 때때로 동반될 수 있다고 하였다. 또 다른 연구자(Kardes, 1988)는 접근 가능성이 노력의 증가로 높아지기 때문에, 상표태도에 기초한 추론은 더 적은 노력의 인지적 기제에 기초한 태도보다 더 접근 가능해야 한다고 주장하였다. 즉, 태도 접근 가능성이 반복적인 광고, 반복적인 태도 활성화 혹은 직접적인 행동경험을 통해 대상과 평가 사이의 연합강도를 조절하는 것으로 보았다.

이렇듯 파지오 이외의 많은 연구자가 접근 가능한 태도를 가진 사람이 많은 면에서 더 강한 태도를 갖는다는 증거를 축적하였다. 그리고 지금까지의 연구된 결과들을 보면, 태도 접근 가능성을 제품태도, 광고태도 및 구매결정 등과 같은 소비자 영역에서 적용하고자 하는 노력이 이어졌다. 따라서 태도 접근 가능성이 소비자의 구매의도를 예측하는 데에도 중요한 기능을 할 가능성을 찾아볼 수 있을 것이다. 즉, 태도강도를 결정하는 요인들 사이의 인과적 연결과 연합적 연결을 더욱 명확히 하고, 태도의 예언적 가치에 대한 그런 요인들의 영향이 소비자 태도에 대한 이해와 행동과의 관계를 더욱 발전시킬 수 있을 것이다.

5. 명시적 태도와 암묵적 태도[1]

태도는 두 수준에서 존재할 수 있다. 이번 장에서 지금까지 다루어진 명시적 태도는 의식적이고 쉽게 보고할 수 있지만, 암묵적 태도는 자동적이고 통제하기 어렵다. 즉, 명시적 태도는 직접적으로 표현되거나 공개적으로 진술되는 태도지만, 암묵적 태도는 공공연하게 드러나지 않고 심지어 의식적인 자각으로부터도 감춰져 있는 강력한 태도라고 정의된다(Greenwald, McGhee, & Schwartz, 1998).

자기보고 질문지와 같은 전통적인 명시적 척도와 대조적으로 암묵적 지표들은 의식적인 자기보고에 의존하지 않고 자동적으로 발생했거나 통제하기 어려운 반응을 평가하고자 하였다(Greenwald & Banaji, 1995). 암묵적 인지과정을 주장하는 학자들은 의식적인 자기보고법에 의한 태도측정치보다 암묵적인 방식에 의한 간접적인 태도측정치가 더 솔직한 태도일 가능성이 많다고 보았다. 따라서 간접적인 태도측정치 개발의 필요성이 제안되었고, 점화기법이나 암묵적 연합검사와 같은 측정방법이 개발되면서 암묵적 태도는 더 활발하게 연구되고 있다.

전통적인 태도 연구가들이 태도를 인지적 · 정서적 · 행동적 요소로 구분한 데 반해, 한 연구자는 태도란 기억 속에 대상과 그 대상에 대한 평가가 연합된 것이라고 주장하였다(Fazio, 1995). 즉, 연합이 강하면 강할수록 태도는 더욱 강하고, 더욱 빨리 행동반응을 유발한다. 이러한 관점을 바탕으로 한 암묵적 연합검사(implicit association test: IAT)는 우리의 머릿속에 우리가 좋아하는 대상은 유쾌한 단어와 더 강하게 연합되어 있고 우리가 싫어하는 대상은 불쾌한 단어

명시적 태도
직접적으로 표현되거나 공개적으로 진술되는 태도

암묵적 태도
공공연하게 드러나지 않고 의식적인 자각으로부터도 감춰져 있는 태도

암묵적 연합검사
사람의 머릿속에 자신이 좋아하는 대상은 유쾌한 단어와 더 강하게 연합되어 있고, 자신이 싫어하는 대상은 불쾌한 단어와 더 강하게 연합되어 있다는 가정을 기반으로 하여, 두 가지 다른 대상들의 연합강도를 지연시간을 통해 측정하는 방법

---

1) 명시적 태도와 암묵적 태도에 관한 내용은 양윤, 오자영(2010)의 논문에서 발췌한 것이다.

와 더 강하게 연합되어 있다는 가정을 기반으로 하여, 두 가지의 다른 대상들의 연합강도를 지연시간을 통해 측정한다(Greenwald, Nosek, & Banaji, 2003). 이는 태도를 강하게 지니고 있을수록 기억에서 접근가능성이 높아 자동으로 활성화될 가능성이 크기에 반응시간이 짧아지는 속성을 이용한 것이다(Fazio, Sanbonmatsu, Powell, & Kardes, 1986).

명시적 태도와 암묵적 태도 간에는 차이가 날 수 있는데, 그 이유는 크게 두 가지로 설명할 수 있다. 첫째, 사람들이 어떤 태도는 정확히 보고할 의도가 없기 때문이다. 즉, 사회적으로 바람직하지 않거나 자신을 당혹스럽게 만들 수 있는 태도는 의도적으로 숨기려 하기 때문이다. 두 번째는 사람들이 자신의 태도를 정확히 보고할 수 없기 때문이다. 즉, 사람들이 자신은 편견이 없는 사람이라고 여기기 때문에 특정 집단에 대한 암묵적인 부정성을 인식하지 못하여 명시적으로 보고할 수 없기 때문이다. 이처럼 기존의 태도측정은 선호도 평정에 의존하여 태도의 강도를 측정하기 어려울 뿐 아니라, 의식적으로 태도를 감추는 반응을 배제하기 어려웠다. 그러나 반응시간 측정은 자동 활성화의 정도를 측정하는 방법이므로 인종차별·성차별·지역차별 등 사회적으로 민감한 이슈에 대한 태도를 측정할 수 있는 대안으로 검토되고 있다(Fazio, Jackson, Dunton, & Williams, 1995). 한 연구는 태도가 개인에게 있어서 중요할 때 암묵적-명시적 태도 간의 일관성이 높다고 보고하였다(양윤, 오자영, 2010).

IAT는 다양한 영역에서의 연구가 가능하다는 점에서 상당히 유연하고 신뢰성이 높은 도구로 평가된다. 최근에는 IAT가 소비자심리학 영역에도 적합하며, 소비자의 태도를 측정하는데 효과적인 연구도구라는 주장이 제기되었다. 소비자태도는 윤리 또는 인종적 태도보다 자기제시 편향의 영향을 덜 받지만, 명시적 태도와 암묵적 태도 간의 분리가 관찰될 수 있다(Maison, Greenwald, & Bruin, 2001). IAT를 적용한 소비자행동 연구에서, 구매의도, 상표선호, 지각된 상표우월성 등은 모두 암묵적으로 측정된 자기-상표 연합에 의해 예측되었다(Perkins, Forehand, Greenwald, & Maison, 2008). 예를 들어, 고칼로리 제품과 저칼로리 제품에 대한 소비자태도 연구는 소비자가 양면적인 태도를 지니고 있음을 확인하였고, 나아가 명시적 선호 측정도구만을 사용하였을 때보다 IAT를 함께 고려했을 때 행동의 예측이 향상됨을 보여주었다(Maison et al., 2001).

6. 태도와 행동

소비자 연구가가 곤혹스러워하는 문제 중 하나가 소비자의 태도로부터 구매행동을 예측하는 것이 어렵다는 것이다. 사실상 많은 소비자 연구가가 구매행동에 대한 태도의 예측력에 회의적이다. 이 문제에 관한 현재의 견해는 연구가들이 태도가 행동을 예측할 수 있는 정도에 영향을 주는 요인들을 인식해야 한다는 것이다(Cialdini, Petty, & Caccioppo, 1981). 이와 관련하여 다음과 같은 여섯 가지 요인을 살펴보면 다음과 같다.

① 소비자 관여

태도는 앞에서 언급한 표준학습위계가 작동하는 고관여조건에서만 구매행동을 예측할 수 있을 것이다.

② 태도측정

태도측정은 신뢰성 있고 타당해야 하며, 행동측정과 동일한 수준에서 이루어져야만 한다. 예를 들어, 만일 행동이 환경보호와 같은 특정한 기부에 관한 것이라면, 태도는 일반적인 기부에 관한 질문으로 측정될 수 없고 특정한 기부에 대한 직접적이면서도 구체적인 질문으로 측정해야 한다. 이와 유사하게 시간변수에 관해서도 주의해야 한다. 예를 들어, 만일 행동이 6개월 이내에 신형 소나타 자동차를 구매하려는 것이라면, 태도측정도 이에 맞춰야 한다. 태도측정과 행동시점 간의 시간간격이 길면 길수록, 그 관계는 약해질 것이다.

③ 타인의 영향

구매에 관한 타인의 영향력과 이 영향력에 따르려는 소비자의 동기가 태도-행동 간의 관계에 영향을 준다.

④ 상황요인

공휴일, 시간압력, 또는 재정상태와 같은 상황요인들이 행동에 대한 태도의 예측력을 낮출 수 있다.

⑤ 타 상표의 영향

비록 한 상표에 대한 소비자의 태도가 꽤 호의적일지라도, 만일 다른 상표에 대한 그 소비자의 태도가 더 호의적이라면, 다른 상표가 구매될 가능성은 더 높아질 것이다.

⑥ 태도강도

태도가 행동에 영향을 주기 위해서는 태도가 소비자의 기억에서 강력하게 활성화되어야 한다. 많은 연구는 태도가 강할수록, 기억으로부터 더 잘 인출될 것이고 행동에 영향을 줄 수 있음을 보여 주었다.

⑦ 태도유형

소비재에 대하여 소비자의 명시적 태도와 암묵적 태도가 함께 적용될 때, 구매행동을 더 잘 예측할 수 있다.

7. 가치[2]

여러 학문영역에서는 가치의 개념을 다양하게 정의하였다. 또한 다양한 정의만큼이나 다양한 방법으로 가치를 측정하였다. 사회학에서는 가치를 '사회 구성원이 공유하는 행동양식에 대한 개념'(Bronowski, 1959)이라고 정의하는 반면, 심리학자인 로키치(Rokeach, 1969)는 가치를 '특정한 상황이나 즉각적인 목표를 넘어서서 더 궁극적인 존재의 최종상태에 이르도록 행동과 판단을 이끄는 지속적인 신념'이라고 정의하였다.

가치의 개념은 앞에서 살펴본 태도와 혼동된다. 가치와 태도의 차이점에 대해 한 연구자는 가치가 태도나 행동의 동기에 관한 설명을 제공해 줄 수 있으

---

2) 가치에 관한 내용은 양윤, 이은지(2002)의 논문에서 발췌한 것이다.

며, 가치는 태도에 무의식적으로 영향을 미친다고 설명하였다(Dichter, 1984). 즉, 가치는 태도보다 더 추상적이고 상위개념이라는 것이다. 상위개념으로서의 가치에 관한 주장은 로키치(1969)의 가치에 대한 정의에서도 나타나고 있는데, 특정 대상이나 상황에 초점을 두지 않는 것이 태도와 가치의 중요한 차이라고 할 수 있다. 다시 말해, 태도는 가치가 특정 대상이나 상황에 적용된 것이라고 보는 것이 적절하다.

가치는 판단이나 평가를 위한 하나의 기준으로서 작용하지만 태도는 기준이라고 할 수 없다. 오히려 수많은 태도대상이나 상황에 대한 호의적-비호의적 평가는 가치에 기초를 두고 있다. 사람들은 바람직한 행동양식이나 존재의 목표상태에 대한 신념만큼의 가치를 갖게 되지만, 태도는 특정한 대상이나 상황의 수만큼 가질 수 있다. 따라서 가치는 수십 가지이지만 태도는 수천 가지일 수 있다.

로키치(1973)는 추상적이고 상위개념으로서의 가치를 더 구체적으로 설명하고 있다. 가치는 다른 행동양식이나 목적상태보다 선호되는 것을 나타내는 지속적인 신념이라는 것이다. 이렇게 가치를 '선호하는 신념'으로 정의하는 것은 다른 연구자에 의해서도 제시되었다. 어떤 연구자들은 어떤 특정한 행동양식이 개인적으로나 사회적으로 선호된다는 지속적 신념을 행동적 가치로, 어떤 특정한 존재의 목적상태가 개인적으로나 사회적으로 선호된다는 지속적 신념을 존재적 가치로 각각 정의하였으며, 이러한 가치들이 위계적 관계를 유지하고 있다고 주장하였다(Howard & Woodside, 1984).

신념이라는 개념과 가치를 연결하여 생각하는 연구자들은 가치가 개인의 신념체계 중심에 위치하는 추상적인 신념이라고 제안하였다. 즉, 개인이 옳거나 정당하거나 바람직하다고 생각하는 것에 대한 신념들의 구성체 혹은 위계적 조직체가 가치라고 생각하는 것이다(Posner & Munson, 1979). 몇몇 연구자들의 경우에도 가치를 개인의 행동이나 사물, 상황의 판단 기준이 되는 중심적인 평가 신념이라고 정의하고 있다(Vinson, Scott, & Lamont, 1977). 그러므로 가치는 더 안정적이고 핵심적인 상위 신념이라고 생각할 수 있다.

소비자 행동 분야에서는 자기개념을 가치와 연결하여 설명하고 있다. 자기개념은 감정적인 구성요소(흔히 자존심이라고 하는)뿐만 아니라 인지적 구성요소와 행동적 구성요소를 모두 포함한다(Blascovich & Tomoka, 1991). 소비자가 제품이나 상표를 고려할 때는 그것이 자신에게 어울리는지를 고려하게 되는데(Howard & Woodside, 1984) 이것은 결국 자기개념을 고려하는 것이다. 즉, 자신과 어울림을 고려하는 과정에서 가치가 활성화된다. 자기개념은 자신이 중요하게 생각하는 가치를 포함하고 있기 때문이다.

따라서 활성화된 가치와 제품의 속성 혹은 제품이 제공하는 편익이 일치하느냐가 그 제품이 자신에게 어울리는가를 결정하는 중요 요인이 되는 것이다. 앞서 설명한 선호 개념과 연결한다면, 소비자는 자신이 추구하는 이상적인 모습과 일치하는 방향으로 자기를 표현할 수 있는 제품 혹은 상표를 선호한다고 할 수 있다.

지금까지의 여러 가지 가치에 대한 정의나 관련 개념들을 종합하여 본다면 가치는 개인적으로나 사회적으로 선호하는 지속적이고 안정적인 상위 신념으로서, 개인의 행동이나 판단을 이끄는 동기적 힘을 가지고 있다고 요약할 수 있다.

1) 가치체계

가치의 구조나 체계에 대해 가장 일반적으로 알려진 것은 로키치(Rokeach, 1973)가 제안한 이중구조이다. 그는 18가지 수단가치와 18가지 목적가치로 구성된 가치체계를 제안하였다. 앞에서 하워드와 우드사이드(Howard & Woodside, 1984)가 존재적 가치와 행동적 가치로 정의한 것이 바로 로키치의 수단가치와 목적가치이다.

목적가치
개인의 존재에 대한 바람직한 목표상태를 기술하는 가치

수단가치
개인의 구체적인 행동양식과 관련되는 가치로, 목적가치를 달성하기 위한 수단으로 작용함

목적가치는 개인의 존재에 대한 바람직한 목표상태를 기술하는 내용으로 구성되며, 수단가치는 구체적인 행동양식과 관련된다. 예를 들어, 가정의 안녕, 나라의 안전, 마음의 평화, 자유, 평화로운 생활 등과 같은 가치는 인간으로서 추구하는 바람직한 궁극적 상태를 나타내는 목적가치에 해당한다. 반면 책임감, 봉사심, 공손함, 정직함과 같은 가치는 구체적으로 일상생활에서 행동의 지침으로 삼을 수 있는 수단가치에 해당한다. 목적가치와 수단가치는 개별적인 구성요소이지만 기능적으로는 상호 연결된 체계이다. 수단가치는 목적

가치를 달성하기 위한 수단으로 작용한다. '자신에 대한 긍지'라는 목적가치를 지닌 개인은 지성, 정직함, 책임감 등의 수단가치를 통해 자신이 바라는 궁극적인 존재상태에 도달할 수 있다.

로키치의 가치체계가 한 개인의 생활 전체에 적용될 수 있는 포괄적인 가치체계에 대한 것이라면 빈슨, 스커트, 라몬(Vinson, Scott, & Lamont, 1977)이 제시한 가치체계는 보다 세분되어 있다고 할 수 있다. 이들은 로키치의 목적가치와 수단가치는 상위수준에 존재하는 일반가치이며, 이러한 일반가치와 더불어 특정한 행동영역에 관련된 구체적 가치가 존재한다고 주장하였다. 특정 행동영역에 관련된 가치란 소비가치 혹은 직업가치와 같이 특정한 영역에서 개인이 바람직하게 여기는 이상상태를 말하는 것이다. 이러한 가치는 일반가치의 영향을 받아 형성된다. 이들은 이러한 가치체계를 [그림 7-6]과 같이 도식화하여 제시하였다. 이 그림은 특히 소비자 행동 영역과 관련된 개인의 가치체계를 나타내고 있다.

빈슨 등이 제안한 소비가치의 체계는 크게 세 가지 차원, 즉 일반화된 개인가치, 영역특정가치 그리고 제품속성 평가로 구성되어 있다. 일반화된 개인가치란 한 개인의 중심부에 위치한 핵심적 가치를 말하며, 가장 추상적인 수준의 가치를 말한다. 이러한 가치는 개인이 삶을 통해 궁극적으로 추구하고자 하는

소비가치
소비행동과 관련하여 소비자가 바람직하게 여기는 이상적인 상태

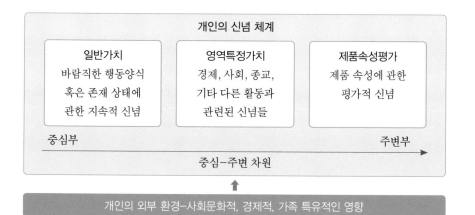

[그림 7-6] 소비자의 가치체계

출처: Vinson, D. E., Scott, J. E., & Lamont, L. M. (1977). The role of personal values in marketing and consumer behavior. *Journal of Marketing, 41*, 46.

이상적인 상태와 관련되며 특히 중요한 평가나 선택할 때 활성화된다. 영역특정가치는 특정 상황에서 경험하거나 습득한 가치를 말한다. 예를 들면, 직업가치, 소비가치, 의복가치 등이 영역특정 가치라고 할 수 있다.

평가적 신념은 가장 구체적이고 설명적인 신념들로 구성되어 있다. 어떤 특정한 상표나 제품의 속성에 대한 평가적 신념들이 이에 해당하는데, 각 속성의 평가는 궁극적으로 자신의 가치에 기초를 두고 이루어진다. 그러므로 개인의 가치는 추상적 수준에 따라 위계로 조직되어 있으며 각각의 수준은 상호의존적인 관계를 갖는다고 할 수 있다. [그림 7-6]은 또한 가치의 형성과 발전에 사회문화적, 경제적 그리고 가족 특유적인 환경의 영향이 작용한다는 것을 보여 주고 있다

2) 가치의 측정도구

개인가치를 측정하는 대표적인 측정도구로는 로키치가치조사(Rokeach values survey: RVS), 가치와 생활양식(values and lifestyles: VALS), 수단-목표사슬 모델(means-end chain model), 가치목록(list of values: LOV) 등이 있다.

(1) 로키치가치조사

로키치(Rokeach, 1973)가 개발한 로키치가치조사(RVS)는 개인의 가치를 측정하기 위한 도구로 가장 많이 쓰이고 있다. RVS는 18개의 목적가치 항목(예, 가정의 안녕, 나라의 안전, 마음의 평화, 자유, 평화로운 생활)과 18개의 수단가치 항목(예, 책임감, 봉사심, 공손함, 정직함)으로 구성되어 있는데, 로키치는 18개 항목을 각각 중요하게 생각하는 정도에 따라 순위를 매기는 방식으로 측정할 것을 제시하였다.

(2) 가치와 생활양식

제6장에서 언급한 밸스(VALS)는 미국 스탠포드 연구소에서 개발한 가치측정도구로 여러 가지 일반적인 태도에 관한 질문과 구체적인 태도에 관한 질문 그리고 인구통계학적 항목으로 구성되어 있다. 이 방법은 인구통계학적 변수,

생활양식 변수, 가치 등을 결합하여 비교적 정확하게 시장을 세분화하는 방법이다. 또한 밸스를 통해 수집된 자료들은 개인의 삶 전반에 관한 매우 유용한 정보를 제공해 줄 수 있다. 그러나 자료수집이나 분석에 상당한 노력과 전문지식이 필요하며 미국의 현실에 맞게 개발된 도구라는 점 때문에 미국 이외에서 보편적으로 쓰이고 있는 방법은 아니다.

(3) 수단–목표사슬 모델

수단–목표사슬 모델은 거트먼(Gutman, 1982)에 의해 연구된 것으로 위의 두 가지 방법에 비해 보다 심층적인 분석이 요구되는 방법이다. 이 모델은 '래더링(laddering)'이라는 기법을 이용하여 제품의 특정한 속성과 그 제품의 소비를 통해서 나타나는 결과 그리고 소비과정에 내재한 소비자의 개인적 가치 사이의 연결을 찾아내는 데 그 목적이 있다.

거트먼(Gutman, 1991)은 래더링과 관련된 여러 이슈에 대해서 보다 구체적인 설명을 제공하고 있다. 이 모델을 사용하기 위해 조사자는 우선 소비자가 어떤 제품에 대해 중요하게 생각하는 속성이 무엇인지를 묻게 된다. 이러한 질문으로 얻어진 여러 가지 속성에 대해 '왜' 그러한 속성이 중요한지를 계속 질문함으로써 보다 추상적인 가치 수준으로의 연결이 완성될 때까지 면접을 실시한다. 이러한 방법은 마케터에게 매우 구체적이고 심층적인 소비자 심리에 대한 정보를 제공해 줄 수 있지만, 많은 시간과 노력이 들 뿐 아니라 조사자가 직접 면접을 실시해야 한다는 점에서 조사자의 태도나 반응이 응답에 영향을 미칠 수 있다.

수단–목표사슬 모델을 사용한 한 연구에서는 카드를 구매하는 최종목적이 달라짐에 따라서 카드가 가지고 있는 속성의 의미가 달라지는 것으로 나타났다(Walker & Olson, 1991). 즉, 웨딩카드의 경우 자기표현이라는 최종적인 목적이 활성화되는 데 비해, 일상적인 안부카드는 받는 사람과 관련된 목적이 활성화되었다. 이렇게 활성화된 목표의 차이는 그러한 목표와 연결되어 있는 속성의 의미에도 영향을 미쳐서 안부카드의 경우 받는 사람과 연관되는 속성을 지닌 카드를 구매하게 되지만, 웨딩카드의 경우에는 자기를 표현해 줄 수 있는 속성을 지닌 카드를 구매하는 것으로 나타났다.

수단–목표사슬 모델
래더링 기법을 이용하여 제품의 특정한 속성과 그 제품의 소비를 통해서 나타나는 결과 그리고 소비과정에 내재된 소비자의 개인적 가치 사이의 연결을 찾아내려는 측정도구

래더링
소비자가 어떤 제품에 대해 중요하게 생각하는 속성에 관한 질문으로 시작하여 그러한 속성이 중요한 이유를 계속적으로 질문함으로써 더욱 추상적인 가치 수준으로의 연결을 완성하려는 면접기법

(4) 가치목록

제6장에서 언급한 가치목록(LOV)은 가치를 측정하는 방법 중에서도 특히 소비자 행동과 관련된 내용을 예측해 주기 때문에 마케팅 영역에서, 특히 시장 세분화에 유용하게 사용되고 있다. 또한 쉽게 사용할 수 있고, 다양한 통계분석을 적용할 수 있다는 장점을 가지고 있다. 케일 등(Kahle et al., 1986)에 의해 개발된 가치목록은 로키치의 목적가치를 개인의 일상생활에서의 역할이나 상황과 직접적으로 관련된 9개의 개인 지향적 가치로 수정한 것이다. 가치목록도 로키치가치조사와 마찬가지로 9개 항목에 대해 서열을 매기는 방식으로 측정된다.

개인가치 측정도구인 로키치가치조사와 가치목록이 개인의 삶 전체에 영향을 미치는 일반가치를 측정하기 위한 것이라면, 특별히 소비자의 가치를 측정하여 소비자 행동과 연결하기 위한 방법도 제시되었다. 그중에서 두드러지는 것이 빈슨, 스콧, 라몬(Vinson, Scott, & Lamont, 1977)의 소비가치와 셰스, 뉴먼, 그로스(Sheth, Newman, & Gross, 1991)의 소비가치 이론이다.

(5) 소비가치

빈슨 등(1977)은 가치획득이 사회문화적 과정에서 이루어지며, 서로 다른 가치추구 지향성이 제품이나 상표의 선호에서 다른 결과를 초래할 것이라고 주장하였다. 이들은 이러한 가정을 검증하기 위해 가치의 차이가 중요하게 생각하는 자동차의 속성에 대한 태도의 차이를 유발할 수 있는지에 관한 실험연구를 실시하였는데, 그 과정에서 소비관련 가치목록을 제시하였다. 빈슨 등은 개인의 가치가 일반적인 개인가치와 영역특정적인 가치로 구성되어 있으며, 소비가치는 영역특정적 가치의 하나라고 설명하였다. 이들이 제안한 소비가치는 '기업이나 제조회사는 ……해야 한다'에 해당되는 16가지 항목과, '제품이나 서비스는 ……해야 한다'에 해당되는 15가지 항목으로 구성되어 있다.

(6) 소비가치 이론

셰스 등(1991)은 여러 가지의 사회심리학 이론을 근거로 다음과 같은 5개의 소비가치를 제시하였다. 첫째, 기능적 가치는 현저한 기능적, 실용적, 물리적 수행을 나타내는 제품에 의해 획득되는 지각된 효용성을 말한다. 기능적 가치는 제품의 신뢰성, 내구성, 가격 등과 같은 속성에서 나온다.

둘째, 사회적 가치는 특정한 사회집단과 연합된 제품에 의해 획득되는 지각된 효용성을 말한다. 즉, 정형화된 사회집단에 의해 소비되거나 그러한 집단과 연합될 수 있는 제품이 가져다주는 가치를 말한다. 사회적 가치는 사회계층 이론이나 준거집단, 의견선도자, 혁신의 확산 등과 같은 커뮤니케이션 이론에 그 바탕을 두고 있다.

셋째, 정서적 가치는 제품이 어떤 감정을 유발하거나 감정상태에 영향을 미침으로써 획득되는 지각된 효용성을 말한다. 주로 심미적 제품이나 정서반응을 유발하는 서비스(예, 영화)가 정서적 가치를 지니고 있다. 정서적 가치는 비인지적이고 무의식적인 동기에 의해 소비자의 선택행동이 유발될 수 있다는 디흐터(Dichter, 1947)의 이론을 확대한 것이라고 할 수 있다.

넷째, 호기심충족가치는 호기심을 자극하거나 새로운 제품 혹은 지식욕을 충족시킬 수 있는 제품에 의해 획득되는 효용성을 말한다. 전혀 새로운 경험과 같은 것이 그러한 가치를 제공해 줄 수 있다. 소비자가 새로운 것을 찾고, 여러 상표를 바꾸어 사용하는 것이 호기심충족가치를 추구하기 위한 행동이라고 할 수 있다.

마지막으로 조건적 가치는 특정한 상황의 결과 혹은 일련의 물리적 환경의 조성에 의해 획득되는 효용성을 말한다. 예를 들어, 크리스마스카드와 같은 계절제품 그리고 결혼식 등의 의식이 조건적 가치를 제공해 주는 제품 등이다. 조건적 가치는 주어진 상황에 대한 경험 그리고 상황적 요인을 예측할 수 있는 능력 등과 관련이 된다.

셰스는 이러한 소비가치는 소비자가 구매를 할 것인가 아닌가에 대한 대답뿐만 아니라, 왜 소비자가 특정한 제품유형을 선택하는지 그리고 다른 상표가 아닌 특정한 상표를 선택하는지를 설명해 줄 수 있다고 하였다. 예를 들어, 셰스 등(1991)의 연구에서 정서적 가치와 기능적 가치는 흡연자와 비흡연자를 구별해 주었으며, 사회적 가치나 정서적 가치는 흡연자가 어떤 담배상표를 구매할지를 90% 이상 정확하게 판별해 주었다.

그러나 셰스의 방법은 일정한 측정도구의 형식을 갖추고 있는 것이 아니라,

질문내용을 구성하기 위한 이론적 배경을 제시하는 데 머물고 있다. 따라서 실제로 사용하기 위해서는 심층면접, 초점집단면접(FGI) 또는 설문조사 등의 사전작업이 많이 요구되는 단점을 가지고 있으며, 연구자의 주관이나 능력에 따라 그 결과가 매우 달라질 수 있다.

3) 가치와 소비행동

가치가 개인생활의 모든 면에 걸쳐서 광범위하게 영향을 미치는 것으로 학자들에 의해 증명되었다(Rokeach, 1969). 현대사회를 살아가는 모든 개인은 소비자라는 위치에 있기 때문에 가치가 소비자 행동 영역에서도 상당한 영향을 미치리라는 것은 쉽게 짐작할 수 있다. 소비자의 가치에 대한 정보는 소비자의 행동을 예측하는 중요한 단서가 된다. 마케팅 영역에서 소비자 행동에 관한 연구는 주로 지각, 인지, 태도 등에 초점을 맞추어 이루어졌다. 소비자의 가치가 구체적인 소비행동, 즉 제품이나 상표의 선택에 영향을 미칠 것으로 추정되었지만(Pitts & Woodside, 1983) 구체적으로 어떠한 과정을 거쳐서 관련을 맺게 되는지는 분명히 밝혀지지 않았다.

로키치(Rokeach, 1973)는 수단가치와 목적가치로 이분하여 가치가 행동에 미치는 영향을 설명하였다. 로키치가 제시한 수단가치와 목적가치가 제품구매에서 구체적으로 실현되는 과정은 [그림 7-7]과 같이 설명할 수 있다. 소비자는 제품속성과 이러한 속성이 가져다줄 편익을 가치와 연결하여 조직화한다. 즉, 소비자는 제품속성으로부터 편익을 연상하거나 추론하여 편익과 가치

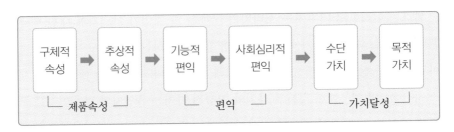

[그림 7-7] 소비자의 가치달성과정

출처: Walker, B. A., & Olson, J. C. (1991). Means-end chains: Connecting products with self. *Journal of Business Research, 22,* 112.

를 연결하는 인지과정을 통해 제품에 의미를 부여하고 자신의 가치를 달성한
다. 이러한 과정은 수단-목표사슬의 가정과 일치한다. 수단-목표사슬 모델
에 따르면, 소비자는 제품의 구체적, 추상적 속성이라는 수단으로부터 기능적,
사회심리적 편익이라는 목표를 달성하고, 이 편익을 다시 가치라는 목표를 달
성하는 수단으로 이용한다. 이러한 과정에 의해 소비행동과 가치와의 관계가
형성되는 것이다.

한 연구는 개인의 가치가 제품을 평가하는 기준을 제공한다고 보고하였다.
이 연구에서 서로 다른 가치를 가지고 있는 사람들은 방취제를 선택하는 기준
이 다른 것으로 나타났다(Howard & Woodside, 1984). 예를 들어, '야심 있는'과
같은 가치를 가진 사람은 방취제의 선택기준으로 '끈적임이 없는'과 같은 속성
을 고려하였다. 빈슨 등(1977)은 로키치 가치를 이용하여 소비자의 일반가치
를 측정하고, 자신이 개발한 소비가치 목록을 이용하여 소비가치를 측정한 후,
20개의 자동차 속성을 중요하게 생각하는 정도를 조사하였다. 그 결과 일반가
치에서 즐거운 삶이나 논리성을 중요하게 생각하고 소비가치에서 환경오염이
적은 제품, 조용한 제품을 중요하게 생각하는 소비자가 자동차의 가스가 새는
지, 엔진의 성능은 좋은지, 환경오염이 적은지 등과 같은 자동차의 속성을 중
요하게 생각하는 것으로 나타났다.

또 다른 연구자는 소비자가 여러 대안 중에서 한 가지를 선택하는 것은 대안
이 제공하는 유인가 때문이라고 설명하였다(Feather, 1995). 가치는 바로 이러
한 유인가를 끌어내는 역할을 한다는 것이다. 즉, 가치는 사람들이 상황을 해
석하고 정의하는 방식에 영향을 미치고, 특정한 상황이나 행동 또는 상태에 대
한 유인가를 유도함으로써 어떤 대상이나 활동, 잠재적인 결과들이 매력적 혹
은 비매력적으로 보이게 한다. 이 연구에서 참가자들은 어떤 상황에서 선택할
수 있는 2개의 대안에 대한 선호도를 평정하였는데, 자신의 가치와 일치하는
내용을 포함하는 대안을 더 선호하는 것으로 나타났다(Feather, 1995).

선물에 관한 연구에서는 활동적이고 사회적인 가치를 가진 사람이 수동적
이고 비사교적인 사람보다 선물을 선택하는 데 더 큰 노력을 기울일 뿐 아니라
더 자주 선물을 하는 것으로 나타났다(Beatty, Kahle, & Homer, 1991). 이처럼 소
비자의 가치에서의 차이는 소비자 행동에서의 차이의 원인 또는 동기가 된다.

즉, 소비자의 가치는 인지과정뿐만 아니라 행동에도 강력하고도 포괄적인 영향을 미치게 된다. 가치구조가 다른 소비자는 자신의 가치달성을 위해 서로 다른 제품을 구매하거나 혹은 그 반대로, 동일한 제품을 소비자마다 서로 다른 가치를 달성하기 위해 구매할 수 있다.

태도란 어떤 대상에 대한 개인의 호의적 또는 비호의적인 성향을 나타내는 내적 감정의 표현을 말한다. 태도의 특성으로는 태도는 대상을 가지며, 학습되고, 비교적 일관성이 있으며, 상황 내에서 형성된다는 것이다. 태도는 개인이 자신의 환경과 더 효율적으로 상호작용하도록 네 가지 기능을 발휘한다. 이러한 기능으로는 효용성 기능, 자아방어 기능, 가치표현 기능, 지식 기능 등을 들 수 있다. 효용성 기능에 의하면, 소비자는 보상을 최대화하고, 처벌을 최소화하기 위해서 태도를 나타낸다. 가치표현 기능에 의하면, 소비자는 자신이 중요하고 가치 있다고 믿는 것을 타인에게 말하기 위해 태도를 표현한다. 자아방어 기능에 의하면, 소비자는 자신이나 외부세계에 관한 즐겁지 않은 사실로부터 자신을 보호하기 위한 태도를 고수함으로써 자신의 자기개념을 유지하기 위한 방법을 찾는다. 지식 기능에 따르면, 소비자는 복잡한 세계를 이해하는 데 도움을 주도록 태도를 활용한다.

태도는 인지적, 감정적, 그리고, 행동적 성분의 세 가지 요소로 구성되어 있다. 인지적 성분은 제품과 서비스에 관한 소비자의 지식과 지각을 포함하며 신념의 형태를 취한다. 감정적 성분은 특정한 제품이나 서비스에 관한 소비자의 감정에 초점을 두며, 호의도 평정에 의거하여 태도대상에 대한 전반적인 평가를 반영한다. 행동적 성분은 태도대상과 관련하여 특정한 방식으로 소비자가 행동할 가능성이나 경향성을 나타낸다. 마케팅과 소비자행동에서, 행동적 요소는 소비자의 구매의도로 빈번히 다루어진다.

소비자가 고관여 상황에 있을 때, 표준학습 위계가 작용하는데, 즉 행동은 신념이 형성되고 태도가 생긴 후에 일어난다. 저관여 위계에서 행동은 소수의 신념이 형성된 후에 일어나는 것으로 보이며, 태도는 구매와 제품사용 후에 나타난다. 경험적 위계에서 행동은 감정에 뒤이어 발생하며, 충동구매가 좋은 예이다. 행동영향 위계는 보통 강한 상황적 혹은 환경적인 힘이 소비자가 행동에 관여하게 하는 상황에서 나타난다.

균형이론은 사람들이 태도와 타인과의 관계 사이에서 조화하는 균형을 유지하려는 동기를 갖는다고 제안하였다. 태도에 관한 다속성 모형(대상태도 모형, 행동태도 모형, 합리적 행위 이론, 계획된 행위 이론 등)은 소비자 연구가로부터 많은 주의를 받았다. 대상태도 모형에 따르면, 소비자의 태도는 제품이나 특정한 상표가 갖고 있는 속성에 대한 소비자의 신념 그리고 이런 속성에 대한 소비자 평가의 함수로 나타난다. 행동태도 모형은 대상과 관련 있는 행위에 대한 개인의 태도를 나타내며, 대상태도 모형보다는 실제 행동에 더 밀접히 관련되는 것 같다. 합리적 행위 이론은 행동태도에 주관적 규범과 행동의도를 결합한 모형이다. 계획된 행위 이론은 합리적 행위 이론에 지각된 행동통제를 결합한 이론이다.

단순노출효과는 사전에는 중립적이었던 자극에 반복적으로 노출되면 긍정적 반응이 발생할 수 있다는 것이다. 태도 접근 가능성은 이전에 형성된 태도가 행동이 일어나는 상황에서 기억으로부터 활성화될 가능성에 영향을 주고, 행동은 그 태도가 행동상황에서 기억으로부터 활성화될 때만 태도에 의해 영향을 받는다고 주장하였다.

태도는 두 수준에서 존재할 수 있다. 명시적 태도는 의식적이고 쉽게 보고할 수 있지만, 암묵적 태도는 자동적이고 통제하기 어렵다. 즉, 명시적 태도는 직접적으로 표현되거나 공개적으로 진술되는 태도지만, 암묵적 태도는 공공연하게 드러나지 않고 심지어 의식적인 자각으로부터도 감춰져 있는 강력한 태도라고 정의된다.

심리학자인 로키치는 가치를 "특정한 상황이나 즉각적인 목표를 넘어서서 보다 궁극적인 존재의 최종상태에 이르도록 행동과 판단을 이끄는 지속적인 신념"이라고 정의하였다. 가치는 판단이나 평가를 위한 하나의 기준으로서 작용하지만 태도는 기준이라고 할 수 없다. 오히려 수많은 태도대상이나 상황에 대한 호의적–비호의적 평가는 가치에 기초를 두고 있다. 사람들은 바람직한 행동양식이나 존재의 목표상태에 대한 신념만큼의 가치를 갖게 되지만, 태도는 특정한 대상이나 상황의 수만큼 가질 수 있다. 따라서 가치는 수십 가지이지만 태도는 수천 가지일 수 있다. 개인가치를 측정하는 대표적인 측정도구로는 로키치가치조사, 가치와생활양식, 수단–목표사슬모델, 가치목록 등이 있다.

제8장

태도변화

마케터는 소비자의 행동에 영향을 주기 위해 소비자의 기존 신념과 태도를 변화시키려 한다. 예를 들어, 머리 염색을 하면 염색약 때문에 시력이 나빠진다고 믿어서 머리 염색약을 구매하지 않는 소비자가 있다고 하자. 이 소비자는 머리 염색약에 대해 부정적인 태도를 지닐 것으로 예측할 수 있다. 이러한 소비자의 태도를 바꾸려면, 어떻게 하면 되겠는가? 이런 경우 소비자의 머리 염색약에 대한 신념을 바꿔야 한다. 즉, 머리 염색약과 시력과는 아무런 관련이 없음을 보여 줌으로써 머리 염색약에 대한 태도를 긍정적으로 바꿀 수 있고, 나아가 구매를 유도할 수 있다.

사회심리학에 근거해 보면, 태도변화는 크게 두 가지 차원에서 이루어지는데, 하나는 설득에 의한 태도변화이고, 다른 하나는 행동에 따른 태도변화이다. 이 장에서는 먼저 설득에 의한 태도변화를 살펴보고, 그다음 행동에 따른 태도변화를 살펴볼 것이다. 마지막으로 광고태도를 다룰 것이다.

1. 설득에 의한 태도변화

설득이란 출처가 전달내용을 수신자에게 보내어 소기의 목적을 달성하려는 의사소통 행위로 수신자의 신념, 태도, 행동에 영향을 미치려는 명백한 시도로 정의된다. 설득과정은 일반적으로 출처, 수신자, 메시지 등의 세 요인을 포함하며, 이러한 세 요인을 구분하여 각 요인의 영향이 설득에 어떻게 영향을 미치는지를 살펴볼 수 있다. 이러한 요인들은 실제로 서로 밀접히 관련되어 구분하기가 어렵고, 편의상 구분을 한 것이다. 이러한 세 요소들의 영향력은 다음 장에서 살펴보고 이번 장에서는 태도변화와 관련된 이론들을 살펴볼 것이다. 태도변화 이론에는 정교화 가능성 모형, 사회판단 이론, 다속성 모형 등이 있다.

1) 정교화 가능성 모형

만일 이 책의 독자들이 TV 또는 잡지광고를 본다면, 광고를 어떻게 처리할까? 아마 독자들은 두 가지 유형으로 분류될 수 있을 것이다. 한 유형은 광고에서 말하고자 하는 주된 내용(예, 제품 특성 또는 상표)에 집중할 것이고, 다른 유형은 광고모델, 음악 또는 그림 등과 같은 주변적인 것에 관심을 둘 것이다. 이런 다른 처리과정이 일어나는 원인의 연구가 태도변화 연구에서 주요 관심사

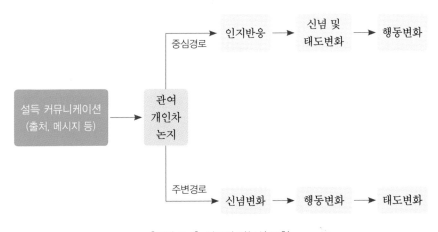

[그림 8-1] 정교화 가능성 모형

였다. 많은 태도변화 연구들 중에서도 태도변화가 두 가지 별개의 과정을 통해서 이루어질 수 있음을 보여 준 이론이 있는데, 이것이 바로 페티와 카시오포(Petty & Cacioppo, 1986a)의 정교화 가능성 모형(elaboration likelihood model: ELM)이다. [그림 8-1]은 정교화 가능성 모형을 보여 준다. 그림에서 보듯이, 정교화 가능성 모형은 처리과정을 중심경로 처리와 주변경로 처리로 구분하여 위의 다른 과정을 설명하고 있다.

정교화 가능성 모형
메시지가 중심경로와 주변경로에서 처리되어 설득을 유발한다는 태도변화 모형

(1) 처리경로에 따른 태도변화

① 중심경로를 통한 태도변화

신념과 태도의 변화가 중심경로를 통해 이루어질 때, 소비자는 메시지(전달 내용)에 주의를 기울인다. 소비자는 메시지를 더욱 심사숙고하며 자신의 태도와 비교한다. 만일 소비자가 메시지를 처리할 수 있다면, 그들은 메시지와 관련된 많은 인지반응을 산출할 것이다(Petty & Cacioppo, 1986a). 인지반응이란 소비자가 메시지를 처리한 결과로 생기는 호의적이거나 비호의적인 생각을 말한다. 이러한 인지반응이 메시지를 지지하거나 지지하지 않는 정도에 부분적으로 의존하여 소비자는 신념을 변화시킬 수 있다. 만일 신념이 변화되면, 그다음으로 태도가 변화될 수 있다. 신념과 태도가 중심경로 처리에 의해 변화될 때, 그 변화된 태도는 비교적 오래 지속되고, 행동을 예측할 수 있게 해 주며(Cialdini, Petty, & Cacioppo, 1981), 새로운 설득에 대응하는 저항력을 지닌다(Haugtvedt & Petty, 1992). 설득이 중심경로를 통해 일어날 때, 소비자는 메시지를 평가하기 위해 중심단서를 사용한다. 중심단서란 메시지 주장의 질과 직접적으로 관련되는 지지 자료 및 아이디어를 말한다(Park & Hastak, 1995).

인지반응
소비자가 메시지를 처리한 결과로 생기는 호의적이거나 비호의적인 생각

② 주변경로를 통한 태도변화

태도변화가 주변경로를 통해 이루어질 때, 소비자는 메시지의 논지를 주의 깊게 고려하지 않기 때문에 인지반응이 일어날 가능성은 매우 현저하게 낮아진다. 대신에 소비자는 메시지를 수용할지 아니면 기각할지를 결정하기 위해 주변단서를 사용한다. 주변단서는 메시지 출처의 매력과 전문성, 메시지 주

장의 수, 메시지가 제시되는 맥락에 영향을 주는 긍정적이거나 부정적인 자극(예, 즐거운 음악) 그리고 그림 이미지 등과 같은 요인들을 말한다. 주변경로를 통해 정보처리가 일어날 때, 소비자의 신념은 변화할 수 있겠지만, 소비자의 태도가 변화할 가능성은 낮다. 비록 태도변화가 일어날지라도, 그 변화는 일시적일 것이고 행동을 예측해 주지 못할 것이다(Cacioppo, Harkins, & Petty, 1981; Petty, Cacioppo, & Schumann, 1983; Miniard, Sirdeshmukh, & Innis, 1992).

(2) 처리경로에 영향을 주는 요인

소비자가 정보를 중심경로를 통해 처리할지 아니면 주변경로를 통해 처리할지는 관여, 인지욕구, 처리능력, 메시지 논지 등의 요인들에 의해 결정된다.

① 관여

저관여 상황의 경우, 소비자는 주변경로를 통해 정보를 처리하며, 주변단서는 중심단서보다 신념과 행동변화에 더 큰 영향을 준다. 광고모델의 선호도와 매력 같은 요인들은 저관여 조건에서 메시지 주장의 질보다 소비자에게 더 큰 영향을 준다. 반대로 고관여 상황의 경우, 소비자는 중심경로 처리를 하며, 중심단서가 소비자의 신념, 태도, 행동에 더 큰 영향을 준다(Petty, Cacioppo, & Schumann, 1983).

관여, 메시지 주장 및 정보출처의 전문성을 조작한 한 연구에서, 연구자들은 연구참가자에게 새로 개발된 일회용 면도기의 잡지 광고문구를 검토시키면서 한 집단에는 그들이 면도기를 선물로 받는다고 말해 주었고(고관여 조건), 다른 집단에는 선물로 치약을 받는다고 말해 줌으로써(저관여 조건) 관여를 조작하였다(Petty & Cacioppo, 1986b). 메시지 주장의 조작은 광고문구를 강하게 또는 약하게 작성함으로써 이루어졌다. 메시지 출처의 전문성은 전문가와 비전문가로 구분하였다. 연구결과, 고관여 조건에서는 메시지 주장의 강약이 태도변화에서 분명한 차이를 보였지만, 메시지 출처의 전문성은 태도변화에 아무런 영향을 주지 못하였다. 저관여 조건에서는 메시지 주장의 차이가 태도변화에서 통계적으로 유의한 차이를 가져오지 못하였지만, 출처가 전문가일 때 더 설득되었다(그림 8-2) 참조). 이 결과들은 고관여 상황에서는 중심경로 처리가

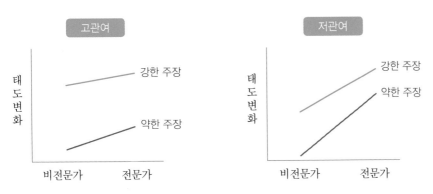

[그림 8-2] 메시지 주장, 출처 전문성, 관여에 따른 태도변화

출처: Petty, R. E., & Cacioppo, J. T. (1986b). *Communication and persuasion: Central and peripheral routes to attitude change* (p. 144). New York: Springer-verlag.

그리고 저관여 상황에서는 주변경로 처리가 일어남을 보여 준다.

② 인지욕구

성격을 다룬 앞의 제6장에서 언급하였듯이, 인지욕구는 사람이 생각하는 것을 즐기거나 원하는 경향성을 나타낸다. 인지욕구가 높은 소비자는 제품과 직접적으로 관련된 정보(예, 기능 속성)가 많은 광고에 더 반응적이지만, 광고의 주변적인 면(예, 모델)에는 덜 반응한다고 지적하고 있다(Haugtvedt, Petty, Cacioppo, & Steidley, 1988). 반면에 인지욕구가 낮은 소비자는 광고의 주변적이거나 배경적인 면(예, 매력적인 모델 또는 유명인)에 더 주의를 하는 경향이 있다. 따라서 인지욕구가 높은 소비자는 중심경로를 통해 중심단서를 처리할 것이지만, 인지욕구가 낮은 소비자는 주변경로를 통해 주변단서를 처리할 것이다.

한 연구는 소비자가 특정한 상표의 타자기를 구매해야만 하는 이유를 메시지에서 강하게 또는 약하게 주장하는 광고를 제작함으로써 중심단서를 조작하였다(Haugtvedt et al., 1988). [그림 8-3]에 제시된 연구결과는 메시지 주장의 질이 인지욕구가 낮은 응답자에게는 실질적인 영향을 주지 못했지만, 인지욕구가 높은 응답자에게는 상당한 영향을 줌으로써 응답자가 약한 주장보다 강한 주장을 한 상표에 더 긍정적인 상표태도를 갖게 하였음을 보여 준다. 이 결과는 인지욕구가 높은 소비자는 중심단서에 그리고 인지욕구가 낮은 소비자는 주변단서에 초점을 맞출 것임을 시사한다.

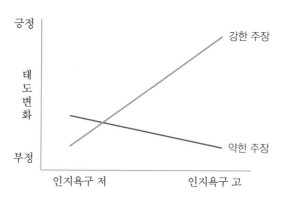

[그림 8-3] 메시지 주장과 인지욕구에 따른 상표태도

출처: Haugtvedt, C. P., Petty, R. E., & Cacioppo, J. T. (1992). Need for cognition and advertising: Understanding the role of personality variable in consumer research. *Journal of Consumer Psychology, 1*(3), 250.

③ 처리능력

소비자가 아무리 메시지를 처리하려는 동기가 높더라도, 소비자가 메시지를 처리할 능력이 없으면 중심경로 처리가 아니라 주변경로 처리를 할 수밖에 없다. 즉, 소비자의 능력이 어떤 경로를 통해 정보를 처리할지를 결정하는 변수로 작용한다. 제품의 복잡한 속성을 담고 있는 메시지를 이해할 수 있는 능력이 있고, 제품정보와 관련된 메시지 주장이나 논지의 취약점을 평가할 수 있는 능력이 있어야 중심경로 처리가 가능하다.

한 연구는 연구참가자에게 새로운 발명품(예, 연필용 지우개)에 대한 이해를 쉽게 또는 어렵게 하는 메시지를 제시하였다. 게다가 발명자의 전문성에도 변화를 주었다. 어떤 참가자는 발명자가 전문가, 많은 특허를 갖고 있는 유명 대학 출신의 엔지니어라고 들었고, 어떤 참가자는 발명자가 이 분야의 초보자, 다른 어떤 특허도 전혀 없는 부동산 중개업자라고 들었다. 연구결과 메시지가 이해하기 어려울 때, 참가자는 제품을 평가하기 위해 정보출처의 전문성에 의지하였다. 그러나 메시지가 쉽게 이해될 때, 발명자의 전문성은 참가자의 태도에 아무런 영향도 주지 못하였다(Ratneshwar & Chaiken, 1991).

메시지가 쉽게 이해될 때, 높은 수준의 정보처리가 일어날 수 있다. 결과적으로 소비자는 메시지의 사실적 내용에 주의를 하고, 출처의 전문성은 그들의 태도에 영향을 주지 못한다. 반대로 메시지가 이해하기 어려울 때, 소비자는 메시지를 처리하는 데 어려움을 가지며, 상표태도를 형성하기 위해 정보출처의 전문성과 같은 주변단서에 의존한다.

메시지 이해와 관련하여, 과거에 소비자 연구가는 메시지를 이해하는 것이 설득의 전제 조건이라고 주장하였다. 즉, 소비자는 메시지가 전달하려는 바를 이해해야만 한다. 오늘날 소비자 연구가는 이해와 설득 간의 관계가 과거와 달리 복잡하다고 믿는다. 정교화 가능성 모형에 근거하면, 소비자가 메시지를 이해한다면 그들이 중심경로 처리를 통해 설득될 수 있다. 아울러 소비자가 메시지를 이해하지 못하여도 그들은 주변단서를 사용한 주변경로 처리를 통해 설득될 수 있다. 따라서 광고인은 소비자를 설득하기 위한 메시지를 작성할 때, 중심단서와 주변단서를 효율적으로 결합하여야 한다.

④ 메시지의 논지

메시지의 논지 또는 주장이 논리적이고 탄탄하며 강력하게 구성되어 있다면, 소비자는 중심경로 처리를 한다. 그러나 메시지의 주장이 비논리적이며 부실하다면, 소비자는 주변경로 처리를 한다(Petty & Cacioppo, 1984).

(3) 정교화 가능성 모형에 대한 평가

정교화 가능성 모형은 태도변화의 유용한 이론적 틀을 제공하고 있지만, 몇 가지 제한점을 가지고 있다(Bitner & Obermiller, 1984). 첫째, 어떤 단서들이 중심적으로 처리되는가?라는 문제이다. 어떤 소비자는 제품속성에 관한 정보를 중심적으로 처리하려고 하지만, 어떤 소비자는 모델을 중심적으로 처리하려고 하기도 한다. 이는 샴푸광고를 사용한 한 연구에서 볼 수 있는데, 이 연구는 매력적인 모델이 주변단서로 처리될 것으로 설계되었지만, 연구참가자는 광고에서 제시된 모델의 신체적 매력을 중심단서로 처리하였다(Petty & Cacioppo, 1981). 이 결과는 중심단서와 주변단서가 제품에 따라 달라질 수 있음을 시사해 주는 것이다.

둘째, 이 모형은 중심과 주변경로 처리를 각각 별개의 것으로 다루고 있지만, 경우에 따라서는 두 가지 처리가 모두 함께 작용할 수도 있다. 예를 들어, 만일 중심경로 처리를 한 결과 선택대안들에 대한 선호가 거의 동일하다면, 주변경로 처리에 의해 특정 대안이 선택될 수 있을 것이다. 다시 말해, 중심(주변)경로 처리를 할 때, 주변(중심)경로 처리가 일어나지 않는 것이 아니라, 두 가지 경로처리가 동시에 일어날 수도 있다는 것이다.

셋째, 이 모형은 중심과 주변경로 처리의 결정요인으로서 설득커뮤니케이션 상황에 처해 있는 소비자의 감정에 의한 영향력을 고려하지 않고 있다. 광고에 의한 커뮤니케이션 상황은 소비자에게 여러 감정을 갖게 할 수 있다. 이러한 감정이 중심과 주변경로 처리의 결정에 영향을 줄 수도 있을 것이다.

이러한 제한점들에도 불구하고 정교화 가능성 모형은 다양한 설득현상을 체계적으로 분류하고 개념화하였기 때문에, 광고를 비롯한 모든 설득 커뮤니케이션 분야에서 가장 많이 언급되는 모형들 중 하나이다.

2) 사회판단 이론

사회판단 이론(Sherif & Hovland, 1961)은 태도변화의 고전 이론이다. 이 이론은 앞에서 설명한 정교화 가능성 모형으로 흡수 발전되어 최근의 사회심리학 영역에서는 잘 다루어지지 않지만, 이 이론이 소비자 영역에서는 어느 정도 의미가 있어 소개한다. 이 이론에 의하면, 개인이 어떤 대상에 대한 태도를 가지고 있을 때, 그들은 그 대상의 메시지를 그들의 초기태도와 비교한다. 이러한 초기태도는 대상과의 사전경험을 통해 형성되며, 판단을 위한 준거 틀로 작용한다. 준거 틀이란 매우 부정적인에서 매우 긍정적인까지의 범위를 갖고 있는 판단척도에서 새로운 메시지에 대한 개인의 지각을 비교하기 위한 기점이다(Shaw & Costanzo, 1970).

어떤 소비자가 탄산음료가 위에 매우 안 좋다고 하는 메시지를 보았다고 하자. 만일 소비자가 이미 탄산음료에 대해 태도를 가지고 있다면, 이 태도가 탄산음료의 새로운 메시지를 소비자가 비교하는 데에 준거 틀로 작용한다. 이 예에서 사회판단 이론이 제시하는 질문은 다음과 같다. 소비자가 새로운 메시지를 어떻게 지각하는가? 그리고 이 메시지가 탄산음료에 대한 소비자의 태도에 어떻게 영향을 미칠 것인가?

(1) 수용과 기각의 범위

사회판단 이론에 의하면, 사람들은 그들의 태도준거 틀 주변에 수용과 기각의 범위를 형성한다. [그림 8-4]는 사회판단 이론의 구조를 보여 준다. 그림에서 보듯이, 사람들의 초기태도를 둘러싸고 있는 영역이 수용범위이고, 판단척도에서 이 범위 안에 놓이는 메시지는 그들의 초기태도에 동화된다. 이러한 동화효과에 따르면, 메시지는 태도대상에 대한 메시지 수용자의 초기태도와 실제보다 더 일치하는 것으로 보이는데, 이는 메시지가 수용범위에 놓이기 때문이다. 메시지 수용자의 초기태도가 수용자로 하여금 메시지를 받아들이게 함으로써 수용자는 메시지에 동의한다고 말할 것이다. 이렇게 되면 설득이 일어난다. 따라서 사회판단 이론은 소비자의 태도를 변화시키기 위해서 설득 메시지가 소비자의 수용범위 안에 놓여야 함을 제안한다.

메시지가 판단척도에서 수용범위 밖에 있는 영역인 기각범위에 놓이면 어떻게 되는가? 사람들이 메시지가 기각범위에 놓이는 것으로 지각할 때, 사람들은 메시지를 거부한다. 그들은 메시지가 그들의 초기태도와 실제보다 더 반대인 것으로 지각하고, 따라서 메시지를 거부한다. 그 결과, 태도변화는 의사전달자의 의도와는 반대 방향으로 일어난다. 이러한 현상을 대조효과 또는 부메랑 효과라고 한다.

사회판단 이론의 이러한 결과들은 어떤 주제에 극단적인 견해를 갖고 있는 누군가의 태도를 변화시키는 것이 매우 어렵다고 제안한다. 예를 들어, 흡연에 지나칠 정도로 호의적인 태도를 가진 사람은 금연을 하는 것이 건강에 좋다고 말하는 메시지에 의해 영향을 받지 않을 것이다. 오히려 금연 메시지는 흡연에 다소 호의적인 사람들의 태도를 바꾸기 위해 제작되는 것이 바람직할 것

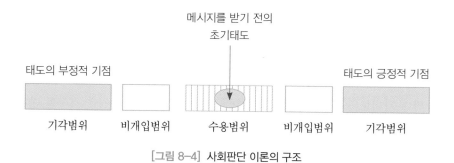

[그림 8-4] 사회판단 이론의 구조

이다.

한편 수용범위와 기각범위 사이에 비개입범위가 놓일 수 있는데, 비개입범위란 소비자가 메시지를 수용하기도 그렇고 거부하기에도 꺼림칙한 범위를 말한다. 다시 말해, 소비자가 메시지의 내용이 사실인지 아닌지 또는 믿을 수 있는 것인지 아닌지를 명확히 변별할 수 없을 때, 메시지는 비개입범위에 놓인다. 비개입범위에 놓인 메시지는 수용범위에 놓인 메시지처럼 소비자에 의해 수용될 가능성이 높다. 오히려 반신반의한 메시지가 확장된 정보처리를 유발함으로써 소비자에게 더 큰 영향을 줄 수도 있을 것이다. 예를 들어, 소비자가 "5천만 원대로 고급 벤츠 승용차의 성능을 만끽하십시오"라는 어떤 자동차 기업의 광고문구를 봤다고 하자. 이 소비자는 어떤 생각을 할까? 아마도 소비자는 반신반의하면서 다음과 같은 생각을 할 것이다. "가격이 5천만 원대라면 고가임이 틀림없지만, 고급 벤츠 승용차 가격에는 못 미치는 것 또한 사실인데……." 이런 경우, 소비자는 반신반의하지만, 이 메시지에 끌릴 가능성은 높아질 수 있을 것이다.

(2) 수용과 기각범위에 영향을 주는 요인

사람은 자신의 입장과 다른 입장을 수용하거나 참아 내는 데 있어서 차이가 있지만, 일반적으로 어떤 입장에 강하게 개입이 돼 있다면 기각범위는 넓어지고 수용과 비개입범위는 좁아진다(Sherif & Hovland, 1953, 1961). 개입 수준은 입장의 극단성과 연합된다. 다시 말해, 메시지 수용자의 초기입장이 매우 긍정적이거나 매우 부정적일 때, 수용자는 자기 입장에 더 개입하는 경향이 있다. 두 번째 요인은 수용자의 관여 수준이다. 수용자가 특정한 논점에 높게 관여돼 있을 때, 수용자의 수용과 비개입범위는 좁아지고 기각범위는 넓어진다.

이러한 결과의 마케팅 시사점은 소비자의 개입과 관여 수준이 증가할 때 설득은 더욱 어려워진다는 것이다. 구매에 높게 관여된 소비자는 정보를 탐색하고 획득한 정보를 조사하는 데 있어서 매우 열성적이다. 결론적으로 그들은 그들의 초기태도와 일치하지 않는 정보를 포함하고 있는 메시지를 거부할 준비가 잘 되어 있다. 이러한 점은 정교화 가능성 모형과 잘 들어맞는다. 정교화 가능성 모형에 따르면, 고관여상태의 소비자는 광고메시지에 대한 인지반응으로 반대주장을 많이 만들어 내는 경향이 있다. 이러한 반대주장으로 인해 메시지에 담긴 아이디어에 대해 더 깊이 생각하지 않고서 소비자의 준거 틀에 맞지 않는 메시지를 거부할 수 있다.

(3) 가격수용범위

소비자 연구가는 소비자가 가격수용범위를 형성한다는 것을 발견하였다. 가격수용범위는 소비자의 제품범주와의 경험을 통해 준거가격 주변에서 형성된다. 준거가격 주변의 가격둔감범위는 ① 높은 준거가격을 가진, ② 상표충성이 있는 그리고 ③ 구매 간 시간간격이 긴 소비자에게서 넓게 나타났다. 만일 표적시장이 넓은 가격수용 범위를 갖고 있다면, 경영자는 제품수요를 위축시키지 않은 채 가격을 보다 큰 폭으로 올릴 수 있다(Kalyanaram & Little, 1994).

만일 침대를 파는 점포에서 천만 원대 킹사이즈 침대를 점포에 진열한다면 어떤 일이 일어날까? 이럴 경우, 그 점포에 있는 덜 비싼 침대의 판매가 증가한다. 이에 대한 첫 번째 이유는 고가의 침대가 소비자들이 표준가격의 침대를 훨씬 덜 비싼 것으로 생각하게 하기 때문이다. 두 번째 이유는 표준가격의 침대가 소비자의 가격수용 범위 안에 놓이도록 고가의 침대가 소비자의 준거가격을 끌어올리기 때문이다(Blumenthal, 1996).

3) 다속성 모형

제7장에서 다룬 태도형성을 위한 다속성 모형에 근거가 되는 요소들이 소비자의 신념, 태도, 행동을 바꾸기 위해 적용될 수 있다.

(1) 대상태도 모형

대상태도 모형은 태도가 세 가지 요인에 의해 형성된다고 제안하는데, 이는 첫째, 소비자가 대상을 평가하기 위해 사용하는 현저한 속성, 둘째, 특정한 속성에 대한 소비자의 평가(예, 좋다, 나쁘다), 셋째, 특정 대상이 특정 속성을 지니고 있으리라는 소비자의 신념 등이다.

이 모형은 의사전달자가 소비자의 태도를 변화시키기 위한 세 가지 기본적인 전략이 있다고 제안한다. 첫 번째는 제품속성에 대한 소비자의 평가를 바꾸려는 시도이다. 예를 들어, 삼성자동차의 타임벨트는 다른 자동차와는 달리 금속체인으로 되어 있는데, 만일 소비자가 이 점에 대해 부정적인 평가를 하고 있다면, 마케터는 금속체인은 50만km까지 교체할 필요가 없고, 엔진에 전혀 지장을 주지 않음을 강조함으로써 소비자의 부정적 평가를 긍정적 평가로 바꿀 수 있다.

두 번째 전략은 새로운 속성을 추가하는 것이다. 이는 소비자가 생각하지는 못하였지만, 그들의 태도에 영향을 줄 수 있는 속성을 소개하는 것이다. 예를 들어, 앞의 예에서 삼성자동차의 타임벨트가 금속체인으로 돼 있다는 것을 모르는 소비자에게 이 점을 부각하는 것이다.

세 번째 전략은 제품속성에 대한 소비자의 신념을 변화시키는 것이다. 이 전략은 세 가지 전략 중 가장 손쉬운 전략일 것이다. 왜냐하면 기업이 이 전략을 실행하기 위해 다양한 방법을 사용할 수 있기 때문이다. 광고에서 믿을 수 있는 모델 또는 시범을 통해 소비자의 신념이 잘못됐음을 설명하거나 보여 주는 것이다. 예를 들어, 라면에 방부제가 들어 있다거나 라면이 더러운 기름으로 튀겨진다고 믿는 소비자의 잘못된 신념을 광고에서 생산과정 또는 성분분석 결과를 보여 줌으로써 바꿀 수 있다.

(2) 합리적 행위 모형

합리적 행위 모형은 행동태도 모형에 주관적 규범 및 행동의도를 첨가한 모형이다. 이 모형은 태도변화를 위한 두 가지 전략을 제안한다. 첫 번째는 행동결과에 대한 소비자의 지각에 영향을 주는 것이다. 예를 들어, 음주운전 방지를 위한 공익광고에서 음주운전의 처참한 결과를 생생히 보여 줌으로써 음주운전에 대한 소비자의 생각을 바꾸는 것이다.

두 번째 전략은 주관적 규범에 관한 것이다. 이 모형은 소비자의 행동의도에 미치는 타인의 영향력을 중요시한다. 따라서 소비자에게 영향을 미칠 수 있는 가족, 동료집단 또는 준거집단의 영향력을 광고에서 표현하는 것이다. 준거집단이란 소비자가 자신의 신념, 태도, 행동의 옳음을 평가하기 위한 준거점으로 활용하는 집단을 말한다. 예를 들어, 십 대가 가입하고 싶어 하는 유명인

팬클럽 또는 성인소비자가 가입하고 싶어 하는 공동체나 동호회 등을 들 수 있다. 이러한 타인의 영향력을 고려한 광고의 예로, 금연광고에서 흡연자로 인해 괴로워하는 가족을 보여 준다든지 또는 제품광고에서 특정 상표를 사용하는 친구들을 보여 주는 경우를 들 수 있다.

2. 행동에 따른 태도변화

사회심리학의 흥미 있는 발견 중 하나가 행동이 태도를 변화시킨다는 것이다. 사람은 자기 행동과 태도 간의 일관성을 유지하려는 동기를 갖고 있어서 자기 행동에 맞게 태도를 변화시킨다. 이러한 행동에 따른 태도변화는 소비자 영역에서도 흥미로운 주제이다.

1) 저항과 부조화

소비자가 상표를 선택해야 할 때, 그들은 구매에 불안감을 느낄 수 있는데, 이는 특히 비싸거나 중요한 제품을 구매할 경우 더 심해진다. 선택하기 직전에, 소비자는 어떤 상표를 선택해야 할지 또는 그들이 구매해야만 하는 것인지 갈등을 경험한다. 유사하게 중요한 구매를 한 직후에도, 소비자는 불안을 경험하며 그들이 올바른 선택을 했는지를 의심한다. 구매 전후로 소비자가 느끼는 이러한 부정적인 감정은 저항과 부조화라는 심리과정으로 인해 생기는 것이다. 이러한 심리과정은 보통 고관여 상황에서 일어난다.

(1) 구매결정 전 저항

상표를 비교하는 데 있어서 소비자는 만일 그들이 그들의 자유스러운 행동이 어떤 식으로든 방해받는다고 지각한다면, 부정적인 감정적 저항을 드러낼 수 있다. 제5장에서 다룬 행동자유의 열망을 상기시켜 보라. 선택이 소비자가 그들의 자유스러운 행동이 위협받는다고 믿게 하는 이유가 무엇일까?

이는 인간의 심리 때문이다. 소비자가 2개 이상의 상표 간에 선택해야만 할

구매결정 전 저항
두 가지 선택대안이 모두 긍정적 특성을 가지고 있는 경우 소비자가 포기한 선택대안에 관한 소비자의 감정이 더욱더 긍정적으로 나타나는 현상

때, 소비자는 어떤 것들을 포기해야만 한다. 특히 만일 선택이 소비자에게 중요하고 높은 재정적 및 사회적 위험을 내포하고 있다면, 어떤 것을 포기해야 한다는 것은 소비자의 행동자유를 위협하는 것이고 나아가서 심리적 저항을 유발할 수 있다. 다시 말해, 두 대안이 모두 긍정적 특성을 가지고 있는 경우, 선택은 필연적으로 선택되지 않은 상표의 편익을 소비자가 포기해야 함을 의미한다. 이러한 포기가 모든 상표의 편익을 추구하려는 소비자의 행동자유를 위협하는 것이다. 사람들은 행동자유를 회복하려는 욕구를 가지고 있어서 포기한 대안에 관한 그들의 감정이 더욱더 긍정적으로 나타난다. 즉, 포기한 대안이 더 좋아 보이는 것이다. 따라서 선택 전에, 행동자유의 기대된 상실이 선택대안들에 대한 소비자 평가를 하나로 모이게 한다. 얄궂게도 바람직한 대안을 포기하는 행위가 그 대안에 관한 소비자 태도를 더 호의적인 것으로 만들 수 있다.

만일 2개의 중요한 선택대안에 관한 감정이 소비자가 구매결정을 하기 전에 하나로 모이는 경향이 있다면, 결정이 내려진 직후 이러한 감정은 어떻게 되겠는가? 중요한 결정을 한 직후 소비자는 구매자의 부조화 형태로 심리적 저항을 경험할 수 있을 것이다. 다시 말해, 중요한 구매행위 후, 소비자는 자신이 선택한 상표보다 선택하지 않은 상표를 더 좋은 것으로 재평가한다.

(2) 구매 후 인지부조화

구매 후 인지부조화
소비자가 자신이 구매한 상표를 좋아하지 않았다는 것과 자신이 그 상표를 구매했다는 두 가지 요소들이 갈등을 일으켜서 만들어 낸 불쾌한 감정상태

인지부조화 이론의 창시자인 페스팅어(Leon Festinger)의 실험에서, 참가자는 정말 지겹고 재미없는 실험을 한 시간 동안 한 후 대기실에 있는 다른 참가자에게 그 실험이 재미있고 흥미로운 것이었다고 말하도록 지시받았다. 그 대가로 어떤 참가자는 1달러를, 또 어떤 참가자는 20달러를 받았다. 그다음에 참가자에게 그 실험이 실제로 재미있었냐고 물어보았다. 그 결과, 단지 1달러를 받은 참가자는 그 실험이 실제로 재미있었다고 진술하였지만, 20달러를 받은 참가자는 재미없었다고 진술하였다. 이 실험이 바로 인지부조화 실험의 예이다.

인지부조화는 인지요소들 간의 비일관성으로 인해 경험하는 불쾌한 감정상태이다. 인지부조화 이론은 사람들이 기존의 태도(예, "실험 정말 재미없어!")에 반대되는 행동(예, 실험이 재미있었다고 말하기)을 취하는 경우, 이 행동의 원인

을 상황 탓(예, 1달러)으로 돌릴 수 없다면, 부조화라는 불편한 감정(예, "내가 1달러 받으려고 거짓말을 했어? 이건 아니잖아……")을 경험하며, 여기서 벗어나고자 태도를 행동에 맞추어 변화시킨다(예, "그 실험 재미있었어!")고 본다. 사회심리학에서 이 이론은 인지요소들 간의 균형, 감정-인지의 균형 등에도 적용될 수 있지만, 행동-태도의 균형을 이해하는 데 주로 적용되었다.

소비자 맥락에서 인지요소는 소비자가 자신이 구매한 상표를 좋아하지 않았다는 것과 자신이 그 상표를 구매했다는 것이다. 이러한 두 가지 요소가 갈등을 일으키며 부조화 상태를 유발한다. 인지부조화 이론에 따르면, 부조화를 경험하는 것은 혐오스러운 것이기에 사람들은 부조화를 줄이기 위한 행동을 한다. 특정 제품을 구매한 후, 소비자가 부조화를 줄이기 위해 취할 수 있는 세 가지 방법이 있는데, 이는 첫째, 제품을 반환하거나 불평함으로써 자기개념과 제품 간의 연결을 끊음, 둘째, 구매와 관련된 자료들을 탐색하여 제품의 새로운 정보를 수집함, 셋째, 선택한 제품을 긍정적으로 재평가하고 선택하지 않은 제품을 부정적으로 재평가함 등이다.

첫 번째 방법은 구매상표에 꽤 부정적인 영향을 미친다. 만일 소비자가 제품을 반환함으로써 또는 그 상표에 관한 부정적인 구전의사소통을 함으로써 부조화를 줄이려 한다면, 해당기업은 손해를 보기 때문이다. 두 번째 방법은 소비자가 선택하는 자료에 근거하여 구매상표에 대해 긍정적일 수도 부정적일 수도 있다. 세 번째 방법은 구매상표에 긍정적으로 작용한다.

〈표 8-1〉은 구매 후 인지부조화의 수준에 영향을 주는 여섯 가지 요인을 보여 준다(Insko & Schopler, 1972). 처음 두 가지 요인은 서로 관련되어있다. 여러 상표 중 한 상표가 다른 것들에 비해 월등히 뛰어나다면 부조화는 일어나지 기 때문에, 부조화를 경험하기 위해서는 소비자가 2개 이상의 선택대안에 호의적인 감정을 가져야 한다. 이래야만 두 번째 요인이 작동한다. 유사한 것으로 지각되는 상표들이 다른 속성에서 다르게 평가되어야 한다. 다시 말해, 상표들이 모든 면에서 유사한 것으로 지각되면, 선택상표와 기각상표 사이에 아무런 차이도 없을 것이다. 갑이란 상표는 어떤 속성에서는 좋지만 다른 속성에서는 좋지 않고, 을이란 상표는 갑 상표에서는 좋지 않았던 속성에서 좋은 것으로 평가될 때, 상당한 갈등이 일어난다.

> **표 8-1** 구매 후 인지부조화에 영향을 주는 요인
>
> 1. 2개 이상의 선택대안이 전반적인 선호도에서 유사하게 평가되어야 한다.
> 2. 2개 이상의 선택대안이, 비록 유사하게 평가되더라도, 특정한 속성에서 차이가 있는 것으로 지각되어야 한다.
> 3. 소비자는 자유롭게 선택을 해야 한다.
> 4. 소비자가 구매결정에 개입해야 한다.
> 5. 소비자가 구매에 높게 관여해야 한다.
> 6. 소비자의 경향성에 따라 부조화의 경험에서 차이가 생긴다.

〈표 8-1〉에 있는 나머지 요인도 꽤 논리적이다. 소비자가 대안 중에서 자유롭게 선택할 수 있어야 한다. 소비자가 강압(예, 가격, 이용가능성, 점원 등)으로 상표를 선택했다면, 부조화는 일어나지 않을 것이다. 더군다나 소비자가 구매결정에 개입해야 한다. 만일 구매결정을 언제든지 취소할 수 있다면, 부조화는 일어나지 않을 것이다. 구매가 실질적인 위험지각(제10장에서 다룸)을 수반할 만큼 소비자는 높게 관여해야 한다(Mazursky, La-Parbera, & Aiello, 1987). 이러한 경우에 소비자가 최고의 선택을 하는 것이 중요해지는데, 이에

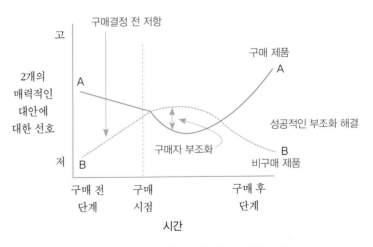

[그림 8-5] 구매 전후의 저항과 부조화의 효과

주: 그림에서 소비자는 A상표를 구매하였다. 구매 후 어느 시점에서 구매자가 A상표를 여전히 선호함으로써 부조화는 감소하였다. 구매결정 전 저항단계에서 A상표와 B상표에 대한 태도가 한데 모이는 경향이 있다. 구매자 부조화단계에서 저항의 영향력이 최대한 나타나고 구매자는 자신이 선택한 A상표보다 선택하지 않은 B상표를 더 선호할 수도 있다. 부조화 해결단계에서 선택한 상표보다 선택하지 않은 상표를 선호하여 생기는 불편감은 심리적 재평가 과정을 통해 감소한다.

따라서 소비자는 갈등을 경험할 것이다. 마지막으로 부조화를 경험하는 개인의 경향성이 있다. 어떤 소비자는 다른 소비자보다 자신의 구매에 더 갈등을 느끼고 더 의심하는 경향이 있다.

[그림 8-5]는 고관여와 자유선택 상황에서 구매에 미치는 저항과 부조화의 가능한 영향을 보여 준다. 구매결정 전 저항이 대안들에 대한 선호를 한 데로 모이게 할 수 있다. 구매 직후, 선택하지 않은 대안이 선호되는 구매자의 부조화가 나타날 수 있다. 그러나 구매 후 시간이 경과하면 부조화를 감소시키기 위해 구매한 제품에 대한 구매자의 선호가 증가하고 구매하지 않은 제품에 대한 선호가 감소한다.

마케터는 저항과 부조화의 효과를 인식해야 한다. 소비자가 상표선택에 어려움을 가질 때마다, 소비자는 부조화를 경험할 것이다. 판매원은 이를 의식하고 저항과 부조화의 부정적 영향을 최소화하는 조치를 해야 한다. 예를 들어, 판매원은 구매제품의 뛰어난 속성을 강조함으로써 또는 소비자의 구매결정을 지지하는 정보를 제공함으로써 부조화를 낮출 수 있을 것이다.

마지막으로 살펴볼 것이 있는데, 이는 구매 후 부조화와 매우 유사한 후회이다. 후회를 경험하는 결정상황의 변수는 구매 후 부조화 과정에 포함되는 변수와 매우 유사하다. 후회는 "개인이 적어도 둘 이상의 대안 중 하나를 선택함으로써 발생한 결과로 경험하는 부정적인 감정"이다(박지숙, 양윤, 2007). 다시 말해, 후회는 "결정자가 다르게 행동했더라면 현재 상황이 더 좋았을 것이라는 사실을 깨닫거나 상상할 때 경험하는 부정적이고 인지적으로 정의된 감정"이다.

한 연구는 행동유무, 책임, 과제중요도에 따라 후회가 어떻게 달라지는지를 보여 주었다. 연구결과, 책임이 없는 조건에서 행동하지 않음으로 인한 후회가 행동함으로 인한 후회보다 훨씬 더 작았다. 책임이 있는 조건에서는 과제중요도에 따른 후회에서 차이가 없었지만, 책임이 없는 경우는 과제중요도가 높은 조건에서 낮은 조건보다 더 큰 후회를 느꼈다. 그리고 행동했을 때가 하지 않았을 때보다 후회가 더 컸고, 책임이 있는 경우가 없는 경우보다 후회가 더 컸으며, 과제가 중요하지 않을 때보다 중요할 때 더 큰 후회를 느꼈다(박지숙, 양윤, 2007).

또 다른 연구는 조절초점(제5장 동기와 감정 참조)이 행동과 무행동에 따른 후회에 어떻게 영향을 미치는가를 재검증하였다(양윤, 전규민, 2009). 그 결과, 촉진초점의 소비자는 구매했을 때보다 구매하지 않았을 때 더 후회하였으며, 예방초점의 소비자는 구매하지 않았을 때보다 구매했을 때 더 후회하였다.

아직 소비자 맥락에서 부조화와 후회의 차이를 구체적으로 살펴본 연구는 매우 드물다. 그러나 이 두 개념의 차이와 공통점에 관한 연구가 소비자 맥락에서 필요한데, 이는 일상적인 소비행동에서 많은 소비자가 제품을 구매한 후에 후회를 경험하기 때문이다. 독자 여러분도 충동구매를 한 후 후회의 감정을 경험해 본 적이 있을 것이다.

2) 비위맞추기 전략

비위맞추기 전략
개인이 자기 자신을 타인에게 더 좋게 보이게 하기 위해 수행하는 자기서비스 전략

비위맞추기(ingratiation) 전략이란 개인이 자기 자신을 타인에게 더 좋게 보이려고 수행하는 자기 서비스 전략을 말한다(Jones, 1964). 이러한 전략에 의하면, 타인에게 있어서 한 개인의 매력이 증가할 때 타인이 그 개인에게 동조할 가능성 또한 증가한다. 비위맞추기 전략은 타인에 대한 통제력을 획득하기 위한 교묘한 방법이다. 일반적으로 사람들은 자신이 좋아하는 타인에게 자기 자신을 더 좋게 보이게 하려고 노력한다. 그러나 비위맞추기 전략은 조작적이고 계산적이다.

비위맞추기 전략에는 몇 가지 기법들이 있고, 이러한 기법들의 공통점은 타인에게 교묘하게 보상을 준다는 것이다.

① 소비자와 유사하게 보이기

사람들은 자신과 유사한 사람을 좋아한다. 노련한 아첨꾼은 상대방의 태도, 의견, 관심을 재빨리 파악하여 자신의 태도, 의견, 관심을 상대방에게 맞추려 한다. 만일 이것이 성공한다면, 상대방은 아첨꾼을 자신과 유사한 사람으로 지각하고 결과적으로 그를 좋아한다.

② 소비자의 욕구에 동조하기

사람들은 자신의 욕구나 소망에 동조해 주고 인정해 주는 사람을 좋아한다.

이러한 방법으로 상대방에게 보상을 줌으로써 아첨꾼은 상대방에게 있어서 자신의 중요성을 증가시킨다.

③ 칭찬 또는 선물 주기

아첨꾼은 상대방을 칭찬하거나 선물을 줌으로써 상대방에 대한 통제력을 가질 수 있다(Dorsch & Kelley, 1994).

④ 좋아함을 표현하기

사람들은 자신을 좋아하는 사람을 좋아한다. 사람들은 진심 어린 애정을 갖고 자신을 설득하려는 사람을 볼 때, 그 사람이 날 정말로 좋아하는 것으로 생각하여 그 사람을 좋아하게 된다.

⑤ 충고 구하기

아첨꾼은 상대방에게 충고를 구함으로써 상대방이 존중받고 있다고 느끼게 만든다. 이 기법은 상대방에게 호의를 표현하는 간접적인 방법이기도 하다.

⑥ 상대방의 이름 기억하기

누군가가 자신의 이름을 기억해 준다는 것은 기분 좋은 일이다. 아첨꾼은 이러한 방법을 통해 상대방이 자신의 요청을 들어주게 만든다(Howard, Gengler, & Jain, 1995).

비위맞추기 전략은 매장에서 판매원과 소비자 간의 구매상황과 같은 단기간 관계에서 매우 효과적으로 영향력을 발휘한다. 노련한 판매원의 주요 전략 중 하나가 고객과의 친밀한 관계를 형성하는 것이다. 그러나 소비자가 이러한 비위맞추기 전략이 분명히 계산적이고 의도적이라고 생각할 경우, 역효과가 발생할 수 있음을 분명히 알아야 한다. 일반적으로 소비자는 판매원이 제품을 판매해야 해서 어떻게 해서든 소비자에게 접근하려 한다는 것을 알고 있고, 판매원이 이러한 전략을 사용하는 것에 경계하는 경향이 있다. 따라서 판매원은 비위맞추기 전략을 사용하더라도 진심 어린 마음으로 고객에게 다가가야 한다.

여기서 잠깐!

고객 말투 흉내 내면 대박난다

영업에서 성공하려면 소비자의 모방심리를 이용하라. 미국 듀크대학교 경영학과 제임스 베트맨(Bettman) 교수 연구팀은 『소비자 연구 저널』 4월호에 발표한 논문에서 소비자는 다른 사람들의 소비행동을 모방하는 경향이 있으며, 반대로 영업사원이 자신의 말투와 행동을 따라 할 때도 지갑을 더 잘 연다는 실험결과를 발표했다.

먼저 연구팀은 실험참가자에게 광고에 대해 설명하는 비디오를 보게 했다. 광고를 설명하는 사람 앞에는 각각 물고기 모양 크래커와 네발동물 모양 크래커가 담긴 그릇 2개가 놓여 있었다. 비디오를 보는 사람에게도 마찬가지로 두 크래커가 담긴 그릇이 제공됐다. 광고를 설명하는 사람은 도중에 특정 크래커만을 집어 먹었다.

실험 결과 비디오 속 인물이 물고기 크래커만을 먹는 경우 이를 본 참가자들도 비디오 시청 시간의 71% 동안 물고기 크래커를 선택한 것으로 나타났다. 물론 사전 선호도 조사에서 참가자들은 물고기 크래커를 더 좋아했다.

그런데 비디오 속 인물이 네발동물 크래커만을 먹을 때는 물고기 크래커를 먹는 비율이 전체 시간의 44%로 줄어들었다. 연구팀은 "무의식중에 다른 사람의 소비 행동을 모방하면서 상품 선호도가 변한 것"이라고 설명했다. 신제품 출시에 바람잡이를 동원하면 시장진입이 훨씬 쉬워질 수도 있는 것이다.

모방은 영업사원에게도 좋은 판매 전략이다. 연구팀은 스포츠 음료를 판매하는 영업사원이 은연중에 소비자의 말투와 몸짓을 흉내 내면 그렇지 않은 영업사원보다 판매량이 증가한다는 실험결과도 발표했다. 다른 사람을 따라 물건을 사거나 아니면 나를 따라 하는 사람의 물건을 살 때 더 큰 만족감을 느끼는 셈이다.

출처: 이영완(2008). 고객 말투 흉내 내면 대박난다. 조선일보 조선경제, 2월 22일, B1에서 재인용(허락하에 재인용함).

여기서 잠깐!

현대백화점 판매사원의 '금기어'

'무난하다.' 이 단어는 현대백화점의 판매사원들이 사용하면 안 되는 말이다. 특히 서울 강남 지역에 있는 현대백화점 압구정본점과 무역센터점에서는 절대 사용해서는 안 되는 '금기어'이다. 현대백화점은 "강남 지역의 고객은 개성이 강해 이를 잘 표현할 수 있는 제품을 원하기 때문에 '이 옷은 입고 다니시기에 무난해요'라고 말하는 것은 대놓고 '이거 사지 마세요'라고 말하는 것과 똑같다"고 설명했다.

고객들의 특성과 트렌드가 갈수록 빠르게 변하는 데 발맞춰 백화점들의 판매 마케팅 방법도 진화하고 있다. 고객들이 싫어하는 표현이나 행동을 파악하는 것은 기본이고 고객들을 유형별로 분석해 각각 다르게 응대하는 등 새로운 방식의 판매 전략이 속속 등장하고 있다.

현대백화점은 고객에게 제품을 설명할 때 장점뿐 아니라 단점도 함께 소개하도록 강조하고 있다. 스마트폰의 등장으로 고객들이 세세한 정보까지 실시간으로 확인하기 때문에 단점까지 설명해야 신뢰감을 줄 수 있다는 것이다. 고객의 특성에 전혀 맞지 않게 칭찬하는 것도 지양하도록 했다.

통통한 고객에게 무조건 "이 정도면 날씬하신 거예요"라고 말하기보다는 "이 제품은 디자인과 색상 때문에 축소되는 효과를 줘 날씬하게 보이게 만든답니다"라는 식으로 체형의 단점을 커버하는 방법을 제안하는 것이 효과적이라고 교육하고 있다. 또 고객의 특성에 따라 직설적이고 당당한 파워(power) 타입, 친근하고 쾌활한 펀(fun) 타입, 차분하고 조심스러운 워터(water) 타입, 질문이 많은 퀘스천(question) 타입 등 네 가지 유형으로 나눠 이에 맞는 응대법을 개발해 현장에 적용하고 있다.

화장품 매장에 배치된 남성 직원은 '손 마사지 마케팅'을 활용하는 경우가 많다. 물론 손 마사지를 받을지는 고객에게 미리 물어본다. 한 백화점 관계자는 "50대 이상 여성 고객들의 경우 남성 직원이 화장품을 손등에 발라주면서 손 마사지를 해주면 반응이 폭발적이어서 곧바로 상품 판매로 이어진다"고 귀띔했다. 반면 젊은 여성들은 손 마사지를 원하는 경우가 별로 없다고 한다. 여성 구두매장의 판매 사원이 대부분 남성인 것은 왕자가 무릎을 꿇고 구두를 신겨주는 신데렐라가 된 것처럼 여성들의 판타지를 자극하기 위한 것으로 백화점 업계에서는 널리 알려져 있다.

고객을 대할 때 주의할 점도 많다. 제품에 존칭을 쓰는 것은 꼭 피해야 한다. 롯데백화점은 "고객이 자신보다 물건을 더 높인다고 여기는 데다 사물에 존칭을 쓰는 것이 잘못됐기 때문에 귀에 거슬린다는 지적이 많아 '그 상품은 인기상품이세요' '이 사이즈 하나 남으셨습니다'는 '그 상품은 인기상품입니다' '이 사이즈 하나 남았습니다'라고 말하도록 교육하고 있다"고 전했다.

고객에게 나이가 들어 보인다는 느낌을 주는 '어머님' '아버님'과 같은 호칭은 물론이고 부담감을 줄 수 있는 '사장님'도 써서는 안 되는 단어이다. 매우 친한 고객을 제외하면 '언니' '오빠' '누나'와 같은 호칭을 사용하는 것도 기본적으로 금지하고 있다. '신상품'을 '신상'이라고 줄여 말하거나 유행어를 함부로 사용해서도 안 된다. 하지만 유행어를 배워서 젊은 고객들에게 상황에 맞게 요령껏 사용하는 것은 권하고 있다.

출처: 손효림(2011). 현대백화점 판매사원의 '금기어'. 동아일보, 7월 14일에서 재인용.

3) 문 안에 발 들여놓기

두 명의 연구자(Freedman & Fraser, 1966)가 캘리포니아에 거주하는 가정주부에게 접근하여 안전운전 캠페인에 서명을 요구하고, 접근한 거의 모든 주부로부터 서명받았다. 2주 후에 이들 주부를 재방문해 그들의 집정원에 "안전하게 운전합시다"라는 입간판을 세워 달라고 요청하였다. 이전 서명에 참여했던 주부는 참여하지 않았던 주부보다 세 배나 많이 이 요청을 받아들였다. 이러한 결과는 '문 안에 발 들여놓기' 기법(the foot-in-the-door technique)에 의해 발생한 것이다.

이 기법에 의하면, 처음에 피청구인이 청구인의 작은 요구를 수락하면 피청구인은 그다음에 청구인의 좀 더 큰 요구를 거부할 수 없게 되고 그 요구를 받아들인다. 이 기법에서 중요한 것은 첫 번째 요구와 두 번째 요구 사이에 시간 간격이 있다는 것이다. 이 기간에 사람들은 자신이 왜 이러한 행동을 했는지 생각한다. 다시 말해, 앞의 연구에서, 서명에 참여했던 주부들이 참여하지 않았던 주부들보다 두 번째 요구를 더 많이 수락한 것은 이들이 서명하였기에 자신이 안전운전에 그만큼 관심이 많다는 자기지각이 가능하였기 때문이다. 즉, 문 안에 발 들여놓기 기법은 자기지각 기제에 근거해 작동한다.

처음의 작은 요구를 수락함으로써 피청구인은 자신이 그러한 일을 하는 사람이라는 인상을 형성한다. 그다음에 두 번째 요구가 주어지면, 피청구인은 자신을 이러한 자기지각과 일치시키려는 욕구로 인해 단순히 그 요구를 수락한다(Reingen & Kernan, 1977). 이러한 결과가 나타나기 위해서는 첫 번째 요구를 수락하는 것이 자기지각을 유발할 수 있어야 한다. 지나치게 사소한 요구의 경우에 이러한 자기지각 효과는 덜 나타나며, 이런 경우에는 상대방이 요구

문 안에 발 들여놓기 기법 처음에 작은 요구를 수락하면 어느 정도 시간이 경과한 후에 두 번째 좀 더 큰 요구를 거부하지 못하고 수락하게 만드는 설득기법

를 수락하였을 때 상대방에게 자기이미지를 분명히 확인시켜 주는 것이 효과적이다(예, "당신은 안전운전에 정말로 관심이 많은 훌륭하신 분이군요"). 더욱이 이 효과가 나타나기 위해서는 첫 번째 요구에 대한 수락이 자발적으로 이루어졌다는 인식이 필요하다. 요구를 수락한 것이 명백한 상황적 원인(예, 강요) 때문이라고 한다면, 자기지각 효과는 나타나지 않을 것이다(한규석, 2002).

문 안에 발 들여놓기 기법은 영리 마케팅 또는 친사회적 마케팅(예, 헌혈, 기부) 등 많은 영역에 적용할 수 있다. 이 기법은 시장조사에서 응답률을 높이기 위해 사용되었다. 한 연구에서 처음에 전화로 통화하여 매우 짧은 질문에 응답했던 사람들이 통화하지 않았던 사람들보다 나중에 분량이 많은 질문지를 더 많이 완성하였다(Hansen & Robinson, 1980). 또한 판매원을 통한 판매에서도 이 기법은 효과적으로 사용될 수 있다. 제품판매는 일련의 단계를 거쳐 이루어진다. 예를 들어, 보험설계사가 잠재적 고객에게 처음부터 고객이 고민할 만한 금액의 보험제품을 판매하는 대신에 고객에게 부담되지 않는 금액의 보험제품을 처음에 판매했다면, 나중에 설계사가 처음에 판매하고자 했던 보험제품을 그 고객이 구매할 가능성은 훨씬 높아질 것이다.

4) 좀 전엔 미안했어

다음의 대화를 잘 생각해 보자.

> 자　녀: 엄마 나 20만 원만 줘.
> 어머니: 얘가! 20만 원이 누구 집 애 이름이냐? 안 돼!
> 자　녀: 하긴 그래. 그럼 엄마 나 5만 원만 줘.

독자들은 집에서 이러한 경험을 한 적이 있을 것이다. 이런 경우 대체로 어머니께서는 자녀에게 돈을 주실 것이다. 이는 '좀 전엔 미안했어' 기법(the door-in-the-face technique)이 작용한 것이다.

앞의 예에서 보듯이, 좀 전엔 미안했어 기법도 두 가지 요구를 포함하고 있다. 그러나 문 안에 발 들여놓기 기법과는 달리, 좀 전엔 미안했어 기법에서의

좀 전엔 미안했어 기법
처음의 매우 큰 요구를 거절한 직후, 두 번째의 작은 요구는 거절하지 못하고 수락하게 만드는 설득기법

최초 요구는 매우 커야 한다. 즉, 피청구인이 당연히 요구를 거절할 정도로 커야 한다. 피청구인이 최초 요구를 거절한 직후, 청구인은 바로 피청구인에게 두 번째 작은 요구를 한다. 두 번째 요구가 청구인이 실질적으로 원하던 것이며 첫 번째 요구와 비교해 볼 때, 분명히 이성적으로 작아 보여야 한다.

좀 전엔 미안했어 기법은 문 안에 발 들여놓기 기법의 자기지각 기제로는 설명할 수가 없다. 자기지각 기제에 따르면, 만일 피청구인이 첫 번째 요구를 거절하면 피청구인은 두 번째 요구 역시 거절해야 한다. 따라서 좀 전엔 미안했어 기법에서는 다른 논리적 기제가 작용하는데, 이는 상호성 규범이다(Mowen & Cialdini, 1980). 상호성 규범은 만일 누군가가 당신을 위해 무엇을 한다면, 당신은 그 사람에게 대가로 무언가를 해 줘야만 하는 것을 말한다. 이 규범은 누군가를 도우려는 우리의 노력이 일방적이지 않음을 확인시켜 준다. 좀 전엔 미안했어 기법은 이 규범을 교묘히 이용한다. 이 기법에서 청구인은 자신의 부담이 큰 첫 번째 요구를 피청구인이 들어줄 것이라고 전혀 기대하지도 않으며, 대신에 두 번째 요구를 피청구인이 들어줄 것이라고 기대한다. 그러나 청구인은 자신이 두 번째 작은 요구를 제시함으로써 자신이 무언가를 포기했음을 피청구인에게 보이게 해, 피청구인이 미안한 마음이 들어 청구인에게 호의를 베풀 생각을 갖게 한다. 즉, 피청구인이 청구인의 두 번째 요구를 들어줌으로써 상호성을 회복해 미안한 감정을 푸는 것이다.

좀 전엔 미안했어 기법은 문 안에 발 들여놓기 기법보다는 적용범위가 제한적이지만, 시장조사 설문지 완성하기, 판매원과 고객 간의 면대면 판매상황 또는 공익활동 상황에서 효과적으로 사용될 수 있다. 이 기법이 성공하기 위해서는 두 가지 조건이 필요하다. 첫째, 앞에서도 설명하였듯이, 이 기법이 상호성 규범에 근거하기 때문에 두 번째 요구가 첫 번째 요구보다 꽤 작아야 한다. 만일 첫 번째 요구가 분량이 꽤 많은 설문지를 완성하는 것이라면, 두 번째 요구는 그 설문지의 단축본을 완성하는 것이다. 둘째, 두 번째 요구는 첫 번째 요구가 거절당한 직후에 제시되어야 한다. 즉, 청구인이 양보한다는 인상을 주어 피청구인이 불편한 감정을 갖게 하기 위해서는 두 요구 사이의 시간간격이 짧아야 한다.

5) 100원만이라도

100원만이라도 기법
요청의 마지막 부분에 아주 적은 금액이나 시간도 소중하다는 어구를 추가하는 설득기법

'100원만이라도' 기법(the even-a-penny-will-help technique)은 사람들이 자신을 좋은 사람으로 보이게끔 하려는 보편적인 경향에 근거를 둔다(요사이 1원 또는 10원짜리 동전은 구경하기 정말 어렵기에 명칭을 바꾸었다). 이 기법은 돈을 기부하는 자선행사에서 주로 사용된다. 예를 들어, 독자 여러분은 크리스마스가 다가올 때 길거리에서 구세군 자선냄비를 보았을 것이다. 구세군이 종을 치면서 불우이웃을 돕자고 말할 때, 간혹 "100원도 괜찮습니다"라는 말을 여러분은 들어 본 적이 있을 것이다. 이때 정말로 100원 동전 하나만 내는 사람이 있겠는가? 틀림없이 100원 이상 또는 지폐를 낼 것이다. 이는 사람들이 말 그대로 100원만 내는 자신을 참으로 바보스럽다고 생각하기 때문이다. 따라서 사람들은 자선상황에서 규범적으로 적절한 무엇이든지를 제공하려 한다.

연구자들은 자선행사에서 이 기법을 사용했을 때 기부금이 증가함을 보여 주었다(Cialdini & Schroeder, 1976). 아울러 이 기법은 표현을 달리하여 여러 상황에 적용될 수 있다. 예를 들어, 시장조사 설문지를 실시할 때, "한두 문항에만 응답하셔도 크게 도움이 될 것입니다"라든지 또는 고객과의 전화통화에서 "고객님께서 1분만 시간 내주시면 저에겐 커다란 힘이 될 것입니다"와 같은 표현을 들수 있다. 미국 학생들이 교수에게 시간을 내달라고 할 때 잘 쓰는 표현이 있는데, 이는 "Do you have a few seconds?"이다. 학생들에게 몇 초만 시간을 할애하는 교수가 어디에 있겠는가? 100원만이라도 기법의 변형은 참으로 다양하다.

지금까지 언급한 비위맞추기 전략, 문 안에 발 들여놓기 기법, 좀 전엔 미안했어 기법 그리고 100원만이라도 기법 등에 대한 보다 구체적인 이론적 설명은 두 편의 논문을 참조하면 좋을 것이다(Fern, Monroe, & Avila, 1986; Tybout, Sternthal, & Calder, 1983).

3. 광고에 대한 태도

소비자의 신념을 변화시키지 않고 소비자의 상표에 대한 태도를 변화시키

는 방법이 있는데, 이는 소비자의 광고에 대한 태도에 영향을 주는 것이다. 연구자들은 소비자가 상표태도를 형성하는 것처럼 광고태도 역시 형성하며, 이러한 광고태도가 소비자의 상표태도에 영향을 줌을 보여 주었다(Mitchell & Olson, 1981). 광고태도는 특정한 광고에 노출되는 동안 특정한 광고자극에 대한 소비자의 선호를 말한다(Lutz, 1985). 광고태도는 광고내용과 이미지의 생생함, 광고를 보는 순간의 소비자 기분상태, 광고가 소비자로부터 불러내는 감정, 광고가 제시되는 TV프로그램에 대한 소비자의 선호 등과 같은 다양한 요인에 의해 영향을 받는다(Lord, Lee, & Sauer, 1994). 이러한 요인들은 고관여와 저관여 조건 그리고 소비자가 광고상표에 친숙한지에 따라 광고태도에 영향을 준다(Phelps & Thorson, 1991).

많은 연구자가 광고태도, 감정, 광고이미지의 수준, 상표태도, 상표인지(예, 제품-속성 신념) 등의 관계에 대해 연구하였다(Edell & Burke, 1987; Holbrook & Batra, 1987; Mitchell & Olson, 1981). 한 결과는 광고태도가 상표태도에 영향을 주며, 나아가 상표선택에 영향을 준다는 것이다(Hanson & Biehal, 1995). 또 다른 결과는 광고에 의해 유발되는 감정이 광고태도에 영향을 준다는 것이다 (Olney, Holbrook, & Batra, 1991).

어떤 연구결과는 높은 수준의 심상을 내포하고 있는 광고가 소비자의 광고태도에 영향을 준다고 지적하였다(Bone & Ellen, 1992). 심상은 광고가 소비자들이 제품을 사용하는 모습을 상상하게끔 하는 정도 그리고 소비자가 자신의 신념과 감정을 광고와 연결 짓도록 하는 정도를 말한다. 구체적인 단어, 생생한 언어 또는 그림이미지 등을 사용하는 광고, 소비자에게 광고제품의 사용을 상상하게 하는 광고 그리고 매우 그럴듯한 광고는 소비자의 광고태도에 강력한 영향을 준다.

[그림 8-6]은 이러한 모든 관계를 보여 준다. 그림에서 광고내용은 언어와 그림요소로 나눠진다. 각 요소는 감정뿐만 아니라 상표인식에도 영향을 준다. 그다음에 감정은 광고태도에 영향을 주며, 광고태도는 상표태도에 영향을 준다. 마지막으로 상표인식은 상표태도에 영향을 준다(Brown & Stayman, 1992). 한편 광고태도가 상표인식에 영향을 주더라도, 그 효과는 일시적일 수 있다 (Chattopadhyay & Nedungadi, 1992). 다시 말해, 광고태도는 감정을 내포하고

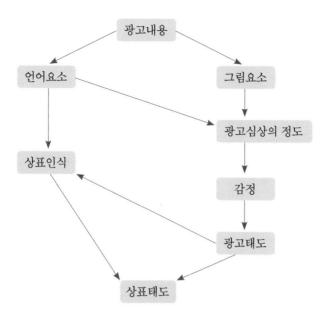

[그림 8-6] 광고태도와 설득과정

있기에, 설득효과가 일시적일 수 있다.

매우 긍정적인 광고태도의 한 가지 장점은 소비자가 광고를 보는 시간을 증가시키는 것이다. 소비자는 그들이 광고를 보는 시간을 통제하는 수단을 가지고 있다. 바로 채널 바꾸기(zapping)로 광고가 나오면 다른 채널로 바꿔 버리는 것이다. 연구자들은 광고가 소비자에게서 유쾌함과 흥분을 증가시킬 때, 채널 바꾸기가 감소함을 보여 주었다(Boles & Burton, 1992).

사회심리학에 근거해 보면, 태도변화는 크게 두 가지 차원에서 이루어지는데, 하나는 설득에 의한 태도변화이고, 다른 하나는 행동에 따른 태도변화이다. 태도변화와 관련된 이론에는 정교화 가능성 모델, 사회판단 이론, 다속성 모형 등이 있다.

정교화 가능성 모델은 소비자가 고관여 혹은 저관여 상황에 있는가에 따라 설득이 일어나는 방식이 달라진다고 제안한다. 고관여 조건에서 소비자는 메시지에 나타난 주장의 속성에 집중하며, 설득의 중심경로를 따라 이동한다. 저관여 조건에서 소비자는 정보출처의 매력, 정보가 제시되는 맥락과 같은 설득의 주변경로를 따라 이동한다.

　사회판단 이론은 태도가 매우 긍정적이고 매우 부정적인 감정을 양극단으로 하는 척도에 위치될 수 있다고 가정한다. 소비자 초기태도의 주변이 수용범위이다. 만약 정보가 수용범위에 놓이면, 초기의 태도는 새로운 정보의 방향으로 이동한다. 만약 정보가 소비자에 의해 자신의 초기태도와 멀리 떨어진 것으로 지각되어 거부범위에 놓이면, 그것은 무시될 가능성이 높다. 그러한 경우에 대조효과가 일어날 수 있다. 즉, 소비자의 기존태도가 메시지 전달자가 의도했던 것과 반대의 방향으로 움직일 수 있다.

　다속성 모델에서 대상태도 모델은 태도가 변화되는 세 가지 방식이 있다고 제안하는데, 이는 첫째, 대상의 신념변화, 둘째, 속성의 평가변화, 셋째, 새로운 속성의 추가 등이다. 합리적 행위 이론은 소비자의 의도를 변화시킬 수 있는 다른 방식들을 제안하는데, 이는 첫째, 행동의 결과에 대한 소비자의 지각에 영향을 주는 것이고, 둘째, 행동에 대한 준거집단의 반응에 대한 지각에 영향을 주는 것이다. 두 번째 방식은 소비자가 준거집단의 선호에 순응하고자 하는 높은 욕구를 지닐 때 매우 강력한 영향을 미칠 수 있다.

　행동에 따른 태도변화와 관련이 있는 저항은 하나의 상표를 구매하기 위해 다른 상표를 포기해야 할 때 일어난다. 저항의 감정은 소비자가 선택하지 않은 대안을 선택한 대안보다 더 좋아하게 만들 수 있다. 이러한 구매 후 선호에 대한 인식은 인지부조화를 발생시키는데, 인지부조화는 인지요소들 간의 균형, 감정-인지의 균형, 행동-태도의 균형을 이해하는데도 적용된다. 소비자맥락에서 인지요소는 소비자가 자신이 구매한 상표를 좋아하지 않았다는 것과 자신이 그 상표를 구매했다는 것이다. 이러한 두 가지 요소가 갈등을 일으키며 부조화 상태를 유발한다. 인지부조화 이론에 따르면, 부조화를 경험하는 것은 혐오스러운 것이기에 사람들은 부조화를 줄이기 위한 행동을 한다.

　소비자의 행동에 영향을 주는 여러 가지 기법들이 있다. 비위맞추기 전략은 개인이 다른 사람들에게 자기 자신을 더욱 좋게 보이게 하려는 자기서비스 전략 중의 하나이다. 이러한 전략 중 일부는 소비자와 유사하게 보이기, 칭찬 또는 선물주기, 충고 구하기, 상대방의 이름 기억하기 등이다. '문안에 발 들여놓기' 기법에서 처음에 피청구인이 청구인의 작은 요구를 수락하면, 피청구인은 그다음에 청구인의 좀 더 큰 요구를 거부할 수 없게 되고 그 요구를 받아들인다. '좀 전엔 미안했어' 기법의 경우, 청구인은 피청구인이 당연히 거절할 정도로 큰 요구를 하고, 피청구인이 최초 요구를 거절한 후, 청구인은 바로 피청구인에게 두 번째 작은 요구를 한다. 마지막으로 '100원만이라도' 기법은 요청의 마지막 부분에 아주 적은 금액이나 시간도 소중하다는 어구를 추가하는 것으로, 이는 사람들이 자신을 좋은 사람으로 보이게끔 하려는 보편적인 경향에 초점을 맞춘 것이다.

　소비자의 광고태도는, 제품속성에 대한 소비자의 신념과는 관계없이, 소비자의 상표태도에 영향을 줄 수 있다. 이 분야의 연구들은 마케터가 광고캠페인을 시작하기 전에 광고에 대한 소비자의 태도를 신중하게 조사해야 한다는 것을 말해 준다.

제9장

설득 커뮤니케이션

커뮤니케이션이란 설득자가 사람들이 바람직한 방향(예, 투표, 구매, 기부, 매장방문 등)으로 움직이도록 설득하기 위해 사용하는 독특한 도구이다. 커뮤니케이션은 다양한 형태를 취하는데, 언어적(문자 또는 음성)일 수도 있고, 시각적(삽화, 그림, 얼굴표정, 바디제스처 등)일 수도 있으며, 또는 두 가지의 결합일 수도 있다. 더 나아가서 커뮤니케이션은 후각과 촉각을 통해서도 이루어질 수 있다. 예를 들어, 향수는 관능적인 생각과 감정을 전할 수도 있고, 손길은 사랑, 분노, 슬픔 등의 감정을 전할 수도 있다. 심지어 침묵이 어떤 의미를 전할 수 있으며, 소비자가 광고정보를 오래 기억하게 할 수도 있다(Olsen, 1995). 커뮤니케이션은 상징적(예, 고품격 포장, 로고)일 수 있고, 설득자가 전하고자 하는 특별한 의미를 전달할 수 있다. 커뮤니케이션은 소비자의 마음을 움직여 감정을 불러일으킬 수 있고, 소비자가 문제를 해결하거나 부정적인 결과를 피하도록 돕는 구매를 자극할 수 있다.

이번 장에서는 설득 커뮤니케이션 과정의 효율성에 영향을 주는 요인들에 관해 살펴볼 것이다. 이러한 요인들에는 설득 메시지를 전달하는 출처, 전달되는 메시지의 특성, 메시지를 전달하는 매체, 메시지를 받아들이는 수신자 그리고 피드백 등이 포함된다. 아울러 최근에 소비자 설득과 관련하여 많이 인용되는 설득지식 모델에 관해서도 살펴볼 것이다.

1. 설득 커뮤니케이션 모형

연구자들은 설득 커뮤니케이션의 효율성에 영향을 주는 다양한 요인들 간의 관계를 보여 주는 커뮤니케이션 모델을 개발하였다(Hovland & Janis, 1959). [그림 9-1]은 기존의 모델에 근거하여 저자가 제안하는 커뮤니케이션 모델이다. 이 모델은 기존의 모델을 확장한 것으로 커뮤니케이션의 공식적인 경로와 비공식적인 경로 모두를 포함한다. 이 모델은 설득 커뮤니케이션의 효율성에 영향을 주는 다섯 가지 요인을 보여 주고 있는데, 이는 출처, 메시지, 매체, 수신자, 피드백 등이다.

이 모델에서 보면, 출처가 설득메시지를 매체를 통해 전달하고, 이 메시지를 1차 수신자가 받아들이며, 1차 수신자는 이 메시지에 대한 피드백을 출처에게 제공한다. 출처부터 1차 수신자까지의 흐름은 설득 커뮤니케이션의 공식적인 과정에 해당하며, 이는 기존의 설득 커뮤니케이션 모델에 해당한다. 즉, 출처(예, 기업)가 설득 메시지(예, 광고)를 TV, 라디오, 신문, 잡지, 인터넷 등의 대중 매체를 통해 내보내고 소비자가 이 메시지를 수용한 다음, 메시지 처리 결과에 대한 피드백을 출처에게 제공하는 것이다. 이러한 공식적인 과정에서는 출처가 메시지와 매체를 통제할 수 있으며, 이를 통해 수신자에게 영향을 미칠 수 있다.

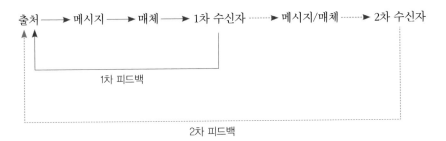

[그림 9-1] 커뮤니케이션 모델

한편 이 모델에서는 설득 커뮤니케이션의 비공식적인 과정도 포함하고 있다. 출처의 설득 메시지를 수용한 1차 수신자는 대중매체와는 성격이 다른 매체를 통하여 1차 수신자의 주관적 경험과 견해로 각색된 메시지를 2차 수신자에게 전달하며, 2차 수신자는 이 메시지를 수용하고 처리한 결과에 대한 피드백을 출처에게 제공한다. 여기서 1차 수신자가 사용하는 매체에는 구전과 인터넷상의 사용후기 등이 포함된다. 구전에 관해서는 제14장에서 구체적으로 언급할 것이다.

설득 커뮤니케이션의 비공식적인 과정에서는 출처가 매체와 메시지를 직접적으로 통제하기가 어렵기 때문에 2차 수신자에게 영향을 미치기 힘들다는 특징이 있다. 비공식적 과정의 메시지에는 긍정적인 내용뿐만 아니라 부정적인 내용도 포함되어 있는데, 부정적 메시지가 소비자에게 미치는 영향력은 매우 크다. 이 책의 독자들이 인터넷상의 사용후기 또는 주변 사람에게서 받아들인 제품 관련 정보에 대해 어떻게 반응했는지를 생각해 보라.

일반적으로 소비자는 공식적 과정에서의 메시지를 신뢰하지 않는 경향이 있지만, 구전과 같은 비공식적 과정에서의 메시지를 신뢰하는 경향은 강하다. 독자들은 광고와 구전내용 중 어느 것을 더 신뢰하는가? 따라서 기업의 마케터는 공식적 및 비공식적 설득커뮤니케이션 과정 모두에 신경을 써야 하며, 특히 비공식적 커뮤니케이션의 부정적 영향에 대해 적절하게 대처해야만 한다.

이번 장에서는 설득 커뮤니케이션의 공식적 과정에 관해서만 살펴볼 것이며, 비공식적 과정에 관해서는 제14장에서 다룰 구전에서 언급할 것이다.

2. 출처

출처는 커뮤니케이션의 개시자로 메시지를 전달하는 개인 또는 대상이다. 지난 수십 년 동안 연구자들은 설득에 영향을 줄 수 있는 출처의 주요 특성들을 밝혀냈다. 이러한 특성들에는 신뢰성, 신체매력, 호감 등이 있다.

출처
커뮤니케이션의 개시자로, 메시지를 전달하는 개인 또는 대상

1) 출처 신뢰성

출처 신뢰성
출처가 전문적 지식을 가지고
있으면서 진실하다고 수신자
가 지각하는 정도

출처 신뢰성은 출처가 전문적 지식을 가지고 있으면서 진실하다고 수신자가 지각하는 정도를 의미한다. 출처의 전문성과 진실성이 증가할수록, 수신자는 출처가 신뢰할 만하다고 지각할 가능성이 더 커진다.

(1) 출처 전문성

출처 전문성
출처가 전달하려는 주제에 관
해 갖고 있는 지식의 정도

출처 전문성은 출처가 전달하려는 주제에 관해 가진 지식의 정도를 말한다. 출처효과를 연구한 대략 150편의 논문을 고찰한 한 논문에서, 연구자들은 출처의 특성들 중에서 전문성이 커뮤니케이션에 대한 수신자의 반응에 큰 영향을 준다고 보고하였다(Wilson & Sherrell, 1993). 한 예로 치약광고에서 치약의 특성을 치과의사가 설명하는 경우와 일반유명인이 설명하는 경우 소비자는 어떤 모델의 말에 더 신뢰하겠는가?

(2) 출처 진실성

출처 진실성
출처가 편파적이지 않고 정직
하게 정보를 제공한다고 수신
자가 지각하는 정도

출처 진실성은 출처가 편파적이지 않고 정직하게 정보를 제공한다고 수신자가 지각하는 정도를 의미한다. 연구자들은 전문성과 진실성이 출처효과에 대해 상호 관련되어 있음을 발견하였다(Wiener & Mowen, 1985). 다시 말해, 출처가 전문성이 낮다고 지각되더라도 진실하다고 느껴지면, 그 출처는 수신자에게 영향을 줄 수 있다. 반대로 전문성이 높은 출처라도 진실성이 의심되면, 설득효과는 떨어진다.

진실성에 영향을 주는 한 가지 매우 중요한 요인은 수신자가 출처행동의 원인을 밝히려는 귀인이다. 만일 출처가 사리사욕(예, 돈)으로 설득메시지를 전달한다고 지각되면, 그 출처의 진실성은 실질적으로 낮아진다. 이러한 효과는 여러 명의 모델을 사용할 때 확대된다. 만일 진실하지 못한 여러 명의 모델이 광고에 등장하면, 출처 진실성은 극적으로 감소한다. 반대로 만일 진실한 여러 명의 모델이 등장하면, 진실성은 극적으로 증가한다(Moore, Mowen, & Reardon, 1994).

요약하면 신뢰성이 높은 출처는 신뢰성이 낮은 출처보다 훨씬 효과적이다

(Sternthal, Phillips, & Dholakia, 1978). 신뢰성이 높은 출처는 다음과 같은 방식으로 소비자에게 영향을 준다.

- 신뢰성이 높은 출처는 소비자에게서 더욱 긍정적인 태도변화를 일으킨다.
- 신뢰성이 높은 출처는 소비자에게서 행동변화를 더 많이 일으킨다.
- 신뢰성이 높은 출처는 신체적이거나 사회적인 위협을 포함한 공포소구를 사용하려는 광고인의 능력을 증가시킨다.
- 신뢰성이 높은 출처는 메시지에 대한 반박을 억제한다.

이러한 영향은 광고인에게 커다란 혜택을 준다. 소비자는 설득메시지에 대한 반응으로 자기 생각을 가질 수 있는데, 이러한 인지반응은 메시지에 대해 긍정적(지지주장)일 수도 있고, 부정적(반박주장)일 수도 있으며, 또는 출처의 특성에 관한 생각(예, 출처비하)일 수도 있다(Wright, 1973). 광고에서 전문적이면서 진실한 모델이 등장하면, 소비자는 광고메시지에 대한 방어수준을 낮추며 부정적인 인지반응(예, 반박주장 또는 출처비하)을 일으키지 않는 경향이 있다. 따라서 신뢰성이 높은 출처의 설득력은 높아진다.

2) 출처의 신체매력

신체매력의 영향에 관한 연구들은 신체적으로 매력적인 출처가 그렇지 않은 출처보다 신념을 변화시키는 데 일반적으로 더 성공적임을 보여 주었다(Chaiken, 1979). 남성과 여성 대부분은 신체적으로 매력적인 사람에 관한 긍정적인 고정관념을 형성한다. 예를 들어, 한 연구는 남녀 대학생들이 신체적으로 매력적인 사람이 더 감수성이 있고, 온정적이며, 겸손하고, 행복할 것으로 기대함을 보여 주었다(Dion, Berscheid, & Walster, 1972).

광고모델의 신체매력이 소비자에게 어떻게 영향을 주는지를 보여 주는 많은 연구가 있다. 일반적으로 연구결과들은 매력적인 사람이 평범한 외양의 사람보다 광고제품이나 상표에 더 긍정적이고 호의적으로 반영됨을 보여 주었다. 예를 들어, 한 연구에서 응답자들은 신시내티(Cincinnati) 동물원에서 다양한 활동을 하는 매력적인 모델 또는 평범한 모델 중 하나의 슬라이드 쇼를 보았다(Debevec & Kernan, 1984; Speck, Schumann, & Thompson, 1988). 응답자들은 나중에 슬라이드 쇼와 모델 양자에 대해 자신들의 인상이 어떠했는지를 평가하였다. 아울러 그들이 동물원에서 자원봉사를 할 것인지를 평가하였다. 연구결과는 슬라이드 쇼에 대한 인상은 매력적인 모델이 나왔을 때 유의하게 더 호의적임을 밝혔다. 이 효과는 매력적인 여성을 본 남성 응답자들에게서 특히 강하게 나타났다. 사실상 이러한 남성은 평범한 모델을 보았던 남성 응답자들보다 동물원을 재정적으로 돕기 위한 모임에 참석하거나 모금 안을 통과시키는 데 유의하게 더 많은 관심을 보였다.

신체매력은 다른 변수들과 상호작용을 한다. 한 연구에서 매우 매력적인 모델과 덜 매력적인 모델이 커피와 향수광고에 등장하였다(Baker & Churchill, 1977). 연구결과는 성적 소구를 사용하는 향수광고에서는 섹시한 매력적인 모델이 응답자의 구매의도를 증가시켰지만, 성적 소구와는 관련이 없는 커피광고에서는 덜 매력적인 모델이 더 효과적이었다. 따라서 어떤 제품유형에서는 신체적으로 매력적이고 섹시한 광고모델을 활용하는 것이 부적절할 수도 있다.

출처의 신체매력에 관해 저자는 한 가지 제안을 하고 싶다. 출처의 신체매력은 일반적으로 외양을 말하는데, 이러한 외양은 몇몇 유형으로 분류할 수가 있다. 예를 들어, 신체매력은 섹시함, 고전미, 건강미, 우아한 미 등으로 분류할 수 있을 것이다. 위에서 언급한 연구에서 성적 소구를 활용하지 않는 커피광고에 섹시한 모델을 등장시키는 것은 의미가 없었을 것이다. 만일 섹시한 매력이 아니라 고전미 또는 우아한 미의 매력이었다면, 어떠한 결과가 나타났을까? 아직 신체매력을 분류하여 그 효과를 살펴본 연구는 거의 없다. 따라서 차후에는 이 점을 고려하는 것이 좀 더 유익한 결과를 산출할 것이다.

오늘날 문화권에 상관없이 대부분의 광고에는 신체적으로 매력적인 모델들이 등장한다. 우리의 경우는 더욱 그렇다. 매력적인 유명연예인이라면 너도나도 광고에 모델로 등장한다. 그러나 매우 매력적인 모델을 활용하는 것이 소비자에게 부정적인 영향을 줄 수 있다는 연구들이 있다. 연구들은 매우 매력적인 모델을 활용하는 것의 잠재적인 부정적 효과로 여성의 자기이미지 손상을 지적하고 있다. 이러한 연구들은 성인 여성, 10대 여성, 심지어 어린 소녀들이 자기 신체매력을 모델의 신체매력과 비교하여, 그 결과 사회적 이상형과의 비교에서 열등감을 느낀다고 지적하였다(Martin & Kennedy, 1993). 연구자들은 매우 매력적인 모델과의 자기비교가 자존감을 실제로 낮출 수 있음을 발견하였다(Richins, 1991).

(1) 조화가설

바로 앞에서 언급한 연구는 모델의 특징이 제품의 특징과 일치해야 함을 시사해 준다. 이와 관련하여 조화(matchup)가설은 제품의 두드러진 특성이 출처의 두드러진 특성과 일치해야 한다는 것을 말한다. 향수는 이성을 유혹하기 위해 사용되기에, 신체적으로 매력적인 모델이 향수에는 적합하다. 그러나 커피의 두드러진 특성은 이성을 유혹하는 것이 아니라, 사람을 각성시키는 데 있다. 즉, 커피는 아침에 사람을 잠에서 깨어나게 해 활동을 위한 준비를 하게 하는 각성 제품이다. 따라서 신체적으로 섹시한 매력적인 모델은 커피와 연합하지 않을 것이다.

조화가설
제품의 두드러진 특성이 출처의 두드러진 특성과 일치해야 한다는 것

(2) 성적 소구

성적광고는 소비자의 주의를 끌며, 광고회상을 증가시키고, 소비자의 광고태도를 개선한다. 그러나 매우 노골적인 광고는 역효과를 가져올 수 있다. 예를 들어, 한 연구는 자동차 광고에서 신체적으로 매력적이면서 부분적으로 옷을 입은 모델은 자동차의 이미지에 긍정적인 영향을 주지만, 모델이 지나치게 관능적이면, 광고노출 후 일주일이 지나서 측정된 광고회상은 상당히 나빠짐을 발견하였다(Steadman, 1969; Chestnet, LaChance, & Lubitz, 1977).

전통적으로 성적 소구를 사용하는 대부분의 광고는 여성의 몸에 초점을 두었고, 이에 관련된 연구 대부분도 광고에서 여성의 누드 또는 세미누드의 효과를 다루었다. 그러나 미국의 경우 1990년대부터 남성 몸의 관능미를 표현하는 광고가 증가하였고, 이에 따라 남성 누드에 대한 소비자의 반응을 분석하는 연구들이 수행되었다(Simpson, Horton, & Brown, 1996). 한 연구에서 남성과 여성 응답자들이 바디오일 또는 공구 세트 광고에서 다양한 유형의 옷(정장으로부터 누드를 암시하는 옷까지)을 입은 남성 모델을 보았다. 연구결과는 여성 누드의

결과와 유사하였다. 모델과 동성의 응답자는 누드모델에 대해 부정적인 평가를 하였다. 남성 소비자는 남성 모델이 옷을 제대로 입고 나온 광고를 선호하였지만, 여성 소비자는, 바디오일의 경우, 누드를 암시하는 광고와 누드 광고를 선호하였다. 그러나 공구 세트의 경우, 여성들도 누드에 대해 부정적이었다. 이는 누드와 공구 세트란 제품 간에 아무런 관련이 없기 때문이다.

따라서 성적 소구를 활용하는 광고에 대한 일반적인 결과들을 다음과 같이 정리할 수 있다. 첫째, 성적 소구가 적절한 제품이 있다. 둘째, 성적 소구는 광고에 대한 주의를 유도하고 관찰자의 흥분수준을 증가시킨다. 셋째, 성적 소구는 주의분산으로 인해 상표와 광고메시지에 대한 소비자의 인지과정을 약화한다. 넷째, 성적 암시 누드모델은 이성에게 더 잘 소구된다(Smith, Haugtvedt, Jadrich, & Anton, 1995).

3) 출처호감

출처호감은 소비자가 정보출처에 대해 갖는 긍정적이거나 부정적인 감정을 말한다. 일반적으로 출처호감에 영향을 줄 수 있는 요인으로는 첫째, 출처를 관찰하는 청중의 욕구를 출처가 충족시켜 준다고 인식되는 정도, 둘째, 출처가 청중을 유쾌하게 만드는 정도, 셋째, 출처가 청중의 신념과 유사한 신념을 가지고 있거나 유사하게 행동하는 정도 등이 있다(Chebat, Laroche, Baddoura, & Filiatrault, 1993).

4) 수면자 효과

신뢰성이 높은 출처의 설득효과는 시간이 경과하면서 없어질 수 있다. 비록 신뢰성이 높은 출처가 신뢰성이 낮은 출처보다 초기에는 더 영향력이 있다 하더라도, 연구는 출처 신뢰성의 효과가 대략 3주 후에는 사라지는 경향이 있다고 보고하였다(Kelman & Hovland, 1953). 다시 말해, 신뢰성이 낮은 출처도 높은 출처와 마찬가지로 설득효과를 보인다. 이러한 현상이 수면자 효과이다. 소비자는 메시지 자체를 잊기보다 메시지 출처를 더 빨리 잊는다. 그러나 메시지

수면자 효과
신뢰성이 낮은 출처도 높은 출처와 마찬가지로 시간이 지나면 설득효과를 갖는 현상

출처를 다시 부각하면 이 효과는 나타나지 않는다. 다시 말해, 신뢰성이 높은 출처가 낮은 출처보다 훨씬 더 설득력이 있는 것으로 다시 나타난다(Hannah & Sternthal, 1984).

연구들은 수면자 효과의 원인을 시간경과에 따른 분리로 보고 있다. 즉, 소비자는 메시지와 메시지 출처를 분리하여 메시지 내용만을 기억에 남겨 둔다는 것이다. 이러한 차별적 쇠퇴 이론은 부정적 단서(예, 신뢰성이 낮은 출처)에 대한 기억이 메시지 자체보다 더 빨리 쇠퇴하고, 메시지의 주요 내용만이 남는다고 제안한다(Alba, Marmorstein, & Chattopadhyay, 1992).

한편 수면자 효과는 메시지 자체의 처리가 중요함을 시사한다. 신뢰성이 높은 출처의 경우, 일시적으로 메시지의 영향력을 높일 수는 있지만 메시지가 처리되지 않으면 신뢰성이 높은 출처의 설득력은 지속되지 못하며, 반면에 메시지가 처리되면 그 설득력은 지속성을 가질 수 있다. 신뢰성이 낮은 출처라서 메시지를 들었을 때 거부하였더라도 메시지가 체계적으로 처리되면, 수면자 효과가 나타나는 것이다.

이러한 수면자 효과는 신뢰성이 높은 출처를 사용하는 마케터에게 의미 있는 시사점을 제공한다. 마케터는 모델이 갖는 설득력을 유지하기 위해 광고를 정기적으로 반복해서 모델과 메시지가 분리되는 것을 막아야 한다. 아울러 마케터는 광고메시지가 소비자에 의해 처리될 수 있도록 메시지를 체계적이고 효율적으로 만들어야 한다.

3. 메시지 특성

설득 분야에서 수신자에게 영향을 주는 메시지 내용과 구성의 연구는 대단히 많이 이루어졌다. 메시지 내용은 청중에게 아이디어를 전달하기 위해 사용되는 전략을 말한다. 예를 들어, 감정소구를 사용할 것인지 아니면 이성소구를 사용할 것인지를 결정하는 것이 메시지 내용이다. 메시지 구성은 메시지의 물리적 구조를 말한다. 예를 들어, 메시지에서 정보를 어느 위치에 제시할 것인지 또는 메시지에서 정보를 얼마나 반복할 것인지 등이다.

1) 메시지 내용

메시지를 개발하기 위한 첫 번째 단계는 메시지 내용을 결정하는 것이다. 전달자가 의미를 전달하기 위해 사용할 수 있는 도구들은 매우 다양하다. 이러한 도구에는 어떠한 것들이 있는지 살펴보자.

(1) 메시지 틀

메시지 틀이란 메시지의 긍정적 또는 부정적 구성형식을 의미하는 것으로, 이는 제11장에서 살펴볼 조망 이론(prospect theory)에서 비롯된 개념이다(Tversky & Kahneman, 1979, 1981). 조망 이론에 따르면, 메시지는 득 또는 실의 틀로 위치할 수 있다. 득 틀의 메시지는 어떤 대안을 채택하면 얻게 되는 편익이나 긍정적인 결과를 강조하고(예, "어디서나 당당한 아름다움으로 다른 사람에게 호감을 느끼게 합니다"), 반면에 실 틀의 메시지는 대안을 채택하지 않으면 얻게 되는 부정적인 결과나 놓치는 편익을 강조한다(예, "타 브랜드와 비교하여 이런 가격에 가을유행의 정장을 구매하실 수 없습니다"). 동일한 메시지가 득 또는 실 중 어떤 형태로 표현되는가에 따라 소비자의 판단이나 결정이 영향을 받을 수 있다는 점에서 메시지 틀은 설득커뮤니케이션에서 중요한 요소이다.

메시지 틀효과의 연구결과는 일관적이지 않다. 결과들 간의 차이를 해소하기 위해 연구자들은 수용자의 교육수준, 성별, 관여, 메시지 주제의 위험성 지각(Cox, Cox, & Zimet, 2006 참조), 소비자의 기분상태(강선영, 양윤, 2007; 양윤, 구혜리, 2006 참조) 등과 함께 메시지 틀효과를 연구하였다. 교육수준에 관한 연구에서는 수용자의 교육수준이 높을수록 긍정적인 메시지가 더 효과적이고 교육수준이 낮을수록 부정적인 메시지가 설득에 더 효과적이라는 결과를 보고하였다(Smith, 1996). 성별에 관한 연구에서는 남성에게서 긍정적 틀의 광고가 효과적이고 여성에게서는 부정적 틀의 광고가 효과적인 것으로 나타났다(Rothman & Salovey, 1997).

관여와의 관련성을 살펴본 연구에서는 부정적 틀은 소비자의 관여수준이 낮을 때(저관여에서는 정보처리가 활성화되지 않음) 효과적이지만, 소비자의 관여수준이 높을 때(고관여에서는 정교화된 인지적 처리가 일어남) 덜 효과적이었

메시지 틀
메시지 내용을 긍정적 또는 부정적으로 구성하는 형식

다(Shiv, Edell, & Payne, 1997, 2004). 한편 메시지 틀효과를 광고주제의 위험성 지각과 관련하여 살펴본 연구에서, 권고안을 따르지 않을 때 발생하는 위험이 상대적으로 높은 피부암 진단의 경우에는 부정적 틀이 더 효과적이었고, 권고안을 따르지 않아서 발생하는 위험이 상대적으로 낮은 피부암 예방의 경우에는 긍정적 틀이 더 효과적이었다(Rothman, Salovey, Antone, Keough, & Martin, 1993). 이러한 결과는 기능—위험 이론과 관련된 것이다. 기능—위험 이론은 조망 이론에서 파생된 것으로, 실로 틀화된 부정적 메시지는 높은 위험의 제품을 사용하려는 소비자의 의지를 증가시키는 반면, 득으로 틀화된 긍정적 메시지는 낮은 위험 제품의 매력을 증가시킨다고 제안한다.

(2) 수사학적 표현

한 연구에서 수사학의 중심은 주어진 상황에서 생각을 가장 효과적으로 표현하는 방식을 발견하는 것이라고 하였다(McQuarrie & Mick, 1996). 수사학적 표현은 운, 결말, 과장, 은유, 풍자, 인상적인 구 등을 포함한다. 수사학은 광고물, 포장, 또는 홍보 등과 관련된 모든 마케팅 메시지와 관련이 있다. 광고에서 자주 사용되는 수사학적 표현 중에는 역설과 은유가 있다. 역설은 반박적인, 잘못된, 또는 불가능한 것으로 보이지만, 어느 면에서는 사실인 진술을 말한다(McQuarrie & Mick, 1996). 은유는 부수적인 의미를 제공하려는 목적을 위해 하나의 대상을 또 다른 것으로 대체한다. 예를 들어, 존슨 앤 존슨의 일회용 반창고 광고에서 "당신 아이의 새로운 보디가드에게 안부 전하세요"라는 카피를 보면, 보디가드는 일회용 반창고에 대한 은유이다. 여기에서 부수적인 의미는 상처에 대한 강력한 보호이다.

(3) 메시지 복잡성

정보처리 관점에서 보면, 메시지가 영향력을 발휘하기 위해서는 수신자가 노출, 주의, 이해 단계를 거쳐야만 한다. 소비자의 이해에 강력하게 영향을 미치는 요인이 메시지 복잡성이다. 만일 메시지가 너무 복잡하다면 수신자는 그 메시지를 이해할 수 없을 것이고, 따라서 그 메시지에 의해 설득되지 않을 것이다(Eagly, 1974). 메시지 복잡성은 메시지에 너무나 많은 정보가 있을 때 나타난다. 제4장에서 다룬 기억과정에서 보면, 소비자의 정보처리 용량은 제한적이어서 너무 많은 정보가 소비자에게 주어지면, 소비자는 과부하가 되고 부정적으로 반응할 수도 있다. 따라서 메시지는 가급적 단순명료해야 효과적이다.

(4) 결론 제시하기

메시지 개발과 관련된 또 다른 문제는 전달자가 청중에게 결론을 제시해 주느냐이다. '결론 제시하기'의 효과를 살펴본 연구에 의하면, 이 문제는 메시지의 복잡성과 청중의 관여에 의존한다(Raven & Rubin, 1983). 만일 메시지가 비교적 복잡하거나 청중이 메시지 주제에 관여되지 않는다면, 결론을 제시하는 것이 좋을 것이다. 그러나 청중의 관여가 높고 메시지 내용이 강력하며 메시지가 복잡하지 않다면, 메시지에서 결론을 생략하여 청중이 그 결론을 추론하게 하는 것이 좋을 것이다(Sawyer & Howard, 1991).

한편 결론 제시하기에 관해 저자는 이러한 연구결과와는 다른 견해를 가지고 있는데, 메시지의 복잡성과 청중의 관여에 상관없이 일반적으로 결론을 제시하는 것이 좋다고 저자는 생각한다. 제4장 기억의 구성기억에서 언급했듯이, 소비자는 정보를 있는 그대로 수용하는 것이 아니라 정보를 새롭게 구성한다. 따라서 결론을 생략할 경우, 소비자가 새롭게 구성한 정보를 가지고 내린 결론은 원래 의도했던 결론과 다를 수도 있기에 이러한 왜곡 가능성을 막기 위해서는 메시지에 결론을 제시하는 것이 좋을 것이다.

(5) 비교 메시지

비교 메시지
전달자가 자신의 장단점을 경쟁자의 장점과 비교하는 메시지

비교 메시지는 전달자가 자신의 장단점을 경쟁자의 장단점과 비교하는 메시지이다. 이 접근은 경쟁사 제품에 비해 자사제품의 우월성을 주장하기 위해 하나 이상의 경쟁사를 명백하게 드러내어 비교하려는 광고에서 빈번히 사용된다(Prasad, 1976).

미국의 경우 1970년대 초반 이래, 연방거래위원회(Federal Trade Commission: FTC)는 광고에서 경쟁사의 이름을 드러내는 것이 제품우월성의 주장을 소비자가 평가하는 데 도움이 될 것으로 생각하여 비교광고의 사용을 장려하였다(Gorn & Weinberg, 1984). 비교광고는 시장에 진입하려고 노력하는 후발 중소

기업에게 유용한데, 특히 만일 이러한 기업의 주장이 독립적인 제3의 기관에 의해 행해진 조사에 근거한다면, 더욱 그렇다(Wilkie & Farris, 1975).

유럽의 경우, 비교광고는 꽤 부정적으로 여겨진다. 독일, 이탈리아, 벨기에 에서는 1990년대에 비교광고를 금지하였다. 프랑스에서는 한 담배광고캠페인 이 흡연과 과자 먹는 것을 비교하였다. 그 광고의 표제는 "인생은 위험으로 가 득하다. 그러나 위험은 모두 동일하지 않다"였다. 표제 아래에 세 가지 과자가 제시되었으며, 그 광고는 과자의 높은 지방성분 때문에, 과자가 담배보다 건강 에 더 위험하다는 것을 암시하였다(Bois & Parker-Pope, 1996). 이 광고는 프랑 스 공무원들을 놀라게 했으며 결국 이들은 그 광고를 금지하였다.

국내의 경우, 비교광고의 효시는 1980년대 초반의 파스퇴르 유업이었다. 그 당시 파스퇴르는 우유시장에서 후발업체로 시장에 진입하기 위해 우유 살균 방법에서의 차이를 비교 강조하였다. 파스퇴르는 기존 업체의 고온살균과 다 르게 저온에서 살균하기에 우유의 영양분이 파괴되지 않고 맛이 살아 있다고 주장하였다. 그러나 파스퇴르의 이러한 광고가 지나친 경쟁을 유발하여 이후 비교광고는 금지되었다. 20년의 세월이 흐른 2000년대에 들어서서 국내 광고 시장에는 가끔 간접적인 비교광고가 다시 등장하고 있다.

이러한 비교광고는 상표의 위치화와 차별화를 위해 사용될 수 있다. 시장점 유율이 낮은 상표를 선두상표와 직접적으로 비교함으로써, 마케터는 소비자 의 마음속에 자사상표가 선두상표에 근접하는 것으로 위치화할 수 있다(Droge & Darmon, 1987). 치약의 제품범주를 살펴본 연구자들은 비교광고가 비비교 광고보다 새로운 상표를 선두상표에 가깝게 위치화하고 깨끗한 상표 이미지 를 창출하는 데 더 우세할 수 있음을 발견하였다. 친숙하지 않은 상표와 선 두상표 간의 직접적인 비교는 소비자가 비친숙한 상표를 선두상표와 유사한 것으로 지각하도록 비친숙한 상표를 재위치화한다(Pechmann & Ratneshwar, 1991).

비교광고에는 두 가지 유형이 있다. 직접비교 광고에서는 비교상표가 구체 적으로 제시되지만, 간접비교 광고에서는 비교상표가 명백하게 제시되지 않 는다. 두 유형 중 어느 것이 더 효과적일까? 해답은 상표의 시장점유율에 달려 있다. 한 연구는 시장점유율이 낮은 상표는 선두상표와의 직접비교가, 시장점유율이 중간 정도인 상표는 소비자의 혼란을 피하기 위해 경쟁상표를 언급하지 않는 간접비교가, 선두상표는 일반적으로 비교광고를 피하는 것이 좋다고 결론을 내렸다(Pechmann & Stewart, 1990). 선두상표가 비교광고를 피해야 하는 이유로는 비교로 인한 자사 소비자의 혼란스러움을 막아 그들을 보호하기 위해서이다. 그러나 선두상표도 비교광고를 하는 것이 효과적일 수 있음을 보여 주는 연구도 있다(Miniard, Barone, Rose, & Manning, 1994).

한편 비교광고의 효과는 소비자가 광고를 처리하는 유형에 따라 달라진다. 한 연구에 따르면, 비교광고는 소비자가 광고를 제품속성에 근거하여 분석적으로 처리하려 할 때가 제품을 사용하는 자기 모습을 상상하는 심상처리를 할 때보다 더 효과적임을 보여 주었다. 아울러 이 연구는 소비자의 개인차인 인지욕구(제6장 성격 참조)에 따라서도 비교광고의 효과가 달라짐을 보여 주었는데, 인지욕구가 낮은 소비자는 비비교광고를 선호하였고, 인지욕구가 높은 소비자는 비교광고와 비비교광고 간의 선호도에서 통계적으로 유의한 차이가 없었다(양윤, 허진아, 2008).

따라서 비교광고에 관한 연구로부터 얻어진 몇 가지 결론은 다음과 같다.

- 비교광고는 시장점유율이 낮거나 새로운 상표가 선두상표와의 지각된 차이를 줄이는 데 있어서 효과적일 수 있다(Gorn & Weinberg, 1984).
- 시장점유율이 중간수준인 상표는 유사한 수준의 다른 상표와 비교해야 할 때 간접비교 광고를 사용해야 한다.
- 상표 간의 차별화를 위해서는 중요한 속성들에서 비교가 이루어져야 한다.
- 일반적으로 선두상표는 비교광고를 피하는 것이 좋을 것이다.
- 비교광고의 효과는 소비자의 광고처리 유형과 인지욕구에 따라 달라진다.

(6) 일방 메시지 대 양방 메시지

비교 메시지와 관련하여 제기되는 한 가지 의문은 메시지가 장단점을 모두 제공해야 하느냐이다. 이 의문에 대한 답은 몇 가지 요인을 고려해야 한다. 장점만을 제공하는 메시지를 일방 메시지라 하고, 장점과 단점을 모두 제공하는 메시지를 양방 메시지라 한다.

양방 메시지에 대한 유명한 고전적인 예로 미국 자동차 렌털회사인 에이비스(Avis)의 광고카피를 들 수 있다. 에이비스는 업계 1위인 허츠(Hertz)에 대항하기 위해 "We are No. 2, but we try harder"라는 카피를 내보냈다. 이 카피는 소비자에게 강하게 어필되어 에이비스의 시장점유율을 높이는 데 크게 기여하였다. 이 카피에서 보면 "…… try harder" 다음에 "than Hertz"가 생략되었음을 알 수 있다. "우리는 2등"이라는 말은 사소한 단점으로 작용하지만, "우리는 (허츠보다) 더 열심히 노력한다"는 커다란 장점으로 작용한다. 오래전에 국내의 한 보험회사에서 이와 유사한 광고를 선보였던 적이 있었다.

양방 메시지에 관한 연구는 이 메시지가 설득에서 효과적일 수 있음을 보여주었다. 메시지에 장단점을 모두 제시하는 것이 소비자에게 공정한 것으로 보일 수 있으며, 메시지와 출처에 대해 반박할 가능성을 낮출 수 있다. 특히 청중이 비우호적일 때, 반대주장이 있음을 알 때 또는 경쟁자가 반박할 가능성이 있을 때, 양방 메시지는 효과적이다(Jones & Brehm, 1970; Kamins & Assael, 1987; Sawyer, 1973).

양방 메시지와 관련하여 살펴볼 것이 있다. 위에서 양방 메시지가 메시지와 출처에 대한 반박 가능성을 낮출 수 있다고 했는데, 이는 면역효과에 근거한 것이다. 면역효과는 예방접종과 동일한 것으로, 즉 경쟁사의 공격이 있기 전에 미리 자사의 사소한 단점을 소비자에게 제시하여 경쟁사의 공격에 저항력을 높이는 것을 말한다.

한 연구에서 연구자들은 실험참가자들을 세 집단으로 구분하여 첫째 집단은 자신들의 견해를 지지하는 메시지를 듣게 하고, 둘째 집단은 자기 견해를 약하게나마 공격하는 내용과 그 공격에 대처하는 메시지를 듣게 하였으며, 셋째 집단은 아무런 메시지도 듣지 않게 하였다. 이러한 실험처치 후에 모든 조건에서 참가자들은 자신들의 견해를 공격하고 반대하는 메시지를 들었다. 세 조건 중에서 가장 저항을 잘한 조건은 둘째 조건(면역조건)이었고, 그다음이 첫째 조건이었다(McGuire & Papageorgis, 1961). 추후연구에서는 견해를 지지하는 방법이 관점을 보충한다는 측면에서는 효과적이지만, 사람들이 새로운 반대주장을 접했을 때는 지지 메시지의 효과는 없었지만, 면역방법은 여전히 효과적임을 보여 주었다(McGuire, 1964).

면역효과
경쟁사의 공격이 있기 전에 미리 자사의 사소한 단점을 소비자에게 제시하여 경쟁사의 공격에 대한 저항력을 높이려는 기법

한편 경우에 따라서는 장점만을 제공하는 일방 메시지가 태도변화를 더 크게 초래할 수도 있다. 일방 메시지는 청중이 우호적일 때, 청중이 경쟁자의 반박주장을 들으려 하지 않을 때, 청중이 특정한 논점에 관여하지 않을 때, 또는 청중의 교육수준이 높지 않을 때 효과적일 수 있다. 이러한 경우에 단점을 제시하는 것은 청중을 단지 혼란스럽게 만들 수 있으며 지지 논점의 효과를 약화할 수 있다(Chu, 1967; Pechmann, 1990). 결론적으로 많은 구매가 소비자의 저관여 상태에서 이루어짐을 고려한다면, 양방 메시지를 사용할 때 주의가 필요하다.

일반적으로 소비자를 현재 고객, 잠재 고객, 부정적 고객의 세 부류로 구분할 수 있다. 현재 고객은 현재 특정 제품을 구매 또는 사용하는 집단이고, 잠재 고객은 특정 제품에 긍정적이어서 현재는 아니지만 그 제품을 구매 또는 사용할 가능성이 있는 집단이며, 부정적 고객은 특정 제품에 부정적이어서 현재도 미래에도 그 제품을 구매 또는 사용할 가능성이 거의 없는 집단이다. 이 경우에 일방 메시지는 현재 고객과 잠재 고객에게 효과적일 수 있고, 양방 메시지는 부정적 고객에게서 효과적일 수 있다.

(7) 공포소구

공포소구는 소비자가 특정한 제품을 사용하지 않거나 어떤 행동을 변화시키지 않으면 불행한 상황에 놓일 것임을 지적하는 메시지이다. 공포소구는 사람의 위험지각을 작동시킨다. 신체손상의 위험은 충돌검사 결과를 광고하는 자동차회사에서, 재정적 위험은 보험회사에서, 사회적 위험은 방향제, 구강청정제 또는 비듬치료 샴푸회사에서 공포를 유발하기 위해 주로 사용된다. 예를 들어, 보험회사의 광고는 자사의 보험제품에 가입하지 않으면, 훗날 큰일을 당할 것임을 암시함으로써 소비자에게 겁을 주는 내용들이 대부분이다. 또한 음주운전 방지, 금연, 마약 금지 등의 공익광고도 주로 신체적 위험에 관한 것이다.

공포소구에는 흔히 긍정적 공포와 부정적 공포 그리고 이들 양자의 복합적 소구형태가 사용된다. 긍정적 소구는 권고안을 채택하면 얻게 될 물리적, 심리적 혜택이나 긍정적 결과를 강조하는 형식이고, 부정적 소구는 권고안을 채택하지 않으면 입게 될 물리적, 심리적 손실 및 부정적 결과를 강조하는 것이다. 이처럼 공포소구는 특정한 행동을 하지 않음으로써 발생하는 부정적인 결과를 메시지에 제시하여 공포를 유발한다.

공포는 부정적인 감정이기 때문에 공포가 발생하면 이것을 제거하기 위한 동기가 부여되는 것이 보통이다. 대체로 사람들은 부정적인 결과가 발생하는 것을 원하지 않을 뿐만 아니라, 그것을 경험하는 것 자체를 두려워하기 때문에 메시지에서 권고된 방향으로 행동할 가능성이 높다(Witte, Meyer, & Martell, 2001). 따라서 공포의 감정반응이 문제해결에 필요한 정보처리를 방해하지 않는 한, 공포소구는 효과적일 것이다(Keller & Block, 1996).

지금까지 공포소구에 관한 연구주제는 크게 세 가지였는데, 이는 공포수준, 공포유형, 공포소구와 설득 간의 매개변수 등이다. 세 가지 중에서 공포수준에 관한 연구가 대부분을 차지하였다. 공포수준의 연구는 불일치하는 결과를 산출하였다. 공포의 감정반응과 설득효과 간에 부정적 관계가 존재한다는 연구(Janis & Feshbach, 1953; DeWolfe & Govennale, 1964)와 너무 심한 공포는 역기능적인 감정과 불안을 불러일으키고 긴장을 강화한다는 것을 보여 준 연구도 있다(Henthorne, Latour, & Nataraajan, 1993). 그러나 많은 연구는 공포의 감정반응과 설득 사이에 긍정적인 관계가 있음을 제시하고 있으며(Bennett, 1996; LaTour & Rotfeld, 1997), 또 다른 연구에서는 타인들을 돕도록 동기화하는 공포소구와 설득 간에도 긍정적인 관계가 있음을 발견하였다(Bagozzi & Moore, 1994). 결과적으로 많은 연구는 공포수준과 설득 간의 관계가 선형적이고 긍정적임을 보여 주었다(LaTour, Snipes, & Bliss, 1996).

공포소구에 관한 이전의 연구에서 공포유형에 따라 설득효과가 달라지는지에 대한 연구는 많지 않았다. 공포유형은 크게 두 가지, 즉 신체적 위협과 사회적 위협으로 나눌 수 있다. 신체적 공포소구는 설득 메시지 권고에 응하지 않으면 발생할 수 있는 신체적 위험을 강조하는 반면, 사회적 공포소구는 자신에게 중요한 타인이나 집단에 의한 사회적 부인(외면, 무시, 소외 등)의 위험을 강조한다(Unger & Stearns, 1983). 전자의 예로는 흡연, 안전벨트와 관련된 연구를 들 수 있으며, 후자의 예로는 샴푸나 화장품, 방취제의 광고에서 광고제품을 사용하지 않으면 다른 사람들로부터 외면당하게 될 것임을 강조하는 연구를 들 수 있다. 일부 연구만이 광고에서 사회적 위협의 설득효과를 조사하였다

(Evans, Rozelle, Lasater, Dembroski, & Allen, 1970). 구강위생을 다룬 한 연구에서, 연구자들은 사회적 승인소구의 효과가 신체적 위협소구의 효과보다 실제 행동에서의 변화가 더 컸다는 것을 발견하였다(Evans et al., 1970). 결론적으로 이 연구는 어떤 경우에는 사회적 승인이 신체적 위협보다 설득에서 더 효과적 일 수 있음을 제안하고 있다.

한편 몇몇 연구자는 공포소구와 설득효과 간의 긍정적 관계와 부정적 관계를 나타내는 원인을 밝히려는 연구를 시도하였다. 그 결과 공포소구와 설득효과 사이에는 개인차 변수가 매개변수로 작용하여 조절역할을 한다는 사실을 밝혀냈다(Arthur & Quester, 2004). 이러한 연구들에서 밝혀졌던 매개변수로는 자존감, 불안의 수준, 대응 스타일 등이 있다.

공포수준, 공포유형 그리고 매개변수 등을 모두 고려하여 금연의도를 살펴본 한 실험 연구에서는 공포수준을 고저로, 공포유형을 신체적 위협과 사회적 위협으로, 매개변수를 사회적 민감성과 관련이 깊은 개인차 변수인 자기감시(제6장 참조)로 선정하였다(이민진, 양윤, 2007). 연구결과, 공포수준이 높을수록 금연의도가 높았으며, 공포유형이 사회적 위협인 경우 자기감시가 높은 사람들이 금연의도가 높았고, 신체적 위협에서는 자기감시 수준에 따른 금연의도에서 유의한 차이가 없었다([그림 9-2] 참조).

공포소구가 효과를 보려면 다음과 같은 조건들을 고려해야 한다(Tanner, Jr., Hunt, & Eppright, 1991).

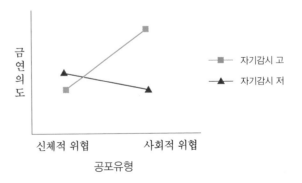

[그림 9-2] 공포유형과 자기감시에 따른 금연의도

출처: 이민진, 양윤(2007). 공포수준, 공포유형 및 자기감시가 공익광고의 설득효과에 미치는 영향. 광고연구, 75, 187-212.

 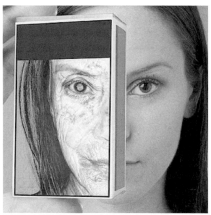

[그림 9-3] 흡연에 대한 공포소구의 예

- 공포를 일으키는 문제에 대처하고 해결하기 위한 구체적인 방법을 제공하라.
- 방법을 따르면 문제가 해결될 것이라는 지침을 제공하라.
- 이미 상당한 위협을 느꼈거나 위협에 노출된 청중에게는 높은 수준의 공포를 피하라.
- 자존감이 낮은 청중에게는 높은 수준의 공포 메시지를 피하라.
- 공포의 유형과 소비자의 개인차를 고려하라.

(8) 유머소구

유머는 기대와의 불일치 또는 기대로부터의 이탈로 생긴다(Alden, Hoyer, & Lee, 1993). 광고에서의 유머는 긍정적인 효과뿐만 아니라 부정적인 효과도 가질 수 있다. 마케터는 유머 사용의 세 가지 잠재적인 부정적 결과를 고려해야 한다. 먼저 유머는 메시지 이해도를 낮출 수 있다. 예를 들어, 유머광고의 내용회상과 진지한 광고의 내용회상을 비교했던 한 연구는 진지한 광고의 내용회상이 유의하게 좋음을 보였다(Cantor & Venus, 1980). 즉, 유머는 메시지에 대한 주의를 분산시킨다(Murphy, Cunningham, & Wilcox, 1979). 둘째, 유머광고는 일반적으로 생명이 짧다. 유머는 처음에는 재미있지만, 반복되면 싫증이 난다. 특히 유머가 개그유형이라면, 유머는 빨리 사라진다. 셋째, 유머광고는 청중에 따라 기대치 않았던 부정적 효과를 가질 수 있다.

유머광고에서 가장 위험스러운 점은 청중에 따라 동일한 유머메시지에 대한 반응이 다를 수 있다는 것이다. 한 연구는 여성이 남성보다 유머광고에 더 부정적으로 반응한다고 하였다(Lammers, 1983). 또 다른 연구는 성별을 제외한 청중의 많은 특성(예, 인종, 국적, 성격, 사회적 태도 등)이 유머효과를 조절함을 발견하였다(Sternthal & Craig, 1973).

그러나 유머는 설득 커뮤니케이션에 매우 긍정적인 영향을 주기도 한다. 예를 들어, 한 현장연구는 재미있는 전단이 이웃 피크닉 같은 사회적 친목모임을 알려 주기 위해 배포됐을 때, 평범한 전단이 배포됐을 때보다 20% 더 많은 사람이 참석하였음을 보여 주었다(Scott, Klein, & Bryant, 1990). 또 다른 연구는 유머광고가 특정 상표에 대한 소비자의 태도를 개선하였으며 광고정보의 회상을 향상하였다고 주장하였다(Zhang & Zinkhan, 1991).

유머소구의 세 가지 장점은 다음과 같다. 첫째, 유머는 소비자의 기분을 좋게 하여, 설득 메시지에 대한 반박주장을 떠올리지 못하게 할 수 있다(Kelly & Solomon, 1975). 둘째, 유머는 소비자의 주의를 유도하여 광고에 대한 회상과 이해를 높인다. 셋째, 유머는 소비자의 광고 호감을 증가시킨다(Weinberger & Gulas, 1992).

한편 유머소구의 효과와 관련된 두 가지 부수적인 요소가 있다. 첫째, 유머는 어떤 식으로든 제품 또는 서비스와 관련되어야 한다. 둘째, 유머의 효과는 특정 상표에 대한 소비자의 사전평가에 의해 조절된다(Chattopadhyay & Basu, 1990; Smith, 1993). 두 번째 요소는 유머와 사전평가 사이에 상호작용이 있음을 의미한다. 한 연구에서 광고가 해학적이고 특정 상표의 사전평가가 긍정적일 때, 소비자의 구매의도는 증가하였다. 그러나 광고가 해학적이고 사전평가가 부정적일 때, 구매의도는 감소하였다. 비유머 광고일 때는 반대 결과가 나타났다. 즉, 사전평가가 부정적일 때, 구매의도는 비유머광고 조건에서 증가하였지만, 유머광고 조건에서 감소하였다.

(9) 생생한 정보 대 추상적 정보

심리학의 사회인지 영역에서 잘 알려진 연구결과들 중 하나는 생생하고 구체적인 정보를 가진 메시지가 추상적인 정보를 가진 메시지보다 수신자에게 더 큰 영향을 준다는 것이다(Nisbett & Ross, 1980). 생생한 메시지는 주의를 끌 뿐만 아니라 유지하며, 수신자가 상상하도록 자극한다. 따라서 생생한 메시지는 장기기억에 더 잘 저장되며 훗날 더 잘 인출된다.

메시지를 생생하게 만드는 요인은 세 가지이다. 첫 번째 요인은 개인적 관련성이다. 개인적 관련성을 갖는 메시지는 수신자의 관여수준을 높이며, 관여수준이 증가할 때 메시지의 영향력 또한 증가한다. 두 번째 요인은 구체성이다. 구체적인 메시지는 사람, 행위, 상황에 관해 상세하고 세부적인 정보를 제공한다.

세 번째 요인은 수신자와의 근접성이다. 수신자와 시간상으로, 공간적으로 그리고 감각적으로 가능한 한 근접하는 메시지는 생생하다. 시간근접성은 가능한 한 참신하며 새로운 정보의 사용과 관련이 있다. 공간근접성은 정보를 수신자가 처한 상황과 가능한 한 가깝게 연결되는 맥락에 배치하는 것과 관련된다. 감각근접성은 자신이 경험한 것을 청중에게 말할 수 있는 누군가(예, 모델)가 직접 경험하는 내용과 관련이 있다. 예를 들어, 자동차 판매원이 고객에게 자동차를 시승해 볼 것을 권하는 한 가지 이유는 고객이 자동차 시승의 감각경험을 직접 획득하게 하려는 것이다.

그런데 구체성과 추상성을 연구할 때 한 가지 주의해야 할 점이 있다. 구체성과 추상성을 조작할 때 제공되는 정보의 양에서 차이가 생길 수 있는데 이러한 정보량에서의 차이를 통제해야만 한다. 일반적으로 생생하고 구체적 메시지는 추상적 메시지에 비해 문장이 긴 편이어서 정보를 보다 많이 갖는다. 이러한 문장의 길이(정보량)를 유사하게 통제하지 못하면, 결과가 구체성과 추상성 간의 차이에서 기인한 것인지 아니면 정보량에서의 차이에 기인한 것인지를 알 수 없다.

(10) 강의 대 드라마

강의는 출처가 정보를 알려 주고 설득하려는 시도에서 청중에게 직접 말하는 것이다. TV광고는 출처가 청중에게 직접 얘기하고 청중에게 제품정보를 제공한다는 면에서 강의형식을 빈번히 사용한다. 드라마는 간접적인 연설형식을 취한다. 광고에서의 등장인물들은 청중이 아니라 자기들끼리 얘기를 한다.

강의광고
광고모델이 정보를 알려 주고 설득하려는 시도에서 청중에게 직접 말하는 광고유형

드라마 광고
둘 이상의 인물이 제품에 관해 서로 얘기를 주고받는 만화 또는 미니드라마 형태의 광고

이러한 유형의 광고는 영화 또는 연극과 유사하다. TV광고는 둘 이상의 인물들이 제품에 관해 서로 얘기를 주고받는 만화 또는 미니드라마 형태를 종종 사용한다.

광고가 강의형식을 취할 때 사실이 제공되며, 소비자는 광고의 설득시도를 분명하게 인식한다. 이런 경우에는 앞에서 살펴본 출처의 특성들이 매우 중요하며, 광고인은 청중의 인지반응에 관심을 두어야 한다.

드라마 기법은 전혀 다른 기제로 작동한다. 드라마는 세상에 관한 이야기고, 광고인의 목적은 관찰학습이다. 다시 말해, 시청자가 광고에서 모델들 간의 상호작용으로 인해 나타나는 내용을 학습할 것으로 보는 것이다. 광고드라마가 사실일 때, 소비자는 그것에 주의를 하고 일상에 적용할 수 있는 결론을 도출한다. 그 결과로 소비자가 반박주장을 제기할 가능성은 매우 낮아진다.

강의기법은 매우 압축된 형태로 정보를 제시하는 장점이 있다. 그러나 강의는 딱딱하고 지루하며 반박주장을 빈번히 불러일으킨다. 반대로 드라마는 감정이 내포된 이야기를 만들어 냄으로써 그리고 제품사용의 의미를 변형함으로써 청중의 흥미를 자극할 수 있다.

변형광고(transformational advertising)는 소비자가 제품사용의 경험을 제품이 아니라 심리적 특성들과 연합하게 하려는 광고이다(Puto & Wells, 1984). 성공적인 변형광고는 소비자가 감정적으로 관여하게 하고, 광고제품이나 서비스에 관한 소비자의 생각과 느낌을 변화시킨다. 예를 들어, 향수광고는 이러한 제품의 사용을 로맨틱하고 관능적인 경험으로 변형시키려 한다. 사실상 대부분의 향수광고의 목적은 여성(남성)을 이성에게 매우 매력적인 화려한 인물로 변형시키려는 것이다(Swaminathan, Zinkhan, & Reddy, 1996). 한편 일상생활의 한 단면을 광고에 가져옴으로써 감정을 전이시키려는 삶의 단면(slice of life) 광고도 변형광고에 해당한다.

여러 연구자가 강의와 드라마 기법이 소비자 반응에 미치는 효과를 연구하였다. 한 연구에서 응답자들은 강의나 드라마 중 하나를 이용한 자동차 광고를 보았다. 강의 형태의 광고를 본 응답자들이 드라마 형태의 광고를 본 응답자들보다 반박주장을 더 많이 제기하였고, 광고에 훨씬 덜 감정이입 되었으며, 광고에서 묘사한 사건들에 관한 지지주장을 더 적게 하였다(Boller, 1990).

변형광고
제품사용의 경험을 소비자의 심리적 특성과 연합시키려는 광고기법

삶의 단면 광고
일상생활의 한 단변을 표현함으로써 소비자에게 감정을 전이하려는 광고기법

[그림 9-4] 변형광고의 예

전반적으로 드라마 기법이 응답자에게서 더 큰 감정과 더 적은 반박주장을 불러일으킨다. 또한 드라마 기법은 광고에 대한 응답자의 감정이입뿐만 아니라 응답자가 광고가 진실하다고 더 느끼게 만든다. 일반적으로 강의광고는 평가적으로 처리되고 드라마 광고는 감정적으로 처리되기 때문에, 효과적인 강의광고는 소비자의 반박주장을 극복할 수 있는 높은 품질의 주장을 사용해야 하고, 효과적인 드라마 광고는 소비자를 감정적으로 관여시키고, 광고를 진실적으로 보이게 해야 하며, 감정이입을 유발해야 한다(Deighton, Romer, & McQueen, 1989).

드라마 광고의 한 가지 문제는 이 광고에 시간이 필요하다는 것이다. 한 연구는 특정 제품에 대한 변형광고가 15초가 아니라 30초로 방영될 때, 그 광고에 대한 소비자의 태도가 더 호의적이고 구매의도가 더 높음을 발견하였다. 그러나 정보광고의 경우 결과는 정반대였다. 즉, 광고시간이 길수록 소비자의 태도와 구매의도는 덜 호의적이었다(Singh & Cole, 1993).

정보광고
제품의 물리적 속성을 중점적으로 제시하는 광고

[그림 9-5] 정보광고의 예

2) 메시지 구성

메시지 개발에서 메시지 내용뿐만 아니라 메시지 구성 또한 중요하다. 메시지 구성은 메시지 내용을 어떻게 조직하느냐에 관한 것으로, 중요한 정보를 메시지 어디에 위치시키느냐와 정보를 메시지에서 얼마나 반복 제시하느냐 하는 점을 다룬다.

(1) 초두효과와 최신효과

초두효과
메시지에서 처음에 제시된 정보의 영향력이 크게 나타남

최신효과
메시지에서 마지막에 제시된 정보의 영향력이 크게 나타남

초두효과와 최신효과는 메시지의 처음과 마지막에 제시된 정보의 상대적 영향력을 말한다. 초두효과는 메시지에서 처음에 제시된 정보의 영향력이 클 때 일어나며, 최신효과는 메시지에서 마지막에 제시된 정보의 영향력이 클 때 일어난다. 초두효과와 최신효과는 단일 메시지뿐만 아니라 일련의 메시지에서도 발생한다. 예를 들어, TV나 잡지에서 보면 많은 광고가 연속적으로 나오는데 제시 순서에서 처음, 중간, 마지막 어디에 위치해야 효과가 가장 좋겠는가? 일반적으로 일관된 결과는 초두효과를 지지한다.

이에 관해 좀 더 살펴보면, 첫째, 시간의 경과에 따라서는 초두효과가 더 효과적이다. 둘째, 메시지를 정교하게 처리(예, 고관여 처리)할 때, 초두효과가 발생하는 경향이 있다(Haugtvedt & Wegener, 1994). 셋째, 초두효과는 인쇄광고

와 같은 시각적 자료보다 라디오 광고와 같은 언어적 자료에서 더 강하게 나타난다(Unnava, Burnkrant, & Erevelles, 1994).

한 가지 분명한 연구결과는 메시지의 중간에 제시되는 정보의 회상이 상대적으로 가장 나쁘다는 것이다. 즉, 메시지의 중간에 제시되는 정보는 처음 또는 마지막에 제시되는 정보보다 기억하기 어렵다. 따라서 의사전달자는 중요한 내용을 메시지의 중간에 제시해서는 안 된다.

(2) 반복효과

반복효과와 관련하여 한 가지 중요한 의문은 정보를 얼마나 반복해야 하느냐이다. 한 연구자는 광고에 세 번 노출하면 충분할 것이라고 제안하였다(Krugman, 1972). 이러한 세 번의 노출은 실험실 연구에서 나온 결과이다. 실험실 상황에서는 실험참가자들이 광고를 강제적으로 봐야 하지만, 현실에서는 소비자가 광고를 강제적으로 볼 필요가 없다. 따라서 현실상황을 고려하면, 반복횟수는 세 번 이상일 수 있을 것이다. 그러나 아직 현실에서의 적정한 반복횟수를 제시한 연구는 없다. 더욱이 연구결과들은 오히려 지나친 반복으로 인해 소비자가 메시지에 부정적으로 반응할 수 있다고 제안하였는데, 이러한 부정적인 반응이 광고싫증이다.

한 연구에서 응답자들이 한 시간짜리 TV쇼를 시청하는 동안 가상적인 치약광고에 1회, 3회, 또는 5회 반복조건들 중 한 조건에 노출되었다. 연구결과 노출횟수가 증가할 때, 광고에 대한 반박주장의 수 역시 증가하였다(Belch, 1982). 이와 유사하게 다른 연구들은 지나친 반복이 광고에 대한 소비자의 태도를 부정적으로 만들 수 있음을 발견하였다(Burke & Edell, 1986).

이러한 이유로 인해, 광고인은 동일한 광고를 계속해서 반복 제시하지 않는다. 대신에 광고인은 동일한 메시지를 전달하는 일련의 다른 광고물을 만든다. 한 연구에서 연구자들은 연속물로 나가는 각각의 광고내용을 약간씩 달리하여 이를 검증하였다. 연구결과, 변경된 광고를 통해 메시지가 반복될 때 긍정적인 인지반응의 수는 증가하였고 부정적인 인지반응의 수는 감소하였다(Cox & Cox, 1988; Rethans, Swasy, & Marks, 1986).

메시지 반복의 효과를 설명하기 위해, 이요인 이론은 사람들이 반복메시지를 받을 때 두 가지 다른 심리적 과정이 작동한다고 제안한다. 하나는 메시지 반복이 수신자의 불확실성을 감소시키고 메시지에 대한 학습을 증가시켜 긍정적인 반응을 유발한다는 것이다(McCullough & Ostrom, 1974). 그러나 다른 과정에서는 메시지 반복과 더불어 수신자의 지루함은 증가한다. 어느 순간에 지루함이 긍정적 효과를 넘어서서 수신자는 광고에 부정적으로 반응하기 시작한다(Rethans, Swasy, & Marks, 1986). 이요인 이론은 소비자의 지루함을 피하려면 전달자는 광고반복 시 광고를 약간 변경해야 한다고 제안한다.

광고싫증이 기업에게는 잠재적인 위험이지만, 메시지 반복은 학습에서 중요하다. 이러한 딜레마에 대한 한 가지 해결책은, 이미 앞에서 언급했듯이, 동일한 기본 메시지를 사용하지만 흥미를 유지하기 위해 내용을 약간씩 변경하는 것이다. 연구자는 광고에서의 이러한 변화가 싫증을 유발하지 않은 채 광고의 회상을 실질적으로 개선함을 보여 주었다(Burnkrant & Unnava, 1987; Unnava & Burnkrant, 1991). 아울러 이러한 변화의 또 다른 장점은 소비자가 경쟁사의 광고에 더 저항하게 만든다(Haugtvedt, Schumann, Schneier, & Warren, 1994). 마지막으로 반복광고에 노출되는 것이 자발적이고, 반복이 시간경과에 따라 분산되며, 반복이 경쟁사의 광고가 나갈 때도 이루어지고, 반복이 실세계의 혼잡한 환경에서도 나타난다면, 반복광고는 소비자의 "마음속에 가장 먼저 떠오르는 의식(top-of-the-mind-awareness)"과 상표선택을 실질적으로 개선한다(D'Souza & Rao, 1995).

4. 매체

매체는 커뮤니케이션에 있어서 필수적인 요소로 메시지를 전달하려는 도구이다. 매체는 크게 방송매체(TV, 라디오)와 인쇄매체(신문, 잡지)로 나눌 수 있고, 최근에는 인터넷의 활용이 증가하고 있다. 매체에 근거한 전략은 선정된 표적시장의 소비자가 읽고, 보며, 듣는 특정한 매체에 광고를 배치하는 것이다. 이를 위해 마케터는 소비자조사를 통해 특정한 매체를 포함하는 표적고객의 소비자 프로필을 구성한다.

특정한 매체를 선정하기 전에, 마케터는 메시지의 전달력을 높일 수 있는 일반적인 매체범주를 선정해야 한다. 어떤 매체범주를 선정하느냐는 광고제품 또는 서비스, 도달하고자 하는 표적시장 그리고 마케터의 광고목표 등에 달려 있다. 많은 광고인은 하나의 매체범주를 선정하기보다는 다중매체 캠페인 전략을 활용한다. 다중매체는 광고캠페인의 대부분을 수행하는 한 가지 주요한 매체범주와 보충지원을 제공하는 다른 매체범주로 구성된다.

많은 연구는 다양한 제품, 청중, 광고목표 등에서 각 매체의 효과를 비교하였다. 일반적으로 연구결과들은 확정적이지 않다. 한 가지 보편적인 결과는 각각의 매체범주가 광고내용에 대해 각자의 특정한 효과를 가진다는 것이다. 예를 들어, 인쇄매체는 무제한의 메시지 길이를 허용하며, 인쇄매체의 한 유형인 신문은 메시지의 시의적절성이 두드러지고, 방송매체는 상대적으로 고정된 노출시간을 가지고 있다(Philport & Arbittier, 1997). 몇몇 매체범주는 다른 범주보다 어떤 제품 또는 메시지에 더 적절하다. 예를 들어, 속도가 매우 빠른 컴퓨터 신제품의 메시지를 소비자에게 전달하려는 마케터는 컴퓨터용 전문잡지 또는 온라인에서 그 제품의 메시지를 전달할 수 있을 것이다. 일단 마케터가 적절한 매체범주를 확인하면, 그다음에 그들은 표적청중에 도달할 수 있는 특정한 매체를 그 범주에서 선정할 수 있다.

1) 인터넷

인터넷은 뉴스레터 또는 사이버잡지와 같은 많은 온라인 대안매체를 가져왔다. 오늘날 거의 모든 인쇄 및 방송매체는 자신의 웹 사이트를 가지고 있고 온라인 출판을 하고 있다. 많은 소비자가 제품정보를 찾고 제품을 비교하기 위해 인터넷을 사용하고 있으며, 아울러 온라인쇼핑도 활성화되었다. 또한 마케터는 웹사이트에 배너광고를 내보내고 있다.

현재 많은 기업은 자신의 웹사이트를 가지고 있고 이를 통해 자사제품의 정보를 제공하고 있다. 더욱이 웹을 통해 개별 소비자의 구매습관, 제품선호, 지출패턴 등을 추적할 수 있고, 더 나아가 홈페이지, 촉진캠페인, 개별 소비자에게 맞춰진 광고물 등을 디자인할 수 있도록 이러한 정보를 데이터베이스화하고 있다.

2) 정밀 표적화

많은 마케터는 '정밀 표적화'라고 부르는 매체전략을 사용하고 있다. 이 전략은 매우 세부적으로 세분된 표적시장의 욕구와 관심을 충족시켜 줌으로써 시장에서 자신만의 특정한 틈새를 찾으려는 매체전략을 말한다. 잡지 출판업자는 자사의 청중을 세분하려는 방법을 찾고 있다. 일례로 선별제본은 출판업자가 자신의 구독층을 세분하게 할 수 있는 기법이다. 독자가 구독신청을 할 때 자신의 인구통계학적 정보를 제공하도록 요청받는데, 출판업자는 이러한 정보를 데이터베이스화한다. 이러한 독자의 인구통계학적 프로필에 근거해 출판업자는 구독자를 선별할 수 있고, 특별한 섹션을 가진 한정부수의 잡지를 해당독자들에게 제공할 수 있다(Schiffman & Kanuk, 2000).

직접 마케팅　직접우송(direct mail: DM) 및 직접마케팅(direct marketing: DM)은 정밀 표적화의 좋은 예이다. 직접우송은 표적고객의 우편주소로 직접 보내지는 광고이다. 직접마케팅은 소비자로부터 직접적인 반응을 얻으려는 목적으로 다양한 매체(예, 우편, 인쇄, 방송, 전화, 또는 인터넷)를 사용하는 상호작용적 마케팅 기법이다. 직접마케팅의 주요 장점은 그것이 측정 가능한 반응을 산출한다는 것이다. 즉, 마케터는 조사당 비용, 판매당 비용, 광고당 수입 등과 같은 변수를 통해 직접마케팅의 수익성을 측정할 수 있고, 캠페인의 시기 및 빈도를 평가할 수 있다. 직접마케팅의 주요 목적은 적합한 구매자의 데이터베이스를 구축하고 꾸준히 정교화하는 것으로, 이는 조사와 직접요청으로 이루어진다. 이러한 데이터베이스의 분석은 매우 선별적으로 세분된 고객층을 만들어 낼 수 있다. 그런데 한 가지 문제는 고객의 쇼핑내력을 데이터베이스화하는 것이 소비자의 사생활 침해일 수 있다는 점이다.

온라인쇼핑과 케이블TV의 홈쇼핑은 구매자의 정보를 데이터베이스화한다는 점에서 직접마케팅 기법을 사용한다고 볼 수 있다. 온라인마케터는 자사 사이트의 방문자와 고객으로부터 개인정보를 수집하며 세분된 데이터베이스를 개발한다. 또 다른 마케터는 상세한 개인정보를 제공하는 그리고 온라인 또는 모바일 광고를 보거나 듣는 데 동의한 소비자에게 무료서비스를 제공하기도 한다.

5. 수신자

수신자는 자기 경험과 특성에 근거하여 자신이 수신한 메시지를 해석한다. 예를 들어, 저자의 모친은 과거에 옷을 구매하실 때, 가끔 통신구매를 하셨는데, 유독 한 회사만 이용하셨다. 그 이유를 여쭤 보니, 처음에 그 회사를 통해 통신구매를 하셨는데 무척 맘에 드셨다고 하며, 그다음부터 그 회사의 카탈로그를 신뢰하게 되었다고 말씀하신 적이 있다. 물론 그 반대의 경우도 있을 것이다. 이러한 예는 수신자의 사전구매 경험에 따라 메시지처리가 달라짐을 보여 준다. 또한 저자는 성격이 내성적이고 강하지 못한데, 영화나 소설 속에서 강인한 성격의 주인공을 보면 부럽고 이들이 전하는 메시지가 호의적으로 보인다. 이러한 예는 수신자의 특성에 기인한 것이다.

1) 제 특성

메시지로부터 정확하게 끌어낼 수 있는 의미의 양은 메시지 특성, 메시지를 처리하는 수신자의 기회와 능력, 그리고 수신자의 동기 등과 관련이 있다(Mick, 1992). 사실상 개인의 모든 개별 특성(예, 성격)은 메시지 해석의 정확성에 영향을 준다. 개인의 인구통계학적 특성(예, 연령, 성별, 결혼유무, 소득, 학력 등), 사회문화적 특성(예, 사회계층, 인종 등) 그리고 라이프스타일 등은 메시지 해석에서 주요한 요소들이다. 태도, 사전학습 또는 경험, 기대, 동기 등도 메시지 해석에 영향을 준다. 어떤 누구도 전달자가 의도했던 방향으로 마케팅메시지를 읽고 이해하지 않는다. 예를 들어, 중학교 2학년의 읽기 수준에서 작성된 직접우편 광고의 이해에 관한 한 연구에서는 직접우편 수용자의 1/3이 메시지를 의도한 대로 이해하지 못했다(Harrison-Walker, 1995).

개인의 관여 수준이 메시지에 얼마나 주의를 기울일지 그리고 메시지를 얼마나 조심스럽게 해석해야 할지를 결정할 수 있는 요소이다. 예를 들어, 운동에 관심이 없는 사람은(저관여 수준) 운동용품 광고에 주의하지 않을 것이지만, 관심이 많은 사람은(고관여 수준) 그 광고에 주의를 기울여 철저하게 읽거나 볼 것이다. 따라서 표적청중의 관여 수준이 설득커뮤니케이션의 설계와 내용에서 중요한 요소이다.

2) 감정

소비자의 감정은 광고물을 지각하고, 회상하며, 광고물에 근거해 행동하려는 소비자에게 영향을 준다(Swinyard, 1993). 한 연구는 소비자의 기분이 광고메시지가 제시되는 맥락(예, 인접 TV프로그램 또는 인접 신문기사)과 광고 자체의 내용에 의해 종종 영향을 받으며, 이러한 기분이 그다음에는 광고메시지에 대한 소비자의 평가와 회상에 영향을 준다고 하였다(Mathur & Chattopadhyay, 1991). 또 다른 연구는 소비자의 각성(또는 흥분)상태가 광고의 인지적 처리(즉, 중심단서 처리)를 제한하고 주변단서 처리를 증가시킨다고 하였다(Pham, 1996). 긍정적 결과를 묘사하는 광고가 유발하는 긍정적 감정은 소비자가 광고제품을 구매할 가능성을 증가시킬 수도 있으며, 반면에 부정적인 결과를 묘사하는 광고는 부정적인 감정을 유발할 수도 있을 것이다. 물론 이러한 결과는 마케터의 목적과 일치할 수도 있다. 소비자는 만일 자신이 광고제품을 구매하지 않는다면 부정적인 결과가 발생할 수 있다고 설득당할 수 있다.

3) 선별지각

소비자는 광고메시지를 선별적으로 지각한다. 소비자는 자신에게 특별한 흥미 또는 관련성을 주지 못하는 광고를 무시하는 경향이 있다. 특히 리모컨은 소비자가 TV채널을 변경함으로써 광고를 건너뛰게(zapping) 하거나 음소거 장치를 사용하여 광고내용을 듣지 않게 할 수 있다. 이러한 선별지각은 소비자가 메시지를 해석하는 데 영향을 줌으로써 커뮤니케이션을 방해할 수 있다.

zapping
리모컨으로 TV채널을 변경함으로써 광고를 파하는 방법

모태(母胎) 디지털族······ 세상 바꾸기 '터치'

　국내에 인터넷이 본격적으로 보급된 것은 1994년. 옹알이를 할 때부터 인터넷을 접했던 세대(世代)는 이제 20대 성인이 됐다. 유아기부터 스마트폰과 태블릿PC를 만지고 자란 세대도 학령기에 접어들고 있다. 버튼을 누르는 것보다는 터치(touch)가 자연스럽고, 책장을 넘기는 것보단 화면을 쓸어 넘기는 것이 익숙한 세대이다. 누가 알려 주지 않아도 자유자재로 스마트폰과 태블릿PC를 다룬다. 엉금엉금 기다가 TV를 발견하면 다가가 화면을 터치해 본다. 터치에 반응하지 않는 기기가 오히려 이상한 세대이다. 이들이 점차 사회 곳곳에 스며들면서, 한국 나아가 전 세계의 주역으로 거듭나고 있다. 탄생 순간부터 디지털 환경에 익숙한 '모태(母胎) 디지털족(族)'이라 할 수 있다.

　경영전략가 돈 탭스콧은 2008년 『디지털네이티브(원제 Grown Up Digital)』란 책을 통해, 이들에게 '넷세대(Net Generation)'란 이름을 붙였다. '역사상 가장 똑똑한 세대'이자 '최초의 글로벌 세대'란 평도 더했다.

　그로부터 5년이 지난 2013년 상황은 급변하고 있다. 스마트폰과 태블릿PC가 빠르게 보급됐고, TV보다 스마트폰을 더 중요한 매체로 여기는 이들도 크게 늘었다. 세계에서 스마트폰 보급률이 가장 높고, 통신망 발전 속도가 가장 빠른 한국은 혁신의 중심에 있다. 디지털족이 주 소비계층으로 부상하면서 나타나는 여러 변화도 특히 한국에서 가장 두드러진다.

　먼저 '시간' 관념이 달라지고 있다. 디지털족은 남이 짜놓은 시간에 얽매이지 않는다. 자신의 라이프스타일에 맞게 시간을 결정한다. 신문에 게재되는 'TV 편성표'를 눈여겨보는 세대는 중·장년층뿐이다. 내가 원하는 시간에, 원하는 프로그램을 주문형 비디오(VOD) 형태로 본다. 콘텐츠를 처음부터 끝까지 보는 경우도 드물다. 중간 중간 짬나는 대로, 때로는 며칠에 걸려 영화 한 편을 본다. 아침에 버스에서 10분간 보고, 점심시간에 30분 보고, 잠자리에 들기 전에 30분 보는 식이다. 에릭슨은 최근 보고서를 통해 "아침 식사시간과 저녁 시간에 피크를 이루는 전통적인 TV 시청곡선 대신 시청률이 하루 종일 높게 지속되는 패턴이 나타나고 있다"고 밝혔다. 류현진 경기 생중계처럼 '지금 바로 이 순간'이 중요한 콘텐츠를 제외하면 점차 시간 개념은 희박해지고 있다.

　실시간을 강조하는 것 역시 특징이다. 전 세계인들과 자유롭게 커뮤니케이션했던 경험 때문에 시간·공간에 대한 제약을 크게 느끼지 않는다. 카카오톡과 같은 모바일메신

저가 빠르게 확산한 것도 실시간성 때문이다. 말풍선이 좌우로 왔다 갔다 하면서 대화를 주고받는 형식은 문자메시지와 동일하지만, 1초 안팎의 문자전송 시간마저 답답하게 느끼는 것이다. 탭스콧은 자신의 저서에서 "이들은 디지털 세계에서 성장한 탓에 일주일 내내, 24시간 즉각적인 반응을 얻는 데 익숙해져 있다"면서 "매사에 스피드를 추구하는 것이 특징"이라고 했다.

'소유'의 개념도 사라지고 있다. 과거 음악을 들을 땐, 카세트테이프나 CD를 구매해야 했다. 최소한 MP3 파일이라도 다운로드 받아야 했다. 이젠 필요할 때마다 무선 인터넷으로 음악 서비스에 접속해 실시간으로 재생해서 듣는 '스트리밍(streaming)'이 대세가 됐다. 굳이 콘텐츠를 소유하지 않아도 소비가 가능해진 것이다. 현재 모바일 앱을 통해 음악을 감상하는 국내 이용자는 1,500만 명 선. 미국 시장조사업체 가트너는 올해 처음으로 글로벌 음원 스트리밍 서비스 이용액이 10억 달러(약 1조 원)를 넘어설 것으로 전망하고 있다. 업계에선 이용자들의 소유에 대한 인식이 변화하면서, 불법 음원 유통도 자연스레 줄어들 것으로 기대하고 있다. 경제학자 제레미 리프킨이 언급한 '소유의 종말'이 현실화하고 있는 것이다.

게임·오피스 프로그램 등 소프트웨어(SW)도 마찬가지이다. 박스째 제품을 사는 사람은 점차 줄고, 홈페이지에 접속해 신용카드로 결제하고 파일만 내려 받는 소비형태가 늘고 있다. 최신 고화질 게임을 직접 다운로드받지 않고 서버에서 구동시키는 방식으로 즐기는 '클라우드 게임'도 늘고 있다. 개별 게임을 돈 주고 사는 대신 일정 기간 이용할 수 있는 권리를 구입하는 형태이다.

이 같은 개념이 확산하는 것은 속도와 저장 공간의 문제가 동시에 해결된 덕분이다. 한국은 LTE-A(어드밴스트) 등 초고속 무선 통신망을 세계 최초로 상용화했다. 탄탄한 통신 인프라가 뒷받침되면서 가상 저장 공간인 '클라우드(cloud)' 이용자도 빠르게 늘고 있다. 애플의 새 운영체제 iOS7에는 구름 모양의 '공유' 아이콘이 곳곳에 자리 잡고 있다. 디스켓 모양의 아이콘 대신 구름(cloud)에 저장하는 것이 더 친숙해진 상황을 반영한 것이다.

'동영상'에 대한 선호가 점차 뚜렷해지고 있다. 특히 한국에서 이 같은 현상이 두드러진다. 글로벌 네트워크 장비 업체인 시스코는 지난해 전 세계 모바일 트래픽 중 영상 콘텐츠의 비중은 51%였지만, 한국은 64%에 달했다고 밝혔다. 2017년엔 전 세계 66.5%, 한국은 74%가 될 것으로 전망했다.

이는 한국 무선 통신망의 발전이 세계에서 가장 빠르기 때문이다. 통신사들은 빠른 속도에 걸맞은 콘텐츠가 마땅히 없어 고화질 영상을 주력 콘텐츠로 내세웠다. 그러다 보니 자연히 시청량과 데이터 이용량이 많아진 것이다. KT경제경영연구소는 "LTE 도입으로 가장 수혜를 받은 서비스가 바로 영상"이라며 "미래 모바일 주도권 경쟁에서 중요한 열쇠가 될 것"이라고 전망했다.

에릭슨은 "바느질에서부터 포토샵 이용법까지 거의 모든 일에 대한 설명 비디오가 나와 있다"며 "콘텐츠 시청이 휴식과 호사로운 행위로 간주되기보다는 일상적인 활동이 되고 있다"고 분석했다. 동영상이 이들의 마음을 사로잡고, 스스로 의사를 표현하는 주 커뮤니케이션 수단이 되어가고 있는 것이다.

'읽기'보다 '보기'에 익숙한 세대에 대한 우려도 있다. 차분하게 앉아 고전(古典)을 읽기보다는 자극적이고 빠르게 명멸하는 인터넷 정보에만 빠져 산다는 것이다. 미국 에모리대학교 마크 바우어라인 교수는 『가장 멍청한 세대(The Dumbest Generation)』란 책을 통해 "그들은 아무것도 아는 게 없다"고 주장하기도 했다.

디지털족의 특성은 관점에 따라 장점이자 단점이 될 수 있다. 탭스콧의 분류에 따르면, 현재 이들 중 최연장자는 36세. 일반 대기업의 대리 혹은 과장 연차다. 이들이 차근차근 세(勢)를 넓혀 가는 데 대한 우려와 기대가 공존(共存)한다.

탭스콧은 조화로운 공존을 위해 디지털족(넷세대), 기존 세대 모두에게 당부를 전했다. 그가 디지털족에게 전한 당부 일곱 가지는 다음과 같다. ① 대학에 들어가라. ② 직장에서 인내심을 가져라. ③ 나쁜 제품을 사지 마라. ④ 가족끼리 저녁식사를 같이 하라. ⑤ 경험을 무시하지 마라. ⑥ '원칙이 있는 중요한 삶'을 살도록 노력하라. ⑦ 포기하지 마라.

디지털족을 사원으로 들인 경영자에게 전하는 일곱 가지 당부도 있다. ① 넷세대의 특징을 참조해 새로운 기업 문화를 만들어라. ② 코치이자 촉매 · 촉진자 역할의 좋은 리더가 돼라. ③ 채용할 때는 소셜네트워크를 활용하라. ④ 전통적 훈련 방법을 탈피하고 평생 학습을 장려하라. ⑤ 페이스북 같은 SNS를 금지하지 말고 잘 활용할 수 있는 기회를 줘라. ⑥ 회사를 떠나간 인재들로 네트워크를 만들어라. ⑦ 조직 내에서 넷세대의 목소리와 힘을 발산시켜라 등이다.

디지털족 · 넷세대 · 터치세대 등 이름은 계속 바뀌지만, 분명한 것은 이들이 점차 사회의 주역으로 자리 잡아 가고 있다는 것이다. 전 세계를 휩쓴 SNS 페이스북을 만든 마크 저커버그도, 인터넷에서 폭탄 제조법을 배워 폭탄 테러를 하는 무명의 20대 청년 역시 디지털족이다.

시시각각 변해 가는 이들의 특성을 파악해, 조화롭게 조직·사회·국가가 시너지를 낼 수 있는 고민이 필요하다는 것이 전문가들의 지적이다. 탭스콧은 "기존 세대는 넷세대의 문화와 미디어를 받아들일 지혜와 용기를 갖고, 그들이 나쁜 곳으로 빠지지 않도록 우리의 경험을 효과적으로 전수해 주며, 그들의 운명을 채워줄 기회를 제공해야 한다"고 했다. 한국이 그 고민의 가장 앞 단에 서 있어야 함은 물론이다.

출처: 박순찬(2013). 모태(母胎) 디지털族… 세상 바꾸기 '터치'. 조선일보, 10월 25일, D1에서 재인용.

6. 피드백

마케팅 커뮤니케이션은 일반적으로 바람직한 방식(예, 광고제품의 구매, 대통령 후보에 대한 투표, 세금납입 등)으로 행동하도록 표적청중을 설득하기 위해 설계되기 때문에, 설득커뮤니케이션에 대한 궁극적인 검증은 수용자의 반응으로 이루어진다. 이러한 이유로 전달자는 즉각적으로 그리고 가능한 한 정확하게 피드백을 획득해야 한다. 피드백을 통해서만이 전달자는 메시지가 얼마나 잘 전달됐는지를 평가할 수 있다.

대인 간 커뮤니케이션의 중요한 장점은 언어적 단서뿐만 아니라 비언어적 단서를 통해 즉각적인 피드백을 획득할 수 있다는 점이다. 경험이 많은 전달자는 피드백에 상당히 주의를 기울이며 자신이 청중으로부터 보거나 들은 것에 근거해 자신의 메시지를 수정한다. 즉각적인 피드백은 대인판매를 효과적으로 만드는 요인이다. 이는 즉각적인 피드백이 판매원들이 각 소비자의 표현된 욕구와 관찰된 반응에 맞추어서 판매방식을 조율할 수 있게 하기 때문이다.

피드백을 획득하는 것은 매스 커뮤니케이션과 대인 간 커뮤니케이션 모두에서 중요하다. 대중매체에서 차지하는 광고의 높은 비용 때문에, 많은 마케터는 대중 커뮤니케이션 피드백을 우선으로 다룬다. 메시지를 다루는 담당부서는 표적청중이 매스 커뮤니케이션을 수용하는지, 의도한 대로 이해하는지, 그리고 의도한 목표달성에 효과적인지를 사전에 결정할 어떤 방법을 개발해야만 한다.

대인 간 커뮤니케이션과 달리, 매스 커뮤니케이션 피드백은 거의 직접적이 지 않다. 대신에 그것은 보통 추론된다. 수신자가 광고제품을 구매한다(구매하 지 않는다), 수신자가 잡지구독을 갱신한다(갱신하지 않는다)와 같이, 전달자는 표적청중의 결과적 행동(또는 무행동)으로부터 자신의 메시지가 얼마나 설득 력 있는지를 추론한다. 기업이 청중으로부터 찾으려 하는 또 다른 유형의 피드 백은 제품구매에 따른 고객의 만족 또는 불만족의 정도이다. 기업은 자사상표 의 신뢰할 만한 이미지를 유지하기 위해 가능한 한 빨리 문제점을 찾아서 해결 하려 한다.

광고효과 측정   광고인은 어떤 메시지가 전달됐는지, 어떤 TV프로그램이 시청됐는지, 그리고 표적청중이 어떤 광고를 기억하는지 등을 알아보기 위해 소비자조사를 실시하여 메시지의 효과를 측정하려 한다. 표적청중이 특정 광 고에 주목하지 않거나 잘못 이해하고 있다고 피드백이 알려 줄 때, 광고인은 커뮤니케이션이 원래 의도한 대로 일어나도록 메시지를 수정한다.

광고효과 측정은 광고가 매체를 통해 나가기 전(사전검사) 또는 나간 후(사후 검사)에 행해질 수 있다. 사전검사는 광고 메시지의 어떤 요소가 손실을 초래 하기 전에 수정되어야 하는지를 결정하기 위해 실시된다. 사후검사는 이미 나 간 광고의 효과를 평가하기 위해 그리고 미래 광고의 효과를 높이기 위해 어떤 요소를 변경해야 하는지를 알아보기 위해 실시된다.

7. 설득지식 모델

설득커뮤니케이션 분야에서 소비자와 마케터 간의 상호작용은 일찍이 주 목받았지만, 대부분의 설득커뮤니케이션 관련 연구들은 설득메시지의 효과 적 측면에 초점을 맞추어서 소비자를 주로 설득의 대상으로 한정하였다. 그 러나 1994년에 두 명의 연구자가 설득에 관한 새로운 모델인 설득지식 모델 (persuasion knowledge model: PKM)을 제안하였다(Friestad & Wright, 1994). 이 모델은 기존의 설득모델이 [그림 9-1]과 같이 정보출처로부터 설득대상까지

설득지식 모델
소비자가 마케터나 기업의 설 득시도에 대응하는 데 있어 소비자가 가진 설득지식이 설 득에 어떠한 영향을 미치는가 를 다루는 모델

일방적 관계라는 점을 보완하여 설득은 출처와 소비자 간의 양방적 관계로 접근할 수 있음을 제안한 것이다. 즉, 이 모델은 소비자가 마케터나 기업의 설득 시도에 대응할 때 소비자가 가진 설득지식이 설득에 어떠한 영향을 미치는가를 다룬다.

이러한 설득지식 모델은 설득지식의 본질과 형성과정, 그리고 소비자가 마케터의 시도를 어떻게 해석하고 평가하며 대처하는가를 다루고 있으며, 마케터와 소비자로 설명될 수 있는 설득의 주체 모두의 능동성과 설득을 둘러싼 그들의 관계에서 축적된 지식의 중요성을 강조한다. 또한 설득지식 모델은 오랜 시간에 걸쳐 설득과정에 대해 학습하는 소비자의 능력에 초점을 맞추어 보다 확장된 설득의 개념화를 시도하였다. 즉, 소비자는 일상에서 접하는 설득커뮤니케이션의 과정에서 마케터가 사용하는 전략에 관해 지식을 축적해 가고, 이렇게 축적된 설득지식은 소비자가 언제, 어떻게, 그리고 왜 마케터가 자기 행동에 영향을 미치려 하는지 인식하는 데 도움을 주며, 소비자 스스로 자신의 목적 달성을 위한 설득 대처전략을 택하여 설득시도에 대응할 수 있도록 도와준다(김정현, 2006).

설득지식 모델은 소비자가 마케터 또는 기업의 설득행위를 어떻게 해석, 평가, 대처하며 설득지식을 어떻게 이용하는가에 초점을 둔다. [그림 9-6]에서 보듯이, 설득의 주체(에이전트)와 대상(타깃)은 평등한 관계이며 이 둘의 역할은 가변적이다. 타깃은 설득주체가 설득을 목표로 하는 대상자를 의미한다. 한편 에이전트는 설득시도를 계획하고 실행하는 행위주체로서, 타깃을 대상으로 설득을 시도하는 기업, 마케터, 광고제작자 등 다양한 조직이나 사람을 의미한다. 설득지식 모델은 에이전트가 소비자를 설득하기 위해 전략적 커뮤니케이션 행위를 기획하고 광고나 판촉활동, 이벤트 등과 같은 구체적인 설득에피소드를 통해 타깃을 설득하고자 노력하며, 설득에피소드의 대상이 되는 타깃은 그에 적절한 설득 대처행동을 한다고 가정한다.

설득시도와 설득 대처행동을 하는 과정에서 타깃과 에이전트는 각각 상대방에 대한 주제지식, 설득지식, 에이전트지식/타깃지식을 인식한다. 주제지식은 제품, 서비스, 이슈와 같은 설득메시지의 주제에 대한 수용자의 인식 정도를 의미한다. 설득지식은 메시지에 나타난 설득자의 설득의도에 대한 인식

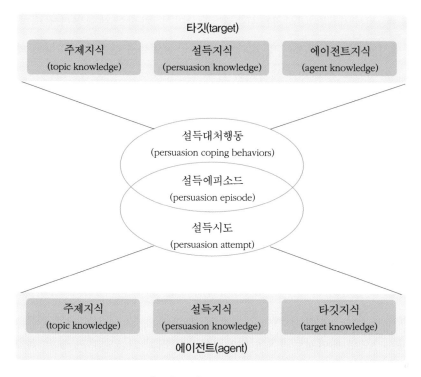

[그림 9-6] 설득지식 모델

출처: Friestad, M., & Wright, P. (1994). The persuasion knowledge model: How people cope with persuasion attempts. *Journal of Consumer Research, 21*(1), 2.

정도를 의미하고, 에이전트지식/타깃지식은 설득주체/대상의 특징이나 능력에 대한 인식 정도를 의미한다. 타깃과 에이전트 모두 주제지식, 설득지식, 에이전트지식/타깃지식을 인식하지만, 그 인식의 정도가 모두 동일한 것은 아니며, 이 3개의 개념 중 설득메시지 이면의 설득의도를 파악하는 심리적 방어기제로서의 설득지식이 중요한 개념이라 할 수 있다.

　메시지수용자(타깃) 측면에서 설득지식 모델을 구성하는 주요 요소인 주제지식, 설득지식, 그리고 에이전트지식을 좀 더 구체적으로 살펴보면 다음과 같다(Friestad & Wright, 1994). 첫째, 주제지식은 메시지에서 주요하게 다루고 있는 제품이나 서비스, 이슈와 같은 주제에 대한 인지도와 이해도, 중요도에 대한 인식으로 구성된다. 즉, 타깃이 메시지의 주제를 잘 알고 있고 내용에 대한 이해도가 높으며 메시지가 다루는 주제를 중요하다고 인식하면 주제지식이 높다고 볼 수 있다.

둘째, 설득지식은 에이전트전술에 대한 인식, 자신의 대처능력에 대한 인식, 메시지 내용의 적절성 및 효과에 대한 인식으로 구성된다. 에이전트전술에 대한 인식은 수용자가 메시지의 설득의도성을 어느 정도 인식하는가를 의미한다. 자신의 대처능력에 대한 인식은 메시지가 설득의도를 내포하고 있음을 인식했을 경우, 이에 맞서 수용자가 해당 메시지에 어느 정도 동의할 것인가에 대한 인식의 정도를 의미한다. 그리고 메시지 내용의 적절성 및 효과에 대한 인식은 설득메시지의 조작성 혹은 인위성에 대한 수용자의 인식 정도를 의미한다. 즉, 수용자가 설득메시지를 접한 후, 메시지에 담긴 전략적 설득의도를 파악하고, 메시지 내용이 인위적이고 조작적이라고 인식하여 마케터의 설득시도에 동의해서는 안 되겠다고 판단한다면, 이는 수용자가 높은 설득지식을 갖고 있음을 의미한다. 즉, 메시지에 대한 설득지식이 높아지면, 설득효과는 감소한다고 볼 수 있다.

마지막으로 에이전트지식은 에이전트가 가지고 있는 목적과 능력, 특징에 관한 인식을 말한다. 다시 말해, 메시지에 담긴 설득자(에이전트)의 목적과 능력, 특징을 어떻게 얼마나 인식했는가를 나타낸다. 메시지수용자가 설득메시지를 접할 때 에이전트의 설득목적이나 업종의 특징을 인식하는 수준이 에이전트지식의 수준이라 볼 수 있다(김윤애, 박현순, 2008).

이상에서 살펴본 설득지식 모델의 주요 요소들은 여러 연구를 통해 효과나 영향력이 검토되었다. 그중 소비자가 지닌 설득지식은 설득지식 모델의 주 연구대상이었다. 설득지식의 활성화에 영향을 미치는 요인으로 숨은 동기추론과 설득의도 인식 등이 있다. 즉, 타깃이 에이전트의 숨은 동기를 추론할 가능성을 증가시키거나, 에이전트의 설득의도 인식에 영향을 미치는 변수에 관한 연구가 많이 있었다. 이러한 변수에는 개인의 인지능력, 조절초점, 메시지 제시방법 등이 있다.

한 연구는 소비자가 어떤 상황에서 설득지식을 더 활발히 사용하는가에 초점을 맞추었는데, 판매업자와 소비자가 상호작용하는 일대일 판매상황에서 설득지식 사용에 영향을 미치는 요인을 규명하고 검증하였다(Campbell & Kirmani, 2000). 이 연구의 설득지식 사용모델에 의하면, 에이전트의 설득의도에 대한 접근성과 숨은 동기에 대해 추론할 수 있는 타깃의 인지능력이 설득동기에 대한 추론, 즉 설득지식의 활성화에 영향을 미치고 이것이 에이전트의 진실성에 대한 지각에 영향을 미친다. 즉, 이 연구는 설득지식 활성화를 위한 중요한 요소로 에이전트의 설득의도에 대한 접근성과 타깃의 인지능력을 지적하였다.

또 다른 연구는 조절초점 이론(제5장 동기와 감정 참조)을 바탕으로 촉진초점 집단과 예방초점 집단에 따른 설득지식 활성화에 대해 살펴보았다(Kirmani & Zhu, 2007). 이 연구에서 참가자는 메시지의도의 조작수준이 다른 광고메시지를 본 후, 설득지식 활성화와 브랜드태도를 묻는 질문에 답하였다. 연구결과, 조작의도 현저성이 낮은 조건에서는 예방초점 집단과 촉진초점 집단 간의 설득지식 수준과 브랜드태도에서 유의한 차이를 나타내지 않았다. 그러나 조작의도 현저성이 높은 조건에서는 촉진초점 집단이 예방초점 집단에 비해 더 높은 설득지식 수준과 비호의적인 브랜드태도를 나타냈고, 예방초점 집단에서도 설득지식이 활성화되고 브랜드태도는 덜 호의적이었다.

아울러 이 연구에서 설득지식의 활성화가 메시지 내 조작의도 현저성 수준에 따라 다르게 나타났다. 조작의도 현저성 수준을 높이는 메시지 단서로는 애매한 정보, 불분명한 정보출처, 미사여구의 과도한 사용, 부정적이거나 불완전한 비교 등이 있다. 이러한 메시지 단서는 조작의도를 현저하게 만듦으로써 소비자의 설득지식을 활성화하고 설득에 저항하도록 해 광고효과를 반감한다.

한편 설득의도 인식에 따른 설득효과를 다른 한 연구에서는 고지방 식품구매 시 질문형태에 따른 구매율의 차이를 검증하였다(Williams, Fitzsimons, & Block, 2004). 이 연구자들은 참가자에게 고지방 식품에 관한 광고를 보여 준 후, 집단별로 각각 메시지 내 정보에 관한 질문과 메시지의 의도성에 관한 질문에 응답하게 한 후 구매의도를 측정하였다. 연구결과, 메시지내용에 관한 질문에 응답한 참가자는 인지능력과 관계없이 80%대의 높은 구매율을 보였지만, 메시지의도성에 관한 질문에 응답한 참가자는 인지능력과 관계없이 40%대의 낮은 구매율을 보였다.

아울러 메시지 제시방법에 따른 설득효과 차이를 검증한 연구에서는 단순히 정보만을 제시한 방법과 비유 및 은유 등으로 표현된 정보 제시방법에 따른 수신자의 태도를 살펴보았다(Ahluwalia & Burnkrant, 2004). 연구결과, 언어적 기교가 드러난 수사적 정보 제시방법이 설득지식 활용수준을 높여 브랜드에 대한 비호의적 태도를 가지게 하였다. 이를 통해 연구자들은 광고전략에 많이 사용되는 언어적 기교나 수사적 표현이 소비자의 주의를 높이는 동시에 메시지처리에서 정교화를 촉진함으로써 설득지식 수준을 높이는 요소가 될 수 있다고 지적하였다.

한편 배경음악과 같이 주의를 산만하게 하는 환경요소가 소비자의 설득지식 사용을 방해할 수 있음을 보여 준 연구도 있다(Bosman & Warlop, 2005). 연구자들은 배경음악과 같은 환경단서는 노골적인 설득의도가 드러난 상황에서도 소비자의 설득지식 활성화를 감소시키지만, 소비자의 관여나 처리동기와 같은 요인이 이러한 효과를 상쇄시킬 수 있다고 제안하였다.

지금까지 대략 살펴본 설득지식 모델은 상호적인 설득환경에서 소비자의 능동적 대처전략을 이해하는 데 많은 도움을 줄 수 있다. 다시 말해, 이 모델은 설득과정에서 소비자를 수동적인 정보수신자가 아니라 능동적인 정보처리자로 간주함으로써 설득에 대응하려는 소비자를 실질적으로 이해하는 데 도움을 줄 수 있다. 한편 이 모델에 관한 기존의 연구들은 설득지식 활성화에 영향을 주는 변수들을 주로 살펴보았지만, 소비자의 정보처리에 영향을 주는 감정과 실제 브랜드의 영향력을 배제하였다. 따라서 추후연구에서는 이러한 측면을 고려하여 이 모델의 설명력을 확장할 필요가 있다.

커뮤니케이션의 일반적인 모델은 출처, 메시지, 매체, 수신자, 피드백 등의 요소로 구성돼 있다. 출처는 커뮤니케이션의 개시자로 메시지를 전달하는 개인 또는 대상이다. 설득에 영향을 줄 수 있는 출처의 주요 특성들은 신뢰성, 신체매력, 호감 등이다. 신뢰성은 청중이 수신자가 전문성과 진실성을 가지고 있다고 지각하는 정도를 의미한다. 신뢰할 만한 출처는 메시지에 대해 더 호의적인 태도와 행동변화를 산출한다. 신체매력을 지닌 출처는 일반적으로 매력이 없는 출처보다 더 성공적이다. 신체매력은 '성적으로 설득적인' 문구와 동일하게 취급해서는 안 된다. 어떤 경우에 성적으로 설득적인 광고는 부정적인 효과를 산출할 수 있다. 호감은 소비자가 출처에 대해 갖는 긍정적이거나 부정적인 감정을 말한다. 수면자 효과에 의하면, 신뢰성이 높은 출처의 설득효과는 시간이 경과하면서 없어질 수 있고, 신뢰성이 낮은 출처는 시간이 경과하면 높은 출처와 마찬가지로 설득효과를 가질 수 있다.

메시지 특성은 커뮤니케이션 과정에서 또 다른 중요한 차원이다. 메시지는 내용과 구성에 의존하여 차별적인 영향력을 지닌다. 이해에 있어서 강력하게 영향을 미치는 내용요소는 메시지의 복잡성이라고 볼 수 있다. 다른 내용 요소는 메시지 틀, 결론 제시하기, 비교메시지, 일방 대 양방메시지, 공포–유머 소구, 생생한–추상적 정보 등이다. 메시지 구성을 생각해 볼 때 마케터는 소비자가 초두–최신 효과와 메시지반복에 의해 영향을 받음에 유념해야 한다.

매체는 커뮤니케이션에 있어서 필수적인 요소로 메시지를 전달하려는 도구이다. 매체는 크게 방송매체와 인쇄매체로 나눌 수 있고 최근에는 인터넷의 활용이 증가하고 있다. 매체에 근거한 전략은 선정된 표적시장의 소비자가 읽고, 보며, 듣는 특정한 매체에 광고를 배치하는 것이다. 이를 위해 마케터는 소비자조사를 통해 특정한 매체를 포함하는 표적고객들의 소비자프로필을 구성한다.

수신자는 자기 경험과 특성에 근거하여 자신이 수신한 메시지를 해석한다. 메시지로부터 정확하게 끌어낼 수 있는 의미의 양은 메시지 특성, 메시지를 처리하는 수신자의 기회와 능력, 그리고 수신자의 동기, 성격, 감정상태, 인구통계학적 특성, 사회문화적 특성, 라이프스타일 등에 달려 있다. 아울러 태도, 사전경험, 기대 등도 메시지 해석에 영향을 준다. 수신자의 관여수준 역시 메시지에 얼마나 주의를 기울일지 그리고 메시지를 얼마나 조심스럽게 해석해야 할지를 결정할 수 있는 요소이다.

설득커뮤니케이션에 대한 궁극적인 검증은 수용자의 반응으로 이루어진다. 이러한 이유로 전달자는 즉각적으로 그리고 가능한 한 정확하게 피드백을 획득해야 한다. 피드백을 통해서만이 전달자는 메시지가 얼마나 잘 전달됐는지를 평가할 수 있다.

설득지식 모델에 의하면, 설득은 출처와 소비자 간의 양방적 관계로 접근할 수 있다. 설득지식 모델은 소비자가 마케터나 기업의 설득시도에 대응할 때 소비자가 가진 설득지식이 설득에 어떠한 영향을 미치는가를 다룬다. 즉, 이 모델은 소비자가 마케터 또는 기업의 설득행위를 어떻게 해석, 평가, 대처하며 설득지식을 어떻게 이용하는가에 초점을 둔다. 이 모델의 핵심요소들에는 주제지식, 설득지식, 에이전트지식/타깃지식 등이 있다. 주제지식은 제품, 서비스, 이슈와 같은 설득메시지의 주제에 대한 수용자의 인식 정도를 의미한다. 설득지식은 메시지에 나타난 설득자의 설득의도에 대한 인식 정도를 의미하고, 에이전트지식/타깃지식은 설득주체/대상의 특징이나 능력에 대한 인식 정도를 의미한다.

제10장

소비자 판단 및 결정 1:
문제인식과 정보탐색

무엇이 소비자가 특정한 상표의 맥주 또는 자동차의 구매를 결정하게 하는가? 구매결정 과정의 어떤 요소가 소비자가 어떤 상표의 스마트폰보다 특정한 상표의 스마트폰을 구매하도록 하는가? 이는 소비자 구매결정으로 알려진 분야에서 나타나는 질문들이다. 소비자 구매결정은 소비자가 문제를 인식하고, 해결책을 찾으려 하며, 대안을 평가하고, 구매대안 중에서 선택할 때 경험하는 모든 과정을 포함한다. 소비자 구매결정과 관련하여 소비자가 제품과 서비스를 획득하고, 소비하며, 사용할 때 경험하는 과정 등을 언급할 수 있다. 다섯 가지의 구매결정 단계가 제시될 수 있는데, 이는 문제인식, 정보탐색, 대안평가, 선택 그리고 구매 후 평가 등이다.

이번 장의 주요 목표는 세 가지이다. 첫째, 소비자 구매결정 과정의 일반적인 모형을 제시하고 각 결정단계를 간단히 기술할 것이다. 둘째, 소비자 행동에서의 세 가지 연구관점(결정, 경험 그리고 행동영향 관점 등)에 근거하여 구매결정을 언급할 것이다. 또한 독자에게 결정의 여러 견해를 제시할 것이다. 셋째, 구매결정 과정의 처음 두 단계인 문제인식과 정보탐색에 대해서 자세히 알아볼 것이다.

1. 소비자 구매결정 과정의 일반적인 모형

소비자 구매결정은 다섯 단계로 구성되어 있는데, 이는 문제인식, 정보탐색, 대안평가, 선택, 구매 후 평가 등이다. 이 단계들은 [그림 10-1]에 나타나 있다. 문제인식 단계에서 소비자는 자신에게 무언가가 필요하다는 것을 인식한다. 물론 광고의 한 가지 목표는 소비자에게 문제를 인식하게 하는 것이다.

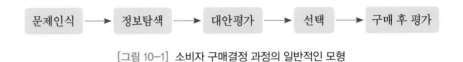

[그림 10-1] 소비자 구매결정 과정의 일반적인 모형

만일 소비자의 욕구가 매우 강하다면, 소비자는 구매결정 과정의 두 번째 단계인 정보탐색으로 이동하도록 동기화될 것이다. 정보탐색은 소비자의 관여 수준에 따라 광범위하거나 제한적이다. 세 번째 단계에서 소비자는 자신이 문제해결을 위해 발견한 대안을 평가한다. 대안평가란 대안에 관한 태도형성과 유사하다. 따라서 제7장에서 다룬 소비자 태도는 평가단계에서 적용할 수 있다.

선택단계에서 소비자는 어떤 대안을 선택할지를 결정한다(예, 어떤 상표를 선택할지, 돈을 지출할지 또는 저축할지, 또는 어떤 매장에서 해당제품을 구매할지 등). 마지막으로 구매 후 평가단계에서 소비자는 자신이 획득한 제품이나 서비스를 소비하고 사용한다. 또한 소비자는 자신의 구매행동의 결과를 평가하고 구매로 인한 소모품을 처분한다. 이러한 일반적인 구매결정 과정은 개인 소비자뿐만 아니라 기업과 다른 기관에도 적용할 수 있다.

2. 소비자 결정의 대안적 관점

과거 1970년대까지 연구자들은 사람들이 [그림 10-1]의 순서와 같은 결정 과정을 따른다고 보았다. 그러나 1970년대 후반에 연구자들은 모든 소비자 구매가 신중하고 분석적인 과정의 결과로 이루어진다는 것에 의문을 가지기 시작하였다. 몇몇 연구자는 많은 경우에 소비자가 구매 전에 어떠한 결정도 내리지 않는다고 제안하였다. 한 논문에서는 "우리는 많은 구매에서, 심지어 첫 번째 구매에서조차도, 구매결정은 전혀 일어나지 않는다고 결론을 내렸다"라고 진술하고 있다(Olshavsky & Granbois, 1979). 더불어 연구자들은 많은 소비자 행동이 자동차, 치약 같은 재화의 구매를 포함하지 않는다는 것을 깨달았다. 사람들은 휴가, 록 콘서트, 연극티켓, 낙하산 타기, 영화, 예술, 소설, 오페라 그리고 카지노 등과 같은 서비스의 형태를 구매한다(Holbrook & Hirschman, 1982). 더욱이 특제 맥주와 같은 어떤 제품의 구매는 그 제품이 제공할 것이라고 기대되는 경험과 감정에 의해 크게 영향을 받는다.

전통적인 소비자 결정과정의 한계와 관련하여, 연구자들은 위의 일반적인 모형에서 명시된 각 단계에 다른 비중을 두는 대안적인 결정모형을 제안하였다. 여기서는 세 가지 모형, 즉 전통적인 결정 관점, 경험적 관점, 행동영향 관점 등을 살펴볼 것이다. 〈표 10-1〉은 이 세 가지 관점에서의 차이를 보여 준다.

표 10-1 결정의 세 가지 관점

1. 전통적인 결정 관점
  1) 고관여 결정
    문제인식 → 광범위한 탐색 → 확장된 대안평가 → 복잡한 선택 → 획득평가
  2) 저관여 결정
    문제인식 → 제한적 탐색 → 최소한의 대안평가 → 단순한 선택 → 획득평가

2. 경험적 관점
    문제인식 → 감정기반 해결책 탐색 → 대안평가 → 선택 → 획득평가
    (감정 수반)   (감정 비교) (감정 기반)

3. 행동영향 관점
    문제인식   →   탐색   →   선택   →   획득평가
    (변별자극)   (학습된 반응) (강화로 인한 행동) (자기지각 과정)

1) 전통적인 결정 관점

전통적인 결정 관점은 소비자 구매행동의 합리적인 정보처리 접근을 강조한다. 이는 제7장에서 다루었던 태도형성의 고관여 효과위계 접근과 밀접한 관련성이 있다. 이 관점에 따르면 소비자 결정과정의 단계는 [그림 10-1]에서와 같은 순서이며, 각 단계에서 높은 수준의 정보처리가 이루어진다.

그러나 1970년대에 연구자들은 소비자가 구매 전에 항상 확장된 결정과정을 거치는 것은 아니라는 것을 인식하였다. 허버트 크러그만(Herbert Krugman)은 아마도 결정과정이 고관여와 저관여에 따라 다를 수 있음을 제안한 첫 번째 연구자일 것이다(Krugman, 1965). 그는 고관여 조건에서는 확장된 결정이 일어나지만, 저관여 조건에서는 제한적인 결정과 소규모의 정보탐색이 이루어진다고 제안하였다. 또한 소비자가 제한적 결정을 할 때는 저관여 효과위계가 작동하기 때문에, 이러한 결정에서는 대안평가 단계가 대부분 최소화된다. 따라서 제한적 결정에서 대안상표들 중에서의 선택은 상대적으로 단순한 방식으로 이뤄진다. 즉, 소비자는 단순한 결정규칙을 사용하여 선택한다(De Bruicker, 1979). 요약하면 전통적인 결정 관점은 두 가지 경로(고관여와 저관여 경로)의 결정으로 발전하였다. 〈표 10-1〉은 이러한 경로들의 각 단계를 요약하고 있다.

전통적인 결정 관점에서 경영적인 문제를 평가할 때, 연구자들은 먼저 소비자가 고관여 결정과정에 있는지 아니면 저관여 결정과정에 있는지를 묻는다. 이 질문의 대답은 광고, 판매관리, 가격전략에 영향을 준다. 소비자가 고관여 결정을 하는 것은 일반적으로 그들이 구매가 위험을 지닌다고 인식하기 때문이다. 마케터가 이러한 지각된 위험을 줄일 수 있는 한 가지 방법은 숙련된 판매원을 활용하는 것이다. 또 다른 방법은 고관여 소비자를 만족시킬 수 있는 더 복잡하고 자세한 광고메시지를 만드는 것이다.

제한된 결정을 통해 구매되는 제품을 판매하는 데 이용되는 촉진전략은 꽤 다르다. 저관여 조건에서 구매되는 제품은 위험이 낮다. 이러한 제품은 널리 유통되는 저가의 제품으로, 대중적인 광고가 필요하다.

표적소비자가 제한된 혹은 확장된 결정을 하는지는 또한 가격전략에도 영향을 준다. 제한된 결정과정을 통해 구매되는 제품이나 서비스의 경우, 가격이 가장 중요한 고려사항일 것이다. 한 연구는 구매가 중요하지 않다고 말한 소비자 중 52%가 가장 중요한 구매결정요인으로 가격을 들고 있음을 발견하였다(Lastovicka, 1982). 제한된 결정과정을 통해 구매되는 상표 간의 경쟁은 종종 치열하기에 제품의 가격을 낮추는 것이 경쟁에서 유리할 수도 있다.

〈표 10-2〉는 회사의 제품이나 서비스가 고관여 또는 저관여 결정과정을 통해 구매되는가에 따라 마케팅믹스 전략이 어떻게 달라지는가를 요약하고 있다.

표 10-2 　고관여 및 저관여 결정과정을 통해 구매된 제품의 마케팅믹스 전략

1. 고관여 결정과정

　1) 촉진전략

　　① 숙련된 판매원을 통해 제품을 판매하라.

　　② 메시지에 강력한 설득주장을 사용하라.

　2) 유통전략

　　① 제한적인 유통체계를 사용하라.

　　② 유통업자가 뛰어난 서비스를 제공하도록 훈련을 시켜라.

　3) 가격전략

　　① 프리미엄 가격을 부과하는 것을 고려하라.

　　② 빈번한 세일을 피하라.

　　③ 소비자와의 가격흥정을 고려하라.

2. 저관여 결정과정

　1) 촉진전략

　　① 판매를 위해 대중적인 광고에 중점을 두라.

　　② 메시지를 많이 반복하라.

　　③ 호감이 가는 매력적인 모델을 사용하라.

　　④ 광고에서의 주장을 단순하게 하라.

　2) 유통전략

　　① 광범위한 유통전략을 사용하라.

　3) 가격전략

　　① 제품가격을 낮추도록 노력하라.

　　② 가격고려군에 포함되기 위해 쿠폰과 다른 가격유인의 사용을 고려하라.

2) 경험적 관점

결정 관점과 대비하여, 경험적 관점은 소비자가 이성적인 주체일 뿐만 아니라 감정적인 주체라고 인식한다. 다시 말해, 경험적 관점은 사람들이 감각, 느낌, 이미지 그리고 제품이 드러내는 감정 때문에 다양한 제품을 소비한다고 가정한다(Venkatraman & MacInnis, 1985).

마케팅 문제가 경험적 관점에서 제기될 때, 초점은 기능적인 소비재보다 연예, 예술 그리고 레저 제품 등에 맞춰지는 경향이 있다. 경험적 관점은 많은 제품이 소비자에게 상징적인 의미를 전달한다는 것을 인식한다(Levy, 1959). 예를 들어, 소비자는 꽃, 보석, 향수 그리고 면도로션 등과 같은 제품은 이 제품이 제공하는 상징적 의미 때문에 널리 구매하였다. 그러나 소비자는 제품을 경험적 목적 때문에 구매할 수도 있다. 어떤 소비자는 도로에 진입했을 때 머리가 솟는 전율을 느끼기 위해서 특정 자동차를 구매할 수도 있을 것이다.

경험적 관점에서 볼 때, 문제인식은 소비자의 현실상태와 바람직한 감정상태 간에 차이가 있음을 깨닫는 데서 유래한다. 탐색과정은 다양한 대안들의 가능한 감정적 영향에 대한 정보를 탐색하는 것이며, 평가단계는 대안들의 감정적 질에 기반을 두고 다양한 선택대안들을 평가하는 것이다. 또한 선택은 감정적인 기준에 근거한다("어떤 제품이 나를 더 기분 좋게 할까?"). 마지막으로 획득 후의 평가는 구매결과가 소비자의 감정적 기대를 충족하였는지에 달려 있다.

록 콘서트나 여행과 같은 감정에 근거한 구매 이외에도, 세 가지 종류의 구매가 경험적 관점에서 나타날 수 있는데, 이는 충동구매, 다양성추구와 관련된 구매, 상표충성에서 이끌어지는 구매 등이다. 상표충성은 소비자가 상표에 가지고 있는 긍정적인 태도, 상표에의 개입 그리고 미래에 지속적으로 구매할 의도의 수준 등으로 정의된다. 상표충성이 획득 후의 과정에서 나타나기 때문에, 이는 제12장에서 언급할 것이다. 여기서는 충동구매와 다양성추구와 관련된 구매를 살펴볼 것이다.

충동구매
사전에 구매계획이 없고 결과도 고려하지 않은 채 제품을 즉각적으로 구매하는 행위

(1) 충동구매

충동구매는 사전에 문제를 인식하지 않았거나 매장에 들어가기 전까지 구

매의도가 없었음에도 이루어진 구매행동으로 보통 정의된다(Rook, 1987). 또 다른 정의에 의하면 충동구매는 결과를 고려하지 않은 채 무언가를 즉각적으로 구매하려는 갑작스럽고, 강력하며, 끊이지 않는, 무계획적인 행위이다(Burroughs, 1994). 이러한 충동구매는 무계획 구매와 차이가 있다. 넓게 보면 충동구매가 사전에 계획이 없었다는 점에서 무계획 구매와 유사하다. 그러나 무계획 구매는 매장에서 제품을 보고 그 제품이 필요해 이루어지는 구매이지만, 충동구매는 구매결과에 대한 고려 없이 이뤄진다. 이에 많은 소비자는 충동구매를 한 후 후회를 경험한다. 따라서 저자는 충동구매를 '사전에 구매계획도 없고 결과도 고려하지 않은 채 제품을 즉각적으로 구매하는 행위'로 정의한다.

충동구매의 원인에 관해서는 약간의 연구만이 이루어졌지만, 충동구매는 소비자가 제품에 우연히 접했을 때, 제품정보를 총체적으로 처리할 때 그리고 매우 강한 긍정적인 감정으로 반응할 때 일어나는 경향이 있는 것으로 보인다(Burroughs, 1994). 이러한 긍정적인 감정이 제품이나 서비스를 경험하려는 욕구로 이끌며, 결국 구매로 이어진다.

양윤과 이채희(2000)는 충동구매의 잠정적인 원인으로 제품요인, 구매환경요인, 소비자요인 등의 세 차원으로 분류하여 충동구매경향성 척도를 개발하였다. 이들이 개발한 척도는 부정적 기분 회피형, 주변 권유형, 이미지 일치형, 무계획형, 긍정적 기분 유지형, 기호 관여형, 제품속성 관여형 등의 7개 요인으로 구성되어 있다. 부정적 기분 회피형은 부정적 기분에서 벗어나기 위한 충동구매이고, 주변 권유형은 점원이나 친구의 부추김에 의해 일어나는 충동구매이며, 이미지 일치형은 제품디자인이나 색상 또는 소비자 이미지와의 일치성 여부에 의해 일어나는 충동구매이다.

그다음으로 무계획형은 제품에 특별한 생각 없이 일어나는 충동구매이고, 긍정적 기분 유지형은 긍정적인 기분을 유지하고 싶은 마음에서 일어나는 충동구매이며, 기호 관여형은 취미나 평소 관심으로 일어나는 충동구매이다. 마지막으로 제품속성 관여형은 가격이나 제품의 효용성으로 인해 발생하는 충동구매이다.

아울러 한 연구는 자기통제와 접촉욕구가 충동구매에 영향을 준다는 것을 보여 주었다(전성희, 양윤, 2008). 자기통제는 스스로의 상태나 반응을 변화시키는 능력을 의미하며, 효과적인 자기통제는 기준, 감시과정, 자기 행동을 변경시킬 수 있는 조작적 능력 등 최소한 세 가지의 주요 요소로 구성될 수 있다. 접촉욕구는 접촉을 통해 정보를 수집하거나 즐기려는 선호와 동기를 의미한다(제5장 동기와 감정 참조).

이 연구에서 소비자의 자기통제가 강할수록 충동구매경향성은 낮게 나타났으며, 반대로 소비자의 자기통제가 약할수록 충동구매경향성은 높게 나타났다. 소비자의 접촉욕구에서도 접촉욕구가 높은 소비자일수록 충동구매경향성이 높게 나타나고, 접촉욕구가 낮은 소비자의 경우 충동구매경향성 또한 낮게 나타났다. 아울러 자기통제가 약한 소비자의 경우 접촉욕구와 관계없이 충동구매경향성이 매우 높게 나타났지만, 자기통제가 높은 소비자의 경우에는 접촉욕구가 약할 때보다 강할 때 충동구매경향성이 높게 나타났다.

한편 충동구매경향성에 따라 소비자 정보탐색에서 어떠한 차이가 있는지를 살펴본 연구에서, 충동구매경향성이 높은 소비자가 정보탐색에서 위험을 더 추구하며, 쇼핑을 통해 정보를 더 많이 탐색하고, 아울러 제품정보를 지속적으로 탐색한다는 것을 알 수 있었다(양윤, 강승숙, 2002). 이 연구는 충동구매가 미리 제품구입을 계획하지는 않았지만, 평소에 제품 탐색을 꾸준히 많이 하면서 매장에서 여러 대안제품을 비교 평가하는 시간을 오랫동안 가질 수 있어서 구매결정시간이 짧은 비인지적 구매형태가 아니라고 주장하였다.

충동구매와 밀접하게 관련되어 있는 것이 강박소비로, 이는 "개인이 결국에는 자신이나 타인에게 해가 될 행동을 반복적으로 하게 만드는 감정, 물질, 또는 활동을 획득하거나 사용하거나 경험하려는 통제할 수 없는 욕구에 대한 반응"으로 정의된다(O'Guinn & Faber, 1989). 연구자들은 강박소비의 특성을 보이는 소비자가 타인의 역기능적인 구매행동을 더 자주 인정하며, 종종 제품을 구매하기 위해 신용카드를 사용하는 것을 너그럽게 봐준다고 하였다(Magee, 1994).

마약중독은 강박소비이다. 전통적인 결정 관점뿐만 아니라 행동영향 관점도 강박소비에 관한 만족스러운 설명을 제공하지 못한다. 오직 경험적 관점만이 강박장애를 가지고 있는 소비자의 행동을 설명하는 데 유용하다. 다음의 내용은 강박장애를 자신이 직접 경험해봤던 한 소비자 연구가가 강박충동과 소비자 감정 간의 관계에 대해 말한 것이다.

중독된 소비자는 무언가로 채워야만 하는 정서적인 공허함을 공통으로 가지고 있는 것처럼 보인다. 만일 한 물질이나 행동이 그들을 거부한다면, 그들은 간단히 또 다른 것을 찾을 것이다. 중독자들이 가장 많이 찾는 것은 그들에게서, 그들의 마음에서, 그리고 그들의 의식에서 벗어나게 하는 것이다. 따라서 만일 그들이 선호하는 마약이 뜻대로 선택될 수 없다면, 그들은 사실상 그들의 의식을 변화시키거나 마비시키거나 지우는 어떤 물질이나 활동을 수용한다. 이러한 식으로 보면, 중독된 소비자로부터 모든 가능한 마약을 제거할 수 없음이 명백하다. 대신에 해야 할 일은 중독자들의 정신에서 정서적 결함을 치료하는 것이다(Hirschman, 1992).

여기서 잠깐!

충동구매를 위해 죄책감과 후회하는 마음 빨리 잊어라.

죄책감이 지속되는 기간의 개인차가 충동적인 소비자와 신중한 소비자를 구분 짓는다. 『소비자 연구 저널』 8월호에 소개된 한 연구의 결론이다. 표준 인성검사를 통해 충동적이거나 신중한 성격으로 분류된 미국 대학생 158명을 대상으로 조사했다. 충동형과 신중형 양쪽 모두 충동적인 행동을 한 후 바로 죄책감을 느꼈다. 그러나 신중형으로 분류된 학생의 경우 그 죄책감이 충동형에 비해 두 배 정도 오래 지속됐다. 이 연구 결과는 충동구매를 억제하려고 안간힘을 쓰는 수많은 소비자에게 도움이 될지 모른다.

'이번 연구는 충동적인 결정의 복잡한 과정을 파헤치는 중요한 첫걸음'이라고 미네소타대학교 칼슨 경영대학원의 행동과학자 캐슬린 보스는 말했다(그녀는 이 연구에 관여하지 않았다). "이런 유형의 행동을 주제로 한 연구 대다수가 충동적인 행동을 저지른 직후의 감정에 초점을 맞춘다. 시간이 흐르면서 그 감정이 어떻게 변화하는지, 그리고 미래의 선택에 어떤 영향을 주는지는 고려하지 않는다." 충동적 행동은 우리의 삶을 혼란에 빠뜨린다. 근래 들어 폭음과 폭식, 그리고 충동구매로 우리의 허리둘레와 신용카드 부채는 급속도로 불어났다. 그런 충동적인 행동에 따르는 후회의 여파에도 불구하고 많은 사람이 반복적으로 똑같은 충동에 사로잡힌다. "죄책감과 후회라는 부정적 감정은 당연히 충동을 억제하리라 여겨진다"고 이 연구의 공동저자인 시카고대학교 경영대학원 마케팅학 부교수인 수레니 래머내선은 말했다. "이유는 잘 모르겠지만 실제로는 그렇지 않다."

일련의 인성검사를 통해 충동형이나 신중형으로 분류된 연구 참가자는 각자 과자 한 접시를 마주한 채 방 안에 홀로 남겨졌다. 그리고 나서 연구원은 각 참가자가 몇 개의 과자를 먹었는지 세고, 과자를 먹은 직후와 24시간 후 그들의 감정을 측정했다(연구원은 각 참가자가 먹은 과자 개수를 계산할 때 그들의 공복 정도와 과자 선호를 감안했다. 또 연구의 진정한 목적을 위장해 참가자가 과자를 먹는 행동이 어떤 의미인지를 모르도록 했다).

예측한 대로 과자를 1~2개 먹은 직후에는 두 집단 모두 만족감과 죄책감이 복합된 감정을 나타냈다. 하지만 하루 뒤에는 성격유형에 따라 감정 상태가 다르게 나타났다. 신중한 소비자는 과자를 먹었다는 사실에 여전히 죄책감을 느꼈지만 충동적인 소비자는 그 기억에서 대체로 만족감을 떠올렸다. 그리고 죄책감을 빨리 잊은 참가자는 또다시 충동적으로 행동할 가능성이 높다고 증명됐다.

또 이 연구에서 죄책감을 지속적으로 느낀 소비자가 충동적인 결정 뒤에는 분별 있는 결정을 할 가능성이 크다는 사실이 밝혀졌다. 연구의 후반부에서는 참가자로 하여금 감자칩 한 봉지와 노트북 중 한 가지를 선택하도록 했다. 이전에 과자 1~2개를 먹은 신중한 소비자는 감자칩 대신 노트북을 선택했다. 연구원은 그런 행동이 과자를 먹은 후 느낀 죄책감을 없애는 데 도움이 됐다고 믿는다. "충동적 선택 때문에 오래도록 죄책감을 느끼는 사람도 그 죄책감에서 쉽사리 벗어나기도 한다"고 보스는 말했다. "사람들은(충동적인 행동을 한 다음) 좋은 일을 하거나 좀 더 분별 있는 선택을 함으로써 부정적인 감정을 씻어 낸다."

그렇게 부정적인 감정을 씻어 내고 나면 다시 충동에 빠져 들 여지가 생길지도 모르지만 그런 행동이 의식적으로 이루어지지는 않는 듯하다. "참가자가 과자를 먹은 행동을 의식적으로 벌충할 생각으로 노트북을 선택했다고 보지는 않는다"고 보스는 말했다. "단지 '올바른' 선택을 하고 나면 나쁜 기분이 사라지기 때문이다."

마케터는 소비자의 이러한 심리를 이용한다. 사람들은 충동구매를 일회성 행동으로 대수롭지 않게 여길지 모르지만 시장 연구원은 소비선택의 흐름에 주목하고 자사의 제품을 그 흐름 속에 끼어 넣으려 한다. 소비자가 점심을 샌드위치로 가볍게 먹는 '올바른 행동'을 했다면 과자와 케이크 등 단 음식을 먹어도 좋다는 충동을 일으키도록 제작된 한 지하철 광고가 좋은 예이다.

이 연구의 저자들은 충동적 소비를 억제하려는 사람은 자신의 다양한 소비선택이 서로 어떤 영향을 주고받는지 유의해야 한다고 경고한다. "사람들의 다양한 소비선택은 어떤 차원에서 서로 반복적으로 연결된다는 점을 유념해야 한다"고 래머내선은 말했다. "올바른 선택에서 오는 긍정적 감정을 계속 축적하느냐 혹은 '이제 걱정거리가 없어졌으니 다시 나가서 한바탕 신나게 써 보자' 하는 식으로 행동하느냐는 개개인에게 정말 중요한 문제이다."

독자 여러분은 어떠한 생각이 드는가?

출처: Interlandi, J. (2007). Why do some people shop impulsively? 뉴스위크 한국판, 9월 12일, 61에서 재인용.

(2) 다양성추구 구매

다양성추구 구매 역시 경험적인 영역에 속한다. 다양성추구는 소비자가 기존의 상표에 만족하면서도 자발적으로 새로운 상표를 구매하는 경향과 관련된다. 다양성추구의 한 설명은 소비자가 새로운 상표를 구매함으로써 지루함을 감소시키려 한다는 것이다(Venkatesan, 1973). 제5장에서 언급한 최적자극수준유지 동기를 보면, 사람들은 그들의 적절한 자극수준을 유지하려 한다(Raju, 1980; McAlister & Pessemier, 1982). 그 수준이 너무 낮아지거나 너무 높아지면, 사람들은 그 수준을 조정하려 한다. 상표전환은 소비자가 자기 삶에 무언가 새로운 것을 가져옴으로써 자극수준을 증가시키기 위해 사용하는 방법이다.

다양성추구 구매는 이것이 소비자의 감정에 영향을 주기 때문에 경험적인 것으로 분류가 된다. 즉, 소비자가 지루함을 느낀다면 이는 자극의 최적수준에 미달하는 것이기에, 소비자는 새로운 상표를 구매함으로써 자극수준을 증가시켜서 스스로 기분이 좋아지려고 한다.

> **다양성추구 구매**
> 소비자가 기존의 상표에 만족하면서도 자발적으로 새로운 상표를 구매하는 경향성

(3) 경험적 관점과 연구방법

연구자들은 마케팅 연구의 전통적인 방법을 경험적 영역에서 거의 사용하지 않는다. 스카이다이빙을 생각해 보라. 설문조사와 실험을 이용한 전통적인

연구방법은 비행기에서 뛰어내리는 행동을 유발하는 결정과정을 연구하는 데 부적절하다.

스카이다이빙과 같은 경험적 행동을 연구하는 데 있어서, 연구자들은 인류학자로부터 민속지학적 방법을 빌려 왔다. 예를 들어, 스카이다이버에 관한 한 연구는 참가자−관찰자 접근을 사용했다(Celsi, Rose, & Leigh, 1993). 이 연구의 주 저자(Richard Celsi)는 스카이다이빙 클럽의 열성적인 회원이 되었고 650번이 넘는 점프를 하였다. 이 연구의 나머지 저자들은 클럽미팅에 참석하였으며, 비행기와 지상에서 점프를 관찰하였다. 30개월의 기간 동안, 연구자들은 풍부한 현장기록을 갖게 되었는데, 135회가 넘는 공식적인 면접이 이루어졌고, 500장이 넘는 사진을 찍었으며, 50번의 스카이다이빙을 녹화하였고, 낙하산을 타다가 죽은 한 클럽회원의 죽음을 애도하였다. 연구팀은 삼각조정 절차를 사용하였는데, 이는 각각의 연구자가 자신이 분석한 경험에 대한 해석을 다른 연구자들의 해석과 비교 대조해 보는 것이다.

연구자들의 민속지학적 분석에서 저자들은 사람들이 스카이다이빙을 하는 데 세 가지 동기가 있다고 결론을 내렸다. 첫 번째는 규범적 동기이다. 사람들은 집단의 일원이 되고, 그 집단의 사회적 기대를 충족시키기 위해 스카이다이빙에 처음으로 뛰어든다. 두 번째는 쾌락적 동기이다. 저자들은 쾌락적 동기가 단순히 전율을 추구하는 것에서부터, 즐거움을 추구하는 것으로, 궁극적으로는 '몰입(flow)'을 경험하려는 것으로 전개한다고 주장하였다.

스카이다이빙에 관한 세 번째 동기는 자기효능감의 경험이다. 안전과 생존에 대한 걱정이 사라져 가면서, 스카이다이버들은 극한의 상황에서 위험을 다루고 자기통제력을 발휘하는 법을 배우면서 느끼는 자신감과 성취감에 집중하기 시작한다. 이러한 세 가지 동기는 사람들이 여러 위험스러운 운동을 하는 이유의 잠정적인 답을 제공할 수 있다.

3) 행동영향 관점

행동영향 관점에서 문제에 접근할 때. 연구자들은 소비자의 행동과 그러한 행동에 영향을 주는 환경적 연계성에 초점을 둔다. 행동학습 이론가들은 일반적으로 인간의 내적상태에 대한 언급을 피하며, 심지어 결정에 대한 논의조차 부적절하다고 주장할 것이다.

경영자들이 행동영향 관점에서 문제에 접근할 때, 그들은 소비자에게 영향을 주는 환경적 요소를 확인하는 데 관심을 둔다. 예를 들어, 물리적 환경은 행동을 유발할 수 있다. 제품에 대한 소비자의 신념이나 감정을 변화시키지 않고 어떻게 물리적 환경이 소비자의 행동에 영향을 주는지를 독자들이 한번 생각해 보라. 매장의 구조, 향기, 조명 등은 소비자로부터 바람직한 반응(예, 구매)을 유발하는 환경을 만들어 낼 수 있다. 음식점에서 조명의 영향을 조사한 한 현장연구에서, 연구자들은 고객들이 조명을 향해 좀 더 어두운 공간에 앉는 경향이 있다는 것을 발견하였다. 다른 연구자들은 방에서 조명이 점점 어두워질수록, 사람들은 서로 가까이 앉고 낮은 목소리로 대화한다는 것을 발견하였다. 따라서 음식점이 친밀하며 아늑하고 조용한 환경을 제공하고 싶다면, 조명을 낮추어야 할 것이다(Meer, 1985).

식료품점의 선반에 놓인 식용재의 단순한 진열이 제품대안에 대한 소비자의 신념과 태도와는 독립적으로 구매결정에 영향을 줄 수 있다(Simonson & Winer, 1992). 대부분의 식료품점 관리자는 상표에 따라 제품을 배열한다. 한 연구에서 연구자는 요구르트 용기가 상표 또는 향별로 진열된 모의 구매상황에 응답자들을 배치하였다. 상표에 의해 용기가 진열되었을 때, 각 구간은 하나의 상표(예, Dannon)와 그 상표의 향별로 진열되었다. 용기가 향별로 진열되었을 때, 바닐라 요구르트, 딸기 요구르트와 같은 향별로 구간이 나뉘었고, 향별로 다른 상표가 놓였다. 연구결과, 6주 동안 응답자의 구매의도가 선반진열에 의해 많은 영향을 받았다. 상표에 의해 요구르트가 진열되었을 때 다양한 향의 요구르트를 구매했지만, 거의 독점적으로 한 상표를 구매했다. 향에 의해 요구르트가 진열되었을 때, 다양한 상표를 구매했지만, 더 적은 다른 향을 구매했다. 따라서 상표와 향에 대한 신념과 감정을 바꾸지 않더라도, 요구르트의 단순한 진열이 소비자의 행동을 바꿀 수 있다.

여기서 잠깐!

아파트 · 차(車) 살 때…… 심사숙고할까 무의식에 맡길까?

아파트나 자동차를 선택할 때 심사숙고(深思熟考)하는 것이 좋을까. 아니면 뇌의 무의식적인 판단에 맡기는 것이 좋을까.

3년 전 네덜란드 과학자들은 심리실험 결과를 토대로 "중요하거나 복잡한 결정을 내릴 때는 잠시 고민을 접고 무의식에 맡기는 게 좋다"고 밝혔다. 그런데 최근 이러한 '무의식적 사고(unconscious thought)'의 효능에 의문을 제기하는 연구 결과가 잇따라 나왔다.

2006년 네덜란드 암스테르담대학교 심리학과 연구진은 복잡한 자동차 설명서들을 읽고 한참 고민한 그룹과 고민 대신 퍼즐게임을 한 그룹을 비교했다. 그 결과 퍼즐을 푼 그룹이 더 나은 결정을 했다. 당시 연구진은 "딴청을 부리는 사이 자신도 모르는 사이에 뇌에서 각종 정보를 종합, 처리한 것"이라며 "어려운 결정은 하룻밤 자고 나서 하는 게 좋다"밝혔다.

하지만 미국 오하이오대학교의 다니엘 래시터(Lassiter) 교수는 『심리과학(Psychological Science)』지 최신호에 발표한 논문에서 "퍼즐을 푼 그룹은 처음에 설명서를 보고 바로 직관적인 결정을 한 것을 나중에 반복한 것에 불과하다"고 반박했다. 심사숙고 그룹도 처음엔 같은 결정을 하지만 다시 고민하는 도중에 설명서의 내용에 대한 기억이 희미해져 오히려 그른 판단을 한다는 것이다.

연구진은 이를 입증하기 위해 같은 자동차 선택 실험을 하면서 바로 결정을 하지 못하게 설명서 내용을 암기하도록 시켰다. 그러자 이번엔 심사숙고한 그룹이 퍼즐을 푼 그룹보다 더 나은 결정을 했다.

벨기에 자유대학교의 악셀 클리러만(Cleeremans) 교수도 최근 아파트 구매 실험에서 같은 결과를 얻었다고 최근 독일서 열린 국제학회에서 밝혔다. 이번에는 고민할 여유를 주지 않았다. 그러자 퍼즐을 푼 그룹이나 안 푼 그룹이나 차이가 없었다.

두 연구 결과를 종합하면 누구나 정보를 접하고는 바로 직관적인 결정을 한다고 볼 수 있다. 하지만 이 결정을 믿지 못하고 계속 고민하다간 정보가 퇴색되면서 오히려 그릇된 결정으로 가고, 반대로 직관적인 결정을 한 것을 잊고 다른 일을 하다가 다시 결정을 하면 처음 했던 대로 돌아간다는 것이다.

이에 대해 암스테르담대학교 연구진은 "추가 실험에서 무의식적인 사고를 거친 결정이 첫인상에 따라 결정한 것보다 더 낮다는 결과를 얻었다"고 반박했다. 독일 베른스

타인 컴퓨터신경과학연구소의 존-딜란 헤이네스(Haynes) 박사도 언론과의 인터뷰에서 "새로운 연구결과는 퍼즐을 푸는 동안의 무의식적 사고는 결정에 별다른 영향을 미치지 못한다는 의미"라고 국한시켰다. 그는 "무의식적인 사고는 본능적인 반응에도 중요할 것"이라고 밝혔다.

KAIST 김대수 교수는 "결국 무의식적 사고를 의식의 영역에 포함시키느냐의 문제"라고 말했다. 잠을 자고 나면 전날까지 고민하던 문제가 해결되는 경우가 많다. 잠을 자면 기억이나 판단과 관련된 뇌 전두엽의 기능이 억제된다. 하지만 이때도 뇌의 다른 부분에선 다양한 정보를 처리하고 있다. 자는 동안 무슨 생각을 했는지 기억하지 못할 뿐이지 완전한 무의식은 아니라는 말이다.

그렇다면 왜 인간은 무의식적 사고를 하게 됐을까. 김대수 교수는 "생존을 위한 진화"라고 설명했다. 눈앞에 적들이 득실거리는 야생에선 당장 생존과 직결되는 문제에만 집중해야지 다른 고민을 할 여유가 없다. 요즘 세상으로 따지면 운전을 할 때 딴 생각을 하면 사고를 부를 수 있는 것과 마찬가지이다. 그렇다고 뇌가 눈앞의 일만 처리하는 것은 아니다. 고민거리도 언젠가는 해결해야 한다. 그 방편으로 뇌는 어떤 생각은 무의식에 가둬 몸이 불편하지 않게 했다고 볼 수 있다. 모르는 게 약인 것이 있는 법이다.

출처: 이영완(2009). 아파트 · 차(車) 살 때… 심사숙고할까 무의식에 맡길까? 조선일보, 6월 23일에서 재인용.

3. 문제인식

문제인식은 현실상태와 이상상태 사이의 불일치를 발견할 때 발생한다. 이 문제인식의 정의가 제5장에서 다루었던 욕구상태의 정의와 일치한다는 것에 주목하라. 따라서 문제인식은 욕구가 느껴질 때 일어난다. 전형적으로 연구자들은 현실상태와 이상상태 사이의 간격을 넓히는 요인들을 분석함으로써 소비자 문제를 확인하려 하였다(Bruner & Pomazal, 1988). 만일 소비자의 현실상태에 대한 만족이 감소하거나 소비자의 이상상태의 수준이 증가한다면, 소비자는 자신을 행동하게 만드는 문제를 인식한다. 예를 들어, [그림 10-2]는 문제인식을 활성화하는 광고의 예를 보여 준다.

다양한 요인이 소비자의 현실상태를 수용할 수 있는 수준 이하로 낮출 수 있

문제인식
소비자는 자신의 현실상태와 이상상태 사이에서 차이를 발견할 때 문제를 인식함

[그림 10-2] 문제인식을 활성화하는 광고의 예

다. 라면이나 치약과 같은 제품은 동이 날 수 있다. 제품이 싫증이 나거나 유행에 뒤떨어질 수 있다. 또는 제품이 소비자의 기대에 못 미칠 수도 있다. 소비자의 현실상태에 영향을 주는 또 다른 요인들은 배고픔, 갈증, 자극에 대한 욕구와 같은 내적일 수 있다. 외부자극이 또한 부정적인 감정상태를 유발할 수 있는데, 사람은 나쁜 소식을 접하거나 자신을 불편하게 만드는 상황(예, 새로운 사회상황)에 놓일 수 있다.

소비자의 이상상태는 소비자의 갈망과 환경에 의해 영향을 받는다. 문화, 하위문화, 준거집단, 라이프스타일 트렌드 등이 사람들의 이상상태를 변화시킬 수 있다. 예를 들어, 어떤 사람이 대학을 졸업하고 자신이 원하던 기업에 취업한다면, 그 사람에게는 대학생 때와는 다른 새로운 옷이 필요할 것이다. 이상상태가 바뀌면, 대학환경에는 어울리지 않는 단정한 정장, 서류가방, 구두 등이 필요할 것이다.

소비자는 생각하고, 계획하며, 무언가를 동경하는 능력을 갖추고 있어서 그들은 새로운 소비환상을 만들어 낼 수 있다. 소비환상은 "미래의 소비상황에 대해 개인 스스로가 구성한 정신적 착각"이다(Phillips, 1996). 새로운 상황에서의 모습을 상상함으로써 또는 새로운 제품을 소유함으로써 소비자는 자신의 이상상태에 영향을 미친다. 물론 광고가 소비자에게 제품이나 서비스를 매우 솔깃하게 보여 줌으로써 이러한 소비환상을 자극한다.

소비환상
미래의 소비상황에 대해 소비자가 구성한 정신적 착각

한편 이상상태의 변화가 현실상태에 대한 불만족을 가져오는 경향이 있다. 예를 들어, 봉급 또는 지위의 상승은 현재 타고 다니는 자동차에 대한 불만족을 초래하고 동시에 더 높은 사회적 지위를 상징하는 고급 승용차에 대한 욕구를 증가시킬 것이다. 촉진캠페인의 주요 목표들 중 하나는 소비자가 문제를 인식하게 하는 현실상태와 이상상태에 영향을 미치는 것이다.

문제인식의 마지막 논점은 소비자가 미래의 욕구를 예측할 수 있어서 소비자가 실제로 제품이 필요하기 전에 제품을 미리 구매할 수 있다는 것이다. 사전욕구 마케팅에서 유망한 영역은 보험 또는 자기진단 건강용품 등일 것이다. 아마도 최종적인 사전욕구 구매는 소비자가 죽기 훨씬 이전의 장례서비스와 묘지의 구매일 것이다(Jayachandran & Kyj, 1987).

사전욕구 구매
소비자가 실제로 제품을 필요로 하기 전에 제품을 미리 구매하게 하는 기법

4. 정보탐색

문제를 확인한 후 소비자는 문제를 해결할 수 있는 제품의 정보를 획득하기 위하여 탐색을 시작한다. 소비자 정보탐색은 문제해결의 수단으로 소비자가 정보를 확인하고 획득하기 위해 취하는 모든 과정을 의미한다.

소비자 정보탐색
문제해결의 수단으로 소비자가 제품정보를 확인하고 획득하기 위해 취하는 과정

연구자들은 소비자의 탐색과정을 정보출처에 따라서 그리고 탐색목적에 따라서 각기 두 가지 유형으로 구분하였다. 먼저 정보출처에 의한 분류로, 정보탐색을 내부탐색과 외부탐색으로 나누었다(Bettman, 1979a). 내부탐색은 제품이나 서비스에 대한 정보를 소비자의 장기기억으로부터 인출하는 과정이다. 외부탐색은 친구, 광고, 포장 그리고 판매원 등과 같은 외부출처로부터 정보를 획득하는 과정이다.

내부탐색
정보를 소비자의 장기기억으로부터 인출하는 과정

외부탐색
외부출처로부터 정보를 획득하는 과정

구매 전 탐색
소비자가 문제인식 후에 특정한 구매에 대한 결정을 용이하게 하기 위해 정보를 찾는 과정

지속적 탐색
제품구매가 목적이 아니라 제품에 대한 관심에 근거해 소비자가 정보를 탐색하는 과정

탐색목적에 의한 분류로는 구매 전 탐색과 지속적 탐색이 있다(Bloch, Sherrell, & Ridgway, 1986). 구매 전 탐색은 소비자가 문제인식 후에 특정한 구매의 결정을 쉽게 하려고 정보를 찾는 과정으로, 제품구매(선택)를 목적으로 한다. 지속적 탐색은 특정한 구매욕구 또는 결정과는 독립적으로 정보를 탐색하는 과정으로, 제품구매가 목적이 아니라 제품에 관한 관심에 근거한 제품평가(판단)를 목적으로 한다. 지속적 탐색은 특정한 소비제품 또는 활동과 관련 있는 취미를 가진 사람들 사이에서 보편적으로 일어난다. 예를 들어, 자동차, 정원 가꾸기, 음향기기, 사진 등에 열성적인 사람들에게서 꾸준히 일어난다.

1) 구매 전 탐색과 지속적 탐색

소비자의 탐색목적에 따라서 정보탐색의 상황을 다르게 이해할 것을 주장하는 연구자들이 있었는데, 이들은 구매 전 탐색만으로는 특별한 구매욕구 없이 일어나는 오락적 탐색행위를 설명할 수 없다고 보고 이에 대한 대안으로 지속적 탐색을 설정하였다(Bloch, Sherrell, & Ridgway, 1986). 이들은 구매 전 탐색을 하는 경우 정보획득 후의 구매가 목적이지만 지속적 탐색을 하는 경우 정보적 목적과 함께 오락적 목적이 더 관련되어 작용함을 밝힘으로써 구매 전 탐색과 지속적 탐색이 서로 다름을 분명히 하였다.

소비자가 제품을 구매하려는 것이 아니라 쇼핑 자체를 즐기기 위해 잡지를 뒤적이고, 주변 사람들과 의견을 나누고, 매장을 둘러보고, 웹사이트를 방문하는 것 등이 구매와 상관없이 일어나는 지속적 탐색행동이다. 정보탐색은 구매계획이 없더라도 일어나기 때문에, 정보탐색을 구매욕구나 결정과 분리할 수 있으며, 현재 정보를 찾고 있는 소비자는 상황에 따라서 직접 제품을 구매하기 위한 구매 전 탐색을 할 수도 있고, 평소 제품에 대한 흥미와 호기심만으로 지속적 탐색을 할 수도 있다.

사람들이 지속적 탐색을 하는 이유는 그들이 특정 제품범주에 깊이 관여되어 있기 때문이거나, 그들이 미래의 사용을 위해 정보를 축적하려 하기 때문이거나 또는 단순히 그들이 정보탐색으로부터 즐거움을 얻으려 하기 때문이다. 아울러 구매 전 탐색과 지속적 탐색은 소비자의 동기에서 차이가 분명한데, 구

매 전 탐색의 동기가 현시점에서 더 나은 구매를 하기 위한 결정이라면, 지속적 탐색의 동기는 미래의 잠재적인 구매를 준비하는 정보수집과 동시에 정보탐색 경험 자체의 재미나 즐거움의 추구이다.

한 연구는 두 가지 제품범주(의복, 개인용 컴퓨터)에서 지속적 탐색을 조사하였다. 연구자들은 지속적 탐색을 지나치게 하는 소비자와 약간 하는 소비자를 구분하였다. 지나친 탐색자는 제품지식을 더 많이 가지고 있고 재미 때문에 지속적 탐색을 수행한다. 마케터에게 있어서 중요한 것은 지나친 탐색자가 특정 제품범주에서 돈을 많이 쓰는 사람이라는 점이다(Bloch, Sherrell, & Ridgway, 1986).

2) 내부탐색과 외부탐색

소비자가 문제를 의식한 후, 문제해결에 필요한 정보를 찾기 위해 두 가지 출처에 의존하는데, 먼저 자신의 기억에서 정보를 찾는 내부탐색을 한다. 내부탐색만으로 문제가 해결되면, 더 이상의 탐색은 일어나지 않는다. 그러나 내부탐색으로는 문제가 해결되지 않을 때, 외부출처로부터 정보를 찾는 외부탐색이 일어난다. 이번에는 내부탐색과 외부탐색에 관해 알아보자.

(1) 내부탐색

앞에서 언급했듯이, 내부탐색은 문제를 해결할 수 있는 제품이나 서비스에 대한 정보를 소비자의 장기기억에서 탐색하는 것이다. 내부탐색의 정도는 해결해야 할 문제의 유형에 달려 있다. 만일 문제가 광범위하고 고관여라면, 소비자는 상표대안들의 정보를 장기기억에서 활발하게 탐색할 것이다. 만일 문제가 단순하고 저관여라면, 내부탐색은 매우 제한적일 것이다. 만일 문제가 경험적 구매와 관련된 것이라면, 소비자는 내부탐색 동안에 자신의 감정을 참조할 것이다. 그러나 만일 행동영향 과정이 관련된다면, 탐색과정이 일어난다고 언급하는 것은 부적절하다.

소비자가 내부탐색을 할 때, 소비자는 장기기억에서 문제를 해결할 상표를 인출한다. [그림 10-3]은 장기기억에서 인출되는 상표를 다섯 가지 범주로 분

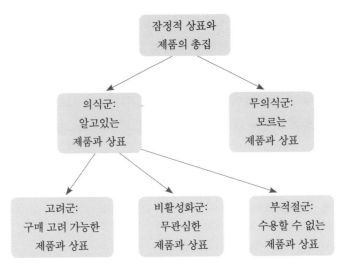

[그림 10-3] 소비자가 내부탐색 동안 기억에서 인출하는 상표범주

류한 것이다(Abougomaah, Schlacter, & Gaidis, 1987; May & Homans, 1977). 이 그림에서 내부탐색은 2단계 처리를 거친다. 첫째, 소비자는 장기기억으로부터 자신이 알고 있는 모든 제품과 상표를 인출한다. 이러한 의식군에 포함된 제품과 상표는 이용가능한 모든 잠재적 상표와 제품의 일부이다. 만일 소비자가 상표를 의식하지 못하면 소비자가 상표를 구매대안으로 고려하지 않을 것이기 때문에, 최소한 기업은 자사상표가 모든 소비자의 의식군의 일부분이 되기를 원한다. 한 전문가에 따르면, "대부분의 경우 제품이 시장에서 실패하는 주요 이유는 소비자가 제품을 인식하지 못하기 때문이다"(Pereira, 1991).

장기기억에서 의식군을 인출한 후, 소비자는 제품과 상표를 세 가지 범주로 분류한다. 첫 번째 범주는 고려군(또는 활성화군)으로 이는 구매를 고려할 수 있는 상표와 제품을 포함하며(Shocker, Ben-Akiva, Boccara, & Nedungadi, 1991), 두 번째 범주는 비활성군으로 이는 소비자가 본질적으로 무관심한 상표와 제품을 포함하고, 세 번째 범주는 부적절군으로 이는 소비자가 수용할 수 없는 것으로 생각하는 상표와 제품을 포함한다. 물론 기업은 자사상표가 비활성군 또는 최악의 부적절군이 아니라 소비자의 고려군에 포함되길 원한다.

연구는 소비자 고려군의 크기에 대한 흥미로운 결과들을 보였다. 첫째, 고려군의 크기는 시간에 걸쳐서 변한다. 정보처리 관점으로부터 고려군은 사람이 제품범주에서 수용할 수 있는 상표들을 생각하도록 요청받았을 때 도출된 작업기억의 내용과 동일하다. 정보처리 관점에서 고려군은 소비자가 더 많은 정보를 외부탐색으로 획득할 때 확장된다(Howard & Sheth, 1969). 소비자의 고려군이 증가할 때 매장탐색이 확장되는 경향이 있고, 이는 한 상표에서 다른 상표로의 전환을 유도한다(Sambandam & Lord, 1995). 고려군의 크기를 증가시킬 수 있는 요인들은 높은 교육수준, 더 큰 가족크기, 더 큰 의식군 그리고 다른 상표가 다른 상황에서 사용될 수 있다는 인식 등이다(Sambandam & Lord, 1995). 다른 증거는 고려군의 크기가 소비자의 상표충성이 증가할 때 감소한다고 제안하였다.

의식군과 고려군의 평균 크기는 어느 정도일까? 한 연구에 의하면, 의식군은 구강청정제의 상표 3.5개 이하로부터 세탁세제의 상표 19.3개 이상까지의 범위라고 하였다. 고려군은 구강청정제의 경우 상표 1.3개 그리고 세탁세제의 경우 상표 5.0개였다(Crowley & Williams, 1991). 일반적으로 의식군이 크면 클수록, 고려군도 커진다(Hutchinson, Raman, & Mantrala, 1994; Lazari & Anderson, 1994).

(2) 외부탐색

소비자는 대안들을 확인하고 비교하기 위한 충분한 정보를 획득하고자 외부탐색을 한다. 외부탐색은 "특정한 구매와 관련된 환경적 자료 또는 정보를 획득하기 위해 주의, 지각, 노력을 기울이는 정도"로 정의된다(Beatty & Smith, 1987). 〈표 10-3〉은 외부탐색에서 소비자가 찾는 정보의 기본적 유형을 보여준다. 여기에는 이용가능한 대안상표, 상표들을 비교하기 위한 평가준거, 평

표 10-3 외부탐색에서 수집하는 정보유형

1. 이용 가능한 대안상표
2. 상표들을 비교하기 위한 평가준거
3. 다양한 평가준거의 중요도
4. 신념형성에 필요한 정보:
   - 상표가 갖고 있는 속성
   - 다양한 속성이 제공하는 편익

가준거의 중요도, 그리고 다양한 상표들의 속성과 편익 등이 포함된다(Beatty & Smith, 1987).

① 외부탐색 행동의 측정

전통적으로 연구자들은 소비자가 수행하는 외부탐색의 정도를 평가하기 위해 여러 지표를 사용하였다. 이러한 지표 중에 몇 가지는 다음과 같다.

- 소비자가 방문하는 매장의 수
- 소비자가 제품에 대해 의견을 나누는 친구의 수
- 소비자가 조언을 청하는 구매 도움자의 수
- 소비자가 제품에 관해 이야기하는 매장 점원의 수
- 소비자가 보거나, 듣거나, 읽는 광고물의 수

어떤 연구자들은 이러한 지표들이 외부탐색의 정도를 신뢰할 수 있게 측정할 수 있는지 의문시하였다. 대신에 이들은 소비자가 정보의 다양한 출처에 의존하는 정도를 측정함으로써 외부탐색 과정을 평가하고자 하였는데, 이를 탐색의 도구성이라고 부른다(Blodgett & Hill, 1991).

탐색의 도구성
소비자가 다양한 정보출처에 의존하는 정도를 특정함으로써 외부탐색을 평가하는 방법

주요 내구재(예, DVD, 스테레오 장비, TV)를 위한 소비자의 탐색행동을 살펴본 한 연구는 도구성의 측정을 포함하였다(Blodgett & Hill, 1991). 연구자들이 고려한 탐색범주로는 매장방문, 지인과의 접촉, 판매원과의 접촉, 조언을 구한 중립적 출처(예, Consumer Reports 읽기) 그리고 광고에의 노출 등이었다. 연구결과는 탐색의 가장 많은 양이 매장방문 범주에서 일어났음을 보여 주었다. 이 범주는 또한 구매를 위한 도구성에서도 가장 높은 수준을 갖는 것으로 평가되었다. 이러한 결과는 이치에 맞는데, 합리적인 구매자는 일반적으로 정보를 얻기에 가장 좋은 장소인 매장에서 정보를 탐색할 것이다. 독자 여러분은 어떠한지 생각해 보라.

② 외부탐색의 정도에 영향을 주는 요인

외부탐색에 영향을 주는 요인들을 결정하는 두 가지 접근이 있다. 하나는

경제학적 관점이고, 다른 하나는 결정 관점이다(Fiske, Luebbehusen, Miyazaki, & Urbany, 1994).

① 경제학적 관점

경제학자들은 탐색으로 인한 한계이득이 한계비용을 초과하는 한 소비자는 탐색한다고 말한다(Goldman & Johansson, 1978). 이러한 견해에 의하면, 소비자는 지식에서 각각 증가하는 이득이 부수적인 정보를 획득하는 데 발생하는 비용을 초과하는 한 탐색을 계속할 것이다. 추가적인 탐색비용이 탐색에서 얻는 이득을 초과하는 순간에 탐색과정은 멈춘다(Putsis, Jr. & Srinivasan, 1994). 일반적으로 소비자는 외부탐색을 하는 데 비용이 많이 들면 들수록, 탐색을 덜 한다.

탐색비용에 영향을 주는 요인 중에는 매장의 물리적 근접성, 자동차 기름값, 소비자의 시간에 대한 가치 등이 있다. 아울러 소비자가 광범위한 외부탐색에서 이득을 얻도록 만드는 요인들은 무엇인가? 만일 이용 가능한 다양한 제품이 시장에 있다면 그리고 제품들이 매우 차별화되어 있다면, 소비자는 철저한 외부탐색으로 큰 이득을 얻으리라 기대할 수 있다.

탐색에 대한 경제학적 관점은 명백한 경영 시사점을 가진다. 시장에서 자사상표가 선두가 아닌 기업은 탐색비용을 낮추고 소비자가 탐색에서 얻을 수 있는 이득을 증가시켜야만 한다. 반대로 선두상표의 기업은 광범위한 정보탐색이 시간과 돈의 낭비임을 소비자에게 확신시켜야 한다.

② 결정 관점

일반적으로 소비자는 자신이 고관여 상태에 있고 확장적인 문제해결을 할 때만 외부탐색을 열심히 한다. 세 가지 주요 요인들이 문제해결과 외부탐색의 정도에 영향을 미치는데, 이는 제품 위험과 관련된 요인, 소비자 특성과 관련된 요인, 구매상황과 관련된 요인 등이다(Titus & Everett, 1995). 〈표 10-4〉에 이 요인들을 제시하였다.

표 10-4 } 확장적 문제해결을 유발하는 요인

a. 제품위험과 관련된 요인
  1. 재정적 위험
  2. 기능적 위험
  3. 심리적 위험
  4. 신체적 위험
  5. 사회적 위험
  6. 시간위험
  7. 기회상실위험

b. 소비자 특성과 관련된 요인
  1. 소비자 지식과 경험
  2. 성격
  3. 인구통계학적 특성

c. 구매상황과 관련된 요인
  1. 구매를 위해 이용가능한 시간의 양
  2. 소비자의 내면 선행상태
  3. 상황의 사회적 위험
  4. 과제규정(사용상황)
  5. 이용 가능한 제품대안의 수
  6. 정보의 이용가능성
  7. 매장위치

  a. 제품위험과 관련된 요인

제품과 관련하여 지각된 위험이 클수록, 소비자는 확장적인 문제해결과 탐색을 더 할 것이다(Dedler, Gottschalk, & Grunert, 1981). 위험은 재정, 기능, 심리, 신체, 사회, 시간, 기회상실 등과 관련된다. 연구자들은 소비자가 일반적으로 서비스의 위험수준이 제품보다 더 높다고 지각하기 때문에 제품보다 서비스에서 더 확장적인 탐색을 하는 경향이 있음을 발견하였다(Murray, 1991). 추측건대, 이는 서비스가 제품보다 더 무형적이고 덜 표준화되어 있기 때문일 것이다. 또한 구매에 대한 소비자의 선택 불확실성이 커질수록, 지각된 위험은 더 커지며, 따라서 탐색과정은 더 확장될 것이다(Urbany, Dickson, & Wilkie,

1989). 지각된 위험은 다음에서 구체적으로 다룰 것이다.

한편 소비자가 구매와 관련하여 경험하는 불확실성은 두 가지 유형이 있다. 하나는 지식 불확실성으로 이는 제품의 이용가능한 특성, 이러한 특성의 중요성, 그리고 다양한 특성에서 여러 다른 상표의 성능 등에 관한 소비자의 불확실성을 말한다. 다른 하나는 선택 불확실성으로 이는 선택해야 할 몇몇 상표에 관한 소비자의 불확실성을 말하는데, 즉 어떤 상표를 선택해야 할지 망설여지는 경우가 이에 해당한다.

지각된 위험   지각된 위험(perceived risk)은 있을 수 있는 부정적인 결과들과 그러한 부정적인 결과들이 발생할 가능성에 대한 평가에 기초한 행위과정의 전반적인 부정성에 대한 소비자의 지각으로 정의된다(Dowling, 1986). 지각된 위험은 두 가지 주요한 개념을 포함하는데, 이는 결정의 부정적인 결과와 이러한 결과들이 발생할 가능성이다.

소비자는 불확실성과 부정적 결과의 가능성을 포함하는 결정에 직면하는 경우가 많다. 예를 들어, 새로운 제품이나 경험해 보지 않은 서비스의 구매, 휴가 장소의 결정, 제품을 구매할 매장의 선택, 위험한 운동을 할 것인지 말 것인지의 결정 등이 이에 해당한다. 사실상 소비자가 내릴 수 있는 거의 모든 결정이 불확실성을 포함하고 있다. 지금까지의 소비자 연구로부터 얻어진 일반적인 원칙은 소비자가 너무 심하다고 지각한 위험을 피하려 한다는 것이다. 그러나 일반적으로 소비자는 위험을 싫어하지만, 이 원칙에는 예외가 있다. 일부 소비자는 자신의 활동수준을 최적화하기 위해 능동적으로 위험을 추구한다(Dowling & Staelin, 1994).

지각된 위험의 유형   소비자가 지각하는 일곱 가지 위험유형은 재정적, 기능적, 심리적, 신체적, 사회적, 시간 그리고 기회상실 위험 등이다(Jacoby & Kaplan, 1972; Mowen, 1995). 각 위험의 정의는 다음과 같다.

• 재정적 위험: 구매로 인해 소비자의 재정이 위태로울 수 있는 위험
• 기능적 위험: 제품이 기대한 대로 작동하지 않을 위험

지각된 위험
있을 수 있는 부정적인 결과와 그러한 부정적인 결과가 발생할 가능성에 대한 평가에 기초한 행위과정의 전반적인 부정성에 대한 소비자의 지각

- 심리적 위험: 제품이 소비자의 자기이미지를 낮출 수 있는 위험
- 신체적 위험: 제품이 소비자의 신체에 해를 줄 수 있는 위험
- 사회적 위험: 제품으로 인해 친구나 지인들로부터 비난을 받을 수 있는 위험
- 시간위험: 구매결정이 너무 많은 시간을 필요로 할 수 있는 위험
- 기회상실위험: 어떤 행동을 취함으로써 소비자가 자신이 정말 좋아하는 무언가를 할 수 있는 기회를 잃어버릴 수 있는 위험

　한편 인터넷쇼핑에서의 지각된 위험을 살펴본 한 연구는 소비자가 위에서 언급한 위험 이외에도 인터넷쇼핑신뢰위험, 대금지불방식위험, 배달위험, 사기사이트위험 등을 느낀다고 보고하였고(양윤, 백수원, 2003), 케이블TV 홈쇼핑에서의 지각된 위험을 살펴본 또 다른 연구에서도 소비자가 추가적으로 충동구매위험, 홈쇼핑의 신뢰위험, 배달위험 등을 느낀다고 보고하였다(양윤, 정미경, 1999).

　마케터는 소비자의 지각된 위험을 줄일 수 있는 방향으로 촉진활동을 조절한다. 광고는 광고 제품이나 서비스가 어떻게 위험을 낮추는가를 보여 준다. 좋은 예는 재정적 위험의 감소를 강조하는 보험광고이다. 볼보와 같은 자동차 회사는 자사 자동차의 안전성에 대해 자랑하면서 자동차 충돌실험을 통해 신체적인 위험의 감소를 언급한다. 입 냄새와 비듬을 없애려는 제품의 광고는 종종 사회적 위험을 이용한다.

　　지각된 위험에 영양을 주는 요인　　소비자 행동 연구자는 주어진 상황에서 소비자가 지각하는 위험의 양에 영향을 주는 여러 요인을 발견하였다. 가장 주요한 영향요인은 성격이다. 다음의 성격특성은 위험감수와 관련이 있는데, 이것들은 높은 자신감, 높은 자존감, 낮은 불안, 특정 문제나 결정에 대한 모호함 등이다. 광범위한 대안 중에서 선택하려는 소비자도 특정한 선택에서는 낮은 위험을 추구하려는 경향이 있다(Pettigrew, 1958).

　상황요인 또한 위험지각에 영향을 준다. 한 가지 상황변수는 과제의 특성이다. 예를 들어, 자발적 위험은 비자발적 위험보다 사람들에게 더 수용적이다

(Fischhoff, Slovic, & Lichtenstein, 1979). 소비자가 혼자서 자동차로 여행하기를 결정하거나 스키 여행을 선택한다면, 소비자는 자발적 위험을 감수하는 것이다. 소비자가 고압선 주변의 집에 살고 있거나 생명을 위협하는 상태 때문에 수술받는다면, 이 소비자는 비자발적 위험을 감수하고 있는 것이다. 자발적 활동의 경우 소비자는 실제보다 더 적은 위험을 인식하지만, 비자발적 활동의 경우 소비자는 위험을 과대평가하는 경향이 있다. 위험지각에 영향을 주는 또 다른 상황변수는 구매가 어떻게 이루어지는가와 관련이 있다.

제품이나 서비스 자체의 특성 또한 소비자의 위험지각에 영향을 준다. 일반적으로 매우 부정적인 결과를 초래할 수 있는 제품이나 서비스가 더 위험한 것으로 보인다. 그러한 부정적인 결과들과 관계된 요인들은 가격, 사회적 가시성, 잠재적인 신체적 위험이다. 소비자는 고가 제품보다는 저가 제품의 품질이 떨어진다고 생각하며, 고가 제품일수록 소비자의 구매력은 위축될 것이다. 사회적으로 타인의 눈에 띄는 제품(예, 의복, 악세서리)일수록 그리고 신체적 위험의 가능성이 잠재해 있는 제품(예, 의약품, 소형차)일수록 소비자는 위험을 더 많이 지각한다.

위험지각은 또한 구매나 활동으로 인해 생길 수 있는 부정적 결과의 현저성에 의해 영향을 받는다. 결과가 매우 현저할 때 일반적으로 기억하기 쉬우며, 소비

표 10-5 소비자의 지각된 위험을 감소시킬 마케팅전략

1. 평균보다 높게 제품가격을 책정하라.
2. 좋은 내용의 보증서를 주어라.
3. 높은 품질의 이미지를 가진 매장을 통해 제품을 유통시켜라.
4. 설득력 있는 확신을 소비자에게 줄 수 있는 유능한 판매원을 활용하라.
5. 시간위험을 낮출 수 있게 신속한 서비스를 제공하라.
6. 승인을 획득하라(예, 공인된 기관의 보증).
7. 제품과 기업을 위해 확장적인 이미지구축 캠페인을 개발해라.
8. 소비자가 정보를 얻기 위해 연락할 수 있는 직통 전화번호를 제공해라.
9. 무료시용, 시승 등을 활용하라.
10. 다양한 촉진수단(팜플렛, 잡지, 판매원, 광고 등)을 통해 많은 제품정보를 제공하라.
11. 신뢰할 수 있는 광고모델을 활용하라.
12. 제품에 관한 좋은 구전커뮤니케이션을 개발하라.

자는 제품이나 서비스가 실제보다 더 위험하다고 지각할 수 있다(Folkes, 1988).

마케터는 시장조사를 통해서 소비자가 자사상표를 구매하는 데 있어서 상당한 위험을 지각한다는 것을 발견할 때, 위험지각을 낮추기 위해 즉각적인 조치를 해야 한다. 〈표 10-5〉는 소비자의 위험지각을 낮추기 위한 전략들을 보여 준다.

지각된 위험의 감소방법   지각된 위험은 거의 모든 소비자의 결정에 어느 정도 포함되어 있기에, 소비자는 자신 있게 구매결정을 할 수 있도록 해 주는 방법을 갖고 있어야 한다. 한 가지 중요한 점은 소비자가 구매결정에서 나타나는 위험의 양에 대한 지각을 어느 정도의 위험을 받아들일 수 있는가에 대한 개인적 기준과 비교한다는 것이다(Popielarz, 1967). 만일 지각된 위험이 받아들일 수 있는 위험보다 더 크다면, 소비자는 어떤 식으로든 위험을 감소시키거나 구매를 중지하도록 동기화된다.

소비자가 구매결정에서 지각된 위험의 양을 감소시키기 위해 사용할 수 있는 방법은 다음과 같다. 일반적으로 위험감소방법은 부정적 결과의 지각된 가능성을 낮추려는 방법을 포함한다.

- 상표충성: 과거에 만족을 주었던 동일한 상표를 일관되게 구매하라.
- 상표이미지에 의한 구매: 품질을 인정받은 전국적인 상표를 구매하라.
- 매장이미지에 의한 구매: 소비자 자신이 신뢰하는 매장에서 구매하라.
- 확장적인 정보탐색을 하라.
- 가장 비싼 상표를 구매하라. 그러한 상표는 아마도 품질이 좋을 것이다.
- 재정적 위험을 감소시키기 위해 가장 싼 상표를 구매하라.
- 구매를 지연하거나 철회하라. 이것도 방법일 수 있다.

소비자 위험에 관한 연구결과들을 요약하면, 기본적인 제품과 서비스(예, 의류, 가정용품, 의료 서비스, 음식)를 구매할 때, 소비자는 위험을 최소화하려고 적극적으로 노력한다. 그러나 쾌락소비와 관계되었을 때, 소비자는 오히려 위험을 적극적으로 추구한다. 재정투자의 경우, 소비자는 위험에 따른 잠재적인

[그림 10-4] 위스키의 기능적 위험을 줄여 주는 광고의 예

금전적 보상 때문에 위험을 감수할 수도 있다. 이런 경우, 소비자는 위험-보상 교환에 중점을 둔다.

b. 소비자 특성과 관련된 요인

소비자의 성격, 인구통계, 지식특성 등이 또한 문제해결과 외부탐색 행동의 정도에 영향을 준다. 예를 들어, 자신을 정보추구자라고 생각하는 소비자는 다른 사람들보다 더 확장적인 외부탐색을 한다(Kelly, 1968). 개방성, 자신감, 인지욕구와 같은 성격특성 또한 외부탐색의 양을 증가시킨다(양윤, 1996; Locander & Hermann, 1979).

어떤 연구자들은 소비자가 제품범주에 대한 경험이 적을수록, 정보탐색 행동이 더 증가함을 발견하였다(Swan, 1969). 다른 연구들은 소비자의 특정한 제품범주에 대한 경험이 늘수록, 정보탐색행동은 감소함을 확인하였다. 그러나 경험과 외부탐색 간의 이러한 관계는 최소한의 경험을 가진 소비자에게만 나

타난다. 제품범주에 대한 경험이 없는 소비자가 때때로 탐색행동을 빨리 중단
할 정도로 탐색행동에서 무지와 위협을 느낀다는 증거가 있다(Bettman & Park,
1980). 외부탐색과정을 단축하는 또 다른 요인은 매장이나 상표에 대한 정보를
얻기 위해 다른 사람에게 조언을 구하거나 전문적인 중립적 출처를 이용하려
는 경향이다(Blodgett, Hill, & Stone, 1995).

탐색과정을 살펴본 한 연구는 다음과 같은 결과를 보고하였다(Beatty & Smith,
1987).

- 제품범주에 대한 지식이 증가할 때, 전반적인 탐색 노력은 감소한다.
- 정보탐색을 위한 시간가용성이 증가할 때, 탐색 노력은 증가한다.
- 구매관여가 증가할 때, 전반적인 탐색 노력은 증가한다.
- 쇼핑에 대한 태도가 호의적일 때, 전반적인 탐색 노력은 증가한다.

증가된 탐색과 관련된 인구통계학적 특성들은 높은 교육수준, 높은 소득, 높
은 사회경제적 지위 등이다(Capon & Burke, 1972). 어떤 연구자들은 나이가 들
수록 탐색행동이 감소하는 경향이 있음을 발견하였다(Newman & Staelin, 1972).

c. 구매상황과 관련된 요인

소비자의 상황 역시 외부탐색의 양에 영향을 미친다. 시간제약 그리고 피
곤, 지루함, 병과 같은 선행상태가 외부탐색을 하려는 소비자의 능력에 영향
을 줄 수 있다. 만일 소비자가 구매에 대한 사회적 위험을 크게 지각한다면, 그
들은 광범위한 탐색을 더 할 것이다. 또한 개인이 구매과제를 어떻게 규정하느
냐가 상황요인이다. 만일 구매가 가장 친한 친구의 결혼이나 사업고객과의 중
요한 모임 같은 중요한 상황을 위한 것이라면, 소비자는 일반적으로 탐색을 더
오래 할 것이다.

시장상태는 또 다른 상황요인이다. 일반적으로 제품대안의 수가 많을수록
외부탐색은 오래 걸린다(Lehmann & Moore, 1980). 유사하게 특정한 제품을 판
매하는 매장이 많고 물리적으로 근접할 때, 소비자는 외부탐색을 연장하는 경
향이 있다(Cort & Dominquez, 1977). 많은 매장이 가깝게 위치한 대형쇼핑센터

는 소비자에게 쇼핑과 제품 비교의 편리함을 제공한다. 이는 탐색비용이 감소할 때, 탐색시간이 증가하는 것과 관련이 있다.

③ 소비자는 실제로 외부탐색을 얼마나 하는가?

소비자가 확장된 문제해결상황에 있을 때, 소비자는 실제로 외부탐색을 광범위하게 할까? 미국의 경우 냉장고에 대한 외부탐색 행동을 연구한 한 연구는 응답자들 중 42%가 오직 한 매장만을 방문하였고, 41%는 오직 한 상표만을 고려하였음을 발견하였다(Dommermuth, 1965). 또 다른 연구는 소형 가정용 기구를 구매하려는 소비자의 77%가 한 매장만을 방문하였다(Udell, 1966). 주요한 가정용 기구와 자동차에 대한 소비자의 외부탐색 행동을 조사한 다른 연구자들은 비록 정보에 접근할 수 있을지라도 많은 구매자가 획득한 정보의 양은 적었다고 보고하였다(Newman & Staelin, 1972).

선택대안이 식료품점에서처럼 쉽게 비교될 때, 소비자는 외부탐색을 더 많이 하는가? 모든 제품대안이 소비자 바로 앞의 선반에 진열되어 있다면, 소비자는 특정한 상표를 선택하기 전에 얼마만큼의 시간을 소비하는가? 그리고 소비자는 자신이 선택한 상표의 가격을 얼마로 기억하는가?

이러한 의문점을 조사한 한 연구는 쇼핑객들이 자신이 구매했던 각각의 제품을 선택하는 데 평균 12초밖에 걸리지 않는다는 것을 발견하였다(Dickson & Sawyer, 1990). 아울러 쇼핑객들이 선택한 직후에, 자신이 선택한 상표의 가격을 말하도록 요청하였다. 그 결과 쇼핑객 중 단지 59%가 구매 시 가격을 확인하였고, 50% 이하가 정확하게 가격을 진술하였으며, 32%만이 그 가격이 15% 할인된 가격임을 알았다. 사실상 한 제품이 할인가격으로 판매될 때, 쇼핑객 중 소수만이 그것을 인식하였다. 이러한 연구결과처럼 만일 소비자가 탐색을 거의 하지 않는다면, 촉진전략을 통해 소비자와 의사소통하기는 어려울 것이다.

소비자가 외부탐색에 주의를 기울이지 않는 이유는 무엇일까? 그 이유 중 하나는 소비자가 광범위한 지속적 탐색을 하였기 때문일 것이다. 연구는 소비자 대부분이 높은 수준의 지속적 탐색을 했다고 지적하였다(Punj, 1987). 이러한 구매 전 활동은 마케팅 커뮤니케이션의 정보에 대한 수동적인 저관여 수용에서부터 제품범주에 지속적인 관심을 가진 소비자의 능동적이고 고관여 활동에까지 걸쳐 있다(Bloch & Richins, 1983).

　소비자가 정보탐색에 더 많은 시간을 투입하지 못하는 또 다른 이유는 소비자가 재정적 편익에서의 보상이 낮아서 가치가 없다고 믿기 때문이다. 제2장에서 언급한 베버(Weber)의 법칙에 따르면, 고정된 액수의 돈(예, 1만 원)을 절약하는 것에서 유래한 심리적 편익은 제품가격이 증가할 때 감소한다. 따라서 5~6만 원 가격에서 1만 원을 절약하기 위해서는 소비자가 여러 매장을 방문하겠지만, 가격이 50~60만 원일 때는 1만 원을 절약하기 위해 여러 매장을 방문하지 않을 것이다(Grewal & Marmorstein, 1994).

　소비자가 탐색을 매우 적게 한다는 것이 소비자가 충분한 지식이 없는 상태에서 선택한다는 것을 의미하는가? 두 가지 이유로 인해 아마도 그렇지 않을 것이다. 첫째, 소비자의 자기보고 조사에서 소비자는 자신이 행한 탐색의 실제량을 줄여서 말할 수 있다. 다시 말해, 소비자에게 자신의 탐색과정을 기술하라고 요청했을 때, 많은 소비자가 자신의 탐색단계에서 했던 모든 것들을 잊어버렸다(Newman & Lockeman, 1975). 둘째, 소비자가 구매행동을 꽤 빈번히 경험함으로써 자신의 기억에 정보를 충분히 저장하였기에 외부탐색을 많이 할 필요를 못 느낄 수 있다.

　마지막으로 소비자의 정보탐색량과 관련하여 살펴볼 중요한 것이 있다. 소비자가 다양한 제품속성을 어떻게 처리하여 제품의 전반적인 평가가 내려지는지를 살펴보기 위해 제11장에서 살펴볼 가산 모형과 평균화 모형을 적용한 연구에서, 연구자는 제품의 전반적인 평가를 좋게 하기 위해서는 정보의 양보다 정보의 질이 더 중요하다고 결론을 내렸다(양윤, 1992, 1998). 다시 말해, 연구자는 적당히 긍정적인 정보들을 부수적으로 더 제공하여 정보의 양을 늘리는 것이 제품에 대한 소비자의 전반적인 인상을 떨어뜨릴 수 있으며, 대신에 소수의 중요한 정보만을 제공하는 것이 더 바람직하다고 결론을 내렸다. 따라서 '적은 것이 더 좋다'는 결과는 광고 전략을 수립할 때 중요한 제안점이 될 것이다.

　그렇다면 많은 정보는 소비자에게 어떠한 영향을 미치는가? 소비자가 구매결정을 할 때 보이는 정보획득행동을 살펴본 한 연구에서는 정보의 양이 많아질수록, 소비자는 자신의 구매결정에 더 만족해하지만, 자신의 결정이 옳다고 확신하지 못하였다(양윤, 1982). 따라서 많은 정보는 소비자 결정의 질이 아니라 소비자의 심리상태를 편안하게 해 주는 역할만을 하는 것으로 보인다. 결론적으로 소비자의 제한된 정보처리용량을 고려한다면, 소비자가 외부출처로부터 많은 정보를 탐색할 수 없음은 자명한 것이다.

(3) 내부탐색과 외부탐색에서의 연구방향

소비자의 정보획득과정(내부 또는 외부탐색)에 관한 연구들은 일반적으로 세 가지 연구방향을 설정하였다. 이는 획득되는 정보의 양과 종류 그리고 정보를 탐색하는 방식 등이다(Bettman, 1979a). 정보의 양은 앞에서 이미 언급하였고, 정보의 종류는 제품속성과 관련이 있다. 정보탐색의 방식은 크게 두 가지 유형이 있다. 하나는 상표 중심 처리로, 이는 한 상표를 중심으로 모든 속성들을 탐색하여 정보를 처리하는 방식이다. 다른 하나는 속성 중심 처리로, 이는 한 속성을 중심으로 모든 상표를 탐색하여 정보를 처리하는 방식이다. 이러한 방식은 제11장에서 다룰 결정규칙에서 다시 언급할 것이다.

소비자의 외부탐색과정은 몇 가지 방식으로 측정할 수 있다. 지금까지 연구에서 많이 사용된 방법으로는 정보제시 기법, 언어프로토콜, 눈동자응시 기법 등이 있다. 정보제시 기법은 정보(상표, 속성, 속성값)를 판(예, 컴퓨터 모니터)에다 제시하는 것으로, 소비자의 정보획득 행동을 직접 측정할 수 있는 장점이 있다. 언어프로토콜은 다른 용어로 '소리 내어 생각하기'라 하는데, 이는 소비자가 자신의 탐색과정을 말로 표현(예, "나는 지금 LG 그램 노트북을 들고 무게를 확인하고 있다")하면 연구자가 이를 기록하거나 녹음하는 것이다. 눈동자응시 기법은 눈동자의 움직임을 촬영하는 도구(eye-tracker)를 사용하여 소비자의 눈동자가 광고물에서 어디에 얼마나 머물고 어떠한 궤적으로 움직이는지를 측정하는 것이다.

(4) 탐색단계의 경영 시사점

소비자 탐색과정의 연구는 마케터에게 매우 중요하다. 특히 그것은 기업의 마케팅 조사, 촉진, 유통전략 등에 영향을 미칠 수 있다. 첫째, 기업은 표적 소비자가 사용하는 결정유형을 확인하기 위하여 마케팅 조사를 수행해야만 한

상표 중심 처리
한 상표를 중심으로 모든 속성들을 탐색하여 정보를 처리하는 방식

속성 중심 처리
한 속성을 중심으로 모든 상표들을 탐색하여 정보를 처리하는 방식

다. 조사에 의해 표적 소비자가 제품구매 시 저관여 결정과정을 사용한다고 가정해 보라. 이는 소비자가 구매하기 전에 외부탐색을 매우 적게 함을 의미한다. 이러한 상황에서 소비자가 어떤 문제를 인식할 때 소비자가 즉각적으로 특정 기업의 상표를 생각하는 것은 매우 중요하다. 소비자가 상표를 알게 하려면 기업은 대규모 광고를 해야 할 필요가 있는데, 이는 소비자의 장기기억에서 자사상표가 빠르게 인출되도록 만들기 때문이다.

소비자 결정에 대한 분석은 어떻게 사람들이 2개 또는 그 이상의 대안에서 무엇을 선택할지를 살펴보는 것과 선택 전후에 발생하는 과정을 연구하는 것을 포함한다. 일반적인 소비자 결정 과정은 다섯 가지 단계로 이루어져 있는데, 이는 문제인식, 탐색, 대안평가, 선택, 결정 후 평가 등이다.

세 가지 다른 접근이 소비자 결정과정을 연구하기 위해 사용될 수 있다. 가장 두드러진 접근은 전통적 결정 관점으로 소비자가 자신이 구매하는 제품이나 서비스에 대해 합리적으로 결정을 내리는 결정자라고 보는 관점이다. 연구자들은 이 관점에서 두 가지 다른 구매과정을 확인하였는데, 이는 결정과정의 다섯 단계를 순차적으로 밟아가는 확장된 결정과정에 몰입하는 고관여 구매 그리고 구매에 대해 개인적인 중요성을 거의 인식하지 않고, 탐색단계를 최소화하고 대안평가 단계도 최소화되는 제한된 결정과정을 유발하는 저관여 구매이다.

두 번째 접근인 경험적 관점은 소비자가 감각, 느낌, 이미지, 감정과 재미를 끌어내는 제품과 서비스를 찾는다고 본다. 레저산업과 같은 몇몇 산업은 사람들에게 경험을 창출하는 것에 기반을 둔다. 충동구매와 다양성추구 같은 현상은 소비자가 새롭고 다양한 경험을 얻으려는 시도로부터 나온 결과이다.

세 번째 접근인 행동영향 관점은 소비자행동을 소비자의 신념이나 감정의 결과라기보다는 환경적 압력의 결과로 본다. 사실상 행동은 직접적으로 유발된다. 많은 문화적 현상, 소집단, 타인, 상황 등이 행동영향의 결과로 보일 수 있다.

소비자 결정에서 문제인식은 소비자가 자신의 현실상태와 이상상태 사이의 불일치를 발견할 때 발생한다. 다양한 요인들이 이상상태와 현실상태 둘 다를 높이거나 낮출 수 있다. 탐색과정은 소비자가 결정과정의 첫 단계에서 정의한 문제를 해결할 수 있는 제품과 서비스에 대한 정보를 획득하는 단계로 구성돼있다. 두 가지 유형의 탐색이 있는데, 이는 내부탐색(문제를 해결할 수 있는 상표의 정보를 장기기억에서 탐색하는 것) 그리고 외부탐색(문제를 해결할 수 있는 제품정보를 외부환경에서 찾는 것)이다.

소비자의 탐색행동에 영향을 주는 요인들로는 제품관련 위험요인, 소비자특성 관련요인, 상황요인 등이 있다. 제품관련 위험요인 중에서 지각된 위험은 있을 수 있는 부정적인 결과들과 그러한 부정적인 결과들이 발생할 가능성에 대한 평가에 기초한 행위과정의 전반적인 부정성에 대한 소비자의 지각으로 정의된다. 지각된 위험의 유형으로는 재정적 위험(구매로 인해 소비자의 재정이 위태로울 수 있는 위험), 기능적 위험(제품이 기대한 대로 작동하지 않을 위험), 심리적 위험(제품이 소비자의 자기이미지를 낮출 수 있는 위험), 신체적 위험(제품이 소비자의 신체에 해를 줄 수 있는 위험), 사회적 위험(제품으로 인해 친구나 지인들로부터 비난을 받을 수 있는 위험), 시간 위험(구매결정이 너무 많은 시간을 필요로 할 수 있는 위험), 기회상실 위험(어떤 행동을 취함으로써 소비자가 자신이 정말 좋아하는 무언가를 할 수 있는 기회를 잃어버릴 수 있는 위험) 등이 있다. 소비자가 구매결정에서 지각된 위험을 감소시키기 위해 사용할 수 있는 방법으로는 상표충성, 상표이미지에 의한 구매, 매장이미지에 의한 구매, 확장적인 정보탐색, 가장 비싼 상표를 구매, 가장 싼 상표 구매, 구매지연 또는 철회 등이 있다.

제11장

소비자 판단 및 결정 2:
평가 및 선택

제10장에서 소비자 결정과정의 처음 두 단계인 문제인식과 정보탐색에 대해 논의하였다. 이번 장은 결정과정의 다음 두 단계인 평가와 선택에 초점을 맞출 것이다. 대안을 평가하는 동안 소비자는 선택대안들에 대한 신념과 태도를 형성한다. 대안평가의 한 가지 논점은 소비자가 구매가능한 대안들을 비교하기 위해 어떤 속성을 어떻게 사용하는가이다. 선택은 둘 이상의 대안 중에서 한 대안을 선별하는 것이다. 이번에는 소비자의 선택과정을 기술하는 몇 가지 접근을 논의할 것이다.

1. 대안평가

대안평가 단계에서 소비자는 문제를 잠정적으로 해결할 수 있다고 확인한 대안들을 비교한다. 대안비교 시 소비자는 고려 중인 대안들에 대한 신념, 태도, 의도 등을 형성한다. 따라서 대안평가와 신념, 태도, 의도의 형성은 밀접히 관련된 과정이다.

표 11-1   대안평가와 효과의 위계

효과의 위계	대안비교 방식
고관여위계	속성에 대한 신념 비교 감정반응 비교
저관여위계	속성에 대한 제한된 수의 신념 비교
경험적 위계	감정반응 비교
행동영향위계	행동 전에 발생하는 내적 비교과정 인식 안 됨

대안평가는 소비자 행동에 대한 세 가지 관점(결정 관점, 경험적 관점, 행동영향 관점)에서 분석할 수 있다. 태도형성 영역에서 제안하였듯이, 대안평가과정의 특성은 효과위계의 유형에 의해 영향을 받는다. 고관여 결정 관점에서, 대안평가는 효과의 위계가 신념형성에서 감정형성으로 그리고 행동의도로 진행하는 표준학습 모델을 따른다. 이런 경우에는 태도의 다속성 모델이 평가과정을 설명한다. 따라서 고관여 조건에서의 대안평가의 결과는 각 대안에 대한 전반적인 태도형성일 것이다. 반면에 저관여 상황에서의 대안평가는 대안에 대한 적은 수의 기본적인 신념형성으로 구성된다. 강한 감정반응(예, 태도)은 행동이 일어난 후에만 나타난다.

경험적 관점에서 대안평가과정은 감정에 근거한다. 신념형성에 초점을 맞춘 것이 아니라 감정생성에 초점이 맞춰져 있다. 따라서 연구자는 광고나 구매로 유도되는 감정이 무엇인지를 조사한다. 마지막으로 행동영향 관점에서 소비자는 의식적으로 대안비교를 하지 않는다. 〈표 11-1〉은 결정, 경험적, 행동영향 관점에서의 대안평가 과정을 요약한 것이다.

1) 소비자 판단과 대안평가

대안평가는 소비자가 구매대안을 비교하기 위해서 전반적인 평가를 할 때 발생한다. 대안을 평가할 때, 소비자는 두 가지 유형의 판단을 한다. 판단은 첫째, 무언가가 일어날 가능성을 추정하는 가능성 판단 그리고 둘째, 무언가의 좋음 또는 나쁨을 평가하는 가치 판단으로 구성되어 있다. 가능성 판단과 가치

판단이 대안평가과정의 중심이다. 예를 들어, 한 소비자가 자동차를 구매하기 위해 삼성 SM5, 현대 소나타, 기아 K5의 세 가지 자동차를 비교한다고 가정해 보자. 이러한 구매대안들을 비교할 때, 이 소비자는 두 가지 유형의 판단을 할 것이다. 먼저 소비자는 각 자동차의 각 속성(예, 연비, 공간)이 기대만큼 성능을 발휘할지 그 가능성을 추정할 것이다. 그다음에 소비자는 각 속성의 좋음 또는 싫음을 평가할 것이다.

독자 여러분은 아마도 가능성과 가치 판단이 제7장에서 다룬 피시바인 (Fishbein)의 대상태도 모형에서 언급한 과정과 매우 유사하다고 생각할 것이다. 먼저 소비자는 대상이 어떤 속성을 가지고 있을 가능성을 판단한다. 이러한 판단은 확률척도에서 내려지는데, 그 과정은 무언가가 발생할 가능성을 판단하는 것과 같다. 그다음에 소비자는 속성의 좋음 또는 나쁨에 근거하여 속성의 가치를 평가한다.

아울러 소비자는 대안평가단계에서 위험을 평가한다. 위험지각은 부정적인 결과가 나타날 가능성과 그러한 결과의 부정적인 정도를 소비자가 판단하는 것에 기초한다. 따라서 소비자 태도에 영향을 주는 것뿐만 아니라, 가능성과 좋음–나쁨에 대한 판단은 위험인식에도 영향을 준다.

가능성과 가치를 판단하는 것이 대안평가과정의 중심이기 때문에, 주요 질문은 다음과 같다. 소비자가 이러한 가능성과 가치를 어떻게 판단하는가? 사람들이 이러한 추정을 위해 판단 휴리스틱(heuristic: 이하 간편법)을 사용한다는 증거가 있다. 판단 간편법이란 사람들이 가능성과 가치를 추정하기 위해 사용하는 간단한 대략적인 방법이다. 다음에는 가능성과 가치 판단에 영향을 미치는 몇 가지 요인들을 논의할 것이다.

판단 간편법
사람들이 가능성과 가치를 추정하기 위해 사용하는 간단하고 대략적인 방법

2) 가능성 판단

사람들이 "나는 이렇게 생각해" "이런 것이 기회인데" 또는 "나는 이렇게 믿어"라고 말할 때, 이들은 암묵적으로 무언가가 발생할 가능성을 판단한다. 가능성 판단은 소비환경에서 꽤 빈번하게 일어난다. 예를 들어, 사람들이 제품의 품질을 추정할 때, 그들은 그 제품이 품질추정에 필요한 속성을 갖고 있을

가능성을 판단하려고 한다. 연구자들은 소비자가 가능성을 추정할 때 매번 정확한 확률을 추정하지 않고, 대신에 여러 가지 판단 간편법을 사용함을 확인하였다. 이러한 간편법 중에서 세 가지가 소비자 결정과 특별히 관련이 있는데, 그것들은 대표성, 가용성, 기점과 조정 등이다.

(1) 대표성 간편법

대표성 간편법
특정한 사건과 모집단 간의 유사한 정도를 살펴봄으로써 확률을 판단하려는 간편법

대표성 간편법은 특정한 사건과 모집단 간의 유사한 정도를 살펴봄으로써 확률을 판단하려는 것이다. 다시 말해, 사람들이 대상 A가 B범주에 유사한 정도를 평가하여 대상 A가 B범주에 속할 확률을 결정하는 간편법이다(Tversky & Kahneman, 1974). 마케터는 종종 이 간편법을 이용한다. 예를 들어, 기업이 시장에서 선두상표와 비슷한 이름과 용기를 가진 모방제품을 판매하려는 목표는 그 제품이 선두상표처럼 기능을 발휘할 것임을 소비자에게 확신시키려는 것이다. 소비자가 대표성 간편법을 사용하는 한 이 전략은 성공적일 것이다. 그러나 한 가지 의문은 이러한 전략이 윤리적이냐 하는 것이다.

소수의 법칙
사람들이 표집이 매우 적을 때조차도 전집을 실제로 대표한다고 강하게 믿는 경향성

'소수의 법칙'으로 알려진 대표성 간편법의 부산물은 사람들이 표집이 매우 적을 때조차도 전집을 실제로 대표한다고 강하게 믿는 경향성을 말한다(Kahneman & Tversky, 1984). 이 간편법은 초점집단을 관찰하는 마케터들 사이에서 빈번하게 발견된다. 초점집단에서 표현된 의견들이 너무나도 생생하고 현저하여서 마케터는 그것들이 전체 표적시장의 의견을 대표한다고 종종 가정한다. 그러나 조사연구에 친숙한 사람이라면 누구나 큰 전집을 예측하기 위해서 작은 표집을 사용할 수 없음을 알고 있다. 문제는 그 초점집단의 사람들이 표적집단을 대표하는 것으로 보이고, 따라서 표적집단의 모든 관련된 면들을 묘사하는 것으로 나타난다는 점이다. 물론 이것은 잘못된 것이다. 몇몇 기업은 이 문제를 인식하여 자사의 마케터가 초점집단을 직접적으로 관찰하는 것을 허락하지 않는다.

소수의 법칙은 구전 커뮤니케이션의 영향을 설명하는 데 도움을 줄 수 있을 것이다. 타인의 보고된 경험은, 비록 한두 사람의 경험이 많은 소비자의 경험을 잘 대변하지 못한다고 할지라도, 소비자에게 강력한 영향을 미친다. 그러나 다속성 모형의 관점에서 볼 때, 대표성 간편법의 부산물인 소수의 법칙은

대상이 특정한 속성을 가질 가능성의 추정에 영향을 미친다. 한 친구가 당신에게 그가 한 음식점에서 주문한 비빔밥에서 긴 머리카락을 발견하였던 경험을 설명한다고 가정해 보라. 만일 그 친구의 말이 믿음직하고 당신이 이러한 일이 음식점에서 일어날 수 있는 전형이라고 생각한다면, 이는 당신에게 영향을 미칠 것이다. 즉, 당신은 아마도 그 음식점이 청결 면에서 커다란 문제를 지니고 있다는 신념을 형성하게 될 것이다. 물론 당신 친구의 경우는 극히 일부일지도 모르며, 이러한 경우는 한편으로는 먼지 하나 없는 부엌에서 독특한 사건이 될 수도 있다. 그러나 대표성 간편법 때문에 당신의 그 음식점에 대한 평가는 매우 부정적일 것이다.

(2) 가용성 간편법

가용성 간편법은 사람들이 특정한 사건을 얼마나 쉽게 회상하느냐에 의해 사건의 확률을 판단하려는 것이다(Tversky & Kahneman, 1974). 따라서 사람들이 특정 사건을 쉽게 회상할수록, 그들은 그 사건이 더 자주 발생할 것으로 생각한다. 이 효과에 대한 한 고전적인 연구에서 응답자들은 남성과 여성의 이름이 적혀 있는 목록을 받았다. 목록의 절반인 남성은 유명인이었고(그래서 더 잘 기억이 되고 쉽게 회상이 되었고), 다른 목록의 절반에서는 여성이 유명인이었다. 응답자들은 어떤 목록이 더 많은 남자의 이름과 더 많은 여자의 이름을 가졌는지 판단하라는 요청을 받았다. 실제로 두 목록이 같은 수의 남성과 여성의 이름을 갖고 있었다. 오직 한 가지 다른 요소는 목록에 있는 남성과 여성이 얼마나 유명한가였다. 그 결과 목록이 유명한 남성들의 이름을 갖고 있을 때 응답자들은 목록에 더 많은 남성의 이름이 있는 것으로 평가하였고, 역으로 목록이 유명한 여성들의 이름을 갖고 있을 때 응답자들은 목록에 여성들의 이름이 더 많이 있었다고 평가하였다. 유명한 사람들의 이름이 더 쉽게 회상되었기 때문에 응답자의 평가는 가용성 간편법에 의해 영향을 받았다(Tversky & Kahneman, 1973).

광고의 주요한 목표 중 하나는 소비자가 기억에서 제품정보를 쉽게 이용할 수 있게 만드는 것이다. 따라서 만일 한 기업이 자사상표를 긍정적인 속성과 연합하는 데 있어서 경쟁사보다 더 성공적이라면, 이는 상당한 이득일 것이

가용성 간편법
특정 사건을 얼마나 쉽게 회상하느냐에 의해 사건의 확률을 판단하는 간편법

다. 비록 경쟁상표가 특정 속성에서 좋게 평가되더라도, 소비자가 그 연합을 떠올리지 못하면 소비자는 경쟁상표가 그 속성에서 좋으리라고 생각할 가능성은 작아질 것이다(Menon, Raghubir, & Schwarz, 1995).

연구자들은 기억에서 행동이나 결과의 이용 가능성을 높이는 한 가지 방법이 소비자가 그것의 발생을 상상하게 하는 것이라고 하였다. 한 연구에서 중산층이 모여 있는 교외에서 사는 집주인들은 케이블TV 서비스를 판매하려는 사람을 만났다(Gregory, Cialdini, & Carpenter, 1982). 정보조건의 응답자들은 케이블TV 서비스를 신청했을 때의 혜택(예, 비용과 시청할 수 있는 프로그램)에 대한 사실적인 세부내용을 제공받았다. 상상조건의 응답자들은 동일한 정보를 받았지만, 응답자들이 다양한 혜택을 상상하도록 만드는 부수적인 단어들이 판매메시지에 삽입되었다. 예를 들어, 응답자들은 케이블 서비스로 영화를 볼수 있다면 얼마나 좋을지 상상하도록 요청받았다. 그 결과 상상조건의 응답자들이 그 서비스가 제안한 혜택을 더 제공할 것이라고 평가하였다. 더 나아가서 상상조건의 집주인들은 정보조건의 집주인들보다 케이블TV 서비스를 더 신청하려 하였다.

어떤 사건의 가용성은 크게 세 가지 요인에 의해 영향을 받는다. 이 요인들은 친숙성, 현저성, 최근성 등이다. 사건이 친숙할수록, 현저할수록, 그리고 최근 것일수록, 그 사건은 사람들의 기억에서 쉽게 회상된다(Tversky & Kahneman, 1974). 제품이 소비자에게 친숙할수록, 제품이 다른 제품보다 특출하게 뛰어난 속성을 가질수록, 최근에 광고가 될수록, 소비자가 그 제품을 회상할 가능성은 커진다.

기점과 조정 간편법
이전 판단에 근거하여 현재의 판단을 유도하려는 간편법으로, 첫 번째 값을 기점으로 하여 최종 답을 얻기 위해 기점을 중심으로 조정함

(3) 기점과 조정 간편법

확률을 판단할 때, 사람들은 이전 판단에 근거하여 현재의 판단을 유도한다. 다시 말해, 사람들은 종종 첫 번째 값으로부터 시작해서 마지막 답을 얻기 위해 위로든 아래로든 조정한다. 이 과정을 '기점과 조정'이라고 부른다(Tversky & Kahneman, 1974). 이 간편법의 문제는 위아래 조정이 종종 불충분해서 다른 출발점이 종종 다른 답을 가져온다는 것이다. 따라서 출발점이 판단을 왜곡할 수 있다.

한 연구는 기점이 배우자의 선호를 예측하는 데 있어 확률추정에 영향을 미친다고 하였다(Davis, Hoch, & Ragsdale, 1986). 남편과 아내는 구매를 결정할 때 빈번하게 서로의 선호를 평가한다. 이 연구에서 부부들은 20개의 신제품에 대한 그들 배우자의 선호를 예측하도록 요청받았다. 연구결과는 남편과 아내 모두 자신의 선호를 기점으로 정한다는 것을 보였다. 즉, 부부들은 상대방이 좋아할 것을 자신에게 묻고 나서 배우자의 선호를 예측하기 위해 자신의 선호를 출발점이나 기점으로 사용하는 경향이 있었다. 따라서 당신과 유사한 다른 사람의 선호를 판단하는 데 있어 당신 자신의 선호를 사용하는 것이 최고의 전략이 될지도 모르겠다.

또 다른 연구는 자신의 반응을 기점으로 하는 것이 판단의 정확도를 증진한다는 것을 발견하였다(Hoch, 1988). 이 연구에서 MBA 학생, 마케팅 매니저, 연구원, 그리고 일반 소비자 등이 전형적인 미국 소비자의 활동, 관심, 의견에 관해 예측하였다. 미국 소비자의 실제 선호는 전국적인 표집을 사용했던 적절한 조사기법을 통해 획득되었다. 이 연구에서 모든 집단은 오히려 빈약한 예측을 하였다. 전문가들(예, 매니저와 시장연구원)도 일반 소비자보다 미국 소비자의 선호를 더 잘 예측하지 못했고, MBA 학생들은 매우 나빴다. 연구결과는 '전형적인 미국 소비자'가 이 연구에서의 일반 소비자와 유사하여서 일반 소비자 집단만이 자신의 의견을 기점으로 사용했음을 보였다. 매니저들은 그들의 세부 지식으로 인해 일반 소비자나 MBA 학생보다 더 정확한 조정을 할 수 있었다. 결과적으로 MBA 학생들은 평균 소비자와는 달랐고 세부지식이 없었기 때문에, 이들은 판단에서 가장 부정확하였다.

마케팅 조사연구가 모의시장 연구자들의 신념에 어떻게 영향을 미칠지를 알아본 연구는 사전신념이 기점을 형성한다는 것을 발견하였다(Lee, Acito, & Day, 1987). 이 연구에서 MBA 학생들은 캠벨스프 회사의 제품 보조 매니저의 역할을 하였다. 이들은 두 가지 광고에 대한 소비자의 반응과 관련된 정보를 받았다. 이 정보는 두 광고 중 어떤 것이 더 나을까에 대한 그들의 사전신념과 일치하거나 불일치하였다. 연구결과 이 정보가 학생들의 사전신념과 일치했을 때, 이 정보는 더 호의적으로 평가되고 결정을 내릴 때 사용되는 경향이 있었다. 그러나 학생들의 사전신념과 불일치했을 때, 이 정보는 낮게 평가되고 결정에서 덜 사용되는 경향이 있었다.

소비자 행동 영역에서 이루어진 기점과 조정 연구는 많은 소비자가 이 간편법을 습관적으로 사용한다는 것과 몇몇 예에서 이것이 판단의 정확성을 실제로 개선한다는 것을 보였다. 이것은 판단하는 평가자가 자신이 판단하는 사람들과 매우 유사할 때 일어나는 경우이다. 그러나 만일 평가자가 표적대상과 유사하지 않다면, 기점은 불충분한 추정을 가져올 수 있다.

3) 가치 판단

무언가가 일어날 가능성을 판단하는 것 외에도, 소비자는 자신이 내릴 결정의 잠정적 결과의 좋고 나쁨을 평가한다. 앞서 언급했듯이, 한 대상의 속성들이 좋다/나쁘다는 인식이 그 대상에 대한 소비자의 태도에 영향을 미칠 것이다. 두 가지 일반적인 유형의 요인들이 잠정적 결과의 좋음-나쁨에 대한 사람들의 판단에 영향을 미친다. 첫 번째는 소비자가 대안들에 어떻게 가치를 정하느냐고, 두 번째는 소비자가 결과와 자신의 기억 사이에 형성되었던 연합의 좋음-나쁨과 그 결과를 어떻게 연결하느냐이다. 이번에는 이러한 요인들에 관해 언급할 것이다.

(1) 득과 실의 판단

득과 실의 판단은 어떤 준거점에 근거하여 결과의 좋고 나쁨을 평가하려는 개인의 심리과정이다. 인간이 내리는 결정에 대한 불완전성 때문에 조망의 변화에 따라 이러한 선호가 바뀔 수 있는 것에 근거하여, 카너만과 트버스키(Kahneman & Tversky, 1979, 1984)는 사람들이 대상의 좋고 나쁨을 어떻게 판단하는가를 이해하기 위해 조망이론(prospect theory)을 제안하였다. 조망이론에 의하면, 결과의 좋고 나쁨에 대한 개인적 평가는 그 결과의 수준과 준거점 또는 순응수준과 관련이 있다. 즉, 이 이론은 주어진 결정 틀(decision frame)과 관련되어 인식된 맥락이 결정과정의 결과에 영향을 준다고 가정한다. 결정 틀은 다음에 언급할 것이다.

조망이론에 따르면, 한 대안의 좋고 나쁨에 대한 개인의 심리적 평가는 그

조망이론

결과의 좋고 나쁨에 대한 개인적 평가는 그 결과의 준거점과 관련된다는 이론으로, 주어진 결정 틀과 관련되어 인식된 맥락이 결정과정의 결과에 영향을 준다고 가정함. 이 이론은 자극의 심리적 가치가 실질적 가치와 다르며, 이것이 사람들로 하여금 득과 실에 다르게 반응하도록 만든다고 주장함

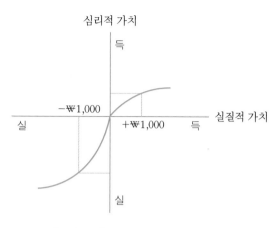

[그림 11-1] 조망 이론에서의 가치함수

대안의 가치에 대한 객관적이거나 실질적인 평가와 반드시 일치하지 않는다. 이러한 실질적 가치와 심리적 가치 간의 차이가 [그림 11-1]에 제시되어 있는 가치함수에서 나타난다. 가치함수는 득과 실에 대한 실질적인 가치 그리고 행동과정으로부터 초래할 수 있는 득과 실에 대한 심리적 가치 사이의 관계로 정의된다(Hempel & Daniel, 1992; Wright & Lutz, 1992). 다시 말해, 가치함수는 잠정적 결정의 결과와 관련된 즐거움과 고통을 반영하는 것으로 득과 실의 실질적 가치와 심리적 가치 간의 관계에 대한 함수이다.

[그림 11-1]에 있는 가치함수는 다음과 같은 네 가지 중요한 속성을 가지고 있다(Kahneman & Tversky, 1984; Tversky & Kahneman, 1979, 1981).

첫째, 어떤 대상의 판단은 득과 실로 정의되기 때문에 중립적인 준거점으로부터 상대적인 득과 실의 관점에서 나타난다. 그림에서 보듯이 같은 값도 득과 실로 분리되어 나타날 수가 있다. 예를 들어, 컵의 물이 반 정도 있을 때, 반이라는 물의 양도 "반이나 남았다"(득)라는 것과 "반밖에 안 남았다"(실)라는 것처럼 득과 실로 분리될 수 있다.

둘째, S자 모양으로 되어 있어서 어떤 현상 근처에서의 득과 실은 무척 민감하지만, 그것에서 멀어질수록 덜 민감해지며, 따라서 득이나 실이 증가함에 따라서 그것이 가지는 심리적 가치는 감소한다. [그림 11-1]에서 보듯이 실질적 가치에서의 득과 실의 증가에 따라서 심리적 가치도 비례적으로 증가하는 것은 아니다. 어느 지점부터는 심리적 가치의 증가는 둔감해진다. 예를 들어, 처음에 백만 원이라는 금액을 얻었을 경우의 심리적 가치는 크겠지만 나중에 더 큰 금액을 얻는다고 해도 처음보다는 심리적 가치에서의 증가가 크지 않다는 것이다. 이는 실의 영역에서도 마찬가지로 나타난다.

셋째, 실을 회피하는 경향을 보여 준다. 실의 함수는 득의 함수보다 더 가팔라서 같은 양의 득과 실이라도 득보다 실에서 더 큰 영향을 가진다는 것이다. [그림 11-1]에서 보듯이 같은 금액인 1,000원도 득과 실에 따라 심리적 가치가 다르게 나타난다. 득의 경우보다 실의 경우에 심리적 가치가 더 크게 지각된다.

넷째, 심리적 가치가 실질적 가치와 반드시 일치하지 않는다. 예를 들어, 물가를 10% 인상했을 때, 일반 소비자가 느끼는 심리적 가치는 실질적 가치인 10%보다 더 크다는 것을 알 수 있다.

이러한 가치함수가 가지는 네 가지 함의는 다음과 같다. 첫째, 실이 득보다 더 큰 가중치를 갖는다는 것이고, 둘째, 만일 사람들이 득의 영역에 있을 때는 일반적으로 보수적인 행동을 하는 경향이 있고, 셋째, 만일 사람들이 실의 영역에 있을 때는 일반적으로 위험을 추구하는 행동을 하는 경향이 있으며, 넷째, 동일한 결정이 득 또는 실의 영역 어느 쪽에서든지 내려질 수 있다.

이와 같은 함의는 소비자가 위험을 추구하는 행동경향성과 관련이 있다. 일반적으로 사람들은 위험을 피하려는 경향성을 가지지만, 일단 그들이 실의 영역에 있다고 지각하게 되면 위험을 추구하는 행동경향성을 가지게 된다는 것이다. 그 이유는 일단 손실을 보게 되면, 즉 많이 잃을수록 그것이 가지는 심리적 가치는 실제보다 줄어들기 때문이다. 예를 들어, 경마에서 내기하는 경마꾼을 생각해 보자. 경마장의 모든 시합이 끝나 갈수록, 경마꾼들은 점점 더 승산이 없는 말에 돈을 건다. 왜 그럴까? 그것은 이들이 실의 영역에 있기 때문이다(경마꾼 대부분은 영업이 끝나 갈 때쯤이면 돈을 잃는다). 각각의 추가적인 손실이 더 적은 심리적인 가치를 가지기 때문에, 경마꾼들은 만회하려고 더 큰 위험을 기꺼이 추구한다. 백만 원을 잃은 사람의 경우, 백만 원을 따서 손실을 만회하는 것은 추가로 백만 원을 잃는 것보다 더 큰 심리적 가치를 갖는다.

(2) 조망이론과 결정 틀

앞의 네 번째 함의에서 언급했듯이, 조망이론의 요점 중의 하나는 같은 결정 문제가 다른 형태로 제시될 수 있다는 것이다. 더욱이 형태가 다르게 제시될 경우, 같은 결정문제는 매우 다른 결과를 유발할 수 있다. 예를 들어, 컵의 물이 반 정도 있을 때, 반이라는 물의 양도 "반이나 남았다" 또는 "반밖에 안 남았다"로 표현할 수 있고, 이는 서로 다른 의미로 해석될 수 있다. 이처럼 같은 결정문제가 제시되는 형태(예, 득/실)를 '결정 틀(framing)'이라 한다.

제시형태에서의 다양성으로 인해 나타나는 결정에서의 변화가 결정 틀 효과이다. 문제의 기본적인 구조는 변하지 않더라도, 문제의 표면적 제시형태에서의 변화가 판단과 결정에 영향을 준다(Kahneman & Tversky, 1984). 다시 말해, 같은 결정문제가 결정자의 준거점에 근거하여 득 또는 실로 구성될 수 있고, 결정이 득으로 구성된다면 위험회피가 예상될 수 있지만, 결정이 실로 구성된다면 위험추구가 예상될 수 있다(Smith & Perger, 1995). 따라서 틀 효과에 의하면, 사람에게 같은 결정문제를 다르게 묘사해서 제시하면 반응에서 차이가 나타난다.

한 연구는 틀이 소비자 선호에 영향을 준다는 증거를 발견하였다. 이 실험에서 응답자는 75% 살코기 혹은 25% 지방으로 묘사된 간 소고기에 대한 그들의 인상을 기술하였다. 같은 정보가 소비자에게 주어졌음에도 불구하고, 제품은 긍정적 또는 부정적으로 구성되었다. 응답자의 반응은 4점 척도(예, ① 맛 좋음/맛 나쁨, ② 느끼함/느끼하지 않음, ③ 품질 높음/품질 낮음, ④ 지방/살코기)에서 평정되었다. 각각의 경우에 평가는 틀 조작에 따라 유의하게 달라졌다. 간 소고기가 75% 살코기로 묘사되었을 때, 응답자는 25% 지방으로 묘사되었을 때보다 지방이 적고, 맛이 좋고, 덜 느끼며, 품질이 높은 것으로 평가하였다(Levin, 1987). 이 연구는 촉진 메시지에서 정보를 제시하는 틀이 소비자가 정보의 좋고 나쁨을 평가하는 데 강력한 영향을 줄 수 있음을 보여 준다(Block & Keller, 1995 참조).

아울러 틀과 조망이론에 관한 연구는 제품의 가격변화에 대해 소비자가 어떻게 반응하는가에도 적용할 수 있다. 가격변화가 제품의 기본가격에서의 변화로 틀을 잡으면, 그 영향은 가격변화가 조망이론 곡선의 영점에서부터의 변

결정 틀
동일한 결정문제가 제시되는 형태

결정 틀 효과
제시형태에서는 다양성으로 인해 나타나는 결정에서의 변화

화로 틀을 잡을 때만큼 크지 않을 것이다. 이것이 의미하는 바를 알기 위해서 제품가격이 100만 원에서 5만 원이 인하되었다고 가정해 보라. 제품의 기본가격으로부터의 변화로 틀을 잡으면, 가치함수 곡선의 모양으로 인해 소비자에게 미치는 가격인하의 영향은 적을 것이다. 다시 말해, 100만 원에서 5만 원을 인하한 95만 원의 할인가는 작은 변화이다. 그러나 만일 가격변화가 제품의 기본가격과는 독립적으로 5만 원의 득으로 틀을 잡으면, 가치함수 곡선은 원점을 통과하는 부분에서 더 가팔라서 이러한 가격변화는 훨씬 큰 심리적 영향을 가질 것이다. 이러한 후자 틀의 경우에 5만 원은 다른 무언가를 구매할 수 있는 주운 돈처럼 느껴질 것이다[틀과 조망이론에 근거한 가격변화에서의 소비자반응에 관해서는 양윤과 이주현(1998) 논문을 참조].

기업은 소비자가 가격할인을 제품의 기본가격에서의 변화가 아니라 어느 액수만큼의 득으로 지각하게 할 수 있을까? 기업이 사용하는 많은 촉진전략은 이를 위해 수립되었다. 예를 들어, 미국에서 널리 사용되는 '리베이트(rebate)' 전략은 가격변화를 기업에 유리하도록 틀을 잡는 데 특히 유용하다. 22,000달러의 차를 구매한 후에 500달러의 수표를 소비자에게 우송함으로써, 자동차 회사는 소비자가 그 돈을 500달러의 득이라고 생각하게 만든다. 만일 구매 시에 가격을 500달러 할인했다면, 소비자는 그것을 꽤 다르게 해석했을 것이다. 심리적으로 21,500달러는 22,000달러와 크게 다르지 않다. 그러나 500달러의 리베이트는 큰돈처럼 느껴질 것이다.

선물과 같은 다른 판매촉진전략들도 리베이트와 같이 작용한다. 예를 들어, 소비자가 비싼 양복을 구매하고 1개 또는 2개의 고급 실크넥타이를 덤으로 받는다면, 소비자는 넥타이를 양복 비용과는 독립적으로 평가할 것이다. 소비자는 넥타이 5만 원의 가치를 50만 원의 양복 가격으로부터의 할인이라기보다는 득으로 지각할 것이며, 결과적으로 이는 훨씬 더 큰 심리적인 가치를 제공할 것이다. 일반적으로 틀 효과 때문에 리베이트와 선물 같은 판매촉진 전략은 단순한 가격인하보다 더 효과적이다[틀과 조망이론에 근거하여 묶음제품에서의 소비자 행동을 연구한 양윤과 이은혜(2005) 논문 참조].

2만 원과 1만 9,900원의 차이

홈쇼핑 방송을 보다가 이 말만 들리면 전화기를 드는 주부들이 많다. 말이 폭탄가격이지 원래 2만 원이던 것이 100원 인하된 경우가 많다. 하지만 2만 원과 1만 9,900원은 천지차이이다. 사람들은 뒷자리 100원이 아닌 앞자리 1만 원 단위의 변화에 더 집중하기 때문이다.

미국 콜로라도주립대학교의 매닝(Manning) 박사와 워싱턴주립대학교 스프로트(Sprott) 박사 공동연구진은 지난달 말 『소비자 연구 저널』지에 소비자들이 가격표에서 첫째 자릿수의 변화에 더욱 민감하다는 이른바 '왼쪽 자리 효과(left digit effect)' 연구결과를 발표했다.

연구진은 학생들에게 먼저 2달러와 4달러짜리 가격표가 붙은 펜을 제시했다. 이어 2달러는 그대로 두고 4달러만 3달러 99센트로 바꿨다. 그러자 44%가 가격이 높은 3달러 99센트짜리 펜을 선택했다. 하지만 2달러를 1달러 99센트로 바꾸고 4달러는 그대로 뒀을 때는 가격이 높은 펜 선택 비율이 18%로 줄어들었다. 단 1센트의 차이가 구매 형태를 완전히 바꾼 것이다.

소비자 심리학자들은 사람들이 글을 왼쪽에서 오른쪽으로 읽어 가게 되면서 자연스럽게 숫자도 맨 왼쪽 자리에 집중하게 됐다고 설명한다. 즉, 4달러짜리 펜이 3달러 99센트로 바뀌면 1센트 차이가 아니라 첫 자리인 1달러 변화로 인식해 가격이 크게 떨어졌다고 생각한다는 것이다.

출처: 이영완(2009). 2만 원과 1만 9900원의 차이. 조선일보, 3월 2일에서 재인용.

(3) 시간 틀과 득실의 판단

시간은 소비자와 경영결정에서 중요한 역할을 한다. 시간이 결정에 영향을 주는 한 가지 방법은 미래에 발생할 득과 실의 가치를 절감하는 것이다. 다시 말해, 결정이 내려진 시점과 그 결정에 의한 득 또는 실이 현실화하는 시점 사이의 시간간격이 가치판단에 영향을 미친다. 연구자들은 소비자가 심리적으로 득과 실을 다르게 절감한다는 것을 발견하였다. 즉, 소비자는 100만 원을 1년을 기다려서 받는 것보다 지금 받으려 할 것이지만, 소비자는 100만 원을 지금 내는 것보다 1년 후에 지출하려 할 것이다(Mowen & Mowen, 1991). 바꿔 말하면 소비자는 자신의 득을 현시점에서 챙기고, 실을 뒤로 미루는 것을 좋아한다. 따라서 시간에 의해 득과 실의 가치는 현시점에서 극대화되고 미래에 감소하기에, 소비자는 현시점에서 득을 챙기고 실을 지연시킨다[시간적으로 분리된 틀에 가격정보를 제시하는 것이 소비자의 구매의도에 어떠한 영향을 주는지를 연구한 하영원과 한혜진(2002)의 논문 참조].

마케터는 이러한 선호경향을 이용하는 판매촉진 전략을 개발할 수 있다. "지금 구매하고 나중에 지출하세요"라는 광고 메시지는 지출을 미루길 원하는 소비자의 경향에 근거를 두고 있다. 소비자가 제품이나 서비스를 지금 받고 후에 돈을 지출하도록 하는 것을 '지연-지출 효과'라고 한다. 사람들이 미래의 손실에 대한 심리적 가치를 절감시키기 때문에 그리고 지금 제품을 갖는 것이 그들에게 중요하기 때문에, 많은 소비자는 현재 자신이 원하는 것을 갖기 위해 미래에 높은 액수를 기꺼이 지출한다. 신용카드의 '지금 구매-나중 지출계획' 그리고 모든 종류의 대출은 이 지연-지출 효과 때문에 소비자에게 매력적으로 보인다(Hoch & Lowenstein, 1991).

무언가가 실제로 일어난 때와 무언가가 일어날 수 있었던 때 사이의 시간 차이도 무언가의 좋고-나쁨에 대한 소비자판단에 영향을 미친다(Meyers-Levy & Maheswaran, 1992). 만일 어떤 소비자의 컴퓨터가 보증기간이 만기된 지 6개월이 지나서가 아니라 만기일 바로 다음 날 고장이 났다고 생각해 보라. 긍정적인 결과물을 방금 놓치게 되면, 사람들은 더 강한 감정반응을 보인다. 만일 독자 여러분이 백화점 매장에서 맘에 드는 제품을 보고 나서 잠깐 다른 매장에 들렀다 그 제품을 구매하기 위해 다시 갔을 때, 점원으로부터 조금 전에 팔렸다는 얘기를 듣는다면 독자 여러분의 마음은 어떨까 상상해 보라. 이러한 시간 차이는 광고에서 실제로 사용된다. 예를 들어, 장기(예, 간, 신장 등)기증을 간청하는 공익광고는 일주일 차이로 간을 받지 못해 죽은 아이들의 이야기를 들려준다(Meyers-Levy & Maheswaran, 1992).

소비자의 자기통제는 미래에 발생할 큰 손실을 절감하는 현상으로 설명할 수 있다. 소비자의 자기통제는 현재는 기쁨을 주지만 미래에는 근심을 줄 구매를 피하는 사람의 능력을 말한다. 왜 어떤 소비자는 자신의 충동을 통제하는 데 큰 어려움을 가질까? 예를 들어, 음식 혹은 마약 중독자들은 과자나 대마초

지연-지출 효과
소비자가 제품이나 서비스를 지금 받고 나중에 돈을 지불하도록 하는 마케팅 기법

를 줬을 때 충동을 견디지 못한다. 이런 불행한 사람에게 있어서 현재 과자나 마약을 얻는 기쁨은 압도적이고, 그것을 섭취함으로써 생기는 잠재적인 손실은 시간적으로 먼일이다. 결과적으로 중독자들은 지금 소비하고 나중에 후회한다. 어떤 사람들에게는 현재의 즐거움이 너무 크고 미래의 손실 절감도 너무 커서 자기통제가 불가능하다(Hoch & Lowenstein, 1991 참조).

마지막으로 이러한 절감과정은 쿠폰만기일이 왜 상환패턴에 강하게 영향을 미치는지를 설명한다. 다시 말해, 쿠폰만기일 직전에 쿠폰상환은 증가한다(Inman & McAlister, 1994). 이 결과에 대한 한 가지 설명은 쿠폰만기일이 한참 남아 있다면, 소비자는 쿠폰을 사용하지 않아서 생기는 손실을 절감한다는 것이다. 그러나 만기일이 다가옴에 따라 쿠폰을 상환하지 않아 생기는 손실은 크게 지각되며, 이에 따라 쿠폰사용이 증가한다.

(4) 기억과 가치 판단

결정의 가능한 성과를 고려하는 과정에서, 소비자는 과거의 유사한 사건에서 의미를 회상한다. 이러한 의미기억은 다양한 대안들의 좋고 나쁨을 어떻게 해석하고 평가하는지에 영향을 주는 의미를 제공한다. 의미에는 두 가지 유형이 있다(Richins, 1994). '공적 의미'는 외부 관찰자와 사회관습에 의해 부여된다. 예를 들어, 빨간색 셔츠는 우리나라에서 '붉은 악마'의 축구 열성응원단의 의미가 있다. 반대로 '사적 의미'는 개인이 가진 사적 기억과 연상이다. 사적 의미의 한 유형은 향수(nostalgia)이다.

향수는 과거에 대한 갈망, 어제에 대한 열망, 또는 옛 시절과 연합된 소유와 활동에 대한 맹목적인 사랑을 의미한다(Holbrook, 1993). 연구는 향수의 표적이 일반적으로 10대 후반과 20대 초반에 경험한 것들이라고 제안한다. 예를 들어, 음악에 대한 향수는 개인이 대략 23세쯤일 때 인기 있었던 노래들로 모이는 듯하다(Holbrook & Schindler, 1989). 광고인은 중년소비자가 자신의 청년시절을 회상하게 하는 향수소구를 통해 이 집단에 접근하는 경향이 있다.

한 연구는 향수가 개인차 변수라고 제안하였다(Holbrook, 1993). 이 연구는 여러 다른 시기에 개봉되었던 아카데미상 수상 영화들의 선호를 평가하였다. 결과는 여성이 남성보다 더 향수적인 경향을 보인다고 보고하였다. 게다가 더

표 11-2	향수 척도

1. 기업은 예전에 그랬던 것만큼, 제품을 만들지 않는다.
2. 좋았던 옛 시절에 모든 것들이 더 좋았다.
3. 제품들은 더 나빠지고 있다.
4. 기술의 변화는 더 밝은 미래를 보장할 것이다. (역)
5. 역사는 인간 복지에서의 꾸준한 개선을 포함한다. (역)
6. 우리는 삶의 질에 있어서 쇠퇴를 경험하고 있다.
7. GNP의 꾸준한 증가는 인간의 행복증진을 가져왔다. (역)
8. 현대의 사업은 항상 더 나은 내일을 만든다. (역)

출처: Holbrook, M. B. (1993). Nostalgia and consumption preference: Some emerging patterns of consumer tastes. *Journal of Consumer Research, 20*, 245-256.

향수적인 사람이 폭력적인 영화보다 뮤지컬을 더 좋아하는 경향이 있었다. 마지막으로 문화적 취향에서의 차이를 반영하듯이, 남성이 여성보다 더 폭력적인 영화를 선호하였다. 〈표 11-2〉는 '향수의 경향'을 측정하기 위해 고안된 척도를 보여 준다.

향수가 대안의 좋음과 나쁨에 대한 개인의 결정에 어떻게 영향을 주는가? 향수가 과거경험에 대한 실제보다 더 즐거운 기억이기 때문에, 상표가 이러한 유형의 긍정적인 기억들과 연결될 수 있다면 기억으로부터의 긍정적인 감정이 상표로 전이될 것이다. 이러한 방식으로 소비자의 상표에 대한 평가는 긍정적으로 영향을 받을 수 있다(Holbrook & Schindler, 1994).

4) 다양한 정보의 통합방식

소비자는 제품에 관한 다양한 정보를 접하게 된다. 이들 다양한 정보들이 어떻게 처리되어 제품에 대한 전반적인 평가가 나오는가? 소비자가 제품에 대해 내리는 전반적인 평가는 소비자가 판단해야 할 제품에 관한 정보를 평가하고 결합한 결과이다. 이러한 정보평가와 결합에 관해 설명해 주는 이론이 정보통합 이론이다. 정보통합 이론은 최종 판단에 도달하기 위해 정보가 처리되는 방식에 대한 양적인 기술을 제시한다. 다시 말해, 정보통합 이론은 개인이 많은 정보를 단일의 전반적인 판단으로 결합하는 통합과정에 초점을 둔다(Anderson, 1981).

정보통합 이론
많은 정보가 단일의 전반적인 판단으로 결합되는 통합과정을 설명하는 이론

이러한 통합과정과 관련하여 두 가지 모형이 제시되었는데, 이는 가산 모형과 평균화 모형이다(Anderson, 1965). 가산 모형(adding model)에 따르면, 특정 제품의 각 속성이 갖는 선호의 가치를 단순히 합산하면 그것이 그 제품의 선호도이다. 예를 들어, LG 그램이 가볍고(+4), 디자인이 깔끔하며(+3), 편리한(+2) 제품으로 파악되었다면, LG 그램의 전반적인 평가는 9(4+3+2) 정도의 호감으로 나타난다.

평균화 모형(averaging model)에 따르면, 특정 제품의 각 속성이 갖는 선호의 가치를 합산하여 평균을 내면 그것이 그 제품에 대한 선호도이다. 예를 들어, 앞의 LG 그램의 전반적인 평가는 3{(4+3+2)/3} 정도의 호감으로 나타난다.

따라서 두 모형은 LG 그램의 선호도를 다르게 설명하고 있다. 두 모형을 비교한 연구들은 소비자의 전반적인 제품평가는 평균화 모형에 의해 더 적절히 설명되는 것으로 나타났다(양윤, 1992, 1998). 즉, 좋은 속성과 적당히 좋은 속성 두 가지를 함께 제공하는 것이 좋은 속성 하나만을 제공하는 것보다 소비자의 전반적인 제품평가를 떨어뜨린다는 것이다. 따라서 소비자의 전반적인 제품평가를 좋게 하기 위해서는 많은 제품속성을 제공하지 않는 것이 좋을 것이다.

여기서 잠깐!

● ● ●

선물 두 개는 하나만 못해.

크리스마스를 맞아 큰맘 먹고 연인을 위해 값비싼 스웨터를 선물로 샀다. 그런데 스웨터 하나만 주기엔 뭔가 허전하다. 양말이라도 하나 더 넣을까. 하지만 참는 게 좋다. 최근 연구에 따르면 선물에서는 많을수록 좋다는 '다다익선(多多益善)'이 통하지 않는 것으로 나타났기 때문이다.

미국 미시건대학교 킴벌리 위버(Weaver) 교수는 최근 『소비자 연구 저널』에 발표한 논문에서 선물을 주는 사람과 받는 사람은 선물의 가치를 전혀 다르게 평가한다고 설명했다. 먼저 선물을 주는 사람은 스웨터와 양말의 가격을 더한 것만큼 선물의 값어치를 평가한다. 즉, 다다익선이다.

이에 비해 선물을 받는 사람은 스웨터와 양말을 함께 받으면 스웨터만 받을 때보다 가치를 낮게 본다. 위버 교수는 "선물을 받는 사람은 선물의 값어치를 부분의 합이 아닌 전체 평균치로 평가하기 때문"이라고 설명했다. 고가의 스웨터에 싼 양말이 끼어 있으면 선물 전체의 가치가 양말 때문에 떨어진다는 것이다.

위버 교수는 이와 같은 역설적인 상황을 실험으로 입증했다. 우선 54명을 판매자와 소비자 두 그룹으로 나눠 디지털 음악재생기기인 아이팟 터치와 무료 음악 다운로드 쿠폰을 함께 주거나 아이팟 터치만 주는 두 가지 중 어느 쪽이 더 가치가 있는지 평가하는 실험을 했다. 예상대로 판매자는 대부분 아이팟에 쿠폰까지 함께 주는 것이 더 가치가 있다고 봤다. 하지만 소비자 그룹에선 아이팟만 들어 있는 쪽에 돈을 더 지불할 용의가 있다고 답한 사람이 많았다.

두 번째 실험에서는 호텔을 소개하면서 별 5개짜리 최상급 수영장만 홍보하거나 여기에 별 3개짜리 중급 식당까지 함께 소개하는 것 중 어느 쪽이 더 나은지 알아봤다. 역시 판매자 입장이 된 사람들은 수영장과 식당을 모두 알리는 게 낫다고 봤지만, 소비자 역할을 한 사람들은 수영장만 소개했을 때보다 식당까지 함께 소개한 경우에 돈을 덜 내겠다는 답이 다수였다.

위버 교수는 "호텔 홍보에서 중급 식당 정보는 최상급 수영장처럼 소비자가 확실히 좋아할 정보의 효과를 희석시킨다"며 "상품이든 선물이든 주는 사람이 받는 사람의 입장에서 생각해 보면 해결될 문제"라고 밝혔다.

출처: 이영환(2011). 선물 두 개는 하나만 못해. 조선일보, 12월 22일에서 재인용.

2. 소비자 선택과정

모든 대안을 평가한 후, 소비자는 대안들(예, 상표, 서비스, 또는 매장) 중에서 선택한다. 더 나아가서 소비자는 서로 비교할 수 없는 대안 중에서 선택하기도 한다. 예를 들어, 소비자는 노트북 아니면 의복 또는 여름휴가 아니면 스마트폰 중에서 하나를 선택해야 하는 경우도 있다. 이번에는 소비자의 선택—상표 간의 선택, 비교할 수 없는 대안 간의 선택, 매장 간의 선택—에 관해 살펴보자. 일반적으로 소비자의 선택과정은 제10장에서 다룬 결정과정의 관점에 따라 달라진다. 고관여 조건과 저관여 조건에서의 선택과정이 다르고, 경험 관점에 근거한 선택과정은 또 달라짐에 유념해야 한다. 〈표 11-3〉은 선택과정에 대한 세 가지 접근을 보여 준다.

표 11-3 선택과정의 세 가지 접근

1. 고관여 조건
   1) 보상 모델
      ① 동일가중 보상 규칙
      ② 차등가중 보상 규칙
   2) 단계 전략

2. 저관여 조건(비보상 모델)
   1) 속성결합 규칙
   2) 속성분리 규칙
   3) 속성 값에 의한 제거 규칙
   4) 사전찾기식 규칙
   5) 빈도 규칙

3. 경험적 선택과정
   1) 감정참조 규칙
   2) 상표인식
   3) 기분상태

1) 고관여 조건에서의 선택

고관여와 저관여 조건에서 소비자 선택을 연구한 연구자들은 소비자가 구매대안을 선택하기 위해 사용하는 결정규칙 그리고 소비자가 선택을 위해 정보를 재구성하는 방식에 초점을 두었다(Coupey, 1994). 이러한 연구는 소비자가 어떻게 선택하는지를 설명하고 예측하는 두 가지 유형의 모델을 확인하였는데, 이는 보상 모델과 비보상 모델이다. 보상과 비보상이란 용어는 한 속성에서의 높은 평가가 또 다른 속성에서의 낮은 평가를 보상할 수 있는지를 나타낸다. 보상할 수 있으면 보상 모델이고, 보상하지 않으면 비보상 모델이다. 소비자는 고관여 조건에서 보상 모델을, 저관여 조건에서 비보상 모델을 사용하는 경향이 있다(Dabholkar, 1994). 〈표 11-4〉는 다양한 선택 모델의 예를 보여주며, 자세한 설명은 해당 모델에서 할 것이다.

표 11-4 　어떤 자동차를 선택할 것인가

속성(a)	가중치(w)	기준치(c)	상표 A	대안 상표 상표 B	상표 C	상표 D
연비	4	6	6	5	6	7
가격	3	4	5	4	5	5
승차감	2	6	5	5	6	5
스타일	1	5	6	6	6	5
			$\Sigma a_i = 21$	20	23	22
			$\Sigma w_i a_i = 51$	48	57	58

주 1. 가중치가 확률로 표현될 경우 모든 가중치의 합은 1이 되어야 하지만, 편의상 합을 10으로 하였음.
주 2. 기준치는 소비자가 주관적으로 결정함.
주 3. 각 상표의 속성 값은 편의상 10점 만점이며 수가 클수록 긍정적임.

보상 모델
한 속성에서의 높은 평가가
다른 속성에서의 낮은 평가를
보상하는 방식

보상 모델에 따르면, 사람들은 한 속성에서의 높은 평가가 다른 속성에서의 낮은 평가를 보상할 수 있게 하는 폭넓은 평가방식으로 각 대안을 분석한다. 이러한 유형의 평가과정에서 한 상표의 속성들의 모든 정보가 상표에 대한 전반적인 판단으로 결합한다. 이 과정은 각각의 대안상표마다 반복되며, 전반적으로 가장 높은 선호를 보인 상표가 선택된다. 보상 모델에서 소비자가 정보를 처리하는 방식은 제10장에서 언급한 상표 중심 처리를 따른다. 이러한 보상 모델의 예가 제7장에서 다룬 피시바인(Fishbein)의 대상태도 모형이다.

　　보상 모델의 한 가지 주목할 특징은 어떤 특정한 속성에서의 낮은 평가로 인해 대안 상표가 거부되지 않는다는 점이다. 예를 들어, 소비자가 가속도 속성에서 특정 상표의 자동차를 낮게 평가하더라도 다른 속성에서 높게 평가할 수 있고 선택은 전반적인 평가로 이루어지기 때문에, 소비자는 그 특정 상표를 결국에는 선택할 수도 있다. 어떤 속성에서의 높은 평가가 다른 속성에서의 낮은 평가를 보상할 수 있기에 보상 모델이라고 하는 것이다. 여기서는 보상 모델 중에서 대표적인 동일가중 보상 규칙과 차등가중 보상 규칙을 언급할 것이다.

동일가중 보상 규칙
각 상표별로 모든 속성의 값
들을 더하고 그 값이 최대인
상표를 선택하며, 각 속성의
가중치는 동일한 것으로 다루
는 보상 모델의 유형

① 동일가중 보상 규칙

　　동일가중 보상 규칙의 경우, 소비자는 각 대안 상표별로 모든 속성의 값들을 더하고 그 값이 최대인 상표를 선택한다. 이때 각 속성의 가중치(상대적 중요도)

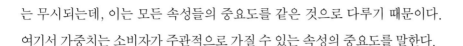

는 무시되는데, 이는 모든 속성들의 중요도를 같은 것으로 다루기 때문이다. 여기서 가중치는 소비자가 주관적으로 가질 수 있는 속성의 중요도를 말한다.

② 차등가중 보상 규칙

차등가중 보상 규칙의 경우, 소비자는 각 대안 상표의 모든 속성값을 고려하되 속성의 가중치, 즉 상대적 중요도도 함께 고려한다. 가중치가 확률로 표현될 때 모든 가중치의 합은 1이 되어야 한다. 소비자는 먼저 각 속성값에 그 속성이 지닌 가중치를 곱하여 각 속성의 가중된 값을 구하고, 그다음에 각 대안 상표의 전반적인 평가를 위해 상표별로 모든 속성들의 가중된 값을 합하여 그 값이 최대인 상표를 선택한다.

속성의 가중치를 같게 하느냐 아니면 다르게 하느냐에 따라 최종적으로 선택되는 상표가 달라질 수 있다. 〈표 11-4〉에서 보듯이, 어떤 소비자가 속성의 가중치를 같은 것으로 볼 경우, 그 소비자는 각 대안 상표에서의 속성값의 합이 가장 높은 상표 C(23점)를 선택할 것이다. 그러나 속성의 가중치를 다르게 하여 연비에 최대 가중치를 적용하면, 소비자는 상표 D(58점)를 선택할 것이다. 물론 동일가중 또는 차등가중 규칙 중 어느 것을 사용해도 선택이 변하지 않는 경우도 있다.

2) 저관여 조건에서의 선택

저관여 상황에서 소비자는 일반적으로 비보상 모델을 사용한다. 이 모델에서는 높게 평가된 속성이 낮게 평가된 다른 속성을 보상하지 못한다. 비보상 모델은 소비자가 한 번에 한 속성에서 대안들을 비교하기 때문에 선택의 위계모델이라고도 한다. 한 속성이 선택되면, 모든 대안이 그 속성에서 비교되며, 그다음에 또 다른 속성에서 모든 대안이 비교된다. 이 과정은 고려할 수 있는 속성이 모두 포함될 때까지 위계적으로 진행된다. 따라서 비보상 모델에서의 정보처리 방식은 속성 중심 처리를 따른다. 그러나 비보상 모델 중 어떤 결정규칙은 상표 중심 처리를 따르기도 한다.

비보상 모델의 한 가지 장점은 이용이 단순하다는 것이다. 소비자가 저관여

차등가중 보상 규칙
각 상표의 모든 속성 값과 속성의 가중치도 함께 고려하여 전반적인 평가에서 가장 높은 점수를 받는 상표를 선택하는 보상 모델의 유형

비보상 모델
높게 평가된 속성이 낮게 평가된 다른 속성을 보상하지 못하는 방식

상황에 있을 때, 소비자는 보상 모델에서처럼 많은 양의 정보를 처리하고 싶지 않을 것이다. 비보상 모델은 최적의 결정이라기보다 만족스러운 결정을 내리기 위해 사용된다(Newell & Simon, 1972). 비보상 모델은 또한 선택의 간편 모델이라고도 명명된다. 이번 장의 초반에서 언급했듯이, 간편법은 완벽한 결정보다는 만족스러운 결정을 하기 위해 사람들이 사용하는 단순규칙이다. 저관여 상황에서 간편 선택모델의 사용은 타당하다. 이러한 경우에 소비자는 완벽한 결정에는 관심이 없고, 단지 '이만하면 충분해'하는 만족스러운 결정을 원한다.

(1) 비보상 모델의 유형

몇 가지 비보상 모델이 확인되었는데, 여기서는 그중 네 가지를 언급할 것이다. 이는 속성결합 규칙, 속성분리 규칙, 속성값에 의한 제거 규칙, 사전찾기식 규칙 등이다(Wright, 1976).

속성결합 규칙
고려하기 원하는 모든 속성에 최소한의 기준을 설정하고, 대안 상표가 이 기준을 통과하지 못하면, 그 상표를 즉시 거부하는 비보상 모델의 결정규칙

① 속성결합 규칙(또는 전체속성 기준초과 규칙)

소비자는 자신이 고려하기를 원하는 모든 속성에 최소한의 기준을 설정한다. 만일 대안 상표가 최소한의 기준치를 통과하지 못한다면, 이 상표는 즉시 거부된다. 만일 기준치가 매우 엄격히 높게 설정된다면, 이 과정의 마지막에 단 하나의 상표만이 남을 수도 있다. 하지만 소비자는 대부분 기준치를 낮게 설정해 몇 개의 상표를 남긴다. 따라서 속성결합 규칙은 소비자가 남아 있는 몇몇 상표 중에서 보상 모델과 같은 더 복잡한 결정방법을 적용하여 선택할 수 있도록 초기에 많은 상표를 걸러내는 역할을 한다.

〈표 11-4〉의 자동차 사례에서 보면, 각 속성에 설정된 기준치를 통과하는 모든 속성을 가진 대안은 상표 C뿐이어서 상표 C가 선택될 것이다. 이러한 속성결합 규칙에서 소비자가 정보를 처리하는 방식은 주로 상표 중심 처리를 따른다. 다시 말해, 한 상표에서 모든 속성이 사전에 설정된 기준치에 도달 또는 초과하는지를 살피고, 그다음 상표로 넘어간다.

속성분리 규칙
우선시하는 몇몇 속성 중에서 적어도 한 속성이라도 최소한의 기준치를 통과하는 대안은 구매고려 대안으로 수용하는 비보상 모델의 결정규칙

② 속성분리 규칙(또는 우수속성 기준초과 규칙)

속성분리 규칙은 고려되는 속성에 최소한의 기준을 설정하고 대안들이 그 속

성에서 평가된다는 점에서 속성결합 규칙과 유사하다. 그러나 속성결합 규칙과 다른 점은 소비자가 고려할 수 있는 모든 속성이 아니라 우선시하는 몇몇 속성 중에서 적어도 한 속성이라도 최소한의 기준치를 통과하는 대안은 구매 고려 대안으로 수용된다는 것이다. 보통 기준치가 매우 엄격해서, 속성분리 규칙에 따라 선택된 대안은 어떠한 속성에서 매우 높게 평가된 것이다. 이는 소비자가 어떤 속성에서 월등한 대안을 원한다고 말하는 것과 같다.

〈표 11-4〉의 자동차 사례에서 보면, 만일 소비자가 연비와 승차감을 중시하여 이 두 속성만을 고려한다면, 상표 A와 B는 제거되지만, 상표 C와 D는 수용된다. 속성결합 규칙을 적용하면 상표 D가 제거되지만, 속성분리 규칙을 적용하면 상표 D가 수용된다. 이러한 속성분리 규칙은 한 가지 대안 이상을 허용하며, 이 규칙에서 소비자가 정보를 처리하는 방식도 주로 상표 중심 처리를 따른다.

속성결합과 속성분리 규칙 간의 주요 차이점을 한 번 더 말하면, 속성결합 규칙에서는 어떠한 속성에서 기준치에 미달하는 대안은 제거되지만, 속성분리 규칙에서는 어떠한 속성에서 기준치를 통과하는 대안은 수용된다. 따라서 속성분리 규칙에서의 기준치는 속성결합 규칙에서의 기준치보다 전형적으로 높게 설정된다.

③ 속성값에 의한 제거 규칙

속성값에 의한 제거 규칙의 경우, 선택은 결정자가 중요하다고 생각하는 속성의 서열을 따라 대안을 비교하여 이루어지는데, 대안을 비교할 때 속성의 기준치에 미달하는 대안은 제거된다. 가장 중요한 속성에서 선택이 이뤄지지 않으면, 결정자는 그다음으로 중요한 속성에서 대안을 비교하여 기준치에 미달하는 대안을 제거한다. 이 과정은 단 하나의 대안이 남을 때까지 계속된다.

〈표 11-4〉의 자동차 사례에 이 규칙을 적용해 보자. 우선 네 가지 속성을 중요도에 의해 서열을 매기면 (저자의 경우) 연비, 가격, 승차감, 스타일 순이다. 가장 중요한 속성인 연비의 기준치가 6이어서 상표 A와 B는 제거되고 상표 C와 D는 남는다. 그다음으로 중요한 속성인 가격의 기준치는 4이고 상표 C와 D가 모두 기준치를 초과하기에, 선택은 다음번 속성으로 넘어간다. 세 번째로

속성값에 의한 제거 규칙
속성의 중요 서열에 따라 대안들을 비교하며, 이때 속성의 기준치에 미달하는 대안은 제거하는 비보상 모델의 결정 규칙

중요한 속성인 승차감의 기준치가 6이어서 상표 D는 탈락하고 상표 C가 선택된다. 이러한 속성값에 의한 제거 규칙에서 소비자가 정보를 처리하는 방식은 속성 중심 처리를 따른다.

이 규칙을 요약하면 속성을 중요도에 의해 서열을 매기고, 각 속성에 기준치를 제공하며, 가장 중요한 속성에서부터 시작하여 속성 중요도의 서열에 따라 기준치를 통과하지 못하는 대안을 제거하여 한 가지 대안이 남을 때까지 진행한다.

④ 사전찾기식 규칙

사전찾기식 규칙
속성들을 중요도에 따라 서열
들을 매기고, 가장 중요한 속
성에서 가장 뛰어난 값을 지
닌 대안을 선택하는 비보상
모델의 결정

사전찾기식 규칙은 속성값에 의한 제거 규칙과 매우 유사하다. 두 규칙 모두 속성을 중요도에 의해 서열을 매기고 나서, 가장 중요한 속성에서부터 모든 대안을 비교한다. 그러나 대안을 비교할 때, 두 규칙 간에 차이가 있다. 만일 사전찾기식 규칙이 사용되면, 소비자는 가장 중요한 속성에서 최고의 대안을 선택한다. 만일 가장 중요한 속성에서 대안 간에 차이가 없다면, 소비자는 그다음으로 중요한 속성에서 최고인 대안을 선택한다. 이 과정은 최종적으로 한 가지 대안이 남을 때까지 진행된다. 사전찾기식 규칙에서는 속성값에 의한 제거 규칙과 달리 사전에 설정된 기준치가 없고, 대신에 최고의 속성값을 갖는 대안을 찾는다.

〈표 11-4〉의 자동차 사례에 이 규칙을 적용해 보자. 우선 네 가지 속성을 중요도에 의해 서열을 매기면 연비, 가격, 승차감, 스타일 순이다. 가장 중요한 속성인 연비에서 최고의 값을 갖는 대안은 상표 D이다. 따라서 상표 D가 선택된다. 이러한 사전찾기식 규칙에서 소비자가 정보를 처리하는 방식도 속성 중심 처리를 따른다.

이 규칙을 요약하면 속성들을 중요도에 의해 서열을 매기고, 가장 중요한 속성에서 가장 뛰어난 값을 지닌 대안을 선택하며, 만일 둘 이상의 대안이 남으면, 그다음 중요 속성에서 최고의 대안을 선택할 수 있으며, 이러한 과정은 최종대안이 남을 때까지 진행된다.

⑤ 빈도 규칙

빈도 규칙의 경우 소비자가 저관여 상태일 때, 선택은 '상표의 긍정적 그리고 부정적 속성의 수에 의해 또는 한 상표가 다른 상표보다 뛰어난 속성의 수'에 의해 영향을 받는다(Alba & Marmorstein, 1987). 빈도 규칙이 사용될 때, 소비자는 속성의 상대적 중요도에 주의를 기울이지 않은 채, 한 상표가 다른 상표를 능가하는 속성의 수를 단순하게 세는 것 같다.

빈도 규칙
대안상표의 긍정적 속성이 부정적 속성보다 얼마나 많은지 또는 한 상표가 다른 상표보다 얼마나 더 많이 갖고 있는지에 의해 선택하는 비보상 모델의 결정규칙

3) 단계전략

단계전략에서 소비자는 처음에는 비보상 모델을 사용하고 그다음에 보상 모델을 사용하거나 또는 비보상 모델의 두 가지 규칙을 연속적으로 사용하기도 한다. 예를 들어, 소비자는 대안을 3~4개로 줄이기 위하여 비보상 모델의 속성결합 규칙을 사용하고, 그다음 최종선택을 위해 보상 모델을 사용하거나 아니면 비보상 모델의 사전찾기식 규칙을 사용하기도 한다. 단계전략은 고관여 조건에서 사용되는 경향이 있다.

4) 선택 모델의 사용

한 연구에서 응답자는 자동차를 평가할 7개 속성을 제공받고 다양한 자동차 중에서 선택하였다(Reilly & Holman, 1977). 〈표 11-5〉는 그 결과를 보여 준다. 연구는 대략 61%의 응답자들이 사전찾기식 규칙을 사용하였음을 발견하였다. 다음으로 가장 빈번하게 사용되는 것은 보상 모델(32.1%)이었다. 속성결합 규칙을 사용하여 선택대안을 줄이고 최종선택을 위해 보상 모델을 사용한 단계전략의 사용비율은 5.4%이었다. 이러한 세 가지 전략이 자동차 선택의 98.2%를 설명하였다. 비록 이 연구가 모의구매 상황이며 응답자가 대학생이었음에도 불구하고, 이 연구는 구매결정에서 소비자가 빈번하게 비보상 모델을 사용한다는 것을 보여 주었다. 그러나 주의해야 할 것은 이 연구에서 응답자가 사용하였던 선택 모델의 모든 유형을 분석하지 않았다는 점이다. 예를 들어, 응답자가 속성 값에 의한 제거 규칙 또는 빈도 규칙을 사용하였는지를 분석하지 않았다.

표 11-5 │ 선택 모델의 사용빈도

선택 모델	언어 진술	사용 비율
속성분리 (비보상)	나는 적어도 한 가지 특성에서 정말 좋게 평가된 차를 선택하였다.	0.6
사전찾기식 (비보상)	나는 나에게 있어 가장 중요한 특성을 찾았고, 그 특성에서 가장 좋은 차를 선택하였다. 만일 2개 이상의 차가 그 특성에서 동일하다면, 나는 다음으로 내게 두 번째로 가장 중요한 특징을 찾았다.	60.7
보상 모델	좋은 평가와 나쁜 평가가 균형을 이룰 때 정말 좋은 평가를 가진 차를 선택하였다.	32.1
단계 (속성결합-보상)	나는 우선 어떤 속성에서 정말로 나쁘게 평가된 차를 제거하고 그다음으로 좋은 평가와 나쁜 평가가 균형을 이룰 때 전반적으로 가장 좋게 보이는 하나를 선택하였다.	5.4
기타	(간편법 모델의 여러 다른 유형으로 구성된 범주)	1.8

출처: Reilly, M., & Holman, R. (1977). Does task complexity or cue intercorrelation affect choice of an information processing strategy? An empirical investigation. *Advances in Consumer Research, 4,* 189.

5) 경험적 선택과정

경험적 관점으로부터 소비자는 대안들에 대한 자신의 감정을 고려한 후에 선택한다. 이 관점은 속성에 대한 신념의 형성에 중점을 두지 않는다(Mittal, 1994). 소비자 선택의 몇 가지 유형이 경험적 과정으로 범주화될 수 있는데, 이 것들은 감정참조 규칙, 상표인식의 효과에 의하여 영향을 받는 선택, 그리고 기분에 의해 영향을 받는 선택 등이다.

(1) 감정참조 규칙

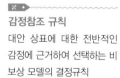
감정참조 규칙
대안 상표에 대한 전반적인 감정에 근거하여 선택하는 비보상 모델의 결정규칙

소비자가 감정참조 규칙을 사용할 때, 그들은 대안에 대한 그들의 전반적인 감정반응에 근거하여 선택한다. 따라서 소비자는 제품속성 또는 속성에 대한 자신의 신념을 확인하기보다는 자신에게 가장 긍정적인 느낌을 주는 대안을 선택한다.

감정참조 규칙은 소비자가 상표충성에 의한 구매를 왜 하는지 그 이유를 설명한다. 상표충성에 의한 구매는 강한 감정적 구성요소를 갖는다. 사실상 강한 상표충성을 나타내는 소비자는 특정 상표에 대해 매우 긍정적인 태도를 확실히 나타낸다. 구매할 때, 소비자는 확장된 또는 심지어 제한된 결정을 잘 하지 않는다. 오히려 소비자는 자신의 느낌을 단순하게 참조한다. 예를 들어, 몇 년 후 어떤 소비자의 트롬 세탁기가 고장이 났다고 하자. 만일 그 소비자가 주저함이 없이 트롬 세탁기 대리점에서 가서 최근 세탁기 모델을 구매했다면, 이 소비자는 상표충성을 나타낸 것이다. 이 소비자에게 세탁기 선택이유를 말하라고 한다면, 이 소비자는 이렇게 말할 것이다. "나는 트롬을 좋아해요. 트롬은 성능이 매우 좋습니다. 나는 결코 세탁기를 바꾸지 않을 것입니다."

한 연구는 선택에 미치는 상표충성의 효과를 보여 주었는데, 그 결과는 세탁세제를 구매하는 소비자는 선택 시 평균 8.5초의 시간만을 소비한다는 것이다(Hoyer, 1984). 분명하게 아주 적은 정보처리가 짧은 시간 동안 일어났다. 연구는 응답자의 90% 이상이 자신이 구매한 상표에 호의적이었음을 발견하였다. 많은 소비자가 상표충성을 기반으로 선택한다.

(2) 상표인식의 효과

상표인식 또한 감정참조 과정을 통해 소비자 선택에 영향을 줄 수 있다. 소비자가 전국적으로 친숙하고 유명한 상표에 매우 긍정적인 감정을 갖고 있어서 새로운 상표가 시장점유율을 높이는데 매우 어려움을 갖는다. 이를 제7장에서 다룬 단순노출 현상으로 설명할 수 있다. 상표를 전국적으로 광고하면 소비자가 그 광고에 빈번히 노출하기 때문에, 소비자는 그 상표에 친숙해진다. 이 친숙성은 긍정적인 감정을 가져오고, 그래서 소비자는 새로운 상표보다 친숙한 상표를 선택하는 경향이 있다(Vanhuele, 1995).

상표인식의 효과는 응답자에게 땅콩버터의 세 가지 대안 상표 중에서 선택하도록 요청한 연구에서 증명되었다(Hoyer & Brown, 1990). 상표인식 조건에서 상표 중 하나는 전국적으로 잘 알려진 상표였다. 비인식 조건에서 3개의 상표 모두 알려지지 않은 지역상표였다. 기대한 대로 인식조건에서 응답자의 93.5%가 전국적인 상표를 선택하였다. 흥미롭게도 연구자들이 상표와는 독립적으로 땅콩버터의 품질을 변화시켰기 때문에, 상표인식의 효과가 땅콩버터

상표인식의 효과
친숙하고 유명한 상표를 선택하는 비보상 모델의 결정규칙

의 실제 맛보다 더 중요하였다. 좋은 맛의 땅콩버터가 잘 알려지지 않은 상표의 용기에 담겼을 때, 응답자가 품질이 떨어지는 대안들을 맛본 후일지라도, 오직 20%만이 좋은 맛의 땅콩버터를 선택하였다. 대조적으로 좋은 맛의 땅콩버터가 전국적인 상표의 용기에 담겼을 때는 77%가 그것을 선택하였다.

이러한 효과는 제조회사와 제조국에도 적용할 수 있다. 유명한 회사인 애플에서 만든 노트북과 잘 모르는 회사인 다우에서 만든 노트북을 비교할 때, 독자 여러분은 어떤 노트북의 품질이 더 좋을 것으로 생각하는가? 아울러 프랑스에서 생산된 포도주와 인도에서 생산된 포도주 중에서 독자 여러분은 어떤 포도주를 선택하겠는가?

마지막으로 이러한 효과는 가격–품질 관계에도 적용할 수 있다. 소비자는 가격이 비쌀수록 품질이 좋다고 생각하는 경향이 있다. 독자 여러분은 자신이 제품을 잘 모를 때, 비싼 것이 품질도 좋을 거라는 생각에 구매한 적은 없는가? 가격–품질 간에는 긍정적 상관관계가 있을 거라는 소비자의 생각은 착각이지만, 이러한 착각이 소비자의 선택에 분명히 영향을 준다.

가격–품질 관계
비싼 제품이 품질도 좋을 거라고 생각하는 소비자의 경향성

CHAMPS-ELYSEES

GUERLAIN
PARIS

[그림 11-2] 제조국 간편법의 광고 예

(3) 선택과 기분

소비자의 기분상태는 소비자가 선택에서 결정과정을 사용할 것인지 아니면 경험접근을 사용할 것인지에 영향을 준다. 한 연구에서 긍정적 기분의 사람은 정보소구보다 감정소구에 더 호의적으로 반응하였지만, 반대로 부정적 기분의 사람은 정보소구에 더 호의적으로 반응하였다. 이 연구자들은 이러한 결과를 선택과정으로 확장하였다. 사람의 기분이 부정적일 때, 그들은 제품선택에 있어 정보적 접근인 결정과정에 의존하는 경향이 있었지만, 반대로 그들의 기분이 긍정적일 때, 그들은 특정한 상표를 사용하는 것에 대한 그들의 느낌과 환상에 더 초점을 두는 경험접근을 사용하였다(Gardner & Hill, 1988).

6) 비교할 수 없는 대안 간의 선택

소비자 선택은 항상 비교가 가능한 대안들(예, 갤럭시S 대 아이폰) 사이에서만 일어나는 것은 아니다. 소비자는 고급 디지털카메라와 세련된 정장 사이에서 하나를 선택해야 하는 경우도 있다. 물론 두 가지 모두를 구매하면 좋겠지만, 재원이 한정적이라면 선택은 피할 수 없다. 그런데 전통적인 선택 모델은 결정자가 대안들의 공통적인 속성에 근거하여 신념을 형성하도록 하므로 여기서는 사용할 수 없다. 구매대안들이 가격 이외의 공통적인 속성을 가지고 있지 않을 때 소비자는 어떻게 해야 하는가?

응답자들이 비교할 수 없는 대안 중에서 선택하도록 한 연구에서, 연구자들은 두 가지 경향을 주목하였다(Johnson, 1984; Kahn, Moore, & Glazer, 1987). 첫 번째, 응답자들은 그들이 대안을 비교할 때 추상적인 속성들을 많이 사용하는 경향이 있었다. 따라서 응답자들이 카메라와 양복을 비교할 때, 그들은 필요성, 스타일, 비용, 혁신성과 같은 속성들에 중점을 두었다. 두 번째, 응답자들은 대안에 대한 전반적인 태도를 비교하는 것과 같은 전체적인 전략을 사용하였다. 추상적인 속성에서 각 대안을 비교하는 것 외에도, 응답자들은 다양한 제품들의 전반적인 인상을 형성하고 비교하기 위해 각각의 대안을 개별적으로 평가하는 경향이 있었다(Coupey & DeMoranville, 1996).

이러한 비교할 수 없는 대안 간의 선택에서 많은 소비자가 직면할 수 있는

실용재
도구적이고 기능적인 편익을 주로 제공하는 제품

쾌락재
즐거움, 재미, 짜릿함 등의 감정적인 편익을 주로 제공하는 제품

고민이 실용재와 쾌락재 중에서 하나를 선택해야 하는 경우일 것이다. 실용재는 도구적이고 기능적인 편익을 주로 제공하며, 쾌락재는 즐거움, 재미, 짜릿함 등의 경험적 소비의 특징을 지니고 있다(Strahilevitz & Myers, 1998). 실용재의 예로는 필기구, 교통카드, 에어컨, 컴퓨터 등이 그리고 쾌락재의 예로는 초콜릿, 아이스크림, 여행상품, 호텔 숙박권 등이 있다. 이러한 실용재와 쾌락재를 구분하기 위해 개발된 한 척도에서 실용재의 특성은 효과적인, 도움이 되는, 기능적인, 필요한, 실용적인 등이었으며, 쾌락재의 특성은 재미있는, 신나는, 즐거운, 짜릿한, 즐길 수 있는 등과 같은 정서적 편익이었다(Voss, Spangenberg, & Grohmann, 2003).

그런데 한 가지 흥미로운 점은 쾌락재 소비가 실용재 소비에 비해 더 많은 죄책감을 유발한다는 것이다. 이러한 이유는 소비자가 쾌락재의 단기적인 감각적 즐거움과 실용재의 장기적인 긍정적 결과 간의 차이를 인지하기 때문이다(Kivetz & Simonson, 2002).

기존연구들에서 실용재와 쾌락재가 단독으로 주어졌을 경우, 소비자는 쾌락재의 매력도를 더 높게 평가해 더 높은 구매의도를 보인다. 그러나 실용재와 쾌락재가 함께 제공됨으로써 특성의 비교가 가능한 경우에는 실용재가 가진 도구적 기능성에 더 높은 가치를 부여하고 감각적 즐거움을 위한 쾌락재 선택에는 죄책감을 느낀다. 한 연구에서, 소비자는 쾌락재인 저녁식사 상품권과 실용재인 식료품 상품권이 단독으로 제시되었을 때 저녁식사 상품권에 더 높은 가치를 매겼지만, 두 대안이 함께 제시되는 상황에서는 식료품 상품권을 더 많이 선택하였다(Okada, 2005).

그러나 쾌락재 소비가 소비자에게 향락 및 쾌락과 같은 강한 감각적 즐거움을 예상하게 하므로 죄책감을 감소시켜 줄 수 있는 정당성이 제공되면 실용재보다 쾌락재를 선택하려는 경향성이 증가한다. 예를 들어, 한 연구에서 소비자는 일반적인 구매상황보다 봉사활동을 상상함으로써 이타적 행동을 점화시킨 조건에 있을 때 약 두 배 이상 쾌락재를 선호하였다(Khan & Dhar, 2006). 마찬가지로 또 다른 연구에서, 쾌락재에 저지방이라는 라벨을 첨부하거나 사전조건으로 약간의 돈을 기부할 때, 그리고 열심히 노력한 경우 소비자는 정당성을 획득하여 이후 선택상황에 놓였을 때 실용재의 선호를 쾌락재로 옮기는 양

상을 보였다(Mishra & Mishra, 2011; Wansink & Chandon, 2006). 이러한 결과는 쾌락재 구매에서 오는 죄책감이 정당화 기제를 통해 감소함으로써 즐거움을 주는 대안을 다시 선호하게 된다는 것을 보여 준다.

또한 정당화의 필요성 자체가 줄어드는 경우도 있다. 사람은 어려운 결정에 직면할 때 자신의 선택을 정당화시킬 수 있는 이유를 찾고 싶어 해서 좋은 대안을 선택하기보다 좋은 이유를 제공하는 대안을 선택하는 경향이 있다(Simonson & Nowlis, 2000). 그러나 선택에 따른 책임이 감소하는 경우 정당화의 욕구와 죄책감이 줄어든다. 그 예로 한 연구에서, 타인이 대신 선택하는 조건에 있었던 참가자는 자신의 선택에 책임을 져야 할 필요성이 없었으므로 실용재보다 쾌락재의 선호를 증가시켰다(Mishra & Mishra, 2011). 마찬가지로 타인을 위한 선물을 구매하는 경우에 사람은 쾌락재 구매가 자신의 탐닉적 만족과 무관하다고 간주하기 때문에 죄책감이나 정당화 필요성을 느끼지 않았다(Thaler, 1985).

7) 매장선택

소매상에게 중요한 문제는 소비자가 제품구매를 위해 매장을 선택하는 데 사용하는 요인들이다. 앞에서 살펴본 선택 모델은 이러한 문제와 직접적으로 관련이 있다. 결정 관점에 의하면, 매장은 소비자가 대안매장을 평가하기 위해 사용하는 속성을 확인할 수 있고, 소비자가 고관여 또는 저관여 상태에 있는지를 판단할 수 있으며, 적절한 선택 모델을 확인할 수 있다. 연구자들은 소비자가 자기 집에서 매장까지의 거리, 판매상표의 전반적인 가격, 서비스와 같은 속성들을 고려한다는 것을 발견하였다(Bruner & Mason, 1968).

매장선택에 영향을 주는 또 다른 요인은 결정맥락으로, 이는 이용가능한 선택사양들을 결정자에게 지적해 주는 상황 또는 외부요인을 말한다(Spiggle & Sewall, 1987). 즉, 이용가능한 매장유형, 매장 수, 통신판매의 여부 등이 선택과정에 영향을 준다.

매장선택에 관한 다른 연구는 소비자가 매장결정을 위해 사용하는 선택범주의 유형에 초점을 두었다(Spiggle & Sewall, 1987). 소비자는 매장을 평가하기 위해 제10장에서 살펴본 상표군(의식, 무의식, 비활성, 부적절, 고려군)과 같은 유형을 사용한다. 게다가 연구자들은 매장군의 두 가지 새로운 유형을 발견하였는데, 이는 상호작용군과 고요군이다. 상호작용군은 소비자가 스스로 판매원과 접촉하는 매장으로 구성된다. 이러한 상호작용 매장은 고요군에 있는 매장과 달리 소비자와 판매원 간의 상호작용을 통해 제품을 판매한다. 고요군에 속하는 매장에서는 소비자가 매장에 있는 동안 어떤 판매원과도 상호작용하지 않으려는 경향이 강하다.

3. 극대화 성향[1]

소비자 판단 및 결정과 관련하여 살펴볼 한 가지 흥미로운 주제가 있다. 과거 1970년대 말에 소비자가 최적의 결정(optimal decision-making)을 하느냐 아니면 만족스러운 결정(satisfactory decision-making)을 하느냐라는 주제로 유력 학술지에서 논쟁이 벌어졌었다. 이때 결론은 내려지지 않았고 흐지부지 논쟁도 시들어져서 더 이상 어떠한 관련 논문도 게재되지 않았다. 그러다가 2000년대 초반에 극대화 성향(maximizing tendency)이라는 주제로 관련 논문들이 다시 나타났다. 과거의 최적과 만족 중 어느 것이냐는 논쟁과는 다르게 이번에는 소비자의 성향에 따라 최적과 만족으로 결정이 나눠진다고 본 것이다. 즉, 판단과 결정을 소비자의 개인차로 접근할 수 있음을 보여 준 것이다. 여기서 과거의 최적화(optimization)가 극대화(maximization)로 명칭이 바뀌었고, 만족화(satisficing)는 그대로 적용되고 있다. 이번에는 이 흥미로운 주제인 극대화 성향을 살펴볼 것이다.

합리적 선택이론에 따르면, 인간은 모든 대안과 속성정보에 접근가능하며 선택결과를 극대화하려는 동기를 가진다. 하지만 사이몬(Simon, 1956)은 수많은 옵션이 범람하는 현대 사회에서 극대화는 제한된 정보처리 능력을 지닌 인

---

1) 극대화 성향에 관해서는 신선미, 양윤(2020), 양윤, 정예랑(2018), 양윤, 최현진(2019)의 논문을 참고하길 바란다.

간에게는 부적응적인 결정전략이기에 만족화가 최선의 대안이라고 제안하였다. 수많은 옵션은 소비자에게 자유의지를 느끼게도 하지만 그것이 너무 과하면 선택마비를 일으킬 수 있기 때문이다(Iyengar & Lepper, 1999).

슈왈츠 등(Schwartz et al., 2002)은 사이몬의 주장을 근거로 현재 소비자는 선택가능한 대안의 수가 증가하여 자신의 선택이 최선인지 확신할 수 없는 불확실성이 존재하는 상황에 일상적으로 놓여있으며 이러한 상황에서 소비자는 개인 성향에 따라 만족스러운 결정을 내리기 위해 추구하는 목표를 다르게 설정하며 이에 따라 결정과정 그리고 결정 후 만족 및 후회에 이르기까지 여러 부분에서 큰 차이를 보인다고 주장하였다. 이러한 개인차를 설명하기 위해 탄생한 개념이 '극대화 성향'이다(Schwartz, 2004). 극대화 성향의 정도를 기준으로 개인을 극대자와 만족자로 분류할 수 있다.

슈왈츠 등(2002)은 극대자를 최고의 가능한 결과를 추구하는 개인으로, 만족자를 몇몇 기준에 부합한다면 적정수준의 결과에 만족하는 개인이라고 개념화하였다. 극대화 성향이 높으면 일반적으로 결정의 높은 기준을 가지며 많은 대안을 선호할 뿐만 아니라 결정 어려움을 쉽게 느낀다. 따라서 극대자는 최대 기준을 가지고 충분함을 넘어서서 최고의 제품과 서비스를 얻으려고 열망한다. 반면 만족자는 결정의 높은 기준을 가지고 있지 않아 자신이 설정한 최소 기준만 충족하면 쉽게 제품과 서비스를 선택하고 결정에 만족한다.

이들의 연구에 따르면, 극대화는 극대자가 갖는 초기목적과 전략에 비해 그다지 만족스럽지 못한 최종결과와 관련이 있다. 극대화는 행복, 삶의 만족과 부적 상관이 있었으며, 결정에 대한 후회와는 정적 상관이 있었다. 또한 극대자는 사회적 비교에 더 관여하며 만족자보다 그들의 결정결과에 덜 만족하는 경향이 있었다(Schwartz, 2004; Schwartz et al., 2002). 이것이 '극대화의 역설'로 불린다. 즉, 극대자는 최고의 가능한 결과를 추구하기 위해 더 많은 시간과 노력을 들임에도 불구하고 그들에게 돌아오는 것은 결정에 대한 더 적은 행복과 더 많은 후회이다(Luan & Li, 2017a).

극대자는 객관적 최고를 추구하고(Luan & Li, 2017a), 만족자보다 결정의 어려움을 더 겪으며(Kim & Miller, 2017), 되돌릴 수 있는 결정을 더 선호한다(Shiner, 2015). 또한 이들은 회피적, 의존적 결정양식을 가질 뿐만 아니라(Parker et al.,

2007), 선택의 긍정적 결과뿐만 아니라 부정적 결과를 극대화한다(Polman, 2010). 또한 이들은 절대적 최고기준뿐만 아니라 상대적 최고기준을 추구함으로써 사회적 테두리 안에서 가장 최고가 되려고 한다(Weaver et al., 2015).

극대자와 만족자를 비교한 여러 연구에서, 극대자는 만족자에 비해 더 많은 일자리에 지원해 더 나은 일자리를 찾기 위해 노력하고(Iyengar et al., 2006), 더 많은 메뉴를 고민하여 커피를 주문하며(Carrillat et al., 2011), 끊임없이 자신의 선택이 '옳은 결정'인지 확인하는 경향이 있어 외부정보에 민감하고 사회비교를 빈번히 한다(Weaver et al., 2015). 즉, 극대자는 상대적으로 만족자에 비해 결정을 내리기 위해 더 많은 인지적 노력과 시간을 대안비교에 할애한다(Patalano et al., 2015). 또한 극대자는 부정적 결과에 가중치를 주기 때문에 결정과정에서 최상의 대안을 선택하지 못하는 상황을 피하지 못할 때 얻는 부정적 감정인 후회가 결정을 통해서 얻는 만족과 같은 긍정적 감정을 상쇄시키고 이에 따라 낮은 만족을 보인다(Polman, 2010). 극대자가 단순히 모든 조건에서 더 많은 대안을 탐색하는 것이 아니라, 손실을 회피하려는 동기를 지녔으며 더 나아가 후회를 피하려는 동기가 있어서 만족자에 비해 더 광범위하고 철저한 정보탐색을 한다(Mao, 2016; Patalano et al., 2015).

또 다른 연구에서는 극대자가 상황에 따라 결정결과에 다른 반응을 보였다. 한 연구(Lin, 2015)에 따르면, 극대자는 결정이 공적인 소비를 위한 것인지 사적인 소비를 위한 것인지에 따라 다른 결정을 내렸다. 특히 극대자는 공적 소비에서 본래의 목표인 객관적으로 최고인 결정을 포기하면서까지 남보다 상대적으로 나은 결정을 하려는 모습을 보였다. 이는 극대자가 최고를 선택하려는 경향뿐만 아니라 최고가 되려고 하는 경향이 있음을 밝힌 연구였다. 다른 연구(Shiner, 2015)에서는 극대자가 결정의 변동 가능성에 따라 결정에 다른 태도를 보였다. 극대자는 바꿀 수 없는 결정을 내린 후에는 만족자보다 덜 만족했지만 바꿀 수 있는 결정을 한 뒤에는 극대자 또한 만족자만큼 만족하였다.

비록 극대자와 만족자 간의 비교연구가 이뤄져 왔지만, 만족자의 특성은 비교적 덜 알려져 있다. 그러나 한 연구(Luan & Li, 2017b)에 따르면, 만족자가 극대자에 비해 가치 대비 노력에 중점을 두는 것으로 알려져 있다. 즉, 만족자가 가치 대비 노력에서 최고가치를 추구하는 데는 극대자와 다름이 없었지만, 노력에 비중을 더 두어 가치를 얻기 위한 노력은 덜 하려 한다는 점에서 극대자와 구별되었다. 또한 만족자의 특성이 잘 드러난 한 연구(Luan et al., 2018)에서, 극대자는 자기를 위한 결정과 타인을 위한 결정 모두에서 극대화하는 결정을 하는 반면, 만족자는 자기를 위한 결정에서는 만족, 타인을 위한 결정에서는 극대화하는 것으로 나타났다.

극대화 성향에 관한 연구들에 근거하여 앞으로는 소비자 판단 및 결정을 연구할 때 소비자의 개인차를 고려하는 것이 필요할 것이다. 이를 통해 이 분야의 연구범위를 더 넓힘으로써 소비자의 구매결정을 더 많이 이해할 수 있을 것이다.

소비자의 결정과정에서 대안평가와 선택은 문제인식과 탐색 다음에 나타난다. 대안평가는 소비자가 각 대안에 관한 전반적인 평가를 어떻게 형성하고 결정 관점에서 분석될 수 있는지에 관련된 것이다. 여기에서 연구자들은 이러한 과정들이 고관여 상황에서 일어나는지 저관여 상황에서 일어나는지에 초점을 맞추고 있다. 대안평가는 경험적 관점에서도 분석될 수 있다. 소비자 연구가들은 감정에 기초한 평가에 대해 분석하고 있다.

결정 관점에서 대안을 평가하는 경우에 연구자들은 판단과정에 관여한다. 판단은 사건이 일어나거나 어떤 것이 좋거나 나쁠 가능성을 평가하는 것으로 이루어진다. 사건발생의 가능성을 판단할 때 사람들은 판단 간편법을 사용하는 경향이 있다.

어떤 대안의 장단점을 평가할 때 사람들은 조망이론의 예측을 따르는 경향이 강하다. 조망이론은 자극의 심리적 가치가 실질적 가치와 다르며 이것이 사람들을 득과 실에 다르게 반응하도록 만든다고 주장한다. 조망이론은 소비자가 제품의 가격변화와 마찬가지로 다양한 촉진유형에 어떻게 반응하는지에 대한 이해를 돕는 중요한 시사점을 가진다. 더욱이 그것은 소비자의 위험추구 경향과도 관련이 있다.

소비자는 빈번하게 다양한 대안들 중에서 한 대안을 선택해야 한다. 그러한 선택은 구매하려는 제품이나 서비스에 대해 얼마나 몰입하여 탐색하는지를 포함한다. 선택과정을 분석할 때 연구자들은 선택이 고관여 상황에서 이루어졌는지 혹은 저관여 상황에서 이루어졌는지도 조사해야 한다. 고관여 구매에서 소비자는 보상 모델을 사용하는 경향이 있다. 그들은 처음에는 속성결합 규칙 같은 비보상 모델을 사용하고 나중에 보상 모델을 따르는 단계적 모델을 사용하기도 한다. 반면에 저관여 구매에서 소비자는 일반적으로 비보상 모델을 사용한다. 비보상 모델의 예로는 속성결합, 속성분리, 사전찾기식, 그리고 속성값에 의한 제거규칙 등이 있다.

선택에 대한 다른 관점으로는 경험적 과정이 있다. 여기에서 소비자는 선택의 기초로 감정을 사용한다. 경험적 관점에서 구매와 선택은 감정, 상표충성, 상표인식, 혹은 충동 등에 근거한다.

한편 소비자는 비교할 수 없는 대안들 사이에서 선택해야 하는 상황에 놓이기도 한다. 사실 대부분의 중요한 구매결정은 다른 제품범주를 나타내는 다양한 선택대안들 사이에서의 선택(예, 새 차와 해외여행 중에서 선택)을 포함한다.

마지막으로 극대화 성향이 높으면 일반적으로 결정의 높은 기준을 가지며 많은 대안을 선호할 뿐만 아니라 결정 어려움을 쉽게 느낀다. 따라서 극대자는 최대 기준을 가지고 충분함을 넘어서서 최고의 제품과 서비스를 얻으려고 열망한다. 반면 만족자는 결정의 높은 기준을 가지고 있지 않아 자신이 설정한 최소 기준만 충족하면 쉽게 제품과 서비스를 선택하고 결정에 만족한다.

제12장

구매 후 과정

구매 후 과정은 소비, 선택 후 평가 그리고 제품, 서비스, 아이디어의 처분을 나타낸다. 선택 후 평가의 단계 동안 소비자는 일반적으로 자신의 구매에 대해 만족이나 불만족을 표현한다. 높은 수준의 구매 후 만족을 제공하는 것이 동네식당부터 삼성 같은 대기업에 이르기까지 모든 기업의 주요 목표이다. 이는 반복구매행동이 구매 후 만족에 달려 있기 때문이다.

[그림 12-1]은 소비자의 구매 후 과정에 대한 모델을 보여 주는데, 여기에는 제품사용/소비, 소비자 만족/불만족, 소비자 불평행동, 제품의 처분, 상표충성의 형성 등이 포함된다. 소비단계 동안에 소비자는 제품을 사용하고 경험하며, 이 단계에 뒤따라서 제품에 대한 만족이나 불만족이 형성된다. 만일 소비자가 제품의 성능에 대해 불만족했다면, 그는 아마 제품에 대해 판매자나 제조업자에게 불평할 것이다. 구매 후 과정의 마지막 두 단계는 소비자가 구매제품을 어떻게 처분하는지 그리고 상표충성과 미래의 구매의도를 형성할지에 관한 것이다. 이 장에서는 구매 후 만족/불만족, 소비자 불평행동 그리고 상표충성에 관해서만 살펴볼 것이다.

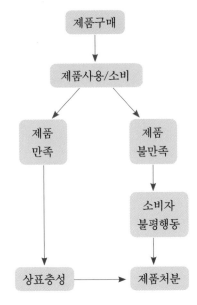

[그림 12-1] 소비자 구매 후 과정의 모델

1. 구매 후 만족/불만족

제품이나 서비스를 소비하고 사용하는 동안과 그 후에 소비자는 만족이나 불만족을 갖는다. 소비자 만족에 대한 정의는 소비자가 제품이나 서비스를 구매하여 사용한 후에 그 제품이나 서비스에 대해 갖는 전반적인 태도이다. 소비자 만족은 특정한 구매선택과 그것을 사용하고 소비하는 경험의 결과로 발생하는 선택 후의 평가적 판단이다(Westbrook & Oliver, 1991).

경영적 관점에서 고객만족을 유지하고 강화하는 것은 중요하다. 스웨덴 기업에 대한 고객의 만족수준을 조사한 한 연구는 5년에 걸쳐 고객만족에서의 연간 1% 증가가 기업의 투자수익에서 11.4%의 증가를 가져왔음을 보여 주었다(Anderson, Fornell, & Lehmann, 1994). 이러한 결과는 만족한 고객이 기업의 미래자금 흐름에 긍정적으로 영향을 줌을 보여 준다. 따라서 경영자는 투자로서의 고객만족을 증가시키기 위한 프로그램을 고려해야 한다.

소비자 만족과 불만족(CS/D)에 기여하는 요인은 무엇인가? [그림 12-2]는 제품이나 서비스를 소비/사용하며, 이에 근거해 제품이나 서비스의 전반적

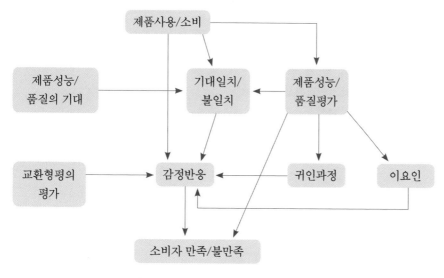

[그림 12-2] 소비자 만족/불만족 모형

인 성능을 평가하는 소비자를 보여 주는 소비자 만족/불만족 모형을 나타낸
다. 이러한 성능의 평가는 제품의 품질평가와 밀접하게 연관이 있다(Cronin &
Taylor, 1992; Teas, 1993). 소비자는 제품을 사용한 후 제품의 품질에 대한 자신
의 인식과 구매 전에 제품의 성능에 대해 가졌던 기대를 비교한다. 실제성능과
기대성능이 얼마나 일치하는지에 따라, 소비자는 긍정, 부정, 또는 중립적 감
정을 경험할 것이다. 이러한 감정반응은 소비자의 전반적인 만족/불만족에서
중요한 역할을 한다. 또한 만족/불만족 수준은 제품성능의 원인에 대한 귀인
뿐만 아니라 교환관계의 형평에 대한 소비자평가에 의해서도 영향을 받는다.

1) 제품성능과 품질의 평가

제품품질은 제품이나 서비스 수행의 우월성에 대한 고객의 전반적인 평가
로 정의된다(Zeithaml, 1988). 지각된 제품성능을 평가하는 데 있어서 주요한
문제는 소비자가 자신의 평가를 위해 어떠한 차원을 사용하느냐이다. 한 연구
자는 제품품질을 평가하기 위한 여덟 가지 차원을 제안하였다(Garvin, 1988).
이 여덟 가지 차원이 〈표 12-1〉에 제시되어 있다. 서비스 분야의 연구자들은
소비자가 서비스의 품질을 평가하는 데 사용하는 다섯 가지 차원을 확인하였

> **표 12-1** 제품품질의 차원
>
> 1. 수행: 주요 속성에서의 성능
> 2. 보조 특성: 주요 속성을 보조하는 속성의 수
> 3. 신뢰도: 제품이 작동하지 않을 가능성
> 4. 내구성: 제품의 수명
> 5. 서비스: 수리 용이성, 종업원의 시간절약, 예의범절 및 시기 적절성
> 6. 심미안: 제품의 외양, 느낌, 또는 소리
> 7. 세부 기준과의 일치: 제품속성의 세부기준에 일치하는 정도
> 8. 지각된 품질: 소비자의 품질지각에 영향을 주는 상표 이미지 및 다른 무형의 요인을 포함한 포괄적인 범주에 대한 평가

출처: Garvin, D. A. (1988). *Managing quality: The strategic and competitive edge.* New York: The Free Press.

> **표 12-2** 서비스 품질의 차원
>
> 1. 실체: 서비스 부서의 물리적 시설, 도구 및 종업원의 상주
> 2. 신뢰도: 서비스를 신뢰할 수 있고 정확하게 수행할 직원의 능력
> 3. 반응성: 고객에게 신속한 서비스 제공
> 4. 확신성: 신뢰와 확신을 불러일으키는 종업원의 능력, 지식 및 예의범절
> 5. 공감: 고객에게 개인화된 주의를 제공하고 고객을 염려하는 종업원의 능력

출처: Parasuraman, A., Zeithaml, V. A., & Berry, L. L. (1988). SERVQUAL: A multiple-item scale for measuring consumer perceptions of quality. *Journal of Retaling, 64,* 12-36.

다(Parasuraman, Zeithaml, & Berry, 1988). 〈표 12-2〉에 그것들을 제시하였다. 이외에 다른 연구자들은 소비자가 소매점을 평가하기 위해 사용하는 품질차원을 제시하였다(Dabholkar, Thorpe, & Rentz, 1996).

2) 만족과 불만족의 형성

소비자 만족/불만족을 이해하고 그것에 영향을 미치는 중요한 모형은 기대 불일치 모형이다. 기대 불일치 모형은 소비자 만족/불만족을 '제품이나 서비스의 경험이 적어도 기대한 만큼 좋았던 것으로 내려진 평가'로 정의한다(Hunt, 1977). 네 가지 부수적인 접근이 소비자 만족/불만족의 형성을 설명할

수 있는데, 이는 형평 이론, 귀인과정, 이요인 이론 그리고 경험에 기초한 감정 등이다. 이 외에 제품의 실제성능이 소비자 만족/불만족에 영향을 주는 것으로 발견되었다(Oliver & DeSarbo, 1988).

(1) 기대 불일치 모형

　소비자 만족/불만족에 관한 기대 불일치 모형은 [그림 12-3]과 같다. 소비자 만족/불만족이 형성되는 과정이 특정 상표의 사용뿐만 아니라 그 제품범주에서 다른 상표의 사용과 더불어 시작한다는 것에 주목할 필요가 있다. 이러한 사용을 통해서 그리고 기업과 타인을 통해서 소비자는 특정 상표가 어떻게 성능을 발휘해야만 하는지에 대한 기대를 발전시킨다.

　다음 단계에서 소비자는 자신의 기대성능을 제품의 실제성능과 비교한다(예, 제품품질의 지각). 만일 품질이 소비자의 기대 이하로 떨어지면, 소비자는 감정적 불만족을 경험한다. 만일 품질이 기대 이상이라면, 소비자는 감정적 만족을 경험한다(Woodruff, Cadotte, & Jenkins, 1983). 만일 실제성능이 기대와 같다고 지각되면, 소비자는 기대 일치를 경험한다(Oliver, 1980). 기대와 실제성능이 일치할 때, 소비자는 제품에 대한 만족을 의식적으로 느끼지 않을 수도 있다. 그래서 비록 기대 일치가 긍정적인 상태일지라도, 그것은 종종 강한 만

기대 불일치 모형
소비자는 자신의 기대와 제품의 실제성능을 비교하여 품질이 기대 이하이면 불만족을, 기대 이상이면 만족을 경험함

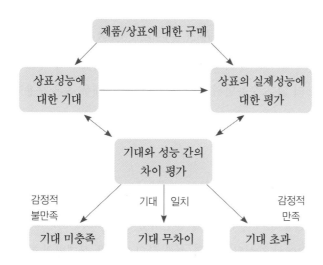

[그림 12-3] 소비자 만족/불만족에 대한 기대 불일치 모형

출처: Woodruff, R. B., Cadotte, E. R., & Jenkins, R. L. (1983). Modeling consumer satisfaction processes using experience-based norms. *Journal of Marketing Research, 20,* 296-304.

족을 유발하지는 않는다. 소비자는 실제성능이 기대성능에 비해 분명히 우위에 있을 때 강한 만족을 경험한다.

제품기대는 제품의 실제성능이 평가되는 기준이다(Woodruff, Cadotte, & Jenkins, 1983). 제품의 기대성능의 수준은 제품 자체의 특성, 촉진요인, 다른 제품의 효과, 그리고 소비자의 특성 등에 의해 영향을 받는다. 제품 자체의 특성을 고려했을 때, 소비자의 제품에 대한 사전경험, 제품가격, 그리고 제품의 물리적 특성 등이 모두 소비자의 기대성능에 영향을 준다. 따라서 만일 특정 제품이 고가이거나 과거에 성능을 뛰어나게 발휘했다면, 그 제품에 대한 소비자의 기대수준은 높아질 것이다.

기업이 광고와 판매원의 의사소통을 통해 제품을 어떻게 촉진하느냐가 또한 기대성능에 영향을 준다. 조사기관의 여러 연구자는 과대광고가 만족시킬 수 없는 기대를 형성한다고 말한다. 아울러 소비자의 기대성능은 다른 유사한 제품과의 경험에 의해서도 영향을 받는다. 예를 들어, 의료서비스의 품질에 대한 소비자의 지각에 영향을 주는 한 가지 주요 요인은 의료서비스가 제공되는 시기 적절성이다. 의사와 병원은 소비자가 은행과 식당에서 경험하는 것만큼이나 다른 의료기관에서의 경험으로부터 시기 적절성에 대한 기대를 형성한다는 사실을 깨달았다.

마지막으로 기대성능은 소비자의 개인 특성(예, 연령, 성격, 학력 등)에 의해서 영향을 받는다(Cadotte, Woodruff, & Jenkins, 1987). 어떤 소비자는 다른 사람보다 제품에 대해 단순히 더 많이 기대한다. 이와 비슷하게 어떤 소비자는 다른 사람보다 더 넓은 수용범위를 갖고 있다. 물론 매우 좁은 수용범위를 가진 소비자는 넓은 수용범위를 가진 소비자보다 더 쉽게 불만족을 느낀다.

(2) 형평 이론

형평 이론
교환 당사자들 간의 투입과 성과 간의 비율이 대략 동일할 때 만족이 일어나지만, 구매자 자신의 비율이 판매자의 비율보다 낮다고 생각될 때 구매자는 불만족을 경험함

연구자들은 사람들이 교환이 형평에 맞고 공정한지 알아보기 위해 자신과 타인 간의 교환을 분석한다는 것을 발견하였다(Adams, 1963). 형평 이론은 사람들이 교환과정에서 자신의 투입과 성과 간의 비율을 상대방의 투입과 성과 간의 비율과 비교하여, 만일 자신의 비율이 더 낮다면 사람들은 불형평의 감정을 느낄 것이라고 설명한다. 다음의 등식은 이러한 비율을 보여 준다.

$$\frac{\text{성과 A}}{\text{투입 A}} = \frac{\text{성과 B}}{\text{투입 B}}$$

A가 교환으로부터 얻는 성과와 교환에 투입한 노력 간의 비율은 B가 교환으로부터 얻는 성과와 교환에 투입한 노력 간의 비율과 비슷해야 한다. 형평 이론에 따르면, 교환과정에 있는 당사자들은 정당하게 또는 형평에 맞게 다루어져야 한다. 따라서 당사자들 간의 투입과 성과의 비율이 대략 동일할 때 만족이 생긴다. 구매자가 자신의 투입과 성과 간의 비율이 판매자의 비율보다 낮다고 생각할 때 그 구매자는 불형평을 경험하며, 이러한 감정은 불만족을 유발한다.

소비자 교환에 있어 투입과 성과는 무엇인가? 소비자의 관점에서 투입은 교환을 가능하게 하도록 사용된 정보, 노력, 돈 또는 시간 등이다. 성과는 교환으로부터 얻는 이득과 채무로, 판매자에게서 받은 제품 또는 서비스, 제품의 성능, 교환으로부터 얻는 감정 등을 들 수 있다.

많은 연구자는 형평 이론이 소비자 행동에 어떻게 적용될 수 있을지를 연구하였다. 한 연구는 소비자와 항공사의 교환과정을 살펴보았다(Fisk & Young, 1985). 소비자에게 있어 투입은 주로 표를 구입하기 위해 지급한 돈이며, 성과는 비행 중에 받는 서비스의 질과 목적지까지 걸리는 시간이다. 이 연구의 결과는 만일 소비자가 평균요금보다 높은 요금을 지급해서 자신의 투입이 크다고 인식하면, 소비자는 서비스에 불만족해하는 경향이 있음을 보였다. 또한 비행이 2시간 동안 지연되어 소비자가 자신의 성과가 나쁘다고 인식하면, 소비자는 더 불만족을 드러내었다[소비자 행동에 있어서 형평 이론의 또 다른 적용은 Huppertz, Arenson, Evans(1978) 논문 참조].

다른 연구자들은 사람들이 거래에서 만족을 느끼기 위해 다른 소비자의 성과를 고려한다는 것을 발견하였다(Mowen & Grove, 1983). 이 연구에서 응답자들은 자동차 구매자의 역할을 하였다. 구매 후에 그들은 다른 구매자가 동일한 차를 더 좋은 또는 나쁜 조건으로 구매했음을 알게 된다. 다른 구매자가 동일한 차를 더 좋은 조건에 구매했을 때, 응답자들은 다른 구매자가 더 나쁜 조건에 구매했을 때보다 자신의 거래와 자동차 판매자에 대해 덜 만족하였다. 이 연구는 제품의 성능 이외의 다른 요인들이 소비자만족에 강하게 영향을 미칠 수 있음을 보여 주었는데, 특히 구매거래의 전반적인 형평성에 대한 평가가 이에 해당한다.

소비자 만족/불만족을 설명하는 형평 이론의 과정이 기대 불일치 모형의 과정과 다름에 주목해야 한다. 기대 불일치 모형에서, 소비자 만족/불만족은 실제성능과 기대성능 간의 비교결과로 일어난다. 반면에 형평 이론에서 만족은 개인의 투입과 성과를 타인의 투입과 성과와 비교함으로써 발생한다(Swan & Mercer, 1982). 소비자 만족에 미치는 형평과 기대 불일치의 상대적인 영향은 어떠한가? 새 차를 구입한 400명 이상의 구매자를 대상으로 한 연구에서 연구자들은 판매원에 대한 만족, 거래에서 형평성의 정도, 그리고 판매원과 구매자의 투입과 성과 등을 측정하였다(Oliver & Swan, 1989). 결과는 구매자 대부분에게 있어 형평성이 매우 자기중심적임을 발견하였다. 다시 말해, 구매자들은 그들의 성과가 크고 판매원의 투입이 클 때 공정한 거래를 하였다고 인식하였다. 또한 연구결과는 형평성이 기대 불일치보다 소비자의 전반적인 만족에 더 큰 영향을 줌을 보여 주었다.

형평 이론의 경영적 함의는 다음과 같다. 첫째, 마케터는 회사가 거래에 추가한 모든 투입에 대해 소비자가 알도록 해야 한다. 둘째, 마케터는 소비자 관점에서의 공정한 거래는 판매원에게는 불공정한 거래로 보일 수도 있음을 알아야 한다. 셋째, 소비자는 형평성에 관한 판단을 하고, 이러한 판단은 기대 불일치보다 소비자 만족에 더 큰 영향을 미칠 수 있다. 따라서 구매자가 좋은 거래를 하고 있으며 판매원이 거래를 위해 많은 것을 포기한다고 구매자가 믿게끔 판매원이 자신의 인상을 관리해야 하기에, 판매원의 업무가 매우 힘들 수 있다. 불행하게도 이러한 인상관리가 판매원이 속임수와 과장을 사용하도록 조장한다.

(3) 귀인과정

소비자의 귀인은 제품 또는 서비스의 구매 후 만족에 큰 영향을 줄 수 있다. 만일 어떤 제품의 성능이 기대 이하라면, 소비자는 그 원인을 찾으려 할 것이다. 만일 소비자가 그 원인을 제품이나 서비스 자체로 귀인한다면 소비자는 불만족을 느낄 것이지만, 그 원인을 우연요인이나 자기 행동으로 귀인한다면, 소비자는 불만족을 느끼지 않을 것이다(Folkes, 1984).

비행기 지연을 경험했던 소비자의 항공사에 대한 만족/불만족을 조사한 한 연구는 만족이 소비자의 귀인유형에 달려 있음을 발견하였다(Folkes, Koletsky, & Graham, 1987). 소비자가 지연을 안개나 결빙과 같이 통제할 수 없는 상황요인으로 귀인한다면, 소비자는 화를 내지 않는 경향이 있었다. 그러나 소비자가 지연을 항공사가 통제할 수 있는 항공사 직원의 행동(예, 정비)과 같은 안정적 요인으로 귀인한다면, 소비자는 화를 내고 불만족하였다. 일반적으로 제품이나 서비스에 대한 소비자의 관여가 높고 경험(예, 지식)이 많을 때, 귀인과정이 소비자 만족/불만족에 강하게 영향을 줄 것이다(Somasundaram, 1992).

(4) 제품의 실제성능

연구자들은 실제적인 제품성능이 기대, 형평, 귀인과는 독립적으로 소비자 만족에 영향을 준다는 강력한 증거를 발견하였다. 따라서 소비자가 제품의 성능이 형편없을 것이라 충분히 예상할 때조차도, 실제로 그렇게 되면 불만족을 느낀다. 주식시장 선정에 대한 소비자만족에 미치는 귀인, 기대, 형평의 영향뿐만 아니라 성능의 영향도 살펴본 연구에서, 성능은 기대와 독립적으로 만족에 영향을 줌을 발견하였다(Oliver & DeSarbo, 1988; Tse & Wilton, 1988). 또한 제품이 평가하기 쉽고 명확할 때, 지각된 제품성능/품질이 소비자만족/불만족에 직접적으로 영향을 준다고 보고한 연구도 있다(Yi, 1992).

(5) 이요인 이론

독자 여러분은 만족의 반대가 불만족이라고 생각하는가? 만일 그렇다면, 만족하면 불만족이 없다는 말인가? 혹시 제품에 대해 만족은 하지만, 불만족을 느낀 적은 없는가? 이요인 이론은 이를 설명해 줄 수 있는 좋은 이론이다. 허즈버그(Herzberg et al., 1959)의 이요인 이론에 의하면, 만족과 불만족은 반대 개념이 아니라 서로 독립적이다. 허즈버그는 사람들은 만족하면서도 동시에 불만족해한다고 하였다. 그는 사람들에게 만족을 주는 요인을 동기요인으로, 불만족을 주는 요인을 위생요인으로 명명하여, 이요인 이론을 동기위생 이론이라고도 부른다. 동기요인은 개인의 활동과 직접적으로 관련되며, 자기표현과 의미 있는 경험을 위한 기회를 포함한다. 위생요인은 작업조건과 회사정책과

이요인 이론
사람은 만족하면서도 동시에 불만족하기에 사람에게 만족을 주는 동기요인과 불만족을 주는 위생요인을 찾아내려는 동기 이론

동기요인
개인의 활동과 직접적으로 관련되며 자기표현과 의미 있는 경험을 제공하는 요인

위생요인
작업조건과 회사정책과 같은 개인의 환경적 특성과 관련되는 요인

같은 개인의 환경적 특성과 관련된다.

한 연구는 이요인 이론에 근거하여 서비스전략에서의 고객만족과 불만족을 다루었다(Tuten & August, 1998). 연구자들은 서비스를 동기요인과 위생요인의 수준에 따라서 네 조건으로 구분하였고, 연구결과는 동기요인(예, 소비자의 경험기회)과 위생요인(예, 서비스 부서의 친절함) 모두를 제공하는 조직이 고객만족을 가장 성공적으로 극대화하며 아울러 고객 불만족을 최소화한다는 것을 보여 주었다.

소비자 만족과 불만족 연구에서 이요인 이론은 다른 이론에 비해 주목을 덜 받았지만, 연구할 가치가 있는 유용한 이론이다. 제품과 서비스 차원에서 어떤 속성이 동기요인과 위생요인으로 작용할지를 구체적으로 밝히는 것이 필요할 것이다.

(6) 감정과 소비자 만족/불만족

소비자 만족/불만족은 경험적 관점에서도 분석될 수 있다. 감정과 소비자 만족/불만족이라는 용어는 소비자 만족의 수준이 소비자가 구매 후 또는 사용 중에 제품이나 서비스와 연합한 긍정적이거나 부정적인 감정에 의해 영향을 받는다는 것을 나타낸다. 구매 후 자동차와 케이블TV 서비스에 대한 만족의 수준을 연구한 한 연구자는 감정반응에 두 차원이 있음을 발견했는데, 이는 긍정적 감정차원과 부정적 감정차원이다(Westbrook, 1987). 흥미롭게도 이러한 감정들은 서로 독립적이다. 다시 말해, 소비자는 구매에 대해 동시에 긍정적이고 부정적으로 느낄 수 있다. 당연히 삶의 다른 영역에서처럼 구매에 대해 기쁨, 흥미, 흥분을 경험하면서 동시에 분노, 혐오, 경멸을 느끼는 것은 가능하다. 따라서 자동차를 구매한 후에 소비자는 차에 대해서는 자랑스럽게 흥분됨을 느끼면서, 동시에 판매원에 대해서는 짜증나고 불쾌한 감정을 느낄 수 있다(Mano & Oliver, 1993).

또한 연구는 소비자 만족/불만족의 측정이 소비자의 감정에 의해 직접적으로 영향을 받음을 발견하였다(Dube-Rioux, 1990). 연구자들은 구매가 감정반응을 유발하고, 감정반응이 소비자 만족/불만족의 감정을 유발하는 관계를 발견하였다. 따라서 기대가 일치했거나 혹은 불일치했다는 인지적인 지식에 더

표 12-3	소비자 만족/불만족에 영향을 주는 요인

1. 기대 불일치
    1) 기대에 영향을 주는 요인
        ① 제품특성
        ② 촉진 요인
        ③ 다른 제품 요인
        ④ 소비자 특성
    2) 실제 성능에 대한 지각에 영향을 주는 요인
2. 형평 지각
3. 원인에 대한 귀인
4. 실제 제품성능
5. 이요인
6. 소비자의 감정상태

해, 구매 후 과정을 둘러싸고 있는 감정도 제품에 대한 소비자의 만족에 영향을 주는 것으로 나타났다. 결과들의 유사한 패턴이 식당과 자동차에 대한 소비자 만족/불만족에서 발견되었다. 감정반응은 소비자의 인지적인 사고(예, 종업원의 조심성, 친절함 등에 대한 신념)와 독립적으로 만족을 예측했다. 특히 자동차 구매와 같은 고관여 상황에서 소비자 만족은 강한 감정적인 요소를 가지는 경향이 있다(Westbrook & Oliver, 1991).

〈표 12-3〉은 구매에 대한 소비자 만족/불만족에 영향을 주는 요인들을 요약하고 있다. 이러한 요인들은 [그림 12-2]에도 제시되어 있다. [그림 12-2]를 보면, 제품을 구매/사용/소비한 후 소비자가 기대일치/불일치, 교환형평의 평가, 제품의 성능/품질평가, 성과의 원인에 대한 귀인, 이요인 등을 포함하는 일련의 인지적이고 감정적인 반응을 경험하게 됨을 알 수 있을 것이다.

또한 [그림 12-2]가 감정과 귀인이 소비자 만족/불만족에 영향을 주는 데 상호작용한다는 것을 묘사하고 있음에 주목하라. 예를 들어, 소비자에게 중요한 제품이 제대로 기능하지 못한다면, 소비자는 즉각적인 감정반응인 분노를 느낄 가능성이 높다. 그러나 분노는 소비자가 귀인을 어떻게 하는가에 영향을 받는다. 실패의 원인이 회사가 통제할 수 없는 요인으로 귀인 된다면, 불만과 분노는 가벼울 가능성이 높다. 만족/불만족의 강도는 제품수행 평가에 대한 소비자 귀인과의 상호작용에 따라 결정된다(Manrai & Gardner, 1991).

또 다른 연구결과는 구매상황에서 소비자의 관여수준이 높아짐에 따라, 구매에 대한 소비자의 만족 혹은 불만족은 강렬해지는 경향이 있다는 것이다(Babin, Griffin, & Babin, 1994). 소비자가 구매에 높게 관여되어 있을 때, 결과가 기대했던 것을 초과한다면, 소비자는 더 높은 수준의 만족을 느낄 것이다. 물론 소비자가 구매에 대해 고관여 상태일 때, 결과가 기대에 못 미친다면, 소비자는 또한 불만족을 강하게 느낄 것이다.

3) 소비자 만족의 측정

소비자 만족에 대한 전통적인 측정법은 사람들의 제품에 대한 전반적인 평가뿐만 아니라 특정한 속성에서의 평가도 포함하였다. 라이커트(Likert) 척도가 종종 이를 위해 사용되었다. 예를 들어, 항공사와 관련된 전반적인 만족도를 평가하기 위해서 질문은 이런 문항을 사용할 수 있다. "전반적으로 나는 대한항공이 제공하는 서비스에 매우 만족했다." 이 문항에 대해 5점 척도에서 반응할 수 있다(전혀 아니다 1 2 3 4 5 매우 그렇다).

만족측정에 대한 새로운 접근은 응답자가 다양한 차원에서 서비스 또는 제품의 수행을 평가할 평정척도를 사용하는 것이다. 이런 유형의 질문은 다음과 같다. "항공사의 서비스가 제때 제공되었는지를 평가하시오." 5점 척도가 이에 사용될 수 있다(전혀 아니다 1 2 3 4 5 매우 그렇다).

또 다른 질문은 고객-근로자 상호작용, 비행기의 미적 요소(예, 비행기는 깨끗했는가?), 그리고 서비스의 신뢰성 등과 같은 항공사 서비스의 다른 특성들에 대한 소비자의 견해를 물어볼 수 있다. 이러한 일반적인 접근은 사실상 어떠한 제품이나 서비스에 대한 만족도를 평가하기 위해 사용될 수 있다.

만족도를 측정하기 위해 라이커트 척도와 기타 평정척도를 사용하는 연구자는 소비자 만족을 마치 태도인 것처럼 다룬다. 그리고 사실상 항공서비스에 관한 연구들은 만족을 태도로 보는 것에 대한 타당성을 확인하였다(Taylor & Claxton, 1994). 이런 이유로 소비자가 제품이나 서비스의 다양한 속성에 다른 가중치를 부여할 가능성이 있다. 즉, 제품이나 서비스의 어떠한 차원은 전반적인 만족에 있어서 다른 차원보다 강한 영향력을 가지고 있을 것이다. 예를 들어, 항공사에 관한 연구는 시간엄수와 기내식의 품질이 소비자에게 매우 중요한 것임을 발견하였다. 만일 비행이 지연되었다면, 만족을 예측하는 데 있어서 시간엄수의 중요성이 증가했을 뿐만 아니라, 비행의 다른 차원에서의 만족평가 역시 비행이 지연되지 않았을 때보다 낮았다. 이러한 결과는 후광효과를 예시하는데, 이는 수행에 대한 한 차원에서의 극단적인 평가는 수행에 대한 다른 차원에서의 평가에 영향을 줄 것임을 나타낸다.

연구자들은 만족도를 측정하는 전통적 방법에서 강력한 긍정성 편향을 확인하였다(Peterson & Wilson, 1992). 다시 말해, 소비자 만족에 대한 자기보고서에서 응답자 대부분은 자신이 만족했다고 말하였다. 이 연구자들은 많은 여러 연구에서 평균적으로 소비자의 65%가 높은 만족도를 보고하였음을 발견하였다. 관리자는 이러한 결과를 주목해야만 한다. 관리자는 소비자 대부분이 높은 만족도를 보인다고 진술한 보고에서 거의 항상 이러한 결과가 서비스 품질과 관계없이 나올 수 있기에 사실상 의미 없다는 것을 인식할 필요가 있다.

이 문제를 해결하기 위한 한 가지 방법은 만족이 아니라 불만족에 관해 물어보는 것이다. 응답자에게 "나는 이 제품에 매우 불만족하였다"라는 진술문에 대해 동의하는지를 물어보는 것이 긍정성 편향을 약화하며, 관리자가 불만족에 집중할 수 있게 해 줄 수 있다.

2. 소비자 불평행동

소비자가 제품이나 서비스에 대해 불만족했다고 느낄 때, 이들은 어떠한 행동을 취하는가? 소비자 불평행동은 소비자가 구매에 불만족했을 때 취하는 모든 유형의 행동을 포함하는 용어이다(Singh, 1988). 연구자들은 다음의 다섯 가지 공통적인 불평행동을 확인하였다.

• 어떠한 방법으로든 매장에 조치를 취한다(Bearden & Teel, 1983).

- 매장의 재이용을 피하고 친구와 가족에게도 똑같이 하도록 설득한다 (Bearden & Teel, 1983).
- 제3의 기관을 끌어들이는 명백한 행동을 취한다(예, 보상을 얻기 위한 법적 조치를 취한다)(Bearden & Teel, 1983).
- 기업이나 기관을 보이콧한다(예, 불매운동을 한다)(Herrmann, 1992).
- 제품이나 서비스를 제공하는 대체기관을 새롭게 만든다(Herrmann, 1992).

처음의 세 가지 행동과 연합된 특정한 행동목록을 위해 〈표 12-4〉를 보라. 처음의 세 가지 행동인 매장에 대한 조치, 상표나 매장을 피하고 친구 역시 피하게 하는 것, 그리고 제3의 기관을 통해 불평하는 것 등은 소비자가 거래취소를 통해 개인적으로 매장을 처벌함으로써 또는 반환방법을 찾음으로써 보상을 얻고자 하는 제품이나 서비스 문제에 대해 나타내는 직접적인 반응이다. 반환은 돈일 수도 있고 제품일 수도 있다. 나머지 두 행동은, 단지 소비자의 거래를 취소하는 대신에(그리고 아마도 친구와 가족의 것까지 취소하는 대신에), 공적인 보이콧을 통해 마케팅 시행을 변화시키거나 사회적 변화를 촉진하려는 것

표 12-4 불평행동의 유형

1. 매장에 대해 아무것도 안 하거나 조치를 취한다.
   ① 사건에 대해 잊어버리고 어떤 것도 하지 않는다.
   ② 매장 관리자에게 분명하게 불평한다.
   ③ 다시 찾아가거나 매장에 즉시 전화하여 관리자로 하여금 문제를 처리하게 한다.
2. 매장을 다시 이용하지 않고 친구도 그렇게 하도록 설득한다.
   ④ 매장을 다시 이용하지 않기로 결정한다.
   ⑤ 친구와 친척에게 겪었던 안 좋은 경험에 대해 이야기한다.
   ⑥ 친구와 친척에게 매장을 이용하지 않도록 설득한다.
3. 제3의 기관과 함께 명백한 행동을 취한다.
   ⑦ 소비자 기관에 불평한다.
   ⑧ 지역신문에 편지를 쓴다.
   ⑨ 매장에 대해 법적인 행동을 취한다.
4. 기관을 보이콧한다.
5. 제품이나 서비스를 제공하기 위한 대체 조직을 만든다.

이다. 가장 격렬한 행동은 아마도 마지막에 제시된 것일 것이다. 제품이나 서비스를 마련하기 위해 완전히 새로운 조직을 만드는 것이다. 이와 같은 조직의 예로는 우리의 소비자 연맹을 들 수 있다.

소비자 불평행동에 관한 연구는 불만족한 소비자 중 소수만이 기업에 대항한 명백한 행동을 취한다는 것을 보여 주었다. 예를 들어, 한 연구는 2,400가구의 표본에서 약 1/5의 구매가 어느 정도의 불만족을 초래했다는 것을 발견하였는데, 이러한 사례의 구매자 중 50% 미만이 행동을 취했다. 소비자가 취한 행동은 부분적으로 제품이나 서비스의 유형에 달려 있었다. 빈번하게 구매되는 저가의 제품에서는 15%보다 적은 소비자가 만족하지 못했을 때 행동을 취하였다. 그러나 가정용 내구재나 자동차 같은 경우, 불만족한 소비자의 50% 이상이 행동을 취하였다. 실제로 소비자가 불만족했을 때 행동을 취할 가능성이 가장 높은 제품은 의류이다. 의류에서 불만족을 경험한 75%의 소비자가 어떠한 형태로든 불평행동을 하였다(Andreason & Best, 1977).

소비자 불평행동의 모델은 불평에 대한 두 가지 주요 목적을 확인하였다(Krapfel, 1985). 첫째, 소비자는 경제적인 손실을 만회하기 위해서 불평한다. 그들은 회사나 매장으로부터 직접적으로 혹은 법적인 수단을 통한 간접적인 방법으로 문제가 있는 제품을 다른 제품으로 교환하거나 환불을 위한 방법을 찾을 수 있다. 둘째, 소비자는 자기 이미지를 회복하길 원한다. 많은 경우 제품구매는 구매자의 자기 이미지와 관련되어 있다. 따라서 제품이 잘 수행하지 못한다면, 소비자의 자기 이미지도 낮아진다. 자기 이미지를 복구하기 위해서 소비자는 부정적인 구전 커뮤니케이션을 사용할 수 있으며, 문제의 상표구매를 중지할 수 있고, 회사나 제3의 기관에 불평하거나, 법적인 행동을 취할 수도 있다.

1) 불평에 영향을 주는 요인

많은 요인이 소비자가 불평을 할지 안 할지에 영향을 주는 것으로 밝혀졌다. 위에서 언급했던 것처럼, 그중 하나는 관련된 제품이나 서비스의 유형이다. 다른 요인은 제품의 가격과 사회적 중요성이다. 몇몇 연구자는 불평행동의 가능성이 다음과 같을 때 증가한다고 주장하였다.

- 불만족의 수준이 증가할 때
- 불평에 대한 소비자의 태도가 호의적일 때(Halstead & Droge, 1991)
- 불평으로부터 얻을 수 있는 이득의 양이 증가할 때
- 기업이 문제에 대해 비난받을 때
- 제품이 소비자에게 중요할 때
- 소비자가 불평할 수 있게 만드는 자원이 증가할 때(Landon, 1977)

불평에 대한 사전경험 역시 증가한 불평행동과 관련된다. 과거에 불평했던 사람은 적절한 기관에 어떻게 접촉해야 하는지 알고 있으며, 따라서 초심자보다 불평행동에 덜 귀찮아한다(Gronhaug & Zaltman, 1981).

소비자의 귀인 역시 불평행동과 관련된다. 연구자들은 소비자가 제품관련 문제를 자신이 아니라 기업으로 귀인할 때 불평이 증가한다는 것을 발견하였다. 더 나아가 문제가 기업의 통제하에 있다고 여겨지면 불평은 증가한다(Folkes, Koletsky, & Graham, 1987). 예를 들어, 만약 소비자가 항공서비스의 문제를 기업이 의도적으로 내린 결정 때문이라고 귀인한다면, 소비자는 문제가 기업의 통제 밖에 있다고 믿을 때보다 더 불평하는 경향이 있다. 소비자가 비행지연의 원인을 비행사가 소득을 최대화하기 위해 내린 계획적인 결정이 아니라 기후나 기계적인 문제와 같은 외부 원인에 귀인한다면, 소비자는 덜 불평할 것이다.

연구자들은 불평행동과 인구통계학적 요인을 관련시키는 데 부분적으로 성공하였다(Gronhaug & Zaltman, 1981). 실제로 불평해 봤던 경험이 다른 어떤 인구통계학적 요인보다 불평행동에 가장 좋은 예측요인이었다(Gronhaug & Zaltman, 1981). 여전히 어느 정도의 상관이 연령과 소득과 불평행동 간에 나타났다(Bearden & Mason, 1987). 불평행동에 관계한 소비자는 더 젊고 더 많은 소득과 더 높은 교육수준을 가진 경향이 있다(Morganosky & Buckley, 1987).

불평과 성격변수 간의 관계에 관한 연구는 더 독단적이고(폐쇄적이고) 자신감 있는 사람이 어느 정도 더 불평하는 경향이 있음을 발견하였다(Faricy &

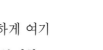

Maxio, 1975; Bearden & Teel, 1981). 자신의 개성과 독립성을 중요하게 여기는 소비자 역시 다른 이들에 비해 더 불평하는 경향이 있다. 아마도 불평함으로써 이러한 사람은 자신이 중요하며 다른 사람과 다르다고 느끼는 것 같다 (Morganosky & Buckley, 1987).

2) 소비자 불평에 대한 기업의 대응

많은 소비자 지향적인 기업은 자사제품과 서비스에 대한 소비자 만족/불만족에 특별한 노력을 기울인다. 실제로 이러한 목적의 소비자 전화와 온라인 상담 서비스가 운영되고 있다.

공공정책 수립자는 소비자 불평에 대해 관심이 많다. 만약 그들이 산업시장에서 소비자 불평이 너무 자주 일어난다고 생각한다면, 문제를 조절하기 위한 규제를 개발할 것이다. 경영자는 당연히 정부의 침해를 피하고 싶어 할 것이다. 정부중재의 단순한 가능성조차 산업규제를 수립하는 데 강력한 영향력을 미친다.

경영자는 소비자 불평을 조정할 수 있는 절차를 마련해야 한다. 기업은 소비자가 부담 없이 자사에 연락할 수 있도록 방안을 강구하고, 아울러 소비자의 정당한 불평을 개선하는 방법 또한 수립해야 한다.

과실이 아닐 때, 기업은 부정적인 사건과 기업 간의 연결을 끊기 위해 노력해야 한다. 이러한 상황에 여러 가지 접근이 가능하다. 첫째, 기업이 관련성을 부정하는 것이다(예, "우리는 그 일을 하지 않았습니다"). 둘째, 다른 곳으로 관심을 돌림으로써 책임을 회피하는 것이다(예, "광란자가 음료수에 독을 주입했습니다"). 셋째, 기업이 사건에 대해 해명하고 참작할 만한 사실을 증명하는 것이다. 이것은 소비자가 사건을 기업의 탓으로 돌리기보다 외부로 귀인 하게 만드는 것이다.

한 가지 흥미로운 연구는 불평에 대한 기업의 반응을 분석하였고, 덧붙여 소비자가 기업에 의해 제공된 사과의 유형을 평가하게 하였다. 기업 대부분이 책임회피를 꾀했고, 이러한 접근은 소비자에게 부정적으로 보였다. 소비자는 자신에게 미치는 부정적인 결과를 최소화하는 방법을 찾으며 부정적인 사건의 이유를 제공하는 기업을 가장 좋게 평가하였다(Hill & Baer, 1994).

이 연구자들은 기업이 불평을 초래하였던 부정적인 사건의 원인과 결과를 정확히 기술하도록 전략적으로 사과할 것을 제안하였다. 기업이 제공하는 사과는 소비자가 잘못을 바로잡기 위해 추구하는 행동을 결정하는 데 필요한 정보의 중요한 원천이 된다. 물론 소비자가 언제나 옳은 것은 아니며 기업이 언제나 잘못한 것은 아니지만, 이처럼 때로는 정중한 해명이 오해를 풀기도 한다.

3) 불평과 퇴출행동

퇴출행동은 관계를 끊거나 제품이나 서비스의 구매수준을 낮추는 소비자의 선택을 말한다. 연구자는 휴대폰에 대한 불평행동을 조사했는데, 불평을 제기하는 소비자는, 첫째, 관계를 더욱 끊으려 하며, 둘째, 제품이나 서비스의 구매수준을 더 낮추려 한다. 더욱이 불만족 수준이 증가할 때, 불평할 가능성이 커진다. 연구자는 많은 경우에 불평하는 고객을 안정시키기가 어렵기 때문에, 불평에 대해 "처음으로 비위를 맞춘다"라는 태도를 기업에 제안하였다. 이 제안은 새로운 고객을 확보하는 비용이 많이 드는 사업에서 특히 중요하다. 예를 들어, 미국의 휴대폰 사업의 경우, 새로운 고객을 확보하는 데 600달러가 들었다면, 기존고객을 유지하는 데는 20달러가 들었다(Bolton & Bronkhorst, 1995).

3. 상표충성

상표충성
소비자의 특정 상표에 대한 호의적인 태도에 근거하여 그 상표를 반복적으로 구매하는 행위

소비자 만족 그리고 소비자 불평과 밀접한 관련이 있는 것이 상표충성이다(Dick & Basu, 1994). 상표충성은 소비자가 특정 상표에 대한 호의적인 태도에 근거하여 그 상표를 반복적으로 구매하는 것을 말한다. 이러한 정의는 두 가지 접근에 근거하는데, 하나는 행동접근이고 다른 하나는 태도접근이다. 이에 대해서는 바로 다음에 언급할 것이다.

상표충성은 제품품질의 지각뿐만 아니라 시간에 걸쳐 축적된 상표와의 만족/불만족에 의해 직접적으로 영향을 받는다(Boulding, Kalra, Staelin, &

Zeithaml, 1993). 새로운 고객을 확보하는 것보다 기존의 고객을 유지하는 것이 4~6배 정도 비용이 덜 들기 때문에, 경영자는 상표충성을 형성하고 유지하는 전략을 수립하는 데 최우선을 둬야 한다(Wells, 1993).

1) 상표충성의 행동접근

행동접근은 소비자의 실제 구매행동을 측정한다. 구매비율 방식은 실증적 연구에서 상표충성을 측정하기 위해 가장 빈번하게 사용된다. 행동접근의 경우, 특정한 제품범주에서 구매된 모든 상표는 각각의 소비자가 결정한 것이며 그리고 각 상표의 구매비율이 확인된다. 상표충성은 그다음 특정한 상표의 임의적인 구매비율로 측정된다. 예를 들어, 만약 어떤 기간 동안 한 소비자의 구매에서 50% 이상이 특정한 상표와 관련된다면, 소비자는 그 상표에 충성하고 있다고 말할 수 있다.

행동접근은 구매행동이 완전한 충성으로부터 완전한 무관심까지의 연속선에 걸쳐서 일어난다는 것을 보여 준다. 비분할 충성 이외에 여러 유형의 상표충성이 있다. 어떤 경우에 소비자는 두 가지 상표 간에 분할충성을 하고 있다. 다른 경우에 소비자는 한 상표에 상당히 충성하지만 때때로 다른 상표로 전환하는데, 이는 아마 단조로움을 깨고 자신의 각성수준을 올리기 위함일 것이다. 또 다른 경우에 소비자는 상표 간의 구분에 완전히 무관심하다(Peter & Olson, 1990 참조). 이러한 구매패턴의 차이는, A, B, C, D라는 4개의 상표상황에서, 다음과 같이 묘사될 수 있을 것이다.

- 비분할충성: A A A A A A A A
- 경우전환: A A B A A A C A A D A
- 전환충성: A A A A B B B B
- 분할충성: A A A B B A A B B
- 상표무관심: A B D C B A C D

마케터의 관점으로부터 상표충성에 대한 행동측정의 문제는 이러한 측정이 소비자가 상표를 구매하는 이유를 확인하지 못한다는 것이다. 소비자는 한 특정 상표를 편의성, 이용성, 혹은 가격 때문에 구매할 수 있다. 만약 이런 요소 중 어떤 것이 변한다면, 소비자는 신속하게 다른 상표로 전환할 것이다. 이러한 경우에 소비자가 상표충성을 보인다고 말할 수 없는데, 왜냐하면 충성은 소비자가 특정 상표에 열중하는 것 이상의 것을 의미하기 때문이다.

2) 상표충성의 태도접근

상표충성에 대한 행동측정의 문제는 상표충성과 반복구매 행동을 구분하는 것이 왜 중요한지를 보여 준다. 반복구매 행동은 소비자가 제품에 어떤 특정한 느낌 없이 단지 제품을 반복적으로 구매하는 것을 의미한다. 대조적으로 상표충성은 소비자가 상표에 진정한 선호를 갖는 것을 포함한다. 이 구분에서 상표충성을 평가하는 또 다른 접근이 발전하였는데, 이는 제품에 대한 소비자의 태도에 근거를 둔다. 이 접근에 따르면, 소비자는 오직 자신이 적극적으로 특정 제품을 선호할 때만 상표충성을 보인다(Jacoby & Chestnut, 1978).

상표몰입
제품범주에서 한 상표에 대한 감정적 · 심리적 애착

상표충성에서 몰입이 나타난다. 상표몰입(brand commitment)은 제품범주에서 한 상표에 대한 감정적 심리적 애착으로 정의되었다(Beatty, Kahle, & Homer, 1988). 상표충성이 행동요소와 태도요소 모두를 가지고 있는 반면, 상표몰입은 감정적 요소에 더 초점을 두는 경향이 있다. 청량음료에 대한 소비자의 상표몰입을 살펴본 연구에서 연구자들은 몰입이 구매관여로부터 나타나고, 구매관여는 특정 상표에 대한 자아관여로부터 나타난다는 것을 발견하였다(Beatty, Kahle, & Homer, 1988). 연구자들에 따르면, 이러한 자아관여는 특정 상표가 소비자의 중요한 가치, 욕구, 자기개념 등에 밀접하게 관련될 때 나타난다.

요컨대 상표몰입은 소비자의 자기개념, 가치, 욕구를 상징하는 고관여 제품에서 가장 빈번하게 나타난다. 이런 제품은 더 큰 지각된 위험을 가진 고가격의 내구재인 경향이 있다(Martin & Goodell, 1991), 물론 청량음료처럼 일상에서 감정을 내포한 제품일 수도 있다. 어떤 연구는 상표선호가 아동기와 청년기 동안에 형성된다고 보고하였고(Guest, 1964), 이는 경영자가 소비자의 인생주기에서 어린 연령층의 고객을 표적화해야 함을 제안한다.

3) 상표충성 고객의 확인

마케터에게 하나의 흥미로운 문제는 다양한 제품유형에 걸쳐 상표충성을 보이는 고객이 존재할 것인가이다. 연구증거는 지금까지 상표충성이 제품 한정적인 현상임을 보고하였다. 한 제품범주에서 충성하는 소비자는 다른 제품범주에서 충성하거나 하지 않을 것이다. 상표충성의 전조가 되는 인구통계학적, 사회경제적, 심리학적 특성을 확인하려는 노력은 일반적으로 성공적이지 않았다. 그러나 상표충성을 예측하는 한 가지 변수가 있는데, 그것은 매장충성이다. 특정 매장에 충성하는 소비자는 또한 어떤 상표에 충성하는 경향이 있다(Carmen, 1970). 동일한 매장에서 반복적으로 쇼핑을 하면, 소비자는 이 매장에서만 이용가능한 어떤 상표를 구매할 수밖에 없게 된다.

판매촉진 방법을 포함한 마케팅 전략이 상표충성을 억제할 수도 있을 것이다. 만약 소비자가 제품의 본질적인 긍정적 품질 때문이라기보다 판매촉진 때문에 상표를 구매한다면, 이들은 판매촉진이 있을 때만 구매하는 습관을 지닐 수 있다. 한 연구는 판매촉진이 상표충성 고객에게 상표전환을 일으키게 하는 원인이 될 수 있음을 발견하였다. 그러나 이 연구는 또한 소비자가 새로운 상표를 재구매할 가능성 역시 낮음을 발견하였다(Rothschild, 1987). 모든 증거가 제품의 품질과 상표의 광고가 장기적인 상표충성을 창출하는 데 있어 주요 요인이라는 결론을 내리게 한다.

구매 후 과정은 소비, 선택 후 평가, 그리고 제품, 서비스, 아이디어의 처분을 나타낸다. 선택 후 평가의 단계 동안 소비자는 일반적으로 자신의 구매에 대해 만족이나 불만족을 표현한다. 높은 수준의 구매 후 만족을 제공하는 것이 모든 기업의 주요 목표이다. 이는 반복구매 행동이 구매 후 만족에 달려 있기 때문이다.

소비자가 제품을 사용하는 동안과 후에 느끼는 만족 또는 불만족은 그들의 구매 후 태도에 영향을 미친다. 한 가지 이러한 과정은 기대 불일치이다. 제품의 성능이 기대를 충족시키는 데 실패했을 때, 소비자는 종종 불만족을 경험한다. 성능이 단지 기대를 충족시킬 때, 소비자는 기대일치를 경험하지만, 아마도 제품에 대한 만족은 나타나지 않을 것이다. 성능이 기대를 넘어설 때, 만족이 나타날 것이다. 성능기대는 제품상태와 촉진요소, 다른 제품의 효과, 소비자 특성에 의해 영향을 받는다.

구매만족은 또한 제품의 실제성능과 불형평한 느낌, 귀인과정에 의해서도 영향을 받는다. 소비자는 자신의 투입에 대한 결과비율이 상대방의 투입에 대한 결과비율보다 낮을 때, 불형평을 경험할 것이다. 상대방의 유형은 소매업자, 제조업자, 서비스 대리점이거나 또 다른 소비자일 것이다. 소비자는 자신의 부정적인 결과의 원인을 알기 위해 귀인을 한다. 만약 소비자가 부정적 결과의 원인을 회사로 귀인을 한다면, 그들은 불만족할 것이다.

제품에 불만족한 소비자는 불평행동을 드러낼 것이다. 불평은 문제에 대해 친구들과 이야기하거나 말이나 글로 불평을 하거나, 법적 기관에 호소하거나, 매장 또는 기업으로부터 배상을 받는 것과 같이 여러 형태를 취한다. 소비자는 두 가지 이유에서 불평행동을 취한다. 첫째, 제품이나 서비스의 문제로 인해 가질 수 있는 경제적 손실을 회복하기 위해, 둘째, 소비자 자신의 자기개념을 회복하기 위해서이다. 불만족한 소비자 중 문제를 해결하기 위해 어떠한 조치를 취하는 소비자의 비율은 구매한 제품유형에 달려 있다. 낮은 가격의 편리품의 경우 불평하는 비율은 낮지만, 의류와 같은 사회적으로 가시적인 제품들에서는 증가한다. 기업은 소비자의 불평행동을 주시하고 공평하게 불평을 처리할 수 있는 프로그램을 만들 필요가 있다.

구매 후 과정을 고려할 때, 또 다른 중요한 문제는 상표충성이다. 상표충성은 소비자가 특정 상표에 대한 호의적인 태도에 근거하여 그 상표를 반복적으로 구매하는 것을 말한다. 상표충성에서 몰입이 나타난다. 상표몰입은 제품군에서 한 상표에 대한 감정적 심리적 애착으로 정의되었다. 상표충성이 행동요소와 태도요소 모두를 가지고 있는 반면, 상표몰입은 감정적 요소에 더 초점을 두는 경향이 있다.

제 3 부

소비자의 사회적 맥락

제13장

소비자 상황

소비자 상황
특정 장소와 시간에서 소비자
행동이 발생하는 맥락을 형성
하는 일시적인 환경요인

소비자 상황은 특정 장소와 시간에서 소비자 행동이 발생하는 맥락을 형성하는 일시적인 환경요인으로 구성된다. 따라서 소비자 상황은 첫째, 소비자 행동이 일어나는 시간 및 장소와 관련되는 요인, 둘째, 소비자 행동이 일어나는 이유를 설명하는 요인, 그리고 셋째, 소비자 행동에 영향을 미치는 요인 등으로 구성된다. 소비자 상황은 비교적 단기적인 사건이며, 개인의 성격과 같이 지속적인 특성을 가진 인적요인뿐만 아니라 문화의 영향과 같은 장기적인 환경요인과 구별되어야 한다. 상황의 예로 물리적 환경과 사회적 환경, 시간, 과제규정, 선행상태가 있고, 이는 〈표 13-1〉에 정리되어 있다.

물리적 환경은 소비자의 경험에 영향을 줄 수 있다. 예를 들어, 매장관리자는 매장의 진열과 분위기에 신경을 쓰는데, 이는 이러한 요인이 소비자의 구매행동에 영향을 주기 때문이다. 유사하게 사회적 환경이 중요하다. 예를 들어, 독자 여러분은 자신의 구매행동이 친구나 다른 사람의 조언으로 영향을 받은 적이 없었는지 생각해 보라. 또 다른 상황요인은 시간이다. 독자 여러분은 시간에 쫓겨서 무언가를 구매해야만 했던 상황이 한 번쯤은 있었을 것이고, 이런

표 13-1 소비자 상황의 다섯 가지 유형

1. 물리적 환경: 소비자 행동을 수반하는 환경의 물리적이며 공간적인 측면
2. 사회적 환경: 소비자 행동에서 소비자에게 미치는 타인의 효과
3. 시간: 구매행동에 미치는 시간 유무의 영향
4. 과제규정: 제품과 서비스를 구매 또는 소비하려는 소비자의 욕구를 야기하는 이유
5. 선행상태: 구매행동 시 소비자의 일시적인 생리적 상태 또는 기분

출처: Belk, R. (1975). Situational variables and consumer behavior. *Journal of Consumer Research*, 2, 157-163.

경우의 구매행동은 어떠하였는지를 생각해 보라. 네 번째 상황요인은 과제규정으로, 이는 소비자가 행동하는 이유 또는 경우를 말한다. 자동차의 연료계측기가 계기판에서 'E(empty)' 근처를 가리킬 때, 이는 연료를 주유하라는 소비자의 과제를 규정하며 동시에 소비자의 확실한 행위가 기대되는 경우이다.

상황의 연구는 경영자에게 중요한 시사점을 준다. 각각의 관리가 적용되는 영역은 상황요인의 영향을 받는다. 제품은 그것이 사용되는 상황에 의해 규정될 것이다. 예를 들어, 사용상황에 근거해 손목시계를 위치화(positioning)하고 소비자를 세분화한다. 정장용 시계, 스포츠 시계, 일상 시계, 특수 시계(예, 잠수용 시계) 등이 있다. 또한 소비자의 세분된 집단은 달리기를 위한 타이밍 기능을 가진 시계를 가지려는 욕구처럼 충족되지 않은 상황적 욕구로 확인될 수도 있을 것이다. 이 경우에는 스톱워치 기능이 있는 내구적인 시계일 것이다. 비슷하게 촉진 자료들이 제품의 상황적 사용으로 그리고 경쟁제품과의 관계로 제품을 명확하게 위치화하도록 만들어질 수 있을 것이다.

제품 디자인, 세분화, 위치화와 더불어 상황연구는 다양하게 적용된다. 소비자는 특정한 상황에서(예, 통근하는 동안 차 라디오를 통해서) 제품정보를 획득할 수도 있다. 따라서 촉진은 정보수용에서의 상황적 다양성에 의해 영향을 받을 수 있다. 유사하게 어떤 제품은 선물처럼 특정한 상황에서만 판매될 수 있다. 그러한 정보는 제품의 가격, 촉진, 유통에 영향을 미친다.

이번 장에서는 소비자에게 영향을 미칠 수 있는 상황요인들을 언급할 것이며, 특히 소비자에게 미치는 물리적 환경의 영향에 주의를 기울일 것이다. 더불어 시간과 과제규정의 영향도 집중적으로 다룰 것이다. 사회적 환경은 다음

의 제14장에서 다룰 것이기에 이번 장에서는 주의를 기울이지 않을 것이다. 선행상태도 간략하게만 다룰 것이다. 이는 소비자의 선행상태가 이전의 여러 장에서 이미 다루었던 기분과 밀접하게 관계하기 때문이다.

1. 물리적 환경: 매장환경

물리적 환경이란 소비자 행동을 수반하는 환경의 구체적인 물리적 공간적 측면을 말한다. 색채, 소음, 조명, 날씨, 그리고 사람이나 대상의 공간배열 등과 같은 자극들이 소비자 행동에 영향을 줄 수 있다.

물리적 환경은 시각, 청각, 후각, 촉각 등의 감각 기제를 통해 소비자 지각에 영향을 준다. 이러한 환경은 매장에 특히 중요하다. 아마도 매장관리자의 가장 중요한 과제는 바람직한 방향으로 소비자의 행동, 태도, 신념에 영향을 주도록 물리적 환경을 관리하는 것이다. 예를 들어, 물리적 환경은 매장 이미지를 구축하는 데에도 중요한 시사점을 가진다. 만약 매장이 상류층 이미지를 나타내기를 원한다면, 매장환경과 상류층 이미지를 일치시키는 것이 필수적이다.

안전의 지각은 물리적 환경에 의해 부분적으로 통제되는 또 다른 요인이다. 인근의 충분한 주차공간, 적절한 외부조명, 개방된 공간 등은 안전에 대한 쇼핑객의 느낌을 증진한다. 그러한 물리적 속성은 특히 범죄를 상당히 의식하는 여성과 노년층의 야간쇼핑을 증가시킬 수 있다.

연구가들은 몇몇 쇼핑센터에서 소비자 지각과 행동에 미치는 물리적 환경의 영향을 조사하였다. 바로 다음에 언급할 이러한 연구는 음악, 밀도와 밀집, 매장 위치, 매장 배치 그리고 매장 분위기가 구매자에게 어떻게 영향을 주는지를 분석하였다.

1) 음악

매장에서 소비자에게 영향을 주는 것으로 보이는 물리적 환경의 요소 중 하나는 배경음악이다. 소비자에게 미치는 음악의 효과를 조사한 두 가지 연구가 있다. 첫 번째 연구에서 슈퍼마켓 쇼핑객들은 9주 동안 음악 없음, 느린 음악, 빠른 음악의 세 가지 상태를 경험하였다. 사람들은 음악에 따라서 더 빠르게 걷거나 느리게 걸었으며, 느린 음악이 나왔을 때 보통의 하루 평균보다 38% 더 많이 구매하였다. 사람들은 음악을 의식하지 못했다고 보고하였으며, 연구자는 음악이 쇼핑객의 의식수준 아래에서 작동한 것으로 보인다고 제안하였다(Milliman, 1982).

두 번째 연구 역시 유사한 결과를 보였다. 연구자는 미국 댈러스에 있는 중간규모의 식당에서 연속되는 8번의 주말에 걸쳐 무작위로 빠르거나 느린 배경음악을 금요일과 토요일 밤에 손님들에게 들려주었다(Milliman, 1986). 느린 음악의 조건에서는 사람들이 평균 56분 동안 식사를 하였다. 반면에 빠른 음악의 조건에서는 식사시간이 평균 45분으로 더 짧게 걸렸다. 식당에서 더 긴 시간을 보내는 것이 음식판매에는 통계적으로 유의한 영향을 주지 못했지만, 주류판매는 통계적으로 유의하게 증가하였다. 전체적으로 집단 간 평균 총이익은 느린 음악조건에서는 55.82달러, 빠른 음악조건에서는 48.62달러였다.

이러한 슈퍼마켓과 식당 연구는 물리적 환경이 구매행동에 영향을 미칠 수 있음을 입증한다. 그러나 모든 매장이 느린 음악을 들려주어야 한다고 즉시 일반화시켜 말할 수는 없다. 빠른 음악이 더욱 적절한 소비환경이 있을 수 있기 때문이다. 예를 들어, 박리다매에 의존하는 식당(예, 패스트푸드 식당)은 높은 회전율이 필수적이다. 이런 경우 빠른 음악이 음식소비의 속도를 증가시켜서 다른 고객이 보다 빨리 좌석에 앉을 수 있게 할 것이다(Bruner II, 1990; Alpert & Alpert, 1991; Macinnis & Park, 1991; Herrington & Capella, 1996 참조).

음악은 소비자 환경에서 널리 퍼져 있다. 소비자가 기업에 전화할 때, 기업은 적막감을 줄이고 기다리는 시간을 덜 부정적으로 만들기 위해 배경음악을 들려주기도 한다. 그러나 놀랍게도 연구는 유쾌한 것으로 평가된 음악이 시간이 재빨리 흘러가는 느낌을 주지 않음을 발견하였다(Kellaris & Kent, 1992). 이러한 결과는 사람이 기다리는 동안 매력적이고 활달한 음악을 들려주는 것이 역효과를 가져올 수도 있음을 제안한다. 또 다른 연구는 소리가 큰 음악이 행사진행이 빨라지고 있다고 지각하게 할 뿐만 아니라, 시간이 예상보다 더 많이 지나갔다고 추정하게 할 수 있음을 제안한다(Kellaris, Mantel, & Altsech, 1996).

따라서 볼륨을 낮추는 것이 어떨지.

연구는 또한 음악이 구매의 일반적 상황맥락에 맞을 때 더 효과적임을 지적한다. 메시지 출처가 메시지와 일치해야 하듯이(제9장 설득 커뮤니케이션에서 언급했듯이), 음악유형이 구매맥락과 일치해야 한다. 예를 들어, 한 연구는 와인매장에서 최신가요를 틀었을 때보다 클래식 음악을 틀었을 때, 쇼핑객이 더 비싼 와인을 선택했음을 발견하였다. 결과적으로 그들은 더 많은 돈을 지출했다(Areni & Kim, 1993). 음악유형이 구매상황에 분명하게 맞아야 한다.

2) 밀도와 밀집

밀집(crowding)은 사람이 제한된 공간 때문에 자신의 움직임이 제약받는다고 느낄 때 발생한다. 이러한 경험은 과다한 사람들, 제한된 물리적 공간, 혹은 두 가지 모두의 결합에 의해 초래할 수 있다(Stokols, 1972). 밀집은 매장공간을 어떻게 정렬할지를 결정해야 하는 소매상에게 특별한 관련성이 있다. 소비자가 밀집을 경험할 때, 다양한 결과가 발생할 수 있다(Harrell, Hutt, & Anderson, 1980). 소비자는 쇼핑시간을 줄이거나 점원과의 커뮤니케이션을 줄이거나 매장을 바꾸는 등의 반응을 보일 수 있다. 잠재적으로 밀집은 쇼핑객의 불안을 증가시키고, 쇼핑만족을 낮추며, 매장이미지에 부정적인 영향을 준다.

연구자들은 밀도와 밀집을 구분하였다. 밀도(density)는 사람들이 얼마나 가깝게 붙어 있는가를 의미하지만, 밀집은 밀도가 너무 높고 그러한 상황에 대한 통제가 어렵다고 느낄 때 사람들이 경험하는 불쾌한 감정을 의미한다.

한 연구는 서비스 접점 상황에서의 밀도, 밀집, 그리고 지각된 통제 사이의 관계를 조사하였다. 서비스 접점은 소비자와 서비스 조직 간에 상호작용이 발생하는 것을 뜻한다(Hui & Bateson, 1991; Baker, Levy, & Grewal, 1992). 이 연구에서 은행과 바에서 고객들이 고중저의 밀도상황에 놓인 슬라이드를 사용하였다. 응답자는 은행과 바 상황의 묘사를 읽고 사진을 본 후, 가상의 고객이 직면한 상황에서의 고객반응을 평가하였다. 응답자의 반은 각 상황에서 고객에게 선택의 여지가 없음을, 그리고 나머지 반은 각 상황에서 고객에게 선택의 여지(예, 은행의 경우 입금을 즉시 하든가 또는 다른 시간에 하든가)가 있음을 지시받았다.

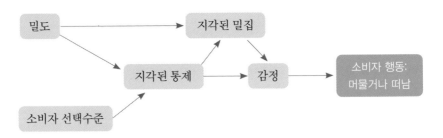

[그림 13-1] 매장에서 소비자 행동에 미치는 밀도와 밀집의 효과

출처: Hui, M. K., & Bateson, J. E. G. (1991). Perceived Control and the effects of crowding and consumer choice on the service experience. *Journal of Consumer Research, 18*, 174-184.

　연구결과는 [그림 13-1]에 제시된 행동모델을 지지하였다. 즉, 소비자 선택과 밀도의 수준이 지각된 통제에 영향을 미친다. 그다음에 지각된 통제와 밀도는 밀집에 영향을 미친다. 그다음 지각된 통제는 소비자의 감정과 매장에 머무르거나 떠나려는 행동경향성에 영향을 미친다. 가상의 고객에게 선택의 여지가 없을 때, 평가자는 고객에게 선택의 여지가 있을 때보다 더 높은 수준의 밀집을 느낀다. 또한 통제가 안 된다고 느껴질 때, 밀집은 더 높은 것으로 지각되고, 감정은 매우 부정적이며, 가상고객은 그 상황을 떠나고 싶어 하는 것으로 보였다.

　그러나 높은 밀도가 득이 되는 것으로 지각되는 예가 있다. 바/은행 연구에서 높은 밀도는 바 상황에서 지각된 통제와 더 연합되었지만, 은행상황에서는 지각된 통제와 덜 연합되었다. 따라서 소비자가 바에서 술을 마시거나 스포츠 행사에 참여하는 것처럼 재미있는 사회경험을 추구할 때는 높은 밀도가 유쾌함을 강화할 것이다. 어떤 맥락에서든 밀도의 최적수준이 있을 것이다. 예를 들어, 식당이 텅 비어 있다면 외식은 불편할 것이다. 그러나 만일 식당이 가득 차서 서비스가 형편없다면 경험은 똑같이 부정적일 것이다. 밀도의 최적수준은 두 극단의 사이 어딘가에 있다.

　마지막으로 쇼핑 시간을 바꿈으로써 혼잡을 피할 수 있다고 지각하는 사람들이 실제로 그렇게 하는지는 분명하지 않다. 영국의 연구자들은 슈퍼마켓 고객의 큰 표본에서 단지 6%만이 혼잡을 피하려고 바쁜 시간에서 한가한 시간으로 옮겨 간 것을 발견하였다. 일 그리고 주말과 관련된 쇼핑 시간처럼 다른 요소가 소비자에게 아마도 더 중요할 것이다(East, Lomax, Willson, & Harris, 1994).

　　소비자 군중행동　　어떤 상황에서 소비자는 히스테릭한 군중처럼 행동한다. 그들은 혼자서는 절대 할 수 없는 일을 군중의 일부로써 한다. 유럽과 남미 국가에서 중요한 축구경기의 관객이 폭도로 변하는 것으로 알려져 있다. 보통의 소비자를 군중으로 바꾸는 요인은 아직도 완전하게 이해되지 않는다. 한 가지 가능성 있는 설명은 매우 큰 집단의 일부가 되는 것이 높은 수준의 생리적 각성을 유발하고, 이 높은 각성이 군중의 각 구성원에게 자신의 지배적인 생각에 따라 행동하게 만든다는 것이다. 이것이 그 집단과 함께한 생각과 유사하여서 군중 속의 개인이 행동에 대해 공통적인 경향을 공유할 것이다. 많은 예에서 우세한 경향은 공격성이다. 군중 속의 각 개인이 뚜렷하게 드러나지 않기 때문에, 개인적 책임감을 상실하게 되고, 행동을 통제하는 표준규범이 적용되지 않는다. 이에 따라 개인적일 때와 다르게 행동하고 행동을 통제하는 표준규범에 지배받지 않는 거칠고 매우 흥분한 집단의 사람들이 나타난다. 그 결과로 폭동이 일어나거나 제품에 대한 약탈적 구매가 나타날 수 있다. 일례로 2007년 말의 태안반도 기름유출 사고 때, 식료품점에서의 소비자들의 수산품 사재기를 들 수 있다.

3) 매장 위치

　　부동산 중개인은 부동산의 가치에 영향을 주는 주요 요인이 위치라고 말한다. 소매점을 연구하는 사람은 이 점에 공감하며, 따라서 매장 선택에 대한 위치의 기여가 광범위하게 연구되었다. 매장 위치는 소비자에게 몇 가지 관점에서 영향을 미친다. 매장을 둘러싸고 있는 상거래 지역의 크기가 매장으로 유입될 사람의 수에 영향을 미친다. 중력 모델은 얼마나 많은 사람이 다른 도시에서 쇼핑하기 위해 자신의 지역경계를 벗어나는지를 예측하기 위해 행성의 중력효과에 대한 유추를 사용한다(Huff, 1964). 즉, 이 모델은 다른 도시에서 쇼핑하기 위해 자신의 지역외부로 얼마나 많은 소비자가 나갈 것인가를 예측할 수 있다.

　　실제 거리 이외에 지각된 거리 역시 매장 선택에 영향을 줄 수 있을 것이다.

소비자 군중행동
소비자가 개인적일 때와 다르게 행동하고 행동을 통제하는 규범에 지배를 받지 않는 거칠고 매우 각성된 집단의 사람들로 돌변하는 현상이며, 그 결과로 폭동이 일어나거나 제품에 대한 약탈적 구매가 나타날 수 있음

중력 모델
얼마나 많은 사람이 다른 도시에서 쇼핑하기 위해 자신의 지역경계를 벗어나는지를 예측하기 위해 행성의 중력효과에 대한 유추를 사용하는 모델

연구자는 소비자가 자신의 도시에 관한 '인지적 지도'를 가지고 있음을 보여 주었다. 흥미롭게도 매장 위치에 대한 소비자의 '지도'는 실제와 일치하지 않을 수도 있다. 주차 가능성, 제품의 질, 쇼핑센터로의 운전편리성 등과 같은 요인이 거리를 실제보다 더 길게 혹은 짧게 느껴지도록 만들 수 있다(Raghubir & Krishna, 1996).

마지막으로 '이미지 전이' 현상이 있다. 즉, 쇼핑센터에서 더 큰 기준이 되는 매장의 이미지가 작은 매장의 이미지에 영향을 미친다(Burns, 1992).

4) 매장 배치

매장은 소비자 이동을 편리하게 하고 제품진열을 쉽게 하며 특별한 분위기를 만들어 내도록 디자인된다. 소매업자의 전반적인 목표는 비용효율적인 매장 디자인을 통해 판매를 증가시킴으로써 이윤을 최대화하는 것이다. 매장 배치(layout)는 소비자 반응과 구매행동에 영향을 미칠 수 있다. 예를 들어, 통로의 배치는 이동흐름에 영향을 준다. 이동흐름과 관련하여 품목과 매장의 배치는 판매에 극적으로 영향을 줄 수 있다. 한 가지 제안은 모든 편의음식(예, 샐러드 바, 델리, 제과, 냉동음식, 냉동피자, 고기류 등)은 조급한 소비자를 위해 함께 진열해야 한다는 것이다(Kelly, 1996).

좌석 배치는 의사소통 패턴에 극적으로 영향을 미칠 수 있다. 공항 터미널은 사람들이 서로 편안하게 이야기하는 것을 방해하도록 설계되었다고 알려져 있다. 의자는 볼트로 고정, 배치되어 있어서 사람들은 서로 얼굴을 보고 편안한 거리에서 이야기를 나눌 수 없다. 이러한 비사회적 배치에 대한 추정된 이유는 사람들이 좀 더 편안하게 말을 할 수 있고 돈을 지출하는 공항 바나 식당가로 사람들을 가게 하려는 것이다.

5) 매장 분위기

매장 분위기는 소비자에게 "이 매장에는 품질이 좋은 제품이 있습니다"와 같은 메시지를 전달한다. 분위기는 매장 배치보다 좀 더 일반적인 용어. 분위기는 소비자가 경험하는 건물디자인, 인테리어, 통로 배치, 카펫과 벽지의 직물, 향기, 색채, 모양, 소리 등과 같이 어떤 효과를 얻을 수 있는 모든 요소들을 관리자가 조작할 수 있는 방법을 다룬다. 심지어 제품배열, 전시형태, 마네킹의 모습도 매장 분위기에 대한 소비자의 지각에 영향을 미칠 수 있다. 이러한 요소들은 필립 코틀러(Philip Kotler)가 발전시킨 정의에서 잘 통합되어 있다. 그는 분위기를 '구매자가 자신의 구매가능성을 증가시키게 하는 특정한 정서효과를 산출하기 위해 구매환경을 디자인하려는 노력'으로 기술하였다(Kotler, 1973).

연구자들은 분위기로 인해 소비자가 자신이 매장에서 소비하리라 계획했던 수준을 넘어서서 돈을 지출한다고 주장하였다(Donovan & Rossiter, 1982). 매장 분위기는 쇼핑객의 감정상태에 영향을 미치며, 이는 증가한 또는 위축된 쇼핑을 유도한다. 감정상태는 두 가지 두드러진 감정인 유쾌와 각성으로 구성된다(Mehrabian & Russell, 1974). 이 요소들의 결합은 소비자가 매장에서 머무는 시간의 양에 영향을 미친다.

[그림 13-2]는 이러한 관계를 보여 준다. 분위기가 소비자를 긍정적으로 자극할 때, 소비자는 매장에서 더 많은 시간을 보내는 경향이 있으며 사람들과 관계를 맺는 경향이 증가한다(Donovan & Rossiter, 1982). 이런 상황은 구매증가로 나타날 가능성이 있다. 반대로 환경이 불쾌하고 소비자를 부정적으로 자극한다면, 소비자는 아마도 매장에서 시간을 덜 보낼 것이며, 이는 구매감소를 초래할 것이다. 심리학자에 의한 연구는 사람이 각성할 때 우세한 경향성이 활

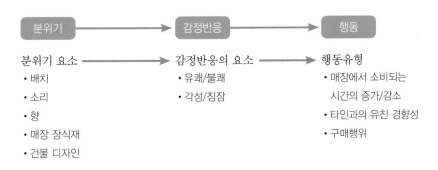

[그림 13-2] 분위기와 쇼핑행동

출처: Donovan, R., & Rossiter, J. (1982). Store atmosphere: An environmental psychology approach. *Journal of Retailing, 58,* 34-47에서 부분수정.

성화되기 쉽다는 것을 보여 주었다. 만일 우세한 경향성이 매장을 떠나는 것이라면, 증가한 각성은 떠나고자 하는 욕구를 증가시킨다.

연구자 중 코틀러(Kotler)는 소비자의 감정에 미치는 분위기의 효과를 강조하였다. 그의 접근법은 분위기 연구와 소비자 행동에 대한 경험적 관점을 직접적으로 연결한다. 그러나 분위기는 행동영향 관점으로부터도 이해될 수 있다. 건물의 배치와 쇼핑센터 및 매장에서 이동경로의 디자인은 소비자의 움직임에 직접적으로 영향을 미치는데, 이는 신념이나 기분에 의해 영향을 받는 소비자 행동과는 관계가 없다. 다양한 연구는 건물의 분위기가 건물 거주자에게 영향을 미친다는 것을 확인하였다(Maslow & Mintz, 1956). 어떤 연구자는 창문 수의 증가와 더 많은 햇빛을 받아들이는 것이 사람의 기분을 좋게 한다고 제안하였다.

분위기에 대한 또 다른 연구는 후각에 관한 것이다. 연구는 소비자가 향이 나는 매장에 더 자주 돌아오고 그 매장에서 판매된 제품의 품질이 향이 나지 않는 매장에서 판매됐던 제품의 품질보다 더 좋은 것으로 지각한다는 것을 발견하였다. 향이 소비자에게 거슬리지 않는 한 향의 강도와 유형은 문제가 되지 않는 것으로 보인다. 그러나 관리자는 향이 독특하고 제품속성과 일치한다는 점을 확인해야 한다. 관리자는 또한 비용에 주목할 필요가 있다. 즉, 향을 매장에 퍼트리는 비용이 많이 들 수 있다(Spangenberg, Crowley, & Henderson, 1996; Mitchell, Kahn, & Knasko, 1995).

매장에서 공간을 정렬하는 것은 소비자 행동에서 중요한 효과를 가지는데, 공간정렬은 네 가지 사항으로 요약할 수 있다.

- 공간은 소비자 행동을 수정하고 조성한다.
- 매장공간은 감각자극을 통해 소비자에게 영향을 미친다.
- 매장은 다른 심미적 환경처럼 지각, 태도, 이미지에 영향을 미친다.
- 매장은 바람직한 소비자 반응을 창출하도록 공간활용을 통해 프로그램되어야 한다(Markin, Lillis, & Narayana, 1976).

연구자는 경쟁상대가 증가할수록, 제품과 비용에서 경쟁상대 간의 차이가 감소할수록, 시장이 라이프스타일과 사회계층에서 세분될수록 분위기가 더 중요해진다고 제안한다(Kotler, 1973). 매장 분위기는 특정 매장을 경쟁 매장으로부터 차별화하려는 그리고 분위기에 의해 촉발되는 감정을 찾으려는 특정한 소비자 집단의 주의를 끌려는 도구로써 사용될 수 있다.

　일반적으로 매장의 특성은 제품이나 서비스를 획득하려는 구매자의 경험을 구체화한다. 서비스 상황에서 물리적 사회적 환경은 서비스 자체의 일부분이 될 수 있을지도 모른다. 예를 들어, 콘서트나 연극의 특성은 상당 부분 조명, 세트특성, 소리 그리고 경험을 공유하는 타인의 특성 등에 의해 조성된다. 결국 물리적 환경의 연구는 시장연구의 주요 요소이다.

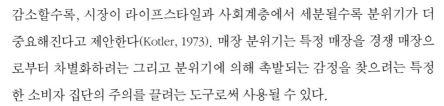

그때 그 냄새…… 추억은 향기로 뇌에 저장된다.

　갑작스런 한파에 종종걸음으로 퇴근길을 재촉할 때. 어디선가 낙엽을 태우는 냄새가 나는가 싶더니 갑자기 어릴 적 어머니와 아궁이 앞에 앉아 짚불에 고구마를 구워 먹던 장면이 생생하게 떠오른다. 코끝을 스친 냄새에 옛 기억이 문득 떠오른 까닭은 무엇일까. 과학자들은 뇌에 향기의 추억이 새겨져 있기 때문이라고 설명한다.

　프랑스 작가 마르셀 프루스트(Proust)는 어느 겨울날 홍차에 마들렌 과자를 적셔 한입 베어 문 순간, 어릴 적 고향에서 숙모가 내어 주곤 했던 마들렌의 향기를 떠올렸다. 프루스트의 머리에 펼쳐진 고향의 기억은 그의 대표작 『잃어버린 시간을 찾아서』의 집필로 이어졌다. 이후 향기가 기억을 이끌어 내는 것을 '프루스트 현상'이라고 부르게 됐다.

　과학자들은 프루스트 현상의 비밀을 뇌와 진화에서 찾고 있다. 이스라엘 와이즈만 연구소의 야라 예슈런(Yeshurun) 박사는 이달 17일자 『커런트 바이올로지(Current Biology)』에 향기와 기억 간의 연관관계를 추적한 실험결과를 발표했다. 연구진은 16명의 성인에게 사진을 보여 주면서 달콤한 배나 눅눅한 곰팡내를 맡게 했다. 90분 뒤엔 같은 사진에 다른 냄새를 맡게 했다. 1주일 뒤 여러 가지 냄새를 맡게 하면서 뇌의 활동을 기능성자기공명영상(fMRI)으로 촬영했다. 뇌의 특정 부위가 작동하면 그쪽으로 피가 몰리는데, fMRI는 이를 영상에서 불이 반짝이는 형태로 보여 준다.

　실험결과 참가자들은 1주일 전 두 번의 실험 중 첫 번째 맡았던 냄새에 노출될 때 사진을 더 잘 기억했다. 이때 뇌에서는 기억을 담당하는 영역인 해마에 불이 켜졌다. 특히 첫 번째 맡은 냄새 중에는 곰팡내처럼 기분 나쁜 냄새에 더 강력한 반응을 보였다.

예슈런 박사는 "뇌는 좋든 싫든 가장 먼저 맡았던 냄새의 기억을 각인한다"며 "나쁜 냄새에 대한 기억이 강한 것은 진화과정에서 독초나 썩은 음식물, 천적의 나쁜 냄새를 빨리 알아채야 생존에 유리했기 때문일 것"이라고 설명했다.

반대로 좋은 향기는 기억력 향상에 도움을 준다. 2007년 3월 독일 뤼벡대학교 얀 본 (Born) 박사는 깊은 잠에 들었을 때 장미향을 맡으면 기억력이 높아진다고 『사이언스 (Science)』지에 발표했다. 본 박사는 실험참가자에게 잠들기 전 카드의 그림과 위치를 외우게 했다. 절반은 자는 동안 장미의 향기를 맡았고, 나머지는 아무런 향을 맡지 않았다. 다음 날 카드에 대해 묻자 깊은 잠에 빠졌을 때 장미향을 맡은 그룹의 정답률은 97% 였다. 장미향을 맡지 않은 그룹의 정답률은 86%에 그쳤다. 본 박사는 장미향이 뇌 기억 중추인 해마를 활성화한다고 설명했다.

낙엽 태우는 냄새는 군고구마를 먹었다는 단순한 사실만 떠올리지 않았다. 오히려 어머니의 사랑을 받던 따스한 감정이 더 생생했다. 프루스트 효과의 세계적 전문가인 미 모넬화학감각 연구센터 레이철 헤르츠(Herz) 박사는 향기가 뇌의 감정영역에서 작용하기 때문이라고 설명했다.

연구진은 실험참가자들에게 특정 향기를 맡으면서 감정이 들어간 개인적 기억을 떠올리게 했다. 그러자 이번엔 뇌 영상에서 편도의 활동이 눈에 띄게 증가했다. 편도는 뇌의 감정 중추다. 반면 시각적 자극에는 별다른 반응이 없었다. 헤르츠 박사는 "향기는 감정이나 향수(鄕愁)와 깊이 연결돼 있다"며 "추수감사절 때 오랜만에 찾은 집에서 어머니가 해주시는 요리나 거실의 양초에서 나는 냄새가 없다면 어릴 적 추억이 떠오르지 않을 것"이라고 밝혔다.

향기와 감정의 관계는 뇌의 진화과정에서도 찾아볼 수 있다. 헤르츠 박사는 편도가 있는 뇌의 변연계가 원래 후각을 담당하던 조직에서 진화했다는 사실을 들었다. 감정을 경험하고 표현하는 능력은 후각 덕분이라는 것이다. 데카르트의 "나는 생각한다. 고로 나는 존재한다"에 빗대 헤르츠 박사는 "나는 냄새를 맡는다. 고로 나는 느낀다"고 말했다.

향기와 감정의 연결은 마케팅에도 활용된다. 가장 대표적인 것이 바닐라 아이스크림이다. 아이스크림용 향료는 수십 가지가 있지만, 바닐라 향 아이스크림이 매출의 절반을 확고하게 유지하고 있다. 바닐라 향은 엄마의 모유와 비슷한 느낌이 든다고 한다. 소비자가 무의식적으로 바닐라 향 아이스크림에 친근함을 느끼는 것도 다 이유가 있었다.

브랜드 마케팅에도 향기가 필수적이다. 인간은 정보의 80~90%를 시각과 청각을 통해 얻는다. 하지만 LG생활건강 김병현 향료연구소장은 "브랜드를 오랫동안 기억하게 하려면 향기를 잘 활용해야 한다"고 말했다. 시·청각 정보는 단기 기억이지만 후각은 장기 기억이기 때문이다.

이런 점을 감안해 LG생활건강은 향이 오래 남는 샴푸를 생산하는 데 신경을 쓰고 있다고 한다. 향기에 소비자가 무의식적으로 해당 브랜드를 떠올리도록 유도하기 위해서다.

출처: 이영완(2009). 그때 그 냄새… 추억은 향기로 뇌에 저장된다. 조선일보, 11월 17일에서 재인용.

2. 사회적 환경

사회적 환경은 소비상황에서 소비자에게 미치는 타인의 영향을 다룬다. 예를 들어, 집단에 참가하는 것이 소비자에게 동조를 유발할 수 있다. 대학교의 동아리에 속해 있는 대학생은 옷 또는 술의 특정 상표를 구매하도록 압력을 받을지도 모른다. 유사하게 소비상황에서 타인의 출현이 소비자의 행동에 영향을 미칠 수 있다. 독자 여러분 중 식당에서 주문하려다가 친구가 나타나자 주문을 변경한 경우는 없었는가?

타인은 또한 소비자에게 미치는 커뮤니케이션의 효과에 영향을 준다. 예를 들어, 방에 타인이 있으면 대부분의 텔레비전 시청자는 광고에 주의를 덜 기울인다. 고객-점원 상황에서 친구의 존재는 판매에 영향을 미칠 수 있다. 동조연구는 연구 참가자가 자신의 집단이 틀렸다는 것을 분명하게 알았을지라도 집단의 견해를 따른다는 것을 발견하였다. 그러나 만일 그 집단의 적어도 한 사람이 참가자와 일치한다면, 동조는 나타나지 않았다(Asch, 1952). 따라서 판매상황에서 만일 소비자가 친구를 데려온다면, 친구가 소비자의 견해를 지지함으로써 구매를 억제할 것이다.

사회적 동기는 쇼핑의 원인을 일부분 설명한다. 쇼핑은 소비자에게 중요한 사회경험이 될 수 있는데, 쇼핑을 통해 소비자는 새로운 사람을 만날 수 있고 더 나아가 친구를 사귈 수도 있다. 한 연구에서 연구자들은 큰 쇼핑센터에 홀로 들어가는 고객 100명을 임의로 선별하여 개인의 사회적 상호작용을 기록하였다(Feinberg, Scheffler, & Meoli, 1987). 이렇게 선별된 개인과 타인들 간의 상호작용 중 51%는 물건을 어디서 찾을 수 있을지를 누군가에게 묻는 것과 같은 정보적이었다. 상호작용의 23%는 타인에게 인사를 나누는 것과 같은 형식적이었다. 상호작용의 나머지 26%는 사회적이었다. 즉, 실질적인 대화가 그 개인과 누군가 간에 일어났다. 연구자들은 이 결과가 쇼핑경험에서 사회적 상호작용의 중요성을 의미하는 것으로 해석하였다.

　쇼핑의 사회적 측면을 부각하는 것은 경영자에게 득이 된다. 타인과 함께하는 쇼핑객은 더 많은 매장을 방문하고 계획하지 않았던 구매를 더 많이 하는 경향이 있다(Granbois, 1968). 사실 많은 제품은 사람들이 사회집단으로 모이지 않는다면 존재하지 않을 것이다. 어떤 소규모 산업체들은 소음장치, 파티냅킨, 특수믹서 등과 같은 파티용품만을 생산, 공급한다. 심지어 맥주 같은 음료도 사회적인 맥락에서 자주 소비된다. 술자리 상황의 절반은 가까운 친구들을 집으로 초대하거나, 퇴근 후 선술집에 가거나, 금요일이나 토요일 밤에 레스토랑에 가거나, 야외로 캠핑이나 소풍을 가는 것 등과 같은 사회적 상황이다(Bearden & Woodside, 1978).

3. 과제규정

과제규정
제품과 서비스를 구매 또는 소비하려는 소비자의 욕구를 야기하는 이유

　사람들이 제품이나 서비스를 구매하고 소비하는 이유는 다양하다. 이러한 구매목적은 소비자의 과제규정 또는 특정한 시간이나 장소에서 제품이나 서비스를 구매(소비)하기 위한 상황적인 이유와 직결된다. 이러한 구매목적의 예는 다양하다. 어떤 구매는 크리스마스, 생일, 졸업, 혹은 결혼과 같은 선물상황을 위한 것일 수 있다. 음료구매의 원인으로는 갈증을 해소하거나 기분을 좋게 만들거나 깨어 있기 위한 것일 수 있다. 사실 소비자가 과제상황을 규정하는 방법은 아마도 무한적일 것이다. 기존제품에 의해 충분히 충족되지 않는 구매원인을 확인하는 것은 숙련된 마케터에게 달려 있다.

　과제규정과 밀접하게 관련되는 것이 사용상황이다. 사용상황은 제품이 사용되는 맥락을 형성하며 소비자가 추구하는 제품속성에 영향을 미친다. 따라

서 사용상황에 따라 소비자의 제품과 제품속성의 선호는 변할 수 있다. 예를 들어, 소비자가 손목시계를 구매할 때, 소비자가 시계를 사용하려는 상황이 정장을 하는 사업상 모임인 경우와 스쿠버다이빙을 하는 경우는 다를 것이고, 이에 따라 중요시되는 속성도 전자의 경우 고급스러운 디자인이 중요할 수 있지만, 후자의 경우 디자인보다 방수 기능이 더 중요할 것이다. 결과적으로 이러한 속성을 충족하는 상표도 달라진다.

한 연구는 사용상황에 따라 소비자의 행동이 달라질 수 있음을 보여 주었다. 이 연구의 결과는 멋을 내려는 상황의 소비자는 일상생활을 위해 제품을 선택하려는 소비자보다 이미지나 디자인을 나타내는 연상된 이미지 광고문구에 더 호의적으로 반응하였지만, 일상생활을 위해 제품을 구매하려는 소비자는 멋을 내려는 상황의 소비자보다 기능을 나타내는 물리적 속성에 관한 광고문구에 더 호의적으로 반응하였음을 보여 주었다(김상기, 양윤, 1995).

1) 사용상황 기반 마케팅

때때로 제품은 한 가지 사용상황에 국한되어 시장잠재성이 제한된다. 소비자는 특정 상황에서 특정 제품을 습관적으로 사용하지만, 다른 모든 상황에서는 그 제품이 부적절하다고 생각한다. 오렌지주스가 좋은 예이다. 미국의 경우 관습에 의해 오렌지주스는 아침식사와 연합된다. 오렌지주스는 영양가 있고 맛있음에도 불구하고, 경쟁관계에 있는 음료수처럼 갈증을 해소하는 음료로서 소비자에게 받아들여지지 못하였다. 오렌지주스 유통협회에서는 수백만 달러를 투자하여 오렌지주스의 사용상황을 재규정하려 노력하였다. "오렌지주스는 더 이상 아침식사만을 위한 것이 아니다"라는 주제를 바탕으로 하는 광고캠페인은 오렌지주스의 갈증해소 측면에 주의를 집중시켰다.

오렌지주스의 사용상황을 재규정하려는 두 번째 시도는 건강과 관련이 있다. 유통협회는 암 예방과 과일의 관련성을 설명하기 위해 미국 암협회와 협력하였다. 오렌지주스 유통협회는 또한 'March of Dimes'와 협력하였다. 'March of Dimes'는 선천적 결손을 가지고 태어나는 아기에게 관심이 있는 단체로, 선천적 결손을 예방하는 한 가지 방법은 산모의 엽산(오렌지주스에 들어 있음) 섭

취량을 증가시키는 것이다. 유통협회의 이러한 모든 노력에도 불구하고 오렌지주스의 사용상황을 확대하려는 계획은 성공적이지 못하였다. 이는 소비자의 마음에 확고하게 자리 잡은, 다시 말해 사용상황이 너무나 분명하게 각인된 제품 또는 상표를 다른 사용상황으로 변경 확대하기가 매우 어렵다는 것을 보여 준다.

그러나 제품의 사용상황을 변화시키려 시도하는 기업 또는 유통협회의 예는 많다. 국내에서 '게토레이'가 처음 시장에 진출했을 때, 빠른 갈증해소를 위한 스포츠 음료로 위치화되었지만, 나중에는 건강을 위한 이온음료로 재위치화되었다. '엠씨스퀘어'의 경우 과거에는 수험생을 표적으로 한 학습 및 집중력 향상에 집중하였지만, 요즘에는 수면의 질 개선과 반려견 정서 관리로 전환하고 있다. 이렇듯이 새로운 혹은 그동안 간과되었던 사용상황을 인식한 기업은 수익성이 높은 새로운 시장 세그먼트를 발견할 수 있다.

2) 선물 주기

사회 대부분에서 선물을 주고받는 것은 중요한 의식이다. 사람들은 주고받고 다시 주는 의식을 행함으로써 상호관계를 형성하고, 이들의 일상을 돕는 신뢰와 의존의 유대관계를 형성한다(Levi-Strauss, 1954). 선물이 지위를 반영하고, 사회인으로서의 출발의식을 상징하며(예, 고등학교 또는 대학교 졸업), 성역할 형성을 통한 아동의 사회화(남자아이는 군인 장난감을, 여자아이는 인형을 받음)에 영향을 준다고 알려져 있다. 선물을 주는 것은 강한 상징적 가치를 지닌다. 광고인 같은 선물 제공자는 선물의 의미를 관리하는데, 이러한 의미는 선물을 주는 사람이 누구인지, 받는 사람은 누구인지, 그들의 관계가 어떠한지와 관련 있다. 예를 들어, 선물의 가격표를 제거하는 것은 선물이 애정의 비금전적 표현이라는 상징적 견해를 반영하는 것이다(Finley, 1990).

'선물 주기'는 중요한 경제적 결과를 갖는다. 소매점 총판매의 30% 정도는 크리스마스 시즌에 일어난다. 무엇보다도 크리스마스 시즌의 판매는 연간 소매수익의 50%를 차지한다. 크리스마스 시즌의 영향은 매우 강력해서 소비자는 자신에게 어렵다고 생각되는 사람(예, 선물이 필요하지 않거나 원하지 않는 사람, 선물을 고마워하지 않는 사람, 혹은 자신과 매우 다른 사람)을 위해서도 선물을 구매한다(Otnes, Kim, & Lowrey, 1992).

소매상은 선물이 매장수익에 얼마나 중요한가를 인식하여 사회가 규정해 놓은 선물상황을 최대한 이용하고 있다. 예를 들어, 국내의 경우 1월부터 12월까지 거의 매달 선물상황이 일반적으로 정해져 있는데, 대표적인 것으로 밸런타인데이(2월 14일), 화이트데이(3월 14일), 빼빼로데이(11월 11일) 등이 있다.

여기서 잠깐!

11월 11일을 어떻게 기억할 것인가?

농업인의 날, 가래떡 데이, 보행자의 날, 지체장애인의 날, 눈의 날, 빼빼로데이, 우리 가곡의 날, 젓가락의 날, 레일 데이, Turn Toward Busan(UN참전용사 국제추모행사일), 해군 창설기념일.

위에 적은 기념일들은 이름은 다르지만, 모두 같은 날을 지칭한다. 11월 11일이다. 기업 마케팅 탓에 저절로 알게 되는 날이 있는가 하면, 이런 기념일이 있었나 싶을 정도로 생소한 기념일도 있다. 왜 굳이 11월 11일에 이렇게 많은 기념일이 몰린 것일까.

11월 11일은 법정기념일로 치면 농업인의 날이자, 보행자의 날이다. 11월 11일이 농업인의 날이 된 것은 한자 모양 때문이다. 十一월 十一일로 쓰고, 모양을 합치면 흙 토(土)가 된다는 데서 유래했다고 한다. 또 이 시기에는 수확이 마무리되고 농민들이 한숨 돌릴 수 있는 때라고도 한다. 1996년에 첫 농업인의 날이 시행됐다고 하니, 올해로 벌써 20년째이다.

하지만 제과 업체와 유통업체의 '빼빼로데이' 마케팅이 워낙 거세다 보니 정부도 이른바 '데이 마케팅'이라는 전략을 선택했다. 그래서 만들어진 것이 '가래떡 데이'이다. 누구나 추측할 수 있듯이 11이 긴 가래떡 모양을 닮아서라고 한다. 2006년부터 시행됐으니, 가래떡 데이도 올해로 벌써 10년째를 맞이하고 있다. 한국형 디저트를 판매하는 매장 등에서 이를 마케팅에 활용하기도 하지만, 여전히 정부 주도 행사 정도로 그치고 있다.

두 번째 법정기념일은 보행자의 날이다. 국토부는 지난 2010년 「지속가능교통물류발전법」에 따라 매년 11월 11일이 보행자의 날로 정하고 행사를 개최해 왔다. 보행의 중요성을 알리자는 취지라는 게 당시 국토부의 설명이었다. 11이 사람의 다리를 연상시켜서 이날로 정해졌다고 한다.

11의 모양이 특이하고, 같은 숫자가 배열되어 있어서 기억하기도 쉽다. 또 빼빼로 데이로 익히 알려진 날이다 보니 이날을 기념일로 삼고자 하는 지방자지단체나 민간단체가 많다. 지체장애인협회는 2001년부터 이날을 지체장애인의 날로 지정하고 기념해 왔다. 지체장애인의 직립을 희망한다는 취지이다. 11이 기차의 레일 모양을 닮았다고 해서 코레일에서는 마케팅에 활용하기도 한다. 11월 11일, 이른바 '레일 데이'에는 승차권 할인 혜택을 누릴 수 있다고 하니 열차를 이용할 계획이 있다면 활용해보는 것도 도움이 될 것이다.

음악계에서는 이날을 우리 가곡의 날로 부른다. 우리 가곡의 날을 제안한 〈아름다운 금강산〉의 작곡가 최영섭 선생은 2005년 우리 가곡의 날을 지정할 당시, 11월 11일을 일부러 택했다고 설명했다. 청소년들이 가장 좋아하는 날이기 때문에 이날을 이용해서 청소년들이 우리 가곡을 좋아할 수 있도록 하자는 의도였다고 한다. 올해로 벌써 11년째지만, 일반적으로 잘 알려지지 않은 날이다.

대한안과학회에서는 이날을 눈의 날로 지정해 기념하고 있는데, 이번 한 주는 '눈 사랑 주간'이다. 눈 목(目)이라는 한자에서 11일 모양을 볼 수 있다는 설명도 있고, 11이 사람의 웃는 눈 모양을 떠올리게 한다는 설명도 있다. 이렇게 11월 11일을 기념하는 날이 많은데, 하나가 더 추가될 지경이다. 올해 처음 젓가락 축제를 여는 청주시는 11월 11일을 젓가락의 날로 선포한다.

이 밖에도 과거의 이날 특정한 역사가 이뤄졌기 때문에 기념일이 되기도 한다. 대한민국 해군 창설 기념일이 그렇다. 해군 설명에 따르면 해군은 1945년 11월 11일 고 손원일 제독이 중심이 돼 창설한 해방병단을 모체로 1948년 정식 발족했다. 45년을 기준으로 하기 때문에 올해로 벌써 70주년째이다.

여기에 1차 세계대전 종전기념일도 11월 11일이다. 국가보훈처와 부산시는 6.25 때 희생된 UN 참전용사의 희생을 기리는 날로 삼고 있다. 턴투워드부산(TURN TOWARD BUSAN)이라고 불리는 행사는 부산 UN 기념공원을 향해 묵념하며 이들의 희생을 기리자는 취지에서 마련됐다.

기념일들을 다 살펴보고 나니 11월 11일이 어떤 날인지 혼란스러울 지경이다. 하지만 그동안 11월 11일은 빼빼로데이 정도로만 기억되어 왔다. 빼빼로데이보다 더 오래된 기념일이 이렇게 생소하게 느껴지는 것은 제과업체들의 마케팅 영향이 그만큼 압도적이었다는 것으로 볼 수 있다.

이화여자대학교 심리학과 양윤 교수는 "빼빼로데이가 일종의 랜드마크가 된 것"이라고 설명한다. 양 교수는 "빼빼로데이와 각 기념일의 대상층이 다른 만큼 빼빼로데이의 인지도나 인기를 뺏어 온다는 것은 어려울 것"이라고 말한다. 빼빼로는 '쾌락재'여서 소비를 통해 즐거움을 주고 있는데 이런 즐거움을 대체하기 어렵기 때문에 다른 기념일이 빼빼로데이의 아성을 넘기 어려울 것이라는 설명이다. 다만, 철도 이용자에게는 11월 11일이 레일 데이로 기억되는 등 국한된 층에는 인지되는 효과가 있을 것이라고 덧붙였다.

어찌 되었든 11월 11일을 막대기 모양의 과자 먹는 날로만 알고 지나가기에는 이미 많은 기념일이 존재하고 있다. 저 많은 날 중 11월 11일을 어떤 날로 기억할 것인지는 소비자의 선택에 달려 있다.

출처: SBS 뉴스 김아영 기자(2015. 11. 11.)에서 재인용.

선물상황의 유형이 구매에서 소비자의 관여에 영향을 줄 수도 있다. 예를 들어, 우리는 성장의례(예, 생일과 같이 자주 일어나는 규모가 작은 이벤트)보다 통과의례(예, 졸업식 또는 친한 친구의 결혼식처럼 드물고 규모가 큰 이벤트)의 경우 제품에 관한 정보탐색을 더 많이 하고, 더 비싸고 품질이 좋은 선물을 구매한다(Wolfinbarger & Gilly, 1996). 연구자는 사람들이 자신을 위한 선물을 구매할 때보다 배우자를 위해 구매할 때 더 보수적(안전한 전통적인 제품구매)이라고 보고하였다(Hart, 1974). 한 가지 가능한 이유는 사람들이 자신을 위한 선물을 구매할 때보다 배우자를 위해 구매할 때 더 큰 위험을 지각하기 때문이다.

사람들은 왜 선물을 하는가? 선물을 주는 것은 〈표 13-2〉에서 나타난 관점에서 분석될 수 있다. 수직축에는 선물의 두 가지 유형이 있는데, 이는 자발적 선물과 의무적 선물(Goodwin, Smith, & Spiggle, 1990; Wolfinbarger & Yale, 1993)이다. 자발적 선물은 최소한의 외부압력으로 이루어진 것이다. 반대로 의무적 선물은 개인이 선물하도록 강요하는 강력한 사회규범의 결과이다. 수평축은 이기심이 선물에 주는 영향의 정도이다. 이기심이 낮은 경우 선물을 주는 사람은 그 행동에 대한 감추어진 동기는 갖고 있지 않다. 그러나 이기심이 높은 경우 감추어진 동기가 선물을 주는 행동에서 지배적인 역할을 한다.

선물을 주는 동기는 〈표 13-2〉의 네 가지 칸에서 찾을 수 있다. 선물이 자

표 13-2 이기심 정도와 선물유형에 따른 선물 주기의 동기

선물 유형	이기심 정도	
	저	고
자발적	이타심(아픈 친구에게 꽃 선물)	상호성(애인에게 반지 선물)
의무적	의례 행위(친구 자녀의 결혼식)	사랑, 우정(배우자의 기념일 선물)

발적이고 이기심이 낮을 때, 선물 주기 행동에 대한 이타적인 동기가 존재한다. 이타적인 선물의 예는 단순히 친구가 기운 내도록 친구에게 불쑥 작은 선물을 하는 것이다. 대조적으로 선물이 자발적이지만 이기심이 높은 경우 동기는 종종 구속을 유발한다. 구속하기 위해 여자에게 비싼 선물을 하는 것이 예가 될 수 있다. 반면에 저관여의 의례적 선물은 구속이 있지만 선물을 주는 사람에게서 이기심이 낮을 때 발생한다. 아는 사람에게 크리스마스, 생일, 그리고 졸업식에 선물을 하는 것이 이 범주에 해당한다. 마지막으로 선물로 인한 구속이 있고 개인의 이기심이 높을 때, 고관여의 상호성이 나타난다. 이런 경우에는 선물을 주어야 한다는 강한 압력이 있다. 교환관계는 특정 개인에게 중요할 수 있으며, 사랑이나 우정이 개입되어 있을 수 있다. 한 예는 결혼기념일을 잊어버리는 것이 끔찍한 결과를 가져올 수 있기에 아내를 위한 기념일 선물을 구매하는 것일 수 있다.

한 연구는 캐나다의 큰 도시에서 크리스마스에 선물을 주는 299명의 남성과 여성의 행동에서의 차이를 조사하였다. 결과는 여성이 남성보다 선물주기에 훨씬 더 관여되어 있음을 보여 주었다. 여성이 더 일찍 쇼핑을 시작하였으며(11월보다는 10월에), 선물당 더 많은 쇼핑시간을 소비하였고(2.4시간 대 2.1시간), 이들의 선물이 더 적게 교환되었다(10% 대 16%). 남성이 여성을 능가하는 단 한 가지 부분은 선물당 지출한 금액(91.25달러 대 62.13달러)이었다(Fischer & Arnold, 1990).

소비자는 다른 사람에게 선물을 줄 뿐만 아니라 자신을 위한 선물도 구매한다. 사실 다른 사람을 위한 선물을 구매하는 데 영향을 주는 상황요인의 많은 부분이 소비자가 자신을 위해서도 선물을 구매하도록 동기화한다. '자기선물'은

자기선물
소비자가 자신에게 주는 선물

계획적이고, 관대하며, 자신과 관련이 있고, 맥락 의존적이다(Mick & DeMoss, 1990). 자기선물은 어떤 성취에 대해 상을 주기 위한 것일 수도 있고(소비자 심리학 시험에서 높은 점수를 받음), 실망을 치유하기 위한 것일 수도 있으며(원하던 직업을 갖지 못함), 공휴일이나 인생전환을 기념하기 위한 것(생일, 졸업, 이혼)일 수도 있다(Mick & DeMoss, 1992). 자기선물은 이른 아침운동에 대한 상으로 커피를 구매하는 것으로부터 승진을 축하하기 위해 새 차를 구매하는 것까지 그 범위가 다양하다. 한 연구는 물질주의적 가치가 높은 소비자가 자기선물을 자주 구매하는 경향이 있음을(특히 기분을 조절하기 위한 수단으로) 발견하였다. 이러한 소비자는 구매를 행복과 연합하는 것으로 보인다(McKeage, Richins, & Debevec, 1993). 연구 참가자 중 한 명의 응답은 자기선물을 구매하는 것이 '행복을 사는 것'임을 예증한다.

> "나는 나를 위해 다이아몬드 반지를 샀어요. 그것은 나를 가치 있고, 사랑받고 있으며, 안정적으로 느끼게 만들어요. 남편이 다이아몬드 반지를 좋게 생각하지 않기 때문에, 나는 이러한 좋은 기분을 얻으려면 내가 직접 반지를 사야 한다는 사실을 받아들여야만 했어요."

선물 주기와 관련하여서 한 가지를 더 언급하고 싶다. 일련의 네 가지 연구에서 연구자는 선물을 주는 사람이 그것을 예쁘게 포장하기 위해 엄청난 노력을 한다는 증거를 발견하였다(Howard, 1992). 선물을 포장하는 것은 그 물건을 소유하는 것에 관한 더 긍정적인 태도를 가져온다. 잘 포장된 선물은 선물을 받는 사람의 기분을 더 좋게 하고, 선물을 받는 사람이 전반적인 모든 과정을 더 즐기게 만드는 것 같다. 따라서 선물을 하려는 사람들이여 선물을 잘 포장하라!

4. 시간

1970년대 중반까지 시간은 중요한 소비자 행동 변수로 인식되지 않았다. 그 이후 몇몇 연구자는 시간이 소비자 행동에 있어서 아마도 가장 중요한 변수일

지도 모른다고 제안하였는데, 이는 시간이 많은 이론적인 영역에서 중요한 역할을 하기 때문이다(Nicosia & Mayer, 1976). 예를 들어, 제12장에서 다룬 상표충성은 구매행동에서 시간을 고려한 것이다. 유사하게 혁신의 확산에 관한 연구는 새로운 제품이나 서비스가 얼마나 빠르게 수용되는지를 고려할 필요가 있다. 제3장에서 다룬 행동적 학습 이론은 보상이 효과를 보려면 보상이 행동과 시간상으로 근접해야 한다고 하였다. 이들은 시간이 중요한 소비자 행동 변수임을 보여 주는 극히 일부의 예이다.

시간은 세 가지 다른 관점에서 분석될 수 있는데, 이는 첫째, 시간개념에서의 개인차, 둘째, 제품으로서의 시간, 그리고 셋째, 상황변수로서의 시간 등이다.

1) 개인과 시간

개인적인 수준에서 소비자는 자신의 시간을 네 가지 다른 방법으로 소비하는데, 이는 일, 필요, 가사 그리고 여가 등이다(Feldman & Hornik, 1981). 이러한 시간의 소비는 의무에서 자유재량의 전 범위에 걸쳐서 일어난다. 사람은 자신이 언제 그리고 얼마나 오래 일하는지에 관해 거의 통제하지 않는다. 그들은 잠을 자고 먹는 것과 같은 필요에 의한 시간소비에 더 많은 통제를 가한다. 집에 시간을 덜 투자하는 맞벌이 가정의 경우 가사에 대한 노력은 훨씬 더 가변적이다. 마지막으로 사람은 여가시간의 사용에 대해서 가장 신중하다.

시간은 자원으로 볼 수 있는데, 그 자원을 어떻게 사용할지에 관한 사람의 선택이 그 사람에 대해 많은 것을 말해 준다. 활동은 그것이 대리적인 것인지 혹은 보충적인 것인지에 따라 분류될 수 있다(Holbrook & Lehmann, 1981). 대리활동은 동일한 욕구를 만족시켜 줄 수 있는 분리된 활동으로, 이러한 활동은 함께 할 수 없기에 서로 배타적이다. 예를 들어, 테니스와 탁구는 함께 즐길 수 있는 활동이 아니기에, 이것이 대리활동이다. 보충활동은 자연스럽게 함께 일어나는 활동이다. 사람은 아름답게 조경된 집을 소유하려는 욕구를 충족시키기 위해 정원 가꾸는 일과 잔디 깎는 일을 함께 할 수 있을 것이다. 보충활동은 동시에 일어날 필요는 없다(Umesh, Weeks, & Golden, 1987).

다양한 요인이 활동의 대리성과 상보성에 영향을 미친다. 예를 들어, 아내

대리활동
동일한 욕구를 만족시켜 줄 수 있는 분리된 활동

보충활동
자연스럽게 함께 일어나는 활동

의 고용상태와 자녀의 유무는 부부가 시간을 어떻게 보내는지에 강한 영향을 미친다. 사실상 결혼에 대한 남편과 아내의 만족은 그들이 활동의 대리성과 상보성에 대해 같은 견해를 가지고 있느냐에 의해 영향을 받는 듯하다. 연구결과는 활동에 함께 참여하는 부부가 결혼에 대해 더 큰 만족을 가지고 있음을 보여 준다(Umesh, Weeks, & Golden, 1987).

2) 제품으로서의 시간

시간이 제품의 유형이 될 수 있다. 많은 구매가 시간을 절약하기 위해 이루어진다. 전자레인지, 음식찌꺼기 처리기, 쓰레기 분쇄압축기와 같은 제품과 다양한 서비스가 소비자의 시간을 절약하기 위한 목적으로 개발 생산되었다. 패스트푸드 음식점은 소비자가 계속해서 활동하는 가운데 음식을 섭취할 필요를 가지고 있었기 때문에 번성하였다. 이러한 행동에 관련되는 개인에게 '시간을 구매하는 소비자'라는 명칭이 주어졌다.

시간이 제품속성으로 작용하기 때문에, 광고인은 촉진 자료에서 시간지향 소구를 사용한다. 1980년대 후반 광고 중 거의 50%가 시간지향 소구를 주요 요소로 포함하고 있었다(Gross & Sheth, 1989).

한편 시간을 반영하는 또 다른 제품유형이 향수(nostalgia) 제품이다. 인간의 기억에는 과거 좋았든 또는 즐거웠든 사건들과 관련된 정보가 저장되어 있다. 이러한 정보가 인간의 사고과정과 감정에 영향을 주며, 과거기억을 떠올리게 하는 제품을 구매하도록 자극한다. 동일 연령대의 소비자는 대략 동시대의 인생에서 중요한 변화를 함께했기에, 이러한 향수제품을 위해 마케터는 연령대별로 소비자에게 소구할 수 있는 가치와 상징을 파악하는 것이 필요할 것이다.

3) 상황변수로서의 시간

제품뿐만 아니라, 시간은 상황변수이다. 일반적으로 소비자에게 영향을 미치는 시간의 상황적 특성은 가용성이다. 제품구매를 위해 이용가능한 시간을 소비자가 얼마나 가지고 있는가는 소비자가 제품을 선택하고 구매하기 위해 사용하는 전략에 영향을 미칠 것이다. 정보탐색은 특히 시간의 가용성에 의해 영향을 받는다. 연구자는 시간압력이 증가할수록, 소비자가 정보를 탐색하는 데 더 적은 시간을 들이고, 이용가능한 정보를 덜 사용하며, 구매결정에서 불리한 정보에 더 가중치를 둔다는 것을 발견하였다(Miyazaki, 1993). 다른 한편 시간압력이 심할 경우 소비자는 구매를 포기하거나 연기할 수도 있다.

식품점 쇼핑에서 시간의 영향을 직접적으로 평가하기 위한 실험이 진행되었다. 실제의 식료품 구매자는 시간압력이 없는 통제집단 또는 다른 참가자의 예상 쇼핑시간의 절반 정도의 시간에 쇼핑을 끝내도록 요청받은 실험집단 중 하나에 할당되었다. 시간압력이 있었던 집단은 의도했던 제품을 다 구매하지 못했고, 계획하지 않은 구매를 더 많이 하였다. 또한 실험집단은 통제집단에 비해 전체적으로 더 적은 구매를 하였다. 마지막으로 시간압력은 응답자가 친숙하지 않은 매장에서 쇼핑할 때 더 큰 문제를 유발하였다(Park, Iyer, & Smith, 1989). 이 연구의 시사점은 시간압력을 느끼는 소비자가 원하는 제품을 찾아내기 쉽도록 매장 내 쇼핑환경을 만들어야 한다는 것이다.

시간은 구매행동에 영향을 주는 데 있어서 다른 변수와 상호작용할 수도 있다. 예를 들어, 식료품점에서 쇼핑객이 구매하는 품목은 그들의 마지막 식사 이후 경과한 시간에 의해 영향을 받는다. 연구자는 배고플 때 쇼핑하는 소비자가 "로스트비프 주변의 감자와 양파를 즉각적으로 떠올리고 팬케이크 믹스가 김이 나고 버터가 들어간 스낵으로 바뀌는 상상"을 할지도 모른다고 언급하였다(Nisbet & Kanouse, 1969).

흥미롭게도 상황-소비자 상호작용은 배고픔과 식료품 쇼핑의 연구에서 발견되었다. 과체중으로 분류된 구매자의 음식구매는 그들이 마지막으로 식사를 한 시간에 영향을 받지 않았다. 배가 고플 때 더 많이 구매하는 결과는 주로 정상체중을 가지고 있는 사람에게서 나타났다. 연구자는 이러한 결과를 과체중의 소비자가 배고픔을 결정하는 내부단서를 이용하는 데 실패한 것으로 해석하였다. 오히려 그들은 얼마나 많이 구매하고 소비해야 하는지를 음식이 있느냐 없느냐로 결정하였다(Nisbet & Kanouse, 1969). 상황-소비자 상호작용은 이번 장의 후반부에서 더 언급할 것이다.

하루의 시간은 제품을 세분화하는 데 있어서 중요한 상황변수이다. 예를 들어, 식품은 아침(아침식사용 음식)이나 저녁에 사용되도록 판매될 수 있다. 대부분의 경우 시리얼은 아침식사용으로 광고된다.

시간의 상황요소는 유통전략에도 영향을 줄 수 있다. 소비자는 제품을 얻는 데 빠르고 적은 노력을 들이고 싶어 한다. 패스트푸드 식당에서 차에 탄 채 주문하는 것은 소비자가 햄버거, 튀긴 감자, 또는 다른 음식을 빠르게 구매하도록 해 주는 유통체계의 좋은 예이다. 모바일과 컴퓨터(인터넷) 등을 이용한 주문시스템은 소비자가 구매를 위해 매장에 가는 시간을 들일 필요가 없게 하려고 개발되었다.

마지막으로 시간이 오래 걸리는 것이 반드시 부정적인 것은 아니다. 예를 들어, 카리브해 크루즈는 장시간 배를 타고 호화롭게 여행하는 것으로 많은 나라의 관광객에게 인기가 있다. 이 경우 시간은 호화스러운 것이다. 또 다른 예로 파리에서 이스탄불까지 기차여행을 즐기게 해 주는 오리엔트 익스프레스(Orient Express)가 1919년 이래 운영되고 있다. 더 빠른 비행기가 있음에도 불구하고, 소비자는 오히려 시간을 들여 즐기고자 한다.

5. 선행상태

선행상태는 구매행동에 영향을 미치는 소비자의 일시적인 기분 또는 생리적 상태이다. 선행상태의 예는 배고픔, 갈증, 수면부족, 기분 등이 있다. 기분상태는 사람이 어떻게 느끼는지에 관한 일시적인 변화인데, 이는 행복에서 극단적인 부정적 느낌에까지 걸쳐 있다(소비자의 정보처리과정에 미치는 기분의 영향은 기억을 다룬 제4장에서 언급하였다).

일시적인 생리적 상태가 소비행동에 어떻게 영향을 미칠 수 있는가에 관한 예는 바로 위에서 다루었다. 배고픈 상태에서 식료품을 쇼핑하는 소비자는 불필요한 충동구매를 할 위험이 있다. 저자의 경우 유학시절 수면부족으로 인한 졸음을 막기 위해 평상시에는 쳐다보지도 않던 카페인이 많이 들어 있는 음료수를 자주 마셨다.

일시적인 생리적 상태는 두 가지 의미로 구매에 영향을 미친다. 첫째, 생리

선행상태
구매행동에 영향을 미치는 소비자의 일시적인 기분 또는 생리적 상태

적 상태는 문제인식을 유도한다. 예를 들어, 사람의 위 통증은 해결(음식구매)이 필요한 문제(배고픔)를 인식시킨다. 둘째, 생리적 상태는 효과위계의 감정요소를 변경한다(효과의 위계모델은 제7장에서 논의하였다). 예를 들어, 배가 고플 때, 음식은 소비에 대한 매우 긍정적인 감정을 만들어 낼 것이다. 따라서 고기를 좋아하는 배고픈 소비자는 삼겹살을 보면 매우 긍정적인 감정을 가질 것이다. 이 긍정적인 감정이 삼겹살에 대한 소비자의 구매가능성을 높일 것이다. 유사하게 소비자가 매장에서 갈증을 느낀다면, 이러한 생리적 상태가 갈증해소 음료에 대한 긍정적인 감정을 만들어 낼 것이다.

기분상태 역시 소비자 행동에 영향을 미친다. 한 설문조사에서 사람들에게 쇼핑하는 이유를 질문하였다. 여러 이유 중 흥미로운 것은 사람들이 우울함이나 외로움을 달래기를 원한다는 것이었다(Tauber, 1972). 응답자들은 쇼핑과 구매경험이 자신의 기분상태에 영향을 미친다는 생각을 표현하였다.

심리학자는 자선, 타인, 자신에게 선물을 주는 것에 미치는 기분의 영향을 연구하였다. 어떤 연구에서 연구자는 참가자의 기분에 실질적인 영향을 주었다. 참가자에게 긍정적이거나 부정적인 감정을 유발한 후, 연구자는 기분상태에서의 변화가 행동에 어떻게 영향을 주었는지 측정하였다. 예를 들어, 한 연구에서 초등학교 2, 3학년 학생을 대상으로 그들을 행복하게 하는 것에 대해 생각해 보라고 하였다. 두 번째 집단에서는 그들을 슬프게 하는 것에 대해 생

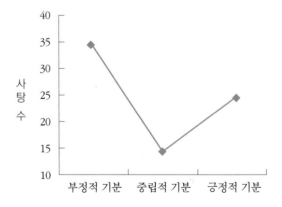

[그림 13-3] 자기보상에 대한 기분의 효과

출처: Rosenham, D., Underwood, B., & Moore, B. (1974). Affect moderates self-gratification and altruism. *Journal of Personality and Social Psychology, 30*, 546-552.

각해 보라고 하였다. 세 번째 집단은 특별하게 무언가를 생각하지 말라고 하였다. 기분이 조작된 후, 학생들이 상자에서 사탕을 가져가게 하였다. 통제집단과 비교한 결과, 긍정적이거나 부정적인 기분을 갖게 된 집단이 자신을 위해 더 많은 사탕을 가져갔다. [그림 13-3]은 이 연구의 결과를 보여 준다.

이 연구는 사람들이 좋거나 나쁜 기분일 때 자신에게 보상하는 경향이 있음을 보여 준다. 이러한 경향이 나타나도록 한 매개변수가 태도의 감정요소로 보인다. 기분을 연구한 연구자는 "누군가 기분이 좋을 때, 자신에게 더 관대해지는 경향이 있다"라고 설명한다(Rosenhan, Underwood, & Moore, 1974). 이 현상은 자기 자신에게 관대한 것을 넘어서서 타인에게도 관대해진다(Moore, Underwood, & Rosenhan, 1973).

그러나 아이들은 왜 슬픈 기분에서도 자신을 만족시켰을까? 그 이유는 더 많은 사탕을 가짐으로써 기분이 좋아지게 하려고 했던 것 같다. 아울러 부정적 기분의 효과가 사람이 타인을 얼마나 도울지를 설명할 수 있다. 연구증거는 6세 이상의 사람은 기분이 좋을 때와 나쁠 때 모두에서 타인을 더 도울 것이라고 말한다. 사람이 기분 나쁠 때 타인을 도움으로써 기분을 좋게 할 수 있다.

연구결과는 일시적인 기분상태가 광고에 대한 소비자의 반응에 영향을 미칠 수 있다고 제안한다. 한 실험에서 참가자의 절반이 긍정적인 기분을 유도하는 이야기를 읽었다. 긍정적 기분상태에 있는 사람이 더 호의적인 상표태도와 광고에 대한 더 적은 반론을 보였다. 이 연구자는 긍정적인 기분상태에 있는 참가자가 인지적 처리를 덜 함으로써 광고에 대해 반박을 적게 하였다고 제안하였다. 더욱이 긍정적인 기분상태는 참가자가 정보를 주변적으로 처리하도록 했다(제8장의 정교화가능성 모델을 회상해 보라). 따라서 좋은 기분상태에 있는 참가자는 논쟁의 질과 같은 중심단서에 영향을 덜 받고, 출처매력과 같은 주변단서에 영향을 더 받았다(Batra, 1990).

소비자 행동에 미치는 기분의 영향에 관한 지금까지의 연구는 기분상태가 매장상황에서, 특히 구매시점(point of purchase)에서 소비자의 구매행동에 영향을 미친다고 보고하고 있다.

6. 사용상황, 소비자, 제품 간의 상호작용

구매행동은 소비자 상황이 개인차 변수와 상호작용하는(상황-소비자 상호작용) 또는 제품이나 서비스와 상호작용하는(상황-제품 상호작용) 이원 상호작용으로 보일 수 있다. 또는 구매행동은 소비자, 제품, 상황변수 간의 삼원 상호작용으로도 보일 수 있다(Ratneshwar & Sawyer, 1992).

상호작용은 둘 또는 더 많은 요인이 결합할 때 일어나는데, 요인이 결합했을 때의 소비자 행동은 요인이 결합하지 않았을 때의 행동과는 다르게 나타난다. 예를 들어, 게토레이는 치열한 테니스 시합처럼 매우 목이 마른 상황에서 사용하는 것으로 여겨진다. 하지만 고된 연습 후에 오렌지주스를 마신다는 것은 어색하게 보인다. 반면 화려한 파티에서 게토레이는 어색하지만, 오렌지주스는 적절할 것이다. 따라서 제품과 상황은 상황맥락에 따른 선호제품의 결정을 위해 상호작용한다. [그림 13-4]는 이러한 상호작용을 보여 준다.

상황-제품 상호작용은 편익세분화의 기초가 된다. 다시 말해, 제품들이 각기 다른 상황에 소구하는 다양한 편익을 제공하기 위해 제작된다. 판매되고 있는 다양한 시계를 생각해 보라. 잠수시계는 물속에서도 잠수부가 시계를 볼 수 있도록 만들어졌다. 제공되는 편익은 잠수부의 공기가 소모되는 것을 알려 주는 능력이다. 반면 예물용 시계는 장신구로 만들어졌다. 편익은 품위 있고 멋있게 보이는 것이다.

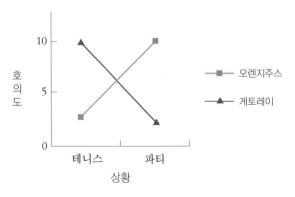

[그림 13-4] 상황-제품 상호작용

상황-제품 상호작용은 구매업자가 평범한 식당과 비교하여 고급식당에서 점심 먹는 것에 어떻게 반응하는가에 대한 연구에서 설명된다. 이 연구에서 식당의 고급스러운 정도는 제품유형을, 점심식사의 이유는 상황요인을 나타낸다(세부적으로 점심식사의 이유는 과제규정요인이다). 연구자는 고급식당에서 회동을 갖는 경우보다 평범한 식당에서 회동을 갖는 경우에 구매자가 공급자의 입장을 더 호의적으로 평가한다는 것을 발견하였다. 그러나 만일 점심식사의 이유가 계약 성사를 축하하기 위한 것일 경우에는 고급식당이 더 적절하였다. 연구자는 이 결과를 통해 영업담당자는 고급식당에서 사업상의 점심식사를 계획할 때 매우 신중할 필요가 있다고 해석하였다. 또한 연구자는 식당맥락은 사업맥락에 맞아야 한다고 주장하였다(Schurr & Calder, 1986). 따라서 소비자가 상황에 따라 적절하다고 여겨지는 선택을 할 것이라는 점을 염두에 두어야 한다.

상황-소비자 상호작용은 선탠로션의 사용상황에 관한 연구가 잘 보여 준다(Dickson, 1982). 연구자는 선탠로션을 사용하는 다양한 소비자와 선탠로션이 사용될 수 있는 다양한 상황을 연구하였다. 이 연구에서 연구자는 선탠로션에 관한 예증적인 소비자-상황 매트릭스를 제시하였고, 이 매트릭스에는 특정한 사용상황에서 바람직하고 특정 집단의 사용자가 찾는 몇 가지 세부적인 특성이 제시되어있다. 연구자는 제품이 상황-소비자 상호작용에서 파생되는 욕구를 만족시킬 필요가 있다고 제안하였다.

한편 어떤 연구자는 상황변수로 사용상황을, 제품변수로 지각된 위험과 광고유형을, 개인차 변수로 자기감시를 도입하여 상황-제품-소비자 간의 삼원 상호작용을 연구하였다(김상기, 양윤, 1995). 이들은 소비자의 구매의도에서 사용상황 및 자기감시가 제품에 관한 광고유형과 관련하여 상호작용한다는 것을 보여 줌으로써 소비자 행동을 상황-제품-소비자의 3차원 패러다임에서 연구할 필요성을 제기하였다.

소비자 행동에 관한 상황, 소비자 및 제품의 상대적 공헌도도 고찰되었다. 한 연구자는 많은 연구결과를 요약하여 상황 자체는 다양한 제품에 따른 구매행동을 극히 적은 부분밖에 설명하지 못하지만, 세 가지 변수의 상호작용은 구매행동을 가장 많이 설명한다고 보고하였다(Belk, 1975). 그러나 어떤 연구자는 상황 자체도 이러한 결과보다 구매행동을 더 많이 설명해 줄 수 있다고 주장하였고(Cote, 1986), 또 다른 연구자도 상황변수(사용상황)가 광고문구의 선호도에 관해 전체분산의 대략 23.7%를 설명해 줌으로써 상황 자체의 영향력이 크다는 점을 보여 주었다(양윤, 1996). 이러한 연구결과는 상황요인이 소비자 행동에 의미 있는 영향을 준다는 것을 보여 준다. 결론적으로 소비자의 심리는 상황-제품-소비자의 3차원 패러다임에서 연구되는 것이 가장 바람직할 것이다.

소비자 상황은 특정 장소와 시간에서 소비자 행동이 발생하는 맥락을 형성하는 일시적인 환경요인으로 구성된다. 소비자 상황의 예로 물리적 환경과 사회적 환경, 시간, 과제규정, 선행상태 등이 있다.

소비자에게 미치는 물리적 환경의 효과는 특히 소매상에게 중요하다. 매장외형, 분위기, 밀도와 밀집, 음악 그리고 매장 위치 등은 소비자에게 영향을 줄 수 있는 물리적 환경의 요소들이다. 사회적 동기는 왜 사람들이 쇼핑하는지, 그들이 구매에 왜 관여하는지, 그들이 타인의 선호와 취향에 왜 따르는지에 영향을 미친다. 과제규정은 제품 혹은 서비스가 구매되는 이유를 다룬다. 과제규정은 선물 주기, 파티 혹은 어떤 특정한 유형의 식사와 같은 구매를 자극하는 기회로 생각될 수 있다.

시간 또한 중요한 상황변수이다. 소비자는 자신의 시간사용과 지각을 기반으로 세분화될 수 있다. 이는 소비자의 라이프스타일과 관련이 있다. 시간은 또한 제품의 속성으로 보일 수 있다. 다수의 제품이 시간절약 능력을 기반으로 개발되었고, 위치화되었다. 일반적으로 소비자에게 영향을 미치는 시간의 상황적 특성은 가용성이다. 제품구매를 위해 이용가능한 시간을 소비자가 얼마나 가지고 있는가는 소비자가 제품을 선택하고 구매하기 위해 사용하는 전략에 영향을 미칠 것이다.

선행상태는 소비자의 구매행동에 영향을 미치는 일시적인 기분 또는 생리적 상태이다. 기분상태는 사람이 어떻게 느끼는지에 관한 일시적인 변화인데, 이는 행복에서 극단적인 부정적 느낌까지 걸쳐 있다. 일시적인 생리적 상태는 두 가지 의미로 구매에 영향을 미친다. 첫째, 생리적 상태는 문제인식을 유도한다. 둘째, 생리적 상태는 효과위계의 감정요소를 변경한다.

상황요인은 소비자 행동에 의미 있는 영향을 준다. 그러나 상황은 종종 제품과 소비자의 개인적 특성과 상호작용하여 구매행동에 영향을 준다. 따라서 소비자의 심리는 상황-제품-소비자의 3차원 패러다임에서 연구되는 것이 가장 바람직할 것이다.

CONSUMER PSYCHOLOGY

집단과정

집단을 연구하는 주요 이유는 개인이 집단에 있으면 혼자 있을 때와는 종종 다르게 행동하기 때문이다. 집단의 영향은 또한 쇼핑행동에서도 나타난다. 한 연구는 개인이 속한 쇼핑집단의 크기에 따른 구매를 살펴보았다(Granbois, 1968). 결과는 사람이 혼자 쇼핑할 때 계획한 구매만 하는 경향이 있음을 보여 주었다. 그러나 집단으로 쇼핑했을 경우 계획에서 벗어나는 경향을 보였다. 집단이 커질수록, 이러한 경향은 더 현저해졌다. 세 명이나 그 이상 되는 집단에서 계획구매를 초과하는 쇼핑객의 수는 거의 두 배가 되었고, 계획했던 것보다 적게 구매한 사람의 수 역시 두 배 이상이었다.

이번 장은 세 가지 큰 부분으로 나뉜다. 첫째, 집단이 소비자에게 어떻게 영향을 미치는지에 대해 언급할 것이다. 둘째, 집단 내에서 정보가 한 개인으로부터 타인에게 전달되는 구전 커뮤니케이션에 대해 살펴볼 것이다. 이러한 구전은 종종 어떠한 제품을 구매하고, 어떠한 매장 혹은 서비스 제공자를 활용할지에 관한 소비자의 결정에 큰 영향을 준다(예, 영화, 식당, 의사 혹은 미용사 등의 선택). 셋째, 혁신, 소문, 유행 등이 확산하는 과정을 언급할 것이다.

1. 집단

집단은 어떤 기간 동안 상호작용하고 공통된 욕구나 목표를 공유하는 개인의 집합이다. 집단은 구성원 사이에 일어나는 교환과정에 의해 특징지어진다. 실제로 사람은 집단으로부터 이익을 얻을 때만 집단에 남아 있기를 선택할 것이다. 즉, 멤버십으로부터 받는 보상이 멤버십의 비용과 같거나 초과할 경우이다. 소비자는 많은 집단에 속하며 각 집단은 소비자의 구매행동에 영향을 준다. 예를 들어, 대학생은 가족, 동아리, 기숙사, 학생조직의 구성원일 것이다.

집단은 두 가지 일반적인 방법으로 구매에 영향을 미친다. 첫째, 집단은 개인 소비자의 구매에 영향을 준다. 예를 들어, 유명연예인 팬클럽의 구성원은 팬클럽을 상징하는 물건을 구입할 수도 있을 것이다. 둘째, 집단구성원은 때때로 집단으로 결정한다. 예를 들어, 학생동아리는 어디서 행사를 할 것이며, 이를 위해 어떠한 다과를 구매할 것인지를 결정할 수 있을 것이다(Ward & Reingen, 1990).

1) 집단유형

사회학자는 사람이 속할 수 있는 속하기를 갈망하는 또는 피하고 싶어 하는 집단의 다양한 유형을 만들어 냈으며(Olmstead, 1962), 〈표 14-1〉에 이러한 집단의 간단한 정의가 제시되어 있다. 이들은 준거집단, 일차집단, 공식집단과 비공식집단이다.

준거집단은 많은 세부적인 유형의 집단을 포함하고 있는 광범위한 용어이다. 모든 준거집단에 있어서 공통요인은 구성원의 행동, 신념, 그리고 태도의 올바름을 평가하기 위해 준거점이 사용된다는 것이다.

중요한 준거집단으로 갈망집단이 있다. 갈망집단은 개인이 동일시하는 사람들로 구성된 집단이다. 취업면접을 준비하는 학부 4학년생들에서 갈망집단의 효과를 볼 수 있다. 그들의 갈망집단은 갑자기 바뀌는데, 이에 따라 그들의 의복도 캐주얼 복장에서 정장으로 변화한다.

표 14-1 집단유형

준거집단: 집단의 가치, 규범, 태도, 또는 신념이 개인의 행동지침으로 사용된다.

갈망집단: 개인이 속하기를 원하는 집단. 집단에 속하는 것이 불가능하다면, 이 집단 은 개인에게 상징적인 것이 된다.

분리집단: 개인이 관련되기를 원하지 않는 집단.

일차집단: 구성원이 서로 면대면으로 상호작용하는 집단. 일차집단은 구성원에 의한 친교와 다양한 주제에 대한 토론에 의해 특정 지어진다.

공식집단: 조직과 구조가 서면으로 규정되어 있는 집단. 예로 노조, 대학교, 그리고 기 업 등이 있다.

비공식집단: 서면으로 규정된 조직구조가 없는 집단. 비공식집단은 테니스를 치기 위 해, 등산을 가기 위해, 혹은 여행을 가기 위해 빈번히 만나는 친구들의 집 단과 같이 종종 사회적으로 기반을 둔다.

또 다른 준거집단의 유형은 분리집단이다. 분리집단 역시 개인에게 준거점 을 제공하지만, 이는 소비자가 관련되기를 피하고자 하는 것이다. 예를 들어, 개인이 더 높은 사회계층으로 이동하고자 노력한다면, 자신의 분리집단이 이 용하는 제품이나 서비스의 구매를 피하려 할 것이다.

2) 집단영향

집단은 소비자에게 다섯 가지 기본적인 방법을 통해 영향을 주는데, 이는 첫 째, 집단영향의 과정, 둘째, 집단 내에서의 역할, 셋째, 동조압력, 넷째, 사회적 비교과정, 그리고 다섯째, 집단극화 등이다.

(1) 집단영향의 과정

소비자에게 가장 큰 영향을 주는 집단은 준거집단이다. 준거집단은 규범, 정보 그리고 소비자의 가치표현욕구를 통해서 사람에게 영향을 미친다. 규범 은 집단 내의 행동일관성을 확립하기 위해서 반 이상의 집단구성원이 동의한 행위에 대한 행동규칙이다. 비록 규범이 명문화되지는 않지만, 일반적으로 집 단구성원은 이를 행동기준으로 인식한다. 규범은 집단구성원에 의해 일이 어떻게 진행되어야 하는지에 관한 공유된 가치판단을 나타낸다(Shaw, 1971). 규범적 영향은 규범이 개인의 행동에 영향을 줄 때 일어난다. 예를 들어, 명문화되지 않은 기업의 복장규칙은 직원의 의복구매에 대한 규범적 영향력을 예증한다. 유사하게 규범은 사람이 행사에서 무엇을 얼마나 먹고 마시는지 그리고 심지어 소비자가 구매하는 자동차의 종류에도 영향을 줄 수 있다.

집단은 소비자에게 정보를 제공하고 소비자가 특정한 가치를 표현하도록 고무함으로써 소비자에게 영향을 줄 수 있다. 정보적 영향은 집단이 소비자의 구매결정에 영향을 주는 매우 신뢰할 만한 정보를 제공할 때 작용한다. 가치표현적 영향은 준거집단이 소비과정에 관련된 가치와 태도를 가지고 있다고 소비자가 느낄 때 작용한다. 어떤 개인이 평화라는 가치를 지니고 있을 때, 이러한 가치를 목표로 하는 집단은 개인에게 영향을 줄 수 있다. 이는 개인의 가치가 집단의 가치와 일치하기에 개인은 자신의 가치를 표현하기 위해 집단에 따를 것이기 때문이다.

준거집단의 영향에 관한 한 가지 중요한 추가적인 사항이 있는데, 이는 준거집단의 영향은 구매되는 제품유형에 따라 달라진다는 것이다. 준거집단의 영향이 냉장고나 매트리스와 같은 사적 제품보다 손목시계나 자동차와 같은 공적 제품에서 더 높다는 연구결과가 있다(Bearden & Etzel, 1982).

(2) 역할

역할은 어떤 지위에 있는 사람에게서 기대되는 특정한 행동으로 이루어진다. 개인이 역할을 맡을 때, 규범적 압력이 개인이 특정한 방식으로 행동하도록 영향력을 행사한다(Shaw, 1971). 소비자 행동에서 중요한 것은 결정자의 역할이다. 결정자는 어떤 상표를 선택할지를 최종적으로 결정한다. 조직구매 환경에서 결정자의 확인은 중요하다. 종종 구매와 무관한 개인이 실제로 결정과정에서 책임을 질 경우가 있다. 이 사람에게 촉진 메시지를 얼마나 잘 전달하느냐가 판매성공 또는 실패를 좌우하는 요소이다.

역할관련 제품군이란 용어는 특정한 역할을 수행하기 위해 필요한 제품들을 말한다. 마케터가 소비자의 역할에 맞는 제품을 확인하는 것은 매우 유용할 수 있다. 예를 들어, 학생들의 역할관련 제품군으로는 책, 노트, 가방, 필기구, 운

조직구매
조직(기업)과 조직(기업) 사이에서 일어나는 구매

역할관련 제품군
특정한 역할을 수행하기 위해 필요한 제품들

동화 등일 것이다.

역할관련 제품군에 관련된 고전적인 연구가 1950년대에 수행되었다(동기를 다룬 제5장에서 언급함). 가정주부의 두 집단 중 한 집단의 쇼핑목록에는 원두커피가 들어 있고 다른 집단에는 인스턴트커피가 들어 있는 것을 제외하고는 두 집단은 동일하였다. 응답자들은 원두커피를 사는 주부에 대해서는 "실용적이고 검소하다"라고 기술하였지만, 인스턴트커피를 사는 주부는 "게으르고 근시안적이고 삶을 계획성 없이 사는 여사무원"으로 기술하였다(Haire, 1950). 연구는 1950년대에 인스턴트커피는 좋은 가정주부의 역할관련 제품군에 속하지 못함을 보여 주었다. 흥미롭게도 이 연구는 1970년대에 반복되었는데 결과는 극적으로 달랐다. 인스턴트커피 이용자는 호의적으로 묘사되었지만, 원두커피 이용자는 구식으로 묘사되었다(Webster & Pechman, 1970).

한 연구는 전문직 남성표본의 거실가구 세트에 관해 알아보았다. 구성된 세트는 직업집단 내에서 유사하지만, 집단 간에는 서로 다르다. 다시 말해, 내과의사는 그들끼리, 소방관 또는 교수는 그들 내에서는 유사하지만 서로 간에는 차이가 있다(Rassuli & Harrell, 1996). 각각의 집단구성원은 적절한 제품군에 대해 유사한 생각을 하고 있다.

① 성 역할

모든 문화는 남자와 여자에게 행동하기를 기대하는 양식을 규정한다. 어떤 성격특질, 작업과제 및 활동은 남자에게 적합한 것으로 그리고 다른 것들은 여자에게 적합한 것으로 간주한다. 성별에 적합한 행동의 정의들은 문화에 따라 다르고, 한 문화 내에서도 시대에 따라 다를 수 있다. 확실히 오늘날의 적합한 남성적 및 여성적 행동에 대한 관점은 과거와는 크게 다르다. 여자는 더 이상 의존적이고 복종적이며 비경쟁적인 것으로 기대되지 않으며, 남자는 요리와 아기 보는 것과 같은 가사활동을 즐기거나 예술적 및 부드러운 기분들을 표현하는 데 대해서 비평받지 않는다. 의복과 외모의 기준들도 또한 훨씬 더 단일성으로 되었다. 정말로 청바지를 입고 중간 길이의 헤어스타일을 가진 사람이 남자인지 아니면 여자인지를 멀리서는 구별하기가 흔히 곤란하다. 교육, 노동, 및 운동의 분야들에서 이전의 성역할 차별은 타파되었다. 그러나 어떤 문화에서나 남자와 여자의 역할들과 그들에게 기대되는 행동은 아직도 다르다.

② 성 유형화

성 유형화는 어떤 문화가 그 문화권의 남자나 여자에게 적합하다고 간주하는 특징과 행동을 습득하는 것을 말한다. 성 유형화는 자기 자신을 남자와 여자로 간주하는 정도인 성 정체감과는 구분되어야 한다. 어떤 여성은 자신을 여자로서 확고하게 받아들이지만, 아직도 자신의 문화가 여성적인 것으로 간주하는 모든 행동을 받아들이지 않고 오히려 남성적인 것으로 지칭되는 행동 중 일부를 수용할 수도 있다. 남성 또한 마찬가지이다. 이러한 경우에 자신의 성 정체는 확고하지만, 아직도 자기 행동은 강하게 성 유형화되어 있지는 않을 것이다.

양성의 동등성을 향한 현재의 추세에도 불구하고, 성 역할 고정관념은 우리 문화에서 아직도 상당한 영향력을 발휘한다. 성 역할 고정관념들이란 어떤 사람이 남자이거나 여자이기 때문에 어떤 양식들로 행동해야만 되거나 어떤 특징들을 보여야만 한다는 신념이다.

이러한 성 역할에서의 차이는 왜 생기는 것일까? 어떤 심리적 성차는 그 뿌리가 생물학적일지도 모르나, 더 중요한 것은 아동이 성 역할에서 사회화되는 방식이다. 성 역할 사회화란 개인이 태어나면서부터 사회적 공급자들(예, 부모, 형제 등)을 통하여 성별에 따른 적절한 역할을 인식해 가는 과정을 의미한다. 이러한 사회문화적 압력은 애초에 있었던 성차를 더욱 증폭시키는 구실을 할 가능성이 얼마든지 있다. 소년들은 남성역할에 적합한 방식으로 그리고 소녀들은 여성역할에 적합한 방식으로 양육된다. 예를 들어, 소년은 씩씩하게 행동하도록 권장되지만, 소녀는 얌전하게 행동하도록 기대된다. 이 과정은 청소년기에도 계속 유지된다.

(3) 동조

동조는 '실제적이거나 상상적인 집단압력의 결과로써 집단에 대한 행동 또는 신념에서의 변화'로 정의할 수 있다(Kiesler & Kiesler, 1969). 동조에는 두 가지 유형이 있다. 첫 번째는 단순한 순응으로, 사람은 집단의 지시를 실질적으

동조
실제적이거나 상상적인 집단압력의 결과로서 집단에 대한 행동 또는 신념에서의 변화

로 받아들이지 않으면서 집단이 원하는 것을 단순히 따른다. 두 번째는 사적 수용으로, 사람이 집단에 맞춰서 자신의 신념을 실질적으로 변화시킨다.

① 동조유발 집단요인

집단의 세 가지 측면이 구성원이 느끼는 동조압력을 증가시킨다. 하나는 응집력으로 집단이 얼마나 밀접하게 연결되어 있는지를 의미한다. 구성원이 충성과 동일시를 많이 느끼는 집단은 구성원에게 큰 영향을 행사할 수 있다. 집단의 전문성 또한 동조에 영향을 미친다. 소비자는 다양한 집단의 구성원이기 때문에, 여러 다른 집단이 특정한 구매결정에 관여할 것이다. 구매결정과 관련하여 더 전문적인 집단이 구성원의 구매에 더 큰 영향을 미칠 것이다.

집단의 규모 역시 결정에 영향을 미친다는 것이 확인되었는데, 특히 집단이 일시적일 때 그렇다. 동조에 관한 고전적 실험에서 심리학자 솔로몬 애시(Solomon Asch)는 사람이 일련의 선을 보고 선의 길이에 관한 타인의 판단에 맞춰 선의 길이를 판단한다고 하였다(Asch, 1952). 이 과제는 매우 단순하였기에, 연구참가자가 혼자서 했을 때는 오류가 없었다. 그러나 실험조건에서 애시는 연구공모자에게 참가자가 판단하기 전에 먼저 선의 길이를 평가하게 하였다([그림 14-1] 참조). 이 공모자들은 체계적으로 오답을 말하였다. 실험자가 놀란 것은 참가자의 37%가 공모자의 판단에 동의했다는 것이다. 참가자가 공모자에 동의할 가능성은 집단규모가 네 명에 이를 때까지 증가하였지만, 집단규모가 네 명이 된 이후에는 집단에 개인을 추가하는 것이 효과를 주지 못하였다. 애시의 동조실험에서 가장 중요한 결과는 집단의 의견이 만장일치일 때 동조 가능성이 가장 높다는 것이다. 만장일치가 이루어지지 않았을 때 동조 가능

[그림 14-1] 애시의 선 맞추기 실험(왼쪽의 선과 길이가 같은 선은 어느 것일까?)

성은 매우 낮아졌다.

② 동조유발 개인요인

사람이 동조하게 만드는 집단의 능력은 집단요인뿐만 아니라 개인의 특성과 욕구에 의해서도 영향을 받는다. 이러한 개인요인 중 하나는 결정을 위해 개인에게 가용한 정보의 양이다. 소비자가 제품관련 정보를 적게 갖고 있거나 정보가 모호할 때 집단은 소비자의 구매결정에 더 큰 영향을 미칠 것이다.

아울러 집단의 매력과 집단에 대한 개인의 선호욕구는 동조를 위해 종종 함께 작용한다. 보통 개인이 집단의 구성원이 되기를 원할수록, 그 개인은 집단의 구성원이 자신을 더 좋아하기를 원한다. 이러한 환경에서 개인은 가능한 집단과 일치하기 위해 집단의 규범과 압력에 따르는 경향이 있다.

동조와 관련하여 살펴볼 개념이 있는데, 이는 비동조인 '반동조'와 '독립'이다. 반동조와 독립은 집단의 동조압력을 따르지 않는 것으로 표면상으로는 같아 보인다. 그러나 두 개념 간에는 실질적인 차이가 있다.

반동조
개인의 판단과는 무관하게 동조에 무조건 반대하는 것

반동조는 개인의 판단과는 무관하게 동조에 무조건 반대하는 것이다. 특정 집단에 대한 저항은 행동의 실질적인 목표이다(Strickland, Messick, & Jackson, 1970). 어떤 사람들은 유행에 사로잡히지 않기 위해 많은 시간과 노력을 들일 수 있다. 즉, 이러한 개인들은 유행과 같은 시대의 흐름에 대해 동조하지 않으려 한다. 이러한 행동은 모순으로 보일 수 있다. 왜냐하면 기대되는 것을 행하지 않기 위해 조심하려면 기대되는 것이 무엇인지 늘 알고 있어야 하기 때문이다.

독립
개인의 주관적 판단에 의해 동조하지 않는 것

독립은 개인의 주관적 판단으로 동조하지 않는 것이다. 독립적인 사람은 기대되는 것이 무엇인지 염두에 두지 않는다. 이들은 자신의 주관에 맞춰서 행동하려는 경향이 강하다.

그런데 여기서 한 가지 흥미로운 점이 있다. 동조는 미국의 사회심리학 영역에서 발전한 개념이다. 미국 사회심리학에서의 동조관련 연구를 보면, 동조에 반대하는 반동조나 독립에 관한 연구는 드물다. 저자가 생각하기에 이는 미국의 문화가 개인주의 문화여서 반동조나 독립은 당연하지만, 동조는 이외의 현상이기 때문일 것이다. 개인주의 문화에서 동조는 미국 사회심리학자의 눈에 이상하게 보였을 것이다. 그러나 우리의 경우는 다르다. 우리의 문화는 집단주의 문화여서 동조는 당연하지만, 오히려 반동조나 독립이 이상한 현상일 것이다. 그런데 국내 사회심리학에서 동조관련 연구를 보면, 반동조나 독립에 관한 연구가 드물다. 이 점에 관해 저자는 국내 사회심리학자의 연구를 기대하고 싶다.

(4) 사회적 비교 과정

집단이 소비자에게 영향을 미치는 또 다른 방법은 소비자 자신을 타인과 비교함으로써 자신의 견해와 능력을 평가하고자 하는 사람의 욕구와 관련된다. 사람들이 자신의 견해의 올바름, 능력의 정도, 그리고 소유물의 적절성을 평가하는 과정이 사회적 비교이다(Festinger, 1954). 따라서 사실적인 정보를 얻기 위해 집단을 이용하는 것에 더하여, 소비자는 자신의 견해, 능력, 소유를 평가하기 위해 집단을 사용한다.

소비자는 능력과 의견에 관한 정보를 얻기 위해 두 가지 접근을 사용한다. 첫 번째는 반영평가이다. 이 과정에서 소비자는 준거집단에 있는 타인이 자신과 상호작용하는 방법을 살펴본다. 따라서 만약 타인이 개인에게 다정히 반응한다면, 칭찬한다면, 잘 대우한다면, 그 개인은 자신이 바르게 행동한 것이라고 결론지을 것이다. 반대로 만약 타인이 부정적으로 반응한다면, 그 개인은 자신이 뭔가 잘못했다고 결론지을 것이다.

사회적 비교정보를 얻는 두 번째 방법은 비교평가이다. 반영평가에서는 사람이 반드시 타인과 상호작용을 해야 하지만, 비교평가에서는 상호작용이 불필요하다. 소비자는 적절한 준거타인의 행동을 관찰함으로써 자신의 태도, 신념, 능력, 혹은 감정을 평가한다(Jones & Gerard, 1967).

사회적 비교과정에서 중요한 점은 사람이 주어진 특성에서 큰 차이를 보이는 누군가보다 동등한 수준의 타인과 자신을 비교한다는 것이다(Festinger, 1954; Moschis, 1976). 그러나 사회적 비교는 동료와의 비교에만 국한되지 않으며, 광고로부터 습득되는 어떻게 보여야 하는가의 이상화된 이미지가 자기 이미지에 영향을 줄 수 있다. 한 연구는 이러한 주제에 관한 일련의 실험을 보고

사회적 비교
소비자가 자신의 견해, 능력, 소유물의 적절성을 평가하는 과정

반영평가
소비자가 준거집단에 있는 타인이 자신과 상호작용하는 방법에 근거해 자신을 평가하는 방식

비교평가
소비자가 적절한 준거타인의 행동을 관찰함으로써 자신을 평가하는 방식

하였다. 한 실험에서 여대생은 매우 매력적인 모델이 있는 또는 모델이 없는 잡지광고를 보았다. 그 후 이들은 자신의 육체적 매력에 대한 만족뿐만 아니라 여대생의 사진도 평가하였다. 광고에서 매우 매력적인 모델에 노출된 여성은 자신의 육체적 매력에 덜 만족하였고 또한 다른 여대생의 사진도 낮게 평가하였다. 연구자는 SNS(social network services) 또는 광고가 사람에게 사회적 비교를 하게 만들고 그 비교는 자기 자신에 대한 감정에 부정적인 영향을 미칠 수 있다고 주장하였다(Lim & Yang, 2015; Richins, 1991).

집단극화
사람들로 하여금 더 조심스럽거나 혹은 더 위험한 방향 중 어느 한쪽으로 그들의 결정을 전환하게 하는 집단의 경향

(5) 집단극화

30년 전에 심리학자는 집단전환이라 불리는 매우 당혹스러운 현상을 연구하기 시작하였다. 초기연구에서 연구자는 결정 딜레마에 빠진 집단과 개인을 제시하고 이들의 선택을 비교하였다. 연구자는 집단이 더 위험한 결정대안을 선택하는 경향이 있음을 발견하였다. 예를 들어, 한 상황에서 중간수준의 자산을 가진 남성이 적은 유산을 물려받는 것으로 묘사되었다. 집단과 개인은 그가 돈을 주식에 얼마나 투자해야 할지 결정하였다. 집단은 개인에 비해 그가 보수적인 우량주보다 큰 이득을 가져올 수 있는 고위험 유가증권에 투자하도록 더 권하였다.

이후의 연구들은 위험스러운 전환뿐만 아니라 보수적인 전환도 집단에서 발생한다는 것을 발견하였다. 예를 들어, 경마 베팅을 살펴본 연구는 집단의 베팅이 개인의 베팅보다 더 조심스럽다는 것을 발견하였다(Knox & Safford, 1976). 이러한 결과는 연구자들이 집단전환에 대한 그들의 관점을 바꾸게 하였다. 결과로써 사람들이 더 조심스럽거나 혹은 더 위험한 방향 중 어느 한쪽으로 그들의 결정을 전환하게 하는 집단의 경향이 집단극화 현상으로 명명되었다.

다양한 설명이 집단극화 현상에 대해 제기되었다. 집단전환을 설명하는 한 가지 요인은 문제에 대해 집단토의를 하는 동안 전해지는 정보이다. 토의가 진행되는 동안 다양한 결정에 대해 논의가 이뤄지고, 특히 가장 많이 논의된 결정대안이 선택된다(Lamm & Myers, 1978).

집단극화 현상에 대한 또 다른 설명은 문화가치 가설이다. 연구자들은 전환이 거의 항상 집단 내의 개인이 이미 학습한 방향에서 일어난다는 것을 발견하

였다. 따라서 집단상호작용은 개인 구성원의 초기성향을 강조하는 경향이 있다. 사회적 상호작용이 이러한 성향을 강화할 때 집단은 개인 구성원의 평균적인 입장보다 더 극단적인 입장으로 이동한다(Lamm & Myers, 1978).

집단전환의 연구는 특히 조직구매행동과 관련이 있다. 만약 산업제품 또는 서비스 구매가 집단결정으로 이뤄진다면, 판매원은 모험적인 혹은 보수적인 전환이 일어날 가능성을 인식할 필요가 있다. 기업 대부분에서 보수적인 영역이 재무이기에 산업판매원은 이러한 지배적인 가치에 맞춰 마케팅 믹스를 조절해야 한다. 가격, 품질관리, 성과 그리고 배달의 믹스는 구매부에서 우세할 수 있는 가치를 강조해야 한다. 따라서 구매기업문화의 지배적인 가치를 확인하는 것이 중요하다(Rao & Steckel, 1991).

2. 구전 커뮤니케이션

구전 커뮤니케이션은 마케팅 출처가 아닌 둘 이상의 소비자 사이의 의견, 생각, 혹은 아이디어의 교환을 의미한다(Bone, 1992). 구전 커뮤니케이션은 소비자의 구매행동에 매우 강한 영향을 미친다. 한 조사에서 소비자에게 그들이 60개의 다른 제품을 구매할 때 영향을 주었던 요인이 무엇이었는지를 물어보았을 때, 타인의 참조가 광고에 비해 세 배 정도 영향을 준 것으로 나타났다(Morin, 1983). 영국에서 진행된 연구는 비록 일곱 명의 소프트웨어 사용자 중 여섯 명이 복사본을 사용한다고 할지라도 이 복사본이, 다른 잠재적 사용자와의 커뮤니케이션을 통해, 소프트웨어의 새로운 합법적인 구매자의 80% 이상을 만들어 낸다는 것을 보여 주었다(Givon, Mahajan, & Muller, 1995).

구전 커뮤니케이션
둘 이상의 소비자들 사이의 의견, 생각 혹은 아이디어의 교환

1) 구전 커뮤니케이션의 특성

생생함과 신뢰성 때문에 공식매체보다 훨씬 중요하고 효과가 큰 구전 커뮤니케이션은 구전 메시지의 특성, 전달자의 특성, 수용자의 특성, 수용자와 전달자 간의 관계, 상황적 요인 등에 따라 영향력에서 차이가 있을 수 있다.

(1) 구전 메시지

구전 메시지는 수용자가 신뢰할 만하고 유용하게 지각할수록 수용도가 높고 더 나아가 계속 구전활동에 긍정적인 작용을 하는 것으로 나타났다(김창호, 황의록, 1997). 신뢰성과 유용성은 구전 메시지가 다른 미디어에 비해 가지고 있는 장점이며, 이것이 극대화될수록 더 큰 영향을 미침은 자명한 일이다.

구전 메시지의 특히 중요한 특성은 부정적 편향성의 영향력이다. 다시 말해, 소비자는 긍정적인 정보보다 부정적인 정보에 비중을 더 둔다. 제품이나 서비스에 대한 한 가지 부정적인 정보가 두세 가지의 긍정적인 정보보다 소비자에게 더 많은 영향을 준다. 예를 들어, 새로운 커피제품의 연구는 긍정적인 정보 제시 후 54%가 신제품을 시용하였지만, 부정적인 정보제시 후에는 단지 18%만이 그 제품을 시용하는 데 동의하였다(Arndt, 1967). 이러한 부정적 정보는 긍정적 정보에 비해 소비자의 주의를 더 끌고 전달 중에 변형되어 왜곡된 형태로 나타나기도 한다.

구매결정에 미치는 부정적 정보의 부적절한 영향에 대해 여러 설명이 가능하다. 한 가지 그럴듯한 설명은 제품 대부분이 꽤 좋아서 부정적인 정보가 발생할 가능성이 거의 없고, 그래서 소비자가 그러한 정보를 받게 되었을 때 그 정보는 매우 현저해지므로 더 큰 중요성을 갖게 된다는 것이다. 구전정보가 자기 경험을 사적으로 기술하는 타인으로부터 직접적으로 제공되기 때문에 구전정보는 광고에 포함된 정보보다 소비자에게 훨씬 더 생생하다. 그 결과는 구전정보가 기억에 더 접근하기 쉽고 상대적으로 소비자에게 더 큰 영향을 준다(Herr, Kardes, & Kim, 1991).

한 연구자는 불만족한 구매자가 나타내는 반응으로, 첫째, 아무 행동도 하지 않는 것, 둘째, 상표전환이나 불만족한 매장에 대한 거부, 셋째, 불평, 넷째, 부정적 구전 등을 제시하였다(Richins, 1983). 또한 이 연구자는 기업이 소비자의 불평을 장려한다면 불평을 처리할 기회를 얻게 되어, 우호적인 구전을 유발할 수 있으며, 자사에 대한 재구매를 유도할 수 있다고 주장하였다. 이는 소비자의 불평에 대한 세심한 대응으로 부정적 구전을 막으려는 마케팅을 강조한 것이다.

한편 사회심리학에서 사회적 영향력을 언급할 때 가장 많이 인용되는 동조

현상(Asch, 1955)에 근거해 보면 동일한 구전 메시지를 전달하는 사람의 수가 증가할수록 이에 동의하려는 경향성은 더욱 강해질 수 있음을 알 수 있다. 그러나 구전의 수와 관련된 연구는 아직 많지 않은 편이다. 관련연구로 구전정보의 수에 따른 영향력을 살펴본 한 연구는 긍정적인 구전정보의 수가 많아지는 경우, 즉 꽤 만족한 사람이 증가한 경우에는 구전의 영향력이 유의하게 증가한다는 것을 보여 주었다. 그러나 부정적인 구전정보의 수가 많아지는 경우, 즉 꽤 불만족한 사람이 증가한 경우에는 구전의 영향력에서 유의한 차이를 발견하지 못하였다(Bone, 1992). 부정적 구전의 확산 정도가 훨씬 크다는 연구에 근거해 볼 때, 이 연구는 현장에서 질문지에 의해 행해졌기 때문에 부정적인 구전정보 수의 영향력이 유의하지 않았을 것이다.

(2) 전달자

구전정보의 영향력에 영향을 미치는 전달자요인으로는 무엇보다도 다음에서 살펴볼 의견선도를 들 수 있다. 모든 사람이 개별 소비자에게 동일한 영향을 주는 것은 아니다. 의견선도자는 집단이나 다른 개인에 의해 특정 주제에 대한 전문적 지식이나 경험을 가지고 있는 것으로 인식되는 사람들을 의미하며, 이러한 사람들에 의해 영향을 받는 사람들을 추종자라고 한다(Assael, 1984). 의견선도자는 구매에 있어 많은 소비자에게 상당한 영향을 주며, 소비자가 정보를 구하기 위해 의존하기도 한다.

한 연구는 의견선도와 관여가 타인에게 구전정보를 주는 큰 요인이라고 보고하였다(Richins & Root-Shaffer, 1988). 즉, 의견선도자는 제품에 대한 높은 관여로 인해 주위 사람에게 제품에 대한 조언, 제품에 대한 새로운 뉴스, 개인적 경험 등의 구전을 하는 것이다.

(3) 수용자

구전정보의 영향력에 대한 수용자요인으로는 관여와 소비자 지식을 들 수 있다. 한 연구는 관여와 소비자 지식을 이용하여 부정적 구전정보가 제시되었을 때 제품에 대한 소비자의 태도가 어떠한 영향을 받는지를 살펴보았다(김한수, 1992). 연구결과, 제품에 대해 고관여 소비자가 저관여 소비자보다 상대적으로 구전정보의 영향을 더 받았으나 소비자의 제품지식에 따라서는 구전영향력에 차이가 없었다. 또 다른 연구에서도 마찬가지로 소비자 특성변수를 관여와 제품관련 지식으로 보고 구전정보의 영향력에 대해 살펴보았다(김현순, 1995). 연구결과, 관여가 높을수록 제품위험을 줄이기 위해 구전정보를 많이 이용하는 것으로 나타났다. 또한 제품지식에서도 유의한 차이가 나타났는데, 제품관련 지식이 낮은 경우 제품관련 지식이 높은 경우보다 구전정보를 더 많이 이용하는 것으로 나타났다.

(4) 수용자와 전달자의 관계

수용자와 전달자의 관계도 구전정보의 효과에 영향을 미칠 수 있다. 수용자와 전달자의 관계는 크게 강한 사회적 유대와 약한 사회적 유대로 나뉠 수 있다. 사회적 유대는 사회적 관계의 강도, 접촉의 빈도, 관계의 유형 등으로 나타날 수 있는데(Granovetter, 1973), 강한 사회적 유대의 예로는 가족, 친척, 가까운 친구 등이며 약한 사회적 유대의 예로는 동네 이웃, 안면이 있는 친구 등을 들 수 있다. 어떤 연구자는 사회적 유대와 구전정보의 흐름에 관해 연구하였는데, 그 결과 강한 사회적 유대와 약한 사회적 유대가 구전정보의 흐름에 있어 각기 다른 역할을 수행하고 있음이 드러났다(Brown & Reingen, 1987). 즉, 강한 사회적 유대는 미시적 수준에서 정보탐색, 구매결정에 영향을 미치며, 약한 사회적 유대는 거시적 수준에서 다른 집단으로 정보를 확산하는 역할을 한다. 그러나 구매결정에 더 큰 영향력을 보이는 것은 강한 사회적 유대이다. 따라서 사회적 유대가 강할수록 구전 커뮤니케이션의 영향력은 더 커진다고 해석할 수 있다.

(5) 상황적 요인

구전이 더 효과적으로 되려면 여러 가지의 상황적인 요인을 만족시켜야 한다. 한 연구자는 구전이 더 효과적일 수 있는 조건들을 다음과 같이 제시하였다(Stanley, 1977). 첫째, 가격이 비싸고 덜 빈번하게 구매하는 제품일수록 소비자는 대중매체를 통한 광고에서 획득할 수 있는 정보에 부족함을 느껴 의견선도자나 그 제품을 사용해 본 경험이 있는 사람의 의견을 얻고자 한다. 둘째, 타인이 쉽게 발견할 수 있고 사용자의 위신과 직결되는 제품일수록 구전의 효과가 커진다. 셋째, 뉴스나 화제의 대상이 될 수 있는 특성의 제품일수록 구전의 효과가 커진다. 넷째, 구매하려는 제품성능에 대해 위험이 크다고 판단되면 소비자는 그 제품의 구매여부를 결정하는 데 타인의 의견을 구하려는 경향이 강하다. 다섯째, 제품의 존재를 인식하는 단계서부터 그 제품의 구매여부를 결정하는 단계로 진행될수록 구전의 중요성은 점점 더 커진다.

반면에 구전의 영향력을 떨어뜨리는 요인도 존재한다. 한 연구는 극도로 부정적인 정보가 제시된 경우와 제품에 대한 선행인상이 이미 형성된 후에는 제품판단에 대한 구전의 영향력이 감소함을 보여 주었다(Herr, Kardes, & Kim, 1991). 극도로 부정적인 정보는 단 하나의 범주만을 제시하고, 더 정보적이고 식별성이 있으며, 자신의 의견이 타인의 의견보다 더 믿을 수 있는 것이라고 해석할 수 있다.

또 다른 연구도 구전정보가 이미 가지고 있는 개인의 선행인상과 일치하지 않으면 구매에 대한 영향력이 떨어지는 것으로 나타났다(Wilson & Peterson, 1989). 즉, 구전정보는 수용자의 이미 존재하는 신념, 기대, 감정 성향과 일치할 때만 받아들여지며, 불일치한다면 구전정보는 무시되거나, 변형되고 그 중요성이 감소하게 된다. 즉, 개인의 인상과 태도가 구전에 비해 우세하다는 주장이다.

2) 구전 커뮤니케이션의 발생원인

구전 커뮤니케이션은 정보전달자와 수용자 양자의 필요에 의해 발생한다. 수용자는 그들이 광고 메시지를 믿지 못하기 때문에 구전정보를 원할지도 모른다. 또는 그들이 지각된 위험이 큰 제품을 구매할 때 발생하는 불안을 감소시키고자 부가적인 정보를 찾기 위해서일지도 모른다. 수용자가 구매결정에 높게 관여되었을 때 더 오랜 탐색과정을 거치는 경향이 있다. 이러한 탐색과정은 친구나 전문가에게 여러 구매대안에 관해서 묻는 것을 포함할 수 있다. 이러한 고관여 상황에서 개인적인 영향은 일반적이다.

소비자가 타인의 정보를 찾도록 동기화되는 세 가지 구매상황이 있는데

(Robertson, Zielinski, & Ward, 1984), 이는 첫째, 제품이 타인의 눈에 쉽게 뜨일 때, 둘째, 제품이 매우 복잡할 때, 셋째, 제품이 어떤 객관적 기준에서 쉽게 검증될 수 없을 때이다. 이러한 각각의 상황은 소비자를 고관여 구매상황에 놓이게 한다.

구전 커뮤니케이션은 또한 정보전달자의 욕구를 충족시킨다. 정보를 제공하고 다른 사람의 결정에 영향을 주는 능력은 사람에게 힘과 권위의 느낌을 준다. 다른 사람에게 영향을 주는 것은 또한 영향을 주는 사람이 자신의 구매에 대한 의심을 없애는 데에도 도움을 준다. 아울러 다른 사람에게 정보를 제공함으로써 전달자는 집단과의 관여를 증가시키고 집단의 사회적 상호작용과 응집력을 강화한다(Dichter, 1966). 마지막으로 사람은 다른 사람에게 정보를 제공함으로써 이득을 얻을 수 있다. 상호교환의 규범은 도움을 받은 타인은 어느 순간에 호의를 되돌려 줘야 한다고 말한다. 〈표 14-2〉는 구전 커뮤니케이션을 촉진하는 요인들을 요약한 것이다.

표 14-2 구전 커뮤니케이션을 촉진하는 요인들

I. 정보전달자의 욕구

   (1) 권력과 권위의 느낌을 얻기 위해

   (2) 자신의 구매에 대한 의심을 없애기 위해

   (3) 원하는 사람/집단과의 관여를 높이기 위해

   (4) 실체적인 이득을 얻기 위해

II. 정보수용자의 욕구

   (1) 제품을 광고하는 사람보다 더 믿을 수 있는 출처로부터 정보를 찾기 위해

   (2) 지각된 위험이 높은 구매에 대한 불안을 낮추기 위해

     ① 위험은 제품의 복잡성이나 비용 때문에 나타날 수 있다.

     ② 위험은 타인이 어떻게 생각할지에 대한 구매자의 걱정으로부터 나타날 수 있다.

     ③ 위험은 제품을 평가하기 위한 객관적 기준의 부족으로 인해 나타날 수 있다.

   (3) 정보탐색에서 더 적은 시간을 소비하기 위해

3) 구전연결망 모델

　의사나 변호사와 같은 서비스 제공자는 공식적인 촉진활동 없이도 어떻게 사업을 번창시킬 수 있는가? 한 가지 설명은 이러한 서비스를 이용하는 소비자 사이에서 형성되는 구전연결망이다(Reingen & Kernan, 1986; File, Cermak, & Prince, 1994).

구전연결망
사람들 사이에서 형성되는 구전의 구조관계

　[그림 14-2]는 대학생 사이에서 존재하는 간단한 구전연결망을 나타낸다. 대학생들 사이에서 유포되는 정보는 어떤 미용사의 서비스에 관한 것이다. 그림에서 두 가지 유형의 연결이 나타난다. 화살표 선은 참조관계를 나타내는데, 즉 "누가 누구에게 서비스에 관해 말했는가?"의 경로를 보여 준다. 참조관계는 서비스의 정보가 퍼져 나가는 구전연결을 나타낸다. 화살표가 없는 선은 사회적 관계를 나타내는데, 즉 두 개인 사이의 강하거나 약할 수 있는 연결을 의미한다. 강한 연결의 한 가지 예는 서로 자주 접촉하는 두 친구가 될 수 있을 것이다. 약한 연결은 우연히 마주칠 수 있고 마주침 동안 서비스에 관해 이야기할 수 있는 단지 아는 사람들이 될 수 있다(Brown, 1987).

　[그림 14-2]에서 어떻게 미용사에 대한 정보가 전달되는지 볼 수 있다. 정보전달은 의견선도자인 A에서부터 시작된다. 그녀는 개인 B, I와 강한 연결을 맺고 있다. 하지만 그녀는 미용사에 대한 정보를 개인 B와 F에게 보낸다. B는 그 정보를 개인 C와 D에게 보낸다. 개인 I는 미용사에 대한 정보를 단지 아는 사

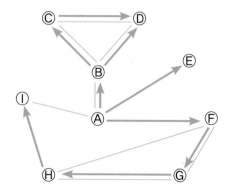

[그림 14-2] 구전연결망 모델
주: 화살표가 있는 선은 참조를 나타내고, 화살표가 없는 선은 사회적 관계를 나타낸다.

람인 H로부터 받았고 H는 친구 G로부터 그 정보를 얻었다. 개인 G는, 단지 아는 사람 A에게서 정보를 얻은 친구 F로부터 정보를 획득하였다. 개인 E는 오직 참조관계를 거친 A와 연결된다.

몇 가지 주목할 점이 [그림 14-2]에 제시되어 있다. 첫째, 두 사람이 강하게 결속되었다는 사실은 정보가 그들(예, 친구) 사이에서 반드시 전달될 것임을 의미하지는 않는다. 비록 A가 I와 강한 결속을 했다고 할지라도, A는 미용사에 대한 정보를 친구 I에게 전달하지 않았다. 둘째, 강하게 결속한 소비자의 작은 연결집단이 확인될 수 있다. 개인 B, C, D는 소집단을 형성하고, 개인 F, G, H는 또 다른 소집단을 형성한다. 또한 연속해서 연결되는 참조라인의 수를 셈으로써 연결망의 길이를 확인할 수 있다. 그림에서 가장 긴 연결망의 길이는 4개의 참조로 구성되어 있는데, 이는 'A에서 F' 'F에서 G' 'G에서 H' 'H에서 I' 등이다.

미국 남서부 도시에서 세 명의 피아노 선생님에 대한 정보흐름을 살펴본 연구는 개인들 사이에서 복잡한 참조와 사회적 관계를 보여 주었다(Brown, 1987). 몇 가지 재미있는 결과들이 이 연구로부터 나타났다. 한 가지는 약한 결속이 집단 사이에서 정보의 전달을 위해 특히 중요하다는 것이다. 사실상 약한 결속은 정보가 하나의 별개 집단에서 또 다른 집단으로 전달되는 것을 허락하는 다리로서 작용하는 강한 경향을 보인다. 유사하게 [그림 14-2]에서의 한 가지 발견은 개인 A가 단지 참조관계의 약한 결속을 통해서 집단 F-H-G와 연결된다는 것이다.

이 연구에서의 두 번째 주요 발견은 집단 내에서의 강한 결속은 약한 결속보다 친구들 사이에서의 사회적 접촉이 더 빈번하게 발생하기 때문에 정보의 흐름을 활성화한다는 것이다. 세 번째 발견은 정보가 강하게 결속된 개인들로부터 왔을 때 설득력이 더 크다는 것이다. 약한 결속은 집단 간에 다리로서 작용하는 것처럼 보인다. 그러나 집단 내에서의 강한 결속은 영향력의 흐름에 있어서 중요하다.

4) 의견선도

의견선도
한 개인(의견선도자)이 타인의 태도나 행위에 비공식적으로 영향을 미치는 과정

의견선도는 많은 범주에서 상표의 대중성에 큰 영향을 미친다. 의견선도는

한 개인(의견선도자)이 타인의 태도나 행위에 비공식적으로 영향을 미치는 과정을 말한다. 여기서 타인이란 의견 추구자 또는 단순히 의견 수용자일 수 있다. 의견선도의 주요한 특징은 그것이 두 명 이상의 사람 간에 비공식적으로 일어나면서 누구에게도 상업적인 목적이 없다는 것이다.

구전 커뮤니케이션 연구에서 어떤 사람들이 다른 사람들보다 더 빈번하게 정보를 제공한다는 것이 발견되었다. 이러한 개인이 의견선도자이며, 이들은 타인의 구매결정에 영향을 주는 소비자이다. 의견선도자는 폭넓은 제품범주에 걸쳐 타인에게 영향을 주는 특성을 보이지 않는다. 오히려 의견선도자는 특정한 제품범주와 상황에 제한된다. 가전제품이나 가구와 같은 단일 제품범주 내의 여러 제품에서 의견선도자는 타인에게 영향을 줄 것이다. 예를 들어, 한 연구는 소형 가전제품의 의견선도자는 또한 대형 가전제품의 의견선도자라는 것을 발견하였다(King & Summers, 1970).

(1) 의견선도자의 특성

연구자들은 의견선도자의 특성을 확인하려고 노력하였다. 그러나 그들의 노력은 단지 제한적인 성공을 거두었다. 의견선도자를 정확하게 나타내는 인구통계학적 특성과 성격특질을 발견하려는 시도는 일반적으로 성공적이지 못하였다(Flynn, Goldsmith, & Eastman, 1996). 가장 명백한 발견은 의견선도자가 제품범주와 관련된다는 것이다. 그들은 특정한 제품범주에 관심이 있고, 그것에 관한 전문잡지를 읽으며, 그 범주에 관한 지식이 풍부하다. 또한 의견선도자가 추종자보다 더 자신감이 있고 사회적으로 더 활동적이라는 증거가 있다. 그들은 또한 같은 동년배 집단에 속하더라도 추종자보다 더 높은 사회적 위치에 있는 것처럼 보인다. 마지막으로 그들은 구매에 있어서 더 혁신적이지만, 이것이 그들을 제품혁신자라고 말해 주는 것은 아니다(Rogers, 1995; Redmond, 1996). 아울러 의견선도자는 창의성이 있고, 적응을 쉽게 하며, 혁신적인 제품이나 방법을 사용하고, 다양한 사용가능성을 긍정적으로 검토한다. 또한 신제품을 구매할 때 의견선도자는 위험을 덜 지각하는 경향이 있으며 다른 소비자보다 더 모험적이고, 제품범주 내에서의 개인적인 지식기반과 전문성을 갖추고 있어서 혁신적인 것을 이해하는 데 인지적 노력을 덜 들인다(Redmond,

표 14-3 의견선도자의 주요 특성

① 기술적으로 유능하고 전문가의 힘을 갖고 있기 때문에 설득력이 있다.

② 공정한 방법으로 제품정보를 미리 선별하고 평가하며 종합한다.

③ 사회적으로 활동적이며, 사회적 지위에 의한 합법적인 힘을 갖는다.

④ 자신의 가치와 신념에 있어 소비자와 유사한 경향이 있어서 준거대상의 힘을 갖는다.

⑤ 종종 신제품을 처음 구매하는 사람인 경우도 있어서, 일반 소비자의 불안감을 줄여 준다.

1996; Rogers, 1995).

(2) 의견선도자와 제품혁신자의 비교

제품혁신자
새로운 제품을 처음으로 구매
하는 사람

제품혁신자는 새로운 제품을 처음으로 구매하는 사람이다. 여러 면에서 그들은 의견선도자와 같다. 예를 들어, 내과의사의 연구에서 혁신자와 의견선도자는 여러 면에서 유사하다는 것이 발견되었다(Coleman, Katz, & Menzel, 1966). 추종자 또는 비혁신자와 비교해 볼 때, 혁신자는 의료공동체에 사회적으로 더 높게 관여하였으며, 그들의 환자보다 그들의 직업적 목표에 더 관심이 많고, 다른 의사와 사무실을 공유하였으며, 의료학회에 더 많이 참석하였다. 혁신자와 의견선도자 모두 다른 의사와 더 빈번하게 의사소통하며 의료문헌에서의 새로운 결과에 계속 흥미를 갖는 등 그들의 직업에 더 활동적인 패턴을 보였다. 그러나 이런 유사성에도 불구하고 혁신자와 의견선도자는 몇 가지 핵심특성에서 다르다. 혁신자는 새로운 제품을 구매하기 위해 자신의 것을 버리는 모험가로 묘사될 것이지만, 의견선도자는 추종자의 목표, 가치, 태도에서 결코 멀리 벗어나지 않는 정도에서 타인에게 영향을 주는 편집자와 같다. 혁신자는 사회적 집단에 덜 관여하며 제품의 수명주기에서 매우 일찍 새로운 제품을 수용함으로써 집단규범을 깨는 자유인의 느낌이 든다. 대조적으로 의견선도자는 집단의 신념에서 멀어지는 신념을 노출하지 않기 때문에 사회적으로 더 관여하고 그들의 영향력을 발휘한다(Coleman, Katz, & Menzel, 1966).

(3) 의견선도자의 확인

의견선도자를 확인할 수 있는 최상의 방법은 아직 개발되지 않았지만, 지금까지 두 가지 방법이 알려져 있다. 첫 번째 방법은 자칭법으로, 소비자에게 자신을 의견선도자로 간주하는지를 직접 묻는 것이다. 두 번째 방법은 사회측정법(sociometric methods)으로, 집단구성원 사이의 커뮤니케이션 형태를 추적하여 집단구성원 사이에서 일어나는 상호작용을 체계적으로 세밀히 나타내는 것이다. 예를 들어, 참가자에게 제품정보에 관해 물음으로써 제품관련 정보원이 되는 경향이 있는 사람을 확인한다. 이 방법은 정확하지만, 폐쇄적이고 독립적인 소집단에서만 적절히 활용될 수 있다. 이 방법의 한 예가 [그림 14-2]에 제시된 구전연결망 모형이다.

(4) 개인 영향력의 출처로서 시장전문가와 대리소비자

의견선도자 및 제품혁신자와 더불어 시장연구가는 개인 영향력의 두 가지 다른 출처를 확인하였는데, 이는 시장전문가와 대리소비자이다. 시장전문가는 '다양한 종류의 제품, 쇼핑장소, 시장의 여러 다른 특성 등에 관한 정보를 갖고 있으며, 소비자와 논의하고 시장정보를 원하는 소비자의 요구사항에 응답하는 개인'이다(Feick & Price, 1987; Price, Feick, & Guskey, 1995). 이러한 정의가 제안하듯이, 이러한 개인은 의견선도자보다 개인 영향력에 있어서 더 광범위한 역할을 한다. 시장전문가의 전문지식은 제품 특정적이 아니라 오히려 시장에 대한 일반적인 지식에 기초하고 있다. 시장전문가는 사회적 교환에서 타인에게 유용한 그리고 대화를 위한 근거를 제공하는 시장정보를 수집하려고 한다. 이러한 의미에서 그들은 '시장전문가'의 역할을 하는 소비자이다(Mooradian, 1996a; Elliott & Warfield, 1993; Williams & Slama, 1995).

두 번째 유형은 대리소비자이다. 대리소비자는 '구매활동을 도와주고 혹은 대신 거래하도록 소비자에 의해 고용된 중개인'이다(Solomon, 1986). 대리소비자는 인테리어디자이너 또는 주식중개인과 같이 다양한 역할을 할 수 있다. 기본적으로 대리소비자는 제조자와 소비자 사이의 유통구조에서 부가적인 역할을 한다. 그들은 소비자가 외부중개인을 마음대로 통제할 수 없는 상당한 고관여 구매상황에서 활용되는 경향이 있다. 즉, 소비자는 구매결정과정인 정보탐

시장전문가
다양한 종류의 제품, 쇼핑장소, 시장의 여러 다른 특성 등에 관한 정보를 갖고 있으며, 소비자와 논의를 하고 있는 시장정보를 원하는 소비자의 요구사항에 응답을 하는 개인

대리소비자
구매활동을 도와주고 혹은 대신 거래하도록 소비자에 의해 고용된 중개인

표 14-4 네 가지 유형의 소비자 영향원의 특성

영향원 유형	전문지식의 근거	특성
1. 의견선도자	제품범주에서의 지속관여	지속관여, 높은 지위, 사회집단의 구성원
2. 제품혁신자	혁신제품의 구매	의견선도자보다 사회집단에 덜 관련됨
3. 시장전문가	일반적인 시장 지식	알려진 인구통계학적 특성은 없고, 시장에 관한 일반적 지식추구를 즐김
4. 대리소비자	특정 제품범주에 국한된 지식	계약 고용된 전문가

색, 평가, 선택의 많은 부분을 포기한다. 대리소비자는 매우 비싼 가구의 구입이나 주식에 투자하는 것과 같은 매우 복잡한 제품이나 서비스의 구매과정에서 매우 중요한 역할을 한다. 〈표 14-4〉는 시장에서의 네 가지 유형의 영향원의 특징을 요약하고 있다.

5) 서비스 조우

서비스 조우
소비자와 마케터 사이에서 일어나는 개인적인 상호작용

서비스 조우(service encounter)는 소비자와 마케터 사이에서 일어나는 개인적인 상호작용을 말한다. 서비스 조우는 의사의 진찰, 은행에서 입금 및 인출하기, 혹은 식당에서 음식주문하기와 같이 '순수한 서비스 맥락'에서 일어날 수 있다. 아울러 '혼합된 서비스 맥락'에서도 일어날 수 있다. 독자의 노트북 컴퓨터에 대해 생각해 보라. 많은 서비스 조우가 노트북을 구매하는 동안 그리고 구매 후에 일어난다. 당신이 그것을 구매했을 때, 당신은 판매원과 상호작용을 했다. 당신이 노트북 애프터서비스를 받았을 때도 마찬가지이다. 모든 서비스 조우 동안 소비경험이 발생하고, 소비경험은 제품에 대한 만족과 불만족에 매우 강한 영향을 미칠 것이다.

서비스 조우 동안 소비자와 마케터는 서로 구별되는 역할을 맡는다(Solomon, Surprenant, Czepiel, & Gutman, 1985). 종업원과 소비자는 마치 그들이 보편적인 '서비스 각본'을 읽고 있는 것과 같이 행동한다. 이 각본은 두 배우(종업원과 소비자)에게서 기대를 형성한다. 부정적인 방식으로 각본을 위반하는 것은 결국 불만족을 초래할 것이다. 그래서 만약 서비스 제공자가 기대를 위반한다

면(너무 압력을 줌으로써), 소비자는 조우에 불만족할 것이다. 반대로 만약 소비자가 기대를 위반한다면(종업원을 비웃음으로써), 종업원은 불만족할 것이다(Bitner, Booms, & Mohr, 1994). 즉, 소비자와 종업원 모두 서비스 조우 동안 각본에 명시된 역할을 따른다. 세 가지 주제가 조우상황에서 소비자 및 종업원과 관련이 있다(Guiry, 1992).

소비자를 위한 세 가지 주제는 자율성, 상호성, 의존성이다. 이것들은 소비자가 서비스 제공자와 형성하고자 하는 관계적 특성을 묘사한다. 소비자는 자신이 필요로 하는 그리고 셀프서비스를 위한 정보를 가지고 있다고 믿을 때 자율성을 추구한다. 소매점에서 저관여제품을 구매하는 소비자는 자율성을 추구한다. 게다가 매우 전문적인 지식을 가진 소비자 또한 종종 자율성을 추구한다. 컴퓨터를 매우 잘 아는 소비자가 컴퓨터 부품을 구입하여 직접 조립하는 경우가 이에 해당할 것이다.

제품관여가 증가할 때 그리고 소비자의 전문지식이 줄어들 때, 소비자는 종업원과의 관계에 의존하거나 상호협력을 추구할 것이다. 상호협력에서 시너지 효과의 느낌이 종업원과 소비자 사이에서 나타난다. 한 예로 예술진품의 구매에 관련된 위험과 편익에 어느 정도의 전문지식을 가진 소비자가 원본을 구매하는 경우를 들 수 있다. 대조적으로 만일 소비자가 제한된 전문지식을 갖고 있다면, 종업원에게 전적으로 의존할지도 모른다. 이러한 경우에 소비자는 서비스 조우에서 능동적인 역할을 해 주고 충분히 도와주는 종업원을 원한다. 그러나 그 역할은 고정적이지 않다. 예를 들어, 확장된 서비스 조우(예, 관광가이드와 고객처럼)에서 소비자는 서비스 개시부터 의존적인 상태에 놓일 것이다. 그러나 조우가 진행됨에 따라 상호성이 나타난다. 그 과정(예, 여행)의 끝부분에서는 둘 사이의 상호성은, 비록 한시적일지라도, 친구관계일 것이다(Price, Arnould, & Tierney, 1995). 유사한 과정이 의사 또는 변호사와 고객 사이에서 일어날 수 있다.

종업원의 주제는 소비자의 주제와 대칭적이다. 종업원의 세 가지 주제는 무관심, 협력, 지배다. 종업원은 소비자가 원하는 대로 행동하는 것이 중요하다. 소비자가 상호협력을 원한다면, 종업원은 지배적이지 않은 상호협력을 제공해야만 한다. 그러나 무관심은 모호한 주제이다. 일반적으로 자율을 원하는 소비자는 무관심한 서비스 제공자를 원하지 않는다. 오히려 이러한 소비자는 거래가 끝날 때까지 주의를 하면서 자신을 홀로 남겨 두는 서비스 제공자를 원한다.

6) 양자 간 교환과정의 경영 시사점

많은 연구자가 교환과정에서 작용하는 요인을 확인하려는 모델을 제안하였다. 한 연구자에 의해 개발된 영향력 있는 모델은 교환과정을 조작적 조건형성과 경제학의 두 관점에서 설명한다(Homans, 1961). 조작적 조건형성의 관점으로부터 이 연구자는 교환이 만족스러운 결과를 가져오면(강화), 교환이 되풀이될 것이라고 제안하였다. 역으로 교환이 불만족스러운 결과를 가져오면, 교환은 끝날 것이다. 조작적 조건형성의 관점으로부터 교환은 타인의 행동을 조성하기 위해 강화와 처벌의 결합과 관련되어 있다.

경제학적인 관점으로부터 이 연구자는 사람들이 교환할 것인지를 결정하기 위해 비용-이득 간의 분석을 수행한다고 제안하였다. 교환으로부터의 보상이 비용보다 더 크다면, 사람들은 교환을 계속하게 될 것이다. 그러나 비용이 보상을 초과한다면, 사람들은 교환을 끝내거나 교환의 본질을 바꾸려 할 것이다. 이 연구자에 의해 개발된 기초적인 교환방정식은 다음과 같다.

$$이득 = 보상 - 비용$$

교환 관점으로부터 소비자와 기업 모두 상호작용에서 이득을 얻으려고 한다. 기업은 금전적 보상에서 금전적 비용을 뺌으로써 이윤을 계산한다. 소비자는 자신이 구매한 제품이나 서비스로부터 얻는 보상에서 금전적이며 심리적인 비용을 뺌으로써 이득을 계산한다. 만일 어느 한쪽이 교환에서 이득을 얻지 못했다고 지각하면 불만족이 생길 것이다.

아울러 기업은 자사제품과 관련해서 발생하는 양자 간 교환의 유형에 대해 명확히 이해해야 한다. 기업은 서비스 교환에서 소비자를 다룰 때 종업원이 적절한 역할을 하도록 그들을 훈련해야 한다. 다시 말해, 종업원은 자신의 역할이 각 소비자의 기대와 일치하도록 노력해야 한다. 따라서 만일 소비자가 구매결정을 자율적으로 하길 원한다면, 서비스 제공자는 소비자의 이러한 욕구를 존중해야 한다. 그렇지 않다면, 소비자는 불만족할 것이다.

더욱이 기업은 자사제품 혹은 서비스의 구매가 구전 커뮤니케이션에 의해 또는 의견선도에 의해 영향을 받는 정도를 확인해야 한다. 의견선도자, 시장 전문가, 대리소비자를 확인하고 찾는 것이 시장조사에서 중요하다. 만일 그런 사람들이 제품 혹은 서비스를 위해 존재한다면, 기업은 촉진 메시지를 그들에게 겨냥해야 한다. 특히 의견선도의 연구는 시장조사, 세분화, 촉진전략의 관리적인 측면에서 중요하다.

여기서 잠깐!

소비자가 올린 댓글에 상품운명이 달렸다.

지난해 12월 인터넷 쇼핑몰 옥션은 '펌블'이라는 서비스를 시작했다. 옥션에서 판매하고 있는 상품의 정보를 올리면 다른 이용자가 콘텐트를 공유하는 방식이다. 댓글이 계속 달리며 콘텐트는 시간이 지날수록 풍부해진다. 상품 정보를 얻기 위해 많은 시간을 들여 인터넷을 뒤질 필요 없이 몇몇 블로그만 찾으면 웬만한 내용은 모두 얻을 수 있다. 공통 관심사를 가진 소비자들은 지속적으로 정보를 주고받게 되고, 경우에 따라서는 공동구매를 하기도 한다.

판매자가 소비자를 가장해 과장 광고를 올렸다가는 "내용이 사실과 다르다"는 댓글이 줄줄이 붙고, 그 블로그는 결국 도태된다. 펌블은 오픈한 지 3개월 만에 약 4만여 개가 개설될 정도로 큰 인기를 끌고 있다.

펌블에서 기저귀를 구입한 주부 김소연(31) 씨는 "자주 찾는 블로그에서 다른 엄마들과 육아 정보를 공유하고 상품도 구입한다"며 "같은 소비자가 제공하는 정보라 훨씬 믿음이 간다"고 말했다. 상품을 단순 구매하던 소비자가 강력한 마케팅 파워로 유통시장을 흔들고 있는 것이다.

GSe스토어는 내달부터 '이츠미'라는 새 서비스를 선보인다. 특정 품목에 대한 쇼핑 노하우ㆍ정보를 공유하고, 제품을 추천할 수 있는 시스템이다. 예를 들어, 한 소비자가 청바지를 구입하고 싶다는 글을 올리면, 청바지에 관심이 있는 다른 소비자가 제품정보를 제공하고 상품도 추천하는 방식이다. 공통 관심사를 가진 사람끼리는 '1촌 맺기'를 통해 계속해서 정보를 공유할 수 있다. 지난달 문을 연 쇼핑정보 공유사이트 '알고사'에서도 소비자들이 쇼핑 정보를 주고받고 있다.

유통 선진국 미국에서는 소비자가 제공하는 정보가 이미 유통시장을 장악하기 시작했다. 인터넷 쇼핑 사이트 'ThisNext'와 'StyleHive'는 소비자들이 상품을 찾고 자신의 의견을 적어 공유하는 서비스를 제공하면서 미국의 대표 온라인 쇼핑몰이 됐다. 미국에선 이 같은 쇼핑 행태에 '여론구매(social shopping)'라는 이름을 붙였다. 쇼핑 정보를 공유하는 과정에서 관계를 형성하고(social networking), 여기서 형성된 여론에 따라 구매(shopping)를 한다는 뜻이다.

세계적 온라인 쇼핑몰 'Shopping.com' 미국 지사를 이끌고 있는 롭 골드만(Goldman)은 뉴욕타임스와의 인터뷰에서 "(여론 구매가) 앞으로 유일한 쇼핑방법이 될 정도로 강한 잠재력을 지녔다"고 평가했다.

유통업체들은 동영상 UCC(사용자 제작 콘텐츠)를 통해 소비자 참여를 유도하고 있다. 온라인 쇼핑몰 GS이숍은 'UCC 상품평' 코너를 운영하고 있다. 최상기 옥션 이노베이션 마케팅 담당 부장은 "여론구매는 관계 형성과 쇼핑이라는 인터넷의 가장 기본적인 두 가지 활동이 합쳐진 형태"라며 "예전에 상품 기획자나 유통업체들이 하던 일을 소비자들이 직접 하고 있다"고 말했다.

출처: 이성훈(2007). 소비자가 올린 댓글에 상품운명이 달렸다. 조선일보, 4월 11일에서 재인용.

여기서 잠깐!

솔직한 댓글 올려놓는 쇼핑몰이 잘 나가네.

여성복 인터넷 쇼핑몰을 운영하는 김영현(33) 씨는 최근 사이트를 개편했다. 옷을 입고 찍은 사진을 함께 올리는 '포토(photo) 상품평'을 쓰면 적립금 5,000원을 주는 이벤트를 했는데 몇몇 고객들이 '호평 일색이어서 못 믿겠다. 샀는데 실망했다'는 의견을 보내왔기 때문이다.

다른 사이트를 분석해 봤더니 전문 모델이 아닌 평범한 사람들의 실제 측정 사이즈를 보여 주고 호평·혹평을 동시에 실어 주는 곳이 인기가 많았다. '여기는 믿을 만하네요' '반품할 필요 없는 정확한 사이트'라는 평이 눈에 띄었다.

김 씨는 자신의 쇼핑몰에도 44~77사이즈까지 다양한 사람들이 제품 착용을 하고 '두꺼움' '신축성 적음' '비침' 등의 솔직한 반응을 그대로 올려놓았다. 그랬더니 반품이 크게 줄고 매출이 오히려 늘었다.

인터넷 쇼핑몰 운영자들은 소비자들의 부정적인 반응을 쇼핑몰 사이트에 공개하길 꺼리는 것이 보통이다. 하지만 소비자 불만이나 부진한 판매 실적도 가감 없이 드러내야 오히려 판매 증대에 이롭다는 것이 과학적인 실험결과로도 확인됐다.

인터넷에서 소비자가 다른 소비자들로부터 영향을 받는 과정은 크게 두 가지이다. 먼저 다른 소비자의 사용 후기와 같은 댓글에 영향을 받는 이른바 '구전 효과(word-of-mouth effect)'이다. 쇼핑몰은 구전 효과를 극대화하기 위해 소비자가 상품에 대해 후한 평가를 올리면 이후 구매할 때 할인 혜택 등의 인센티브를 제공하기도 한다. 하지만 이는 장기적으로 역효과를 낸다는 것이 전문가들의 분석이다. 소비자들은 쇼핑몰의 댓글을 볼 때 좋은 내용보다는 나쁜 내용을 유심히 보며, 그런 글이 가감 없이 실린 쇼핑몰을 더 믿는다는 것이다.

2007년 캐나다 브리티시 컬럼비아대학교 경영학과 연구진은 소비자들은 미국의 대표적인 인터넷 쇼핑몰인 아마존(Amazon)과 이베이(eBay) 중에서 상품이나 배송에 대한 불만을 싣지 않았던 이베이보다 호평과 불만을 가감 없이 공개한 아마존을 신뢰한다는 연구결과를 발표했다.

당시까지 이베이는 판매자와 구매자에게 인센티브를 주면서 긍정적인 상품평을 많이 올리도록 권장하고 있었다. 이에 비해 아마존은 구매자만 상품평을 올리게 했으며, 그 내용이 좋든 싫든 어떤 제약이나 인센티브도 주지 않았다. 이베이는 그해 11년간 유지해 오던 상품평 시스템을 아마존 방식으로 완전히 바꿨다.

인터넷에서 다른 소비자로부터 영향을 받는 두 번째 과정은 다른 사람의 구매 행동을 따라 하는 이른바 '관찰 행동(observational behavior)'이다. TV 홈쇼핑에서 판매 숫자가 계속 올라가 '매진 임박'이라는 글자가 뜨면 갑자기 주문 전화가 폭주하는 현상이 한 예다.

이세복 GS샵 EC기획팀장은 "인터넷 쇼핑몰 고객들의 경우 다른 사람이 많이 산 상품을 신뢰하는 경향이 강하다"면서 "전날 판매 상위 100개 제품을 소개하는 '베스트100'은 가장 방문율이 높다"고 밝혔다.

GS샵 홈쇼핑 채널에선 '히트상품'을 발표할 때 판매 상품수, 구매고객수 등을 정확히 공개했다. 이들 상품을 모아서 홈쇼핑에서 일정 기간 동안 실시하는 특집 방송의 경우 평소 대비 15% 이상 매출이 증가하는 효과가 있다고 한다. 신세계몰도 최근 홈페이지 개편을 통해 랭킹 코너를 새롭게 오픈했다.

그런데 잘 팔리지 않는 상품의 판매 실적도 공개해야 할까. 미국 빙햄튼대학교 경영학과의 왕치(Wang Qi) 교수는 최근 『마케팅 연구 저널』에 "소수의 소비자를 대상으로 한 틈새 상품은 매출 실적을 공개해도 걱정할 필요가 없다"며 "구전 효과에선 나쁜 평가에 더 큰 영향을 받지만, 관찰 행동에서는 긍정적인 내용에만 관심을 기울이기 때문"이라고 밝혔다.

왕 교수는 미국의 아마존에서 실시간으로 판매 실적을 공개한 90종의 디지털 카메라에 대한 소비자 구매 행동을 분석했다. 예상대로 판매 숫자가 큰 제품은 소비자의 관찰 행동을 자극해 판매가 갈수록 늘었다. 하지만 실적이 저조한 제품은 그렇다고 역효과가 나타나지 않은 것으로 확인됐다.

출처: 이영완(2011). 솔직한 댓글 올려놓는 쇼핑몰이 잘 나가네. 조선일보, 11월 21일에서 재인용.

3. 확산과정

확산
혁신적인 아이디어, 제품, 서비스가 소비대중을 통해 퍼지는 과정

확산은 물질이(심지어 관념조차) 매개를 통해 균형상태에 도달할 때까지 점차 널리 퍼지는 것을 말한다. 소비자 행동 맥락에서 확산은 혁신적인 아이디어, 제품, 서비스가 소비대중을 통해 퍼지는 과정을 말한다.

이번에는 마케터가 관심을 두는 확산과정의 네 가지 유형에 대해 살펴볼 것인데, 이는 정보의 확산과 전달의 대안적 모델, 혁신제품이 소비자에 의해 어떻게 수용되는가에 영향을 주는 요인들을 포함한 혁신의 확산, 루머의 확산, 그리고 유행의 확산 등이다.

1) 전달과정

통화침투(낙수) 이론
상류층의 패션과 행동이 일반대중에게 스며든다는 이론

어떻게 집단들 내에서 그리고 더 큰 소비자 환경 내에서 커뮤니케이션 흐름이 이루어지는가? 몇몇 모델이 대중매체로부터 일반대중에게 정보가 어떻게 전달되는지를 설명해 준다. 통화침투(또는 낙수) 이론(trickle-down theory)은 트렌드(특히 패션 트렌드)가 상류층에서 시작한다고 생각한다. 상류층은 낮은 계층과 자신을 구분하기 위한 의복의 스타일과 태도를 수용하고, 그 후 낮은 계

층은 상류층의 패션을 따라 함으로써 그들에게 지지 않으려고 한다. 이러한 방식으로 상류층의 패션과 행동이 일반대중에게 '흘러내린다.' 통화침투 이론의 한 가지 문제점은 계층들 사이에 커뮤니케이션이 비교적 거의 없다는 것이다. 또 다른 문제는 매스커뮤니케이션 문화에서 패션정보는 거의 동시적으로 전달된다는 것이다. 사실 정보전달은 낙수보다는 범람에 훨씬 더 가깝다.

개인 영향의 전달을 설명하는 두 번째 접근은 이단계 흐름 모델(two-step flow model)이다. 이 모델은 매스커뮤니케이션이 처음에 의견선도자에게 영향을 미치고, 그 이후에 이들이 추종자에게 영향을 미친다고 가정한다. 이 모델은 영향력을 사회계층 간에 일어나는 것으로 보기보다는 오히려, 한 계층 내에서 수평적인 것으로 간주한다. 이 모델은 계층마다 수동적인 커다란 추종자 집단에 영향을 미치는 의견선도자가 있다고 가정한다. 불행하게도 이 모델은 지나치게 단순화되어 있다. 수동적인 추종자 집단은 확인되지 않았고, 의견선도자는 제품마다 다른 것으로 보인다.

개인 영향의 흐름을 가장 잘 나타내는 것으로 보이는 접근이 다단계 흐름 모델(multistep flow model)이다. 정보는 대중매체에 의해 사람들의 세 가지 유형에 전달되는데, 이러한 유형은 문지기(gatekeeper), 의견선도자, 그리고 추종자 등이다(Assael, 1984). 각각의 유형은 사람들의 다른 범주에 정보를 제공하는 능력을 갖춘 것으로 보인다. 문지기는, 비록 이 사람의 의견이 다른 사람에게 영향을 주거나 혹은 주지 않을지라도, 한 집단에 있는 다른 사람이 정보를 받을지 받지 않을지를 결정하는 능력을 갖춘 사람이다. 의견선도자는 대중매체에 의해 전달된 정보의 특정 부분에서 다른 사람에게 영향을 주는 사람이다. 추종자는 문지기나 의견선도자에 의해 제공된 정보 혹은 의견선도자에 의해 영향을 받는 사람이다.

다단계 흐름 모델은 확산의 많은 중요 사실을 인식한다.

- 매스커뮤니케이션은 대중의 거의 모든 사람에게 직접적으로 도달할 수 있다.
- 다른 개인들의 집단인 문지기는 의견선도자와 추종자 둘 모두에게 정보를 제공할지 안 할지를 선택할 수 있다.

이단계 흐름 모델
매스커뮤니케이션이 처음에 의견선도자에게 영향을 미치고, 그 이후에 이들이 추종자에게 영향을 미친다고 가정하는 모델

다단계 흐름 모델
정보가 대중매체에 의해 의견선도자, 문지기, 추종자에게 전달된다는 모델

• 의견선도자는 추종자 집단에 영향을 미칠 수 있다. 그러나 다른 제품에 대해서는 의견선도자와 추종자의 역할이 뒤바뀔 수 있다.
• 커뮤니케이션은 세 집단 사이에서 앞뒤로 전달될 수 있다.

2) 혁신의 확산

새로운 제품의 수용에 관한 연구는 마케터에게 중요하다. 기업은 성장을 위해 지속적으로 기존제품을 개선하고, 정기적으로 시장변화에 따라 신제품을 개발해야 한다. 제품수용의 연구는 신제품의 상대적으로 낮은 성공률 때문에 중요하다.

제품혁신은 최근에 소개되고 기존제품이나 서비스와 비교해서 소비자가 새롭다고 지각하는 제품을 말한다. 몇 가지 요인이 제품이 새로운 것으로 지각될 것인지를 결정하는 데 도움을 준다. 가장 중요한 요인은 소비자의 행동을 변화시키는 정도이다. 소비자의 행동이나 라이프스타일을 바꾸는 데 실패한 제품은 새롭거나 혁신적이라고 여겨지기 어렵다. 반면 소비자의 라이프스타일을 완전히 새롭게 바꿀 수 있는 제품은 분명 매우 혁신적일 것이다.

[그림 14-3]은 확산과정의 간단한 모델을 보여 준다. 이 모델에서 혁신확산의 특성과 정도에 영향을 주는 여섯 가지 요인이 제시되어 있다(Gatignon & Robertson, 1985). 첫 번째, 확산은 사회체계나 시장 내에서 발생한다. 두 번째, 확산은 수많은 소비자의 개인적 수용결정에 달려 있다. 개인의 결정은 세 가지 요인에 의해 영향을 받는데, 이는 혁신의 특성, 혁신자의 특성, 개인적 영향과

제품혁신
최근에 소개되고 기존제품이나 서비스와 비교해서 소비자가 새롭다고 지각하는 제품

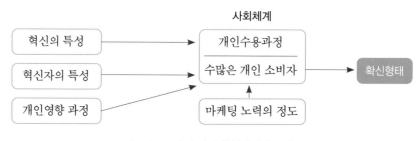

[그림 14-3] 소비자 확산과정의 모델

출처: Gatignon, H. & Robertson, T. (1985). A propositional inventory for new diffusion research. *Journal of Consumer Research, 11,* 849-867에서 부분수정 재인용.

정 등이다. 이 세 가지 요인이 바로 확산과정의 세 번째, 네 번째, 다섯 번째 요인을 이룬다. 마지막으로 여섯 번째 요인이 확산과정의 특성에 관한 것인데, 이는 앞에서 말한 다섯 가지 요인의 상호작용으로 결정된다. 다음은 확산과정의 각 요인을 다루고 있다.

(1) 사회체계

사회체계 안에서 제품이 어떻게 확산하는가에 관한 연구는 문화나 하위문화가 소비자에게 주는 영향력에 관한 분석과 밀접히 관련된다. 확산의 속도는 사회체계의 몇 가지 측면에 의해 영향을 받는다. 첫째, 혁신과 사회체계 구성원의 가치 사이에 일치가 증가할수록, 확산의 속도는 더 빨라진다. 둘째, 사회체계가 더 동질적일수록(분리되지 않을수록), 확산과정은 더 빨라진다. 문화에 걸친 혁신의 확산은 국가 간의 사회적 유사성뿐만 아니라 국가 간의 물리적 거리에 의해서도 영향을 받는다(Gatignon & Robertson, 1985; Helsen, Jedidi, & DeSarbo, 1993).

(2) 혁신의 특성

혁신은 새로운 제품, 서비스, 혹은 아이디어가 소비자의 행동에 영향을 주는 정도에 의해 설명되었다. 혁신은 세 가지 범주로 분류될 수 있는데, 이는 연속, 역동적 연속 그리고 불연속이다. 혁신의 참신성이 클수록, 소비자에게 요구되는 행동변화의 정도도 커진다. 아울러 불연속이나 역동적 연속 혁신보다 연속혁신이 매년 시장에 훨씬 많이 나타난다.

연속혁신은 소비자에게 가장 적은 영향을 준다. 연속혁신이란 성능, 맛, 신뢰도 등을 개선하기 위해 기존제품을 수정하는 것이다. 예를 들어, 컴퓨터의 유선마우스에서 무선마우스로의 변화가 이에 해당한다. 연속혁신은 소비자의 행동에는 사실상의 변화를 주진 않지만, 기존제품과의 차별성을 부각하는 데 분명히 도움을 준다.

연속혁신
제품개선을 위해 기존제품을 수정하는 것

역동적 연속혁신은 소비자의 라이프스타일에 어느 정도 영향을 미친다. 역동적 연속혁신은 기존제품에 어떤 주요한 변화를 가져온다. 예를 들어, 전기자동차의 도입을 들 수 있다. 배터리로 작동되는 자동차는 소비자에게 새로운 유

역동적 연속혁신
기존제품에 어떤 주요한 변화를 가져오는 것

형의 유지조건과 연료공급 절차를 제시한다. 또 다른 예로는 전자레인지의 도입이다. 전자레인지는 20세기 최고의 제품혁신 중 하나로 가정주부들의 부엌일을 간편하게 하는 데 크게 기여하였다.

불연속혁신은 소비자의 라이프스타일에 주요한 변화를 가져온다. 불연속혁신은 앞의 두 혁신에 비해 훨씬 덜 발생한다. 예를 들어, 컴퓨터, 인터넷, 스마트폰, 텔레비전, 라디오, 에어컨, 비행기 등이 이에 해당한다. 이러한 혁신은 사람이 살아온 방식을 바꾼다. 예를 들어, 컴퓨터와 인터넷은 N세대와 네티즌이라는 새로운 용어를 탄생시킬 만큼 사람의 생활양식을 변화시켰다. 생명공학 혁신으로부터 나온 제품도 평균수명을 확장하였다는 점에서 불연속혁신에 해당할 수 있을 것이다.

몇 가지 특성이 신제품의 성공을 위해 필수적인 것으로 제안되었다. 물론 신제품이 표적시장의 욕구를 충족시켜야 한다는 점을 전제로 해야 한다.

- 상대적 장점: 신제품은 시장에서 다른 제품보다 더 좋고, 저렴하며, 믿을 수 있어야 한다.
- 양립성: 혁신은 라이프스타일, 사회체계, 표적시장의 규범과 조화를 이룰 필요가 있다.
- 단순성: 일반적으로 신제품이 덜 복잡할수록, 더 빠르게 수용되고 성공할 기회가 더 크다.
- 시용 가능성: 소비자가 신제품을 쉽게 사용할 수 있어야 하고 신제품의 편익을 직접 경험할 수 있어야 성공할 기회가 더 크다.
- 관찰 가능성: 만일 소비자가 신제품을 성공적으로 사용하는 타인을 볼 수 있다면, 제품수용은 더 빠를 것이고 제품이 성공할 가능성 역시 더 높을 것이다(Rogers, 1995).

혁신을 구별하는 또 다른 접근은 혁신을 기술적인 것과 상징적인 것으로서 분류하는 것이다(Hirschman, 1981). 상징적 혁신은 새로운 무형의 속성을 획득함으로써 이전의 것보다 다른 사회적 의미를 제품에 제공하는 것이다. 상징적 혁신의 예는 새로운 헤어스타일이나 패션스타일의 확산이 있다. 기술적 혁신은

불연속혁신
소비자의 라이프스타일에 주요한 변화를 가져오는 혁신으로 발명품이 이에 해당함

상징적 혁신
새로운 무형의 속성을 획득함으로써 이전의 것보다 다른 사회적 의미를 제품에 제공하는 것

기술적 혁신
기술변화의 도입을 통해 특정 제품이나 서비스의 특성에서 변화가 일어나는 것

기술변화의 도입을 통해 특정 제품이나 서비스의 특성에서 변화가 일어나는 것이다. 기술적 혁신의 예로는 CD 플레이어, MP3, 블루투스 등이 있다.

혁신이 상징적 또는 기술적이라는 개념은 혁신의 이해에 중요한 차원을 더 한다. 사실상 새로운 정치적, 종교적, 생활양식의 확산을 이해하는 핵심은 이 러한 것들이 상징의 확산을 포함할 수도 있다는 것이다. 새로운 상징의 수용이 패션트렌드에서 중요한 역할을 할 수 있다.

(3) 혁신자의 특성

혁신제품의 마케터가 직면하는 중요한 도전 중 하나는 제품수명 주기에서 초기에 제품을 구매하는 사람의 특성을 확인하는 것이다. [그림 14-4]는 제품 수명 주기의 다양한 단계 중에서 신제품을 수용하는 집단을 보여 준다. 확인 된 수용자의 다섯 가지 범주에서 혁신자는 단지 2.5%만으로 구성됨을 알 수 있다.

연구는 혁신자가 다른 사람들보다 더 많은 수입과 높은 학력, 더 큰 사회적 이동성, 특정 제품범주에서 더 높은 의견선도, 위험에 더 호의적인 태도를 보 이는 경향이 있다고 제안하였다(Gatignon & Robertson, 1985). 새로운 장거리 서비스의 초기수용자의 특성을 조사한 한 연구는 초기수용자가 더 젊고, 학력 이 더 높으며, 전화를 더 많이 사용하는 사람이라고 보고하였다. 이 연구에서 수입은 초기수용과 관련이 없었다(Midgley & Dowling, 1993).

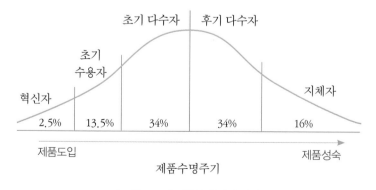

[그림 14-4] 제품수용자의 범위

(4) 혁신의 확산형태에 영향을 주는 요인

[그림 14-5]는 대중을 통해서 혁신제품 확산의 일반적인 형태를 보여 준다. 확산과정을 묘사한 곡선은 S자 형태이다(Gatignon & Robertson, 1985). 도입단계에서 제품을 수용하는 소비자의 비율은 낮고 서서히 증가한다. 제품이 성장단계로 들어섰을 때, 수용자의 비율은 증가하고, 곡선은 급속히 상승한다. 성숙단계 동안 성장은 쇠퇴가 시작되는 부정적 시점까지 느려진다.

확산곡선의 정확한 형태는 여러 요인에 달려 있다. 매우 빠르게 수용되는 혁신의 경우는 [그림 14-5]의 빠른 형태에서 나타나 있다. 수용률이 느린 경우는 더 납작하고 더 떨어진다. 세 가지 요인이 혁신이 수용되는 속도와 확산곡선의 형태에 영향을 미친다(Mahajan, Muller, & Bass, 1990).

- 제품의 특성: 혁신의 성공에 영향을 주는 요인이 제품수용의 속도에도 영향을 준다. 욕구를 충족시키고, 양립성이 있으며, 상대적 장점이 있고, 덜 복잡하며, 관찰할 수 있는 긍정적 특성이 있고, 쉽게 시용할 수 있으면 제품은 수용될 것이다. 예를 들어, 스마트폰과 블루투스의 사례를 생각해 보라.
- 표적시장의 특성: 다른 표적 집단을 겨냥한 제품은 다른 수용형태를 보여 줄 것이다. 예를 들어, 젊고 높은 학력수준의 변화지향적인 개인들에게 소구되는 제품은 빠르게 수용될 것이지만, 쇠퇴기로 빠르게 이동할 위험도 있다.

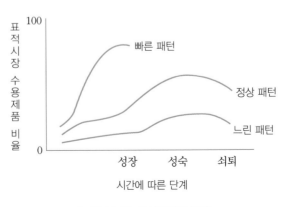

[그림 14-5] 확산과정의 형태

　• 마케팅 노력: 기업은 마케팅 노력의 질과 정도에 의해 제품 성장곡선에
　　영향을 줄 수 있다.

　확산곡선은 항상 S자 형태로 나타나지 않는다. 어떤 경우에는 기하급수적인
형태로 나타나기도 한다. 즉, 곡선이 느리게(낮게) 시작하다가 급경사를 그리
며 상승한다. 기하급수적인 형태는 저관여 결정의 경우, 낮은 전환비용이 드
는 경우, 상대적으로 개인의 영향력이 적은 경우를 통해 혁신이 수용될 때 나
타나는 경향이 있다. 반대로 S자형 곡선은 개인의 영향력이 작용할 때, 높은
전환비용이 발생할 때, 고관여 결정과정이 일어날 때 나타나는 경향이 있다
(Mahajan, Muller, & Bass, 1990).

(5) 순응과 혁신 이론

　예전부터 소비자 행동 연구자와 마케터는 시장도입 초기에 제품이나 상표
를 구매하는 혁신소비자를 찾아내고, 초기시장에서 이들의 역할을 확인하는
데 많은 관심을 가져왔다. 그러나 이러한 혁신연구는 혁신자를 규명하기 위한
혁신의 정의가 학자들 간에 차이가 있었기에 어려웠다. 지금까지 혁신연구에
는 크게 두 가지의 흐름이 있다. 하나는 로저스(Rogers, 1976)를 중심으로 연구
된 것이고, 다른 하나는 커튼(Kirton, 1976)을 중심으로 연구된 것이다. 로저스
의 혁신은 [그림 14-4]에서 제시된 구매시기에 근거해 혁신자, 초기수용자, 초
기다수자, 후기다수자, 지체자 등으로 설명된다. 여기서는 로저스의 혁신이
아니라 커튼의 혁신을 언급할 것이다. 이는 로저스의 혁신은 잘 알려졌지만,
커튼의 혁신은 유용하지만 잘 알려지지 않았기 때문이다.

　커튼(1976)의 순응과 혁신 이론은 결정, 문제해결, 창조성과 관련해 선호
된 인지기능을 설명하는데, 이는 성격의 기본차원으로서 어린 나이부터 존재
하는 안정적인 특성과 관련이 있다. 그리고 이러한 특성 때문에 순응과 혁신
은 내향성, 감각추구, 위험추구 등과 같은 성격의 다른 주요 특성들과도 밀접
한 관계가 있다. 이에 커튼(1976)은 결정과 문제해결의 유형인 인지방식에 따
라 인지적 혁신자와 인지적 순응자로 나누어 인지적 혁신자가 인지적 순응자보
다 좀 더 혁신적이라고 하였다. 즉, 혁신소비자 중에는 인지방식에 따라 제품

순응과 혁신 이론
결정, 문제해결, 창조성과 관
련해 선호된 인지기능을 설명
하는 혁신 이론

인지적 혁신자
인지방식에 따라 제품의 관여
가 높고 문제해결에 적극적으
로 참여하는 소비자

인지적 순응자
인지방식에 따라 제품의 관여
가 낮고 고정된 결정패턴을
따르는 소비자

의 관여가 높고 문제해결에 적극적으로 참여하는 혁신자와 제품의 관여가 낮고 고정된 결정패턴을 따르는 순응자가 있다는 것이다.

이는 혁신성을 혁신제품의 구매시기 또는 소수의 구매자로부터 추출한 성격특성으로 보았던 전통적 관점과는 달리, 혁신성은 누구나 갖고 있는 것이며 단지 정도에서 차이가 있을 뿐이라고 보았다는 점에서 의의가 있다(Foxall, Goldsmith, & Brown, 1998). 예를 들어, 특정 제품범주에 높게 관여된 순응자는 높은 수준의 혁신적 구매를 보이며 이는 건강식품 상표의 초기수용을 다룬 실증적 연구에서 지지가 되었다(Foxall & Bhate, 1993a, b).

혁신자와 순응자를 구분해 주는 척도인 커튼의 순응과 혁신 항목표(Kirton adaptation innovation inventory: KAI, 1976)를 더 자세히 알아보기 위한 순응과 혁신 이론의 기본전제는 다음과 같다(강영기, 1997에서 재인용).

첫째, 모든 사람은 의도된 변화의 대행자이며 창조성을 갖고 있다. 모든 살아 있는 유기체는 환경에 적응해야 하고 이를 위해 끊임없이 변화해야 한다. 단지 자기에게 맞는다고 지각한 변화는 좋아하고, 맞지 않는다고 지각한 변화에 대해서는 저항할 뿐이다. 그러므로 특정인이 '창조적이다' '창조적이지 않다'라는 것은 틀린 표현이다. 사람은 창조성에 있어 수준과 방식이 다를 뿐이지 누구나 창조성을 가지고 있다.

둘째, 인지적 변화는 구조에 기인한다. 순응과 혁신 이론에서 창조적 활동과 문제해결에 있어 덜 구조화된 것이 편하다고 느끼는 사람은 더 혁신적인 사람이고, 구조화된 것을 선호하고 합의에 이르는 것이 필요한 사람은 더 순응적인 사람이다. 그러나 이런 구조에 대한 선호가 인지능력 자체를 의미하지는 않는다.

셋째, 순응과 혁신은 인지과정의 하나이기 때문에 특정 맥락과 관련이 없다. 따라서 미술가는 창조적이고 기술자는 창조적이지 않다는 것은 맞지 않는다. 또한 이런 순응과 혁신의 측정은 인지수준이나 복잡성을 측정하는 것이 아니기에 비가치적 측정이고, 다양한 상황에서 행동을 이해하는 방법으로 업무수행의 효율성이나 성공 여부와도 관계가 없다.

커튼의 KAI는 이런 기본가정 아래에 무엇이 문제인지에 대한 관점에서부터 이러한 해결을 위한 자료가 무엇인지, 적절한 해결은 무엇인지, 그것이 어떻게 적용될 것인지 등의 문제해결의 전 단계에 걸쳐 나타나는 선호된 인지방식을 설명하고 있다.

순응자의 가장 큰 특징은 결정을 내릴 때 안정성을 중시한다는 것이다. 또한 감각추구 동기가 낮고 인지 폭이 작다는 특성이 있다. 그래서 문제해결의 접근방식에서도 순응자는 수용가능하고 정상적인 절차를 통해 해결안을 취하지만, 혁신자는 문제를 포함하고 있는 맥락을 변화시키는 새로운 해결책을 제시한다. 또한 순응자는 알려진 원칙의 효과적인 활용을 통해 해결안을 제시하나, 혁신자는 예측하지 못한 결과를 초래할 수 있는 다른 방법을 동원하여 문제해결을 시도한다. 따라서 순응자는 잘 정의된 패러다임에 문제를 한정시키지만, 혁신자는 문제와 패러다임을 재구성하여 해결책을 찾으려고 한다. 또한 행동의 선호방식에서도 세부적으로 순응자와 혁신자는 독창성, 효율성, 동조성의 세 가지 하위 구성개념에서 차이가 나는데, 이 세 가지가 바로 KAI를 구성하는 요인들이다. 다음에 KAI의 구성요인들을 간략히 설명하였다[세부적인 내용은 강영기(1997) 참조].

① 독창성

순응자와 혁신자는 독창적인 아이디어를 찾는 데 차이가 있다. 순응자는 한 번에 오직 적은 아이디어를 산출하고 문제에 대한 응용 가능성을 조심스럽게 평가하나, 혁신자는 반대로 많은 독창적 아이디어를 창출하고 문제에 대한 관련성에 대해서는 주의를 덜 기울인다. 따라서 혁신자는 많은 독창적 아이디어를 낼 수 있지만 상당수는 새로울 뿐 실용성이 없을 수 있다.

독창성 요인은 로저스(Rogers, 1995)의 '창조적 고독자'와 매우 유사한데, 로저스는 창조적 고독자를 충동적으로 아이디어를 만들어 내고 이를 즐기는 사람으로 보았다. 반면에 순응자는 독창적 아이디어를 적게 산출하는 것을 선호하고 이것이 건전하고 유용하며 환경 관련성이 높다고 본다. 이러한 차이에 의하여 순응자는 어떠한 제안이 극단적으로 패러다임 밖의 해결책이 되지 않도록 독창적 아이디어를 적게 제시하는 반면, 혁신자는 너무나 많은 아이디어를 제시하여 어떤 것이 좋고, 유용하고, 즉각적으로 수용할 수 있는 것인지 선택하는 것을 매우 어렵게 한다. 독창적 요인은 아이디어를 산출할 때 선호하는 방식과 관련이 있는 것으로 독창적 아이디어의 산출능력 또는 수준과 혼동해서는 안 된다(Kirton, 1976).

② 효율성

순응자는 단기적 효율성을 중시하고 새로운 아이디어의 세부적 실행과 관리에 관심이 있지만, 혁신자는 단기적 효율성은 떨어지나 장기적으로 효율성이 있는 방안을 선택한다. 또한 순응자는 시스템 내의 작은 개선에 만족하나 혁신자는 대변화가 있을 때만 만족한다.

③ 동조성

동조성은 규칙 또는 집단에 대한 순응을 나타낸다. 동조성은 주도면밀하고, 신중하고, 훈련이 잘된 사람을 요구하는 관료적 구조에 대한 분석과 매우 유사하다. 즉, 순응자는 그들이 속한 집단과 규칙에 대한 동조를 중시하지만, 혁신자는 동조압력에 저항하고 아이디어의 개발에 관심이 있다.

커튼은 KAI를 통해 순응과 혁신을 성격의 기본요소인 독창성, 효율성, 동조성과 연계시키고 구성개념의 조작적 접근을 가능하게 하였다. 이를 통해 커튼은 기존 연구자가 설명한 개인차를 수용하면서 연구자에게 혁신성에 대한 검증을 가능하게 함으로써 실생활 적용이 가능하게 하였다. 커튼과 그의 동료들은 KAI를 여러 국가에서 사용하여 유용한 결과를 획득하였다. 애석하게도 이 척도는 커튼의 허락 없이는 공개적으로 사용할 수 없어 여기에 소개하지 못해 아쉽다.

3) 소문의 확산

기업이 자사제품에 관한 소문으로 어려움을 겪기에 소문이 어떻게 퍼지는가를 이해하는 것은 관리자에게 필수적이다. 주기적으로 크건 작건 기업을 괴롭히는 소문은 두려움과 걱정에서 나온 일종의 집단감염이다.

저자가 기억하는 소문 가운데 하나는 저자의 초등학교 시절 삼양라면에서 만들어 낸 과자('라면땅')에 뽀빠이 그림이 있었는데, 그 그림에서 뽀빠이가 입은 상의는 빨간색이었고 하의는 파란색이었으며 그의 팔뚝에 닻이 아래로 그려져 있었다. 이와 관련하여 그 당시 돌던 소문은 삼양라면이 북한에 돈을 대주고 북한의 적화통일을 도우려 한다는 것이었다. 또 다른 소문은 한국야쿠르트가 국내에 처음 제품을 시판할 때 퍼진 것으로, 일본인이 야쿠르트에 약을 넣어 그것을 먹으면 10년 후에 한국인들이 바보가 된다는 것이었다. 그리고 1980년 후반에 남양유업의 야쿠르트('꼬모')도 소문에 시달렸다. 이 외에도 제품과 관련한 여러 소문(예, 미국산 쇠고기에 관한 괴담, 후쿠시마 처리수에 따른 국내 수산물에 관한 괴담)이 퍼졌다. 이러한 소문의 위력은 전 세계 어디서나 공통으로 발휘된다.

심리학자와 사회학자는 수많은 유형의 소문을 확인하였다. 꿈같은 소문은 주기적으로 소망하는 생각을 나타낸다. 이는 긍정적인 소망을 보여 주는데, 예를 들어 이번 크리스마스 보너스가 작년보다 많이 나오리라는 것과 같다. 다른 유형의 소문으로는 유령이 있다. 이는 시장을 섬뜩하게 만드는 두려운 소문으로, 앞에서 예로 언급한 것들이다. 또 다른 유형의 소문은 도시괴담이다. 이는 도시에서 사람들에게 퍼져 있는 무서운 소문으로, 예를 들어 뉴욕시 하수도에 악어가 배회한다는 것이다.

소문은 또한 자기충족적일 수 있다. 이 경우 무언가가 발생했다는 소문은 미래에 벌어질 수 있는 것을 인식하는 데 근거가 된다. 예를 들어, 한 은행에서 많은 예금주가 갑자기 돈을 인출했다는 소문이 퍼지면, 사람들은 그 소문에 의해 그 은행이 망할 것으로 생각하여 실제로 돈을 인출하고, 결국 기대대로 은행은 망할 것이다. 경제적으로 어려운 시기에는 이러한 소문이 두려움의 원천이 되는 행동으로 사람들을 섬뜩하게 할 수 있다.

사전모의한 소문의 경우, 무언가를 얻을 것이 있는 개인은 자신을 재정적으로 혹은 다르게 도울 수 있는 거짓 이야기를 퍼뜨린다. 이러한 사전모의 소문이 주식시장을 휩쓸 수 있고 기업 가치에 관한 단기이동을 초래해 파렴치한 개인이 득을 보게 하기도 한다. 미국의 Proctor & Gamble(P&G)은 자사가 악마주의를 지원한다는 소문을 퍼뜨린 것은 경쟁사의 판매원이라고 믿었다. P&G는 특히 암웨이의 방해로 힘겨운 시간을 보내야 했다. 사실 P&G는 암웨이 측이 6개월 동안 그들의 기업과 악마주의를 연관시키는 이야기를 만들어 내는 것에 관해 고소하였다(Schiller, 1995).

소문은 사람들이 특이한 사건에 대한 설명을 찾으려 할 때 자발적으로 퍼져 나갈 수 있다. 예를 들어, 어떤 소비자가 한 회사의 햄버거에서 조그맣고 가느다란 관모양의 물질을 발견했다면, 비록 이 물질이 지렁이가 아니라 간 고기의 가느다란 혈관일 수도 있겠지만, 그 소비자는 이 물질을 설명하기 위해서 그 관모양의 물질이 지렁이였다고 성급한 결론을 내릴 수 있다.

소문은 대중에게 퍼지는 순간까지 소문을 키우는 환경이 필요하다. 여기에는 두 가지 요인이 관련될 수 있는데, 이는 불확실함과 불안이다. 소문은 일반적으로 시기가 좋지 않을 때 그리고 사람들이 미래에 대해 불확실하게 생각할 때 생기며 가장 빠르게 확산한다. 불확실성과 불안에 더하여, 연구자는 소문의 애매함과 중요성이 그것의 확산에 영향을 끼친다는 것을 발견하였다. 이 관계를 표현한 공식은 다음과 같다(Allport & Postman, 1947).

$$소문확산 = 애매함 \times 중요성$$

최근에는 인터넷의 보급으로 악의에 찬 소문이 소비자에게 급속하게 퍼지고 있음을 독자들도 알고 있을 것이다. 이러한 현상은 익명성이 두드러진 사이버 공간의 부정적인 측면이며, 악의에 찬 소문은 제품에 관한 내용뿐만 아니라 기업에 관한 내용도 포함하고 있다. 기업은 이러한 소문에 현명하게 대처해야 한다.

여기서 잠깐!   ● ● ●

네티즌 허위사실 유포에 멍든 기업

국내 굴지의 A증권사가 얼마 전 어느 네티즌이 '다음' 아고라에 올린 글 때문에 곤욕을 치렀습니다. A사를 비난하는 등의 댓글이 200개나 올라오고 협박성 전화까지 걸려왔다고 합니다. 사건의 전말은 이렇습니다. 지난 4일 다음 아고라 자유토론방에 남성으로 추정되는 한 네티즌이 A증권사에서 면접을 보고 왔다며 면접 후기를 올렸습니다.

이 남성은 당시 왼쪽 눈이 부은 채로 면접장에 들어갔다고 했습니다. 면접관이 궁금해서 이유를 묻자 "촛불집회에서 연행되는 시민을 구출하려다 얻어터졌다"고 대답했다고 합니다. 이후 면접관이 "촛불집회를 어떻게 생각하느냐?" "불법집회 아니냐?"고 묻자 이 남성은 자신 있게 모든 답변을 했고, 마지막에 "조중동에 광고 철회하고 떳떳이 국민의 편에 서는 증권사가 되었으면 좋겠다"고 답했다고 글을 썼습니다. 그 순간 면접관 얼굴이 일그러졌다며 당시 분위기를 묘사하기도 했습니다. 이 남성은 글 말미에 "떨어져도 좋다. 해야 할 말을 하고 왔기에 너무나 후련하다"고 적었습니다. 보통 아고라에 올라오는 글들은 필명(닉네임)으로 작성됩니다. 그러나 이 남성은 과감하게 이름을 내걸고 글을 적었습니다. 이 때문에 네티즌들은 댓글을 통해 '용기 있다' '멋지다'라는 찬사와 함께, "이런 분 안 뽑는 회사는 안 가는 게 낫다" "(회사가) 인재를 못 알아본다면 수준을 알 만하다"고 A사에 공격을 퍼부었습니다.

네티즌들의 쏟아지는 비난에 놀란 A사는 사실규명에 나섰습니다. 이 글이 올라오기 전날, 이 회사의 한 계열사에서 신입사원 3차 최종면접이 있었다고 합니다. 그리고 글을 쓴 작성자와 이름이 같은 면접자가 실제로 있었습니다. 하지만 조사 결과 아고라에 올라온 글은 전혀 사실이 아닌 것으로 드러났다고 A사측은 밝혔습니다. 회사 측이 당사자에게 확인했더니 그는 "개인적으로 촛불집회에 가본 적도 없고 아고라에 글을 올려 본 적도 없다"고 해명했다는 것입니다. 그 남성은 또 "대체 어떻게 된 일인지 황당하기도 했지만 작성자가 누군지 알아낼 방법이 없더라"고 말했다고 합니다.

이 회사 관계자는 "언론 보도처럼 정정보도를 청구할 수도 없고, 결국 작성자를 찾아내 대응해야 하는데 무더기로 쏟아져 나오는 게시물에 일일이 대응하는 것은 불가능하다"고 말했습니다. 아무런 책임의식 없이 인터넷에 올린 거짓 글이 멀쩡한 기업을 멍들게 합니다. 수십억, 수백억 원의 비용을 투자해 힘겹게 쌓아 올린 기업 이미지를 망가트리는 피해를 주게 된다고 재계는 걱정하고 있습니다.

독자 여러분이라면 어떻게 하겠습니까?

출처: 김재곤(2008). 네티즌 허위사실 유포에 멍든 기업. 조선일보 조선경제, 6월 16일, B3에서 재인용 (허락하에 재인용함).

4) 유행의 확산

좁은 의미에서 유행은 의복, 옷차림, 신체장식 등과 관련된다. 예를 들어, 장식을 목적으로 몸에 구멍을 내고 장신구를 다는 것은 오늘날 대중문화에서 유행의 한 예이다. 넓은 의미에서 유행은 자신의 자기 이미지 또는 역할, 지위를 표현하기 위해 제품을 사용하는 것을 포함한다. 이런 경우 유행은 특정한 시간과 상황에서 사회적으로 적절하다고 지각되기 때문에, 사람들에 의해 일시적으로 받아들여지는 특정한 행동을 의미한다(Solomon, 1999). 이러한 견해에 근거해 보면, 유행은 정체성을 제공하기 위해 상징을 채택하는 것을 포함한다. 상징은 대중문화 내에서 의미를 전달하는 의복, 보석, 자동차, 집, 예술품, 또는 사회적으로 가시적인 제품일 수 있다.

유행은 시간에 따라서 항상 변화하기 때문에 역동적이다. 따라서 유행의 상징적 가치의 중요성을 지나치게 강조할 수는 없다. 이러한 상징적 가치가 효용적 가치를 빈번히 압도한다. 코르셋을 착용하거나 하이힐을 신는 여성의 고통을 단지 보는 것만으로도 사람들이 상징적 가치와 효용적 가치에 두는 상대적 가중치를 이해할 수 있다. 물론 남성도 마찬가지이다.

유행 트렌드는 다음과 같은 특징을 갖고 있다(Miller, McIntyre, & Mantrala, 1993).

- 트렌드의 유형: 유행 트렌드에는 두 가지 기본 유형이 있다. 주기적 유행 트렌드의 경우, 사회 구성원은 한 방향에서 또는 다른 방향에서 점진적으로 더 극단적인 스타일을 받아들인다. 예를 들어, 스커트의 길이 그리고 넥타이의 폭 등을 보면 알 수 있다. 고전적 유행 트렌드의 경우, 특정한 외양이 고전적이다.
- 트렌드의 속도: 트렌드는 매우 빠를 수도 있고 느릴 수도 있다. 몇몇 트렌드는 단순하게 일시적이다. 일시적 유행의 예는 스티커 사진을 들 수 있을 것이다.
- 유행의 전환점: 주기적 유행 트렌드에서 특정 주기의 어느 순간에 기술적 또는 문화적 장벽이 생김으로 인해 전환점이 발생한다. 예를 들어, 1970년

대 초미니스커트는 미풍양속을 해친다는 사회문화적 장벽이 생기기 전까지 길이가 점점 짧아졌다. 아마도 몸에 구멍을 내고 장신구를 부착하는 행위도 미니스커트와 유사할 것이다.

- 트렌드에 대한 개별 집착의 정도: 사회 전반적으로 볼 때, 유행 트렌드는 분명히 식별할 수 있다. 그러나 개별수준에서 보면 각 개인은 유행 트렌드에 관해 거의 임의의 방식으로 반응하는 것으로 보인다. 정말로 어떤 사람은 현재의 트렌드와 정반대의 방식으로 옷을 입거나 행동하는 것을 즐긴다. 이러한 반트렌드가 새로운 일시적 유행의 근거가 되기도 한다.

(1) 유행주기

하나의 새로운 스타일이 소수의 소비자에게 소개되면, 곧 다수의 소비자에게 전달되어 절정에 이르고, 점차 소멸하여 또 다른 스타일이 소개되는 단계를 보통 거친다. 이러한 순환단계를 유행주기라 부른다. 특정한 스타일의 수명은 짧게는 몇 달부터 길게는 한 세기까지에 걸쳐 있지만, 유행은 예측가능한 순서로 진행하는 경향이 강하다.

유행주기는 제품수명주기와 상당히 유사하다. [그림 14-6]에서 보듯이 품목 또는 아이디어는 도입부터 쇠퇴까지의 기본적인 단계를 거친다. 유행의 확산과정은 유행관련 제품의 대중성과 밀접한 관련이 있다. 도입단계에서 제품은 소수의 혁신자에 의해 수용된다. 수용단계 동안 많은 소비자가 그 제품을 수용한다. 쇠퇴단계에서 그 제품은 시장에서 포화상태에 놓이고 소비자가 서

유행주기
새로운 스타일이 소수의 소비자에게 소개되면, 곧 다수의 소비자에게 전달되어 절정에 이르고, 점차 소멸되어 또 다른 스타일이 소개되는 순환단계

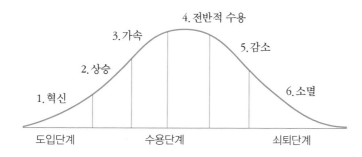

[그림 14-6] 정규적인 유행주기

출처: Kaiser, S. (1985). *The social psychology of clothing.* New York: Macmillan College Publishing Company, Inc.

서히 싫증을 내기 시작하면서 점차 시장 점유율이 감소하고 결국에는 신제품으로 대체된다.

[그림 14-6]은 유행이 처음에는 서서히 수용되지만, 수용속도가 갑자기 빨라지며 절정을 이루다가 점진적으로 약화함을 보여 준다. 유행의 다른 유형은 유행 수용주기의 상대적 길이를 고려하면 확인될 수 있다([그림 14-7] 참조). 많은 유행은 수용단계부터 쇠퇴단계까지 수년이 걸리는 시간상으로 중간 수준의 주기를 보여 준다. 물론 매우 긴 수명을 갖거나 짧은 수명을 가진 유행도 있다.

고전은 극단적으로 긴 수용주기를 갖는 유행이다. 고전은 오랫동안 구매자에게 안정성과 낮은 위험을 보장하였기에 어떤 의미에서 보면 반유행적이다. 예를 들어, 의류 제품범주에서 많은 유행성 제품이 나타나지만, 청바지는 소비자에게 꾸준히 인기를 얻고 있다.

일시적 유행(fad)은 매우 수명이 짧은 유행이다. 일시적 유행은 보통 비교적 적은 수의 소비자에게 수용된다. 수용자는 공통 하위문화에 속할 수 있고 구성원 간에 걸쳐서 전파되지만, 그 특정 집단에서 거의 벗어나지 못하는 경향이 있다. 몇 가지 성공적인 일시적 유행 제품으로는 훌라후프, 배꼽티, 또는 인기 드라마에서 주인공이 착용했던 액세서리 등을 들 수 있다. 미국에서 1970년대 중반에 대학가를 강타했던 스트리킹도 일시적 유행의 전형적인 예이다. 스트리킹과 같은 일시적 유행에는 몇 가지 특징이 있다. 첫째, 이러한 일시적 유행

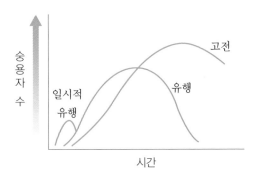

[그림 14-7] 일시적 유행, 유행, 고전의 수용주기 비교

출처: Kaiser, S. (1985). *The social psychology of clothing.* New York: Macmillan College Publishing Company, Inc.

은 비효용적이다. 다시 말해, 어떤 의미 있는 기능을 수행하지 못한다. 둘째, 이러한 일시적 유행은 종종 충동적으로 수용된다. 사람들은 이성적인 판단을 하지 않은 채 동참한다. 셋째, 이러한 일시적 유행은 빠르게 확산하며 수용되고 곧 사라진다.

(2) 일시적 유행 또는 트렌드

트렌드를 확인하고 그것에 근거한 마케팅 전략을 최초로 사용하는 기업은 분명히 유리한 입장에 설 것이다. 그러나 분명한 것은 없지만, 몇 가지 지침에 의해 특정한 혁신이 장기간 트렌드로서 지속될지 아니면 일시적인 유행으로 끝날지를 예측할 수 있을 것이다(Solomon, 1999).

- 기본적인 생활양식의 변화와 일치하는가? 만일 새로운 머리모양이 손질하기에 어렵다면, 이 혁신은 여성의 증가하는 시간요구와 일치하지 않는다. 반대로 짧은 휴가에 관한 혁신은 시간 때문에 고민하는 소비자에게 여행을 쉽게 계획할 수 있게 해 주기 때문에 비교적 오랫동안 지속될 것이다.
- 무슨 혜택이 있는가? 육류에서 생선으로 소비자의 취향이 전환된 것은 실질적인 혜택이 분명할 만큼 생선이 건강에 좋기 때문이다.
- 개인화될 수 있는가? 트렌드를 유지하는 것은 개인화에 대한 욕구를 수용하려는 경향이지만, 조잡한 외모 또는 괴기한 머리모양 등과 같은 스타일은 사람들이 수용할 수 없게 한다.
- 다른 변화가 시장에서 일어나고 있는가? 때때로 제품의 인기는 전이효과에 의해 영향을 받는다. 미국에서 1960년대에 있었던 미니스커트의 일시적 유행은 양말·메리야스 시장에 커다란 변화를 가져왔다. 팬티스타킹과 타이츠의 판매는 2년 동안에 10%로부터 80%로 급성장하였다. 그러나 이런 품목의 판매는 의복의 캐주얼 취향으로 인해 감소하였다.
- 변화를 수용할 소비자가 있는가? 만일 어떤 소비자도 혁신을 수용하지 않는다면, 트렌드가 될 수 없을 것이다. 다시 말해, 특정한 혁신과 직간접적으로 관련되는 소비자가 그 혁신을 수용해야만 트렌드가 작용할 수 있다.

5) 확산과정의 경영 시사점

확산과정에 대해 아는 것은 관리자, 특히 신제품의 마케팅과 서비스에 관련된 사람에게 중요하다. 제품관리자는 자신의 혁신이 연속인지, 역동적 연속인지, 불연속인지를 확실하게 할 필요가 있다. 관리자는 경쟁제품에 비해 자사제품이 상대적 장점을 얼마나 가지는지, 표적시장의 가치와 생활방식과 얼마나 조화될 수 있는지를 조사해야 한다. 더 나아가 관리자는 제품의 단순성, 시용가능성, 관찰가능성을 평가할 필요가 있다. 이러한 분석을 통해서만이 관리자는 자사제품의 성장곡선을 예측할 수 있다.

마케터는 또한 정보전달 과정을 감시해야 한다. 기업의 고객이 다른 사람들에게 자사제품이나 서비스에 대해 뭐라고 전하는지를 정확하게 파악하기 위해 시장조사가 행해져야 한다. 기업이 고객만족에 꾸준히 관심을 두고 관리하며 자사의 문제를 빠르게 개선하는 것은 매우 중요한 일이다.

관리자는 또한 소문이 확산하는 환경을 감시해야 한다. 한 전문가는 소문에 회사가 대처하는 단계를 다음과 같이 제안하였다(Levy, 1981).

- 1단계: 소문 이겨 내기
- 2단계: 소문의 출처 추적하기
- 3단계: 소문을 지엽적으로 다루기
- 4단계: 사실로 반박하기. 그러나 대중이 소문을 듣기 전에 소문을 부정하지 않기

안타깝게도 소문은 완벽하게 사라지지 않는다. 사실 소문은 한 회사에서 다른 회사로 옮겨 갈 수도 있다. 소문을 없애기 위해 반박전략을 사용하는 것에는 잠재적 문제가 있음을 알아야 한다. 맥도날드 햄버거의 지렁이 소문을 조사한 한 연구는 그 소문이 진실에 의해 반박될 때 맥도날드에 대한 부정적 인상이 상기된다는 것을 발견하였다(Tybout, Calder, & Sternthal, 1981). 반박전략은 소문에 대해 언급하는 것이기 때문에, 소비자가 부정적 정보를 다시 떠올린다는 것이다. 이에 대한 하나의 방법은 소문에 대한 언급 없이 진실을 알리는 것

이다. 맥도날드는 자사 햄버거가 100% 순 쇠고기로 만들어진다는 광고를 통해 이러한 방법을 사용하였다. 이 광고에는 지렁이에 대한 언급이 전혀 없었다.

마지막으로 마케터는 소비자 트렌드를 읽을 수 있어야 한다. 이는 트렌드가 소비자의 욕구를 반영하기 때문이다. 따라서 소비자 트렌드는 제품개발 및 마케팅 전략수립에 필요한 요소이다.

집단은 어떤 기간 동안 서로 상호작용하고 공통된 욕구나 목표를 공유하는 개인의 집합이다. 집단은 구성원 사이에 일어나는 교환과정에 의해 특정 지어진다. 실제로 사람은 집단으로부터 이익을 얻을 때만 집단에 남아 있기를 선택할 것이다. 소비자는 많은 집단에 속하며 각 집단은 소비자의 구매행동에 영향을 준다. 집단은 두 가지 일반적인 방법으로 구매에 영향을 미친다. 첫째, 집단은 개인 소비자의 구매에 영향을 준다. 둘째, 집단구성원은 때때로 집단으로 결정을 한다.

집단은 그들 특유의 역동성을 가진다. 그들은 각자의 부분의 합을 단순히 합친 것보다 더 크다. 집단의 각기 다른 유형의 다양성이 소비환경에서도 존재할 수 있다. 이것들은 준거집단, 갈망집단, 분리집단, 공식집단과 비공식집단, 일차집단 등을 포함한다. 그러한 집단들은 정보적 영향, 규범적 영향, 가치 표현적 영향 등을 통해 소비자의 행동에 직접적으로 영향을 준다. 여기에 더해 집단은 소비자가 수용할 수 있는 역할을 발달시키고 구매행동에도 영향을 준다. 마지막으로 집단은 그들의 구성원들에게 동조압력을 행사하며, 결정 시 집단토의는 결정의 결과를 더욱 극단적으로 만들기 때문에 선택을 극화시키기도 한다.

집단 내에서 소비자는 이분적 교환과정에 종종 관여한다. 이분적 교환과정에는 두 가지의 유형이 있다. 첫째, 구전 커뮤니케이션은 한 소비자가 직접적으로 다른 소비자에게 제품이나 서비스, 아이디어에 대한 정보들을 전달하는 것을 뜻하며, 둘째, 서비스 접점은 고객이 제품 제공자와 상호작용하는 것을 뜻한다. 구전 커뮤니케이션은 감정이 섞이지 않은 객관적 커뮤니케이션보다 훨씬 더 큰 설득적 영향력을 가진다. 구전연결망 모델은 사람들 사이에서 정보흐름의 패턴을 확인시켜 준다.

구전 커뮤니케이션에서 의견선도자 집단을 확인하는 것은 비교적 가능한 일이다. 이러한 개인들은 기업 입장에서 중요한데, 그 이유는 그들이 다른 사람들에게 전달될 정보들이 긍정적인지 부정적인지의 여부를 결정하기 때문이다. 비록 서로 다른 사람들이 각기 다른 제품범주에서 의견선도자가 되는 경향이 있긴 하지만, 몇 가지 공통요인들이 의견선도자를 특징지을 수 있다. 일반적으로 그들은 제품범주에 대해 깊이 관여하고 있으며 해박한 지식을 가지고 있다. 의견선도자들과 마찬가지로, 시장전문가 역시 매우 다양한 제품과 서비스 종류에 대한 정보를 가지고 있으며 다른 사람들에게 정보를 전달해 줄 수 있는 소비자이다. 시장전문가는 시장에서 다른 소비자를 도울 수 있을 만큼의 다양한 지식을 가지고 있다. 대리소비자는 실제 소비자의 구매활동을 도와주고 혹은 대신 거래하도록 소비자에 의해 고용된 중개인이다.

확산과정은 아이디어나 제품, 감정이 매우 많은 사람들을 통해 퍼지는 경우로 설명된다. 소비자 연구가들은 특히 혁신에 대한 소비자의 수용 정도에 영향을 주는 요인들에 관심을 가진다. 이러한 수용 정도는 혁신의 유형, 표적시장의 특성, 그리고 마케팅 노력의 정도 등에 의해 영향을 받는다. 소문은 또 다른 확산현상의 유형을 나타내는 것이다. 소문은 기업에 주요한 위협이 될 수 있다. 소문은 심지어 때때로 제품의 완전한 실패를 만들어 낼 수도 있다.

유행은 좁은 의미에서 의복, 옷차림, 신체장식 등과 관련되지만, 넓은 의미에서 자신의 자기이미지 또는 역할지위를 표현하기 위해 제품을 사용하는 것을 포함한다. 이런 경우 유행은 특정한 시간과 상황에서 사회적으로 적절하다고 지각되기 때문에 사람들에 의해 일시적으로 받아들여지는 특정한 행동을 의미한다. 유행은 시간에 따라서 항상 변화하기 때문에 역동적이다. 그러나 유행 트렌드를 확인하고 그것에 근거한 마케팅 전략을 최초로 사용하는 기업은 분명히 유리한 입장에 서게 된다. 몇 가지 지침에 의해 특정한 혁신이 장기간 트렌드로서 지속될지 아니면 일시적인 유행으로 끝날지를 예측할 수 있을 것이다.

🔊 참고문헌

강선영, 양윤(2007). 기분, 메시지 틀, 정보처리 유형이 행동의도에 미치는 영향. 광고연구, 74, 9-35.

강영기(1997). 인지방식의 혁신성과 혁신제품의 특성지각이 혁신적 행동에 미치는 영향 연구. 박사학위 청구논문. 연세대학교 대학원 경영학과.

김미리, 최보윤(2017). 조선일보 the table 1.25.

김상기, 양윤(1995). 자기감시, 사용상황 및 지각된 위험이 소비자 행동에 미치는 영향. 광고연구, 29, 103-125.

김완석(1994). 한국형 인지욕구척도 개발연구. 한국심리학회지: 산업 및 조직, 7(1), 87-101.

김완석, 유연재(2003). 한국판 소비자 독특성 욕구척도(K-CNFU): 척도개발과 타당화. 한국심리학회지: 소비자·광고, 4(1), 79-101.

김윤애, 박현순(2008). 메시지 제시 형태(광고, 퍼블리시티, 블로그)에 따른 설득 효과 차이: 설득지식모델을 적용하여. 한국언론학보, 52(5), 130-160.

김정현(2006). 설득 지식 모델의 소비자 행동 연구에의 적용을 위한 이론적 검토. 홍보학 연구, 10(2), 61-88.

김창호, 황의록(1997). 구전정보의 특성과 구전효과의 관계. 광고연구, 35, 55-77.

김한수(1992). 소비자 지식과 관여가 구전정보에 미치는 영향에 관한 연구. 석사학위 청구논문. 성균관대학교 대학원 경영학과.

김현순(1995). 소비자 특성변수에 따른 구전정보의 영향력에 관한 연구. 석사학위 청구논문. 한국외국어대학교 대학원 경영학과.

나은영, 차재호(1999). 1970년대와 1990년대 간의 한국인의 가치관 변화와 세대차 증감. 한국심리학회지: 사회 및 성격, 13(2), 37-60.

박지숙, 양윤(2007). 의사결정 상황에서 행동과 비행동에 따라 경험하는 후회. 한국심리학회지: 소비자·광고, 8(1), 1-33.

신선미, 양윤(2020). 극대화 성향, 자기해석, 자기-타인이 제품선호에 미치는 영향. 한국심리학회지: 소비자·광고, 21(2), 237-255.

신수지(2022). 조선일보 WEEKLY BIZ, 3월 31일, 라자 라자만나르 마스터카드 CMO 인터뷰.

양윤(1982). 구매결정시의 정보획득행동. 석사학위 청구논문. 성균관대학교 대학원 심리학과.

양윤(1992). 평균화 모형과 소비자 정보통합 과정. 한국심리학회지: 산업 및 조직, 5(1), 1-12.

양윤(1993). 소비자 행동의 질적 연구. 장동환 교수 정년퇴임 기념논문집, 516-526.

양윤(1995). 소비자 심리. 성균관대학교 산업심리학과 편, 산업 및 조직심리학(pp. 569-571). 서울: 박영사.

양윤(1996). 인지욕구, 자기감시 및 사용상황이 소비자 정보획득 과정에 미치는 영향. 한국심리학회지: 산업 및 조직, 9(2), 61-80.

양윤(1998). 소비자는 제품정보를 평균 내는가? 가산하는가?: 가중치 교환과정을 중심으로. 한국심리학회지: 산업 및 조직, 11(2), 71-83.

양윤(2003). 광고에서 실용론적 암시의 영향. 2003년 연차학술대회 발표논문집, 한국광고학회, 2-15.

양윤, 강승숙(2002). 충동구매경향성에 따른 소비자의 혁신성향과 정보탐색에서의 차이. 광고연구, 57, 53-74.

양윤, 고은형(2000). 감정강도와 인지욕구가 광고 · 상표태도 형성에 미치는 영향: 여대생을 중심으로. 광고연구, 48, 79-99.

양윤, 구혜리(2006). 기분, 메시지 틀, 제품관여가 제품태도와 구매의도에 미치는 영향. 한국심리학회지: 소비자 · 광고, 7(1), 1-22.

양윤, 김경민(2004). 광고유형, 정보단서유형 및 정보처리양식에 따른 우연광고 노출의 영향. 광고연구, 64, 161-189.

양윤, 김민재(2010). 자기해석, 초점정서, 광고 내 맥락이 금연 공익광고 태도에 미치는 영향. 광고학연구, 21(2), 245-270.

양윤, 김민혜(2012). 해석수준, 메시지유형, 시간적 거리가 메시지태도와 구매의도에 미치는 영향. 광고학연구, 23(2), 151-172.

양윤, 김수희(2000). 광고 불일치성과 광고기억: 정보처리양식의 조절적 역할. 광고학연구, 11(1), 7-33.

양윤, 김윤정(2011). 百觸不如一見? 百見不如一觸?: 감각단서, 접촉욕구, 정보처리유형이 인지반응과 제품평가에 미치는 영향. 한국심리학회지: 소비자 · 광고, 12(2), 329-347.

양윤, 김혜영(2001). 단순노출이 소비자의 태도변화 과정에 미치는 영향: 인지욕구, 제품유형, 노출빈도를 중심으로. 한국심리학회지: 소비자 · 광고, 2(1), 43-68.

양윤, 민재연(2004). 무드, 정보처리유형 및 광고유형이 광고에 대한 감정인지반응과 광고태도에 미치는 영향. 광고학연구, 15(3), 7-37.

양윤, 박선영(2005). 자기일치성, 자기감시 및 사용상황이 상표선호에 미치는 영향. 한국심리학회지: 소비자 · 광고, 6(1), 43-67.

양윤, 백미희(2009). 공포소구와 결합된 자기 책임성 정서와 자기 효능감이 금연의도에 미치는 영향. 광고학연구, 20(4), 207-218.

양윤, 백수원(2003). 인터넷 쇼핑에서의 지각된 위험과 소비자 특성. 한국심리학회지: 소비자 · 광고, 4(2), 73-103.

양윤, 서윤정(2004). 자기일치성과 자기감시가 상표선호에 미치는 영향. 한국심리학회지: 소비자 · 광고, 5(1), 53-67.

양윤, 오자영(2010). 자의식과 태도중요성이 암묵적 태도와 명시적 태도 간의 일관성에 미치는 영향. 한국심리학회지: 소비자 · 광고, 11(2), 233-256.

양윤, 이은선(1998). 자기감시, 사용상황, 상표 친숙도가 광고문구의 선호도에 미치는 영향: 태도기능을 중심으로. 광고학연구, 9(3), 51-70.

양윤, 이은지(2002). 남녀 대학생의 가치체계와 제품속성의 중요도에 관한 인식 비교. 한국심리학회지: 소비자 · 광고, 3(1), 63-87.

양윤, 이은혜(2005). 묶음제품의 가격할인에 대한 소비자의 심적 계산 및 제품선호 연구: 가격 및 제품특성을 중심으로. 광고연구, 68, 83-113.

양윤, 이주현(1998). 제품유형, 가격제시 틀 및 가격변화 유형이 소비자의 가격에 대한 심적 계산에 미치는 영향. 소비자학연구, 9(2), 109-129.

양윤, 이채희(2000). 충동구매경향성 척도개발 및 타당화 연구. 한국심리학회지: 소비자 · 광고, 1(2), 137-168.

양윤, 이혜진(1998). 소비자 반응양식, 사전지식, 인지욕구가 소비자 정보획득 과정에 미치는 영향. 한국심리학회지:

산업 및 조직, 11(2), 85-103.

양윤, 전규민(2009). 성향 및 상황 조절초점이 행동/무행동에 대한 소비자 후회에 미치는 영향. 한국심리학회지: 소비자·광고, 10(3), 513-533.

양윤, 정미경(1999). CATV 홈쇼핑에서의 지각된 위험과 소비자 특성. 광고학연구, 10(2), 115-139.

양윤, 정예랑(2018). 극대화 성향, 조절초점, 예상된 후회가 구매결정 만족에 미치는 영향. 한국심리학회지: 소비자·광고, 19(3), 483-503.

양윤, 조문주(2000). 구전 커뮤니케이션이 소비자의 태도변화에 미치는 영향. 광고학연구, 11(3), 7-34.

양윤, 조수완(2009). 부정적 감정과 정보처리 유형이 추론에 미치는 영향: 분노와 슬픔을 중심으로. 한국심리학회지: 소비자·광고, 10(2), 299-319.

양윤, 조영미(2000). 웹광고 메뉴유형, 인지욕구 및 탐색목적이 소비자 정보탐색행동에 미치는 영향. 광고연구, 46, 83-111.

양윤, 조은하(2002). 한국형 브랜드 성격 척도 개발과 타당화에 관한 연구. 한국심리학회지: 소비자·광고, 3(2), 25-53.

양윤, 최현진(2019). 극대화 성향, 대안 수, 사고 유형이 소비자의 결정 어려움에 미치는 영향. 한국심리학회지: 소비자·광고, 20(3), 297-317.

양윤, 최훈희(2002). 무드와 제품범주에 따른 다양성 추구행동과 무드와 다양성 추구경향성에 따른 정보탐색 행동. 광고학연구, 13(3), 71-102.

양윤, 허진아(2008). 비교광고와 비비교광고, 정보처리유형, 인지욕구가 광고효과에 미치는 영향. 한국광고학회 2008 춘계 광고학술 심포지엄, 10-16.

이민진, 양윤(2007). 공포수준, 공포유형 및 자기감시가 공익광고의 설득효과에 미치는 영향. 광고연구, 75, 187-212.

이창우, 김상기, 곽원섭(1991). 광고 심리학. 서울: 성원사.

전성희, 양윤(2008). 소비자의 자기통제와 접촉욕구가 충동구매에 미치는 영향. 2008년 연차학술대회 발표, 한국심리학회.

전수연, 양윤(2004). 상표명이 회상과 재인에 미치는 영향: 언어·표기 및 단어·비단어를 중심으로. 광고연구, 63, 215-239.

조은경(1997). 정서지능을 뭐라고 이해할 것인가? 1997년 동계연구세미나 발표논문집, 한국심리학회, 47-62.

통계청(2023). 온라인쇼핑 통계조사.

하영원, 한혜진(2002). 가격정보의 시간적 분리 프레이밍이 소비자의 구매의도에 미치는 영향. 소비자학연구, 13(2), 145-163.

한규석(2002). 사회심리학의 이해(개정판). 서울: 학지사.

한규석, 신수진(1999). 한국인의 선호가치 변화-수직적 집단주의에서 수평적 개인주의로. 한국심리학회지: 사회 및 성격, 13(2), 293-310.

홍대식(1985). 삼차적 사회관계에서의 인지적-감정적 반응의 역학과 대인관계의 과정. 사회심리학연구, 2(2), 61-94.

Aaker, D. A., Stayman, D. M., & Vezina, R. (1988). Identifying feelings elicited by advertising. *Psychology & Marketing, 5*, 1-16.

Aaker, J. L. (1997). Dimentions of brand personality. *Journal of Marketing Research, 34*, 347-356.

Aaker, J. L. (1999). The malleable self: The role of self-expression in persuasion. *Journal of Marketing Research,*

36, 45-57.

Aaker, J. L., & Lee, A. Y. (2001). "I" seek pleasures and "we" avoid pains: The role of self-regulatory goals in information processing and persuasion. *Journal of Consumer Research, 28*(1), 33-49.

Aaker, J. L., & Williams, P. (1998). Empathy versus pride: The influence of emotional appeals across cultures. *Journal of Consumer Research, 25*(3), 241-261.

Abougomaah, N., Schlacter, J., & Gaidis, W. (1987). Elimination and choice phases in evoked set formation. *Journal of Consumer Marketing, 4*, 67-73.

Abrahamson, B. (1970). Homans on exchange: Hedonism revisited. *American Journal of Sociology, 76*, 273-285.

Adams, J. S. (1963). Toward an understanding of inequity. *Journal of Abnormal and Social Psychology, 67*, 422-436.

Agrawal, N., Menon, G., & Aaker, J. L. (2007). Getting emotional about health. *Journal of Marketing Research, 44*(1), 100-113.

Ahluwalia, R., & Burnkrant, R. (2004). Answering questions about questions: A persuasion knowledge perspective for understanding the effects of rhetorical questions. *Journal of Consumer Research, 31*, 26-42.

Ajzen, I. (1985). From intentions to action: A theory of planned action. In J. Kuhl & J. Beckman (Eds.), *Action control: From cognition to behavior* (pp. 11-39). New York: Springer.

Ajzen, I., & Fishbein, M. (1980). *Understanding attitudes and predicting social behavior*. Upper Saddle River, NJ: Prentice-Hall.

Ajzen, I., & Madden, T. J. (1986). Prediction of goal-directed behavior: Attitudes, intentions and perceived behavioral control. *Journal of Experimental Social Psychology, 22*, 453-474.

Alba, J. W., & Chattopadhyay, A. (1986). Salience effects in brand recall. *Journal of Marketing Research, 23*, 363-369.

Alba, J. W., & Hutchinson, J. W. (1987). Dimensions of consumer expertise. *Journal of Consumer Research, 13*, 411-454.

Alba, J. W., & Marmorstein, H. (1987). The effects of frequency knowledge on consumer decision making. *Journal of Consumer Research, 14*, 14-25.

Alba, J. W., Marmorstein, H., & Chattopadhyay, A. (1992). Transitions in preference over time: The effects of memory on message persuasiveness. *Journal of Marketing Research, 29*, 406-416.

Alden, D. L., Hoyer, W. D., & Lee, C. (1993). Identifying global and culture-specific dimensions of humor in advertising: A multinational analysis. *Journal of Marketing, 57*, 64-75.

Allen, C., Machleit, K. A., & Kleine, S. S. (1992). A comparison of attitudes and emotions as predictors of behavior at diverse levels of behavioral experience. *Journal of Consumer Research, 18*, 493-504.

Allen, C., Machleit, K., & Marine, S. (1988). On assessing the emotionality of advertising via Izard's differential emotions scale. *Advances in Consumer Research, 15*, 226-231.

Allen, C., & Madden, T. (1985). A closer look at classical conditioning. *Journal for Consumer Research, 12*, 301-315.

Allport, G. (1961). *Pattern and growth in personality*. New York: Holt, Rinehart and Winston.

Allport, G., & Postman, L. (1947). *The psychology of rumor*. New York: Holt, Rinehart & Winston.

Allport, G., Vernon, P. E., & Lindzey, G. (1960). *Study of values* (3rd ed.). Boston: Houghton Mifflin.

Alpert, J. I., & Alpert, M. I. (1991). Contributions from a musical perspective on advertising in consumer behavior. *Advances in Consumer Research, 18*, 232-238.

Alwitt, L. F., & Berger, I. E. (1992). Understanding the link between environmental attitudes and consumer product usage: Measuring the moderating role of attitude strength. *Advances in Consumer Research, 20*, 189-194.

Anand, P., & Sternthal, B. (1991). Perceptual fluency and affect without recognition. *Memory and Cognition, 19*(3), 293-300.

Anderson, E. W., Fornell, C., & Lehmann, D. R. (1994). Customer satisfaction, market share, and profitability: Findings from Sweden. *Journal of Marketing, 58*, 53-66.

Anderson, N. H. (1965). Averaging versus adding as a stimulus-combination rule in impression formation. *Journal of Experimental Psychology, 70*, 394-400.

Anderson, N. H. (1981). *Foundations of information integration theory*. New York: Academic Press.

Anderson, W. T., & Golden, L. (1984). Lifestyle and psychographics: A critical review and recommendation. *Advances in Consumer Research, 11*, 405-411.

Andreason, A., & Best, A. (1977). Consumers complain-Does business respond? *Harvard Business Review, 55*, 93-101.

Antil, J. H. (1984). Conceptualization and operationalization of involvement. *Advances in Consumer Research, 11*, 203-209.

Areni, C., & Kim, D. (1993). The influence of background music on shopping behavior: Classical versus top-forty. *Advances in Consumer Research, 20*, 336-340.

Areni, C., & Lutz, R. (1988). The role of argument quality in the elaboration likelihood model. *Advances in Consumer Research, 15*, 197-203.

Arndt, J. (1967). Role of product related conversation in the diffusion of a new product. *Journal of Marketing Research, 4*, 291-295.

Arnold, D. O. (1970). *The sociology of subcultures*. Berkeley, CA: Glendasary Press.

Arnould, E. J. (1989). Toward a broadened theory of preference formation and the diffusion of innovations: Cases from Zinder Province, Niger Republic. *Journal of Consumer Research, 16*, 239-267.

Arthur, D., & Quester, P. (2004). Who's Afraid of that Ad? Applying Segmentation to the Protection Motivation Model. *Psychology & Marketing, 21*(9), 671-696.

Asch, S. E. (1946). Forming impressions of personality. *Journal of Abnormal and Social Psychology, 41*, 258-290.

Asch, S. E. (1953). Effects of group pressure upon the modification and distortion of judgments. In D. Cartwright & A. Zander (Eds.), *Group dynamics*. New York: Harper & Row.

Asch, S. E. (1952). *Social psychology*. Englewood Cliffs, NJ: Prentice Hall.

Asch, S. E. (1955). Opinions and social pressure. *Scientific American*, 19, 31-35.

Assael, H. (1984). *Consumer behavior and marketing action*. Boston, MA: Kent.

Babin, B. J., Griffin, M., & Babin, L. (1994). The effect of motivation to process on consumers' satisfaction reactions. *Advances in Consumer Research, 21*, 406–411.

Baddeley, A. D. (1966a). The influence of acoustic and semantic similarity on long-term memory for work sequences. *Quarterly Journal of Experimental Psychology, 18*, 302–309.

Baddeley, A. D. (1966b). Short-term memory for word sequences as a function of acoustic, semantic, and formal similarity. *Quarterly Journal of Experimental Psychology, 18*, 362–365.

Baer, R. (1990). Overestimation salesperson truthfulness: The fundamental attribution error. *Advances in Consumer Research, 17*, 501–507.

Bagozzi, R. P., & Moore, D. J. (1994). Public service advertisements: Emotions and empathy guide pro-social behavior. *Journal of Marketing, 68*, 56–70.

Baker, J., Levy, M., & Grewal, D. (1992). An experimental approach to making retail store environmental decisions. *Journal of Retailing, 68*, 445–460.

Baker, M., & Churchill, G. (1977). The impact of physically attractive models on advertising evaluations. *Journal of Marketing Research, 14*, 538–555.

Bandura, A. (1977). *Social learning theory.* Englewood Cliffs, NJ: Prentice-Hall.

Bandura, A. (1986). *Social foundations of thought and action: A social cognitive theory.* Englewood Cliffs, NJ: Prentice-Hall.

Bass, F. M. (1969). A new product growth model of consumer durables. *Management Science, 15*, 215–227.

Batra, R. (1990). The role of mood in advertising effectiveness. *Journal of Consumer Research, 17*, 203–214.

Batty, S., & Smith, S. (1987). External search effort: An investigation across several product categories. *Journal of Consumer Research, 14*, 83–95.

Bawa, K. (1990). Modeling inertia and variety seeking tendencise in brand choice behavior. *Marketing Science, 9*(summer), 263–278.

Bearden, W., & Etzel, M. (1982). Reference group influence on product and brand purchase decisions. *Journal of Consumer Research, 9*, 183–194.

Bearden, W., & Mason, J. B. (1987). An investigation of influences on consumer complaint reports. *Advances in Consumer Research, 11*, 223–226.

Bearden, W., & Teel, J. (1981). An investigation of personal influences on consumer complaining. *Journal of Retailing, 57*, 3–20.

Bearden, W., & Teel, J. (1983). Selected determinants of consumer satisfaction and complaint reports. *Journal of Marketing, 20*, 21–28.

Bearden, W., & Woodside, A. (1978). Consumption occasion influence on consumer brand choice. *Decision Sciences, 9*, 275.

Beatty, S. E., & Hawkins, D. I. (1989). Subliminal stimulation: Some new data and interpretation. *Journal of Advertising. 18*(3), 4–8.

Beatty, S. E., Homer, P., & Kahle, L. R. (1988). Problems with VALS in international marketing research: An example from an application of the empirical mirror technique. *Advances in Consumer Research, 15*, 375–

380.

Beatty, S. E., Kahle, L. R., & Homer, P. (1988). The involvement-commitment model: Theory and implications. *Journal of Business Research, 16*, 149-167.

Beatty, S. E., Kahle, L. R., & Homer, P. (1991). Personal values and gift-giving behaviors: A study across cultures. *Journal of Business Research, 22*, 149-157.

Beatty, S. E., Kahle, L. R., Homer, P., & Misra, S. (1985). Alternative measurement approaches to consumer values: The list of values and the Rokeach values survey. *Psychology & Marketing, 2*(3), 181-200.

Beatty, S. E., & Smith, S. (1987). External search effort: An investigation across several product categories. *Journal of Consumer Research, 14*, 83-95.

Beeghley, L. (1978). *Social stratification in America: A critical analysis of theory and research*. Santa Monica, CA: Goodyear.

Belch, G. E. (1982). The effects of television commercial repetition on cognitive response and message acceptance. *Journal of Consumer Research, 9*, 56-65.

Belk, R. (1975). Situational variables and consumer behavior. *Journal of Consumer Research, 2*, 157-163.

Belk, R. (1982). Developmental recognition of consumption symbolism. *Journal of Consumer Research, 9*, 887-897.

Belk, R. (1987). Qualitative analysis of data from the consumer behavior odyssey: The role of the computer and the role of the researcher. In L. F. Alwitt (Ed.), *Proceedings of the division of consumer psychology* (pp. 7-11). American Psychological Association, Annual Convention.

Belk, R. (1988). Possessions and the extended self. *Journal of Consumer Research, 15*, 139-168.

Belk, R., Bahn, K. D., & Mayer, R. N. (1982). Developmental recognition of consumption symbolism. *Journal of Consumer Research, 9*, 4-17.

Belk, R., Mayer, R., & Bahn K. (1981). The eye of the beholder: Individual differences in perceptions of consumption symbolism. *Advances in Consumer Research, 9*, 523-529.

Belk, R., & Pollay, R. (1985). Images of ourselves: The good life in twentieth century advertising. *Journal of Consumer Research, 11*, 887-897.

Belk, R., Wallendorf, M., & Sherry, J. F., Jr. (1989). The sacred and the profane in consumer behavior: Theodicy on the odyssey. *Journal of Consumer Research, 16*, 1-38.

Bellizzi, J., & Hite, R. E. (1992). Environmental color, consumer feelings, and purchase likelihood. *Psychology & Marketing, 9*, 347-363.

Bem, S. (1974). The measurement of psychological androgyny. *Journal of Consulting and Clinical Psychology, 42*, 155-162.

Bem, S. (1975). Sex role adaptability: One consequence of psychological androgyny. *Journal of Personality and Social Psychology, 31*, 634-643.

Bennett, R. (1996). Effects of horrific fear appeals on public attitude towards AIDS. *International Journal of Advertising, 15*, 183-202.

Bennett. W., Stadt, R., & Karmos, J. (1997). Values preferences by gender for nontraditional college student between 1992 and 1982. *Counseling & Values, 41*(3), 246-252.

Berger, I. E. (1992). The nature of attitude accessibility and attitude confidence: a triangulated experiment. *Journal of Consumer Psychology, 1*(2), 103-123.

Berger, I. E., & Mitchell, A. A. (1989). The Effect of advertising on attitude accessibility, attitude confidence, and the attitude-behavior relationship. *Journal of Consumer Research, 16,* 269-279.

Berger, K. A., & Gilmore, R. F. (1990). An introduction to semantic variables in advertising messages. *Advances in Consumer Research, 17,* 643-650.

Berlyne, D. E. (1960). *Conflict, arousal, and curiosity.* New York: McGraw-Hill Book Company.

Berlyne, D. E. (1970). Novelty, complexity, and hedonic value. *Perception and Psychophysics, 8,* 279-286.

Bettman, J. R. (1975). Information integration in consumer risk perception: A comparison of two models of component conceptualization. *Journal of Applied Psychology, 60,* 381-385.

Bettman, J. R. (1979a). *An information processing theory of consumer choice.* Reading, MA: Addison-Wesley.

Bettman, J. R. (1979b). Memory factors in consumer choice: A review. *Journal of Marketing, 43,* 37-53.

Bettman, J. R., & Park, C. W. (1980). Effect of prior knowledge and experience and phase of the choice process on consumer decision processes: A protocol analysis. *Journal of Consumer Research, 7,* 234-247.

Beverage Industry (1977). Industrial retail selling strategies designed to induce impulse sales. *Beverage Industry, June 3,* 6.

Biddle, B. J., & Thomas, E. J. (1966). *Role theory: Concepts and research.* New York: Wiley.

Bigler, R. S., & Liben, L. S. (1990). The role of attitudes and interventions in gender-schematic processing. *Child Development, 61,* 1440-1452.

Bigler, R. S., & Liben, L. S. (1992). Cognitive mechanisms in children's gender stereotyping: Theoretical and educational implications of a cognitive-based intervention. *Child Development, 63,* 1351-1363.

Bitner, M. J., Booms, B. H., & Mohr, L. A. (1994). Critical service encounters: The employee's viewpoint. *Journal of Marketing, 58,* 95-106.

Bitner, M. J., & Obermiller, C. (1984). The elaboration likelihood model: Limitation and extension in marketing. *Proceedings of the ACR conference.*

Blake, B., Perloff, R., Zenhausern, R., & Heslin, R. (1973). The effect of intolerance of ambiguity upon product perceptions. *Journal of Applied Psychology, 58,* 239-243.

Blascovich, J., & Tomoka, J. (1991). Measures of self-esteem. In P. S. Robinson & L. Wrightsman (Eds.), *Measures of personality and social psychological attitudes, Vol. 1* (pp. 115-160). San Diego, CA: Academic Press.

Block, L. G., & Keller, P. A. (1995). When to accentuate the negative: The effects of perceived efficacy and message framing on intentions to perform a health-related behavior. *Journal of Marketing Research, 32,* 192-203.

Bloch, P. H., & Richins, M. (1983). Shopping without purchase: An investigation of consumer browsing behavior. *Advances in Consumer Research, 10,* 389-393.

Bloch, P. H., & Richins, M. L. (1992). You look 'mahvelous': The pursuit of beauty and marketing concept. *Psychology & Marketing, 9,* 3-16.

Bloch, P. H., Sherrell, D., & Ridgway, N. (1986). Consumer search: An extended framework. *Journal of*

Consumer Research, 13, 119-126.

Blodgett, J. G., & Hill, D. J. (1991). An exploratory study comparing amount-of-search measures to consumers' reliance on each source of information. Advances in Consumer Research, 18, 773-779.

Blodgett, J. G., Hill, D. J., & Stone, G. (1995). A model of the determinants of retail search. Advances in Consumer Research, 22, 518-525.

Blumenthal, K. (1996). Sleeping giants: Beds get bigger, beefier. The Wall Street Journal, 20(March), B1.

Bois, M. D., & Parker-Pope, T. (1996). Philip Morris campaign stirs uproar in Europe. The Wall Street Journal, July 1, B1-B6.

Boles, J., & Burton, S. (1992). An examination of free elicitation and response scale measures of feelings and judgments evoked by television advertisements. Journal of Academy of Marketing Science, 20, 225-233.

Boller, G. W. (1990). The vicissitudes of product experience: 'Songs of our consuming selves' in drama ads. Advances in Consumer Research, 17, 321-326.

Bolton, R. N., & Bronkhorst, T. M. (1995). The relationship between customer complaints to the firm and subsequent exit behavior. Advances in Consumer Research, 22, 94-100.

Bone, P. F. (1992). Determinants of word-of-mouth communications during product consumption. Advances in Consumer Research, 19, 579-583.

Bone, P. F., & Ellen, P. S. (1992). The generation and consequences of communication-evoked imagery. Journal of Consumer Research, 19, 93-104.

Bornstein, R. F. (1989). Exposure and affect: Overview and meta-analysis of research, 1968-1987. Psychological Bulletin. 106(2), 265-289.

Bosmans, A., & Warlop, L. (2005). How vulnerable are consumers to blatant persuasion attempts?. Advances in Consumer Research, 32, 506-506.

Boulding, W., Kalra, A., Staelin, R., & Zeithaml, V. A. (1993). A dynamic process model of service quality: From expectations to behavioral intentions. Journal of Marketing Research, 30, 7-27.

Bower, G. H. (1981). Mood and memory. American Psychologist, 36, 129-148.

Bower, G. H., Black, J. A., & Turner, T. J. (1979). Scripts in memory for text. Cognitive Psychology, 11, 177-220.

Branscombe, N. R., & Deaux, K. (1991). Feminist attitude accessibility and behavioral intentions. Psychological of Women Quarterly, 15, 411-418.

Brean, H. (1958). What hidden sell is all about. Life, March 31, 104-114.

Brehm, J. W. (1966). A theory of psychological reactance. New York: Academic Press.

Broniarczyk, S. M., & Alba, J. W. (1994). The importance of the brand in brand extension. Journal of Marketing Research, 31, 214-228.

Bronowski, J. (1959). The value of science. In A. H. Maslow (Ed.), New knowledge in human values. New York: Harper & Row.

Brown, J. J. (1987). Social ties and word-of-mouth referral behavior. Journal of Consumer Research, 14, 350-362.

Brown, P. L., & Jenkins, H. M. (1968). Auto-shaping of the pigeon's key-peck. Journal of Experimental Analysis of Behavior, 11(1), 1-8.

Brown, S. P., & Reingen, P. H. (1987). Social tie and word of mouth referral behavior. *Journal of Consumer Research, 14*, 350-362.

Brown, S. P., & Stayman, D. M. (1992). Antecedents and consequences of attitude toward the ad: A meta-analysis. *Journal of Consumer Research, 19*, 34-51.

Bruner II, G. C. (1990). Music, mood, and marketing. *Journal of Marketing, 54*, 94-104.

Bruner, G. C., & Pomazal, R. J. (1988). Problem recognition: The crucial first stage of the consumer decision process. *Journal of Consumer Marketing, 5*, 53-63.

Bruner, J., & Mason, J. (1968). The influence of driving time upon shopping center preference. *Journal of Marketing, 32*, 57-61.

Budner, S. (1962). Intolerance for ambiguity as a personality variable. *Journal of Personality, 30*, 29-50.

Burke, M., & Edell, J. (1986). Ad reactions over time: Capturing changes in the real world. *Journal of Consumer Research, 13*, 114-118.

Burnkrant, R., & Unnava, H. (1987). Effect of variation in message execution on the learning of repeated brand information. *Advances in Consumer Research, 14*, 173-176.

Burns, D. J. (1992). Image transference and retail site selection. *International Journal of Retail and Distribution Management, 20*, 38-43.

Burroughs, J. E. (1994). Product symbolism, self-meaning, and holistic matching: The role of information processing in impulsive buying. *Advances in Consumer Research, 23*, 463-469.

Bush, A. J., Bush, V. D., & Harris, S. (1998). Advertiser perceptions of the internet as a marketing communications tool. *Journal of Advertising Research, 38*(2), 17-27.

Byrne, D. (1959). The effect of a subliminal food stimulus on verbal responses. *Journal of Applied Psychology, 43*, 249-252.

Cacioppo, J. T., Harkins, S., & Petty, R. (1981). The nature of attitudes and cognitive responses and their relations to behavior. in R. Petty, T. Ostrom, & T. C. Brock (Eds.), *Cognitive responses in persuasion* (pp. 31-54). Hillsdale, NJ: Lawrence Erlbaum.

Cacioppo, J. T., & Petty, R. (1982). The need for cognition. *Journal of Personality and Social Psychology, 42*, 116-131.

Cadotte, E., Woodruff, R., & Jenkins, R. (1987). Expectations and norms in models of consumer satisfaction. *Journal of Marketing Research, 24*, 305-314.

Calder, B. J., & Tybout, A. M. (1989). Interpretive, qualitative, and traditional scientific empirical consumer behavior research. In E. C. Hirschman (Ed.), *Interpretive consumer research* (pp. 199-208). Association for Consumer Research.

Campbell, M. C., & Kirmani, A. (2000). Consumers' use of persuasion knowledge: The effects of accessibility and cognitive capacity on perceptions of an influence agent. *Journal of Consumer Research, 27*, 69-83.

Cantor, J., & Venus, P. (1980). The effects of humor on the recall of a radio advertisement. *Journal of Broadcasting, 24*(Winter), 14.

Capon, N., & Burke, M. (1972). Individual, product class, and task-related factors in consumer information processing. *Journal of Consumer Research, 7*, 249-257.

Carmen, J. (1965). *The application of social class in market segmentation*. Berkeley, CA: Institute of Business and Economic Research.

Carmen, J. (1970). Correlates of brand loyalty: Some positive results. *Journal of Marketing Research, 7*, 67-76.

Carpenter, G. S., Glazer, R., & Nakamoto, K. (1994). Meaningful brands from meaningless differentiation: The dependence on irrelevant attributes. *Journal of Marketing Research, 31*, 339-350.

Carrillat, F. A., Ladik, D. M., & Legoux, R. (2011). When the decision ball keeps rolling: An investigation of the Sisyphus effect among maximizing consumers. *Marketing Letters, 22*(3), 283-296.

Carver, C. S., & Scheier, M. F. (1981). *Attention and self-regulation: A control theory approach to human behavior*. New York: Springer-Verlag.

Celsi, R. L., Rose, R. L., & Leigh, T. W. (1993). An exploration of high-risk leisure consumption through skydiving. *Journal of Consumer Research, 20*, 1-23.

Chaiken, S. (1979). Communicator physical attractiveness and persuasion. *Journal of Personality and Social Psychology, 37*, 1387-1397.

Chaiken, S. (1980). Heuristic versus systematic information processing and the use of source versus message cues in persuasion. *Journal of Personality and Social Psychology, 39*, 752-766.

Chattopadhyay, A., & Basu, K. (1990). Humor in advertising: The moderating role of prior brand evaluation. *Journal of Marketing Research, 27*, 466-476.

Chattopadhyay, A., & Nedungadi, P. (1992). Does attitude toward the ad endure?: The moderating effects of attention and delay. *Journal of Consumer Research, 19*, 26-33.

Cheal, D. (1988). *The gift economy*. New York: Routhledge.

Chebat, J. C., Laroche, M., Baddoura, D., & Filiatrault, P. (1993). Effects of source likability on attitude change through message repetition. *Advances in Consumer Research, 20*, 353-358.

Chernov, A. (2004a). Goal-attribute compatibility in consumer choice. *Journal of Consumer Psychology, 13*(1, 2), 141-150.

Chernov, A. (2004b). Goal orientation and consumer preference for the status quo. *Journal of Consumer Research, 31*(3), 557-565.

Chestnut, R., LaChance, C., & Lubitz, A. (1977). The decorative female model: Sexual stimuli and the recognition of advertisements. *Journal of Advertising, 6*, 11-14.

Chu, G. C. (1967). Prior familiarity, perceived bias, and one-sided versus two-sided communications. *Journal of Experimental Social Psychology, 3*, 243-254.

Chusmir, L. H., & Parker, B. (1994). Gender and situational differences in managers' values: A look at work and home lives. *Journal of Business Research, 23*(4), 325-335.

Cialdini, R. (1988). *Influence: Science and practice* (2nd ed.). New York: Scott, Foresman.

Cialdini, R., Petty, R., & Caccioppo, J. (1981). Attitude and attitude change. *Annual Review of Psychology, 32*, 357-404.

Cialdini, R., & Schroeder, D. (1976). Increasing compliance by legitimizing paltry contributions: When even a penny helps. *Journal of Personality and Social Psychology, 34*, 599-604.

Clee, M., & Wicklund, R. (1980). Consumer behavior and psychological reactance. *Journal of Consumer Research, 6*, 389-405.

Cohen, J. B. (1967). An interpersonal orientation to the study of consumer behavior. *Journal of Marketing Research, 6*, 270-278.

Cohen, J. B., & Basu, K. (1987). Alternative models of categorization. *Journal of Consumer Research, 13*(4), 455-472.

Coleman, C. Y. (1996). Mail order is turning into male order. *The Wall Street Journal, 26*, A6.

Coleman, J., Katz, E., & Menzel, H. (1966). *Medical innovation: A diffusion study*. Indianapolis, IN: Bobbs-Merrill.

Coleman, R. (1983). The continuing significance of social class in marketing. *Journal of Consumer Research, 10*, 265-280.

Collins, A., & Loftus, E. (1975). A spreading activation theory of semantic processing. *Psychological Review, 56*, 54-59.

Collins, G. (1994). Everything's coming up vanilla. *New York Times*, June 10, D1 (p. 2).

Coney, K. A., & Harmon, R. R. (1979). Dogmatism and innovation: A situational perspective. *Advances in Consumer Research, 6*, 118-121.

Cort, G. S., & Dominquez, L. V. (1977). Cross shopping and retail growth. *Journal of Marketing, 14*, 187-192.

Costley, C. L., & Brucks, M. (1992). Selective recall and information use in consumer preferences. *Journal of Consumer Research, 18*, 464-484.

Cote, J. A. (1986). The person by situation interaction myth: Implications for the definition of situations. *Advances in Consumer Research, 13*, 37-41.

Cote, J. A., & Foxman, E. R. (1987). A positivist's reactions to a naturalistic inquiry experience. *Advances in Consumer Research, 14*, 362-364.

Coupey, E. (1994). Restructuring: Constructive processing of information displays in consumer choice. *Journal of Consumer Research, 21*, 83-99.

Coupey, E., & DeMoranville, C. W. (1996). Information processability and restructuring: Consumer strategies for managing difficult decisions. *Advances in Consumer Research, 23*, 225-230.

Cox, A., Cox, D., & Zimet, G. (2006). Understanding consumer responses to product risk information. *Journal of Marketing, 70*, 79-91.

Cox, D., & Cox, A. (1988). What does familiarity breed? Complexity as a moderator of repetition effects in advertising evaluation. *Journal of Consumer Research, 15*, 111-116.

Cox, K. K. (1970). The effect of shelf space upon sales of branded products. *Journal of Marketing Research, 7*, 55-58.

Cronin, J. J., & Taylor, S. A. (1992). Measuring service quality: A reexamination and extension. *Journal of Marketing, 56*, 55-68.

Crowley, A. E., & Williams, J. H. (1991). An information theoretic approach to understanding the consideration set/awareness set proportion. *Advances in Consumer Research, 18*, 780-787.

Cuperfain, R., & Clarke, T. K. (1985). A new perspective on subliminal perception. *Journal of Advertising, 14*, 36–41.

Dabholkar, P. A. (1994). Incorporating choice into an attitudinal framework: Analyzing models of mental comparison processes. *Journal of Consumer Research, 21*, 100–108.

Dabholkar, P. A., Thorpe, D. I., & Rentz, J. O. (1996). A measure of service quality for retail stores: Scale development and validation. *Journal of the Academy of Marketing Science, 24*, 3–16.

Dacin, P. A., & Smith, D. C. (1994). The effects of brand portfolio characteristics on consumer evaluations of brand extensions. *Journal of Marketing Research, 31*, 229–242.

Dagnoli, J. (1989). Cookie tasters chip in for Nabisco. *Advertising Age*, August 21, 58.

Darlin, D. (1985). Although U.S. cars are improved, imports still win quality survey. *The Wall Street Journal*, December 16, p.27.

Davis, H., Hoch, S., & Ragsdale, E. K. (1986). An anchoring and adjustment model of spousal predictions. *Journal of Consumer Research, 13*, 25–37.

Dawson, S., & Cavell, J. (1987). Status recognition in the 1980s: Invidious distinction revisited. *Advances in Consumer Research, 14*, 487–491.

Debevec, K., & Kernan, J. (1984). More evidence on the effects of presenter's physical attractiveness: Some cognitive, affective, and behavioral consequences. *Advances in Consumer Research, 11*, 127–132.

De Bruicker, S. (1979). An appraisal of low-involvement consumer information processing. In J. Maloney & B. Silverman (Eds.), *Attitude research plays for high stakes* (pp. 112–130). Chicago, IL: American Marketing Association.

De Mooji, M. (2003). *Consumer behavior and culture: Consequences for global marketing and advertising.* Thousand Oaks, CA: Sage Publications.

Dedler, K., Gottschalk, I., & Grunert, K. G. (1981). Perceived risk as a hint for better information and better products. *Advances in Consumer Research, 8*, 391–397.

Deighton, J., Romer, D., & McQueen, J. (1989). Using drama to persuade. *Journal of Consumer Research, 16*, 335–343.

Denton, F. (1994). The dynamism of personal lifestyle: How we do more in less time. *Advances in Consumer Research, 23*, 132–136.

DeWolfe, A., & Govennale, C. (1964). Fear and attitude change. *Journal of Abnormal and Social Psychology, 69*, 119–123.

Diamond, W. D., & Sanyal, A. (1990). The effects of framing on the choice of framing on the choice of supermarket coupons. *Advance in Consumer Research, 17*, 488–493.

Dichter, E. (1947). Psychology in market research. *Harvard Business Review, 25*(summer), 432–433.

Dichter, E. (1964). *Handbook of consumer motivation.* New York: McGraw-Hill Book Company.

Dichter, E. (1966). How word-of-mouth advertising works. *Harvard Business Review, 44*, 148.

Dichter, E. (1984). How values influence attitudes. In R. E. Pitts & A. G. Woodside (Eds.), *Personal values and consumer psychology* (pp. 139–144). Toronto: Lexintion Books.

Dick, A. S., & Basu, K. (1994). Customer loyalty: Toward an integrated conceptual framework. *Journal of Academy of Marketing Science, 22*, 99-113.

Dickson, P. R. (1982). Person-situation: Segmentation's missing link. *Journal of Marketing, 46*, 56-64.

Dickson, P. R., & Sawyer, A. G. (1990). The price knowledge and search of supermarket shoppers. *Journal of Marketing, 54*, 42-53.

Dion, K., Berscheid, E., & Walster, E. (1972). What Is beautiful is good. *Journal of Personality and Social Psychology, 24*, 285-290.

Domjan, M., & Burkhard, B. (1986). *The principles of learning and behavior* (p. 12). Monterey, CA: Brooks/Cole.

Dommermuth, W. (1965). The shopping matrix and marketing strategy. *Journal of Consumer Research, 2*, 128-132.

Donovan, R., & Rossiter, J. (1982). Store atmosphere: An environmental psychology approach. *Journal of Retailing, 58*, 34-47.

Dorsch, M. J., & Kelley, S. W. (1994). An investigation into the intentions of purchasing executives to reciprocate vendor gifts. *Journal of Academy of Marketing Science, 22*, 315-327.

Dowling, G. R. (1986). Perceived risk: The concept and its measurement. *Psychology & Marketing, 3*, 193-210.

Dowling, G. R., & Staelin, R. (1994). A model of perceived risk and intended risk-handling activity. *Journal of Consumer Research, 21*, 119-134.

Downing, J. W., Judd, C. M., & Brauer, M. (1992). Effects of repeated expressions on attitude extremity. *Journal of Personality and Social Psychology, 63*(1), 17-29.

Dröge, C., & Darmon, R. (1987). Associative positioning strategies through comparative advertising: Attribute versus overall similarity approaches. *Journal of Marketing Research, 24*, 377-388.

D'Souza, G., & Rao, R. C. (1995). Can repeating an advertisement more frequently affect brand preference in a mature market? *Journal of Marketing, 59*, 32-42.

Dube-Rioux, L. (1990). The power of affective reports in predicting satisfaction judgments. *Advances in Consumer Research, 17*, 571-576.

Duval, S., & Wicklund, R. A. (1972). *A theory of objective self-awareness*. New York: Academic Press.

Dyett, L. (1996). Desperately seeking skin. *Psychology today, 29*(3), 14.

Eagly, A. (1974). The comprehensibility of persuasive arguments as a determinant of opinion change. *Journal of Personality and Social Psychology, 29*, 758-773.

East, R. (1997). *Consumer behavior: Advances and applications in marketing*. Englewood Cliffs, NJ: Prentice Hall.

East, R., Lomax, W., Willson, G., & Harris, P. (1994). Decision making and habit in shopping times. *European Journal of Marketing, 28*(4), 56-71.

Edell, J., & Burke, M. (1987). The power of feeling in understanding advertising effect. *Journal of Consumer Research, 14*, 421-433.

Egan, D. E., & Schwartz, B. J. (1979). Chunking in recall of circuit diagrams. *Memory & Cognition, 7*, 149-158.

Ekman, P., & Davidson, R. J. (1994). *The nature of emotion: Fundamental questions*. New York: Oxford University Press.

Elliott, M. T., & Warfield, A. E. (1993). Do market mavens categorize brands differently? *Advances in Consumer*

Research, 20, 202-208.

Engel, J. F., Blackwell, R. D., & Miniard, P. W. (1990). *Consumer behavior* (6th ed.). The Dryden Press.

Evans, F. B. (1959). Psychological and objective factors in the prediction of brand choice. *Journal of Business, 32*, 340-369.

Evans, R., Rozelle, R., Lasater, R. M., Dembroski, T., & Allen, B. (1970). Fear arousal, persuasion, and actual versus implied behavioral change. *Journal of Personailty and Social Psychology, 16*, 220-227.

Eysenck, H. J. (1967). *The biological basis of personality*. Springfield, IL: Charles C. Thomas.

Eysenck, H. J. (1982). *Personality genetics and behavior*. New York: Praegr.

Faber, R. J., & O'Guinn, T. C. (1992). A clinical screener for compulsive buying. *Journal of Consumer Research, 19*, 459-469.

Fairchild, H. (1970). *Dictionary of sociology*. Totawa, NJ: Littlefield, Adams.

Faricy, J., & Maxio, M. (1975). Personality and consumer dissatisfaction: A multi-dimensional approach. In E. M. Mazze (Ed.), *Marketing in turbulent times* (pp. 3-20). Chicago, IL: American Marketing Association.

Fazio, R. H. (1986). How do attitudes guide behavior? In R. M. Sorrentino & E. T. Higgins (Eds.), *Handbook of motivation and cognition: Foundations of social behavior* (pp. 204-243). New York: Guilford Press.

Fazio, R. H. (1995). Attitudes as object-evaluation associations: Determinants, consequences, and correlates of attitude accessibility. In R. E. Petty & J. A. Krosnick (Eds.), *Attitude strength: Antecedents and consequences*. Ohio State University series on attitudes and persuasion, Hillsdale, NJ: Erlbaum.

Fazio, R. H., Chen, Jeaw-mei., McDonel, E. C., & Sherman, S. J. (1982). Attitude accessibility, attitude-behavior consistency, and the strength of the object-evaluation association. *Journal of Experimental Social Psychology, 18*, 339-357.

Fazio, R. H., Jackson, J. R., Dunton, B. C., & Williams, C. J. (1995). Variability in automatic activation as an unobtrusive measure of racial attitudes: A bona fide pipeline? *Journal of Personality and Social Psychology, 69*, 1013-1027.

Fazio, R. H., Powell, M. C., & Herr, P. M. (1983). Toward a process model of the attitude-behavior relation: Accessing one's attitude upon mere observation of the attitude object. *Journal of Personality and Social Psychology, 44*(4), 723-735.

Fazio, R. H., Powell, M. C., & Williams, C. J. (1989). The role of attitude accessibility in the attitude-to-behavior process. *Journal of Consumer Research, 16*, 280-288.

Fazio, R. H., Sanbonmatsu, D. M., Powell, M. C., & Kardes, F. R. (1986). On the automatic activation of attitudes. *Journal of Personality and Social Psychology, 50*, 229-238.

Feather, N. T. (1995). Value, valences, and choice: The influence of values on the perceived attractiveness and choice of alternatives. *Journal of Personality and Social Psychology, 68*(6), 1135-1151.

Feick, L., & Price, L. (1987). The market maven: A diffuser of marketplace information. *Journal of Marketing, 51*, 83-87.

Feinberg, R., Scheffler, B., & Meoli, J. (1987). Social ecological insights into consumer behavior in the retail mall. *Proceedings of the division of consumer psychology*, American Psychological Association, 17-19.

Feldman, L., & Hornik, J. (1981). The use of time: An integrated conceptual model. *Journal of Consumer Research, 7,* 407-419.

Fern, E., Monroe, K., & Avila, R. (1986). Effectiveness of multiple request strategies: A synthesis of research results. *Journal of Marketing Research, 23,* 144-152.

Festinger, L. (1954). A theory of social comparison processes. *Human Relations, 7,* 117-140.

File, K. M., Cermak, D. S. P., & Prince, R. A. (1994). World-of-mouth effects in professional services buyer behavior. *Service Industries Journal, 14,* 301-314.

Finley, M. (1990). Motivations and symbolism in gift-giving behavior. *Advances in Consumer Research, 17,* 699-706.

Finn, A. (1988). Print ad recognition readership scores: An information processing perspective. *Journal of Marketing Research, 25,* 168-177.

Fischer, E., & Arnold, S. J. (1990). More than a labor of love: Gender roles and christmas gift shopping. *Journal of Consumer Research, 17,* 333-343.

Fischhoff, B., Slovic, P., & Lichtenstein, S. (1979). Which risks are acceptable? *Environment, 21,* 17-38.

Fishbein, M. (1963). An investigation of the relationships between beliefs about an object and the attitude toward the object. *Human Relations, 16,* 233-240.

Fishbein, M., & Ajzen, I. (1975). *Belief, attitude, intention, and behavior: An introduction to theory and research.* Reading, MA: Addison-Wesley.

Fishbein, M., & Middlestadt, S. (1995). Noncognitive effects on attitude formation and change: Fact or artifact?. *Journal of Consumer Psychology, 4*(2), 181-202.

Fishbein, M., & Middlestadt, S. (1997). A striking lack of evidence for nonbelief-based attitude formation and change: A response to five commentaries. *Journal of Consumer Psychology, 6*(1), 107-115.

Fisher, R., & Price, L. (1992). An investigation into the social context of early adopter behavior. *Journal of Consumer Research, 19,* 477-486.

Fisk, D. W., & Maddi, S. (1961). *Functions of varied experience.* Homewood, Illinois: The Dorsey Press, Inc.

Fisk, R. P., & Young, C. E. (1985). Disconfirmation of equity expectation: Effects on consumer satisfaction with services. *Advances in Consumer Research, 12,* 340-345.

Fiske, C. A., Luebbehusen, L. A., Miyazaki, A. D., & Urbany, J. E. (1994). The relationship between knowledge and search: It depends. *Advances in Consumer Research, 21,* 43-50.

Flynn, L. R., Goldsmith, R. E., & Eastman, J. K. (1996). Opinion leaders and opinion seekers: Two new measurement scales. *Journal of the Academy of Marketing Science, 24,* 137-147.

Folkes, V. S. (1984). Consumer reactions to product failure: An attributional approach. *Journal of Consumer Research, 10,* 398-409.

Folkes, V. S. (1988). The availability heuristic and perceived risk. *Journal of Consumer Research, 15,* 13-23.

Folkes, V. S., Koletsky, S., & Graham, J. (1987). A field study of causal inferences and consumer reaction: The view from the airport. *Journal of Consumer Research, 13,* 534-539.

Fontenella, S. de M., & Zinkhan, G. M. (1992). Gender Differences in the Perception of Leisure: A Conceptual

Model. *Advances in Consumer Research, 20*, 534-540.

Forgas, J. (1995). Mood and judgment: The affect infusion model(AMI), *Psychological Bulletin, 17*, 39-66.

Fournier, S. (1998). Consumers and their brand: Developing relationship theory in consumer research. *Journal of Consumer Research, 24*, 343-373.

Fournier, S., Antes, D., & Beaumier, G. (1992). Nine consumption lifestyles. *Advances in Consumer Research, 19*, 329-337.

Foxall, G. R. (1992). The behavioral perspective model of purchase and consumption: From consumer theory to marketing practice. *Journal of the Academy of Marketing Sciences, 20*, 189-198.

Foxall, G. R., & Bhate, S. (1993a). Cognitive styles and personal involvement of market initiators. *Journal of Economic Psychology, 11*, 1-24.

Foxall, G. R., & Bhate, S. (1993b). Cognitive styles of use-innovators for home computing software applications: Implications for new product strategy. *Technovation, 13*, 155-166.

Foxall, G. R., Goldsmith, R. E., & Brown S. (1998). *Consumer psychology for marketing* (2nd ed.). London, UK: International Thomson Business Press.

Freedman, J. L., & Fraser, S. C. (1966). Compliance without pressure: The foot-in-door technique. *Journal of Personality and Social Psychology, 4*, 195-202.

French, E. H. (1958). Effects of the interaction of motivation and feedback on test performance. in J. W. Atkinson (Ed.), *Motives in fantasy, action, and society*. New York: Litton Education Publishing Inc.

Friedman, R. (1986). Psychological meaning of products. *Psychology & Marketing, 3*, 1-15.

Friedman, R., & Zimmer, M. R. (1988). The role of psychological meaning in advertising. *Journal of Advertising, 17*(1), 31-40.

Friestad, M., & Wright, P. (1994). The persuasion knowledge model: How people cope with persuasion attempts. *Journal of Consumer Research, 21*(1), 1-31.

Froming, W. J., & Carver, C. S. (1981). Divergent influence of private and public self-consciousness in a compliance paradigm. *Journal of Research in Personality, 15*, 159-171.

Fujita, K., Henderson, M. D., Eng, J., Trope, Y., & Liverman, N. (2006). Spatial distance and mental construal of social events. *Psychological Science, 17*(4), 278-282.

Gaidis, W., & Cross, J. (1987). Behavior modification as a framework for sales promotion management. *Journal of Consumer Marketing, 4*, 65-74.

Gardner, D. H. (1972). An exploratory investigation of achievement motivation effects on consumer behavior. In M. Venkatesan (Ed.), *Proceedings of the third annual conference* (pp. 20-23). Association for Consumer Research.

Gardner, M. (1987). Effects of mood states on consumer information processing. *Research in Consumer Behavior, 2*, 113-135.

Gardner, M., & Hill, R. (1988). Consumers' mood states: Antecedents and consequences of experiential vs. information strategies for brand choice. *Psychology & Marketing, 5*(2), 169-182.

Garvin, D. A. (1988). *Managing quality: The strategic and competitive edge*. New York: The Free Press.

Gatignon, H., & Robertson, T. (1985). A propositional inventory for new diffusion research. *Journal of Consumer*

Research, 11, 849-867.

Gensch, D., & Javalgi, R. (1987). The influence of involvement on disaggregate attribute choice models. Journal of Consumer Research, 14, 71-82.

Givon, M., Mahajan, V., & Muller, E. (1995). Software piracy: Estimation of lost sales and the impact on software diffusion. Journal of Marketing, 59, 29-37.

Goerne, C. (1992). Marketing to the disabled: New workplace law stirs interest in largely untapped market. Marketing News 3, September 14, 1.

Goffman, E. (1951). Symbols of class status. British Journal of sociology, 2, 294-304.

Goldberg, M., & Gorn, G. (1987). Happy and sad TV programs: How they affect reactions to commercials. Journal of Consumer Research, 14, 387-403.

Goldman, A., & Johansson, J. K. (1978). Determinants of search for lower prices: An empirical assessment of the economics of information theory. Journal of Consumer Research, 5, 176-186.

Goldsmith, R. E., & Hofacker, C. F. (1991). Measuring consumer innovativeness. Journal of the Academy of Marketing Science, 19, 209-221.

Goodwin, C., Smith, K. L., & Spiggle, S. (1990). Gift giving: Consumer motivation and the gift purchase process. Advances in Consumer Research, 17, 690-698.

Gorn, G. J. (1982). The effects of music in advertising on choice behavior: A classical conditioning approach. Journal of Marketing, 46, 94-101.

Gorn, G. J., & Weinberg, C. (1984). The impact of comparative advertising on perception and attitude: Some positive findings. Journal of Consumer Research, 11, 719-727.

Granbois, D. H. (1968). Improving the study of consumer in-store behavior. Journal of Marketing, 32, 28-32.

Granovetter, M. S. (1973). The strength of weak ties. American Journal of Sociology, 78(6), 1361-1380.

Greenwald, A. G., & Banaji, M. R. (1995). Implicit social cognition: Attitudes, self-esteem, and stereotypes. Psychological Review, 102, 4-27.

Greenwald, A. G., McGhee, D. E., & Schwartz, L. K. (1998). Measuring individual differences in implicit cognition: The implicit association test. Journal of Personality and Social Psychology, 74(6), 1464-1480.

Greenwald, A. G., Nosek, B. A., & Banaji, M. R. (2003). Understanding and using the implicit association test: An improved scoring algorithm. Journal of Personality and Social Psychology, 85, 197-216.

Gregan-Paxton, J., & John, D. R. (1995). Are young children adaptive decision makers? A study of age differences in information search behavior. Journal of Consumer Research, 21, 567-580.

Gregory, W. L., Cialdini, R., & Carpenter, K. (1982). Self-relevant scenarios as mediators of likelihood estimates and compliance: Does imaging make it so? Journal of Personality and Social Psychology, 3, 430-454.

Grewal, D., & Marmorstein, H. (1994). Market price variation, perceived price variation and consumer' price search decisions for durable goods. Journal of Consumer Research, 21, 453-460.

Gronhaug, K., & Zaltman, G. (1981). Complainers and non-complainers revisited: Another look at the data. Advances in Consumer Research, 8, 83-87.

Gross, B. L., & Sheth, J. N. (1989). Time-oriented advertising: A content analysis of United States magazine advertising, 1890-1988. *Journal of Marketing, 53*, 76-83.

Grossman, R. P., & Till, B. D. (1998). The persistence of classically conditioned brand attitudes. *Journal of Advertising, 27*(1), 23-31.

Grove, S. J., & Fisk, R. P. (1992). The service experience as theater. *Advances in Consumer Research, 19*, 455-461.

Grubb, E. L., & Grathwohl, H. (1967). Consumer self-concept, symbolism, and market behavior: A theoretical approach. *Journal of Marketing, 31*, 22-27.

Grush, J. E. (1976). Attitude formation and mere exposure phenomena: A nonartifactual explanation of empirical findings. *Journal of Personality and Social Psychology, 33*(3), 281-290.

Guest, L. (1964). Brand loyalty revisited: A twenty year report. *Journal of Applied Psychology, 48*, 93-97.

Guiry, M. (1992). Consumer and employee roles in service encounters. *Advances in Consumer Research, 19*, 666-672.

Gutman, E. (1988). The role of individual differences and multiple senses in consumer imagery processing: Theoretical perspectives. *Advances in Consumer Research, 15*, 191-196.

Gutman, J. A. (1982). A means-end chain model based on consumer categorization processes. *Journal of Marketing, 46*(1), 60-72.

Gutman, J. A. (1991). Exploring the nature of linkages between consequences and values, *Journal of Business Research, 22*, 143-148.

Haire, M. (1950). Projective techniques in marketing research. *Journal of Marketing, 14*, 649-656.

Halstead, D., & Droge, C. (1991). Consumer attitudes toward complaining and the prediction of multiple complaint responses. *Advances in Consumer Research, 18*, 210-216.

Hannah, D. B., & Sternthal, B. (1984). Detecting and explaining the sleeper effect. *Journal of Consumer Research, 11*, 632-642.

Hansen, F. (1972). *Consumer choice behavior*. New York; Collier Macmillan.

Hanson, C. B., & Biehal, G. J. (1995). Accessibility effects on the relationship between attitude toward the ad and brand choice. *Advances in Consumer Research, 22*, 152-158.

Hansen, R. A., & Robinson, L. M. (1980). Testing the effectiveness of alternative food-in-the-door manipulations. *Journal of Marketing Research, 17*, 359-364.

Harrell, G., Hunt, M., & Anderson, J. (1980). Path analysis of buyer behavior under conditions of crowding. *Journal of Marketing Research, 17*, 45-51.

Harris, R., Sturm, R., Klassen, M., & Bechtold, J. (1986). Language in advertising: A psycholinguistic approach. *Current Issues and Research in Advertising, 9*, 1-26.

Harrison-Walker, J. (1995). The import of illiteracy to marketing communication. *Journal of Consumer Marketing, 12*(1), 50-64.

Hart, E. W. (1974). Consumer risk taking for self and spouse. Unpublished doctoral dissertation, Purdue University.

Haugtvedt, C. P., & Petty, R. E. (1992). Personality and persuasion: Need for cognition moderates the persistence and resistance of attitude changes. *Journal of Personality and Social Psychology, 63*(2), 308-319.

Haugtvedt, C. P., Petty, R. E., & Cacioppo, J. T. (1992). Need for cognition and advertising: Understanding the role of personality variable in consumer research. *Journal of Consumer Psychology, 1*(3), 239-260.

Haugtvedt, C. P., Petty, R. E., Cacioppo, J. T., & Steidley, T. (1988). Personality and ad effectiveness: Exploring the utility of need for cognition. *Advances in Consumer Research, 16*, 209-212.

Haugtvedt, C. P., Schumann, D. W., Schneier, W. L., & Warren, W. L. (1994). Advertising repetition and variation strategies: Implications for understanding attitude strength. *Journal of Consumer Research, 21*, 176-189.

Haugtvedt, C. P., & Wegener, D. T. (1994). Message order effects in persuasion: An attitude strength perspective. *Journal of Consumer Research, 21*, 205-218.

Havlena, W., & Holak, S. (1991). The good old days: Observations on nostalgia and its role in consumer behavior. *Advances in Consumer Research, 18*, 323-329.

Hawkins, D. (1970). The effect of subliminal stimulation on drive level and brand preference. *Journal of Marketing Research, 7*, 322-326.

Hawkins, D., Best, R., & Coney, K. (1983). Consumer behavior: *Implications for marketing strategy*. Plano, TX: Business Publications.

Hawkins, D., Best, R., & Coney, K. (1995). Consumer behavior: *Implications for marketing strategy* (6th ed.). Chicago, IL: Irwin.

Hearst, E., & Jenkins, H. M. (1974). Sign-tracking: The stimulus-reinforcer relation and directed action. *Monograph of the psychonomic society*. Austin, TX: Psychonomic Society.

Heider, F. (1958). *The psychology of interpersonal relations*. New York: John Wiley.

Heimbach, J. T., & Jacoby, J. (1972). The Zeigarnik effect in advertising. In M. Venkatesan (Ed.), *Proceedings of the third annual conference* (pp. 746-758). Association for Consumer Research.

Helsen, K., Jedidi, K., & DeSarbo, W. S. (1993). A new approach to country segmentation utilizing multinational diffusion patterns. *Journal of Marketing, 57*, 60-71.

Hempel, D. J., & Daniel, H. Z. (1992). Framing dynamics: Measurement issue and perspectives. *Advances in Consumer Research, 20*, 273-279.

Hendrix, P., Kinnear, T., & Taylor, J. (1978). The allocation of time by consumers. *Advances in Consumer Research, 5*, 38-44.

Henthorne, T. L., Latour, M., & Nataraajan, R. (1993). Fear appeal in print advertising: An analysis of arousal and ad response. *Journal of Advertising, 22*, 59-69.

Herr, P. M., Kardes, F. R., & Kim, J. (1991). Effects of word-of-mouth and product-attribute information on persuasion: An accessibility-diagnosticity perspective. *Journal of Consumer Research, 17*, 454-462.

Herrington, J. D., & Capella, L. M. (1996). Effects of music in service environments: A field study. *Journal of Service Marketing, 10*(2), 26-41.

Herrmann, R. O. (1992). The tactics of consumer resistance: Group action and marketplace exit. *Advances in Consumer Research, 20*, 130-134.

Herzberg, F., Mausner, B., & Synderman, B. B. (1959). *The motivation to work* (2nd. ed.). New York: John Wiley & Sons, Inc.

Higgins, E. T. (1987). Self-discrepancy: A theory relating self and affect. *Psychological Review, 94*, 319-340.

Higgins, E. T. (1997). Beyond pleasure and pain. *American Psychologist, 52*(12), 1280-1300.

Higie, R., & Feick, L. (1989). Enduring involvement: Conceptual and measurement issues. *Advances in Consumer Research, 16*, 690-696.

Hill, D. J., & Baer, R. (1994). Customers complain-businesses make excuses: The effects of linkage and valence. *Advances in Consumer Research, 21*, 399-405.

Hill, R. (1987). The impact of interpersonal anxiety on consumer information processing. *Psychology & Marketing, 4*, 93-105.

Hirschman, E. (1981). Symbolism and technology as sources of the generation of innovations. *Advances in Consumer research, 9*, 537-541.

Hirschman, E. (1992). The consciousness of addiction: Toward a general theory of compulsive consumption. *Journal of Consumer Research, 19*, 155-179.

Hirschman, E., & Holbrook, M. (1982). Hedonic consumption: Emerging concepts, methods, and propositions. *Journal of Marketing, 46*, 92-101.

Hirschman, E., & LaBarbera, P. A. (1989). The meaning of Christmas. In E. C. Hirschman (Ed.), *Interpretive consumer research* (pp. 136-147). Association for Consumer Research.

Hoch, S. J. (1988). Who do we know: Predicting the interests and opinions of the American consumer. *Journal of Consumer Research, 15*, 315-324.

Hoch, S. J., & Deighton, J. (1989). Managing what consumers learn. *Journal of Marketing, 53*, 1-20.

Hoch, S. J., & Lowenstein, G. F. (1991). Time-inconsistent preferences and consumer self-control. *Journal of Consumer Research, 17*, 492-507.

Holbrook, M. B. (1987). From the log of a consumer researcher: Reflections on the odyssey. *Advances in Consumer Research, 14*, 365-369.

Holbrook, M. B. (1993). Nostalgia and consumption preferences: Some emerging patterns of consumer tastes. *Journal of Consumer Research, 20*, 245-256.

Holbrook, M. B., & Batra, R. (1987). Assessing the role of emotions as mediators of consumer responses to advertising. *Journal of Consumer Research, 14*, 404-420.

Holbrook, M. B., & Hirschman, E. (1982). The experiential aspects of consumption: Consumer fantasies, feelings, and fun. *Journal of Consumer Research, 9*, 132-140.

Holbrook, M. B., & Lehmann, D. (1981). Allocation discretionary time: Complementarity among activities. *Journal of Consumer Research, 7*, 395-406.

Holbrook, M. B., & Schindler, R. M. (1989). Some exploratory findings on the development of musical tastes. *Journal of Consumer Research, 16*, 119-124.

Holbrook, M. B., & Schindler, R. (1994). Age, sex, and attitude toward the past as predictors of consumers' aesthetics tastes for cultural products. *Journal of Marketing Research, 31*, 412-422.

Holman, R. H. (1981). Product as communication: A fresh appraisal of a venerable topic. In B. M. Enis & K. J. Roering (Eds.), *Review of marketing* (pp. 106-119). American Marketing Association.

Homans, G. (1961). *Social behavior: Its elementary forms* (p. 235). New York: Harcourt, Brace & World.

Homer, P., & Kahle, L. (1988). A structural equation test of the value-attitude-behavior hierarchy. *Journal of Personality and Social Psychology, 54*, 638-646.

Houston, M., Childers, T., & Heckler, S. (1987). Picture-word consistency and the elaborative processing of attributes. *Journal of Marketing Research, 24*, 359-369.

Hovland, C. I., & Janis, I. L. (1959). *Personality and persuasibility*. New Haven, CT: Yale University Press.

Howard, D. J. (1992). Gift-wrapping effects on product attitudes: A mood-biasing explanation. *Journal of Consumer Psychology, 1*(3), 197-223.

Howard, D. J., Gengler, C., & Jain, A. (1995). What's in a name? Complimentary means of persuasion. *Journal of Consumer Research, 22*, 200-211.

Howard, J. A., & Sheth, J. (1969). *The theory of buyer behavior*. New York: John Wiley.

Howard, J. A., & Woodside, A. G. (1984). Personal values affecting consumer psychology. In R. E. Pitts & A. G. Woodside (Eds.), *Personal values and consumer psychology* (pp. 3-12). Toronto: Lexinton Books.

Howes, D. K. (1977). Time budgets and consumer leisure-time behavior. *Advances in Consumer Research, 4*, 221-229.

Hoyer, W. (1984). An examination of consumer decision making for a common repeat purchase product. *Journal of Consumer Research, 11*, 822-829.

Hoyer, W., & Brown, S. P. (1990). Effects of brand awareness on choice for a common, repeat-purchase product. *Journal of Consumer Research, 17*, 141-148.

Huff, D. L. (1964). Defining and estimating a trading area. *Journal of Marketing, 28*, 34-38.

Hui, M. K., & Bateson, J. E. G. (1991). Perceived control and the effects of crowding and consumer choice on the service experience. *Journal of Consumer Research, 18*, 174-184.

Hunt, H. K. (1977). CS/D: Overview and future research directions. In H. K. Hunt (Ed.), *Conceptualization and measurement of consumer satisfaction and dissatisfaction* (pp. 455-488). Cambridge, MA: Marketing Science Institute.

Huppertz, J. W., Areson, S. J., & Evans, R. H. (1978). An application of equity theory to buyer-seller exchange situation. *Journal of Marketing Research, 15*, 250-260.

Hutchinson, J. W., & Moore, D. (1984). Issues surrounding the examination of Delay effects of advertising. *Advances in Consumer Research, 11*, 650-655.

Hutchinson, J. W., Raman, K., & Mantrala, M. K. (1994). Finding choice alternatives in memory: Probability models of brand name recall. *Journal of Marketing Research, 31*, 441-461.

Idson, L. C., Liberman, N., & Higgins, E. T. (2000). Distinguishing gains from nonlosses and losses from nongains: A regulatory focus perspective on hedonic intensity. *Journal of Experimental Social Psychology, 36*(3), 252-274.

Inman, J. J., & McAlister, L. (1994). Do coupon expiration dates affect consumer behavior? *Journal of Marketing Research, 31*, 423-428.

Insko, C. A., & Schopler, J. (1972). *Experimental social psychology*. New York: Academic Press.

Interlandi, J. (2007). Why do some people shop impulsively? 뉴스위크 한국판, 9월 12일, 61.

Isen, A. M., & Geva, N. (1987). The influence of positive affect on acceptable levels of risk: The person with a large canoe has a large worry. *Organizational Behavior and Human Decision, 39*, 145-154.

Isen, A. M., & Patrick, R. (1983). The effects of positive feelings on risk taking: When the chips are down. *Organizational Behavior and Human Decision, 31*, 194-202.

Iso-Ahola, S. (1980). *The Social psychology of leisure and recreation.* Dubuque, IA: William C. Brown.

Iyengar, S. S., & Lepper, M. R. (1999). Rethinking the value of choice: A cultural perspective on intrinsic motivation. *Journal of Personality and Social Psychology, 76*(3), 349-366.

Iyengar, S. S., Wells, R. E., & Schwartz, B. (2006). Doing better but feeling worse looking for the 'best' job undermines satisfaction. *Psychological Science, 17*(2), 143-150.

Izard, C. E. (1977). *Human emotion.* New York: Plenum Press.

Jacoby, J. (1984). Perspectives on information overload. *Journal of Consumer Research, 10*, 432-435.

Jacoby, J., & Chestnut, R. (1978). *Brand loyalty, measurement, and management.* New York: John Wiley & Sons.

Jacoby, J., & Kaplan L. (1972). The Components of perceived risk. *Proceedings from 3rd Annual Conferences of the Association for Consumer Research*, 382-393.

Jacoby, L. L. (1991). A process dissociation framework: Separating automatic from intentional uses of memory. *Journal of Memory and Language, 30*, 513-541.

Jacoby, L. L., Kelley, C. M., & Dywan, J. (1989). Memory attributions. In H. L. Roediger & E. I. M. Craik (Eds.), *Varieties of memory and consciousness: Essays in honor of Endel Tulving* (pp. 391-422). Hillsdale, NJ: Lawrence Erlbaum Associates.

Jacoby, L. L., Woloshyn, V., & Kelley, C. M., (1989). Becoming famous without being recognized: Unconscious influences of memory produced by dividing attention. *Journal of Experimental Psychology: General, 118*, 115-125.

Jain, K., & Srinivasan, N. (1990). An empirical assessment of multiple operationalizations of involvement. *Advances in Consumer Research, 17*, 594-602

James, W. (1890). *Principles of psychology.* New York: Henry Holt.

Janis, I. L. (1972). *Victims of groupthink.* Boston: Houghton Mifflin.

Janis, I., & Feshbach, S. (1953). Effects of fear-arousing communication. *Journal of Abnormal and Social Psychology, 48*, 78-92.

Jayachandran, C., & Kyj, N. (1987). Pre-need purchasing behavior: An overlooked dimension in consumer marketing. *Journal of Consumer Marketing, 4*, 59-66.

Jensen, T., Carlson, L., & Tripp, C. (1989). The dimensionality of involvement: A empirical test. *Advance in Consumer Research, 16*, 680-689.

Johar, J. S., & Sirgy, M. J. (1991). Value-expressive versus utilitarian advertising appeals: When and why to use which appeal. *Journal of Advertising, 20*, 23-33.

Johnson, M. (1984). Consumer choice strategies for comparing noncomparable alternatives. *Journal of Consumer Research, 11*, 741-753.

Jones, E. E. (1964). *Ingratiation: A social psychological analysis*. New York: Appleton-Century-Crofts.

Jones, E. E., & Davis, K. E. (1965). From acts to dispositions: The attribution process in person perception. In L. Berkowitz (Ed.), *Advances in Experimental Social Psychology, 2*. New York: Academic Press.

Jones, E., & Gerard, H. (1967). *Social psychology*. New York: John Wiley & Sons.

Jones, R., & Brehm, J. (1970). Persuasiveness of one-and two-sided communications as a function of awareness: There are two sides. *Journal of Experimental Social Psychology, 6*, 47-56.

Judd, C. N., & Kulik, J. A. (1980). Schematic effects of social attitudes on information processing and recall. *Journal of Personality and Social Psychology, 38*, 569-578.

Kahl, J. (1961). *The American class structure*. New York: Holt, Rinehart and Winston.

Kahle, L. R., Beatty, S., & Homer, P. (1986). Alternative measurement approaches to consumer values: The list values(LOV) and values and life style(VALS). *Journal of Consumer Research, 13*, 405-409.

Kahn, B., Moore, W., & Glazer, R. (1987). Experiments in constrained choice. *Journal of Consumer Research, 14*, 96-113.

Kahneman, D. (1973). *Attention and effort*. Upper Saddle River, NJ: Prentice Hall.

Kahneman, D., & Tversky, A. (1971). Subjective probability: A judgment of representativeness. *Cognitive Psychology, 3*, 430-454.

Kahneman, D., & Tversky, A. (1979). Prospect theory: An analysis of decisions under risk. *Econometrica, 47*, 263-291.

Kahneman, D., & Tversky, A. (1984). Choices, values, and frame. *American Psychologist, 39*, 341-350.

Kaiser, S. (1985). *The social psychology of clothing*. New York: Macmillan College Publishing Company, Inc.

Kalyanaram, G., & Little, J. D. C. (1994). An empirical analysis of latitude of price acceptance in consumer package goods. *Journal of Consumer Research, 21*, 408-418.

Kamakura, W. A., & Mazzon, J. A. (1991). Value segmentation: A model for the measurement of values and value systems. *Journal of Consumer Research, 18*, 208-218.

Kamakura, W. A., & Novak, T. P. (1992). Value-system segmentation: Exploring the meaning of LOV. *Journal of Consumer Research, 19*, 119-132.

Kamins, M., & Assael, H. (1987). Two-sided versus one-sided appeals: A cognitive perspective on argumentation, source derogation on argumentation and the effect of disconfirming trial on belief change. *Journal of Marketing Research, 24*, 29-39.

Kaponin, A. (1960). Personality characteristics of purchasers. *Journal of Advertising Research, 1*, 6-12.

Kardes, F. R. (1988). Spontaneous inference processes in advertising: The effects of conclusion omission and involvement on persuasion. *Journal of Consumer Research, 15*, 225-233.

Kardes, F. R. (1999). *Consumer behavior and managerial decision making*. Reading, Massachusetts: Addison-Wesley Educational Publishers, Inc.

Kare-Silver, M. D. (1999). *E-shock: The electronic shopping revolution: Strategies for retailers and manufacturers*. New York: AMACOM.

Kassarjian, H. H. (1971). Personality and consumer behavior: A review. *Journal of Marketing Research, 8*, 409-418.

Kassarjian, H. H. (1987). How we spent our summer vacation: A preliminary report on the 1986 consumer behavior odyssey. *Advances in Consumer Research, 14*, 376-377.

Kassarjian, H. H., & Sheffet, M. J. (1975). Personality and consumer behavior: One more time. *American marketing association 1975 combined proceedings, Series No. 37*, 197-201.

Katz, D. (1960). The functional approach to attitudes. *Public Opinion Quarterly, 24*, 163-204.

Katz, P. A., & Walsh, P. V. (1991). Modification of children's gender-stereotyped behavior. *Child Development, 62*, 338-351.

Kellaris, J. J., & Kent, R. J. (1992). The influence of music on consumers' temporal perceptions: Does time fly when you're having fun? *Journal of Consumer Psychology, 1*(4), 365-376.

Kellaris, J. J., Mantel, S. P., & Altsech, M. B. (1996). Decibels, disposition and duration: The impact of musical loudness and internal states on time perceptions. *Advances in Consumer Research, 23*, 498-503.

Keller, K. L. (1987). Memory factors in advertising: The effect of advertising retrieval cues on brand evaluations. *Journal of Consumer Research, 14*, 316-333.

Keller, K. L. (1993). Conceptualizing, measuring, and managing customer-based brand equity. *Journal of Marketing, 57*, 1-22.

Keller, P. A., & Block, L. G. (1996). Increasing the persuasiveness of rear appeals: The effect of arousal and elaboration. *Journal of Consumer Research, 22*, 448-459.

Kelley, H. H. (1973). The processes of causal attribution. *American Psychologist, 28*, 107-128.

Kelly, P. (1996). Reorganizing the store. *Progressive Grocer, March*, 21.

Kelly, P., & Solomon, P. J. (1975). Humor in television advertising. *Journal of Advertising, 4*, 33-35.

Kelly, R. (1968). The search component of the consumer decision-making process: A theoretic examination. In C. King (Ed.), *Marketing and the new sciences of planning* (p. 273). Chicago, IL: American Marketing Association.

Kelman, H., & Hovland, C. I. (1953). "Reinstatement" of the communicator in delayed measurement of opinion change. *Journal of Abnormal and Social Psychology, 48*(3), 327-335.

Keltner, D., Ellsworth, P. C., & Edwards, K. (1993). Beyond simple pessimism: Effects of sadness and anger on social perception. *Journal of Personality and Social Psychology, 64*, 740-752.

Kent, R., & Allen, C. T. (1994). Competitive interference effects in consumer memory for advertising: The role of brand familiarity. *Journal of Marketing, 58*, 97-105.

Key, W. B. (1973). *Subliminal seduction: Ad media's manipulation of a not so innocent America*. Englewood Cliffs, NJ: Prentice Hall.

Khan, U., & Dhar, R. (2006), Licensing effect in consumer choice. *Journal of Marketing Research, 43*(2), 259-266.

Kiesler, C. A., & Kiesler, S. B. (1969). *Conformity* (p. 7). Reading, MA: Addison-Wesley.

Kilbourne, W., Painton, S., & Ridley, D. (1985). The effect of sexual embedding on responses to magazine advertisements. *Journal of Advertising, 14*, 48-56.

Kim, H., & John, D. R. (2008). Consumer response to brand extensions: Construal level as a moderator of the importance of perceived fit. *Journal of Consumer Psychology, 18*, 116-126.

Kim, K., & Miller, E. G. (2017). Vulnerable maximizers: The role of decision difficulty. *Judgment & Decision Making, 12*(5), 516-526.

Kim, K., Zhang, M., & Li, X. (2008). Effects of temporal and social distance on consumer evaluations. *Journal of Consumer Research, 35*, 98-110.

King, C. W. (1963). Fashion adoption: A rebuttal to the trickle-down theory. In S. A. Greyser (Ed.), *Toward scientific marketing* (pp. 108-125). Chicago, IL: American Marketing Association.

King, C. W., & Summers, J. O. (1970). Overlap of opinion leadership across product categories. *Journal of Marketing Research, 7*, 43-50.

King, M. F., & Balasubramanian, S. K. (1994). The effects of expertise, end goal, and product type on adoption of preference formation strategy. *Journal of the Academy of Marketing Science, 22*, 146-159.

Kirmani, A., & Zhu, R. (2007). Vigilant against manipulation: The effect of regulatory focus on the use of persuasion knowledge. *Journal of Marketing Research, 44*, 688-701.

Kirton, M. J. (1976). Adaptors and innovators: A description and measure. *Journal of Applied Psychology, 61*, 622-629.

Kitayama, S., & Markus, H. (1990). *Culture and emotion: The role of other-focused emotions.* Paper presented at the 98th Annual Convention of the American Psychological Association, Boston.

Kivetz, R., & Simonson, I. (2002). Self-control for righteous: Toward a theory ofprecommitment to indulgence. *Journal of Consumer Research, 29*(2), 199-217.

Klein, G. S., Spence, D. P., & Holt, R. R. (1958). Cognition without awareness. *Journal of Abnormal and Social Psychology, 57*, 255-266.

Knowles, P. A., Grove, S. J., & Burroughs, W. J. (1993). An experimental examination of mood effects on retrieval and evaluation of advertisement and brand information. *Journal of Academy of Marketing Science, 21*, 135-142.

Knox, R. E., & Safford, R. K. (1976). Group caution at the race track. *Journal of Experimental Social Psychology, 12*, 317-324.

Kohlberg, L. (1966). A cognitive developmental analysis of children's sex-role concepts and attitudes. In E. E. Maccoby (Ed.), *The development of sex differences* (pp. 82-171). Stanford, CA: Stanford University Press.

Konecni, V. J., & Slamenka, N. J. (1972). Awareness in verbal non-operant conditioning. *Journal of Experimental Psychology, 94*, 248-254.

Kotler, P. (1973) Atmospherics as a marketing tool. *Journal of Retailing, 49*, 48-64.

Krapfel, R. E. (1985). A consumer complaint strategy model: Antecedents and outcomes. *Advances in Consumer Research, 12*, 346-350.

Krishina, A., & Morrin, M. (2008). Does touch affect taste? The perceptual transfer of product container haptic cues. *Journal of Consumer Research, 34*, 807-818.

Krugman, H. (1965). The impact of television in advertising: Learning without involvement. *Public Opinion Quarterly, 29*, 349-356.

Krugman, H. (1972). Why three exposures may be enough. *Journal of Advertising Research, 12*, 11-14.

Krugman, H. (1984). The impact of television advertising: Learning without involvement. *Public Opinion Quarterly, 29*, 59-62.

Kunst-Wilson, W. R., & Zajonc, R. B. (1980). Affective discrimination of stimuli that cannot be recognized. *Science, 207*, 557-558.

Lamm, H., & Myers, D. G. (1978). Group-induced polarization of attitudes and behavior. *Journal of Experimental Social Psychology, 11*, 145-195.

Lammers, H. B. (1983). Humor and cognitive responses to advertising stimuli: A trade consolidation approach. *Journal of Business Research, 11*, 182.

Landon, E. L. (1977). A model of consumer complaint behavior. In R. Day (Ed.), *Consumer satisfaction, dissatisfaction, and complaining behavior* (pp. 20-22). Bloomington, IN: Symposium proceedings, School of Business, University of Indiana.

Larsen, R., & Diener, E. (1987). Affect intensity as an individual difference characteristic: A review. *Journal of Research in Personality, 21*, 1-39.

Lastovicka, J. L., (1982). The low involvement point-of-purchase: A case study of margarine buyers. *Paper presented at the first consumer involvement conference*, New York University, New York City, June.

Lastovicka, J. L., & Joachimsthaler, E. (1988). Improving the detection of personality-behavior relationships in consumer research. *Journal of Consumer Research, 14*, 583-587.

Lastovicka, J. L., Murray, Jr., J. P., & Joachimsthaler, E. (1991). Evaluating the measurement validity of ATSCI typologies with qualitative measures and multiplicative factoring. *Journal of Marketing Research, 28*, 11-23.

LaTour, M. S., & Rotfeld, H. J. (1997). There are threats and (maybe) fear-caused arousal: Theory and confusions of appeals to fear and fear arousal itself. *Journal of Advertising, 26*, 25-59.

LaTour, M. S., Snipes, R. L., & Bliss, S. J. (1996). Don't be afraid to use fear appeals: An experimental study. *Journal of Advertising Research, 36*, 59-67.

Lavidge, R., & Steiner, G. (1961). A model for predictive measurements of advertising effectiveness. *Journal of Marketing, 25*, 59-62.

Lazari, A. G., & Anderson, D. A. (1994). Designs of discrete choice set experiments for estimating both attribute and availability cross effects. *Journal of Marketing Research, 31*, 375-383.

Lazarus, R. J., & McCleary, R. A. (1951). Autonomic discrimination without awareness: A study of subception. *Psychology Review, 58*, 113-122.

Lazarus, R. S. (1984). On the primacy of cognition. *American Psychologist, 39*(2), 124-129.

Lazarus, R. S. (1991). *Emotion and adaptation.* New York: Oxford Univ. Press.

Ledgerwood, A., Wakslak, C. J., & Wang, M. A. (2010). Differential information use for near and distant decision. *Journal of Experimental Social Psychology, 46*, 638-642.

Lee, A. Y., Aaker, J. L., & Gardner, W. L. (2000). The pleasure and pain of distinct self-construals: The role of interdependence in regulatory focus. *Journal of Personality and Social Psychology, 78*(6), 1122-1134.

Lee, H., Actio, A., & Day, R. (1987). Evaluation and use of marketing research by decision makers: A behavioral simulation. *Journal of Consumer Research, 24*, 187-196.

Lehmann, D. R., & Moore, W. L. (1980). Validity of information display boards: An assessment using longitudinal data. *Journal of Marketing Research, 17*, 450–459.

Leibenstein, H. (1976). *Beyond economic man: A new foundation for microeconomics*. Cambridge, MA: Harvard University Press.

Lenski, G. (1956). Status crystallization: A non-vertical dimension of social status. *American Sociological Review, 21*, 458–464.

Lessig, V. P., & Park, C. W. (1978). Promotional perspectives of reference group influence: Advertising implications. *Journal of Advertising, 7*, 41–47.

Leuba, C. (1955). Toward some integration of learning theories the concept of optimal stimulation. *Psychological Reports, 1*, 27–33.

Lévi-Strauss, C. (1954). *Structure élémentaires de la parento*. Paris: Presser Universitaires de France.

Levin, I. (1987). Associative effects of information framing. *Bulletin of the Psychonomic Society, 25*, 85–86.

Levy, R. (1981). Tilting at the rumor mill. *Dun's Review, July*, 52–54.

Levy, S. J. (1959). Symbols for sales. *Harvard Business Review, 37*, 117–124.

Liberman, N., Sagristano, M. D., & Trope, Y. (2002). The effect of temporal distance on level of mental construal. *Journal of Experimental Social Psychology, 38*, 523–534.

Liberman, N., & Trope, Y. (1998). The role of feasibility and desirability considerations in near and distant future decisions: A test of temporal construal theory. *Journal of Personality and Social Psychology, 75*(July), 5–18.

Lichtenstein, D. R., Netemeyer, R. G., & Burton, S. (1990). Distinguishing coupon proneness from value consciousness: An acquisition-transaction utility theory perspective. *Journal of Marketing, 54*, 54–67.

Lichtenstein, D. R., Netemeyer, R. G., & Burton, S. (1995). Assessing the domain specificity of deal proneness: A field study. *Journal of Consumer Research, 22*, 314–326.

Lim, M., & Yang, Y. (2015). Effects of users' envy and shame on social comparison that occurs on social network services. *Computers in Human Behavior, 51*, 300–311.

Lin, H. C. (2015). Moderating roles on individuals' decisions when making choices for others. *Food Quality and Preference, 39*, 221–227.

Linder, D., & Crane, K. (1970). Reactance theory analysis of predecisional cognitive processes. *Journal of Personality and Social Psychology, 15*, 258–264.

Locander, W. B., & Hermann, P. W. (1979). The effect of self-confidence and anxiety on information seeking in consumer risk reduction. *Journal of Marketing Research, 16*(2), 268–274.

Lord, K. R., Lee, M. S., & Sauer, P. L. (1994). Program context antecedents of attitude toward radio commercials. *Journal of Academy of Marketing Science, 22*, 3–15.

Luan, M., Fu, L., & Li, H. (2018). Do maximizers maximize for others? Self-other decision-making differences in maximizing and satisficing. *Personality and Individual Differences, 121*, 52–56.

Luan, M., & Li, H. (2017a). Maximization paradox: Result of believing in an objective best. *Personality and Social Psychology Bulletin, 43*(5), 652–661.

Luan, M., & Li, H. (2017b). Good enough-compromise between desirability and feasibility: An alternative perspective on satisficing. *Journal of Experimental Social Psychology, 70,* 110-116.

Lurie, A. (1981). *The language of clothes.* New York: Random House.

Lutz, R. (1985). Affective and cognitive antecedents of attitude toward the ad: A conceptual framework. In L. F. Alwitt & A. A. Mitchell (Eds.), *Psychological processes and advertising effects: Theory, research and application* (pp. 45-63). Hillsdale, NJ: Lawrence Erlbaum.

Lynch, J., & Srull, T. (1982). Memory and attentional factors in consumer choice: Concepts and research methods. *Journal of Consumer Research, 9,* 18-37.

MacInnis, D. J. (1987). Constructs and measures of individual differences in imagery processing: A review. *Advances in Consumer Research, 14,* 88-92.

MacInnis, D. J., & Park, C. W. (1991). The differential role of characteristics of music on high-and low-involvement consumers' processing of ads. *Journal of Consumer Research, 18,* 161-172.

Mackenzie, S. B. (1986). The role of attention in mediating the effect of advertising on attribute importance. *Journal of Consumer Research, 13,* 174-195.

Mackenzie, S. B., & Spreng, R. A. (1992). How does motivation moderate the impact of central and peripheral processing on brand attitudes and intentions? *Journal of Consumer Research, 19,* 519-529.

Macklin, M. C. (1986). Rehearsal processes in children's recall of advertised products, In W. Hoyer (Ed.), *Proceedings of the division of consumer psychology* (pp. 21-25). Washington, DC: American Psychological Association.

Madden, T. J., & Weinberger, M. (1982). The effects of humor on attention in magazine advertising. *Journal of Advertising, 11,* 1.

Maddox, R. N. (1981). Two-factor theory and consumer satisfaction: Replication and extension. *Journal of Consumer Research, 8*(1), 97-102.

Magee, A. (1994). Compulsive buying tendency as a predictor of attitudes and perception. *Advances in Consumer Research, 21,* 590-594.

Mahajan, V., Muller, E., & Bass, F. M. (1990). New product diffusion models in marketing: A review and directions for research. *Journal of Marketing, 54,* 1-26.

Maison, D., Greenwald, A. G., & Bruin, R. H. (2001). The implicit association test as a measure of implicit consumer attitudes. *Polish Psychological Bulletin, 32,* 61-70.

Malhotra, N. (1981). A scale to measure self-concepts, person concepts, and product concepts. *Journal of Marketing Research, 18,* 456-464.

Malhotra, N. (1984). Reflections on the information overload paradigm in consumer decision making. *Journal of Consumer Research, 10,* 436-440.

Mano, H. (1996). Assessing emotional reactions to TV ads: A replication and extension with brief adjective checklist. *Advances in Consumer Research, 23,* 63-69.

Mano, H., & Oliver, R. L. (1993). Assessing the dimensionality and structure of the consumption experience: Evaluation, feeling, and satisfaction. *Journal of Consumer Research, 20,* 451-466.

Manrai, L. A., & Gardner, M. P. (1991). The influence of affect on attributions for product failure. *Advances in*

Consumer Research, 18, 249-254.

Mao, W. (2016). When one desires too much of a good thing: The compromise effect under maximizing tendencies. *Journal of Consumer Psychology, 26*(1), 66-80.

Markin, R. (1974). *Consumer behavior: A cognitive orientation*. New York: Macmillan.

Markin, R., Lillis, C., & Narayana, C. (1976). Social-psychological significance of store space. *Journal of Retailing, 52*, 43-54.

Markus, H., & Kitayama, S. (1991). Culture and the self: Implications for cognition, emotion and motivation. *Psychological Review, 98*(2), 224-253.

Martin, C. L., & Goodell, P. W. (1991). Historical, descriptive, and strategic perspectives on the construct of product commitment. *European Journal of Marketing, 25*, 53-60.

Martin, M. C., & Kennedy, P. F. (1993). Advertising and social comparison: Consequences for female preadolescents and adolescents. *Psychology & Marketing, 10*, 513-530.

Maslach, C., Santee, R. T., & Wade, C. (1987). Individuation, gender role, and dissent: Personality mediators of situational forces. *Journal of Personality and Social Psychology, 53*, 1088-1093.

Maslow, A. (1970). *Motivation and personality* (2nd ed.), New York: Harper & Row.

Maslow, A., & Mintz, N. (1956). Effects of aesthetic surroundings. *Journal of Psychology, 41*, 247-254.

Mathur, M., & Chattopadhyay, A. (1991). The impact of moods generated by television programs on responses to advertising. *Psychology & Marketing. 8*(1), 59-77.

Matsumoto, D. (1989). Cultural influences on the perception of emotion. *Journal of Cross-Cultural Psychology, 20*, 92-105.

Mazursky, D., La-Parbera, P., & Aiello, A. (1987). When consumers switch brands. *Psychology & Marketing, 4*, 17-30.

May, F., & Homans, R. (1977). Evoked set size and the level of information processing in product comprehension and choice criteria. *Advances in Consumer Research, 4*, 172-175.

McAlister, L., & Pessemier, E. (1982). Variety seeking behavior: An interdisciplinary review. *Journal of Consumer Research, 9*, 311-322.

McClelland, D. (1965). Achievement and entrepreneurship: A longitudinal study. *Journal of Personality and Social Psychology, 1*, 389-392.

McCracken, G. D. (1985). The trickle-down theory rehabilitated. In M. R. Solomon (Ed.), *The psychology of fashion* (pp. 39-54). Lexington, MA: Lexington Books.

McCracken, G. D. (1986). Culture and consumption: A theoretical account of the structure and movement of the cultural meaning of consumer goods. *Journal of Consumer Research, 13*, 71-84.

McCrae, R. R., & Costa, P. T., Jr. (1987). Validation of the five-factor model personality across instruments and observers. *Journal of Personality and Social Psychology, 52*, 81-90.

McCullough, L., & Ostrom, T. (1974). Repetition of highly similar messages and attitude change. *Journal of Applied Psychology, 59*, 395-397.

McDavid, J. W., & Harari, H. (1968). *Social psychology: Individuals, groups, societies*. New York: Harper &

Row.

McGuire, W. J. (1964). Inducing resistance to persuasion: Some contempoary approaches. In L. Berkowitz (Ed.), *Advances in Experimental Social Psychology* (Vol. 1, pp. 192-229). New York: Academic Press.

McGuire, W. J. (1967). Some impending reorientations in social psychology: Some thoughts provoked by Kenneth Ring. *Journal of Experimental Social Psychology, 3*, 124-139.

McGuire, W. J., & Papageorgis, D. (1961). The relative efficacy of various types of prior belief defense in producing immunity against persuasion. *Journal of Personality and Social Psychology, 62*, 327-337.

McKeage, K. K. R., Richins, M. L., & Debevec, K. (1993). Self-gifts and the manifestation of material values. *Advances in Consumer Research, 20*, 359-364.

McQuarrie, E. F., & Mick, D. G. (1996). Figures of rhetoric in advertising language. *Journal of Consumer Research, 22*, 424-438.

McQuarrie, E. F., & Munson, J. M. (1992). A revised product involvement inventory: Improved usability and validity. *Advances in Consumer Research, 19*, 108-115.

Mead, G. H. (1934). *Mind, self and society*. Chicago, IL: University of Chicago Press.

Meer, J. (1985). The light touch. *Psychology Today, 3*, 60-67.

Mehotra, S., & Wells, W. D. (1979). Psychographics and buyer behavior: Theory and recent empirical findings. In A. Woodside, J. N. Sheth, & P. D. Bennett (Eds.), *Consumer and industrial buying behavior*. New York: North Holland.

Mehrabian, A., & Russell, J. (1974). *An approach to environmental psychology*. Cambridge, MA: M.I.T. Press.

Menon, G., Raghubir, P., & Schwarz, N. (1995). Behavioral frequency judgments: An accessibility-diagnosticity framework. *Journal of Consumer Research, 22*, 212-228.

Menon, S., & Kahn, B. E. (1995). The impact of context on variety seeking in product choice. *Journal of Consumer Research, 22*, 285-295.

Merikle, P. M., & Cheesman, J. (1987). Current status of research on subliminal perception. *Advances in Consumer Research, 14*, 298-302.

Meyers-Levy, J., & Maheswaran, D. (1992). When timing matters: The influence of temporal distance on consumers' affective and persuasive responses. *Journal of Consumer Research, 19*, 424-433.

Mick, D. G. (1986). Consumer research and semiotics: Exploring the morphology of signs, symbols, and significance. *Journal of Consumer Research, 13*, 196-213.

Mick, D. G. (1992). Levels of subjective comprehension in advertising processing and their relations to ad perceptions, attitudes, and memory. *Journal of Consumer Research, 18*(4), 411-424.

Mick, D. G., & DeMoss, M. (1990). Self-gift: Phenomenological insights from four contexts. *Journal of Consumer Research, 17*, 322-332.

Mick, D. G., & DeMoss, M. (1992). Further findings on self-gifts: Products, qualities, and socioeconomic correlates. *Advances in Consumer Research, 19*, 140-146.

Midgley, D., & Dowling, G. (1993). A longitudinal study of product form innovation: The interaction between predispositions and social messages. *Journal of Consumer Research, 19*, 611-625.

Milgram, S., Bickman, L., & Berkowitz, L. (1969). Note on the drawing power of crowds of different size. *Journal of Personality and Social Psychology, 13*, 79-82.

Miller, C. M., McIntyre, S. H., & Mantrala, M. K. (1993). Toward formalizing fashion theory. *Journal of Marketing Research, 30*, 142-147.

Miller, G. A. (1956). The magical number seven, plus or minus two: Some limits on our capacity to process information. *Psychological Review, 63*, 81-97.

Miller, J. G. (1988). Bridging the content-structure dichotomy: Culture and the self. In M. H. Bond (Ed.), *The cross-cultural challenge to social psychology* (pp. 266-281). Beverly Hills, CA: Sage.

Milliman, R. E. (1982). Using background music to affect the behavior of supermarket shoppers. *Journal of Marketing, 46*, 86-91.

Milliman, R. E. (1986). The influence of background music on the behavior of restaurant patrons. *Journal of Consumer Research, 13*, 286-289.

Millman, N. (1984). Product claims not believable. *Advertising Age, March 15*, 1-32.

Miniard, P. W., & Barone, M. J. (1997). The case for noncognitive determinants of attitude: A critique of Fishbein and Middlestadt. *Journal of Consumer Psychology, 6*(1), 77-91.

Miniard, P. W., Barone, M. J., Rose, R. L., & Manning, K. C. (1994). A reexamination of the relative persuasiveness of comparative and noncomparative advertising. *Advances in Consumer Research, 21*, 299-303.

Miniard, P., Dickson, P., & Lord, K. (1988). Some central and peripheral thoughts on the routes to persuasion. *Advances in Consumer Research, 15*, 204-208.

Miniard, P., Sirdeshmukh, D., & Innis, D. E. (1992). Peripheral persuasion and brand choice, *Journal of Consumer Research, 19*, 226-239.

Mishra, A., & Mishra, H. (2011). The influence of price discount versus bonus pack on the preference for virtue and vice foods. *Journal of Marketing Research, 48*(1), 196-206.

Mitchell, A. (1983). *The nine American lifestyles* (p. 57). New York: Macmillan.

Mitchell, A. A., & Olson, J. (1981). Are product attribute beliefs the only mediator of advertising effects of brand attitude? *Journal of Marketing Research, 18*, 318-332.

Mitchell, D. J., Kahn, B. E., & Knasko, S. C. (1995). There's something in the air: Effects of congruent or incongruent ambient oder on consumer decision making. *Journal of Consumer Research, 22*, 229-238.

Mittal, B. (1994). A study of affective choice for consumer decisions. *Advances in Consumer Research, 21*, 256-263.

Miyazaki, A. D. (1993). How many shopping days until Christmas? A preliminary investigation of time pressures, deadlines, and planning levels on holiday gift purchases. *Advances in Consumer Research, 20*, 331-335.

Mohan, J., & Kaur, M. (1993). Adjustment, personality, intelligence, values and socioeconomic status of male-female university research scholars. *Social Science International, 9*(1, 2), 39-50.

Mooradian, T. A. (1996a). The five factor model and market mavenism. *Advances in Consumer Research, 23*, 260-263.

Mooradian, T. A. (1996b). Personality and ad-evoked feelings: The case for extroversion and neuroticism. *Journal of the Academy of Marketing Science, 24*, 99-109.

Moore, B., Underwood, B., & Rosenhan, D. L. (1973). Affect and altruism. *Developmental Psychology, 8*, 99-104.

Moore, D. J., Harris, W. D., & Chen, H. C. (1994). Exploring the role of individual differences in affect intensity on the consumer's response to advertising appeals. *Advances in Consumer Research, 21*, 181-187.

Moore, D. J., Harris, W. D., & Chen, H. C. (1995). Affect intensity: An individual difference response to advertising appeals. *Journal of Consumer Research, 22*, 154-164.

Moore, D. J., Mowen, J. C., & Reardon, R. (1994). Multiple sources in advertising appeals: When product endorsers are paid by the advertising sponsor. *Journal of the Academy of Marketing Science, 22*, 234-243.

Moore, T. E. (1982). Subliminal advantage: What you see is what you get. *Journal of Marketing, 46*, 38-47.

Moreland, R. L., & Zajonc, R. B. (1979). Exposure effects may not depend on stimulus recognition. *Journal of Personality and Social Psychology, 37*(6), 1085-1089.

Morgan, A. J. (1993). The evolving self in consumer behavior: Exploring possible selves. *Advances in Consumer Research, 20*, 429-432.

Morganosky, M., & Buckley, H. (1987). Complaint behavior: Analysis by demographics, lifestyle, and consumer values. *Advances in Consumer Research, 14*, 223-226.

Morin, S. P. (1983). Influentials advertising their friends to sell lots of high-tech gadgetry. *The Wall Street Journal, February 28*, 30.

Moschis, G. P. (1976). Social comparison and information group influence. *Journal of Marketing Research, 13*, 237-244.

Mowen, J. C. (1995). *Consumer behavior* (4th ed.). Englewood Cliffs, NJ: Prentice-Hall, Inc.

Mowen, J. C., & Cialdini, R. (1980). On implementing the door-in-the-face compliance strategy in a marketing context. *Journal of Marketing Research, 17*, 253-258.

Mowen, J., Gordon, A., & Young, C. (1998). The impact of sales Taxes on store choice: Public policy and theoretical implications. *Proceedings of summer educators' conference*. Chicago, IL: American Marketing Association.

Mowen, J. C., & Grove, S. L. (1983). Search behavior, price paid, and the comparison other: An equity theory analysis of post-purchase satisfaction. In R. Day & H. K. Hunt (Eds.), *International fare in consumer satisfaction and complaint behavior* (pp. 57-63). Bloomington, IN: Indiana University School of Business.

Mowen, J. C., & Minor, M. (1998). *Consumer behavior* (5th ed.). Upper Saddle River, New Jersey: Prentice-Hall.

Mowen, J. C., & Mowen, M. M. (1991). Time and outcome valuation: Implications for marketing decision making. *Journal of Marketing, 55*, 54-62.

Munson, J. M., & McIntyre, S. H. (1978). Personal values: A cross-cultural assessment of self values and values attributed to a distant cultural stereotype. In K. H. Hunt (Ed.), *Contributions to consumer research*. Chicago, IL: Association for Consumer Research.

Munson, J. M., & McIntyre, S. H. (1979). Developing practical procedures for the measurement of personal values in cross-cultural marketing. *Journal of Marketing Research, 16*, 55-60.

Murphy, J. H., Cunningham, I., & Wilcox, G. (1979). The impact of program environment on recall of humorous television commercials. *Journal of Advertising, 8*, 17-21.

Murray, K. B. (1991). A test of services marketing theory: Consumer information acquisition activities. *Journal of Marketing, 55*, 391-397.

Myers, I. B. (1962). *The Myers-Briggs type indicator*. Palo Alto, CA: Consulting Psychologists Press, Inc.

National Live Stock and Meat Board (1985). *Meat board consumer marketing plan*.

Netemeyer, R. G., Burton, S., & Lichtenstein, D. R. (1995). Trait aspects of vanity: measurement and relevance to consumer behavior. *Journal of Consumer Research, 21*, 612-626.

Newell, A., & Simon, H. (1972). *Human problem solving*. Englewood Cliffs, NJ: Prentice Hall.

Newman, J., & Lockeman, B. (1975). Measuring prepurchase information seeking. *Journal of Consumer Research, 2*, 216-222.

Newman, J., & Staelin, R. (1972). Prepurchase information seeking for new cars and major household appliances. *Journal of Marketing Research, 9*, 249-257.

Nicosia, F. M., & Mayer, R. (1976). Toward a sociology of consumption. *Journal of Consumer Research, 3*, 65-76.

Niles, S. G., & Goodnough, G. E. (1996). Life-role salience and values: A review of recent research. *Career Development Quarterly, 45*(1), 65-86.

Nisbet, R. E., & Kanouse, D. E. (1969). Obesity, food deprivation and supermarket shopping behavior. *Journal of Personality and Social Psychology, 12*, 289-294.

Nisbett, R. E., & Ross, L. (1980). *Human inference: Strategies and shortcomings of social judgment*. Englewood Cliffs, NJ: Prentice-Hall.

Noerager, J. (1979). An assessment of CAD. *Journal of Marketing Research, 16*, 53-59.

Novak, T. P., & MacEvoy, B. (1990). On comparing alternative segmentation schemes: The list of values (LOV) and values and life styles(VALS). *Journal of Consumer Research, 17*, 105-109.

O'Guinn, T. C., & Faber, R. J. (1989). Compulsive buying: A phenomenological exploration. *Journal of Consumer Research, 16*, 147-157.

Okada, E. M. (2005). Justification effects on consumer choice of hedonic and utilitarian goods. *Journal of Marketing Research, 42*(1), 43-53.

O'Malley, Jr. J. R. (1996). Consumer attributions of product failures to channel members. *Advances in Consumer Research, 23*, 342-345.

Oliver, R. L. (1980). A cognitive model of the antecedents and consequences of satisfaction decisions. *Journal of Marketing Research, 17*, 460-469.

Oliver, R. L., & Desarbo, W. (1988). Response determinants in satisfaction judgments. *Journal of Consumer Research, 15*, 495-507.

Oliver, R. L., & Swan, J. E. (1989). Consumer perceptions of interpersonal equity and satisfaction in transactions: A field survey approach. *Journal of Marketing, 53*, 21-35.

Olmstead, M. S. (1962). *The small group*. New York: Holt, Rinehart & Winston.

Olney, T., Holbrook, M. B., & Batra, R. (1991). Consumer responses to advertising: The effects of ad content, emotions, and attitude toward the ad on viewing time. *Journal of Consumer Research, 17*, 440-453.

Olsen, G. D. (1994). Observations: The sound of silence: Functions and use of silence in television advertising.

Journal of Advertising Research, 34(5), 89-95.

Olsen, G. D. (1995). Creating the contrast: The influence of silence and background music on recall and attribute importance. *Journal of Advertising, 24*, 29-44.

Olshavsky, R. W., & Granbois, D. H. (1979). Consumer decision making: fact or fiction? *Journal of Consumer Research, 6*, 93-100.

Onkvisit, S., & Shaw, J. (1987). Self-concept and image congruence: Some research and managerial issues. *Journal of Consumer Marketing, 4*, 13-23.

Osgood, C. E. (1964). *Method and theory in experimental psychology*. New York: Oxford University Press.

Otnes, C., Kim, Y. C., & Lowrey, T. M. (1992). Ho, Ho, Woe: Christmas shopping for 'difficult' people. *Advances in Consumer Research, 19*, 482-487.

Owen, R. S. (1992). Clarifying the simple assumption of the information load paradigm. *Advances in Consumer Research, 19*, 770-776.

Parasuraman, A., Zeithaml, V. A., & Berry, L. L. (1988). SERVQUAL: A multiple-item scale for measuring consumer perceptions of service quality. *Journal of Retailing, 64*, 12-36.

Park, C. W., Iyer, E. S., & Smith, D. C. (1989). The effects of situational factors on in-store grocery shopping behavior: The role of store environment and time available for shopping. *Journal of Consumer Research, 15*, 422-433.

Park, C. W., Mothersbaugh, D. L., & Feick, L. (1994). Consumer knowledge assessment. *Journal of Consumer Research, 21*, 71-82.

Park, J. W., & Hastak, M. (1994). Memory-based product judgement: Effects of involvement at encoding and retrieval. *Journal of Consumer Research, 21*, 534-547.

Park, J. W., & Hastak, M. (1995). Effects of involvement on on-line brand evaluations: A stronger test of the ELM. *Advances in Consumer Research, 22*, 435-439.

Parker, A. M., De Bruin, W. B., & Fischhoff, B. (2007). Maximizers versus satisficers: Decision- making styles, competence, and outcomes. *Judgment and Decision Making, 2*(6), 342-350.

Patalano, A. L., Weizenbaum, E. L., Lolli, S. L., & Anderson, A. (2015). Maximization and search for alternatives in decision situations with and without loss of options. *Journal of Behavioral Decision Making, 28*(5), 411-423.

Passyn, K., & Sujan, M. (2006). Self-accountability emotions and fear appeals: Motivating behavior. *Journal of Consumer Research, 32*(4), 583-589.

Pechmann, C. (1990). How do consumer inferences moderate the effectiveness of two-sided messages? Advances in Consumer Research, 17, 337-341.

Pechmann, C., & Ratneshwar, S. (1991). The use of comparative advertising for brand positioning: Association versus differentiation. *Journal of Consumer Research, 18*, 145-160.

Pechmann, C., & Stewart, D. W. (1990). The effects of comparative advertising on attention, memory, and purchase intention. *Journal of Consumer Research, 17*, 180-191.

Peck, J., & Childers, T. L. (2003). Individual differences in haptic information processing: The "need for touch" scale. *Journal of Consumer Research, 30*, 430-442.

Pereira, J. (1991). Name of the game: Brand awareness. *The Wall Street Journal, February 14*, B1.

Perkins, A. W., Forehand, M. R., Greenwald, A. G., & Maison, D. (2008). Measuring the nonconscious-implicit social cognition in consumer behavior. In C. P. Havgtvede, P. M. Herr & F. R. Kardes (Eds.), *Handbook of consumer psychology*. New York: Lawrence Erlbaum Associates.

Peter, J. P., & Olson, J. C. (1990). *Consumer behavior and marketing strategy* (p. 435). Homewood, IL: Richard D. Irwin.

Peter, J. P., & Ryan, M. (1976). An investigation of perceived risk at the brand level. *Journal of Marketing Research, 13*, 184-188.

Peterson, R. A., & Wilson, W. R. (1992). Measuring customer satisfaction: Fact and artifact. *Journal of the Academy of Marketing Science, 20*, 61-72.

Pettigrew, T. (1958). The measurement and correlates of category width as a cognitive variable. *Journal of Personality, 26*, 532-544.

Petty, R. E., & Cacioppo, J. T. (1981). Issue involvement as a moderator of the effects on attitude of advertising content and context. *Advances in Consumer Research, 8*, 20-24.

Petty, R. E., & Cacioppo, J. T. (1984). The effects of involvement on responses to argument quantity and quality central and peripheral routes to persuasion. *Journal of Personality and Social Psychology, 46*, 69-81.

Petty, R. E., & Cacioppo, J. T. (1986a). The elaboration likelihood model of persuasion. *Advances in Experimental Social Psychology, 19*, 123-205.

Petty, R. E., & Cacioppo, J. T. (1986b). *Communication and persuasion: Central and peripheral routes to attitude change*. New York: Springer-verlag.

Petty, R. E., Cacioppo, J. T., & Schuman, D. (1983). Central and peripheral route to advertising effectiveness: The moderating role of involvement. *Journal of Consumer Research, 10*, 135-146.

Pham, M. T. (1996). Cue representation and selection effects of arousal on persuasion. *Journal of Consumer Research, 22*, 373-387.

Pham, M. T. (1998). Representativeness, relevance, and the use of feelings in decision making. *Journal of Consumer Research, 25*, 144-160.

Pham, M. T., & Avnet, T. (2004). Ideals and oughts and the reliance on affect versus substance in persuasion. *Journal of Consumer Research, 30*(4), 503-518.

Phelps, J., & Thorson, E. (1991). Brand familiarity and product involvement effects on the attitude toward an ad-brand attitude relationship. *Advances in Consumer Research, 18*, 202-209.

Phillips, D. M. (1996). Anticipating the future: The role of consumption visions in consumer behavior. *Advances in Consumer Research, 23*, 70-75.

Philport, J. C., & Arbittier, J. (1997). Advertising: Brand communications styles in established media and the internet. *Journal of Advertising Research, 37*(2), 68-76.

Piirto, R. (1991). VALS the second time. *American Demographics, July, 6*.

Pitts, R. E., & Woodside, A. G. (1983). Personal value influences on consumer product class and brand preferences. *The Journal of Social Psychology, 119*, 37-53.

Pitts, R. E., & Woodside, A. G. (1984). Personal value and market segmentation: Applying the value construct. In R. E. Pitts & A. G. Woodside (Eds.), *Personal values and consumer psychology* (pp. 55-67). Toronto: Lexinton Books.

Plummer, J. T. (1985). How personality makes a difference. *Journal of Advertising Research, 24*(6), 27-31.

Polman, E. (2010). Why are maximizers less happy than satisficers? Because they maximize positive and negative outcomes. *Journal of Behavioral Decision Making, 23*(2), 179-190.

Popielarz, D. (1967). An exploration of perceived risk and willingness to try new products. *Journal of Marketing Research, 4*, 368-372.

Posner, B. Z., & Munson, J. M. (1979). The importance of personal values. *Psychological Reports, 49*, 867-881.

Powell, M. C., & Fazio, R. H. (1984). Attitude accessibility as a function of repeated attitudinal expression. *Personality and Social Psychology Bulletin, 10*, 139-148.

Prasad, V. K. (1975). Socioeconomic product risk and patronage preferences of retail shoppers. *Journal of Marketing, 39*, 42-47.

Prasad, V. K. (1976). Communications effectiveness of comparative advertising: A laboratory analysis. *Journal of Marketing Research, 13*, 128-137.

Price, L., Arnould, E. J., & Tierney, P. (1995). Going to extremes: Managing service encounters and assessing provider performance. *Journal of Marketing, 59*, 83-97.

Price, L., Feick, L. F., & Guskey, A. (1995). Everyday market helping behavior. *Journal of Public Policy and Marketing, 12*, 255-266.

Punj, G. (1987). Presearch decision making in consumer durable purchases. *Journal of Consumer Marketing, 4*, 71-82.

Puto, C., & Wells, W. (1984). Informational and transformational advertising: The differential effects of time. *Advances in Consumer Research, 11*, 638-643.

Putsis, Jr., W. P., & Srinivasan, N. (1994). Buying or just browsing? The duration of purchase deliberation. *Journal of Marketing Research, 31*, 393-402.

Raghubir, P., & Krishna, A. (1996). As the crow flies: Bias in consumers' map-based distance judgments. *Journal of Consumer Research, 23*, 26-39.

Raghunathan, R., Pham, M. T., & Corfman, K. P. (2006). Informational properties of anxiety and sadness, and displaced coping. *Journal of Consumer Research, 32*(4), 596-601.

Raju, P. S. (1980). Optimal stimulation level: Its relationships to personality, demographics, and exploratory behavior. *Journal of Consumer Research, 7*, 272-282.

Raman, N. V., Chattopadhyay, P., & Hoyer, W. D. (1995). Do consumers seek emotional situations: The need for emotion scale. *Advances in Consumer Research, 22*, 537-542.

Rao, V. R., & Steckel, J. H. (1991). A polarization model for describing group preferences. *Journal of Consumer Research, 18*, 108-118.

Rassuli, K. M., & Harrell, G. D. (1996). Group differences in the construction of consumption sets. *Advances in Consumer Research, 23*, 446-453.

Ratneshwar, S., & Chaiken, S. (1991). Comprehension's role in persuasion: The case of its moderating effect on the persuasive impact of source cues. *Journal of Consumer Research, 18*, 52–62.

Ratneshwar, S., & Sawyer, A. G. (1992). The use of multiple methods to explore three-way person, brand, and usage context interactions. *Advances in Consumer Research, 19*, 116–122.

Raven, B., & Rubin, J. (1983). *Social psychology*. New York: John Wiley.

Ray, M. (1973). Marketing communications and the hierarchy-of-effects. In P. Clarke (Ed.), *New models for mass communications* (pp. 147–176). Beverly Hills, CA: Sage Publications.

Redmond, W. H. (1996). Contemporary social theory and the bass diffusion model. In C. Dröge & R. Calantone (Eds.), *Enhancing Knowledge Development in Marketing, 7*, pp. 176–181. Chicago, IL: American Marketing Association.

Reilly, M., & Holman, R. (1977). Does task complexity or cue intercorrelation affect choice of an information-processing strategy? An empirical investigation. *Advances in Consumer Research, 4*, 185–190.

Reinberg, R., Scheffler, B., & Meoli, J. (1987). Social ecological insights into consumer behavior in the retail mall. In L. Alwitt (Ed.), *Proceedings of the division of consumer psychology* (pp. 17–19). New York: American Psychological Association, December 23.

Reingen, P., & Kernan, J. (1977). Compliance with an interview request: A foot-in-the-door, self-perception interpretation. *Journal of Marketing Research, 14*, 365–369.

Reingen, P., & Kernan, J. (1986). Analysis of referral networks in marketing: Methods and illustration. *Journal of Marketing Research, 23*, 370–378.

Rescorla, R. A. (1967). Pavlovian conditioning and its proper control procedures. *Psychological Review, 74*(1), 71–80.

Rethans, A., Swasy, J., & Marks, L. (1986). Effects of television commercial repetition, receiver knowledge, and commercial length: A test of the two-factor model. *Journal of Marketing Research, 23*, 50–61.

Rich, S., & Jain, S. (1968). Social class and life cycle as predictors of shopping behavior. *Journal of Marketing Research, 5*, 43–44.

Richins, M. (1983). Negative word of mouth by dissatisfied consumer: A pilot study. *Journal of Marketing, 47*, 68–78.

Richins, M. (1991). Social comparison and the idealized images of advertising. *Journal of Consumer Research, 18*, 71–83.

Richins, M. (1994). Valuing things: The public and private meanings of possessions. *Journal of Consumer Research, 21*, 504–521.

Richins, M., & Bloch, P. H. (1986). After the new wears off: The temporal context of product involvement. *Journal of Consumer Research, 13*, 280–285.

Richins, M., Bloch, P. H., & McQuarrie, E. F. (1992). How enduring and situational involvement combine to create involvement responses. *Journal of Consumer Psychology, 1*, 143–153.

Richins, M., & Root-Shaffer, T. (1988). The role of involvement and opinion leadership in consumer word of mouth: An implicit model made explicit. *Advances in Consumer Research, 15*, 32–36.

Riirto, R. (1991). VALS the second time. *American Demographics, July, 6*.

Robertson, T., & Myers, J. (1969). Personality correlates of opinion leadership and innovative buying behavior. *Journal of Marketing Research, 6*, 168.

Robertson, T., Zielinski, J., & Ward, S. (1984). *Consumer behavior*. Glenview, IL: Scott, Foresman.

Rogers, C. R. (1977). *Carl Rogers on personal power*. New York: Delacorte Press.

Rogers, E. M. (1976). New product adoption and diffusion. *Journal of Consumer Research, 2*, 290-301.

Rogers, E. M. (1983). *Diffusions of innovations* (3rd ed., pp. 281-284). New York: The Free Press.

Rogers, E. M. (1995). *Diffusions of innovations* (4th ed.). New York: The Free Press.

Rogers, E. M., & Shoemaker, F. F. (1971). *Communication of innovations: A cross-cultural approach*. New York: Holt, Rinehart & Winston.

Rokeach, M. J. (1969). *Beliefs, attitudes and values*. San Francisco: Jossey Bass.

Rokeach, M. J. (1973). *The nature of human values*. New York: Free Press.

Rook, D. W. (1985). Body cathexis and market segmentation. In M. R. Solomon (Ed.), *The psychology of fashion* (pp. 233-241). Lexington, MA: Lexington Books.

Rook, D. W. (1987). The buying impulse. *Journal of Consumer Research, 14*, 189-199.

Rook, D. W., & Hoch, S. J. (1985). Consuming impulses. *Advances in Consumer Behavior, 12*, 23-27.

Roseman, I. J. (1991). Appraisal determinants of discrete emotions. *Cognition and Emotion, 5*, 161-200.

Rosenberg, M. (1979). *Conceiving the self*. New York: Basic Books.

Rosenhan, D. L., Underwood, B., & Moore, B. (1974). Affect moderates self-gratification and altruism. *Journal of Personality and Social Psychology, 30*, 546-552.

Ross, L. (1977). The intuitive psychologist and his shortcomings: Distortion in the attribution process. *Advances in Experimental Social Psychology, 10*, 173-220.

Rothman, A. J., & Salovey, P. (1997). Shaping perceptions to motivate healthy behavior: The role of message framing. *Psychology Bulletin, 121*(1), 3-19.

Rothman, A. J., Salovey, P., Antone, C., Keough, K., & Martin, C. D. (1993). The influence of message framing on intentions to perform health behaviors. *Journal of Experimental Social Psychology, 29*, 408-433.

Rothschild, M. (1987). A behavioral view of promotions effects on brand loyalty. *Advances in Consumer Research, 14*, 119-120.

Rotter, J. B. (1966). Generalized expectancies for internal versus external control of reinforcement. *Psychological Monograpy, 80*(1), 1-28.

Rubinstein, R. P. (1985). Color, circumcision, tattoos, and scars. In M. R. Solomon (Ed.), *The psychology of fashion* (pp. 243-254). Lexington, MA: Lexington Books.

Russell, J. A. (1980). A circumplex model of affects. *Journal of Personality and Social Psychology, 36*, 1152-1168.

Ryan, M. J., & Bonfield, E. H. (1975). The Fishbein extended model and consumer behavior. *Journal of Consumer Research, 2*, 118-136.

Ryan, M. J., & Bonfield, E. H. (1980). Fishbein's intentions model: A test of external and pragmatic validity. *Journal of Marketing, 44*, 82-95.

Saegert, J. (1987). Why marketing should quit giving subliminal advertising the benefit of the doubt. *Psychology*

& Marketing, 4, 107-120.

Sambandam, R., & Lord, K. R. (1995). Switching behavior in automobile market: A consideration-set model. *Journal of Academy of Marketing Science, 23,* 57-65.

Sawyer, A. G. (1973). The effects of repetition of refutational and supportive advertising appeals. *Journal of Marketing Research, 10,* 23-33.

Sawyer, A. G., & Howard, D. J. (1991). Effects of omitting conclusions in advertisements to involved and uninvolved audiences. *Journal of Marketing Research, 28,* 467-474.

Schaller, M., & Cialdini, R. B. (1990). Happiness, sadness, and helping: A motivational integration. In R. Sorrentino & E. T. Higgins (Eds.), *Handbook of motivation and cognition: Foundation of social behavior* (2nd ed., pp. 527-561). New York: Guilford.

Schaninger, C., & Sciglimpaglia, D. (1981). The influence of cognitive personality traits and demographics on consumer information acquisition. *Journal of Consumer Research, 8,* 208-215.

Scheier, M. F., & Carver, C. S. (1977). Self-focused attention and the experience of emotion: Attraction, repulsion, elation, and depression. *Journal of Personality and Social Psychology, 35,* 625-636.

Scherer, K. R. (1984). On the nature and function of emotion: A component process approach. In K. R. Scherer, & P. Ekman (Eds.), *Approaches to emotion* (pp. 293-317). Hillsade, NJ: Erlbaum.

Schiffman, L. G., & Kanuk, L. L. (1991). *Consumer behavior* (4th ed.). Englewood Cliffs, NJ: Prentice-Hall.

Schiffman, L. G., & Kanuk, L. L. (1994). *Consumer behavior* (5th ed.). Englewood Cliffs, NJ: Prentice-Hall.

Schiffman, L. G., & Kanuk, L. L. (2000). *Consumer behavior* (7th ed.). Upper Saddle River, NJ: Prentice-Hall.

Schiller, Z. (1995). P&G is still having a devil of a time. *Business Week, September 11,* 46.

Schlenker, B. R. (1980). *Impression management: The self-concept, social identity, and interpersonal relations.* Monterey, CA: Brooks/Cole.

Schmitt, B. H., LeClerc, F., & Dube-Rioux, L. (1988). Sex typing and consumer behavior: A test of gender schema theory. *Journal of Consumer Research, 15,* 122-128.

Schneider, K., & Rodgers, W. (1996). An 'importance' subscale for the consumer involvement profile. *Advances in Consumer Research, 23,* 249-254.

Schultz, D., & Schultz, S. E. (2006). *Psychology & work today* (9th ed., p. 427). Upper Saddle River, New Jersey: Pearson Education, Inc.

Schumann, D. W., Petty, R. E., & Clemons, D. S. (1990). Predicting the effectiveness of different strategies of advertising variation. *Journal of Consumer Research, 17,* 192-202.

Schurr, P., & Calder, B. (1986). Psychological effects of restaurant meetings on industrial buyers. *Journal of Marketing, 50,* 87-97.

Schwartz, B. (2004). *The paradox of choice: Why more is less.* New York: Ecco.

Schwartz, B., Ward, A., Monterosso, J., Lyubomirsky, S., White, K., & Lehman, D. R. (2002). Maximizing versus satisficing: Happiness is a matter of choice. *Journal of Personality and Social Psychology, 83*(5), 1178-1197.

Schwarz, N. (1997). Mood and attitude judgments: A comment on Fishbein and Middlestadt. *Journal of Consumer Psychology, 6*(1), 93-98.

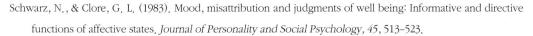

Schwarz, N., & Clore, G. L. (1983). Mood, misattribution and judgments of well being: Informative and directive functions of affective states. *Journal of Personality and Social Psychology, 45*, 513-523.

Schwarz, N., & Clore, G. L. (1988). How do I feel about it?: The informative function of affective states. In K. Fiedler, & J. Forgas (Eds.), *Affect, cognition, and social behavior* (pp. 44-62). Toronto: Hogrefe.

Scott, C., Klein, D. M., & Bryant, J. (1990). Consumer responses to humor in advertising: A series of field studies using behavioral observation. *Journal of Consumer Research, 16*, 498-501.

Secord, P. F., & Backman, C. W. (1964). *Social psychology.* New York: McGraw-Hill.

Shah, J., Higgins, E. T., & Friedman, R. S. (1998). Performance incentives and means: How regulatory focus influences goal attainment. *Journal of Personality and Social Psychology, 74*(2), 285-293.

Shaw, M. E. (1971). *Group dynamics.* New York: McGraw-Hill.

Shaw, M. E., & Costanzo, P. R. (1970). *Theories of social psychology.* New York: McGraw-Hill.

Shaw, M. E., & Costanzo, P. R. (1982). *Theories of social psychology.* New York: McGraw-Hill International Book Company.

Sheppard, B. H., Hartwick, J, & Warshaw, P. R. (1988). The theory of reasoned action: A meta-analysis of past research with recommendations for modifications and future research. *Journal of Consumer Research, 15*, 325-343.

Sherif, M., & Hovland, C. (1953). Judgmental phenomena and scales of attitude measurement. *Journal of Abnormal Psychology, 48*, 135-141.

Sherif, M., & Hovland, C. (1961). *Social judgment: Assimilation and contrast effects in communication and attitude change.* New Haven, CT: Yale University Press.

Sherry, J. F. Jr. (1987). Keeping the monkeys away from the typewriters: An anthropologist's view of the consumer behavior odyssey. *Advances in Consumer Research, 14*, 370-373.

Sherry, J. F. Jr., & McGrath, M. A. (1989). Unpacking the holiday presence: A comparative ethnography of two gift stores. In E. C. Hirschman (Ed.), *Interpretive consumer research* (pp. 136-147). Association for Consumer Research.

Sheth, J. N., Newman, B. I., & Gross, B. L. (1991). Why we buy what we buy: A theory of consumption values. *Journal of Business Research, 22*, 159-170.

Shimp, T. A., & Kavas, A. (1984). The theory of reasoned action applied to coupon usage. *Journal of Consumer Research, 11*, 795-809.

Shimp, T. A., & Sharma, S. (1987). Consumer ethnocentrism: Construction and validation of CETSCALE. *Journal of Marketing Research, 24*, 280-289.

Shiner, R. L. (2015). Maximizers, satisficers, and their satisfaction with and preferences for reversible versus irreversible decisions. *Social Psychological and Personality Science, 6*, 896-903.

Shiv, B., Edell, J. A., & Payne, J. W. (1997). Factors affecting the impact of negatively versus positively framed ad messages. *Journal of Consumer Research, 24*, 285-294.

Shiv, B., Edell, J. A., & Payne, J. W. (2004). Does elaboration increase or decrease the effectiveness of negatively versus positively framed messages? *Journal of Consumer Research, 31*, 199-208.

Shocker, A. D., Ben-Akiva, M., Boccara, B., & Nedungadi, P. (1991). Consideration set influences on customer decision making and choice: Issues, models, and suggestions. *Marketing letters, 2*(3), 181-198.

Shweder, R. A., & Bourne, E. J. (1984). Does the concept of the person vary cross-culturally? In R. A. Shweder & R. A. LeVine (Eds.), *Culture theory: Essays on mind, self, and emotion* (pp. 158-199). Cambridge, England: Cambridge University Press.

Simon, H. A. (1956). Rational choice and the structure of the environment. *Psychological Review, 63*, 129-138.

Simonson, I., & Nowlis, S. M. (2000). The role of explanations and need for uniqueness in consumer decision making: Unconventional choices based on reasons. *Journal of Consumer Research, 27*(1), 49-68.

Simonson, I., & Winer, R. S. (1992). The influence of purchase quantity and display format on consumer preference for variety. *Journal of Consumer Research, 19*, 133-138.

Simpson, P. M., Horton, S., & Brown, G. (1996). Male nudity in advertisements: A modified replication and extension of gender and product effects. *Journal of Academy of Marketing Science, 24*, 257-262.

Singelis, T. M. (1994). The measurement of independent and interdependent self-construals. *Personality and Social Psychology Bulletin, 20*(5), 580-591.

Singh, J. (1988). Consumer complaint intentions and taxonomical issues. *Journal of Marketing, 52*, 93-107.

Singh, S. N., & Cole, C. A. (1993). The effects of length, content, and repetition on television commercial effectiveness. *Journal of Marketing Research, 30*, 91-104.

Sirgy, M. J. (1982). Self-concept in consumer behavior: A critical review. *Journal of Consumer Research, 9*, 287-300.

Sirgy, M. J., Grewal, D., Mangleburg, T. F., Park, J. O., Chon, K. S., Claiborne, C. B., Johar, J. S., & Berkman, H. (1997). Assessing the predictive validity of two methods of measuring self-image congruence. *Academy of Marketing Science. 25*(3), 229-241.

Smith, C. A., & Ellsworth, P. C. (1985). Patterns of cognitive appraisal in emotion. *Journal of Personality and Social Psychology, 48*, 813-838.

Smith, C. A., & Lazarus, R. S. (1993). Appraisal components, core relational themes, and the emotions. *Cognition and Emotion, 7*, 233-269.

Smith, C., & Lloyd, B. (1978). Maternal behavior and perceived sex of infant: Revisited. *Child Development, 49*, 1263-1265.

Smith, D., Spence, D. P., & Klein, G. S. (1959). Subliminal effects of verbal stimuli. *Journal of Abnormal and Social Psychology, 59*, 167-177.

Smith, G. E. (1996). Framing in advertising and the moderation impact of consumer education. *Journal of Advertising Research, 36*(5), 49-64.

Smith, G. E., & Perger, P. D. (1995). The impact of framing, anchorpoints, and frames of reference on direct mail charitable contributions. *Advances in Consumer Research, 22*, 705-712.

Smith, S. M. (1993). Does humor in advertising enhance systematic processing? *Advances in Consumer Research, 20*, 155-158.

Smith, S. M., Haugtvedt, C. P., Jadrich, J. M., & Anton, M. R. (1995). Understanding responses to sex appeals in advertising: An individual difference approach. *Advances in Consumer Research, 22*, 735-739.

Snyder, C. R. (1992). Product scarcity by need for uniqueness interaction: A consumer catch-22 carousel? *Basic and Applied Social Psychology, 13*, 9-24.

Snyder, C. R., & Fromkin, H. L. (1977). Abnormality as a positive characteristic the development and validation of a scale measuring need for uniqueness. *Journal of Abnormal Psychology, 86*, 518-527.

Snyder, C. R., & Fromkin, H. L. (1980). *Uniqueness: The human pursuit of difference*. New York: Plenum Press.

Snyder, M. (1974). Self-monitoring of expressive behavior. *Journal of Personality and Social Psychology, 30*, 526-537.

Snyder, M. (1979). Self-monitoring processes. In L. Berkowitz (Ed.), *Advances in Experimental Social Psychology, 12*, 85-128.

Snyder, M., & DeBono, K. (1985). Appeals to image and claims about quality: Understanding the psychology of advertising. *Journal of Personality and Social Psychology, 49*, 586-597.

Solomon, M. R. (1986). The missing link: Surrogate consumers in the marketing chain. *Journal of Marketing, 50*, 208-218.

Solomon, M. R. (1999). *Consumer behavior: Buying, having, and being* (4th ed.). Upper Saddle River, NJ: Prentice-Hall.

Solomon, M. R., Bamossy, G., & Askegaard, S. (1998). *Consumer behavior: A european perspective*. London: Prentice Hall International.

Solomon, M. R., & Englis, B. G. (1994). Reality engineering: Blurring the boundaries between marketing and popular culture. *Journal of Current Issues and Research in Advertising, 16*(2), 1-18.

Solomon, M. R., Surprenant, C., Czepiel, J. A., & Gutman, E. G. (1985). A role theory perspective on dyadic interactions: The service encounter. *Journal of Marketing, 49*, 99-111.

Solomon, R. L. (1980). The opponent-process theory of acquired motivation. *American Psychologist, 35*, 691-712.

Somasundaram, T. N. (1992). Consumers' reaction to product failure: Impact of product involvement and knowledge. *Advances in Consumer Research, 20*, 215-218.

Spangenberg, E. R., Crowley, A. E., & Henderson, P. W. (1996). Improving the store environment: Do olfactory cues affect evaluations and behaviors? *Journal of Marketing, 60*, 67-80.

Speck, P., Schumann, D., & Thompson, C. (1988). Celebrity endorsements-scripts, schema and roles: Theoretical framework and preliminary tests. *Advances in Consumer Research, 15*, 69-76.

Spiggle, S., & Sewall, M. (1987). A choice sets model of retail selection. *Journal of Marketing, 51*, 97-111.

Srull, T. (1986). Memory, mood, and consumer judgement. *Advances in Consumer Research, 14*, 404-407.

Stanley, R. E. (1977). *Promotion*. New Jersey: Prentice-Hall.

Steadman, M. (1969). How sexy illustrations affect brand recall. *Journal of Advertising Research, 9*, 15-19.

Steenkamp, J-B. E., & Baumgartner, H. (1992). The role of optimum stimulation level in exploratory consumer behavior. *Journal of Consumer Research, 19*, 434-448.

Sternberg, S. (1966). High-speed scanning in human memory. *Science, 153*, 652-654.

Sternberg, S. (1969). Mental processes revealed by reaction time experiments. *American Scientist, 57*, 421-457.

Sternthal, B., & Craig, C. S. (1973). Humor in advertising. *Journal of Marketing, 37*, 12-18.

Sternthal, B., Phillips, L., & Dholakia, R. (1978). The persuasive effects of source credibility: A situational analysis. *Public Opinion Quarterly, 42*, 285-314.

Stockmeyer, J. (1996). Brands in crisis: Consumer help for deserving victims. *Advances in Consumer Research, 23*, 429-435.

Stoddard, J. E., & Fern, E. F. (1996). The effect of information presentation format and decision frame on choice in an organizational buying context. *Advances in Consumer Research, 23*, 211-217.

Stokols, D. (1972). On the distinction between density and crowding: Some implications for future research. *Psychological Review, 79*, 275-277.

Strahilevitz, M., & Myers, J. G. (1998). Donations to charity as purchase incentives: How well they work may depend on what you are trying to sell. *Journal of Consumer Research, 24*(3), 434-446.

Strickland, L. J., Messick, S., & Jackson, D. N. (1970). Conformity, anticonformity, and independence: Their dimensionality and generality. *Journal of Personality and Social Psychology, 16*, 494-507.

Swaminathan, V., Zinkhan, G. M., & Reddy, S. K. (1996). The evolution and antecedents of transformational advertising: A conceptual model. *Advances in Consumer Research, 23*, 49-55.

Swan, J. E. (1969). Experimental analysis of predecision information seeking. *Journal of Marketing Research, 6*(2), 192-197.

Swan, J. E., & Mercer, A. (1982). Consumer satisfaction as a function. In H. Hunt & R. Day (Eds.), *Conceptual and empirical contributions to consumer satisfaction and complaining behavior* (pp. 2-8). Bloomington, IN: Sixth annual conference, Indiana University Press.

Swinyard, W. R. (1993). The effects of mood, involvement, and quality of store experience on shopping intentions. *Journal of Consumer Research, 20*(2), 271-280.

Tanner, Jr., J. F., Hunt, J. B., & Eppright, D. R. (1991). The protection motivation model: A normative model of fear appeals. *Journal of Marketing, 55*, 329-336.

Tauber, E. M. (1972). Why do people shop? *Journal of Marketing, 36*, 47.

Taylor, S., & Claxton, J. D. (1994). Delays and the dynamics of service evaluations. *Journal of the Academy of Marketing Science, 22*, 254-264.

Teas, R. K. (1993). Expectations, performance evaluation, and consumers' perceptions of quality. *Journal of Marketing, 57*, 18-34.

Tepper, K., Bearden, W. O., & Hunter, G. L. (2001). Consumers' need for uniqueness: Scale development and validation. *Journal of Consumer Research, 28*, 50-66.

Thaler, R. (1985). Mental accounting and consumer choice. *Marketing Science, 4*(3), 199-214.

Thomas, T. C., & Crocker, S. (1981). *Values and lifestyles-New psychographics*. Menlo Park, CA: SRI.

Tiedens, L. Z., & Linton, S. (2001). Judgment under emotional uncertainty: The effects of specific emotions on information processing. *Journal of Personality and Social Psychology, 81*, 973-988.

Titus, P. A., & Everett, P. B. (1995). The consumer retail search process: A conceptual model and research agenda. *Journal of Academy of Marketing Science, 23*, 106-119.

Tracy, J. L., & Robins, R. W. (2007). The psychological structure of pride: A tale of two facets. *Journal of Personality and Social Psychology, 92*(3), 506-525.

Triandis, H. (1994). Major cultural syndromes and emotion. In S. Kitayama & H. Markus (Eds.), *Emotion and Culture: Empirical Studies of Mutual Influences* (chap. 9). Washington, DC: American Psychological Association.

Trope, Y., & Liberman, N. (2003). Temporal construal. *Psychological review, 110*(3), 403-421.

Trope, Y., Liberman, N., & Wakslak, C. (2007). Construal levels and psychological distance: Effects on representation, prediction, evaluation, and behavior. *Journal of Consumer Psychology, 17*(2), 83-95.

Tsal, Y. (1985). On the relationship between cognitive and affective processes: A critique of Zajonc and Markus. *Journal of Consumer Research, 12*, 358-362.

Tse, D., Lee, K. H., Vertinsky, I., & Wehrung, D. (1988). Does culture matter: A cross-cultural study of executives' choice, decisiveness, and risk adjustment in international marketing. *Journal of Marketing, 52*, 81-95.

Tse, D., & Wilton, P. (1988). Models of consumer satisfaction formation: An extension. *Journal of Marketing Research, 25*, 204-212.

Tucker, W. T. (1957). *Foundations for a theory of consumer behavior*. New York: Holt, Rinehart and Winston.

Tulving, E. (1974). Cue-dependent forgetting. *American Scientist, 62*, 74-82.

Turner, J. H. (1981). *Sociology: Studying the human system* (2nd ed.). Santa Monica, CA: Goodyear.

Turner, P. J., & Gervai, J. (1995). A multidimensional study of gender typing on preschool children and their parents: Personality, attitudes, preferences, behavior, and cultural differences. *Developmental Psychology, 31*, 759-772.

Tuten, T. L., & August, R. A. (1998). Understanding consumer satisfaction in services settings: A bidimensional model of service strategies. *Journal of Social Behavior & Personality, 13*(3), 553-564.

Tversky, A., & Kahneman, D. (1973). Availability: A heuristic for judging frequency and probability. *Cognitive Psychology, 5*, 107-232.

Tversky, A., & Kahneman, D. (1974). Judgment under uncertainty: *Heuristics and biases*. *Science, 185*, 1124-1131.

Tversky, A., & Kahneman, D. (1979). Prospect theory: An analysis of decision under risk. *Econometria, 47*(3), 263-291.

Tversky, A., & Kahneman, D. (1981). The framing of decisions and the psychology of choice. *Science, 211*, 453-458.

Tybout, A., Calder, B., & Sternthal, B. (1981). Using information processing theory to design marketing strategies. *Journal of Marketing Research, 18*, 73-79.

Tybout, A., Sternthal, B., & Calder, B. (1983). Information availability as a determinant of multiple request effectiveness. *Journal of Marketing Research, 20*, 279-290.

Udell, J. (1966). Prepurchase behavior of buyers of small appliances. *Journal of Marketing, 30*, 50-52.

Umesh, U. N., Weeks, W., & Golden, L. (1987). Individual and dyadic consumption of time: Propositions on the perception of complementarily and substitutability of activities. *Advances in Consumer Research, 14*, 548-552.

Unger, L. S., & Kernan, J. B. (1983). On the meaning of leisure: An investigation of some determinants of the subjective experience. *Journal of Consumer Research, 9*, 381-392.

Unger, L. S., & Stearns, J. M. (1983). The use of fear and guilt messages in TV ad: Issues and evidence. *AMA Winter Educator's Proceedings*. American Marketing Association.

Unnava, H. R., & Burnkrant, R. E. (1991). Effects of repeating varied ad executions on brand name memory. *Journal of Marketing Research, 28*, 406-416.

Unnava, H. R., Burnkrant, R. E., & Erevelles, S. (1994). Effects of presentation order and communication modality on recall and attitude. *Journal of Consumer Research, 21*, 481-490.

Urban, G. L., & Hauser, J. (1980). *Design and marketing of new products*. Englewood Cliffs, NJ: Prentice Hall.

Urbany, J. E., Dickson, P. R., & Wilkie, W. L. (1989). Buyer uncertainly and information search. *Journal of Consumer Research, 16*, 208-215.

Vacha-Hasse, T., Walsh, B. D., & Lapes, J. T. (1994). Gender differences on the values scale for ethnic minority students. *Journal of Career Assessment, 2*(4), 408-421.

Vanhule, M. (1994). Mere exposure and cognitive-affective debate revisited. *Advances in Consumer Research, 21*, 264-269.

Vanhuele, M. (1995). Why familiar stimuli are liked. A study on the cognitive dynamics linking recognition and the mere exposure effect. *Advances in Consumer Research, 22*, 171-175.

Van Trijp, H. C., Hoyer, W. D., & Inman, J. J. (1996). Why switch? Product category-level explanations for true variety-seeking behavior. *Journal of Marketing Research, 33*, 281-292.

Venkatesan, M. (1973). Cognitive consistency and novelty seeking. In S. Ward & T. Robertson (Eds.), *Consumer behavior: Theoretical sources* (pp. 354-384). Upper Saddle River, NJ: Prentice Hall.

Venkatraman, M. P., & MacInnis, D. J. (1985). The epistemic and sensory exploratory behaviors of hedonic and cognitive consumers. *Advances in Consumer Research, 12*, 102-107.

Vinson, D. E., Scott, J. E., & Lamont, L. M. (1977). The role of personal values in marketing and consumer behavior. *Journal of Marketing, 41*, 44-50.

Voss, K. E., Spangenberg, E. R., & Grohmann, B. (2003). Measuring the hedonic and utilitarian dimensions of consumer attitude. *Journal of Marketing Research, 40*(3), 310-320.

Wakslak, C., & Trope, Y. (2009). The effect of construal level on subjective probability estimates. *Psychological Science, 20*(1), 52-58.

Walker, B., Celsi, R., & Olson, J. (1986). Exploring the structural characteristics of consumers' knowledge. *Advances in Consumer Research, 14*, 17-21.

Walker, B., & Olson, J. (1991). Means-end chains: Connecting products with self. *Journal of Business Research, 22*, 111-118.

Wallace, W. T. (1990). Jingles in advertising: Can they improve recall? *Advances in Consumer Research, 17*, 239-242.

Walle, A. H. (1990). Grassroots innovation. *Marketing Insights, Summer*, 44-51.

Wallendorf, M. (1987). On the road again: The nature of qualitative research on the consumer behavior odyssey. *Advances in Consumer Research, 14*, 374-375.

Wallendorf, M., & Reily, M. (1983). Distinguishing culture of origin from culture of residence. *Advances in*

Consumer Research, 10, 699-701.

Wang, C. L., & Mowen, J. C. (1997). The separateness–connectedness self schema: Scale development and application to message construction. *Psychology & Marketing, 14*(2), 185-207.

Wansink, B., & Chandon, P. (2006). Can "low-fat" nutrition labels lead to obesity? *Journal of Marketing Research, 43*(4), 605-617.

Ward, J. C., & Reingen, P. H. (1990). Sociocognitive analysis of group decision making among consumers. *Journal of Consumer Research, 17,* 245-262.

Warner, W. J., Meeker, M., & Eels, K. (1949). *Social class in America: Manual of procedure for the measurement of social status.* Chicago, IL: Science Research Associates.

Weaver, K., Daniloski, K., Schwarz, N., & Cottone, K. (2015). The role of social comparison for maximizers and satisficers: Wanting the best or wanting to be the best? *Journal of Consumer Psychology, 25*(3), 372-388.

Webster, F. E., & Pechman, F. (1970). A replication of the shopping list study. *Journal of Marketing, 34,* 61-63.

Weinberger, M. G., & Gulas, C. S. (1992). The impact of humor in advertising: A review. *Journal of Advertising, 21,* 35-59.

Wells, M. (1993). Brand ads should target existing customers. *Advertising Age, April 26,* 47.

Wells, W. D., & Beard, A. D. (1973). Personality and consumer behavior. in S. Ward & T. S. Robertson (Eds.), *Consumer behavior: Theoretical sources* (pp. 141-199). Englewood Cliffs, NJ: Prentice-Hall.

Wegener, D. T., & Petty, R. E. (1994). Mood management across affective states: The hedonic contingency hypothesis. *Journal of Personality and Social Psychology, 66*(6), 1034-1048.

Weiner, B. (1979). A theory of motivation for some classroom experiences. *Journal of Educational Psychology, 71,* 3-25.

Weiner, B. (1986). *An attribution theory of motivation and emotion.* New York: Springer-Verlag.

Westbrook, R. A. (1987). Product/consumption-based affective responses and post-purchase processes. *Journal of Marketing Research, 24,* 258-270.

Westbrook, R. A., & Oliver, R. L. (1991). The dimensionality of consumption emotion patterns and consumer satisfaction. *Journal of Consumer Research, 18,* 84-91.

Westfall, R. (1962). Psychological factors in predicting consumer choice. *Journal of Marketing, 26,* 34-40.

Wicklund, R. A. (1975). Objective self-awareness. In L. Berkowitz (Ed.), *Advances in Experimental Social Psychology, Vol. 8.* New York: Academic Press.

Wiener, J., & Mowen, J. C. (1985). The impact of product recalls on consumer perceptions. *Mobius: The Journal of the Society of Consumer Affairs Professionals in Business, Spring,* 18-21.

Wilder, D. A. (1977). Perception of groups, size of opposition, and social influence. *Journal of Experimental Social Psychology, 13,* 253-258.

Wilkie, W. L. (1986). *Consumer behavior* (3rd ed.). New York: John Wiley & Sons, Inc.

Wilkie, W. L., & Farris, P. (1975). Comparison advertising: Problems and potential. *Journal of Marketing, 39,* 7-15.

Williams, P., Fitzsimons, G., & Block, L. (2004). When consumers do not recognize "Benign" intention questions as persuasion attempts. *Journal of Consumer Research, 31*, 540-550.

Williams, T. E., & Slama, M. E. (1995). Market mavens' purchase decision evaluative criteria: Implications for brand and store promotion efforts. *Journal of Consumer Marketing, 12*, 4-21.

Wilson, E. J., & Sherrell, D. L. (1993). Source effects in communication and persuasion research: A meta-analysis of effects size. *Journal of the Academy of Marketing Science, 21*(2), 101-112.

Wilson, W. R., & Peterson, R. A. (1989). Some limits on the potency of word of mouth information. *Advances in Consumer Research, 16*, 23-29.

Witte, K., Meyer, G., & Martell, D. (2001). *Effective health risk message: A step-by-step guide.* Thousand Oaks, CA: Sage.

Wolfinbarger, M. F., & Gilly, M. C. (1996). An experimental investigation of self-symbolism in gifts. *Advances in Consumer Research, 23*, 458-462.

Wolfinbarger, M. F., & Yale, L. J. (1993). Three motivations for interpersonal gift giving: Experiential, obligated, and practical motivations. *Advances in Consumer Research, 20*, 520-526.

Woodruff, R. B., Cadotte, E. R., & Jenkins, R. L. (1983). Modeling consumer satisfaction processes using experience-based norms. *Journal of Marketing Research, 20*, 296-304.

Wright, A. A., & Lutz, R. J. (1992). Effects of advertising and experience on brand judgments: A rose by any other frame. *Advances in Consumer Research, 20*, 165-169.

Wright, N. D., Claiborne, C. B., & Sirgy, M. J. (1992). The effects of product symbolism on consumer self-concept. *Advances in Consumer Research, 19*, 311-318.

Wright, P. (1973). Cognitive processes mediating acceptance of advertising. *Journal of Marketing Research, 10*, 53-62.

Wright, P. (1974). The harassed decision maker: Time pressures, distractions, and the use of evidence. *Journal of Applied Psychology, 59*, 555-561.

Wright, P. (1976). Consumer choice strategies: Simplifying versus optimizing. *Journal of Marketing Research, 11*, 60-67.

Yi, Y. (1992). The determinants of consumer satisfaction: The moderation role of ambiguity. *Advances in Consumer Research, 20*, 502-506.

Zajonc, R. B. (1968). Attitudinal effects of mere exposure. *Journal of Personality and Social Psychology, 9*, 1-27.

Zajonc, R. B. (1980). Feeling and thinking. Preferences need no inferences. *American Psychologist, 35*(2), 151-175.

Zajonc, R. B., & Markus, H. (1982). Affective and cognitive factors in preferences. *Journal of Consumer Research, 9*, 123-131.

Zeithaml, V. A. (1988). Consumer perceptions of price, quality and value: A means-end model and synthesis of evidence. *Journal of Marketing, 52*, 2-22.

Zhang, Y., & Zinkhan, G. M. (1991). Humor in advertising: The effects of repetition and social setting. *Advances in Consumer Research, 18*, 813-818.

Zikmund, W., & Scott, J. (1973). A factor analysis of the multidimensional nature of perceived risk. *Proceedings of the southern marketing association* (p. 1036). Houston, TX: Southern Marketing Association.

Zinkhan, G., & Biswas, A. (1988). Using the repertory grid to assess the complexity of consumers' cognitive structures. *Advances in Consumer Research, 15*, 493–497.

Zuckerman, M. (1979). *Sensation seeking: Beyond the optimum level of arousal.* Hillsdale, NJ: Lawrence Erlbaum.

찾아보기

저자 소개

양윤(YOON YANG)
성균관대학교 산업심리학과 학사
성균관대학교 대학원 심리학 석사(소비자 심리학 전공)
미국 Kansas State University 심리학 Ph.D.(소비자 심리학 전공)
전 한국소비자 · 광고심리학회장
현 이화여자대학교 사회과학대학 심리학과 명예교수

〈주요 저서 및 역서〉
『광고심리학』(공저, 학지사, 2011)
『애트킨슨과 힐가드의 심리학 원론』(공역, 박학사, 2011)
『일과 심리학』(공역, 박학사, 2008)

임명서(MYUNGSUH LIM)
연세대학교 경영학 학사
KDI 국제정책대학원 MBA
연세대학교 대학원 경영학 박사(마케팅 전공)
현 세종사이버대학교 디지털마케팅학과 부교수
   Editorial Advisory Board at The Bottom Line(Emerald Publishing)